LA
COMPTABILITÉ
Prise de décision et gestion
DE
MANAGEMENT

Y0-DKF-581

HUGUES BOISVERT

LA COMPTABILITÉ DE MANAGEMENT

Prise de décision et gestion

2e ÉDITION

5757, RUE CYPIHOT, SAINT-LAURENT (QUÉBEC) H4S 1R3
TÉLÉPHONE: (514) 334-2690 • TÉLÉCOPIEUR: (514) 334-8470
COURRIEL: erpidlm@erpi.com

Hugues Boisvert: L. Sc. Comm. (H.E.C.)
M. Sc. (Stanford), Ph. D. (Stanford), FCMA

Professeur titulaire, École des Hautes Études
Commerciales de Montréal

Associé universitaire, Arthur Andersen & Cie

Directeur de l'Observatoire CMA

Supervision éditoriale :
Sylvie Chapleau

Révision linguistique :
Marthe Therrien

Correction d'épreuves :
Sylvie Dupont

Édition électronique :
Info G.L.

Conception graphique :
ERPI

Couverture :
ERPI

Dans cet ouvrage, la forme épicène est utilisée sans aucune discrimination et uniquement pour alléger le texte.

© 1999, Éditions du Renouveau Pédagogique Inc.
Tous droits réservés.

On ne peut reproduire aucun extrait de ce livre sous quelque forme ou par quelque procédé que ce soit — sur machine électronique, mécanique, à photocopier ou à enregistrer, ou autrement — sans avoir obtenu au préalable la permission écrite des Éditions du Renouveau Pédagogique Inc.

Dépôt légal : 1er trimestre 1999
Bibliothèque nationale du Québec
Bibliothèque nationale du Canada

Imprimé au Canada

ISBN 2-7613-1055-1

1234567890 IG 98
20102 ABCD V07

À tous les étudiants et toutes les étudiantes
qui se serviront de ce manuel.

AVANT-PROPOS

Compétitivité accrue des entreprises dans un contexte de mondialisation, restructuration organisationnelle, émergence de techniques de gestion de pointe, autoroutes électroniques… le monde des affaires est assurément en pleine évolution. Et la comptabilité de management, dont le rôle est d'orienter les gestionnaires dans la prise de décision, s'efforce de suivre cette évolution et parfois même de la devancer.

Ce manuel, issu d'une première édition publiée en 1995, se veut le reflet des pratiques en émergence. Il nous plonge d'emblée dans le contexte socio-économique du XXIe siècle pour présenter la comptabilité de management telle qu'elle s'exerce aujourd'hui dans les organisations les plus dynamiques. Qu'il s'agisse de prise de décision, de planification et de contrôle stratégique ou d'évaluation et de gestion de la performance, ses nombreux exemples et exercices puisent à même les défis qui se posent – ou se poseront – tant aux entreprises manufacturières qu'aux entreprises de services.

Cet ouvrage a été structuré en quatorze chapitres.

Le premier chapitre sert d'introduction. Il présente la comptabilité de management, situe le rôle du contrôleur dans l'entreprise moderne et nous donne le fil conducteur de cet ouvrage, soit l'utilité et le bien-fondé de l'information financière à des fins de gestion.

La première partie se penche sur l'information financière pertinente à la prise de décision. Elle comporte six chapitres : les quatre premiers (chapitres 2, 3, 4 et 5) sont consacrés à l'étude des coûts, et les deux derniers (chapitres 6 et 7), à l'étude des marges dans un contexte de prise de décision, avec pour toile de fond les divers contextes décisionnels et les problématiques qui s'y rattachent.

La deuxième partie traite de l'utilisation de l'information financière comme mécanisme de planification et de contrôle ainsi que d'évaluation et de gestion de la performance des entreprises. Elle se développe sur sept chapitres (chapitres 8 à 14) allant du général au particulier : présentation d'un cadre général du contrôle de gestion, étude des budgets comme mécanisme de planification, puis présentation du contrôle budgétaire classique et du contrôle financier renouvelé pour terminer avec la gestion de la trésorerie, la mesure de la performance et une réflexion sur les tableaux de bord de gestion.

REMERCIEMENTS

Je remercie tous ceux et toutes celles qui, par leur aide et leur soutien, m'ont appuyé dans ce projet de longue haleine commencé avec la première édition publiée en 1995, et repris de manière intensive au cours de la dernière année.

Plus particulièrement, mes remerciements vont à :

- tous les étudiants et toutes les étudiantes qui ont travaillé avec la première édition et grâce à qui je peux offrir aujourd'hui à ceux qui les suivent un produit revu et amélioré ;
- tous les professeurs qui ont adopté la première édition et m'ont apporté des commentaires utiles à la préparation de cette deuxième édition ;
- mes collègues immédiats qui ont lu des projets de chapitres pour cette édition ;
- l'École des HEC qui m'a permis de réaliser cet autre projet.

Je tiens à souligner la généreuse contribution d'Alexander Mersereau et de Raymond Morissette, qui ont influencé la refonte de plusieurs chapitres. Le temps qu'ils y ont consacré et leurs commentaires fort pertinents m'ont été précieux. Je remercie également Michel Vézina et Elloumi Fathi, ce dernier de l'Université de Moncton, pour leurs judicieux commentaires. Je remercie enfin tous ceux et celles qui ont révisé les épreuves, y compris les solutions des 121 exemples, des 297 questions de révision et des 214 exercices, parmi eux, Marc Aubin, Annick Saint-Jean et Marie-Hélène Hofbeck.

Je remercie La Société des comptables en management du Canada qui, par les divers mandats qu'elle me confie, m'aide à documenter des pratiques en émergence. Pour la même raison, je remercie également le groupe Arthur Andersen & Cie, et en particulier Luc Martin et Michel Maisonneuve.

Je tiens une fois de plus à exprimer ma reconnaissance aux Éditions du Renouveau Pédagogique pour l'excellent travail de révision et d'édition de ce septième ouvrage publié chez eux.

Finalement, je remercie ma famille pour m'avoir permis une fois de plus de consacrer à cet ouvrage des heures qui parfois leur appartenaient.

Hugues Boisvert

CONSULTEZ NOTRE SITE WEB!

Pour les solutions des questions de révision et des exercices,
pour d'éventuelles corrections et mises à jour,
pour du matériel d'appoint,
pour vos commentaires et vos suggestions, tapez:

www.hec.ca/~p018

Table des matières

CHAPITRE 1

La comptabilité de management

Objectifs

Après avoir étudié ce chapitre, vous serez capable :

- d'énumérer les divers rôles joués par la comptabilité dans une entreprise et de dégager ceux qui se rapportent à la comptabilité de management ;
- de comprendre l'évolution de la comptabilité de management et d'en décrire les perspectives d'avenir ;
- de désigner les principales catégories d'utilisateurs de la comptabilité de management et de préciser leurs besoins d'information ;
- de nommer les principaux instruments et techniques propres à la comptabilité de management ;
- de décrire les structures régissant la profession de comptable en management.

Sommaire

- La comptabilité
- Les étapes de l'évolution de la comptabilité de management
- Les gestionnaires de la comptabilité
- Le contrôleur de gestion au sein de la grande entreprise
- Les utilisateurs de la comptabilité de management
- Les regroupements professionnels de comptables
- La démarche adoptée dans ce manuel

LA COMPTABILITÉ

La comptabilité consiste en un système d'information qui assure la collecte, l'enregistrement et le traitement des données, ainsi que la production d'informations à caractère financier. Elle s'adresse à de nombreuses catégories d'utilisateurs aux caractéristiques et aux besoins variés, travaillant tant à l'intérieur qu'à l'extérieur de l'entreprise. Pour l'organisation, la comptabilité est aussi un instrument de planification et de contrôle qui rend possible la prévision et l'interprétation de ses résultats.

Parmi les utilisateurs extérieurs à l'entreprise figurent les actionnaires, les analystes des marchés boursiers, les banquiers, les responsables gouvernementaux et le public en général. Les utilisateurs internes comprennent les employés, et en particulier les cadres et la direction. La comptabilité remplit plusieurs rôles auprès de la direction. Nous situerons la comptabilité de management, appelée aussi comptabilité de gestion, comptabilité administrative ou comptabilité interne, par rapport à ces divers rôles.

De tous les systèmes d'information dont dispose une organisation, la comptabilité est le système le plus formel — parce qu'elle est assujettie à un ensemble de principes et de règles établis dans un cadre juridique —, et souvent le plus exhaustif — parce qu'elle traite toutes les transactions financières au cours d'une période donnée. Elle occupe une place prépondérante dans la gestion des entreprises de toute nature et de toute taille : entreprises à but lucratif — grandes entreprises nationales et multinationales, petites et moyennes entreprises (PME), y compris entreprises à propriétaire unique —, organismes sans but lucratif (OSBL), entreprises publiques et parapubliques, et gouvernements.

Dans le tableau qui suit, nous avons ramené les nombreuses missions de la comptabilité à quatre rôles fondamentaux correspondant à quatre désignations précises :

Les rôles fondamentaux de la comptabilité au sein de l'entreprise

Rôles	Désignations
1. Renseigner sur la situation financière de l'entreprise	Comptabilité financière (ou comptabilité générale)
2. Assurer la protection du patrimoine	Contrôle interne
3. Assumer la gestion de la trésorerie	Trésorerie
4. Fournir des informations à des fins de gestion	Comptabilité de management (ou contrôle de gestion)

La nomenclature des rôles qui figurent dans ce tableau et leurs désignations n'ont aucun caractère exhaustif. On constate, par exemple, qu'il n'y est pas fait mention de la vérification publique ni de la fiscalité. La vérification publique, qui consiste à fournir une attestation de l'exactitude des états financiers d'une entreprise, est effectuée par les experts-comptables et se situe à la périphérie de la comptabilité financière d'entreprise. Il en est de même de la fiscalité, qui fait appel à plusieurs notions de comptabilité. Cette spécialité de la comptabilité relève à la fois de la compétence des avocats et de celle des comptables spécialisés en fiscalité. Le comptable fiscaliste utilisera l'information financière produite par l'entreprise pour la conseiller sur la façon de réduire au minimum les impôts et les taxes dont elle est redevable.

Renseigner les tiers sur la situation financière de l'entreprise: la comptabilité financière

La comptabilité financière, également appelée comptabilité générale, a pour rôle premier de fournir à des tiers (créanciers, investisseurs, clients, fournisseurs, organismes de contrôle, etc.) des données sur la situation financière de l'entreprise. La présentation de ces éléments d'information sous forme d'états financiers sera acceptable dans la mesure où elle respecte les principes comptables généralement reconnus (PCGR) et les règles comptables. Ces dernières visent notamment à uniformiser la méthodologie qui régit l'établissement des états financiers. Elles exigent du comptable qu'il fasse preuve de neutralité, d'objectivité et de prudence lors de la collecte des données, de façon à assurer la qualité des informations recueillies, c'est-à-dire leur pertinence, leur fiabilité et leur comparabilité. La normalisation des méthodes comptables a également pour but de faciliter l'interprétation des états financiers, de sorte qu'ils soient interprétés de façon identique, quels que soient l'entreprise, son emplacement et son secteur d'activités.

La comptabilité financière comprend donc la préparation des états financiers et leur présentation aux utilisateurs, c'est-à-dire aux personnes à qui ils sont destinés. La mise en place du système de collecte, d'enregistrement et de traitement des données qui sous-tend la production des états financiers relève également de la comptabilité financière.

Certaines informations tirées de la comptabilité financière servent à déterminer les obligations financières auxquelles sont assujetties les entreprises en vertu de la loi, telles que l'impôt sur les bénéfices des sociétés ainsi que certaines taxes et d'autres cotisations. Elles jouent également un rôle crucial dans l'obtention du financement externe. Par ailleurs, elles renseignent les gestionnaires sur le rendement de l'entreprise au cours de l'exercice qui vient de se terminer – dans les limites et selon les règles de cette comptabilité –, ainsi que sur l'état du patrimoine, c'est-à-dire sur les ressources dont dispose l'entreprise.

Assurer la protection du patrimoine: le contrôle interne

Selon l'Institut canadien des comptables agréés (ICCA), les objectifs de contrôle interne établis par la direction, notamment en ce qui a trait à la préparation des états financiers, sont:

- l'optimisation des ressources;
- la prévention et la détection des erreurs et des fraudes;

- la préservation du patrimoine ;
- le maintien de systèmes de contrôle fiables[1].

L'optimisation des ressources se rapporte au contrôle de gestion tandis que les trois autres points énumérés ci-dessus concernent le contrôle d'exécution.

Le contrôle d'exécution consiste dans la surveillance des opérations. Il implique une vérification minutieuse des activités de collecte, d'enregistrement et de traitement des données pour assurer l'exactitude et la fidélité de l'information retenue, et déceler les fraudes et les irrégularités. Cette fonction se concentre donc sur la méthode d'exploitation du système de collecte, d'enregistrement et de traitement des données. Le contrôle d'exécution exige notamment de l'intervenant qu'il :

- vérifie l'authenticité des pièces justificatives avant d'enregistrer la transaction ;
- s'assure de la suite numérique des factures dans le journal des ventes ;
- voie à ce que les cartes de pointage soient signées par le responsable avant de préparer la paie d'un employé, etc.

Le contrôle d'exécution est une procédure fondamentale. Combien d'entreprises, souvent des PME, éprouvent des difficultés, non pas parce qu'elles sont improductives, mais parce qu'elles sont victimes de fraudes ou d'irrégularités, parce qu'elles égarent ou ne perçoivent pas des comptes clients, parce qu'elles paient deux fois des comptes fournisseurs, etc. Le contrôle d'exécution est une mesure essentielle au succès d'une entreprise. Il ne garantit pas sa prospérité, mais il la protège contre les pertes découlant d'une exécution déficiente.

Le contrôle de gestion, lui, porte à la fois sur l'optimisation des ressources, la prise de décision au sens large, la planification et le contrôle de la gestion. Bien qu'il relève surtout de la comptabilité de management, on l'appelle souvent contrôle interne. Ce dernier terme englobe, selon notre interprétation, à la fois le contrôle d'exécution et le contrôle de gestion : il recouvre donc une réalité plus large que l'une ou l'autre de ces procédures de contrôle.

Dans un exposé-sondage[2], l'Institut canadien des comptables agréés définit le contrôle comme :

> l'ensemble des processus dynamiques et intégrés, mis en place par le conseil d'administration (ou l'équivalent), la direction et le reste du personnel, qui vise à procurer l'assurance raisonnable que sont réalisés les objectifs groupés dans les grandes catégories suivantes :
>
> a) efficacité et efficience du fonctionnement,
>
> b) fiabilité de l'information financière et des rapports de gestion,
>
> c) conformité aux lois, aux règlements et aux politiques internes.

Si la majorité des objectifs énumérés dans la définition précédente portent sur le contrôle d'exécution, l'objectif qui touche l'efficacité et l'efficience du fonctionnement est relié, du moins en partie, au contrôle de gestion.

---

1. ICCA. *Manuel de l'Institut canadien des comptables agréés*, annexe C, ch. 5200-5220.
2. ICCA. *Directives sur les critères de contrôle, Exposé-sondage*, août 1994, p. ES5.

Assumer la gestion de la trésorerie: la trésorerie

La trésorerie comprend essentiellement la gestion des encaissements et des décaissements d'argent. Les principales tâches qui s'y rattachent sont les suivantes:

- l'administration des dépôts;
- la perception des comptes clients;
- le règlement des comptes fournisseurs;
- le paiement des salaires et des autres comptes;
- la gestion des placements à court et à long terme;
- le traitement des emprunts à court et à long terme;
- le choix des assurances.

Par gestion de la trésorerie, nous entendons la planification et le contrôle des flux monétaires. Les liquidités sont tout aussi vitales pour l'entreprise que le sang pour le corps humain. On sait à quel point une personne anémique parvient difficilement à fonctionner; c'est également le cas de l'entreprise dont les liquidités sont insuffisantes. Combien d'entreprises se trouvent en difficulté à cause d'un manque de liquidités. Des multinationales dont l'actif est évalué à plusieurs dizaines ou centaines de millions de dollars doivent bien souvent, à la suite d'une crise de liquidités, vendre une partie importante de leurs actifs à une valeur inférieure à celle qui est indiquée aux livres, ou encore déclarer faillite et fermer boutique. Le budget de caisse se révèle un outil particulièrement utile à la gestion de la trésorerie.

Fournir des informations à des fins de gestion: la comptabilité de management

La comptabilité de management a pour but d'orienter les gestionnaires afin qu'ils soient en mesure de choisir les moyens les plus efficaces de mener à bien la mission de l'entreprise. La comptabilité de management et la comptabilité financière ont plusieurs caractéristiques en commun. Tout d'abord, les deux disciplines fournissent une représentation des phénomènes économiques qui se produisent au sein de l'organisation. De plus, elles possèdent en commun plusieurs ressources, notamment les données financières, matières premières de la comptabilité, et la main-d'œuvre directe affectée à la comptabilité, c'est-à-dire les comptables de l'entreprise. Le grand livre général (GLG) est sans aucun doute la principale source d'information sur laquelle repose la comptabilité de management. Toutes les transactions financières de l'entreprise y sont enregistrées, et le système de contrôle d'exécution assure la fiabilité et la neutralité des informations qu'il contient.

Ces deux disciplines se distinguent surtout par leurs finalités. La comptabilité de management a pour objectif d'assurer l'efficacité et l'efficience du management, alors que la comptabilité financière vise à remplir l'obligation qu'ont toutes les entreprises de rendre compte de leurs résultats. Il existe des différences importantes entre ces deux types de comptabilité, non seulement parce qu'elles ne poursuivent pas le même objectif, mais également parce qu'elles ne sont pas destinées aux mêmes personnes, et que ses destinataires poursuivent eux-mêmes des objectifs fort différents. Les éléments communs aux deux comptabilités se résument à :

- un système de collecte et d'enregistrement des données financières ;
- une base de données, le grand livre général (GLG).

La comptabilité de management doit être utile aux cadres qui assurent la gestion stratégique et aux cadres opérationnels engagés dans tous les services de l'entreprise : production, marketing, ressources humaines, finances, etc. Elle s'applique donc à tous les niveaux de l'organisation. Elle est omniprésente dans l'entreprise, ce qui rend sa mission très complexe ; en effet, elle permet d'obtenir une grande variété d'informations utiles à la gestion, et qui se présentent sous diverses formes. Non seulement l'environnement externe et interne des entreprises est très varié, mais les types d'entreprises et la stratégie qu'elles préconisent recouvrent une gamme de possibilités très vaste. Enfin, il existe un large éventail de philosophies de gestion auxquelles correspondent différents styles de gestionnaires[3]. Ainsi, certains gestionnaires exigent beaucoup d'informations formelles, alors que d'autres n'en demandent que très peu. Le tableau suivant résume les caractéristiques qui distinguent la comptabilité financière de la comptabilité de management.

Les éléments distinctifs de la comptabilité de management et de la comptabilité financière

	Comptabilité de management	Comptabilité financière
Qualité primordiale	Utile, pertinente	Fidèle, fiable, vérifiable
Cadre théorique	Aucun cadre prédéterminé	PCGR
	Adapté à l'organisation	Universel
	Aucune exigence juridique	Exigences juridiques
Données utilisées	Historiques et prévisionnelles de nature diverse	Historiques
	Financières et non financières	Financières
	Vérifiées et non vérifiées	Vérifiées
	Internes et externes	Internes
	Objectives et subjectives	Objectives
	Quantitatives et qualitatives	Quantitatives
Collecte d'informations	Sélective	Complète
Moment de l'intervention	A priori et a posteriori	A posteriori
Champ de l'intervention	L'entreprise et son environnement	L'entreprise exclusivement
Temps de cycle	Cycle de vie de l'activité	Calendrier, exercice financier

3. Patricia Pitcher (*Gestion*, mai 1993, p. 23) distingue trois types de gestionnaires : l'artiste, l'artisan et le technocrate, chacun d'eux possédant ses caractéristiques propres, notamment en matière de besoins d'information.

La comptabilité financière cherche à donner une image fidèle et fiable de la situation financière de l'entreprise. La comptabilité de management, elle, doit d'abord fournir des informations utiles et pertinentes pour aider les gestionnaires qui travaillent à tous les échelons de l'entreprise à prendre chaque jour les décisions relevant de leurs responsabilités. Dans ce contexte, la comptabilité de management ne s'exerce pas dans un cadre prédéterminé, pas plus qu'elle ne comporte d'exigences d'ordre juridique. Il faut adapter le système de comptabilité de management à l'organisation, à la situation, et surtout à la décision qu'il faut prendre. C'est d'ailleurs ce qui distingue la comptabilité de management de la comptabilité financière.

La comptabilité de management puise une bonne partie de ses données dans le GLG, mais elle fait aussi appel à des données prévisionnelles d'origine autre que financière, non vérifiées et subjectives, provenant de diverses sources extérieures à l'entreprise (du marché, par exemple). Elle produit une information sélective et son intervention se situe davantage a priori, c'est-à-dire avant l'action, que a posteriori. Enfin, la comptabilité de management n'est pas fermée sur l'entreprise ; au contraire, elle est ouverte sur l'environnement externe. Elle cherche à refléter le cycle des activités plutôt que celui d'un exercice financier comportant 12 mois.

LES ÉTAPES DE L'ÉVOLUTION DE LA COMPTABILITÉ DE MANAGEMENT

La comptabilité de management et le contrôle de gestion sont si intimement liés dans l'entreprise qu'on parle parfois indistinctement de l'un ou de l'autre. Mais cela n'a pas toujours été le cas. Nous proposons un bref retour historique pour saisir quelle a été la situation dans le passé et dégager des leçons de l'expérience de nos pairs. À cette fin, nous avons découpé le temps en quatre périodes.

1. De l'Antiquité à la révolution industrielle, on note l'absence de convergence de tous les facteurs nécessaires à l'exercice d'un contrôle comptable des coûts. Cependant, on relève des preuves de l'existence d'autres formes de contrôle organisationnel ne requérant pas la comptabilité.
2. À partir de 1800, et plus précisément des années 1820 et 1830, on observe l'essor de nouvelles techniques comptables et l'implantation de systèmes de contrôle innovateurs fondés sur ces techniques.
3. Au début des années 1920, on constate une stagnation et un déclin évidents de l'influence des systèmes de contrôle fondés sur l'analyse des coûts.
4. Les années 1980 marquent une renaissance de la gestion des coûts, associée à une concentration sur l'analyse des processus et des activités – c'est-à-dire sur les mécanismes inducteurs de coûts –, et sur l'utilisation d'indicateurs autres que financiers.

Le tableau suivant retrace les missions attribuées à la comptabilité de management au cours de ces quatre grandes périodes de son histoire.

Les missions attribuées à la comptabilité de management

Avant 1800	**La comptabilité des échanges** Informer les propriétaires sur les gains réalisés lors de transactions commerciales, donc orienter leurs décisions d'affaires.
1800-1920	**La comptabilité du coût de revient** Informer les propriétaires-entrepreneurs sur le coût de revient des produits qu'ils ont fabriqués dans leurs usines nouvellement construites et sur les gains qu'ils ont réalisés lors de transactions commerciales, donc les aider à prendre des décisions en matière de gestion des entreprises et d'orientation des affaires.
1920-1980	**La comptabilité de gestion opérationnelle** Informer la direction du degré de conformité de l'action par rapport aux plans et du degré d'atteinte des normes préétablies, donc permettre à la direction d'effectuer le suivi (contrôle) des plans financiers.
De 1980 à aujourd'hui	**La comptabilité de gestion stratégique** Informer et orienter les gestionnaires lors de la prise de décision à moyen et à long terme et ce, dans une perspective proactive, donc les aider à adapter constamment la stratégie à un environnement qui est en mutation constante.

Dans l'Antiquité

La gestion des entreprises est aussi ancienne que le travail coopératif. Jusqu'à la fin du Moyen Âge, les économies s'organisent essentiellement autour de l'artisan et du commerçant individuel. Cependant, les anciens de Babylone, d'Égypte, de Grèce et de Rome mettent tous en œuvre la gestion des activités à grande échelle, notamment dans les domaines de l'agriculture, des textiles, du cuivre, des parfums et du bâtiment. Ils ont recours à la comptabilité à cette fin. Les documents commerciaux les plus anciens, qui datent d'environ 3500 avant J.-C., proviennent de la région de Sumer et de Babylone, où l'on a retrouvé des tablettes contenant les premiers enregistrements de comptes[4].

La comptabilité de cette époque répond à de nombreux objectifs, tels que l'enregistrement des contrats, des revenus, des dépenses et des impôts payés, la comptabilité de l'actif et même la confirmation du paiement des dépenses. Cependant, les documents retrouvés présentent essentiellement des listes d'objets. Est-ce dû à l'utilisation plutôt limitée qui est alors faite de l'argent « numéraire », au sens moderne du terme, à un manque de connaissance en arithmétique ou encore à l'absence d'un système définissant les règles de calcul ? Cela reste à éclaircir.

Quoi qu'il en soit, les formes de contrôle qui dominent à cette époque sont les mesures exprimées en termes non monétaires, ainsi que la structure hiérarchique. La comptabilité se donne alors pour mission fondamentale d'informer les propriétaires sur les gains réalisés lors de transactions commerciales. Néanmoins, dès cette époque,

4. Joseph H. Vlaemminck. *Histoires et doctrines de la comptabilité*, Dunod, 1956.

nous pouvons reconnaître la présence de certains éléments des systèmes de contrôle appliqués encore aujourd'hui, comme le recours à des vérificateurs officiels qui se rendent sans avertissement sur les lieux de production ou la conciliation des salaires des ouvriers avec le volume de leur production individuelle.

Les conséquences de la révolution industrielle

Au cours de la révolution industrielle, il devient nécessaire, au sein des entreprises, de coordonner plusieurs fonctions et métiers en vue de la fabrication d'un seul produit. La reproduction du marché au sein de l'atelier, réalisée par le biais du paiement d'un salaire à la pièce, constitue un mécanisme de contrôle typique des premières entreprises industrielles. La présence d'entrepreneurs-tiers dans l'usine est aussi très fréquente. Cette pratique se poursuivra jusqu'au début du XXe siècle.

À partir des années 1820 et 1830, on assiste à un essor important de la comptabilité de management. Cette période, qui se situe au début de la révolution industrielle, voit l'apparition de nombreuses entreprises de grande taille. De plus, les progrès réalisés dans les transports et les communications favorisent la concurrence. Cette combinaison de facteurs engendre une forte pression en vue d'améliorer le rendement des entreprises, donc d'en assurer une gestion efficace. Le salaire à la pièce est remplacé progressivement par l'intégration complète de la main-d'œuvre aux autres ressources de l'entreprise. La croissance continue des entreprises industrielles entraîne aussi la séparation physique des différents métiers et la hiérarchisation des cadres. Certaines entreprises poussent la segmentation de leurs activités jusqu'à distinguer les activités d'exécution des activités de conception, notamment celles qui touchent la mise au point des technologies de production et leur implantation. Par exemple, citons le cas des sociétés de chemins de fer au Canada. Pour la première fois, la technologie (c'est-à-dire les connaissances et les expériences rendant possible le fonctionnement des chemins de fer) provient de l'organisation plutôt que de l'artisan, et la plupart des travailleurs deviennent facilement remplaçables. Enfin, le secteur de la comptabilité saisit l'occasion de s'implanter en tant que mécanisme de contrôle, car l'entreprise doit alors gérer plusieurs groupes de travailleurs souvent séparés par des distances physiques assez importantes pour rendre inopérants les mécanismes de surveillance individuelle.

Pour ces raisons, la comptabilité de management prend de plus en plus d'importance dès le deuxième quart du XIXe siècle. Plusieurs techniques de gestion peu connues auparavant deviennent pratiques courantes ; c'est le cas de la gestion financière des matières premières, de l'analyse des coûts par atelier, par fonction, par type de produit et par unité, de l'analyse des coûts de transport et du calcul de l'amortissement. On fait également appel à des indicateurs non financiers comme la consommation quotidienne de matières premières. Et, fait intéressant, non seulement ces données sont utilisées par la direction des usines, mais, comme le démontrent les archives de l'époque, elles font l'objet d'échanges entre des concurrents dans le but d'établir une analyse comparative et des normes de référence, c'est-à-dire un étalonnage (*benchmarking*).

Cela dit, les techniques de contrôle de gestion prolifèrent vers la fin du XIXe siècle et les premières années du XXe siècle. Le courant de l'organisation scientifique du travail associé à Frederik W. Taylor exerce une influence profonde sur le contrôle de gestion. L'élaboration et la généralisation des systèmes de coût de revient standard transformeront la comptabilité de gestion en Amérique du Nord ; celle-ci passe d'une comptabilité strictement historique à une comptabilité « normative » ayant pour objectif d'informer la direction de l'efficience des opérations.

À la fin de la révolution industrielle, la vague de fusions des années 1910 entraîne la création de corporations encore plus importantes que celles qui existaient auparavant. Une nouvelle forme organisationnelle émerge : la structure multidivisionnaire, qui provoquera l'émergence de nouveaux besoins d'information à des fins de gestion et, de ce fait, de nouvelles techniques de contrôle, notamment l'établissement de budgets et la mesure du rendement du capital investi (RCI). On note d'autres modifications relatives à la gestion des coûts, comme la gestion du coût de la capacité[5], et la dissociation des diverses catégories de coûts. C'est durant cette période que l'on assiste à la naissance de regroupements professionnels de comptables spécialisés dans l'analyse des coûts de revient industriels, notamment aux États-Unis (1919), en Angleterre (1920) et au Canada (1921).

Le plateau des années 1920 à 1970

La période 1920-1925 est souvent considérée comme un carrefour en matière de contrôle de gestion. Par exemple, un historien[6] émet l'opinion que « en 1920 toutes les réponses ont été trouvées pour les problèmes techniques majeurs de la comptabilité industrielle ». D'autres historiens[7] sont également d'avis que « en 1925, virtuellement toutes les pratiques de la comptabilité en management ont été mises au point ». Un des traits remarquables de cette période est la diffusion à grande échelle des techniques de gestion concues précédemment, comme l'analyse coût-volume-bénéfice, le budget flexible, la méthode du coût direct, la préparation de budgets d'investissement, la méthode du coût standard et l'analyse des écarts. Cependant, ces techniques ne sont pas adoptées uniformément à l'échelle mondiale ; en effet, elles obtiennent surtout du succès dans les pays anglo-saxons, notamment aux États-Unis, en Angleterre et au Canada.

Toutefois, au début du XXe siècle, à partir du moment où le financement public se généralise, on commence à évoquer la nécessité de protéger les nouveaux propriétaires provenant de l'extérieur de l'entreprise. Plusieurs faillites célèbres ainsi que le krach boursier de 1929 incitent le public à réclamer que des états financiers soient

5. H.L. Gantt. « The Relation Between Production and Costs », 1915, réimprimé dans *The Journal of Cost Management*, vol. 8, n° 1, printemps 1994.
6. Michael Chatfield. *A History of Accounting Thought*, New York, Robert E. Kreiger Publishing Co. Huntington, 1977.
7. H.T. Johnson et Robert Kaplan. *Relevance Lost: The Rise and Fall of Management Accounting*, Harvard Business School Press, 1987.

produits et soumis à une vérification publique. Dès lors, les premiers comptables diplômés des écoles de comptabilité et d'administration mises sur pied à cette époque se montrent conscients de leur responsabilité envers ceux qui, à l'extérieur de l'entreprise, se servent des états financiers; ils adoptent donc des pratiques comptables prudentes, fondées sur des données objectives et vérifiables. En outre, la mission consistant à informer correctement les tiers – qui s'insère dans le cadre de la comptabilité financière –, est renforcée par la création d'organismes de surveillance tels la Securities and Exchange Commission (SEC) et le Financial Accounting Standards Board (FASB), aux États-Unis. De cette façon, les comptables – formés davantage selon l'esprit des écoles de droit que leurs prédécesseurs qui possèdaient un diplôme d'ingénieur – assujettissent la comptabilité des coûts de revient et l'ensemble de la comptabilité de management à la comptabilité générale (devenue la comptabilité juridique). Cette période se caractérise ainsi par l'établissement de services comptables importants dans les entreprises et par la réunion de la comptabilité financière et de la comptabilité de gestion au sein d'une même fonction. Dès lors, la comptabilité de management devient un prolongement de la comptabilité financière et perd graduellement une partie de sa pertinence pour l'exercice de la gestion.

L'évolution récente

Trois phénomènes économiques majeurs marquent les deux dernières décennies: la mondialisation des marchés, la croissance des organisations et l'apparition des nouvelles technologies, notamment les technologies d'information et de communication. Depuis le début des années 1970, ces événements préparent le terrain à un essor sans précédent de la gestion des coûts.

Le nombre croissant de produits importés – et en particulier de produits asiatiques –, qui ont réussi à concurrencer fortement, voire à supplanter les produits issus du marché intérieur, incite les gestionnaires occidentaux à s'intéresser aux diverses techniques de gestion employées notamment par les Japonais[8].

Même si ces techniques sont d'abord conçues pour la gestion de la production, elles ont un impact majeur sur la comptabilité de management. Elles l'amènent à mettre en cause l'efficacité du contrôle classique, en particulier le cloisonnement des fonctions qui a jusque-là caractérisé la gestion occidentale – et, notamment, la comptabilité par centres de responsabilité, la gestion par objectifs et le contrôle des standards de production. Cette remise en question déclenche deux mouvements: l'élaboration de mesures plus pertinentes du rendement de l'entreprise et la recherche de contrôles moins comptables, à caractère plus social.

À l'heure actuelle, nous redécouvrons la comptabilité de management, qui a pour objectif d'aider les gestionnaires en matière de prise de décision. Cette évolution

8. Ces techniques de production japonaises englobent la gestion intégrale de la qualité, le juste-à-temps, la gestion assistée par ordinateur (GPAO), le coût cible (*Kaisen*), la gestion des flux (*Kanban*), le contrôle de la conception des produits (*genka kikaku*) et plus récemment, le *Hoshin*.

récente se caractérise d'abord par un changement d'attitude en ce qui concerne le contrôle de gestion; on passe ainsi d'une approche axée sur la détection et la surveillance à une approche axée sur le conseil et l'orientation. Tout se passe comme si le chien policier se transformait en chien de non-voyant, permettant ainsi à ce dernier d'acquérir une plus grande autonomie. Par ce changement, les instruments traditionnels font peau neuve : ils deviennent interactifs entre les mains des gestionnaires. De nouveaux instruments sont également créés, comme la comptabilité par activités, que nous aborderons dans le chapitre 5. Le tableau qui suit présente les principaux facteurs de la transformation de la comptabilité de management.

Les facteurs déterminants de l'évolution de la comptabilité de management

L'insuffisance des systèmes actuels
La mondialisation de la concurrence
Le progrès technique
Les aspirations des employés
Les nouvelles connaissances en gestion
Les nouvelles formes d'entreprise
L'accessibilité et la puissance de l'informatique

Selon certaines enquêtes[9], les systèmes comptables classiques ne constituent pas une base suffisante pour la gestion. Ce fait est mis en évidence par les taux d'insatisfaction relativement élevés à l'égard des informations comptables dont disposent les entreprises à des fins de gestion. Cette insuffisance nous est aussi dévoilée implicitement par plusieurs auteurs qui, essentiellement, nous invitent à abandonner la gestion par les chiffres pour nous engager dans la gestion en fonction du « gros bon sens » (Tom Peters et Robert Waterman[10]) et des clients (H. Thomas Johnson[11]).

La mondialisation de la concurrence a d'importantes conséquences ; elle fait notamment comprendre aux Nord-Américains que leurs entreprises ne sont pas nécessairement les plus performantes au monde, et que l'art de la gestion n'est plus l'apanage de l'Amérique du Nord. Après la Seconde Guerre mondiale, l'Amérique du Nord jouit d'un monopole à l'échelle du globe dans le secteur manufacturier, car le reste du monde industrialisé a fait l'objet de destructions massives pendant la guerre. Au début des années 1950, par exemple, le taux de chômage aux États-Unis est inférieur au taux

9. Pour le compte-rendu d'une des enquêtes déterminantes sur ce phénomène, voir : Robert A. Howell, James D. Brown, Stephen R. Soucy et H. Allen Seed. *Management Accounting in the New Manufacturing Environment*, NAA, 1987.
10. Tom Peters et Robert Waterman. *Le prix de l'excellence*, Free Press, 1992.
11. H. Thomas Johnson. *Relevance Regained*, Free Press, 1992.

théorique de chômage technique, qui est fixé à 3 %. Dans l'ensemble du monde industrialisé, on croit alors à la supériorité absolue des méthodes, des techniques et des instruments de gestion américains. Au cours des années 1980, cette opinion se modifie à la suite de l'invasion des produits japonais et des produits asiatiques en général.

Le progrès technologique exerce également une influence considérable sur l'évolution de la comptabilité de management. En effet, il force les entreprises à se renouveler, réduit leur marge d'erreur sur le plan des investissements, modifie complètement la structure des coûts d'une entreprise et remodèle l'environnement concurrentiel dans lequel elle évolue.

Par ailleurs, les employés sont plus instruits et leurs aspirations, plus élevées. Ils ne se contentent plus de leur rôle d'employés et souhaitent même devenir des associés. D'autre part, si l'on se fie au nombre de conférences et à la quantité d'articles qu'inspire ce sujet dans le monde chaque année, le domaine de la gestion fourmille de nouvelles idées. Créées par la transformation de l'environnement des entreprises, les nouvelles formes d'entreprises suscitent le renouvellement des méthodes de gestion des coûts.

Enfin, la puissance des systèmes informatiques et la baisse des coûts d'acquisition de ces équipements permettent l'installation de deux systèmes de traitement — l'un servant à la comptabilité financière et l'autre à la comptabilité de management —, tout en assurant l'accès à une base de données commune, notamment le GLG. Les systèmes automatisés de suivi et de reconnaissance des transactions et des marchandises rendent accessibles en temps réel une foule de données impossibles à obtenir il y a quelques années. Il aurait en effet été trop coûteux et trop long, même à l'aide d'une armée de commis, de les recueillir et de les enregistrer.

Les perspectives d'avenir

Comme on le voit, les perspectives d'avenir qui se dessinent dans le domaine de la comptabilité de management sont des plus intéressantes et des plus stimulantes pour les gestionnaires comptables. On peut prévoir la mise en œuvre de nombreux changements, dont certains sont d'ailleurs déjà amorcés. La comptabilité de management fait place aux nouvelles idées, à l'imagination et à la créativité. Il va de soi que le renouvellement de ce domaine n'a sa raison d'être que dans la mesure où les changements introduits sont utiles et pertinents pour la gestion. Il doit donc se faire dans une perspective de prise de décision et dans un contexte marqué par une évolution des entreprises.

Le contrôle de gestion ne doit plus se limiter à la vérification de l'atteinte de l'objectif cible ; il doit permettre d'établir si l'on va dans la bonne direction. La cible est devenue mobile et elle s'adapte en temps réel à l'image que l'on capte de l'environnement externe. Cette situation a des conséquences importantes pour l'exercice du contrôle budgétaire.

LES GESTIONNAIRES DE LA COMPTABILITÉ

Le système comptable est le théâtre d'activité des acteurs comptables. Le directeur des finances est le principal responsable des opérations financières de l'organisation. Ses nombreuses fonctions peuvent être classées en cinq grandes catégories, la fiscalité s'ajoutant aux quatre désignations des rôles de la comptabilité énumérés dans le tableau de la page 2. Ces catégories sont donc :

- la comptabilité financière (ou comptabilité générale) ;
- le contrôle interne (axé principalement sur le contrôle d'exécution) ;
- la comptabilité de management (ou contrôle de gestion) ;
- la trésorerie ;
- la fiscalité.

Dans les organisations de taille réduite comme les PME, tous ces rôles sont souvent pris en charge par un même acteur ; le comptable de l'entreprise sert à la fois de comptable financier, de contrôleur et de vérificateur interne, de contrôleur de gestion, de trésorier et de fiscaliste. En fait, le titre de contrôleur est généralement conféré au chef de la comptabilité et du contrôle au sein d'une entreprise ; ses responsabilités comprennent la mise sur pied et le maintien du système de collecte, d'enregistrement et de traitement des données financières. Son rôle principal consiste souvent à produire des états financiers et à effectuer toutes les tâches qui s'y rattachent. Cette responsabilité est essentielle, car toutes les entreprises doivent joindre une copie de leurs états financiers à leur déclaration de revenus. De plus, les entreprises publiques ont l'obligation de se soumettre à une vérification externe. Cette procédure est aussi exigée fréquemment par les créanciers des entreprises privées.

Lorsqu'il porte son chapeau de contrôleur de gestion, le comptable devient un gestionnaire. Pour jouer efficacement ce rôle, il doit faire preuve de confiance à l'égard des autres gestionnaires et des employés, et axer son intervention sur l'orientation et le conseil. À ce propos, le contrôleur doit, de temps en temps, adopter une attitude à l'opposé de celle qu'il doit afficher pour jouer efficacement son rôle de comptable financier et de vérificateur. Il n'y a pas si longtemps, et c'est encore le cas aujourd'hui dans de nombreuses entreprises, on ramenait le rôle du contrôleur à une activité de détection et de surveillance. S'il existe peut-être des circonstances où ce type de contrôle se doit d'être exercé, il importe de souligner que, tant sur le fond que sur l'image, ce rôle a évolué vers une approche plus participative et moins réglementaire. Le contrôleur, jadis considéré comme le policier de l'entreprise, a donc vu son rôle se transformer en un rôle de conseil et d'assistance.

Cela dit, la plupart des outils qui font traditionnellement partie de l'arsenal des comptables en management sont toujours valables. Cependant, l'évolution du contexte de l'organisation et des éléments internes qui le caractérisent entraîne une modification des systèmes et des méthodes. La nécessité d'adapter les outils de la comptabilité de management à leur contexte est l'un des thèmes principaux de cet ouvrage.

LE CONTRÔLEUR DE GESTION AU SEIN DE LA GRANDE ENTREPRISE

Il revient à la direction de décider de la place que le contrôleur de gestion occupe au sein d'une organisation; on retrouve donc ces professionnels à divers niveaux hiérarchiques. On relève toutefois des pratiques plus fréquentes que d'autres. Ainsi, le contrôleur de gestion est généralement rattaché au siège social. Mais, dans certains cas, on constate aussi sa présence dans les divisions, les unités opérationnelles et les usines. Les lignes d'autorité varient également d'une organisation à une autre. Dans certaines, les contrôleurs divisionnaires relèvent du directeur financier du siège social; dans d'autres, ils sont intégrés dans les unités opérationnelles auxquelles ils appartiennent et n'ont qu'une relation informelle, «technique», avec la fonction comptable relevant du siège social.

La structuration de la fonction comptable suit souvent des tendances nationales. Au Canada, la comptabilité et le contrôle de gestion logent à la même enseigne. Ce mode de structuration assure la production de rapports financiers conformes aux PCGR, mais la pertinence de ces rapports pour la prise de décision est maintes fois remise en question. Dans d'autres pays, comme la France, le contrôle de gestion est indépendant de la comptabilité; le contrôleur de gestion et le comptable ont un profil de carrière fort différents, et il est rare de voir un individu occuper successivement ces fonctions, ce qui est fréquent au Canada. Toutefois, on observe un problème commun aux deux structures, soit la difficulté de réconcilier les informations tirées de la gestion avec les données des rapports financiers. Enfin, il est intéressant de noter que, tant au Canada qu'en France, on juge sévèrement le système en place et que les responsables de l'un et de l'autre pays proposent actuellement de faire évoluer leur structure dans la direction qu'a adoptée l'autre.

LES UTILISATEURS DE LA COMPTABILITÉ DE MANAGEMENT

La comptabilité de management est présente partout où il y a de la gestion, donc à tous les niveaux hiérarchiques. Elle concerne à la fois la gestion stratégique assumée par la direction et la gestion opérationnelle assurée par les cadres de niveau inférieur. Les informations produites se doivent d'être adaptées aux besoins des utilisateurs. À titre d'exemple, les gestionnaires de la production ont besoin d'informations sur l'efficacité et l'efficience des processus de production actuels ou à venir. Ces mesures pourront prendre la forme d'un contrôle physique ou financier, mais le plus souvent physique. Les gestionnaires du marketing solliciteront des informations sur les ventes, mais également sur les parts de marché de leurs produits. On devra donc obtenir des données de l'industrie et les combiner à des données de l'entreprise pour produire l'information désirée. Ces diverses informations financières serviront à établir les tableaux de bord qui permettent aux gestionnaires de diriger l'entreprise.

LES REGROUPEMENTS PROFESSIONNELS DE COMPTABLES

Pour conclure ce tour d'horizon de la comptabilité de management, nous vous présentons sommairement chacun des regroupements professionnels de comptables en précisant leur champ de compétence par rapport aux rôles de la comptabilité définis dans ce chapitre. Trois regroupements professionnels de comptables ont une désignation commune dans tout le Canada : les CA, les CMA et les CGA. Chacun d'eux est constitué d'affiliations, de sociétés ou d'ordres professionnels établis dans chacune des provinces.

La désignation de CA est réservée aux comptables agréés, regroupés au Québec dans l'Ordre des comptables agréés, lequel est affilié à l'Institut canadien des comptables agréés. Sous la désignation de CMA, nous retrouvons les comptables en management accrédités, regroupés au Québec dans l'Ordre des comptables en management accrédités, lequel est affilié à la Société des comptables en management du Canada. Enfin, sous la désignation de CGA, nous retrouvons les comptables généraux licenciés, regroupés au Québec dans l'Ordre des comptables généraux licenciés, lequel est affilié à l'Association des comptables généraux licenciés du Canada.

Il existe également une autre association professionnelle, l'Institut des vérificateurs internes inc., qui est affiliée à l'Institute of Internal Auditors (Orlando, USA), un organisme international.

Au Canada, parmi les trois premiers organismes, l'Institut des comptables agréés (CA) est celui qui compte actuellement le plus grand nombre de membres, soit un peu plus de 60 000. Son rôle principal consiste à attester que les états financiers sont conformes aux PCGR. La législation concernant l'exercice des professions est de juridiction provinciale. Au Québec, l'attestation des états financiers est un domaine d'exercice exclusif aux comptables agréés. La comptabilité publique est l'acte professionnel qui lui est réservé. Les dispositions de l'article 19 de la Loi sur les comptables agréés la définissent ainsi :

> Constitue l'exercice de la comptabilité publique le fait pour une personne de s'engager, moyennant rémunération, dans l'art ou la science de la comptabilité ou dans la vérification des livres ou comptes et d'offrir ses services au public à ces fins.
>
> Toutefois, une personne n'exerce pas la comptabilité publique au sens de la présente loi si elle agit exclusivement comme teneur de livres, pourvu, si elle offre ses services au public, qu'elle s'annonce seulement comme teneur de livres[12].

Le champ d'intervention naturel du comptable agréé est donc la comptabilité financière et son champ exclusif, celui de la vérification externe, à l'exception de la vérification des coopératives, des municipalités et des commissions scolaires. Cependant, il faut noter que plus de la moitié des membres de cet ordre exercent leur profession au sein d'une entreprise. Pour devenir CA, il faut, après avoir terminé un premier cycle universitaire dans un programme d'études approuvé par l'Ordre des comptables

---

12. Ordre des comptables agréés du Québec, *Manuel des membres*, p. A.1.

agréés, passer avec succès un examen final uniforme pour l'ensemble du Canada et effectuer un stage de deux ans dans un cabinet de CA approuvé comme maître de stage.

La Société des comptables en management du Canada (CMA) compte plus de 28 000 membres. Elle favorise la présence de ses membres dans le monde des affaires. Ceux-ci doivent avoir réussi au préalable un premier cycle universitaire dans un programme approuvé par l'Ordre des comptables en management accrédité au Québec, passer avec succès un examen d'admission uniforme pour l'ensemble du Canada et effectuer un stage de deux ans au sein d'une entreprise, tout en suivant un programme de formation professionnelle axé sur le management. Le champ d'intervention naturel des CMA est donc la comptabilité de management au sens large, qui comprend le contrôle de gestion et la gestion de la trésorerie.

L'Association des comptables généraux licenciés du Canada (CGA) compte environ 56 500 membres et candidats. Sa mission fondamentale est d'assurer la protection du public. Les CGA travaillent dans les secteurs privé, public et parapublic, ainsi qu'en pratique privée. Ils sont essentiellement concernés par le rendement financier de l'organisation où ils travaillent. Pour devenir membre de cet organisme, il faut avoir terminé un programme d'études universitaires de premier cycle approuvé par l'Ordre des comptables généraux licenciés au Québec, passé quatre examens nationaux (comptabilité, vérification, fiscalité, finance) et effectué un stage de deux ans dans une entreprise ou un cabinet privé.

Tous les pays industrialisés ont mis sur pied des regroupements de professionnels de la comptabilité. Parmi ceux qui existent dans le domaine de la comptabilité de management, mentionnons notamment The Chartered Institute of Management Accountants, au Royaume-Uni, et The Institute of Management Accountants, aux États-Unis. En France, les contrôleurs de gestion sont nombreux, car plusieurs programmes de formation de niveau universitaire préparent à cette profession. Cependant, ils ne sont pas réunis dans un regroupement professionnel unique, comme c'est le cas dans les pays de culture anglo-saxonne.

Enfin, l'Institut des vérificateurs internes est une organisation internationale vouée à la vérification interne et à l'amélioration de la compétence de ses membres. L'Institut décerne le titre de Certified Internal Auditor (CIA). Il ne s'agit pas d'un ordre au sens du Code des professions du Québec. La section de Montréal compte plus de 280 membres et celle de Québec, plus de 85 membres.

LA DÉMARCHE ADOPTÉE DANS CE MANUEL

L'objectif visé par la comptabilité de management, soit la production d'informations financières pertinentes et utiles à des fins de gestion, est devenu le fil conducteur du présent manuel.

Nous nous demanderons, dans chaque chapitre, en quoi les instruments et les techniques présentés sont utiles et pertinents pour la gestion, et ce, tant dans le contexte de la petite que de la grande entreprise. Nous nous assurerons ainsi que les outils et les techniques proposés sont véritablement au service de la gestion.

Ce manuel vise à permettre aux étudiants et étudiantes en gestion :

- de saisir la richesse et la pertinence de l'information financière reliée à la gestion, et, plus particulièrement, des techniques de la comptabilité de management et des pratiques du contrôle de gestion ;
- de connaître le fonctionnement d'instruments spécifiques à la comptabilité de management, comme les méthodes de calcul et d'analyse des coûts, les budgets et la gestion par activités ainsi que l'établissement de tableaux de bord ;
- de recourir à la comptabilité de management dans un contexte de prise de décision, de planification et de contrôle ;
- de connaître le contrôle de gestion sous ses multiples facettes et d'être en mesure de le rattacher aux dimensions de la structure organisationnelle de l'entreprise et à son style de gestion propre ;
- de comparer des systèmes de comptabilité de management et des systèmes d'exercice du contrôle de gestion ;
- de connaître les modes d'évaluation du rendement des entreprises.

QUESTIONS DE RÉVISION

1. Quelles sont les quatre désignations de rôles de la comptabilité définies dans ce chapitre?
2. Quel est l'objectif visé par la comptabilité financière?
3. Complétez la phrase suivante: « La présentation des états financiers sera acceptable dans la mesure où elle respecte... »
4. Donnez une définition du contrôle interne.
5. Expliquez ce qu'on entend par contrôle d'exécution.
6. Décrivez le contrôle de gestion.
7. Dites en quoi consiste la gestion de la trésorerie.
8. Énumérez au moins cinq tâches liées à la gestion de la trésorerie.
9. Définissez la comptabilité de management.
10. Quelles sont les autres appellations de la comptabilité de management?
11. Définissez certaines des relations qui existent entre la comptabilité de management et la comptabilité financière.
12. En quoi la comptabilité de management se distingue-t-elle de la comptabilité financière, du point de vue:
    a) de la qualité primordiale?
    b) du cadre théorique (nommez deux caractéristiques sur trois)?
    c) des données utilisées (nommez cinq caractéristiques sur six)?
    d) de la collecte d'informations?
    e) du moment de l'intervention?
    f) du champ de l'intervention?
    g) du temps de cycle?
13. Quelles sont les quatre époques marquantes dans l'évolution de la comptabilité de management?
14. Quel était le rôle principal de la comptabilité dans l'Antiquité?
15. Quels sont les développements majeurs de la comptabilité de management au cours de la révolution industrielle?
16. Que pouvons-nous dire des caractéristiques essentielles de la comptabilité de management au cours de la période comprise entre 1920 et 1970?
17. Quelle préoccupation cruciale a amené l'assujettissement de la comptabilité de management à la comptabilité financière au cours du XXe siècle?
18. Comment pourrait-on décrire l'évolution récente de la comptabilité de management?
19. Nommez six des sept facteurs déterminants de l'évolution actuelle de la comptabilité de management.
20. Les diverses responsabilités qu'on attribue habituellement à la comptabilité sont-elles assumées par des comptables différents au sein de l'entreprise?
21. Que peut-on dire de la place du contrôleur de gestion dans l'organigramme de l'entreprise?
22. Quelles personnes ont recours à la comptabilité de management au sein d'une entreprise?
23. Quel est le principal rôle assumé par les comptables agréés (CA)?
24. Quel est le champ d'intervention privilégié des comptables en management (CMA)?
25. Quelle mission l'Ordre des comptables généraux licenciés (CGA) s'est-il donnée?
26. Quel institut œuvrant dans le champ de la comptabilité n'est pas un ordre professionnel au sens du Code des professions? Par quel rôle se distingue-t-il des autres organismes?
27. Quel objectif fondamental, aussi le fil conducteur du présent manuel, caractérise l'évolution actuelle de la comptabilité de management?

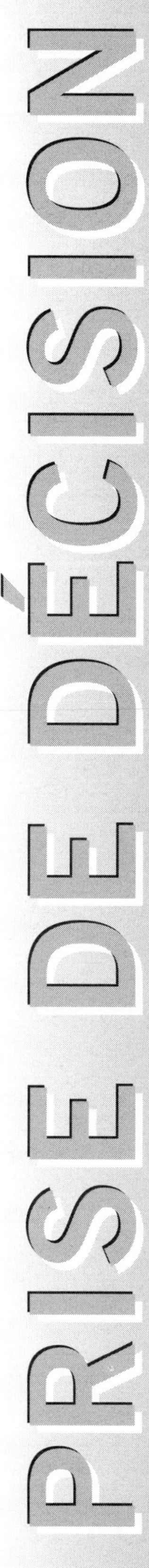

La comptabilité de management se propose de fournir aux gestionnaires des informations financières qui facilitent la prise de décision et sont susceptibles d'améliorer la gestion proprement dite, c'est-à-dire les activités de planification et de contrôle. Cette première partie est entièrement consacrée à la prise de décision. La deuxième partie, elle, se concentre sur la planification, le contrôle et l'évaluation de la performance financière de l'entreprise.

Les coûts et les marges sont des données financières de première importance pour la prise de décision. La comptabilité de management s'est enrichie au fil des ans de méthodes et de techniques d'analyse qui ont facilité le calcul des différents types de coûts et la détermination de différentes marges en fonction des situations administratives à évaluer. Cet arsenal de méthodes et de techniques aide le gestionnaire à prévoir de façon plus précise l'effet des décisions de l'entreprise sur les coûts et les marges ainsi que sur le résultat net. Les six chapitres qui composent cette première section traitent de cette question ; quatre d'entre eux portent plus spécifiquement sur la définition, le calcul et l'analyse des coûts, et deux autres traitent de la définition, du calcul et de l'analyse des marges.

Le chapitre 1 précise les rôles de la comptabilité de management au sein de l'entreprise et donne un aperçu de son évolution. Le chapitre 2 expose les notions fondamentales sur les coûts pertinentes à la prise de décision. Il distingue notamment les coûts liés au temps, au contexte décisionnel et au volume d'activité. Le chapitre 3 décrit les diverses méthodes de calcul du coût de revient, leur contexte d'application et leur rôle dans la prise de décision. Il y est question des modes de calcul des coûts directs. Le chapitre 4 traite des coûts indirects et des diverses méthodes de répartition et d'imputation de ces coûts, notamment par le recours aux centres de coûts. Il se penchent également sur l'interprétation des coûts indirects dans différents contextes décisionnels. Enfin, le chapitre 5 explique en détail la comptabilité par activités, et plus particulièrement les méthodes de décomposition des coûts, qui facilitent la compréhension des coûts indirects et de leur effet sur le coût des produits et des services.

Le chapitre 6 aborde la définition des marges et de leur calcul, notamment par le biais des centres de responsabilité. On y expose notamment les principes de base de la méthode des coûts variables et de la méthode des coûts spécifiques. On y traite aussi de l'évaluation de propositions dans le cadre de la méthode d'analyse globale et de la méthode d'analyse différentielle. Le chapitre 7 étudie l'ensemble des décisions liées à la structure des coûts. On y explique l'analyse coût-volume-bénéfice (CVB) et l'analyse de la capacité. L'analyse CVB se révèle précieuse pour le gestionnaire dont les décisions influent de manière permanente sur la structure des coûts, par exemple, pour celui qui prend les décisions relatives aux investissements immobiliers et technologiques.

Au terme de cette première partie, l'étudiant devrait être capable de calculer des coûts et des marges et d'appliquer ces connaissances pour éclairer des décisions touchant la fixation des prix de vente, l'évaluation des stocks, l'évaluation de la rentabilité des produits et des services, l'évaluation de propositions en général et, plus particilièrement, de celles qui affectent la structure des coûts et la capacité de l'entreprise.

CHAPITRE 2

Les coûts et la prise de décision

Objectifs

Après avoir étudié ce chapitre, vous serez capable :

- de définir et d'analyser les coûts dans un contexte de prise de décision ;
- de déterminer les coûts pertinents pour la prise de décision ;
- d'analyser certaines décisions influant sur les coûts ;
- de distinguer les coûts fixes des coûts variables ;
- d'appliquer des méthodes permettant de distinguer les coûts fixes des coûts variables.

Sommaire

- Qu'est-ce qu'un coût ?
- Les notions fondamentales
- Les coûts associés au temps
- Les coûts utiles dans un contexte décisionnel
- Les coûts associés au volume
- La distinction entre les coûts fixes et les coûts variables
- L'analyse des coûts en vue de la prise de décision

Les coûts sont sans aucun doute l'information d'ordre financier la plus susceptible d'influer sur la prise de décision. La comptabilité traite des données financières en général, c'est-à-dire des coûts, des revenus et des flux monétaires, mais elle s'intéresse d'abord et avant tout aux coûts.

QU'EST-CE QU'UN COÛT?

Le coût est « la somme d'argent exigée en contrepartie de biens ou de services lors de leur acquisition et correspondant à leur juste valeur à ce moment-là »[1]. Cette définition coïncide avec celle du coût d'achat ou du prix coûtant. Ainsi, la somme d'argent qu'un fournisseur exige d'un client en contrepartie d'un bien donné détermine le coût de ce bien pour le client en question.

Cependant, affirmer qu'un produit coûte 20 $ ne fournit aucune information sur ce que ce montant représente[2]. S'agit-il d'un coût marginal ? D'un coût moyen ? Et, si ce coût résulte d'un calcul, quelle méthode a-t-on utilisée ? Comment a-t-on procédé pour établir le montant des coûts indirects ? Comment a-t-on tenu compte de ces coûts ? Comment ont-ils été répartis ?

Nous allons présenter une analyse en quatre temps des coûts susceptibles de faciliter la prise de décision.

1. Les notions fondamentales, soit le coût total, le coût moyen et le coût marginal.
2. Les coûts liés au temps, soit le coût historique, le coût du marché, le coût prévisionnel et le coût actualisé.
3. Les coûts constituant une aide à la décision, soit le coût pertinent, le coût de renonciation et le coût différentiel.
4. Les coûts liés au volume d'activité, soit le coût fixe, le coût fixe par paliers, le coût variable, le coût variable par paliers et le coût mixte.

Outre les définitions de coûts présentées dans ce chapitre, il existe une variété impressionnante de qualificatifs servant à préciser ce que mesure véritablement un coût ou ses diverses dimensions[3]. Dans chacun des chapitres, nous proposerons de nouvelles définitions des coûts afin de faciliter la compréhension des techniques et des modèles d'analyse qui y seront présentés.

---

1. Louis Ménard, *Dictionnaire de la comptabilité et de la gestion financière*, ICCA, 1994, p. 182.
2. Jerold L. Zimmerman, *Accounting for Decision Making and Control*, Irwin, 1995, p. 24. Nous recommandons la lecture du chapitre 2, intitulé « *The Nature of Costs* ».
3. Nous retrouvons pas moins de 93 termes définissant des coûts dans le document intitulé *Terminologie fondamentale de la comptabilité de management, anglais-français*, LEXICOM, publié par la Société des comptables en management du Canada en 1994, sous la coordination de Julie Desgagné.

LES NOTIONS FONDAMENTALES

En matière de coûts, trois notions sont fondamentales, celles du coût total, du coût moyen et du coût marginal. Le coût moyen et le coût marginal représentent des coûts à l'unité. Il est essentiel d'avoir une bonne connaissance de ces concepts pour pouvoir analyser toutes les décisions engageant des coûts.

Le coût total

Le coût total correspond à la somme des coûts de toutes les ressources consommées par une entité. Il faut donc, dans le cas d'un produit ou d'un service, établir la somme (l'inventaire) de toutes les ressources qui concourent à sa matérialisation. Le coût total est également appelé coût de revient du produit ou du service. Il n'est pas toujours facile de le déterminer. En effet, si nous pouvons mettre en évidence les ressources engagées directement pour l'obtention d'un produit ou d'un service, il en est tout autrement des ressources relevant de l'infrastructure comme les équipements, les bâtiments et les services de soutien technique. Lorsque nous voulons répartir les coûts des ressources utilisées entre les produits ou services qui absorbent ces ressources, nous devons souvent nous fonder sur des hypothèses qui expliquent le comportement des coûts.

Le coût moyen

Le coût moyen représente le coût total d'un ensemble, divisé par le nombre d'unités comprises dans cet ensemble. Le coût moyen (d'un produit ou d'un service) est donc un coût unitaire.

Le coût marginal

Le coût marginal est le coût engendré par la dernière unité produite. Il s'agit donc également d'un coût unitaire. Pour le déterminer, on doit pouvoir repérer les ressources consommées par cette dernière unité.

La figure 2.1 montre de quelle façon s'articulent le coût total, le coût moyen et le coût marginal.

Figure 2.1
Les relations entre le coût total, le coût moyen et le coût marginal

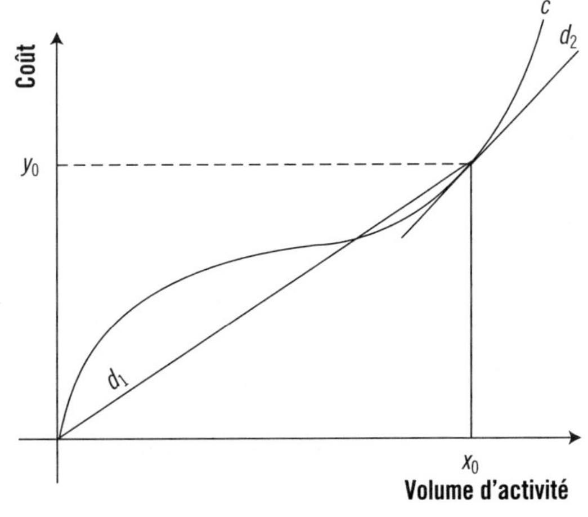

y_0 : Coût au volume d'activité x_0.
d_1 : Droite dont la pente donne le coût moyen d'une unité.
d_2 : Droite tangente à la courbe du coût total dont la pente donne le coût marginal au volume d'activité x_0.
c: Courbe du coût total.

Les données statistiques qui suivent fournissent des éléments de réflexion sur les rapports existant entre le coût total, le coût moyen et le coût marginal.

Nombre d'unités	Coût total	Coût moyen	Coût marginal
50	250,00 $	5 $	n.d.
⋮	⋮	⋮	⋮
98	538,81 $	5,498061224 $	n.d.
99	544,40 $	5,498989899 $	5,59 $
100	550,00 $	5,5 $	5,60 $
101	555,61 $	5,501089109 $	5,61 $
102	561,24 $	5,502352941 $	5,63 $
⋮	⋮	⋮	⋮
200	1 080,00 $	5,4 $	n.d.

Le coût moyen correspond au coût total divisé par le nombre d'unités. C'est le coût unitaire.

Le coût marginal de la 100e unité correspond à la différence entre le coût total des 100 premières unités et le coût total des 99 premières unités.

Quel est le coût unitaire de ce produit ? Il est de 5 $ si l'on s'intéresse au coût moyen des 50 premières unités, de 5,50 $ si l'on calcule le coût moyen des 100 premières unités et de 5,40 $ si l'on détermine le coût moyen des 200 premières unités. Il peut également être de 5,61 $ si l'on considère la 101e unité produite, de 5,63 $ si l'on tient compte de la 102e unité produite, et ainsi de suite.

Les données précédentes montrent bien qu'on ne révèle rien de précis en disant qu'un produit coûte 5 $, et qu'il faut disposer d'informations sur la façon dont on mesure ce coût pour savoir ce qu'il représente. Voici un exemple illustrant cette question.

EXEMPLE Le coût du journal quotidien

Deux amis se dirigent vers le métro comme ils le font chaque matin ; l'un d'eux s'arrête au dépanneur et achète le journal. Il le paie 1 $. « Ah ! dit-il à son ami, quand on y pense bien, je viens de payer 1 $ ce qui a coûté 0,10 $ à produire. »

L'ami proteste, alléguant que c'est impossible. Il se rappelle avoir entendu la veille au bulletin télévisé que l'entreprise qui publie ce quotidien n'a réalisé aucun bénéfice lors du dernier trimestre. Il en conclut donc que son ami a payé 1 $ ce qui représente pour l'entreprise environ 1 $ en coûts de production.

Le premier insiste et défie son copain en invoquant un argument d'autorité : « Je viens tout juste de terminer un cours de comptabilité et je te parie que l'exemplaire que je tiens présentement dans la main n'a pas coûté plus de 0,10 $ à l'entreprise qui l'a produit ».

Lequel des deux copains a raison ?

Ils ont tous les deux raison. Le premier appuie son argumentation sur le coût marginal (qui est de 0,10 $), soit le coût additionnel de l'exemplaire qu'il vient d'acheter. Le deuxième considère le coût moyen du tirage. En effet, s'il en coûte 100 000 $ pour produire un tirage de 100 000 exemplaires, il est juste de dire que chaque journal coûte en moyenne 1 $. Et, il est tout aussi raisonnable d'affirmer qu'un exemplaire additionnel engendre un coût de 0,10 $.

Dans un contexte de prise de décision, le concept de coût marginal est extrêmement intéressant, car une entreprise pourrait être tentée de baisser le prix d'un produit ou d'un service pour vendre des unités additionnelles. Si, par contre, le problème est analysé dans une perspective à long terme, il apparaît évident que le prix de vente du produit doit être supérieur au coût moyen, de façon que les revenus globaux de la production couvrent l'ensemble des coûts. Par ailleurs, lorsqu'il est question d'unités additionnelles d'un produit que l'entreprise ne pourrait vendre autrement, il peut être avantageux pour elle de diminuer le prix pour qu'il soit inférieur au coût moyen, dans la mesure où il demeure plus élevé que le coût marginal. Cependant, le choix du coût marginal peut influer sur le comportement des clients de manière imprévisible, comme l'illustre l'exemple suivant. On doit donc y avoir recours avec une extrême prudence.

EXEMPLE

Le prix d'un billet d'avion

Supposons que le trajet Montréal-Paris effectué par un transporteur aérien coûte 60 000 $ et que le prix du billet aller-retour varie, selon les classes, entre 600 $ et 4 000 $ par personne. Le coût marginal que représente un passager additionnel est presque nul ; on peut l'associer au coût de l'alimentation du passager. Dans ce cas, devrait-on, 15 minutes avant le départ, vendre des billets à prix réduit, par exemple à 200 $ ou même 100 $ pour un aller seulement, afin de combler les sièges inoccupés ?

La proposition est alléchante lorsqu'on considère le coût marginal qu'entraîne l'addition d'un passager. Plusieurs compagnies aériennes ont d'ailleurs déjà proposé une telle politique dite de « réduction accordée aux passagers en attente ». Mais toutes ces compagnies ont annulé ces politiques de diminution de prix car, même si elles ont ainsi réalisé des gains à très court terme, elles ont constaté qu'elles y perdaient à long terme. En effet, ces politiques ont fait augmenter le nombre de clients en attente au détriment de la clientèle habituelle, car plusieurs personnes préféraient figurer sur une liste d'attente afin de réaliser des économies substantielles.

LES COÛTS ASSOCIÉS AU TEMPS

Dans cette section, nous traitons des coûts liés au temps, c'est-à-dire du coût historique, du coût du marché, du coût prévisionnel et du coût actualisé. Ces définitions sont utiles dans un contexte décisionnel. Les décisions actuelles vont affecter les coûts et les revenus futurs d'une entreprise, donc ses coûts et ses revenus prévisionnels. Ces décisions sont souvent fondées sur le coût du marché et le coût actualisé, donc sur une valeur constatée au moment où la décision est prise. Or, la comptabilité classique recense des coûts passés ou historiques ; c'est pourquoi il est important d'apprendre à distinguer ces coûts pour être en mesure d'analyser les décisions de l'entreprise.

Le coût historique

Le coût historique est le coût enregistré au moment d'une transaction, c'est-à-dire le « coût d'acquisition d'un bien ou d'un service[4] ». Ce coût appartient essentiellement au passé.

Le coût du marché

Le coût du marché désigne la valeur d'un bien ou d'un service sur le marché, c'est-à-dire la « valeur de la contrepartie nécessaire pour acquérir un bien identique ou équivalent à celui que possède l'entreprise[5] ». Il s'agit donc essentiellement d'un coût actuel, autrement dit du coût qu'il faudrait assumer si l'on effectuait cette dépense le jour même.

Le coût prévisionnel

Le coût prévisionnel est un coût que l'on prévoit engager ; il est d'ailleurs souvent inscrit au budget. Il correspond donc essentiellement à l'estimation d'un coût futur.

Le coût actualisé

Le coût actualisé, ou valeur actuelle, est égal à la somme qu'il faudrait aujourd'hui débourser pour l'acquisition d'un bien ou l'obtention d'un service. Il est l'équivalent du coût prévisionnel, compte tenu d'un taux d'actualisation.

Nous résumons les relations existant entre les coûts liés au temps à l'aide de l'exemple suivant, illustré à la figure 2.2.

Il y a cinq ans, une entreprise a acheté un élément d'actif qu'elle a payé 50 000 $. Cet élément se vend aujourd'hui 104 000 $ et vaudra, selon les prévisions, 108 000 $ dans un an. Si l'on considère un taux d'actualisation de 8 %, la valeur actualisée de cet élément d'actif est de 100 000 $.

---

4. La Société des comptables en management du Canada. *Op. cit.*, p. 32.
5. La Société des comptables en management du Canada. *Op. cit.*, p. 18.

Figure 2.2
Relations entre les diverses notions de coûts liés au temps

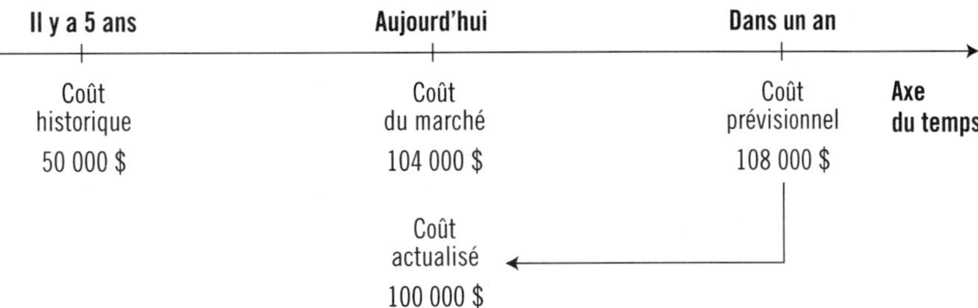

EXEMPLE

Le coût d'un terrain

Le propriétaire d'un terrain a acquis ce dernier il y a cinq ans pour la somme de 150 000 $. Après qu'on eut découvert que le sol du voisin était contaminé, la valeur de ce terrain a chuté, de sorte qu'elle n'est plus aujourd'hui que de 100 000 $. Mais, selon un expert en immobilier, cette valeur pourrait augmenter dans un an pour atteindre 110 000 $. Le rendement moyen actuel sur un placement est de 5 %. Andrée aimerait devenir propriétaire de ce terrain. Elle pourrait l'acheter maintenant au coût du marché ou bien attendre un an et le payer éventuellement 110 000 $ s'il est toujours en vente. Que lui conseillez-vous ?

Le coût historique ne peut être invoqué dans cette décision puisqu'il n'a aucune signification aujourd'hui. Andrée a le choix entre acheter ce terrain au prix du marché et donc débourser aujourd'hui 100 000 $, ou payer éventuellement 110 000 $ si elle en fait l'acquisition dans un an. Ce dernier montant correspond à un coût prévisionnel actualisé de 104 761,91 $. Le choix le plus économique est donc l'achat du terrain au coût du marché, c'est-à-dire 100 000 $.

LES COÛTS UTILES DANS UN CONTEXTE DÉCISIONNEL

Certains coûts interviennent exclusivement dans un contexte décisionnel, c'est-à-dire dans le cadre de l'analyse des décisions de l'entreprise. Ce sont le coût pertinent, le coût de renonciation et le coût différentiel.

Le coût pertinent

La pertinence n'est pas une qualité en soi ; elle se définit par rapport à une décision. Ce sont les circonstances qui confèrent à un coût sa pertinence. Un coût est pertinent par rapport à une décision donnée s'il est susceptible d'être modifié par cette décision.

Lorsqu'on doit évaluer des propositions ou des projets, tous les coûts associés à chacune des possibilités sont jugés pertinents. Il en est de même du manque à gagner, c'est-à-dire du revenu que l'on aurait pu toucher si l'on n'avait pas choisi une proposition donnée.

Le coût de renonciation

On définit le coût de renonciation comme le gain dont on accepte d'être privé en faisant un choix. Il s'agit du manque à gagner par rapport à la situation qui prévaudrait si l'on avait retenu le deuxième choix. Le coût de renonciation représente le bénéfice qu'on aurait pu faire grâce à la meilleure des solutions qu'on a rejetées. Il est toujours pertinent, puisqu'il influe sur l'ensemble des décisions.

Le coût de renonciation n'est pas à proprement parler un coût du point de vue de la comptabilité, car il ne résulte d'aucune transaction et n'implique la consommation d'aucune ressource. Tout comme le coût unitaire, le coût de renonciation correspond soit à un coût moyen, soit à un coût marginal. De plus, le coût de renonciation change au fil du temps, en fonction des décisions, des occasions d'affaires et du contexte.

EXEMPLE

L'achat d'actions

L'achat d'actions doit prendre en considération le coût de renonciation, qui correspond dans ce cas aux revenus qu'un autre choix d'investissement aurait permis de générer. Ainsi, le coût de renonciation associé à un achat d'actions d'une entreprise donnée, pour la somme de 100 000 $, sera de 8 000 $ si l'investisseur avait pu obtenir un rendement de 8 % au moyen d'un autre placement.

Le coût différentiel

Le coût différentiel distingue deux propositions, deux produits ou deux projets. On doit l'établir dans le cas où il existe plus d'une possibilité, de façon à faire les choix financiers les plus appropriés.

Le coût différentiel de deux propositions correspond à la différence entre le coût total de chacune des deux propositions. Ainsi, si le coût total de l'une est de 50 000 $ et celui de l'autre, de 60 000 $, le coût différentiel de ces deux propositions s'élève à 10 000 $.

EXEMPLE

La sous-traitance pour la fabrication de composants

La direction d'une entreprise se demande si elle devrait fabriquer elle-même un lot de 1 000 composants dont le coût total est estimé à 80 000 $, ou si elle devrait en confier la production à l'extérieur à un coût total de 85 000 $.

Dans ce cas, le coût différentiel est de 5 000 $. Donc, si on examine la question strictement sur le plan économique, l'entreprise aurait avantage à fabriquer elle-même ce lot de composants. Cependant, comme c'est le cas de toute décision, il est essentiel de porter attention à d'autres éléments de nature stratégique et qualitative. Ainsi, l'économie de 5 000 $ qu'on pourra réaliser devra être supérieure à la valeur des facteurs qualitatifs favorisant l'option de fabriquer le produit à l'extérieur.

La distinction entre le coût différentiel et le coût de renonciation n'est pas toujours évidente, aussi donnerons-nous deux autres exemples pour préciser ces deux notions qui sont utiles dans un contexte décisionnel. Notons que ces notions ont aussi leur contrepartie sur le plan des revenus; il est question de revenu différentiel et de coût de renonciation négatif[6]. Le revenu différentiel est égal à la différence de revenus entre deux propositions. Quant au coût de renonciation négatif, il désigne une perte non subie plutôt qu'un manque à gagner. On peut également parler de contribution différentielle pour désigner la différence de contributions (revenus – coûts) entre deux propositions. Nous traiterons de la question des contributions et des marges dans le chapitre 6.

EXEMPLE

La mutation de Monsieur Boisclair

M. Boisclair vient d'être muté dans une autre ville. Il devra y louer un appartement au coût de 650 $ par mois, excluant l'électricité. Il est toujours propriétaire, dans la première ville, d'une maison qu'il a payée 160 000 $ il y a cinq ans. Il a décidé de louer cette maison au prix de 700 $ par mois, mais il aurait pu la vendre 180 000 $. Le cas échéant, il aurait payé au courtier une commission de 11 502 $, taxes incluses. Il aurait pu placer le produit de la vente au taux de 8 % pour une durée de trois ans. Enfin, s'il demeure propriétaire de la maison, il doit assumer des coûts de 300 $ par mois pour les taxes, les assurances et les autres frais inhérents à la maison.

Examinons les coûts pertinents, le coût différentiel et le coût de renonciation associés à la décision de louer la maison au lieu de la vendre.

Le coût de l'appartement dans la nouvelle ville et les frais de déménagement ne sont pas pertinents dans le cas de cette décision. Le prix payé pour la maison il y a cinq ans n'a également aucun rapport avec cette décision.

Par contre, le montant dont M. Boisclair pourrait disposer après la vente, le montant de la commission qu'il doit verser et le taux d'intérêt qu'il pourrait obtenir du placement de cet argent sont pertinents en ce qui a trait à cette décision. Il en est de même du loyer retiré pour la location de la maison ainsi que des coûts qu'il doit assumer en tant que propriétaire.

Le coût de renonciation qui se rattache à la décision de louer la maison plutôt que de la vendre s'élève à 13 479,84 $ par an. Ce coût est égal à 8 % de la somme de 168 498 $, laquelle est obtenue en soustrayant du prix de vente éventuel le montant de la commission, soit 180 000 $ – 11 502 $. Cette somme de 168 498 $ représente le montant net que M. Boisclair aurait pu retirer de la vente. Le revenu différentiel ou la contribution différentielle, qui est de 8 679,84 $, se calcule comme suit:

13 479,84 $ – (8 400 $ – 3 600 $)

En effet, si M. Boisclair vend sa maison, il recevra 13 479,84 $ par an, tandis que s'il la loue, il recevra 8 400 $ par an (soit 700 $ par mois) moins 3 600 $ par an (soit 300 $ par mois).

6. Nous ne connaissons pas d'expression décrivant cette réalité.

EXEMPLE

L'utilisation des stocks

L'analyse des décisions relatives à l'utilisation des stocks est parfois fort instructive. Nous allons examiner quatre situations indépendantes les unes des autres concernant l'emploi de composants en stock pour une commande spéciale ; le prix de ces composants était de 20 000 $ il y a trois mois. L'analyse de ces décisions selon les principes de la comptabilité financière pourrait déboucher sur une solution nouvelle que nous étudierons.

Première situation

On ne prévoit aucun usage pour les composants qui font partie des stocks et leur valeur de rebut est nulle. D'autre part, l'entreprise pourrait en obtenir de nouveaux d'un fournisseur qui les fabriquerait pour cette occasion et demanderait la somme de 20 500 $ pour le lot.

Le coût de renonciation lié à la décision de recourir aux composants en stock est nul, car il n'entraîne aucun manque à gagner. Le coût différentiel est de 20 500 $ puisque, si l'entreprise les achetait du fournisseur auquel elle s'est adressée, elle devrait débourser 20 500 $. Selon le cadre d'analyse des décisions qui a été retenu, le coût historique n'est pas pertinent puisqu'on ne peut en rien le modifier. De plus, si on ne prévoit aucun autre usage pour ces composants et que leur valeur de rebut est nulle, le stock actuel ne vaut plus rien.

Par ailleurs, du point de vue de la comptabilité financière, comme le stock est relativement jeune, (il a été acquis trois mois auparavant), on pourrait considérer qu'il vaut 20 000 $, ce qui correspond à son coût historique, et conclure que le coût différentiel est de 500 $ plus élevé que le coût historique si on se procure les composants chez le fournisseur.

Deuxième situation

Ces composants servent à la fabrication d'autres produits et devront être remplacés au coût de 20 500 $.

Dans ce cas, le coût de renonciation associé aux composants et leur coût différentiel sont nuls. En effet, il n'y a aucun manque à gagner et, quelle que soit la décision, il faudra se procurer des composants à 20 500 $; le coût des produits demeure donc constant.

Par ailleurs, du point de vue de la comptabilité financière, si l'entreprise retient la méthode de l'épuisement successif (FIFO) pour établir la comptabilisation des stocks, on pourrait considérer qu'il existe un coût différentiel de 500 $. Cependant, ce gain de 500 $ réalisé sur la commande spéciale serait annulé par un manque à gagner de 500 $ enregistré sur la production régulière.

Troisième situation

L'entreprise est incapable de se procurer ailleurs les composants qu'elle possède actuellement en stock. De plus, ces derniers peuvent toujours servir à la fabrication d'autres produits qui engendreraient, le cas échéant, un bénéfice de 5 000 $.

Le coût de renonciation qui découle de la décision d'intégrer ces composants à la commande spéciale s'élève à 5 000 $, alors que le coût différentiel est nul.

Quatrième situation

On ne peut envisager aucune autre façon d'employer ces composants. De plus, on ne peut les acquérir à l'extérieur, et l'entreprise aurait tôt ou tard dû débourser la somme de 1 000 $ pour s'en débarrasser.

Le coût de renonciation, qui est négatif, est de –1 000 $. Il s'agit d'une perte non subie, qui n'entraîne aucun coût additionnel.

LES COÛTS LIÉS AU VOLUME D'ACTIVITÉ

Plusieurs décisions se rapportent au volume d'activité. Or, le volume influe sur les coûts. Il représente la quantité d'extrants, c'est-à-dire le nombre d'unités produites (en unités équivalentes) ou le nombre de services rendus. Pour analyser les décisions relatives au volume, nous définirons les catégories de coûts suivantes (figure 2.3) :

- les coûts variables, qui sont directement proportionnels au volume ;
- les coûts fixes, qui ne dépendent d'aucune manière du volume ;
- les coûts fixes par paliers, qui ne varient pas à l'intérieur d'un même palier et qui, lorsque certains volumes sont atteints, augmentent en accédant à un palier plus élevé ;
- les coûts variables par paliers, qui sont directement proportionnels au volume, mais dont le taux de proportionnalité change lorsque certains volumes sont atteints ;
- les coûts mixtes, dont la structure diffère de celle des coûts décrits précédemment, puisqu'ils comportent essentiellement une partie fixe et une partie variable, sans se rattacher à un schéma déterminé.

Figure 2.3
Le comportement des coûts

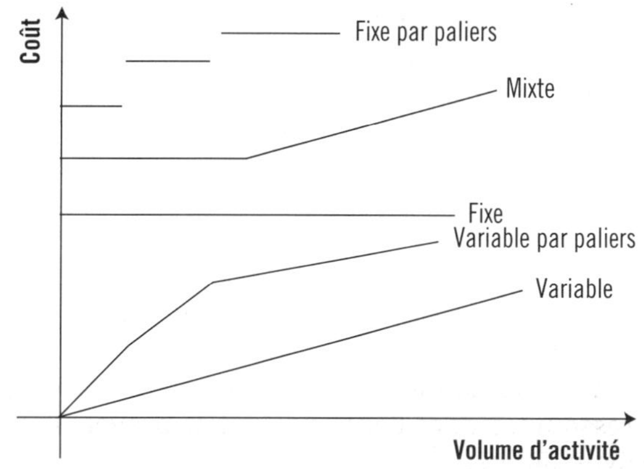

Le coût fixe et le segment significatif

On définit le coût fixe comme un coût qui n'est pas sensible à la variation du volume. Il résulte en partie de décisions d'investissement requérant un financement – par exemple dotation à l'amortissement, paiement des taxes et des assurances, etc. –, et en partie de décisions d'embauche à long terme (notamment de personnel cadre). De telles décisions touchant l'acquisition de ressources à long terme ne sauraient être remises en question tous les jours par la direction. Ces coûts sont dotés d'un grand pouvoir d'inertie qui les rend très souvent irréversibles à court terme. Cependant, on ne peut pas dire qu'ils soient constants quel que soit le volume de production. Si, cas extrême, le volume devenait nul, il serait possible d'éliminer certains coûts considérés comme fixes.

C'est ainsi que la notion de coûts fixes se conçoit à l'intérieur d'une zone délimitée par deux volumes d'activité ou deux volumes de production, qu'on appelle segment significatif. La borne inférieure correspond au volume d'activité au-dessous duquel il est possible de réduire ou de supprimer certains coûts fixes, et la borne supérieure correspond au volume d'activité au-dessus duquel une augmentation des coûts fixes s'avère nécessaire.

En pratique, on ne peut concevoir de coûts fixes à long terme. Il n'existe que des coûts fixes par paliers. Toutefois, à l'intérieur d'un segment significatif, qui se rattache souvent à une période budgétaire, on peut parler de coûts fixes. La figure 2.4 illustre cette notion.

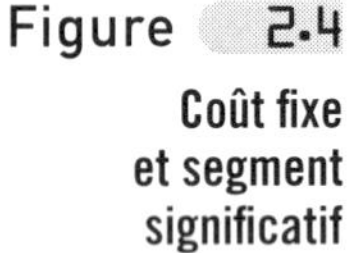

Figure 2.4
Coût fixe et segment significatif

a) Réalité

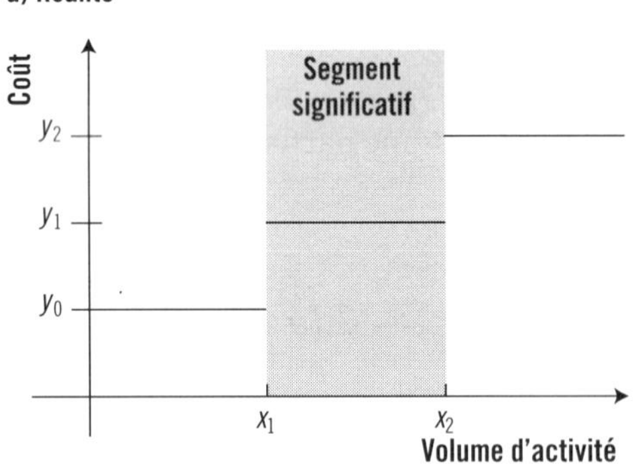

b) Réalité représentée

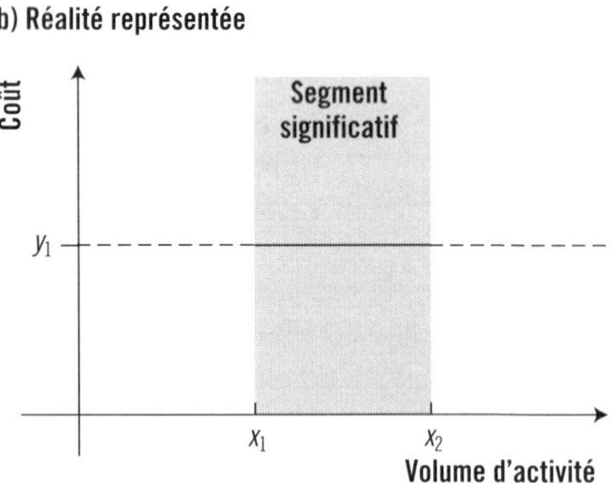

Cette figure indique que, si le volume d'activité prévu est inférieur à x_1, les coûts fixes s'élèveront à y_0. Si le volume d'activité prévu se situe entre x_1 et x_2, les coûts fixes seront de l'ordre de y_1. Au-dessus de x_2, ils seront de l'ordre de y_2. Il faut noter que nous avons mentionné le volume d'activité prévu parce que ces coûts sont rattachés à des ressources dont l'entreprise doit prévoir l'acquisition pour atteindre un volume d'activité donné.

Le coût variable et le segment significatif

On ne saurait parler, au sens strict du terme, de coûts variables. Les économies d'échelle, y compris les escomptes accordés en fonction de la quantité produite, de même que la courbe d'apprentissage, font en sorte que les coûts modifiés par le volume d'activité ont plutôt une forme curviligne, comme le montre la figure 2.5. Il existe une concordance entre cette forme et les modèles élaborés par les économistes pour représenter des conditions de concurrence pure et parfaite.

Figure 2.5
Coût variable et segment significatif

a) Réalité

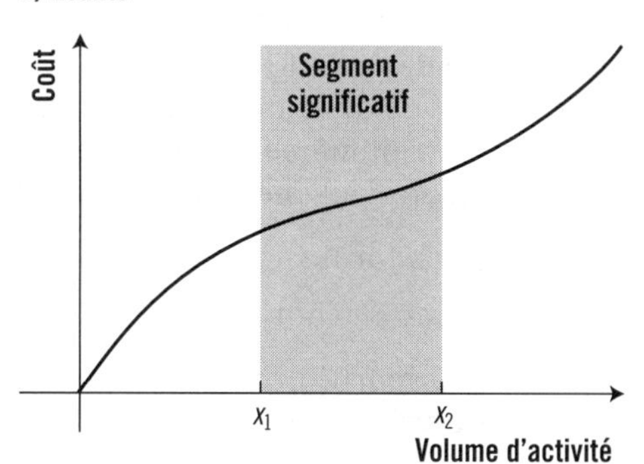

b) Réalité représentée

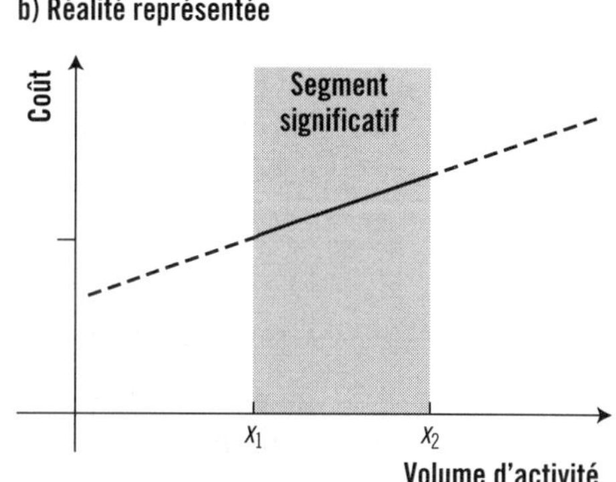

Cependant, à l'intérieur d'une zone d'activité normale qui correspond au segment significatif, la différence entre la courbe et une droite devient peu importante. De plus, compte tenu des données nécessaires pour estimer une courbe — données que l'on doit recueillir pendant un intervalle assez court, si l'on veut qu'elle soit représentative —, il est illusoire de penser que l'on pourrait tracer une fonction curviligne qui serait valable du point de vue statistique. C'est pourquoi, par souci de pragmatisme et pour simplifier considérablement les analyses subséquentes sans toutefois invalider leurs conclusions, on émet l'hypothèse que le coût variable est proportionnel au volume d'activité. Cette hypothèse sera valable tant que le volume atteint se situera à l'intérieur du segment significatif d'exploitation.

EXEMPLE Le coût des ressources

Nous analyserons à titre d'exemples huit ressources typiques afin de déterminer le type de coût qu'elles entraînent.

1. Le prix d'un composant utilisé dans l'assemblage d'un produit varie comme suit:

Quantités achetées	Prix unitaire
0 à 10 000 unités	10 $
10 000 à 20 000 unités	9 $
20 000 et plus unités	8 $

Si l'entreprise commande toujours une quantité qui se situe à l'intérieur d'un seul des trois intervalles, le coût du composant est de 10 $, de 9 $ ou de 8 $ l'unité, mais il correspond à un seul de ces trois prix, et il s'agit d'un coût variable. Si, par ailleurs, au cours d'une période donnée, cette entreprise commandait des quantités comprises dans plus d'un intervalle, on pourrait dire qu'on est plutôt en présence d'un coût variable par paliers.

2. Les employés d'un atelier de production gagnent, selon leur expérience et leur qualification, entre 30 000 $ et 50 000 $. La charge de travail normale de chacun de ces employés est de 1 800 heures et l'atelier compte actuellement 45 employés, ce qui représente une capacité maximale de 81 000 heures (soit 45 × 1 800 heures).

   Le coût relié au travail des employés est certainement fixe à très court terme, car il est peu probable que la charge de travail dépasse 81 000 heures. Il pourrait être fixe par paliers à moyen terme si des variations de la demande de travail qui la faisait exéder 81 000 heures survenaient. Il pourrait même être considéré comme variable à très long terme en raison du volume de travail, mesuré en blocs de 1 800 heures.

3. Les vendeurs sont payés uniquement sous forme de commissions.

   Les commissions des vendeurs constituent un coût variable.

4. Le contrat de concession dans un centre sportif prévoit un loyer de 400 $ par événement, somme à laquelle s'ajoute l'équivalent de 2 % du montant des ventes.

   Si on étudie un événement en particulier, le coût du loyer est mixte, car il comprend une partie fixe, qui est de 400 $, et une partie variable, représentant 2 % des ventes. Cependant, sur une période comportant plusieurs événements, ce coût varie en fonction du nombre d'événements, et il peut aussi varier par paliers si l'on considère que les ventes ne seront pas les mêmes d'un événement à l'autre.

5. Les frais d'électricité sont établis comme suit. Un montant minimal, fixé à 500 $, est fonction de la puissance requise. S'ajoute à ce coût un montant basé sur la consommation calculé au taux de 0,10 $/kWh.

   Le coût de l'électricité est mixte, car il comporte une partie fixe et une partie variable. Cependant, il pourrait prendre l'allure d'un coût variable par paliers, ou même d'un coût variable à long terme si on traçait un graphique du coût en fonction du volume consommé.

6. Une entreprise a dépensé en frais de publicité la somme de un million de dollars en 1996, quand ses ventes atteignaient 18 millions, et la somme de 1,2 millions en 1997, quand ses ventes s'élevaient à 20 millions.

   Le coût de la publicité est fixe car, bien qu'il influe sur les ventes, celles-ci ne sont pas responsables des dépenses de publicité. Le montant consacré à la publicité découle d'une décision qui ne dépend pas des ventes futures.

7. Les coûts reliés à la dotation à l'amortissement cumulé et à la maintenance d'une machine-outil sont estimés à 50 000 $ par année. Une entreprise possède 10 de ces machines et sa capacité de travail sur une base annuelle est de 20 000 heures-machines; cette capacité est calculée en fonction d'une période d'activité de 50 semaines, à raison de 40 heures par semaine.

Ces coûts sont fixes. Toutefois, si le nombre d'heures d'utilisation des machines variait au fil des semaines, on pourrait considérer que ces coûts sont variables et proportionnels à l'utilisation des machines

8. La dotation à l'amortissement, les taxes, les assurances et l'entretien d'un entrepôt de 1 200 m^2 s'élèvent à 200 000 $ par année.

   Il s'agit d'un coût fixe. En êtes-vous certain? Si 50 % de la surface était inoccupée et si l'entreprise pouvait louer cette partie de l'entrepôt, continueriez-vous d'affirmer que ce coût est fixe? On serait tenté, dans les circonstances, de considérer qu'il s'agit d'un coût fixe par paliers. S'il s'agissait d'un entrepôt modulaire, on pourrait même le qualifier de coût variable dépendant des modules loués.

La présentation de ces quelques exemples permet de conclure que la structure des coûts est fonction de la situation, du point de repère que l'on se donne et de la période de temps qui nous intéresse. En règle générale, quelques-uns des coûts sont fixes à court terme, mais la plupart sont fixes par paliers, mixtes à moyen terme et variables, ou variables à long terme par paliers.

EXEMPLE Le coût des activités

Nous analyserons maintenant huit activités typiques afin de déterminer les coûts qu'elles engendrent.

1. Une activité d'assemblage de pièces qui comprend le coût des composants assemblés, celui de l'utilisation de l'équipement et celui de la main-d'œuvre directement impliquée dans cette activité.

   Le coût relatif à cette activité varie à court terme. Mais, il faut être conscient que ce coût peut varier d'un mois à l'autre, voire d'une semaine à l'autre. De plus, on peut y voir un coût variable par paliers si le coût d'utilisation de la machine présente des économies d'échelle, comme c'est souvent le cas.

2. Une activité de mise en course qui comprend toutes les activités de préparation en vue de l'assemblage d'un lot de produits ou de la fabrication d'un lot de pièces. Cette activité comprend surtout des ressources en main-d'œuvre, mais également des fournitures.

   Il s'agit d'un coût fixe par rapport au nombre d'unités comprises dans un lot. Cependant, ce coût varie par rapport au nombre de lots.

3. Une activité de gestion des commandes qui inclut principalement de la main-d'œuvre, mais aussi des fournitures.

   Cette activité engendre un coût fixe par rapport au volume de matières premières commandées ou de produits finis. Cependant, ce coût varie en fonction du nombre des commandes passées.

4. Une activité de recherche et de développement.

   Le coût de cette activité est fixe car, comme c'est le cas de la publicité, bien que cette activité influe sur le nombre de nouveaux produits conçus et lancés chaque année, les ventes n'entraînent pas de coûts de recherche et de développement. La décision de dépenser telle somme en recherche et en développement ne dépend pas des résultats, car on ne les connaît pas au moment où la décision est prise.

5. Un processus de gestion des inscriptions à l'université qui comprend des activités relevant du bureau du registraire ainsi que de la comptabilité. Ce processus fait appel à de la main-d'œuvre, mais il implique aussi un support informatique.

   Le coût de ce processus est mixte. Il comprend une partie fixe, liée au support informatique, et une partie variable, liée à la main-d'œuvre et dont l'ampleur est fonction du nombre d'inscriptions. Il faut noter que ce nombre ne coïncide pas avec le nombre d'étudiants.

6. Une activité d'enseignement définie comme l'intervention du professeur par rapport à un groupe d'élèves.

   Le coût relatif à cette activité est fixe. Le temps que le professeur investit dans sa préparation et le temps qu'il passe en classe sont indépendants du nombre d'élèves que compte sa classe. Seul le temps de consultation peut varier en fonction du nombre d'élèves. S'il y a des périodes de consultation préétablies, ces périodes peuvent être plus ou moins occupées, mais le temps que le professeur consacre à la consultation demeure à peu près le même.

7. Une activité de gestion des plaintes des clients.

   À court terme, le coût engendré par cette activité est généralement fixe. Il correspond aux salaires des personnes qui ont la responsabilité de gérer les plaintes. Si leur nombre varie dans le temps, il est possible que l'on doive ajouter ou retrancher une partie de ce personnel; dans ce cas, il s'agirait d'un coût fixe par paliers. Par ailleurs, si ce personnel effectue d'autres tâches, le temps passé en moyenne à gérer les plaintes varie avec le volume de plaintes; le coût de cette activité est donc variable.

8. Une activité d'entretien d'un immeuble.

   À court terme, ce coût est fixe. Cependant, si l'immeuble est très achalandé, il y a fort à parier que les coûts d'entretien augmenteront en conséquence.

En conclusion, tous les coûts varient à long terme si l'on considère différents volumes, et pas seulement le volume de produits finis.

LES MÉTHODES SERVANT À DISTINGUER LES COÛTS FIXES ET LES COÛTS VARIABLES

Nous avons donc défini le coût variable, le coût fixe, le coût fixe par paliers, le coût variable par paliers et le coût mixte. Il nous reste maintenant à les distinguer les uns des autres.

À long terme, tous les coûts sont fixes par paliers et variables par paliers. Si l'on étudie une très longue période, on constate qu'ils sont tous variables. À court terme, si l'on fait intervenir la notion de segment significatif d'exploitation, presque tous les coûts peuvent être dits fixes ou variables. Dans ce contexte, comment peut-on distinguer les coûts fixes des coûts variables ? Nous avons regroupé en trois catégories les méthodes qui s'y appliquent :

1. les méthodes intuitives ;
2. la méthode des points extrêmes et ses dérivés ;
3. les régressions linéaires simple et multiple.

Les méthodes intuitives

Les méthodes intuitives font appel à l'intuition et à l'expérience. Elles comprennent :

- la méthode de l'ingénierie ;
- l'analyse des comptes ;
- la corrélation visuelle.

La méthode de l'ingénierie

La méthode de l'ingénierie fait référence à l'établissement des coûts des diverses activités de fabrication. Cette tâche, confiée à une étude d'ingénieurs, est réalisée avant même que la production débute. On a recours à une approche normative, fondée sur l'accumulation systématique de données techniques au fil des ans. Lorsqu'il n'y a pas de données historiques propres aux activités concernées, comme c'est le cas pour un nouveau produit, cette approche est la seule possible. C'est la plus utilisée pour établir des normes de quantité.

L'analyse des comptes

L'analyse des comptes consiste en un examen systématique de tous les comptes du grand livre (GL) en vue de déterminer les portions fixe et variable de chacun des coûts. Dans cette méthode, l'intuition et l'expérience permettront au comptable de porter un jugement sur la structure des coûts de chacun des comptes, à condition qu'il ait une connaissance approfondie de l'entreprise. Cette approche peut servir à vérifier le caractère raisonnable des estimations obtenues au moyen d'une autre méthode.

La corrélation visuelle

La corrélation visuelle consiste à ajuster visuellement une droite à partir d'un nuage de points. Cette méthode implique donc de disposer de données statistiques valables sur les coûts et ce, pour différents volumes d'activité.

La méthode des points extrêmes

La méthode des points extrêmes retient les deux observations limites relatives aux volumes d'activité extrêmes. Le principe est simple : on fait passer une droite par deux points dont on connaît les coordonnées, puis on détermine l'équation exacte de cette droite. Ainsi, à partir des volumes minimal et maximal d'activité et du montant total des frais qui s'y rapportent, coordonnées des deux points extrêmes, on essaie de rétablir la relation linéaire qui semble exister entre les coûts et l'intervalle d'activité étudié. Cette méthode est valable lorsque les trois conditions suivantes sont réunies :

1. l'intervalle observé peut être considéré comme un segment significatif ;
2. les deux points extrêmes sont représentatifs de l'ensemble ;
3. les points extrêmes sont suffisamment éloignés l'un de l'autre.

La figure 2.6 illustre différentes situations tirées d'observations statistiques.

Figure 2.6
Différentes situations résultant d'observations statistiques

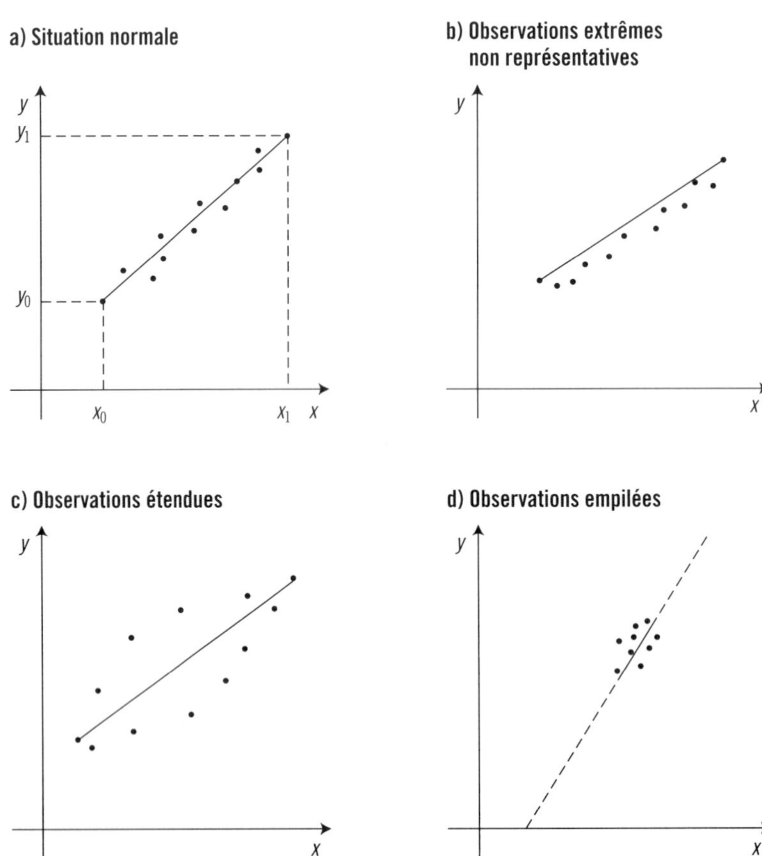

La procédure à suivre pour déterminer une droite à partir de deux points est la suivante :

1. on détermine la pente b de la droite, qui représente le coût variable unitaire, en divisant la somme correspondant à la variation des coûts par celle qui correspond à la variation observée entre le volume minimal et le volume maximal ;
2. on fixe le montant total des coûts variables qui s'appliquent à l'un ou l'autre des points extrêmes en multipliant le coût variable unitaire b (obtenu à l'étape 1) par le volume, au point choisi ;
3. on obtient l'ordonnée à l'origine a en calculant la différence entre le montant des coûts variables et le montant des coûts totaux.

Lorsqu'on veut établir l'équation de la droite à partir de la méthode des deuxièmes points extrêmes, il faut choisir les deux observations (points) qui précèdent les deux observations extrêmes. Si on fait appel à la méthode du coût différentiel pour déterminer la droite, on choisit deux observations représentatives et qui ne sont pas nécessairement les observations extrêmes.

EXEMPLE La relation entre les frais de vente et les ventes

Dans le servive de comptabilité d'une entreprise, on croit qu'il existe une relation entre les frais de vente et les ventes. On considère plus précisément que les frais de vente dépendent des ventes, c'est-à-dire qu'ils leur sont proportionnels. Les données historiques qui suivent semblent confirmer cette relation.

Mois	Ventes (en milliers de dollars)	Frais de vente (en milliers de dollars)
Janvier	100	19,5
Février	120	20
Mars	160	24
Avril	140	21
Mai	200	21
Juin	180	24
Juillet	240	29
Août	220	28
Septembre	230	27
Octobre	300	33
Novembre	150	23
Décembre	260	29,5
Total	**2 300**	**299**
Moyenne	191,67	24,917

Les deux points extrêmes correspondent aux observations faites au cours des mois de janvier (activité minimale) et d'octobre (activité maximale). On trouvera ci-dessous un résumé des calculs nécessaires à l'obtention de la droite qui passe par les points extrêmes.

1. Détermination de la pente *b* de la droite

Mois	Ventes (en milliers de dollars)	Frais de vente (en milliers de dollars)
Janvier	100	19,5
Octobre	300	33

$$b = \frac{33 - 19{,}5}{300 - 100} = 0{,}0675$$

2. Montant des frais variables en janvier

$$bx_{\text{janvier}} = 0{,}0675 \times 100 = 6{,}75$$

3. Ordonnée à l'origine

$$a = 19{,}5 - 6{,}75 = 12{,}75$$

Dans ce cas, l'équation des frais de vente mensuels y établie en fonction des ventes mensuelles x est la suivante :

$$y = 12{,}75 + 0{,}0675x$$

Les deuxièmes points extrêmes correspondent aux observations des mois de février (deuxième activité minimale) et de décembre (deuxième activité maximale). Dans ce cas, voici l'équation des frais de vente y établie en fonction des ventes x :

$$y = 12{,}75 + 0{,}06786x$$

Les régressions linéaires simple et multiple

La régression a pour objet d'expliquer le comportement d'une variable statistique à l'aide d'une ou de plusieurs variables dites explicatives. Lorsqu'on ne prend en considération qu'une seule variable, on parle de régression simple. Lorsqu'on prend en considération plusieurs variables, il est question de régression multiple. Si l'on a recours à un modèle linéaire, la régression est qualifiée de linéaire.

La régression linéaire simple se fonde sur un modèle dont la forme est $y = a + bx$, où y décrit la variable endogène, celle que l'on désire expliquer, et où x décrit la variable exogène ou explicative.

La régression linéaire multiple s'appuie sur un modèle dont la forme est $y = a + b_1x_1 + b_2x_2 + \ldots b_nx_n$, où y décrit la variable endogène, celle que l'on désire expliquer, et où $x_1, x_2, \ldots, x_n$ décrivent les variables exogènes ou explicatives.

La droite obtenue à partir de l'un ou l'autre des modèles de régression linéaires s'appelle la droite des moindres carrés, car elle réduit au minimum la somme des carrés des distances entre les ordonnées observées y_i et les estimations de y_i obtenues au moyen de la régression. Il s'agit de trouver les valeurs des paramètres du modèle, soit les valeurs de a et de b lorsqu'il est question d'une régression linéaire simple, ou de a et de l'ensemble des $\{b_j\}$ lorsqu'on est en présence d'une régression linéaire multiple. De nombreux logiciels comportent des fonctions programmées qui permettent de calculer ces valeurs. On peut également les obtenir à l'aide des formules ci-dessous.

Formules statistiques utiles pour le calcul d'une régression linéaire simple

$$\hat{b} = \frac{\Sigma y_i(x_i - \bar{x})}{\Sigma(x_i - \bar{x})^2} = \frac{n(\Sigma x_i y_i) - (\Sigma x_i)(\Sigma y_i)}{n(\Sigma x_i^2)(\Sigma x_i)^2} \qquad \hat{a} = y - \hat{b}x = \frac{(\Sigma y_i)(\Sigma x_i^2) - (\Sigma x_i)(x_i y_i)}{n(\Sigma x_i^2)(\Sigma x_i)^2}$$

$$E(\hat{b}) = b \qquad E(\hat{a}) = a$$

$$\mathrm{Var}(\hat{b}) = \frac{\sigma^2}{\Sigma(x_i - \bar{x})^2} \qquad \mathrm{Var}(\hat{a}) = \left(\frac{\Sigma x_i^2}{n\Sigma(x_i - \bar{x})^2}\right)\sigma^2$$

$$r^2 = \frac{\Sigma(\hat{y}_i - \bar{y})^2}{\Sigma(y_i - \bar{y})^2} = 1 - \frac{\Sigma(y_i - \hat{y}_i)^2}{\Sigma(y_i - \bar{y}_i)^2}$$

$$s_e^2 = \frac{\Sigma(y_i - \hat{y}_i)^2}{n - 2}$$

Intervalle de confiance de la moyenne conditionnelle au seuil α :

$$\hat{y}_i \pm t_{\alpha/2,n-2} s_e \sqrt{\frac{1}{n} + \frac{(x_i - \bar{x})^2}{\Sigma(x_i - \bar{x})^2}}$$

Intervalle de prévisibilité au seuil α :

$$\hat{y}_i \pm t_{\alpha/2,n-2} s_e \sqrt{1 + \frac{1}{n} + \frac{(x_i - \bar{x})^2}{\Sigma(x_i - \bar{x})^2}}$$

EXEMPLE La relation entre les frais de vente et les ventes

La droite correspondant à la régression linéaire simple qui détermine la relation entre les frais de vente et les ventes de l'exemple précédent est la suivante :

$$y = 12{,}0726 + 0{,}067x$$

La figure 2.7 fournit une représentation des droites estimées respectivement en fonction des méthodes dites des points extrêmes, des deuxièmes points extrêmes, du coût différentiel et de la régression linéaire simple.

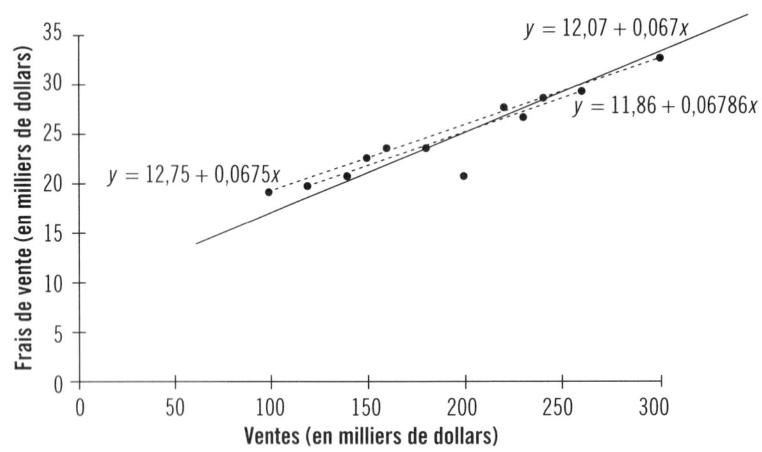

Figure 2.7
Relation entre les frais de vente et les ventes

EXEMPLE

La relation entre le coût de fabrication et le nombre d'unités fabriquées

Le tableau qui suit contient des données statistiques sur le coût total de fabrication et le nombre d'unités fabriquées, pour chacun des 12 mois d'un exercice financier.

Mois	Quantités fabriquées (en milliers d'unités)	Coût total de fabrication (en milliers de dollars)
Janvier	58	2 550
Février	65	2 657,5
Mars	61	2 530
Avril	52	2 320
Mai	50	2 300
Juin	56	2 428
Juillet	60	2 400
Août	64	2 450
Septembre	68	2 608
Octobre	63	2 550
Novembre	67	2 620
Décembre	70	2 750
Total	**734**	**30 163,5**
Moyenne	61,16666667	2 513,625

Les résultats obtenus à l'aide des différentes méthodes sont présentés ci-dessous. La figure 2.8 illustre ces résultats.

Méthode	Statistiques utilisées	Équation
Points extrêmes	Mai et décembre	$1\,175 + 22{,}5x$
Deuxièmes points extrêmes	Avril et septembre	$1\,384 + 18x$
Coût différentiel	Février et juin	$1\,000 + 25{,}5x$
Régression linéaire simple	Les 12 observations	$1\,322{,}11 + 19{,}48x$

Figure 2.8
Relation entre le coût de fabrication et le nombre d'unités fabriquées

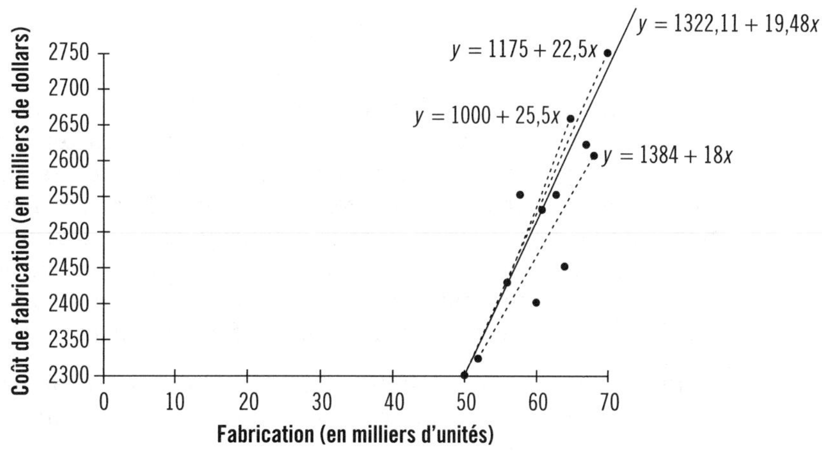

L'évaluation d'une régression et sa validation

Pour évaluer une régression, on peut retenir trois catégories de critères :

1. la vraisemblance de l'équation posée.
2. la concordance des hypothèses du modèle avec la situation étudiée.
3. les informations additionnelles

La vraisemblance de l'équation posée

Le véritable rôle de la régression consiste à établir une corrélation, c'est-à-dire un rapport réciproque, entre une variable dépendante et une variable indépendante (ou plusieurs variables indépendantes, dans le cas de la régression multiple) qui subissent des changements l'une en fonction de l'autre. Or, le fait que des variables x et y varient dans le même sens ou dans un rapport inverse ne prouve nullement que l'une influe sur l'autre. Les conditions suivantes peuvent se traduire par une corrélation élevée :

- la valeur de x influe sur la valeur de y ;
- la valeur de y influe sur la valeur de x ;
- les valeurs de x et y sont influencées par une troisième variable ;
- l'effet du hasard.

Si la régression prouve la présence d'une corrélation statistique entre les variables analysées, elle ne démontre toutefois pas l'existence d'une relation de cause à effet. Par exemple, si la consommation annuelle de bière et la consommation annuelle d'oranges sont en corrélation positive dans les différentes villes du Québec, ce n'est pas parce que l'une est la cause de l'autre, mais bien parce que les deux progressent en fonction de l'augmentation de la population. Ainsi, il peut exister une corrélation élevée entre le coût total de fabrication et le nombre d'heures de main-d'œuvre directe, de même qu'entre le coût de fabrication et celui de la publicité. Dans le premier cas, le bon sens nous suggère de conclure à l'existence d'une relation de cause à effet, car il apparaît vraisemblable d'expliquer les coûts de fabrication en fonction des heures de main-d'œuvre directe. Par contre, le bon sens nous fait douter de la pertinence d'une telle relation dans le deuxième cas. Le coût de fabrication et celui de la publicité subissent peut-être l'influence d'une même variable, soit le nombre d'unités fabriquées, qui détermine le nombre d'unités à vendre. Mais le coût de la publicité n'influe certainement pas sur le coût de fabrication, et vice versa.

En conclusion, les résultats statistiques doivent concorder avec l'intuition de l'analyste. La régression ne conduit pas à l'établissement d'une relation de cause à effet ; elle permet simplement de confirmer ou d'infirmer, en raison de l'objectivité des résultats statistiques obtenus, l'existence d'une ou de plusieurs relations déduites de l'expérience et de l'intuition, ou encore de préciser la nature de ces relations.

Dans les deux exemples précédents, l'expérience et le bon sens nous ont suggéré, dans le premier cas, d'expliquer les frais de vente par le montant des ventes et, dans le deuxième cas, d'expliquer le coût total de fabrication par le nombre d'unités fabriquées. La régression linéaire simple est venue préciser les paramètres de cette relation et confirmer sa validité statistique.

La concordance des hypothèses du modèle avec la situation étudiée

Il faut vérifier les hypothèses du modèle pour que la validité statistique de la relation estimée soit reconnue. Cinq hypothèses sont liées à la régression linéaire[7] :

1. la variance résiduelle constante ;
2. l'indépendance des erreurs les unes par rapport aux autres ;
3. la normalité des erreurs ;

7. Ces hypothèses sont présentées dans les ouvrages de statistiques.

4. la linéarité, dans le cas de la régression linéaire;
5. l'absence de multicolinéarité, dans le cas de la régression multiple.

Les informations additionnelles

Les informations additionnelles fournies par la régression ainsi que la valeur de ces informations se dégagent des différents coefficients calculés et des différents tests habituellement effectués dans le cadre d'une analyse de régression. Nous traiterons dans l'ordre:

- du coefficient de détermination;
- des tests classiques effectués sur les paramètres du modèle;
- de l'estimation par intervalle.

Le coefficient de détermination

Le coefficient de détermination r^2 indique la fraction de la quantité $\Sigma(y_i - \bar{y})^2$ qui est expliquée par la régression. Cette quantité est appelée la somme totale des carrés, où y_i décrit la valeur prise par la énième observation et où $\bar{y}$ décrit la moyenne des valeurs observées. Le coefficient de détermination peut prendre n'importe quelle valeur comprise entre 0 et 1. Il est évidemment souhaitable d'obtenir une valeur élevée, c'est-à-dire voisine de 1. À la limite, $r^2 = 1$ signifierait que la régression explique entièrement le comportement de la variable dépendante. Nous illustrons cette quantité $(y_i - \bar{y})$ à la figure 2.9.

Figure 2.9
Écart total, écart expliqué et écart résiduel

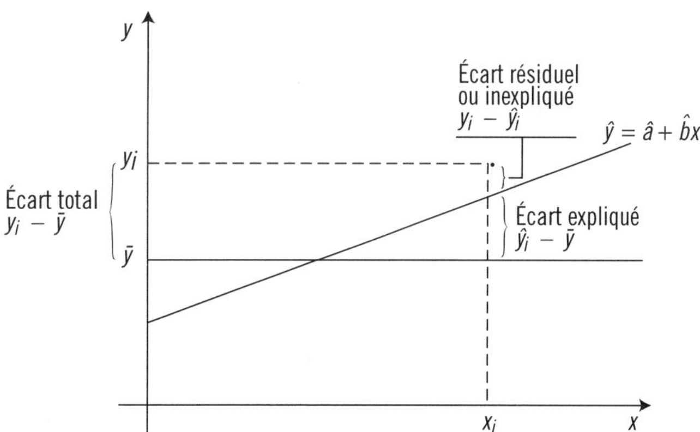

Les tests statistiques conventionnels

Les tests statistiques conventionnels portant sur les paramètres du modèle, a et b dans le cas de la régression linéaire simple, nous renseignent sur le degré de crédibilité que nous devons accorder aux valeurs estimées de ces paramètres. Ces tests nous indiquent si nous pouvons rejeter l'hypothèse selon laquelle la vraie valeur du paramètre à estimer est nulle, c'est-à-dire si $a = 0$ dans le cas du test relatif à a, et si $b = 0$ dans le cas du test relatif à b, étant donné un risque d'erreur que nous choisissons habituellement de fixer à 5 %, à 2 % ou à 1 %.

Si la donnée statistique t_b obtenue, associée à b, est plus élevée que la valeur que l'on a prévue en relation avec le nombre d'observations étudiées et le niveau de risque fixé, on rejettera l'hypothèse nulle et on acceptera alors par défaut que la valeur du paramètre à estimer n'est pas nulle. Il va de soi que, plus cette statistique t_b est élevée, plus cette conviction sera renforcée. Si l'on rejette l'hypothèse nulle dans le cas de la variable b, on écarte par le fait même l'hypothèse selon laquelle la variable indépendante n'influe pas sur la variable dépendante. En effet, en corollaire, si l'on accepte l'hypothèse nulle, c'est qu'on croit que la variable x correspondante n'a aucune influence sur la variable y, ce qui invalide totalement la régression effectuée.

On peut effectuer le même test par rapport à la variable a. Le rejet de l'hypothèse nulle ($a = 0$) n'a d'importance que si la situation étudiée l'exige. Nous pouvons facilement obtenir une droite dont l'ordonnée à l'origine sera nulle. Le fait que la droite estimée passe par l'origine n'invalide pas la régression.

L'estimation par intervalle

L'estimation de la droite à partir de la détermination d'un intervalle de confiance et d'un intervalle de prévisibilité — qu'on situe à 95 %, par exemple —, est un moyen visuel d'évaluer le degré de confiance que l'on peut avoir en notre estimation. Nous présentons à la figure 2.10 deux droites estimées identiques, mais dont l'intervalle de confiance est fort différent. Nous accorderons évidemment beaucoup plus de crédibilité à la droite de la figure 2.10a, car l'intervalle y est beaucoup plus rapproché que celui de la droite de la figure 2.10b.

Figure 2.10
Droites estimées et degré de confiance

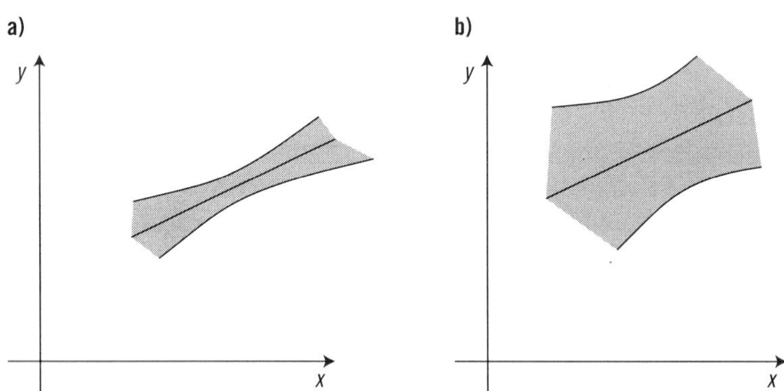

EXEMPLE

La relation entre les frais de vente et les ventes (suite)

Réexaminons la relation que nous avons établie entre les frais de vente et les ventes. Nous présentons un tableau des résultats des données statistiques* obtenues au moyen de l'analyse de régression. Nous illustrons ensuite à l'aide de la figure 2.11 l'intervalle de confiance et l'intervalle de prévisibilité à 95 %, obtenus à l'aide de la régression.

$se_b = 0{,}008051931$	$se_a = 1{,}612062833$
$r^2 = 0{,}873840159$	$se_y = 1{,}613737704$
$F = 69{,}26452624$	$Dl = 10$
$ss_{rég} = 180{,}3751729$	$ss_{résid} = 26{,}04149378$

Figure 2.11

Relation entre les frais de vente et les ventes

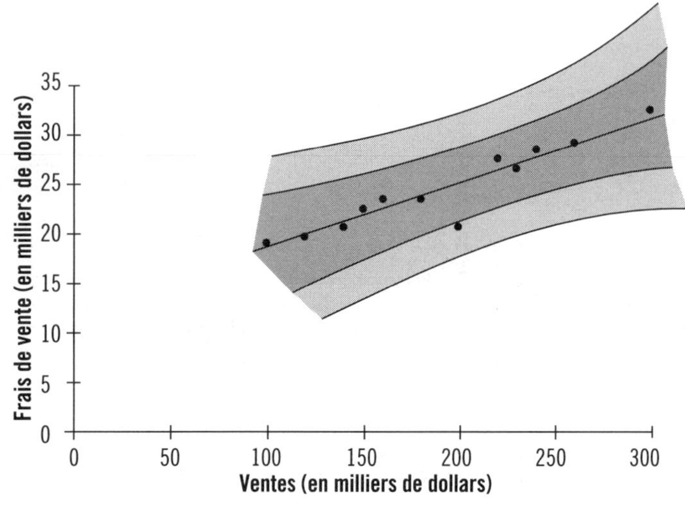

EXEMPLE

La relation entre le coût de fabrication et le nombre d'unités fabriquées

Reprenons la relation entre le coût de fabrication et le nombre d'unités fabriquées. Nous présentons les résultats des différentes données statistiques* obtenues au

* Légende des abréviations utilisées :

se_b	écart-type de *b*	se_a	écart-type de *a*
r^2	coefficient de détermination	se_y	écart-type de *y*
F	variable de Fisher	Dl	degrés de liberté
$ss_{rég}$	écart expliqué par la régression	$ss_{résid}$	écart résiduel ou inexpliqué

moyen de l'analyse de régression. Nous illustrons ensuite à l'aide de la figure 2.12 l'intervalle de confiance et l'intervalle de prévisibilité à 95 % qui résultent de la régression.

$se_b = 3{,}168122538$ $\quad$ $se_a = 194{,}7128559$

$r^2 = 0{,}790821686$ $\quad$ $se_y = 65{,}82278111$

$F = 37{,}80610288$ $\quad$ $Dl = 10$

$ss_{rég} = 163800{,}1774$ $\quad$ $ss_{résid} = 43326{,}38514$

Figure 2.12

Relation entre le coût de fabrication et le nombre d'unités fabriquées

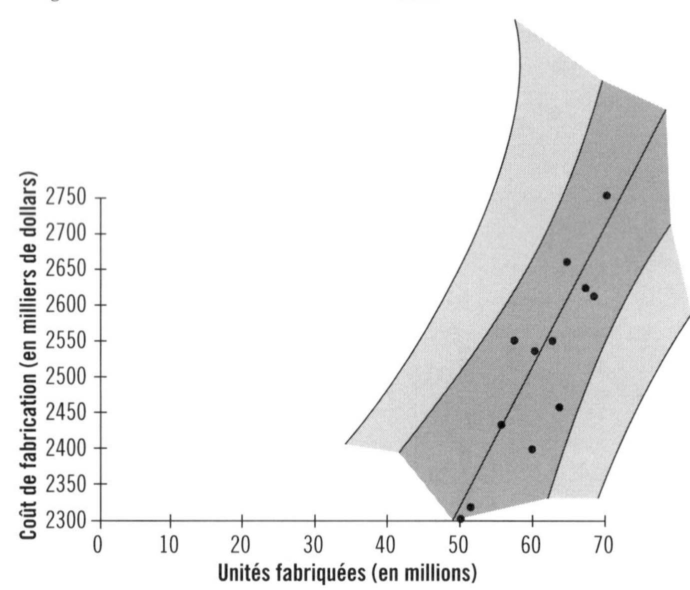

L'ANALYSE DES COÛTS EN VUE DE LA PRISE DE DÉCISION

L'analyse des coûts dans le cadre de l'aide à la décision s'appuie en grande partie sur les définitions présentées dans ce chapitre. La connaissance des coûts va au-delà de leur simple définition. Il faut posséder une bonne expertise sur les questions de mesure. Dans les chapitres qui suivent, nous définirons d'autres coûts en fonction des modèles d'analyse que nous avons étudiés.

Plusieurs décisions résultent d'une analyse des coûts. Il peut être très significatif de dire qu'un produit coûte 20 $, dans la mesure où nous savons comment ce montant a été obtenu. Cependant, une mauvaise compréhension des coûts, donc des éléments constitutifs des coûts, voire de leur comportement, peut mener à des résultats non prévus et non souhaités. Ces définitions nous serviront également dans la deuxième partie de ce manuel, qui traite de l'information disponible à des fins de gestion. En effet, nous ne pouvons pas aborder les questions de réduction de coûts sans connaître les éléments constitutifs de ces coûts, sans les mesurer, et sans analyser les facteurs qui les ont générés.

QUESTIONS DE RÉVISION

1. Expliquez, à l'aide d'un exemple, la phrase suivante : « Dire qu'un produit coûte 20 $ ne fournit aucune information sur ce que ce montant représente ».
2. Distinguez le coût moyen d'un produit de son coût marginal.
3. Dans quel sens peut-on dire qu'un coût est pertinent ?
4. Commentez la phrase suivante : « Le coût historique est important en matière de prise de décision ».
5. Devrait-on toujours se fonder sur des coûts actualisés lorsqu'on analyse des décisions ?
6. Donnez une définition du coût de renonciation.
7. En vertu de quel principe comptable (PCGR) invoque-t-on le coût de renonciation ?
8. Pourquoi le coût de renonciation joue-t-il un rôle si important dans la prise de décision ?
9. Donnez une définition du coût différentiel.
10. Expliquez ce qu'on entend par un coût variable.
11. En quoi consiste un segment significatif ?
12. Proposez une définition du coût fixe par paliers.
13. Dans quelle mesure peut-on vraiment parler de coût fixe et de coût variable ?
14. Donnez un exemple de coût variable, de coût fixe, de coût fixe par paliers, de coût variable par paliers et de coût mixte.
15. Énumérez les méthodes permettant de distinguer les coûts fixes des coûts variables.
16. Décrivez la procédure utilisée pour déterminer l'équation d'une droite.
17. Quelles sont les conditions préalables au calcul d'une régression linéaire ?
18. Quels sont les critères permettant d'évaluer une régression ?
19. En quoi la méthode d'estimation d'une droite au moyen de la régression linéaire est-elle supérieure à toute autre méthode d'estimation de la même droite ?
20. Quelle interprétation doit-on donner au coefficient de détermination r^2 ?
21. Quelle interprétation doit-on donner à la statistique t_a associée au paramètre a du modèle de la régression linéaire ?
22. Quelle interprétation doit-on donner à la statistique t_b associée au paramètre b du modèle de la régression linéaire simple ?
23. Que pensez-vous de l'affirmation suivante : « Les diverses méthodes de détermination des fonctions de coûts permettent de parvenir à une véritable relation de cause à effet » ?

EXERCICES

EXERCICE 2.1 Coût total et coût moyen

Voici les coûts occasionnés par une activité de reprise d'examens dans un établissement scolaire :

	1997	1998
Coûts rattachés à la reprise d'examens	5 200 $	5 412 $
Nombre d'étudiants touchés par cette mesure	50	66
Coût moyen par examen	**104 $**	**82 $**

Selon ces statistiques, le coût moyen par examen repris diminue avec l'augmentation du nombre d'examens.

Travail pratique

Cet établissement devrait-il inciter les étudiants à reprendre des examens afin de réduire le coût moyen de cette activité ? Justifiez votre réponse.

EXERCICE 2.2 Coût moyen et coût marginal

Un bureau de consultants doit assumer des coûts fixes dont la somme est de 6 600 $ par mois, pour un volume d'activité maximal de 1 000 heures de contrats. De plus, il estime ses coûts variables à 80 $ l'heure. S'il accepte de réaliser des mandats représentant plus de 1 000 heures, mais se situant en deçà de 1 200 heures, le bureau devrait assumer un coût fixe additionnel de 400 $.

Travail pratique

Établissez le coût moyen et le coût marginal qui s'appliqueraient à des mandats additionnels représentant un total de 100 heures. Vous devez savoir que ce bureau a établi à 1 000 heures de contrats le volume d'activité correspondant à sa capacité normale.

EXERCICE 2.3 Coûts pertinents, coût de renonciation et coût différentiel

M. Dubois songe à vendre des actions qu'il a acquises pour la somme de 29 000 $ il y a un an. Ces actions sont actuellement cotées à 10 000 $, mais tout indique que leur valeur pourrait atteindre 16 000 $ d'ici un an. Le notaire de M. Dubois lui signale qu'un de ses clients paierait 12 % pour disposer d'un montant de 10 000 $ pendant un an.

Travail pratique

Déterminez les coûts qui sont pertinents à la décision. À combien s'établit le coût de renonciation ? Quel est le coût différentiel ? Que devrait faire M. Dubois pour maximiser son avoir ?

EXERCICE 2.4 Détermination des coûts pertinents

Un incendie vient de détruire complètement un entrepôt de l'entreprise ABC ltée. En apprenant la nouvelle, le directeur de l'entreprise, qui était en vacances, téléphone immédiatement au contrôleur pour lui demander à combien s'élevait l'amortissement de l'entrepôt. Il s'est senti soulagé d'apprendre que le coût de l'entrepôt avait été presque totalement amorti.

Travail pratique

Commentez le bien-fondé de la question du directeur de l'entrepôt. Quelle question auriez-vous aimé poser à sa place ?

EXERCICE 2.5 Coût de renonciation et coût différentiel

Une entreprise fabrique et vend trois produits qui, en premier lieu, passent tous par un premier atelier. Les produits prennent ensuite l'une des deux destinations suivantes :

ils sont vendus immédiatement à la sortie de cet atelier commun ou ils subissent des transformations additionnelles qui sont propres à chacun d'eux. Dès que l'entreprise décide de soumettre ne serait-ce qu'un des trois produits à de nouvelles modifications, elle doit employer à cet effet un second bâtiment qui lui appartient. Or, elle peut sous-louer ce bâtiment à une autre entreprise pour la somme de 120 000 $ par an. Les coûts communs se rapportant au premier atelier sont de 500 000 $. Voici d'autres données comptables pouvant être utiles à la prise de décision concernant la poursuite de la transformation au-delà de ce premier atelier.

Produit	Ventes prévues à la sortie de l'atelier commun	Coûts prévus pour les transformations additionnelles	Ventes prévues après les transformations additionnelles
A	300 000 $	90 000 $	450 000 $
B	200 000 $	150 000 $	430 000 $
C	100 000 $	110 000 $	200 000 $

Travail pratique

La direction de l'entreprise vous demande si elle devrait poursuivre la transformation de chacun des trois produits au-delà de l'atelier commun. Fournissez des calculs à l'appui de vos recommandations.

EXERCICE 2.6 Coût de renonciation

L'entreprise ABC ltée souhaite ajouter une nouvelle gamme de produits à sa production actuelle. Cette décision exigerait un investissement de deux millions de dollars. Par ailleurs, cette entreprise prévoit obtenir un taux de rendement de 12 % sur cet investissement.

Travail pratique

Quel est le coût de renonciation associé à cet investissement ?

EXERCICE 2.7 Coût de renonciation

Pierre terminera son B.A.A. en juin prochain. Voici une série d'événements relatifs à sa recherche d'emploi et qui se sont déroulés depuis le 1er septembre. À cette date, il n'avait aucun emploi en vue. Le 1er novembre, il reçoit une première offre à 19 000 $ par année et une seconde à 23 000 $. Il refuse alors ces offres et décide de poursuivre ses recherches. Enfin, le 1er février, il reçoit une offre à 26 000 $.

Travaux pratiques

Quel est le coût de renonciation de Pierre :

1. le 1er septembre ?
2. le 1er novembre, relatif à la décision d'accepter l'offre d'emploi à 23 000 $?
3. le 15 novembre, relatif à la décision de poursuivre sa recherche d'emploi ?

4. le 1er février, relatif à la décision d'accepter l'offre d'emploi à 26 000 $?
5. le 15 février, relatif à la décision de continuer à chercher un emploi?

EXERCICE 2.8 Coût de renonciation

M. Caron veut vendre un luxueux condo qu'il a acquis il y a cinq ans pour la somme de 335 000 $. Le 15 janvier, il reçoit une première offre de 280 000 $, valable pour trois jours, qu'il refuse le même jour. Le 15 février, il reçoit une deuxième offre au montant de 315 000 $ et dont la durée d'application est de trois jours; il la refuse le deuxième jour.

Travaux pratiques

Quel est le coût de renonciation de M. Caron:

1. le 14 janvier?
2. le 15 janvier, après qu'il a pris connaissance de l'offre?
3. le 20 janvier?
4. le 16 février?
5. le 20 février?

EXERCICE 2.9 Coût de renonciation et coût différentiel

Un étudiant décide de faire son B.A.A. en quatre ans plutôt que trois parce que cela lui permet de travailler les fins de semaine et de gagner 200 $ par semaine durant l'année universitaire, soit du début de septembre à la fin d'avril.

Il travaille aussi pendant l'été et gagne 3 000 $ durant cette période. Son emploi d'été n'est pas touché par le fait qu'il travaille pendant l'année scolaire. Une fois diplômé, il prévoit gagner 24 000 $ durant sa première année de travail à temps plein.

Travail pratique

Déterminez le coût de renonciation et le coût différentiel relatifs à la décision de l'étudiant de faire son B.A.A. en quatre ans (abstraction faite des questions d'actualisation).

EXERCICE 2.10 Coût de renonciation

Les ventes d'un manuel de comptabilité de gestion rapportent 200 000 $ par an à un éditeur. Ce dernier réalise des bénéfices nets après impôt de 5 %. Il envisage de publier un autre manuel qui tiendrait compte de l'évolution dans ce domaine, mais qui réduirait de 50 % les ventes du premier manuel.

Par ailleurs, il a appris qu'un autre éditeur envisageait de publier également un manuel sur le même sujet. Si cette information est vraie, il y a un fort risque que le premier éditeur voie ses ventes réduites de 50 % de toute façon. Par contre, s'il procède à la publication du nouveau manuel, il y a peu de risques que le manuel publié par son concurrent compromette les ventes de son propre ouvrage.

Travaux pratiques

Déterminez le coût de renonciation relatif à la décision de publier le deuxième manuel :

1. en prenant pour hypothèse qu'aucun autre éditeur ne publiera un ouvrage sur le même sujet ;
2. en prenant pour hypothèse qu'un autre éditeur publiera un ouvrage sur le même sujet.

EXERCICE 2.11 Représentation graphique du comportement des coûts

Vous trouverez ci-dessous 11 représentations graphiques du comportement des coûts : l'axe vertical désigne le coût total, et l'axe horizontal, différents volumes d'activité.

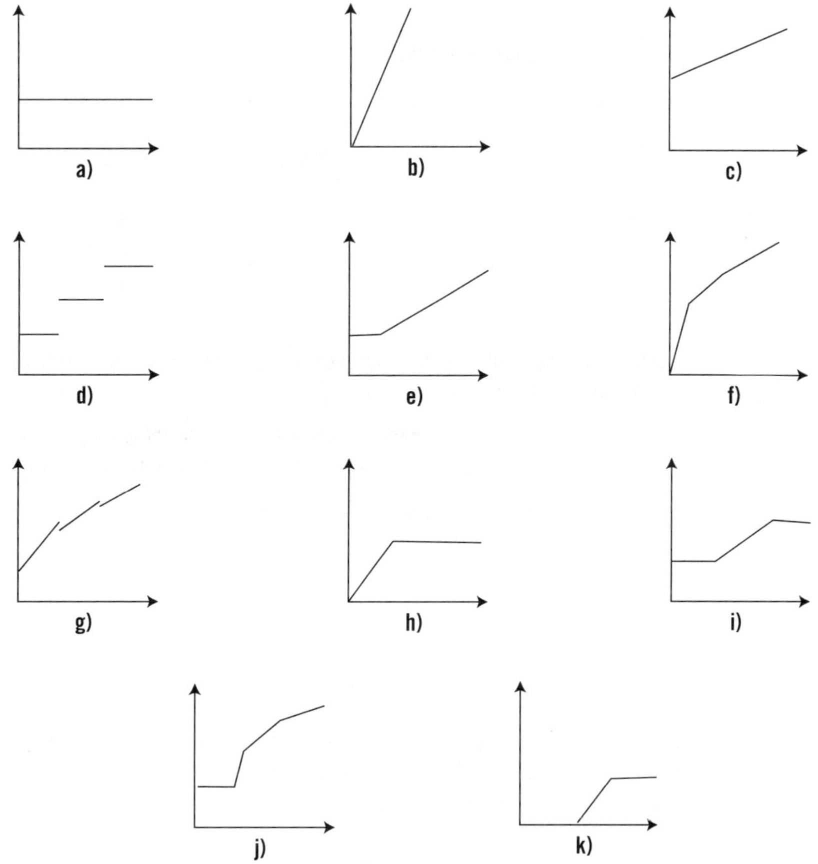

Travaux pratiques

Parmi ces graphiques, identifiez celui qui correspond le mieux à chacune des situations décrites ci-dessous.

1. Les vendeurs sont payés uniquement sous forme de commissions.

2. Les vendeurs sont payés entièrement sous forme de commissions, en fonction des pourcentages suivants : 30 % sur les premiers 10 000 $ de vente, 25 % sur les 10 000 $ suivants et 20 % sur les ventes excédant 20 000 $.
3. Le contrat de location des bureaux comporte la clause suivante : un loyer minimal de 1 000 $ par mois est fixé, auquel s'ajoute une somme correspondant à 1 % des ventes supérieures à 100 000 $.
4. Les frais d'électricité sont établis de la façon suivante :

Consommation (kWh)	Coût ($/kWh)
5 000 premiers	0,10 $
10 000 suivants	0,08 $
kWh additionnels	0,06 $

Le montant minimal à payer par période de facturation est fixé à 200 $.

5. Un fournisseur accepte de vendre les matières premières aux prix suivants :

Quantité (kg)	Coût ($/kg)
0 à 999	1,00 $
1 000 à 1 999	0,80 $
2 000 et plus	0,70 $

6. Les redevances sur les volumes vendus s'élèvent à 1 $ l'unité. Le montant annuel maximal est de 10 000 $.
7. Le coût du régime d'assurance contre les accidents d'une entreprise est basé sur le nombre d'heures de travail des employés. Le taux est constant, quel que soit le volume d'activité.
8. Le coût de la main-d'œuvre varie comme suit :

Heures travaillées	Coût
de 0 à 1 999	500 $/h
de 2 000 à 3 999	1 000 $/h
de 4 000 à 6 000	1 500 $/h

9. Le contrat d'entretien de la machinerie de l'entreprise a été fixé au taux de 10 $ l'heure. L'entreprise garantit à la compagnie qui assure l'entretien un paiement minimal de 100 $ par mois ; celle-ci s'engage à son tour à ne pas exiger plus de 700 $ par mois pour les frais d'entretien.
10. En 1995, le coût de la contribution d'une entreprise à la Régie des rentes du Québec se calcule ainsi :
    a) la contribution représente 2,7 % des salaires bruts cotisables ;
    b) le montant maximum est atteint dès que l'individu a gagné 34 900 $;
    c) la première tranche de 3 400 $ du montant maximum n'est pas imposable.

EXERCICE 2.12 Comportement des coûts

Le contrôleur de l'entreprise ABC ltée veut exercer une surveillance sur le coût d'entretien et de réparation de la machinerie. Cherchant d'abord à comprendre la nature et le comportement de ces coûts, il recueille les renseignements suivants, qui portent sur les deux premiers mois de l'année.

	Janvier	**Février**
Heures de fonctionnement des machines	13 000	21 000
Coûts d'entretien et de réparation des machines	20 000 $	26 000 $

Travail pratique

Expliquez la structure des coûts d'entretien et de réparation de l'entreprise ABC ltée.

EXERCICE 2.13 Coûts unitaires variable et fixe

Les frais de vente et d'administration d'une entreprise commerciale, établis pour des ventes de 80 000 unités en un mois, sont les suivants :

Portion du coût fixe par unité	2,50 $
Coût variable unitaire	2,50 $
Coût unitaire	**5,00 $**

Le volume d'activité durant les 12 derniers mois s'est situé entre 70 000 et 80 000 unités par mois.

Travaux pratiques

1. Comment qualifieriez-vous le volume d'activité mensuel, qui représente entre 70 000 et 80 000 unités ?
2. Tracez un graphique pour illustrer les coûts fixes par unité et les coûts variables par unité. Expliquez la différence entre les deux courbes.
3. Déterminez le coût total de fonctionnement de l'entreprise en fonction d'un volume d'activité de 100 000 unités.
4. Déterminez le montant de la portion fixe du coût total pour 40 000 unités.

EXERCICE 2.14 Comportement du coût moyen

En consultant le rapport comptable de l'entreprise qui l'emploie, un chauffeur de taxi cherche à comprendre comment le coût unitaire par kilomètre parcouru est passé de 0,36 $ l'année dernière à 0,48 $ cette année. Pourtant, la distance totale parcourue cette année a été de 25 000 km, comparativement à 40 000 km l'année précédente.

Travail pratique

Fournissez l'explication pertinente au chauffeur de taxi.

EXERCICE 2.15 Comportement des coûts et coût moyen

Voici des données sur les coûts engagés par un établissement de santé :

Année	Coût total	Nombre de jours-patient	Coût moyen par jour-patient
1994	89 286 300 $	295 650	302 $
1995	88 197 870 $	285 430	309 $
1996	92 795 410 $	292 730	317 $

Travaux pratiques

1. À l'aide de la méthode des points extrêmes, calculez le coût variable par jour-patient en utilisant les données des années 1995 et 1996.
2. D'après vous, les coûts des soins de santé dans cet établissement sont-ils ou non fonction du nombre de jours-patients ? Vous devez justifier votre réponse (une seule raison).

EXERCICE 2.16 Comportement des coûts et coût moyen

Les données qui suivent portent sur les coûts et les extrants s'appliquant à l'École des HEC.

Cycle budgétaire	Dépenses d'enseignement	Dénombrement EÉÉTP*	Coût moyen par EÉÉTP
1990-1991	24 255 100 $	5 168,63	4 692,75 $
1991-1992	24 230 000 $	5 128,73	4 724,37 $
1992-1993	25 884 400 $	5 165,45	5 011,06 $

* Un EÉÉTP est un effectif étudiant équivalent temps plein.

Travaux pratiques

1. En recourant à la méthode des points extrêmes, calculez le coût variable par EÉÉTP à partir des données relatives aux cycles 1991-1992 et 1992-1993.
2. D'après vous, les dépenses d'enseignement sont-elles ou non fonction du nombre d'étudiants ? Vous devez justifier votre réponse (une seule raison).

EXERCICE 2.17 Comportement des coûts et coût moyen

Les données statistiques ci-dessous résument les coûts résultant de la mauvaise qualité des produits dans une entreprise manufacturière.

	1997	1998
Coûts découlant de la mauvaise qualité des produits	1 000 000 $	1 199 900 $
Nombre d'unités défectueuses	100	130
Coût moyen par unité	**10 000 $**	**9 230 $**

Travaux pratiques

1. Selon ces statistiques, le coût moyen par unité défectueuse diminue à mesure que le nombre d'unités augmente. L'entreprise aurait-elle donc intérêt à augmenter le nombre d'unités défectueuses ?
2. Expliquez ce paradoxe.

EXERCICE 2.18 Comportement des coûts et coefficient de détermination

Voici des données statistiques mensuelles portant sur les coûts totaux engagés par deux firmes multinationales de consultants, ci-après dénommées Consultant A et Consultant B.

CONSULTANT A

	Janvier	Février	Mars	Avril
Coûts totaux	12 000 000 $	14 000 000 $	15 000 000 $	17 000 000 $
Nombre de mandats	2 000	2 500	2 500	3 000

CONSULTANT B

	Janvier	Février	Mars	Avril
Coûts totaux	12 000 000 $	13 500 000 $	15 500 000 $	17 000 000 $
Nombre de mandats	2 000	2 500	2 500	3 000

Travaux pratiques

1. À l'aide de la méthode des points extrêmes, calculez le coût variable et le coût fixe mensuel engagés par ces deux firmes.
2. Sachant que la droite obtenue serait la même dans les ceux cas si nous avions opté pour la régression linéaire, laquelle des deux entreprises présenterait le coefficient de détermination r^2 le plus élevé et pourquoi ?

EXERCICE 2.19 Comportement des coûts et coefficient de détermination

Les données statistiques mensuelles ci-dessous concernent les frais généraux et le nombre d'unités produites par deux entreprises.

ENTREPRISE A

	Janvier	Février	Mars	Avril
Frais généraux totaux	800 $	1 050 $	900 $	1 150 $
Nombre d'unités	100	125	125	150

ENTREPRISE B

	Janvier	Février	Mars	Avril
Frais généraux totaux	800 $	1 000 $	950 $	1 150 $
Nombre d'unités	100	125	125	150

Travaux pratiques

1. Calculez le coût variable et le coût fixe par mois de ces deux entreprises à l'aide de la méthode des points extrêmes.
2. Sachant que la droite obtenue serait la même dans les deux cas si nous avions opté pour la régression linéaire, laquelle des deux entreprises présenterait le coefficient de détermination r^2 le plus élevé ? Pourquoi ?

EXERCICE 2.20 Distinction entre les coûts fixes et les coûts variables

Le contrôleur de l'entreprise ABC ltée voudrait établir une relation entre les frais de déplacement et les ventes des vendeurs. Il dispose des renseignements qui suivent, recueillis au cours des 12 derniers mois :

Mois	Ventes	Frais de déplacement
Janvier	76 000 $	1 000 $
Février	72 000 $	920 $
Mars	72 000 $	960 $
Avril	68 000 $	900 $
Mai	68 000 $	840 $
Juin	64 000 $	800 $
Juillet	56 000 $	770 $
Août	56 000 $	800 $
Septembre	68 000 $	920 $
Octobre	76 000 $	960 $
Novembre	80 000 $	1 040 $
Décembre	84 000 $	1 120 $

Travaux pratiques

1. Comme le souhaite le contrôleur, établissez une relation entre les frais de déplacement et les ventes des vendeurs à l'aide de la méthode des points extrêmes.
2. Établissez la même relation entre les données en recourant à la méthode de la régression linéaire simple.
3. Calculez les frais de déplacement pour le mois prochain si le volume de ventes prévu, qui est de 88 000 $, se matérialise. Faites appel aux deux méthodes qui ont servi à établir la relation souhaitée par le contrôleur.
4. Commentez la différence entre les deux réponses obtenues.

EXERCICE 2.21 Distinction entre les divers types de coûts

L'entreprise Multiplex fabrique une gamme de 200 composants électroniques. Afin de pouvoir préparer son budget, le contrôleur doit estimer la partie fixe et la partie variable des frais généraux.

L'entreprise dispose des données statistiques suivantes :

Mois	Frais généraux de fabrication	Heures de main-d'œuvre directe	Coût de la main-d'œuvre directe
Janvier	570 000 $	20 000	160 400 $
Février	575 000 $	26 000	205 400 $
Mars	590 000 $	28 000	226 800 $
Avril	558 000 $	22 000	176 440 $
Mai	595 000 $	30 000	239 400 $
Juin	574 000 $	24 000	191 520 $
Juillet	584 000 $	29 000	230 264 $
Août	575 000 $	25 000	201 000 $
Septembre	578 000 $	27 000	216 000 $
Octobre	560 000 $	21 000	169 050 $
Novembre	570 000 $	23 000	183 540 $
Décembre	570 000 $	24 000	191 280 $

Travaux pratiques

1. Estimez les frais généraux de fabrication en tenant compte des heures d'utilisation de la main-d'œuvre directe :
   a) selon la méthode des points extrêmes ;
   b) selon la méthode de régression linéaire.
2. Estimez les frais généraux de fabrication en tenant compte du coût que représente la main-d'œuvre directe :
   a) selon la méthode des points extrêmes ;
   b) selon la méthode de régression linéaire.
3. Commentez les informations additionnelles apportées par la régression linéaire simple.
4. Commentez la proposition qui veut que l'on effectue une régression multiple du coût total en fonction des heures et du coût de la main-d'œuvre directe.

EXERCICE 2.22 Distinction entre les divers types de coûts

La firme d'ingénieurs-conseil Géniale obtient 95 % de ses contrats par voie de soumissions. Elle doit donc être en mesure d'estimer le plus précisément possible le coût de ces contrats. De même, elle doit pouvoir réviser ces estimations à la suite des modifications apportées aux plans. Selon le contrôleur, les données du tableau suivant sont celles qui donnent la meilleure idée du coût total d'un contrat, de l'estimation des heures totales de travail des ingénieurs affectées aux projets et du nombre total de dessins (plans et devis) requis. Ces données historiques sont tirées d'un échantillon de 10 projets.

Projet	Coût total	Heures totales	Dessins
1	939 002 $	77 600	400
2	176 414 $	14 616	72
3	434 961 $	36 256	176
4	1 554 276 $	132 060	620
5	206 193 $	16 984	88
6	666 772 $	54 720	320
7	643 250 $	55 620	270
8	1 137 025 $	104 960	512
9	102 680 $	8 320	40
10	393 167 $	32 870	190

Travaux pratiques

1. Quels critères l'entreprise Géniale devrait-elle adopter pour choisir une variable indépendante, c'est-à-dire pour prévoir le coût total d'un projet?
2. Déterminez les coûts en fonction d'une estimation des heures totales d'un contrat:
   a) selon la méthode des points extrêmes;
   b) selon la régression linéaire simple.
3. Estimez les coûts en fonction du nombre de dessins:
   a) selon la méthode des points extrêmes;
   b) selon la régression linéaire simple.

EXERCICE 2.23 Analyse du comportement des coûts

En consultant le rapport comptable de l'entreprise pour laquelle il travaille, un chauffeur de camion ne comprend pas pourquoi le coût variable d'opération de la flotte de camions établi par régression linéaire est inférieur au coût moyen d'opération. De plus, il ne parvient pas à s'expliquer pourquoi le coût moyen a augmenté cette année, alors que la distance parcourue a diminué. Enfin, il ne voit pas comment l'entreprise pourrait perdre de l'argent si elle louait les 100 camions de sa flotte. Sceptique, il vous expose les détails de la situation.

Le coût d'opération d'une flotte de camions comprend l'essence, l'entretien et les réparations, les pneus, les taxes, les assurances, les permis et les droits d'immatriculation, etc. À partir d'une analyse de régression linéaire et en recourant aux données mensuelles relatives aux coûts et aux distances parcourues, le comptable a proposé l'équation suivante:

$$y = 480\ 142\ \$ + 0{,}1583x$$

où y décrit le coût mensuel d'opération total des camions de la flotte, et x, le nombre de kilomètres parcouru durant le mois. Il ajoute que le coefficient de détermination est de $r^2 = 0{,}9123$. De même, nous avons les données suivantes: $t_a = 1{,}563$ et $t_b = 5{,}624$; or, la valeur de t, exprimée avec 10 degrés de liberté, pour un niveau de confiance de 90 %, est de 1,812, et pour un niveau de confiance de 95 %, de 2,228. Le comptable se sert de cette information pour conclure que le coût variable devrait être de 0,1583 $/km parcouru.

Puis, à partir des données portant sur le coût total d'opération des unités de la flotte des deux dernières années, il établit que le coût moyen était, la première année, de 0,296 $/km pour une distance totale de 42 000 000 km et, pour la deuxième année, de 0,398 $/km pour une distance totale de 24 000 000 km.

Enfin, un entrepreneur indépendant lui offre 0,20 $/km pour louer toutes les unités de sa flotte à condition que l'entreprise en assume les frais fixes. Le comptable conclut toutefois que, si l'entreprise acceptait de louer toutes les unités de la flotte de camions à ce prix de 0,20 $/km, elle perdrait au moins 712 000 $, puisque le client intéressé a ajouté qu'il s'engageait à ne pas effectuer plus de 25 000 000 km dans l'année, pour éviter que les camions ne subissent une usure anormale.

Décidément les comptables peuvent faire dire n'importe quoi aux chiffres, dit le chauffeur, qui vous demande votre avis.

Travaux pratiques

1. Expliquez, à l'aide de la méthode des points extrêmes, la variation du coût moyen par kilomètre enregistrée au cours des deux années, soit de 0,296 $ à 0,398 $.
2. Interprétez le résultat de la régression linéaire.
3. Expliquez la nature du déficit minimal de 712 000 $ que l'entreprise encourrait si la direction louait ses camions.

EXERCICE 2.24 Analyse du comportement des coûts

L'École des HEC souhaite lancer un nouveau programme exécutif de deuxième cycle comprenant 30 crédits. Notez qu'un crédit équivaut à 15 heures de cours. Il s'agit d'un programme intensif qui comporte 10 semaines de 45 heures de cours.

Le coût moyen que représente l'effectif étudiant équivalent temps plein (EÉÉTP) dans le réseau universitaire au cours du cycle budgétaire 1994-1995 était de 14 424 $. L'École envisage donc de fixer les droits de scolarité pour le programme à 15 000 $. Notez qu'un EÉÉTP vaut 30 crédits.

Certains membres du comité d'orientation croient que ce montant est trop élevé, alors que d'autres soutiennent l'opinion contraire.

Les deux arguments des membres favorables à la diminution des droits

Le montant de 14 424 $ par EÉÉTP représente un coût moyen; il faudrait retenir le coût marginal.

Résumé des données :

Établissement	EÉÉTP	Coût
Université Laval	28 039	428 265 712 $
Université de Montréal	26 542	433 218 429 $
École des HEC	4 937	49 956 525 $
École Polytechnique	3 943	94 805 563 $
Université McGill	24 183	413 604 110 $
Université Bishop	2 128	19 985 666 $
Université Concordia	16 790	188 150 102 $
Université du Québec	47 433	607 660 655 $
Université de Sherbrooke	12 907	171 750 952 $

À partir des données fournies par ce tableau, on calcule la droite de régression suivante :

$$y = 12\ 146\ 728{,}08\ \$ + 13\ 769,\ 09x$$

où y représente le coût total
x représente le nombre de EÉÉTP inscrits dans un établissement.

et la statistique $r^2 = 0{,}949$.

Selon cette régression, le coût fixe d'un établissement est de 12 146 728 $, alors que le coût marginal par EÉÉTP est de 13 769 $.

Premier argument

Le coût moyen par EÉÉTP à l'École des HEC est inférieur au coût variable de 13 769 $, établi à l'aide de la régression. En effet, il est de 10 118,23 $, somme obtenue en divisant 49 956 525 $ par 4 937. En conséquence, il est possible de demander un montant inférieur à 15 000 $.

Deuxième argument

Les salaires des professeurs constituent le seul coût variable inhérent à ce programme. Or, ce coût est de 8 750 $ par étudiant pour une cohorte de 20 étudiants, et de 5 833 $ par étudiant pour une cohorte de 30 étudiants, comme le démontrent les calculs suivants :

30 crédits équivalent à 450 heures de cours.

Une charge de cours comprend 45 heures.

Le programme requiert donc 10 charges de cours de 45 heures.

La charge d'un professeur dont le salaire est de 70 000 $ est de 4 cours par an.

Le programme requiert donc 2,5 professeurs par an, soit 175 000 $.

Et, 8 750 $ = 175 000 $/20 étudiants.

5 833 $ = 175 000 $/30 étudiants.

Selon ce deuxième argument, comme on prévoit admettre entre 20 et 30 étudiants par cohorte, on devrait exiger un montant se situant entre 7 000 $ et 8 000 $ par étudiant pour couvrir l'ensemble des coûts variables. Et, si ce programme était subventionné par le gouvernement au même titre que tous les programmes de deuxième cycle, on pourrait diminuer ce montant de 5 000 $, car la subvention obtenue pour un EÉÉTP additionnel a été de 5 085 $ en 1994-1995.

Les deux arguments des membres favorables à l'augmentation des droits

Le tableau ci-dessous présente des données relatives aux coûts et à l'EÉÉTP de l'École des HEC.

Cycle budgétaire	Dépenses d'enseignement	Dénombrement EÉÉTP*	Coût moyen par EÉÉTP
1990-1991	24 255 100 $	5 168,63	4 692,75 $
1991-1992	24 230 000 $	5 128,73	4 724,37 $
1992-1993	25 884 400 $	5 165,45	5 011,06 $

* Un EÉÉTP est un effectif étudiant équivalent temps plein

Un premier résultat:

La variation de dépenses entre les deux cycles budgétaires 1991-1992 et 1992-1993 est de 1 654 400 $, alors que la variation de l'EÉÉTP entre ces deux mêmes cycles est de 36,72, ce qui donne un coût additionnel moyen de 45 054 $ par EÉÉTP entre ces deux cycles. Un tel coût de 45 054 $ par EÉÉTP n'a aucun sens. On n'a qu'à multiplier ce montant par le nombre d'EÉÉTP d'un établissement pour s'en rendre compte.

Un deuxième résultat:

On observe une diminution de 3,18 EÉÉTP entre les cycles budgétaires 1990-1991 et 1992-1993, alors que le coût augmente entre ces deux cycles budgétaires.

Ces deux résultats nous amènent à conclure que les dépenses d'enseignement à l'École des HEC ne varient pas en fonction du nombre d'EÉÉTP.

Premier argument

Le montant de 14 424 $ par EÉÉTP représente un coût moyen pour l'ensemble du réseau. Il faudrait considérer le coût additionnel de toutes les activités générées par ce nouveau programme, notamment la mise en marché et la publicité, ainsi que l'activité additionnelle engendrée à la direction de programme, au bureau du registraire et aux services financiers.

Deuxième argument

De façon globale, comme la masse salariale des professeurs représente un peu moins du tiers de l'enveloppe budgétaire globale des universités, on devrait multiplier le coût direct de ce programme par un taux d'imputation égal à 3, soit 100 %/33 %, ce qui donne :

- pour une cohorte de 20 étudiants, un coût du programme estimé à 26 250 $ par étudiant, soit 3 × 8 750 $;
- pour une cohorte de 30 étudiants, un coût du programme estimé à 17 499 $ par étudiant, soit 3 × 5 833 $.

Travaux pratiques

1. Calculez la droite correspondant au coût total par établissement en fonction du nombre d'EÉÉTP, selon la méthode des points extrêmes.
2. Interprétez le coefficient r^2 = 0,949 de la droite de régression obtenue.
3. Formulez vos commentaires quant à la valeur prédictive de l'équation de régression en fournissant deux (et seulement deux) raisons pour lesquelles vous auriez ou non recours à cette équation pour estimer le coût d'un établissement.
4. Commentez les deux arguments des membres du comité d'orientation qui sont favorables à la diminution du coût.
5. Commentez du comité qui sont favorables à l'augmentation du coût.
6. Proposez une formule (approche) visant à établir le coût d'un tel programme, en fournissant deux arguments appuyant votre proposition, et un argument indiquant ses limites.

CHAPITRE 3

Le coût de revient

Objectifs

Après avoir étudié ce chapitre, vous serez capable :

- d'expliquer ce qu'est le coût de revient ;
- de calculer des coûts de revient simples ;
- de choisir une méthode de calcul appropriée au contexte ;
- d'analyser des décisions influant sur les coûts de revient ;
- d'interpréter les coûts de revient dans un contexte décisionnel.

Sommaire

LE COÛT DE REVIENT

Les coûts constituent pour le gestionnaire une information financière de première importance, susceptible d'orienter ses décisions. Il existe un éventail de coûts qui correspondent aux prix payés par l'entreprise pour l'acquisition, auprès de fournisseurs, des ressources nécessaires à la production. Cependant, si l'on veut déterminer le coût des biens et des services que l'entreprise transforme avant de les vendre à des clients, il faut parfois tenir compte d'un grand nombre de ressources. Pour obtenir le coût de revient du bien produit ou du service rendu, on devra d'abord établir la liste de ces ressources, puis faire la somme de leur coût respectif.

On a recours à l'expression « coût de revient d'un produit » lorsqu'on ne peut établir de lien direct entre un produit et les ressources engagées pour l'obtenir comme on le ferait lors d'une transaction purement commerciale. En effet, l'entreprise commerciale achète auprès de fournisseurs des produits qu'elle revend à des clients ; le coût de revient de ses produits correspond au prix qu'elle les a payés, et la correspondance entre le produit et son coût est sans équivoque. Dans le cas d'une entreprise manufacturière, il faut établir cette relation entre les produits et le coût des ressources nécessaires à la production. Par exemple un artisan achète des matières premières, les transforme à l'aide d'outils et d'équipements, puis vend le produit transformé. On retrouve ce processus dans l'entreprise manufacturière, c'est-à-dire chaque fois qu'il y a transformation de matières premières acquises ou que l'on ajoute un service à un produit déjà vendu : livraison, assemblage, installation, etc. Le tableau suivant présente une liste d'objets de coûts de revient :

Produits	Une tonne d'acier, un litre d'essence, un téléviseur, une automobile, etc.
Services	La livraison d'un produit, une injection chez le médecin, la vérification de renseignements au service des immatriculations, la réparation d'un appareil, l'établissement d'une communication, l'approvisionnement en eau potable, la collecte des ordures ménagères, etc.
Programmes	Un programme de rénovation urbaine, un programme antipollution, etc.
Activités	La commande de certains produits, la réception d'un article ou d'un document, la gestion des stocks, le service à la clientèle, etc.

Au chapitre 2, nous avons vu les notions de coût total, de coût moyen, de coût marginal, de coût historique, de coût du marché, de coût prévisionnel, de coût actualisé, de coût variable et de coût fixe. Ces concepts s'appliquent également au calcul du coût de revient. En effet, nous pouvons déterminer certaines dimensions de ce coût, par exemple, le coût moyen et le coût prévisionnel d'un produit, d'un service ou d'un programme.

Le coût de revient, du point de vue de l'artisan

Le coût de revient comprend, pour l'artisan:

- le coût des matières premières qu'il a acquises;
- le coût occasionné par le temps qu'il a consacré à la transformation des matières en produit fini;
- le coût qu'il attribue à l'usure des outils, de l'équipement et d'autres immobilisations dont il a fait usage lors du processus de transformation.

Ce coût est donc égal à la somme des ressources dont l'artisan s'est servi.

L'artisan n'a pas besoin de faire appel à un système formel de comptabilité pour connaître le coût de revient de sa production. En effet, cette notion ne comprend, en fait, que le coût des matières utilisées, coût que l'artisan est généralement en mesure d'évaluer avec certitude. L'artisan peut ainsi s'assurer d'une rémunération raisonnable pour son travail lorsqu'il fixe le prix de vente de son produit.

Le coût de revient, du point de vue de l'entreprise manufacturière

Avec l'émergence des premières entreprises industrielles, au début du XIXe siècle, l'estimation du coût de revient est devenue une tâche plus complexe. Aujourd'hui, dans un environnement moderne, le coût de revient englobe une foule d'activités souvent liées de façon très indirecte au produit. Outre le coût d'acquisition des matières premières, il comprend notamment:

- le coût associé à l'utilisation des équipements servant à la production de plusieurs biens ou services;
- le coût des techniques de pointe retenues;
- le coût du programme de planification;
- le coût du programme de formation de la main-d'œuvre;
- le coût des activités de recherche et de développement;
- le coût des activités de vente et d'administration, qui sont essentielles à la mise en marché du produit.

Le regroupement de ces coûts nous permet de déterminer:

- le coût de revient de fabrication, qui comprend tous les coûts énumérés à l'exception des coûts relatifs aux activités de vente et d'administration;
- le coût de revient des produits vendus, qui comprend tous les coûts engagés par l'entreprise pour la fabrication et la vente de ces produits, ainsi que la gestion de la logistique de ces deux activités.

En comptabilité financière, on appelle «coût des produits vendus» le coût de revient de fabrication des produits qui ont été vendus.

EXEMPLE

La fabrication de casiers en aciers

Prenons l'exemple d'une entreprise qui fabrique des casiers en acier servant à ranger des vêtements, des valises et d'autres objets, conçus pour des écoles et pour divers organismes utilisant des consignes automatiques tels les centres sportifs et les gares. Cette entreprise se procure des feuilles d'acier chez un fournisseur et des serrures chez un sous-traitant. L'entreprise a son propre service de mise en marché et elle distribue elle-même ses produits.

Quel est le coût de revient du produit fabriqué par cette entreprise? De quels éléments est-il constitué?

Nous distinguons trois coûts de revient, donc trois objets de coûts: les produits fabriqués, les produits mis en marché et les produits distribués.

Le coût de fabrication comprend:

- le coût des feuilles de métal;
- le coût des serrures;
- le coût de la main-d'œuvre;
- le coût des fournitures;
- le coût lié à l'amortissement et à l'entretien des équipements et des outils;
- le coût lié à l'amortissement et à l'entretien des espaces nécessaires à la production.

Le coût des produits mis en marché comprend:

- le coût de fabrication;
- une juste proportion des frais d'administration;
- une juste proportion des frais de mise en marché.

Le coût des produits distribués comprend:

- le coût des produits mis en marché;
- les frais de livraison.

EXEMPLE

Le coût de revient d'une séance de cours

Dans un établissement scolaire, on peut chercher à établir le coût de revient d'une séance de cours ainsi que le coût de chacun des éléments de ce coût. Par analogie avec la fabrication des casiers en métal, examinons, dans un premier temps, le coût direct de la séance de cours proprement dite et, dans un deuxième temps, le coût «total» d'une séance.

Le coût direct d'une séance de cours proprement dite comprend:

- la part relative du salaire du professeur (incluant les avantages sociaux);
- les fournitures et le matériel, le cas échéant;

- l'amortissement et l'entretien du local.

Le coût « total » d'une séance de cours comprend :

- le coût direct de la séance de cours proprement dite ;
- la proportion relative du coût des services de soutien qui s'y rattachent (bureau du registraire, accueil, administration, stationnement, centre sportif, entretien extérieur, mise en marché et publicité), et qui sont essentiels à la réalisation du cours.

EXEMPLE

Le coût de revient de la livraison d'un produit défectueux

Supposons qu'une entreprise vende par mégarde un produit défectueux qu'elle a fabriqué.

Comment peut-on déterminer le coût de revient de cet incident ? De quoi se compose-t-il ?

Supposons que la défectuosité détectée rende le produit inutilisable, irrécupérable et ne lui confère aucune valeur de revente à titre de rebut. Le coût de revient de ce produit comprend :

- son coût de fabrication ;
- les coûts occasionnés par son retour et son remplacement (gestion par le service à la clientèle, comptabilité, etc.) ;

Il serait également possible de déterminer les coûts intangibles associés à la mauvaise réputation qui découle de cette vente, y compris la perte éventuelle de clients, mais ce calcul dépasse le cadre de ce manuel.

Les éléments du coût de revient sont donc :

- le coût de fabrication ;
- le coût de mise en marché ;
- le coût de gestion du service à la clientèle, de la comptabilité et de toutes les autres unités administratives touchées par le remplacement.

On peut subdiviser chacun de ces éléments en un certain nombre d'éléments, puis en une nomenclature de ressources. Le coût de fabrication étant à l'origine de la théorie et de la pratique du calcul du coût de revient, il permet d'illustrer clairement les différentes méthodes de calcul. Nous allons donc le présenter plus en détail.

LE COÛT DE FABRICATION

Le coût de fabrication d'un produit fini, qui correspond à son coût de revient de fabrication, est la somme des coûts de toutes les ressources nécessaires à sa production. Il inclut les éléments suivants :

- le coût des matières premières ;
- le coût de la main-d'œuvre directe ;
- le coût des frais généraux de fabrication.

On définit les matières premières (MP) d'un produit comme l'ensemble des matériaux qui sont incorporés à ce produit, c'est-à-dire qui en sont devenus partie intégrante au cours du processus de fabrication.

Par exemple, le bois, la colle et le vernis peuvent constituer les matières premières d'une table. Cependant, il arrive que, pour des raisons d'ordre pratique – parce qu'un matériau est présent en quantité infime dans un produit fini ou parce qu'il est difficile d'en mesurer la quantité exacte –, on décide d'inclure le coût de ce matériau dans les frais généraux de fabrication.

On définit la main-d'œuvre directe (MOD) comme l'ensemble des travailleurs qui participent directement à la transformation des matières premières. On la distingue donc de la main-d'œuvre indirecte, qui appartient à l'infrastructure organisationnelle à l'intérieur de laquelle s'opère la fabrication ou le traitement des produits. En effet, le processus de transformation assuré par la main-d'œuvre directe s'effectue en fonction d'une technique donnée, dans le cadre d'une infrastructure organisationnelle englobant des services et des personnes.

On définit les frais généraux de fabrication comme l'ensemble des coûts affectés à cette infrastructure organisationnelle. Ils regroupent notamment les fournitures, la main-d'œuvre indirecte, les frais d'entretien et de réparation, les assurances, les taxes de l'usine, l'amortissement de l'équipement et des immobilisations reliés à la fabrication ainsi qu'une proportion du coût de certains services, comme la recherche et le développement, la gestion de la qualité, etc.

Les coûts directs et les coûts indirects

Il existe donc des coûts directs directement rattachés au produit et propres à ce produit ; ils proviennent des matières premières et de la main-d'œuvre directe. Quant aux coûts indirects, ils se rapportent à des ressources que se partagent plusieurs produits ; il s'agit souvent de l'ensemble des produits qui passent par l'usine. Les frais généraux de fabrication sont des coûts indirects. La figure 3.1 illustre les concepts de coûts directs et de coûts indirects.

Figure 3.1
Les coûts directs et les coûts indirects

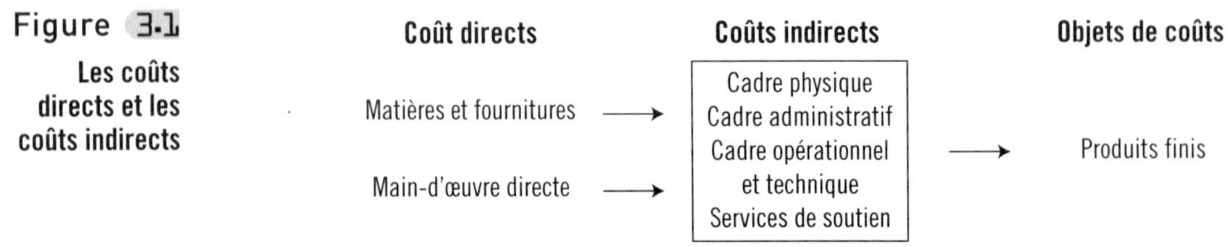

Le coût direct désigne donc le coût de toutes les ressources directement affectées à la production d'un bien ou d'un service, comme le coût des matières utilisées et les salaires des travailleurs qui participent directement au processus de transformation. Le coût variable est un coût direct; il importe toutefois de souligner que le coût direct peut correspondre, selon le cas, à un coût variable, à un coût fixe mais qui varie par paliers, ou à un coût fixe lorsque ce coût est associé directement à un produit ou à un service. Le coût indirect désigne le coûts des ressources servant à la production de divers biens, comme les équipements et les immobilisations en général.

Le calcul du coût de revient de fabrication exige de tenir compte non seulement des coûts direct et indirect, mais de diverses catégories de coûts telles que:

- le coût de transformation;
- le coût complet;
- le coût standard;
- le coût cible;
- le coût relié au cycle de vie du produit.

Le coût de transformation

Le coût de transformation représente le coût de toutes les ressources ayant servi directement ou indirectement à transformer des matières premières en produits finis. Il exclut donc le coût de ces matières. Au sens de la législation fiscale, le coût de transformation correspond à la valeur ajoutée.

Le coût complet

Le coût complet inclut à la fois le coût des matières transformées et celui de leur transformation. Il désigne donc les coûts se rapportant à toutes les ressources liées de près ou de loin à un produit ou à un service.

La figure 3.2 illustre la correspondance entre le coût direct, le coût indirect, le coût de transformation et le coût de revient complet.

Figure 3.2
Le coût de revient complet

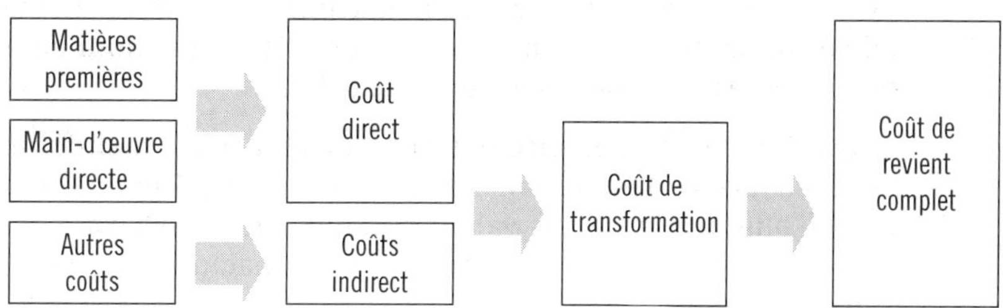

Le coût standard

Le terme standard fait référence à une norme, à un point de repère préétabli. On appelle coût standard le coût tel qu'il serait dans des conditions idéales selon les études des ingénieurs, c'est-à-dire lorsque la production est efficace, efficiente et économique. On peut être en présence d'un coût direct ou d'un coût complet; il est question, dans le premier cas, de coût direct standard et, dans le deuxième cas, de coût complet standard.

Le coût cible

Comme son nom l'indique, le coût cible est un objectif, un coût qu'on cherche à atteindre pour un produit en phase de développement. Le prototype ne sera mis en production que lorsqu'on aura réussi à concevoir un modèle et un procédé de fabrication correspondant aux objectifs de coûts fixés pour le produit fini.

Le coût relié au cycle de vie du produit

Comme son nom l'indique, ce coût est égal à la somme de tous les coûts engendrés par un produit durant sa vie. Il inclut donc non seulement le coût d'acquisition, mais également tous les coûts découlant de l'emploi de ce produit. Dans le cas d'un équipement, les coûts d'utilisation englobent les coûts d'opération et de maintenance de cet équipement.

EXEMPLE

Le coût d'une machine-outil

Une entreprise manufacturière désire faire l'acquisition d'une machine-outil. L'ingénieur responsable étudie présentement deux modèles :

- un modèle robuste au prix de 250 000 $;
- un modèle ordinaire au prix de 180 000 $.

Dans les deux cas, l'entreprise devra assumer les coûts du transport, de l'installation et de la mise en marche de la machine-outil, qui sont évalués à 20 000 $. De plus, elle devra assurer la maintenance et le coût de fonctionnement durant la vie utile des machines, estimée dans les deux cas à 20 ans.

A priori, la performance des deux machines est identique. Cependant, les coûts de maintenance et d'opération sont estimés à 5 000 $ par année pour la machine robuste qui, de plus, présente une valeur résiduelle de 20 000 $ après 20 ans ; ces mêmes coûts sont estimés à 12 000 $ par année pour la machine ordinaire, qui ne présente aucune valeur résiduelle.

Abstraction faite de l'actualisation (dont il faut tenir compte étant donné la longueur de la période considérée), le coût relié au cycle de vie de la machine robuste est de :

$$250\,000\ \$ + 20\,000\ \$ + 20 \times 5\,000\ \$ - 20\,000\ \$ = 350\,000\ \$$$

Abstraction faite de l'actualisation, le coût relié au cycle de vie de la machine ordinaire est de :

$$180\,000\ \$ + 20\,000\ \$ + 20 \times 12\,000\ \$ = 440\,000\ \$$$

Si on ajuste ces coûts au taux de 10 % par an, le coût actualisé relié au cycle de vie de la machine robuste est de 309 595 $, et de 302 163 $ pour de la machine ordinaire. À un taux moindre, la machine robuste redevient donc la plus économique si on tient compte de son cycle de vie.

La fiche de coût de revient

On définit la fiche de coût de revient d'un produit, d'un service ou d'un programme comme la présentation détaillée des éléments du coût de revient de ce produit, de ce service ou de ce programme. Dans le cas d'un produit, cette fiche fournit des précisions sur :

- les matières premières (quantités et prix) ;
- la main-d'œuvre directe (temps et taux) ;
- la part des frais généraux de fabrication allouée à ce produit.

EXEMPLE

La fiche de coût de revient d'un produit

La fiche de coût de revient d'un produit prend la forme suivante :

Matières premières	2 kg d'un matériau X à 5 $/kg	10 $
	5 L d'un produit Y à 3 $/L	15 $
Main-d'œuvre directe	2 heures à 10 $/h	20 $
Frais généraux de fabrication	2 heures à 2,50 $/h	5 $
Total		**50 $**

Il faut noter dans cet exemple la présence de quantités (2 kg, 5 L et 2 h) et de prix (5 $/kg, 3 $/L et 10 $/h). Le taux de 2,50 $/h attribué aux frais généraux provient d'une distribution des frais généraux entre l'ensemble des produits fabriqués. Nous aborderons la problématique de la répartition des frais généraux au chapitre 4.

EXEMPLE

Une autre fiche de coût de revient d'un produit

La fiche de coût de revient d'un autre produit est la suivante :

Matières premières	5 kg d'un matériau X à 10 \$/kg	50 \$
	10 m^2 d'un matériau Y à 4 \$/m^2	40
	12 L d'un produit Z à 3 \$/L	36
Coûts de transformation	2 heures-machines à 25 \$/h	50
Total		**176 \$**

Il faut noter dans cet exemple la présence de quantités (5 kg, 10 m^2, 12 L et 2 heures-machines) et de prix (10 \$/kg, 4 \$/m^2, 3 \$/L et 25 \$/heure-machine). Nous traiterons au chapitre suivant des modes de détermination du taux de 25 \$/heure-machine, qui représente les coûts de transformation.

EXEMPLE

La fiche de coût de revient d'un projet

Dans la perspective de l'entrepreneur paysagiste, le coût de revient n'est pas un coût de fabrication, mais un coût de production. Ce coût de revient provient de la fiche suivante :

Matières premières	40 000 \$
Main-d'œuvre directe	90 000
Frais généraux de fabrication	20 000
Total	**150 000 \$**

Dans cet exemple, les matières premières représentent le coût des arbres, des arbustes, des fleurs, du gazon, des dalles et des pierres qui sont nécessaires à l'aménagement paysager. Quant aux frais généraux de production (il est ici davantage question de production que de fabrication), ils consistent essentiellement dans le coût d'utilisation de la machinerie et des équipements lors des travaux : tracteur, pelle mécanique, rouleau, etc.

Dans les exemples précédents, les frais généraux représentent une proportion de 20 % (soit 5 \$ sur 25 \$) et de 18 % (soit 20 000 \$ sur 110 000 \$) des coûts de transformation. Jusqu'au milieu du XXe siècle, cette proportion était inférieure à 20 %. Aujourd'hui, la structure des coûts, soit le pourcentage relatif de chacune des catégories de coûts, est souvent radicalement modifiée, en particulier dans les industries de pointe. Ainsi, le coût de transformation (main-d'œuvre directe et frais généraux de fabrication) qui auparavant se composait en majeure partie de main-d'œuvre directe, est maintenant, à l'inverse, constitué surtout des frais généraux de fabrication, comme l'illustre la figure 3.3.

Figure 3.3
La répartition des coûts de transformation dans l'industrie traditionnelle et dans l'industrie de pointe

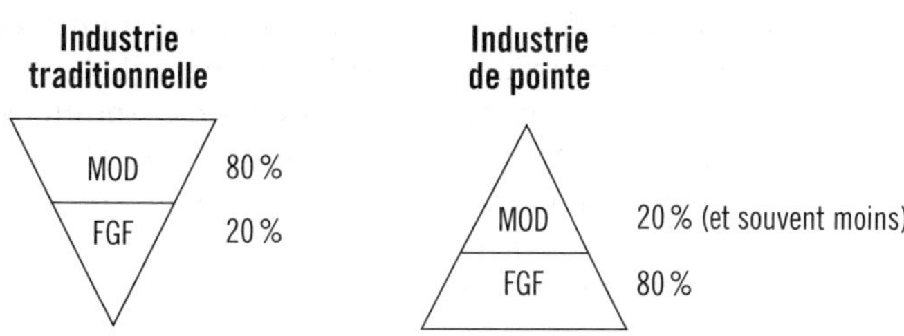

Il arrive parfois qu'un processus de fabrication complètement automatisé fasse entièrement disparaître la main-d'œuvre directe. C'est pourquoi on observe le plus souvent la présence de deux catégories de coûts dans ces industries de pointe : les matières premières et la transformation.

LES SYSTÈMES DE PRODUCTION

Pour comprendre les méthodes de calcul que nous présentons dans la section suivante, il faut d'abord examiner le fonctionnement des systèmes de production. La méthode de calcul du coût de fabrication doit en effet refléter la réalité du régime de production établi. Il existe presque autant de modes d'organisation de la production qu'il y a d'industries, sans compter les nombreuses variantes que l'on est à même d'observer dans les entreprises d'une même industrie.

Les systèmes de production sont parfois d'une grande complexité. Nous avons donc simplifié la réalité en la réduisant à un certain nombre de modèles qui vous sont présentés ici. Ces modèles fournissent des points de repère qui aident le gestionnaire à choisir la méthode de calcul du coût de revient qui lui convient, et à adapter la méthode retenue à la situation de son entreprise. Nous allons décrire les principaux modèles de systèmes de production appliqués dans les entreprises, caractérisés par :

- le mode de fabrication ;
- le type d'organisation du travail ;
- les méthodes de démarrage de la production.

Le mode de fabrication

Nous analysons ici trois modes de fabrication : la fabrication sur commande, la fabrication par lots et la production uniforme et continue.

La fabrication sur commande

Le mode de fabrication sur commande consiste, comme son nom l'indique, à n'entreprendre la fabrication que sur réception de la commande du client. La fabrication ne commence donc qu'à la suite d'une entente conclue entre le vendeur et le client à propos d'un produit, entente qui prévoit parfois les moindres détails de la transaction ainsi que le prix de ce bien. Certains produits sont vendus sur commande parce qu'il est impossible de procéder autrement. C'est le cas de tous ceux qui sont faits sur mesure. Comment pourriez-vous démarrer la production sans connaître les spécifications de l'article que vous allez fabriquer? Les principales caractéristiques d'un produit fabriqué sur commande sont les suivantes:

- il est fait sur mesure;
- il est unique, conforme au devis du client;
- il est souvent vendu au moyen d'une soumission;
- il est parfois trop coûteux pour être stocké.

Dès qu'elle reçoit les spécifications du client, l'entreprise se doit d'établir un coût de revient prévisionnel qui servira de base à la préparation d'une soumission, ou simplement à la proposition d'un prix au client.

La fabrication par lots

Le mode de fabrication par lots consiste à regrouper un nombre d'unités semblables lors de la fabrication afin de bénéficier d'économies d'échelle liées à la mise en œuvre du processus de fabrication, à la préparation des machines, à la réquisition des ressources, etc. Les coûts de ces dernières activités sont engagés au début de la production et sont indépendants du nombre d'unités dans le lot. Cette phase préparatoire de la production porte le nom de mise en course ou de mise en route. En contrepartie, il faudra stocker les unités qui ne seront pas vendues immédiatement. Les économies d'échelle devront être supérieures aux coûts liés à la mise en course. La détermination de la quantité optimale à commander et à fabriquer en fonction des coûts fixes qui en résultent fait partie de l'analyse coût-volume-bénéfice, que nous décrivons au chapitre 7. Les principales caractéristiques d'un produit fabriqué par lots sont les suivantes:

- il est constitué de plusieurs unités répondant à un devis commun;
- il comporte des unités requérant des ressources et des procédés à peu près identiques;
- il entraîne un démarrage de la fabrication qui nécessite la préparation de la mise en course;
- le processus de fabrication se subdivise en plusieurs étapes.

La production uniforme et continue

Le mode de production uniforme et continu consiste à implanter un processus de production unique prévoyant la fabrication d'un très grand nombre d'unités identiques, sans interruption, souvent 24 heures sur 24. C'est le modèle de production qui prévaut dans les industries de transformation de matières premières, comme les industries du bois, de la chimie et de la métallurgie, dans la production de la pâte de bois, des huiles et de l'acier. Les produits issus d'un processus de fabrication uniforme et continu présentent les caractéristiques suivantes :

- l'usine fabrique des quantités ou des volumes importants d'un seul produit ;
- le produit est souvent transformé plutôt qu'assemblé ou fabriqué ;
- le produit est fabriqué au cours d'une opération continue, ininterrompue.

Dans ce cas, le coût de revient ne peut résulter que d'une moyenne calculée en fonction d'une unité de mesure de la quantité ou du volume, souvent le kilogramme ou le litre.

Dans la plupart des usines d'assemblage nord-américaines, la fabrication par lots est le mode de production classique. Cependant, l'influence japonaise ainsi que les techniques de pointe et les connaissances nouvelles en matière d'organisation de la production ont, en particulier dans les industries de pointe, donné une impulsion au mode de fabrication uniforme et continu. On cherche ainsi à réduire le délai de fabrication, d'une part, et la quantité de produits en cours de fabrication, d'autre part.

Le type d'organisation du travail

Nous examinons deux types d'organisation du travail implantés en usine, et qui sont schématisés dans le tableau suivant, soit l'aménagement linéaire ou par aires de travail, et l'aménagement cellulaire ou fonctionnel. Chacun de ces modes d'aménagement est associé à un flux d'opérations spécifique.

Mode d'aménagement	Flux d'opérations
Aménagement linéaire ou par aires de travail	Flux discontinu
Aménagement cellulaire ou fonctionnel	Flux continu

L'aménagement linéaire présuppose que l'on a décomposé le processus de production en une série d'opérations associées à des aires de travail. Dans ce processus, chaque opération se rapporte à une machine ou à une pièce d'équipement, et aux tâches qui s'y rattachent. Bien qu'elles soient séquentielles, ces opérations peuvent être effectuées indépendamment les unes des autres. Les aires de travail fonctionnent de façon tout à fait autonome ; c'est la raison pour laquelle le flux d'opérations est discontinu. On y accumule ainsi des produits en cours de transformation ou des produits semi-finis. Par ailleurs, un temps d'attente sépare toujours la fin d'une opération et le début de l'opération suivante, et il faut souvent transporter ces produits en cours de transformation d'une aire de travail à une autre. La figure 3.4 illustre ce processus.

L'aménagement linéaire exige, dans un premier temps, de cumuler les coûts par aires de travail et, dans un deuxième temps, de les répartir entre les produits qui y sont traités.

Figure 3.4
L'aménagement linéaire ou par aires de travail

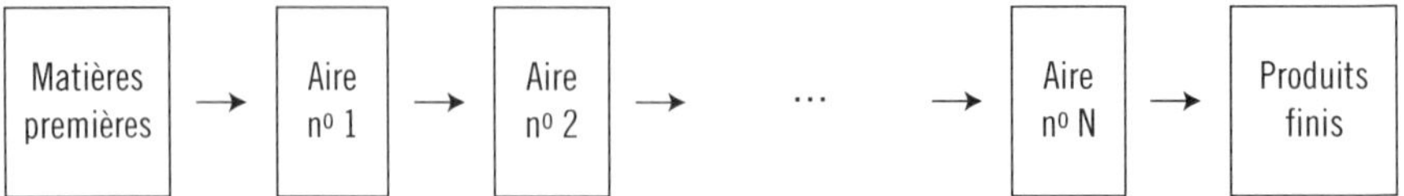

Les manuels de gestion des opérations et de la production font également référence à l'aménagement cellulaire et à l'aménagement fonctionnel[1]. Chacun de ces deux types d'aménagement peut mener à un flux d'opérations continu ou presque continu. Le flux continu détermine le choix de la méthode de calcul du coût de revient : dans ce cas, il n'est en effet plus possible de cumuler les coûts par aires de travail, car celles-ci n'existent plus. Le délai de fabrication, c'est-à-dire le délai séparant le début de la production d'un article donné et son achèvement, est réduit au minimum et il n'y a donc pratiquement plus de produits en cours de transformation (stocks en cours en fin d'exercice). On parle alors d'un processus de fabrication juste-à-temps. Il serait possible de cumuler les coûts par cellules ou par fonctions, mais cela semble inutile pour deux raisons : d'abord, il n'est pas nécessaire de surveiller d'heure en heure les coûts engagés dans l'usine ; ensuite, on a réduit considérablement les stocks en cours de production. Par exemple, chez Harley-Davidson, on a diminué le délai de fabrication d'une motocyclette de six mois à quelques jours[2] grâce au réaménagement du processus d'assemblage. Pour une période de six mois, il était pertinent de comptabiliser les coûts séparément pour chaque étape de la production, c'est-à-dire de les cumuler pour chaque aire de travail et de déterminer ainsi la valeur des stocks en cours à divers stades de la production. Mais, puisque la durée du processus de fabrication a été réduite à quelques jours, on a considérablement restreint les stocks de produits en cours. Il n'est donc plus approprié de recourir à cette méthode de calcul.

Les méthodes de démarrage de la production

Les deux principales méthodes de démarrage de la production sont la poussée (*push*) et l'attraction (*pull*).

Le démarrage par poussée, qui correspond à la méthode classique, se caractérise en particulier par un aménagement linéaire. La production est amorcée à la suite d'un ordre de travail expédié à l'aire de travail nº 1. Cet ordre peut, par exemple, provenir du directeur de l'entrepôt, dans le cas où le stock d'un produit descend à un niveau inférieur au seuil minimum. À la fin de cette première opération, le stock de produits en cours est transféré à l'aire de travail nº 2 en vue de l'exécution de l'opération suivante. Ce stock en cours devient alors implicitement l'ordre de travail de l'aire nº 2. La production est ainsi « poussée » (*pushed*) d'une aire de travail à une autre dans l'usine, jusqu'à ce qu'elle soit terminée et transférée au stock de produits finis.

1. J. Nollet, J. Kélada et M. Diorio. *La gestion des opérations et de la production, une approche systémique*, Gaëtan Morin éditeur, 1986, p. 245.
2. Robert H. D'Amore. « Just in Time Systems », *Cost Accounting, Robotics and the New Manufacturing Environment*, American Accounting Association, 1987, p. 8.12.

Le démarrage par attraction consiste à expédier l'ordre d'exécution à la dernière aire de travail de la chaîne (et non à la première) s'il s'agit d'un aménagement linéaire, ou à la fin du processus (et non au début) s'il s'agit d'un aménagement cellulaire ou d'un aménagement fonctionnel. La production est ainsi « tirée à rebours » (*pulled*) de la fin du processus vers le début. Ce type de déclenchement semble mieux convenir à la fabrication effectuée en fonction d'un flux d'opérations continu. On associe ce mode de fonctionnement aux systèmes de production désignés sous le nom de « juste-à-temps ».

Nous recommandons à ceux et celles qui désirent en savoir davantage sur ce sujet de lire un manuel traitant des systèmes de production. L'objectif que nous poursuivons dans ce chapitre est de traiter des contextes qui président à la détermination du coût de revient, et de les décrire à l'aide de modèles simples. Nous cherchons ainsi à faciliter la compréhension des différentes méthodes de calcul du coût de revient de fabrication et de leurs limites respectives.

LES MÉTHODES DE CALCUL DU COÛT DE FABRICATION

On distingue cinq méthodes de calcul du coût de fabrication :

- la méthode fondée sur la somme des ressources engagées dans la production ;
- la méthode fondée sur la nomenclature de fabrication ou d'assemblage ;
- la méthode fondée sur les centres de coûts ;
- la méthode fondée sur une analyse d'équivalence ;
- la méthode fondée sur une répartition par activités.

Il est possible de combiner ces méthodes les unes avec les autres, selon les circonstances. En fait, elles ne sont à peu près jamais employées seules. En particulier, la méthode fondée sur la somme des ressources engagées dans la production fournit un cadre général pour le calcul du coût de revient et, selon les besoins, elle est associée à une ou à plusieurs autres méthodes. Nous allons les décrire en fournissant des exemples pour en faciliter la compréhension, de façon à assurer à tous une interprétation juste de l'information sur les coûts et de son impact sur la prise de décision. Des cinq méthodes énumérées, nous ne décrivons dans ce chapitre que les quatre premières. La méthode de la comptabilité par activités, elle, est exposée au chapitre 5.

La méthode de calcul fondée sur la somme des ressources engagées dans la production

La méthode de calcul fondée sur la somme des ressources engagées consiste à calculer le coût total de l'ensemble des ressources consommées sur une période donnée, puis à diviser la somme obtenue par le nombre total de produits fabriqués à partir de ces ressources durant cette même période. Ce coût correspond habituellement au solde des comptes relatifs à la fabrication des biens et services en cause. Le coût de revient unitaire est donc un coût moyen établi en fonction de la période étudiée.

EXEMPLE

Le coût de revient de production d'une usine

Les soldes des comptes de résultats nous renseignent sur le coût total des ressources consommées pendant le premier trimestre de l'année 1998 dans une usine qui fabrique un seul produit. Ils se présentent comme suit :

Comptes	Montant
Matières premières X	6 000 $
Matières premières Y	2 700
Main-d'œuvre directe	9 600
Frais généraux de fabrication	6 300
Total	**24 600 $**

Le tableau suivant présente les calculs servant à établir le coût unitaire de ce produit. Puisque l'usine en a produit 2 000 unités au cours de la période étudiée, on peut établir le coût unitaire du produit en question en divisant par 2 000 les montants apparaissant aux soldes des comptes.

Comptes	Calcul	Coût unitaire
Matières premières X	6 000 $/2 000 =	3,00 $
Matières premières Y	2 700 $/2 000 =	1,35
Main-d'œuvre directe	9 600 $/2 000 =	4,80
Frais généraux de fabrication	6 300 $/2 000 =	3,15
Total	**24 600 $/2 000 =**	**12,30 $**

La méthode de calcul fondée sur la somme des ressources engagées dans la production se caractérise de la façon suivante :

- elle est simple ;
- elle est généralement indiquée dans les cas où on traite de données historiques ; cela signifie que les calculs portent sur des résultats. On peut toutefois y recourir également lorsque les données sont de nature prévisionnelle ;
- elle est conçue pour un seul produit qui n'est ni décomposé en parties, ni fabriqué ou assemblé en un lieu physique unique.

Lorsque le produit est constitué de plusieurs pièces ou composants, et peut donc être décomposé, on optera pour une combinaison de la méthode fondée sur la somme des ressources engagées dans la production et de la méthode fondée sur la nomenclature d'assemblage. Si le produit subit des transformations dans plusieurs ateliers, on associera la première méthode mentionnée à celle fondée sur les centres de coûts. Enfin, lorsque l'entreprise fabrique plusieurs produits différents, on fera appel à la fois à la première méthode et à celle fondée sur une analyse d'équivalence. La méthode fondée sur la somme des ressources engagées dans la production découle directement de la définition du coût de revient, qui représente la somme de toutes les ressources utilisées. On voit à quel point cette méthode est fondamentale, puisqu'elle sert d'encadrement à toutes les autres méthodes.

La méthode de calcul fondée sur la nomenclature de fabrication ou d'assemblage

La nomenclature d'assemblage d'un produit contient la liste de tous ses composants. À partir de ces informations, on fait un relevé du prix prévisionnel, ou coût de revient, de chacune des pièces, auquel on ajoute le temps d'assemblage multiplié par le taux de rémunération de la main-d'œuvre, ainsi qu'un montant correspondant aux frais généraux. On obtient alors le coût de revient recherché.

EXEMPLE

L'assemblage d'une chaise

La figure 3.5 présente les divers composants d'une chaise de modèle X200.

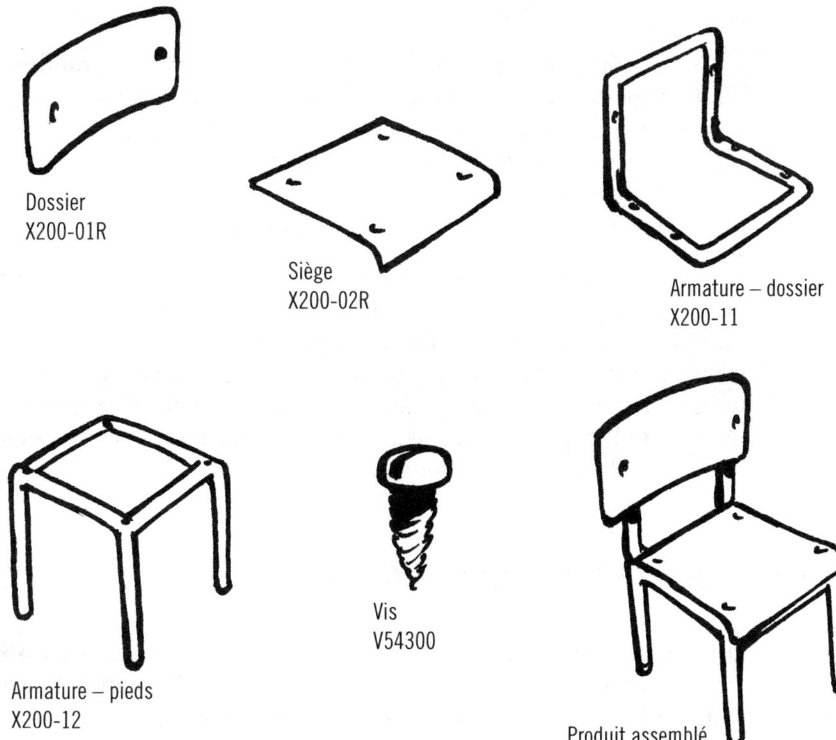

Figure 3.5 **Nomenclature d'assemblage de la chaise X200**

Le calcul du coût d'assemblage de cette chaise est le suivant:

Nº de la pièce	Description	Quantité	Prix unitaire	Coût de revient
X200-01R	Dossier de couleur rouge	1	4,00 $	4,00 $
X200-02R	Siège de couleur rouge	1	4,60 $	4,60
X200-11	Armature-dossier	1	2,20 $	2,20
X200-12	Armature-pieds	1	2,40 $	2,40
V54300	Vis	8	0,20 $	1,60
Assemblage et inspection : 15 minutes à 20,00 $				5,00
Frais généraux de fabrication				2,00
Coût de revient total				**21,80 $**

La méthode fondée sur la nomenclature d'assemblage présente les caractéristiques suivantes:

- elle requiert un devis détaillé du produit;
- elle convient particulièrement à l'établissement d'un coût prévisionnel;
- elle est appropriée dans le cas des produits faits sur mesure et du mode de fabrication sur commande.

Cette méthode apparemment simple peut devenir complexe avec l'augmentation du nombre de pièces. C'est le cas de la tondeuse électrique illustrée à la figure 3.6. Ce serait aussi le cas d'une automobile, composée de plus de 2 000 pièces. Notons que les ingénieurs industriels préconisent cette méthode et qu'on n'a pas à refaire une nomenclature d'assemblage pour le calcul du coût de revient, car elle doit avoir été préparée lors de la planification de la production.

Dans le cas de produits faits sur mesure ou sur commande, la nomenclature d'assemblage permet de préparer la soumission. Par exemple, pour fixer le coût d'un télésiège en vue de la préparation d'une soumission, on doit connaître le nombre de tours, de poulies et de chaises, ainsi que plusieurs autres paramètres servant à déterminer la longueur et le diamètre du câble, la force du moteur, le type de boîte d'engrenages, le nombre et le type de mécanismes de contrôle, etc. On ajoute ensuite à la nomenclature le prix de chacun des composants du produit.

La méthode de calcul fondée sur les centres de coûts

On appelle centres de coûts les lieux (ateliers, laboratoires, etc.), les unités administratives, ou encore les deux entités à la fois, où les coûts de production sont engagés. Dans le cadre de l'aménagement linéaire, ces centres peuvent correspondre aux aires de travail.

Figure 3.6
La nomenclature d'assemblage d'une tondeuse électrique

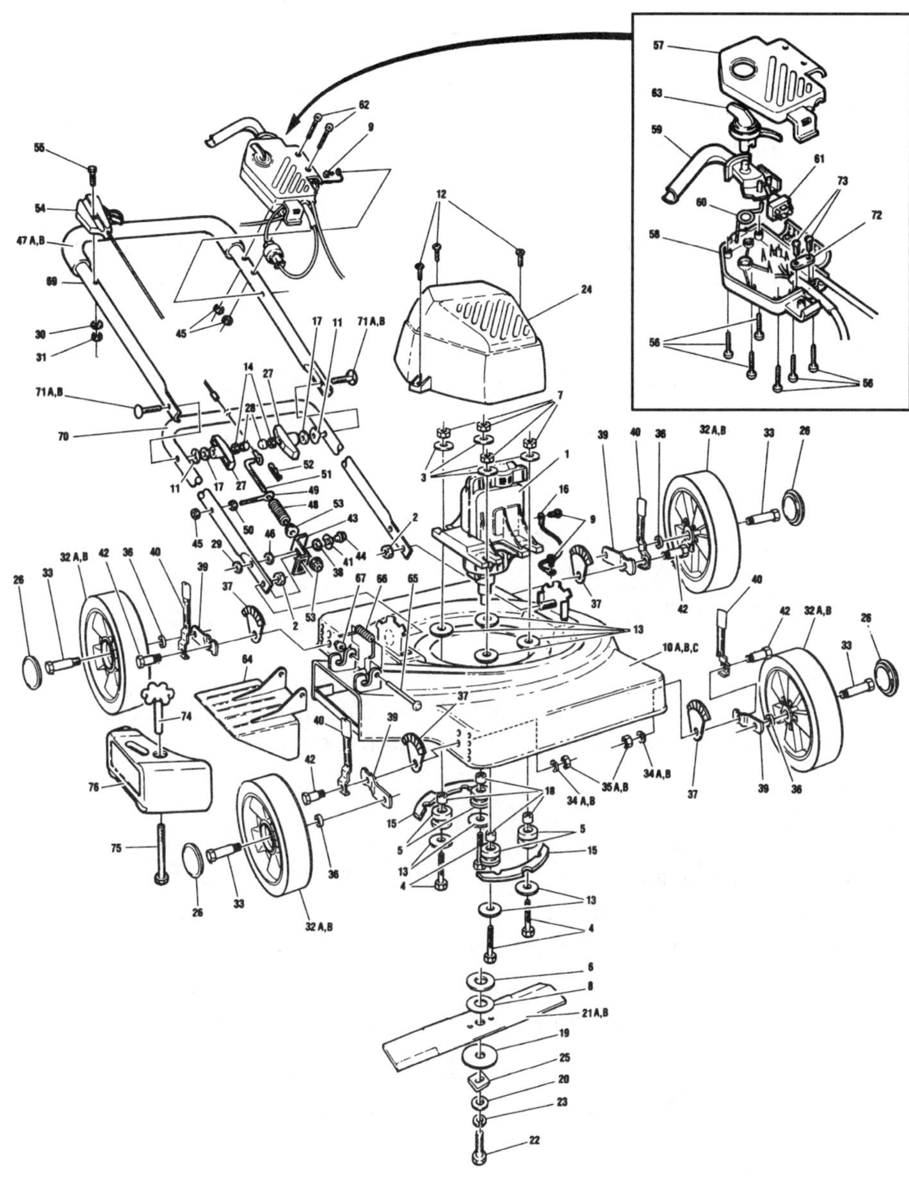

Selon les principes de cette méthode, les coûts sont, dans un premier temps, accumulés dans un compte réservé au centre; ils sont, dans un deuxième temps, répartis entre les produits qui passent par ce centre. Lorsque l'usine est découpée en aires de travail, correspondant chacune à une opération particulière qui n'entre pas nécessairement dans la fabrication de tous les produits ou dont l'importance diffère, cette méthode présente beaucoup d'intérêt, comme l'illustre l'exemple qui suit.

EXEMPLE

La fabrication d'un lot de 3 000 unités

Prenons, par exemple, un lot de 3 000 unités d'un produit qu'une entreprise fabrique sur une base hebdomadaire; l'entreprise fournit aussi par lots 50 produits différents ne nécessitant pas exactement les mêmes opérations. Établissons également que ce lot requiert 1/50 des matières premières et 1/50 de l'espace de l'entrepôt, mais 1/40 des ressources de l'estampillage, 1/25 des ressources de l'assemblage et 1/30 des ressources de la finition. Les coûts accumulés au cours d'une année dans les comptes de l'usine sont attribués aux centres qui en sont responsables comme suit:

Comptes	Montant
Matières premières	510 000 $
Entrepôt de matières premières	75 000
Atelier d'estampillage	450 000
Atelier d'assemblage	375 000
Atelier de finition	180 000
Total	**1 590 000 $**

Le tableau suivant présente les calculs menant à l'établissement du coût de revient unitaire des produits fabriqués dans ce lot.

Comptes	Calcul	Coût du lot	Coût unitaire (lot de 3 000 unités)
Matières premières	510 000 $/50	10 200 $	3,40 $
Entrepôt de matières premières	75 000 $/50	1 500	0,50
Atelier d'estampillage	450 000 $/40	11 250	3,75
Atelier d'assemblage	375 000 $/25	15 000	5,00
Atelier de finition	180 000 $/30	6 000	2,00
Total		**43 950 $**	**14,65 $**

L'exemple précédent est simple, puisque la consommation des ressources est fournie par lot pour chacun des centres de coûts (1/50, 1/40, 1/25 et 1/30), mais la détermination de ces paramètres n'est pas toujours facile. La comptabilité par activités (exposée au chapitre 5) nous fournira de nouveaux outils à ce sujet. Enfin, il existe même des centres de coûts qui n'entretiennent aucune relation directe avec les produits, comme les laboratoires de recherche. Dans un tel cas, on doit envisager une répartition en plusieurs étapes; nous y reviendrons au chapitre 4.

La méthode de calcul fondée sur les centres de coût possède les caractéristiques suivantes :

- elle rattache les coûts à des centres, puis aux produits ;
- elle fait intervenir une répartition simple par étapes ;
- elle ajoute une nouvelle dimension à la méthode de calcul fondée sur la somme des ressources engagées dans la production.

La méthode de calcul fondée sur une analyse d'équivalence

Dans le cas où une entreprise fabrique plusieurs produits ou lots différents, la méthode de calcul fondée sur une analyse d'équivalence rend souvent possible l'application des méthodes précédentes. Il faut alors établir une équivalence entre les produits, comme nous le voyons dans l'exemple qui suit.

EXEMPLE

La fabrication de deux lots de deux produits

Les soldes des comptes de l'usine, à la fin du premier trimestre de l'année 1995, se répartissent comme suit :

Comptes	Montant
Matières premières X	6 000 $
Matières premières Y	2 700
Main-d'œuvre directe	9 600
Frais généraux de fabrication	6 300
Total	**24 600 $**

Cependant, dans ce cas précis, l'usine en question fabrique non pas un, mais deux produits, P1 et P2. À la suite d'une analyse de la répartition des ressources en fonction des produits, on a découvert que P2 nécessitait deux fois plus de ressources par unité que P1. Nous pouvons en conclure qu'une unité de P2 est équivalente à deux unités de P1 du point de vue de la consommation des ressources.

L'usine fournit 1 000 unités de P1 et 1 000 unités de P2 au cours du premier trimestre de l'année 1995. Or, puisque, selon l'équivalence établie, une unité de P2 correspond à deux unités de P1, nous pouvons considérer que l'usine a fabriqué 3 000 unités (équivalentes P1) au cours de cette période. En effet,

1 000 unités de P1 + 1 000 unités de P2 = 1 000 unités de P1 + 2 000 unités de P1,
soit 3 000 unités de P1

On calcule le coût unitaire de l'unité équivalente (P1) et on multiplie ce résultat par deux pour obtenir le coût unitaire de P2. Voici les calculs établissant le coût unitaire des deux produits :

Comptes	Coût unitaire de P1	Coût unitaire de P2
Matières premières X	6 000 $/3 000 = 2,00 $	4,00 $
Matières premières Y	2 700 $/3 000 = 0,90 $	1,80
Main-d'œuvre directe	9 600 $/3 000 = 3,20 $	6,40
Frais généraux de fabrication	6 300 $/3 000 = 2,10 $	4,20
Total	**24 600 $/3 000 = 8,20 $**	**16,40 $**

Comme il est rare qu'une entreprise fabrique un seul produit ou rende un seul service, le recours à des équivalences pour calculer le coût de revient est une pratique très répandue. Elle est prévue dans toutes les méthodes, y compris les plus récentes, comme la comptabilité par activités.

LE COÛT DE REVIENT DES SERVICES, DES PROJETS ET DES PROGRAMMES

À l'aide de plusieurs exemples présentés au début de ce chapitre, nous avons expliqué diverses méthodes de calcul du coût de fabrication de certains produits. Or, il convient de souligner que ces méthodes sont également pertinentes pour déterminer le coût de revient des services, des projets et des programmes. Cependant, en raison de leurs caractéristiques, ceux-ci ne répondent pas toujours aux principes régis par les méthodes classiques que nous avons exposées.

Le tableau qui suit résume un certain nombre de caractéristiques propres aux services, aux projets et aux programmes et qui influent sur le calcul du coût de revient.

Services	Il existe une grande variété de produits, souvent personnalisés, où les aspects professionnels et la qualité sont liés. Le coût des matières premières est négligeable et les frais généraux sont élevés.
Projets	Ils sont uniques, souvent réalisés pour la première fois (on ne possède donc pas de données historiques) et peu susceptibles d'être reproduits tels quels. Ils sont souvent de longue durée (de plus d'un an).
Programmes	Ils combinent à la fois les caractéristiques des services et des projets. Ils nécessitent souvent un financement à caractère politique. Certains de leurs coûts relèvent de décisions politiques.

Dans une certaine mesure, la validité des méthodes de calcul du coût de fabrication repose sur les grands nombres, puisqu'il s'agit de coûts moyens. Dès qu'on est en présence de peu d'unités semblables et qu'on est forcé de bâtir une comptabilité individuelle ou propre à un service, à un projet ou à un programme, la compilation des données nécessaires à l'emploi de ces méthodes peut se révéler coûteuse. De plus, lorsque le coût des matières premières est négligeable et que les frais généraux sont élevés, il est essentiel d'identifier les activités qui engendrent des frais généraux. Il est également utile d'analyser ces activités afin de déterminer les facteurs qui sont à l'origine des coûts. C'est ce que vise la comptabilité par activités, présentée au chapitre 5.

LE COÛT DE REVIENT ET LA PRISE DE DÉCISION

Nous concluons ce troisième chapitre en replaçant le coût de revient dans la perspective de la comptabilité axée sur la gestion; ce coût est une information dont la prise de décision peut dépendre. En résumé, le coût de revient se substitue au coût d'achat lorsque plusieurs ressources concourent à la fabrication d'un produit. Il remplit la même fonction que le coût d'achat dans l'entreprise commerciale, c'est-à-dire qu'il permet de fixer le prix de vente et d'analyser la rentabilité des produits en comparant leur coût pour l'entreprise à leur prix de vente. Il convient donc, avant de décider d'implanter une méthode de calcul ou même un système complexe de coût de revient, de se demander à quoi servira l'information recherchée. Selon les besoins d'information des utilisateurs et leur degré de satisfaction, on pourra décider de se contenter de systèmes beaucoup plus simples que ceux mis en place dans le passé.

Il faut comprendre que, souvent, l'entreprise vise simultanément plusieurs objectifs en ayant recours à un système unique, ce qui s'avère inefficace. Rappelons-nous les multiples rôles qu'exerce le comptable dans l'entreprise (voir le chapitre 1). Par ailleurs, nombre d'établissements ont hérité de systèmes conçus à une époque où plusieurs technologies aujourd'hui disponibles n'existaient pas, et où la plupart des contrôles étaient effectués manuellement par les contrôleurs et les vérificateurs internes. En conséquence, l'information fournie par plusieurs systèmes peut apparaître trop volumineuse et demeurer en grande partie inutilisée. D'autre part, il est souvent difficile d'identifier l'information pertinente à la prise de décision, et d'interpréter les coûts de revient issus de programmes informatiques conçus à l'extérieur de l'entreprise et parfois mal connus des utilisateurs. Il nous apparaît impératif que tous les gestionnaires se questionnent sur leurs systèmes et leurs coûts de revient avant de prendre des décisions. Nous allons analyser brièvement le rôle que peut jouer le coût de revient dans l'établissement du prix de vente, l'évaluation des stocks et la détermination de la rentabilité.

L'établissement du prix de vente

Pour recevoir une rémunération satisfaisante, un artisan doit faire en sorte que le prix de vente de son travail soit supérieur au prix qu'il a payé pour l'acquisition des matières premières nécessaires à sa production. De même, pour être en mesure de couvrir ses frais et de réaliser un bénéfice, une entreprise commerciale doit vendre le produit qu'elle met en marché plus cher qu'elle ne l'a payé ; une entreprise industrielle doit offrir ses produits à un prix plus élevé que le prix coûtant et une entreprise de services doit proposer pour ses services un prix qui dépasse leur coût de revient.

Dans un contexte où l'entreprise jouit d'un monopole relatif et dispose d'une certaine marge de manœuvre pour fixer son prix de vente sans trop modifier la demande, (c'est-à-dire dans une situation où la demande est inélastique par rapport au prix), le coût de revient peut servir à établir le prix de vente. Pour obtenir le prix de vente souhaité, il suffit d'ajouter au coût calculé la marge de bénéfice désirée.

Prix de vente = Coût de revient + Marge de bénéfice souhaitée

Cependant, dans un contexte où le prix de vente est déterminé par le marché, le coût de revient permet d'établir un prix plancher au-dessous duquel l'entreprise n'a pas intérêt à faire des transactions, à fabriquer ou à assembler ses produits, ou encore à offrir ses services.

EXEMPLE

Le coût d'une table

Le coût de revient prévisionnel d'une table, obtenu à l'aide de la méthode de calcul fondée sur la somme des ressources engagées, se présente de la façon suivante :

Matières premières	14 $
Main-d'œuvre directe	12
Frais généraux de fabrication	24
Total	**50 $**

L'estimation de 50 $ doit servir à fixer le prix de vente en début d'année. Ce coût de revient prévisionnel a été calculé à partir :

- des quantités de matériaux prévues d'après les plans ;
- du temps de fabrication nécessaire, qui est déterminé à l'avance en fonction des plans et de l'expérience acquise relativement au modèle choisi et au type de matériaux adoptés ;
- des prix prévisionnels des matériaux et des salaires ;
- d'un taux permettant de couvrir les frais généraux de fabrication, qui représentent deux fois le coût de la main-d'œuvre directe.

Supposons que l'entreprise en question décide de fixer son prix de vente à 1,5 fois son coût estimatif, soit à 75 $, afin de se ménager une marge pour couvrir ses coûts de vente et d'administration, et de réaliser ainsi un bénéfice. Plusieurs situations peuvent se produire. Par exemple, si le prix du marché pour une table semblable est de 70 $, l'entreprise devra probablement suivre le marché et établir son prix à 70 $. Dans ce cas, pour conserver une marge équivalente, il lui faudra voir à réduire son coût de fabrication. Mais, pour y arriver, l'entreprise doit connaître la liste des éléments qui déterminent ce coût et comprendre ce qui le justifie.

Par ailleurs, si, par le recours à une autre méthode de calcul, l'entreprise obtient un coût de revient différent — 44 $ par exemple —, doit-elle fixer son prix selon la règle habituelle, donc à 1,5 fois le coût estimatif, ce qui correspond à 66 $? Avant de se décider, le gestionnaire doit évaluer les deux méthodes de calcul afin d'identifier la plus pertinente dans le contexte, c'est-à-dire celle qui représentera le mieux l'évolution des coûts dans cette entreprise.

Enfin, supposons qu'un organisme offre à cette entreprise de lui acheter 1 000 tables à 50 $. Doit-elle accepter ou refuser cette commande spéciale ? Si elle la refuse, le client s'adressera vraisemblablement à un concurrent et lui présentera une proposition semblable. Sachant que le coût de revient de cette table est de 50 $ pour l'entreprise, qu'il s'agit d'un coût moyen et que le coût marginal pourrait être aussi peu élevé que 26 $ — dans l'hypothèse où les frais généraux de fabrication sont tous fixes —, il pourrait être avantageux pour elle d'accepter cette commande.

En conclusion, la connaissance approfondie du coût de revient est, pour le gestionnaire, une information essentielle à la prise de décision.

L'évaluation des stocks

L'entreprise a l'obligation de dresser des états financiers de façon périodique. Pour ce faire, il lui faut évaluer les stocks selon les principes comptables généralement reconnus (PCGR). Ce calcul doit notamment respecter le principe du rapprochement des produits et des charges au cours d'une période donnée. Ce principe est crucial, car les coûts inclus dans les stocks sont déduits des charges de la période concernée et sont donc susceptibles de devenir une charge pour la période suivante. Le coût de revient ainsi obtenu constitue souvent un élément important de la prise de décision. Il importe donc de comprendre l'impact de ce principe sur le coût calculé, comme l'illustrent les deux exemples suivants.

EXEMPLE

Le coût d'un jouet

Le coût d'un certain jouet, établi selon les PCGR, est de 30 $. L'évaluation des stocks dans le bilan se fonde sur ce montant.

Supposons à présent qu'en optant pour un matériau de substitution et qu'en modifiant légèrement le procédé de fabrication, on puisse produire ce jouet à un coût de 20 $. Si l'entreprise décide d'effectuer ces changements, c'est évidemment ce coût prévisionnel, dont on n'a jamais fait l'expérience, qui constituera la base de la prise de décision.

EXEMPLE

Le coût d'une commande

Supposons que le coût d'une commande, établi selon les PCGR, est de 750 $, mais qu'une analyse révèle que des coûts estimés à 140 $ sont liés à des composants de mauvaise qualité (matières premières mises au rebut, arrêt des machines, temps perdu, opération recommencée, etc.). La comptabilité financière doit fournir l'information sur les ressources effectivement consommées, donc sur la somme de 750 $. Cependant, si une commande semblable est de nouveau faite, faut-il se fonder sur la somme de 750 $ ou bien sur celle de 610 $ (soit 750 $ – 140 $) pour fixer le prix de vente du produit ? Cette question fera certainement l'objet de discussions avec les responsables de la production afin de déterminer la possibilité que des composants de mauvaise qualité découverts dans le passé entrent encore dans la fabrication du produit en question.

L'évaluation de la rentabilité

Plusieurs décisions portent sur la rentabilité d'un produit par rapport à un autre ou d'un procédé par rapport à un autre. Doit-on fabriquer ce produit, l'acheter ou le sous-traiter ? Doit-on abandonner une gamme de produits ou de services ? Le calcul des coûts de production est préalable à l'évaluation de la rentabilité ; il en est souvent un élément déterminant.

Toutefois, il est intéressant de noter que, tout comme il existe plusieurs types de coûts, il y a plusieurs niveaux de rentabilité, notamment :

- une rentabilité moyenne à court terme (un an et moins) ;
- une rentabilité moyenne à long terme (plus d'un an) ;
- une rentabilité marginale.

De plus, l'entreprise peut vouloir estimer la rentabilité a priori, c'est-à-dire dans un contexte de planification, ou encore a posteriori, c'est-à-dire dans un contexte d'évaluation des résultats. Dans le premier cas, on aura recours à des données prévisionnelles et dans le deuxième cas, à des données historiques.

EXEMPLE

Le coût d'un ordinateur

Le coût de revient prévisionnel complet d'un ordinateur personnel est de 2 000 $. Ce montant en représente également le coût complet standard. Or, à la fin d'un exercice financier, on détermine que le coût complet réel a été de 2 200 $ alors que, à la suite d'une simulation à l'aide d'un modèle de comptabilité par activités, on fixe ce coût à 1 900 $. Considérant que ces données sont exactes et en supposant un prix de vente moyen donné, quelle est la rentabilité de cet appareil ? Elle sera fonction du coût ayant servi à la calculer. La compréhension du coût de revient apparaît donc essentielle à l'analyse de la rentabilité des produits et des services.

LES COÛTS INDIRECTS

Les coûts indirects représentent une partie de plus en plus importante du coût de transformation d'un produit ou d'un service, donc de son coût de revient (figure 3.3). Ces coûts expliquent souvent la différence de résultat qu'on enregistre dans le calcul du coût de revient à l'aide des différentes méthodes. Et, comme il n'y a pas de lien direct entre ces coûts et les objets de coûts auxquels on les rattache, la répartition de ces coûts fait également l'objet des critiques les plus sévères. Le chapitre suivant est entièrement consacré au traitement des coûts indirects.

QUESTIONS DE RÉVISION

1. Qu'est-ce qu'un coût ?
2. Qu'entend-on par coût de revient ?
3. De quelles ressources est constitué le coût de revient des objets de coûts suivants :
   a) un vélo ?
   b) un costume taillé sur mesure ?
   c) une journée à l'hôpital ?
   d) un contrat de voirie pour la réfection d'un pont ?
   e) un programme de prévention du crime ?
4. Peut-on déterminer plusieurs coûts de revient pour un même objet de coût ? Si oui, énumérez-les.
5. Quels sont les trois éléments classiques du coût de fabrication ?
6. Qu'entend-on par coûts directs et par coûts indirects ?
7. En quoi consiste le coût de transformation ?
8. Quelle est l'importance relative des frais généraux de fabrication dans le coût de transformation pour les industries traditionnelles et les industries de pointe ?
9. Dites en quoi consiste la notion de coût complet.
10. Proposez une définition du coût standard.
11. Expliquez ce qu'est le coût cible.
12. Quelle importance le coût cible a-t-il dans la prise de décision ?
13. Expliquez ce qu'est le coût relié au cycle de vie du produit.
14. Pourquoi est-ce important de tenir compte du coût établi en fonction du cycle de vie du produit ?
15. Que comprend la fiche de coût de revient ?
16. Quels sont les trois principaux éléments qui caractérisent les systèmes de production ?
17. Quels sont les trois principaux modes de fabrication ?
18. Nommez quatre caractéristiques des produits fabriqués sur commande.
19. Donnez deux exemples de produits fabriqués sur commande et dites pourquoi on a choisi ce type de fabrication.
20. Nommez quatre caractéristiques des produits fabriqués par lot.
21. Donnez deux exemples de produits fabriqués par lot et dites pourquoi on a choisi ce type de fabrication.
22. Nommez trois caractéristiques des produits issus d'un processus de production uniforme et continue.
23. Donnez deux exemples de produits issus d'un processus de production uniforme et continu, et dites pourquoi on les a fabriqués de cette manière.
24. Nommez deux types d'organisation du travail et précisez quel flux d'opérations découle de chacun.
25. Qu'est-ce qui caractérise le processus de fabrication juste-à-temps ?
26. Quel est l'impact d'un processus de fabrication juste-à-temps sur le délai de fabrication et les stocks en cours ?
27. Dites comment la production est déclenchée
   a) selon l'approche de la poussée (*push*) ;
   b) selon l'approche de l'attraction (*pull*).
28. Nommez cinq méthodes de calcul du coût de fabrication.
29. Énumérez trois caractéristiques de la méthode de calcul fondée sur la somme des ressources engagées dans la production.
30. Qu'est-ce qu'une nomenclature d'assemblage ?

31. Énumérez trois caractéristiques de la méthode de calcul fondée sur la nomenclature d'assemblage.
32. Donnez deux exemples de centres de coûts.
33. Énumérez trois caractéristiques de la méthode de calcul fondée sur les centres de coûts.
34. Quand doit-on faire appel à la méthode de calcul fondée sur une analyse d'équivalence ?
35. Énumérez au moins deux facteurs influant sur le calcul du coût de revient :
    a) des services ;
    b) des projets ;
    c) des programmes.
36. Quelle question doit-on se poser avant de mettre en place un système de coût de revient ?
37. Nommez trois catégories de décision concernées par le coût de revient.
38. Donnez un exemple où la connaissance du coût de revient est cruciale pour la détermination du prix de vente.
39. Peut-on concevoir plusieurs mesures de la rentabilité d'un produit ou d'un service ? Pourquoi ?

EXERCICES

EXERCICE 3.1 Méthode de calcul fondée sur la somme des ressources engagées : le coût d'un produit

La société XYZ ltée se spécialise dans la fabrication de différents modèles de vis, de clous et de boulons, qu'elle vend à un large réseau de quincailleries dans toute la province. Au cours du mois de janvier 1998, elle a produit dans ses ateliers les trois lots suivants :

	Lot nº 1	**Lot nº 2**	**Lot nº 3**
Produit	Vis	Clous	Boulons
Modèle	v33	c28	b11
Quantité produite	25 000 unités	32 000 unités	10 000 unités
Matières premières utilisées			
Alliage-métal	50 kg	60 kg	30 kg
Emballage	125 $	50 $	1 200 $
Main-d'œuvre			
Fabrication	260 h	64 h	200 h
Mise en course	2 h	1 h	3 h
Frais généraux	2 500 $	1 900 $	5 100 $

Le coût moyen de 1 kg de matières premières est de 15 $ et le taux horaire moyen payé est de 13 $. Les vis sont vendues en boîtes de 10 unités, les clous, en boîtes de 100 unités et les boulons, en boîtes de cinq unités.

Travaux pratiques

1. Déterminez le coût de revient :
    a) d'une vis ;
    b) d'un clou ;
    c) d'un boulon.

2. Déterminez le coût de revient :
   a) d'une boîte de vis ;
   b) d'une boîte de clous ;
   c) d'une boîte de boulons.

EXERCICE 3.2 Méthode de calcul fondée sur la somme des ressources engagées : le coût d'un projet

Le conseil municipal d'une ville de la banlieue de Québec vient d'adopter un programme d'embellissement de la ville, le Projet verdure, qui comporte principalement la plantation d'arbres, de buissons et de fleurs sur des terrains municipaux. Le budget voté est de 125 000 $.

Les coûts enregistrés pour la réalisation du programme ont été les suivants :

Matières premières
100 érables à 15 $ l'unité
10 000 plants de fleurs variées à 20 $ la boîte de 10 plants
600 arbustes à 8 $ l'unité
300 sacs de terre à 10 $ l'unité
200 kg d'engrais à 25 $ le sac de 10 kg
100 tuteurs à 17 $ l'unité

Main-d'œuvre
Employés permanents de la ville : 1 600 heures à 16 $/h
Étudiants embauchés durant l'été : 2 400 heures à 14 $/h

Frais généraux estimés 27 300 $

Travail pratique

Calculez le coût de revient du projet et dites si la ville a respecté son budget.

EXERCICE 3.3 Méthode de calcul fondée sur la somme des ressources engagées : le coût d'un lot de produits

Le directeur général de la société ABC ltée étudie actuellement un projet consistant à lancer un lot de 5 000 unités d'un nouveau produit. D'après les devis préparés par le service de recherche et de développement, les données permettant d'établir le coût de revient estimatif en fonction de la nomenclature de fabrication sont les suivantes :

Matières premières	**Quantité**	**Prix unitaire**
Composant X	3	12,00 $
Composant Y	10	0,75 $
Composant Z	20	0,30 $
Main-d'œuvre directe	**Heures**	**Taux horaire**
Assemblage	0,5	14 $
Finition	0,2	16 $
Contrôle de la qualité	0,15	20 $

Les frais de mise en course sont évalués, pour le lot, à 1 250 $ et les autres frais généraux d'usine, à 47 500 $. Enfin, le directeur estime que les frais généraux de vente et d'administration engagés spécifiquement pour ce nouveau produit seraient de 26 000 $.

Travaux pratiques

1. Calculez le coût de revient prévu pour le nouveau produit.
2. Calculez le coût de revient prévu si l'entreprise décide de fabriquer un lot comportant 6 000 unités plutôt que 5 000 unités.
3. Calculez l'excédent des produits sur les charges qui se rapportent à ce nouveau produit si l'entreprise en fixe le prix de vente à 90 $:
   a) pour un lot de 5 000 unités ;
   b) pour un lot de 6 000 unités.

EXERCICE 3.4 Méthode de calcul fondée sur la somme des ressources engagées : le coût d'un contrat

Au début du mois, Copie-plus enr., une entreprise spécialisée dans le domaine de l'impression, a accepté de remplir un contrat de 115 000 $. L'estimation des coûts est la suivante :

	Atelier nº 1	Atelier nº 2	Atelier nº 3
Matières premières	12 000 $	5 000 $	25 000 $
Main-d'œuvre directe	6 000 $	5 700 $	7 200 $
Frais généraux	8 100 $	12 000 $	15 000 $

Les frais d'administration relatifs à ce contrat sont évalués à 1 000 $ par semaine et la durée prévue du contrat est de quatre semaines.

Au bout de trois semaines, il semble que l'échéancier ait été respecté à la lettre, c'est-à-dire que Copie-plus enr. a effectivement achevé 75 % du contrat. Cependant, les coûts totaux engagés jusqu'à maintenant sont une source d'inquiétude pour le directeur. Ces coûts atteignent :

- 25 525 $ pour la première semaine ;
- 26 000 $ pour la deuxième semaine ;
- 25 725 $ pour la troisième semaine.

Or, les coûts sont censés être engagés proportionnellement à la progression des travaux.

Travaux pratiques

1. Calculez le coût de revient global du contrat tel qu'il a été prévu initialement.
2. Compte tenu des coûts engagés au bout de trois semaines et du degré d'avancement des travaux, qui est de l'ordre de 75 %, à combien devrait-on estimer le coût de revient global du contrat ?

EXERCICE 3.5

Méthode de calcul fondée sur la somme des ressources engagées : le coût d'un mandat

Deux associés d'un petit cabinet d'avocats de la banlieue montréalaise cherchent à déterminer le coût de revient d'un mandat qu'ils viennent de réaliser. Ce mandat les a occupés durant tout le mois de janvier. Nous avons pu recueillir les données suivantes :

Frais de déplacement	1 000 $
Salaire annuel de la secrétaire juridique	31 000 $
Salaire annuel de la réceptionniste	26 000 $
Frais de téléphone pour le mois de janvier	120 $
Frais d'électricité pour le mois de janvier	280 $
Dotation à l'amortissement pour l'année (matériel informatique et matériel de bureau)	24 000 $
Frais de messagerie du mois de janvier	120 $
Location des bureaux (loyer mensuel)	1 900 $
Contrat d'entretien ménager pour trois mois	450 $
Publicité, publication de la carte de visite, tarif hebdomadaire	425 $
Fournitures de bureau pour le mois de janvier	350 $

Travail pratique

Calculez le coût de revient du mandat effectué durant le mois de janvier.

EXERCICE 3.6

Méthode de calcul fondée sur la somme des ressources engagées : le coût d'un nouveau produit

L'entreprise Fleur de lys enr., une PME située dans la région de Québec, fabrique un seul produit. L'ingénieure responsable de la production vient d'apporter de légères modifications à son devis. De plus, elle a effectué des changements dans le procédé de fabrication pour le rendre plus efficient.

Le directeur général souhaite connaître le coût de revient du produit modifié afin d'établir son prix de vente au cours du prochain exercice. L'entreprise désire réaliser une marge bénéficiaire brute de 25 %.

Voici quelques renseignements supplémentaires.

- Chaque unité consomme les matières premières suivantes :
  - 1 kg d'un produit X à 6 $/kg ;
  - 0,32 L d'un produit Y à 15 $/L ;
  - 0,14 kg d'un troisième produit Z à 30 $/kg.
- L'usine comprend un atelier d'assemblage et un atelier de finition. Chaque unité requiert en moyenne :
  - 1 heure de travail à l'atelier d'assemblage ;
  - 0,4 heure de travail à l'atelier de finition.
- Les 30 employés de l'atelier d'assemblage sont payés au taux horaire moyen de 14 $, et les 10 employés de l'atelier de finition reçoivent 15 $ l'heure.

- La dotation à l'amortissement de l'usine est de 33 000 $ par année, tandis que celle des équipements est de 39 000 $.
- Les salaires des superviseurs, y compris les vacances et les charges sociales, s'élèvent à 123 000 $.
- La maintenance (entretien et réparation), confiée à une firme spécialisée, coûte à l'entreprise 1 000 $ par mois.
- Les frais d'électricité se rapportant à l'usine ont représenté la somme totale de 10 800 $ l'an dernier. On prévoit qu'il y aura peu de changements sur ce plan cette année.
- Les assurances et les taxes foncières sont évaluées à 20 500 $.
- L'entreprise prévoit consommer 5 500 $ de fournitures de l'usine.
- L'entreprise vend autant d'unités qu'elle en fabrique et ne conserve pas de stocks.
- Elle prévoit fabriquer 50 000 unités au cours de l'année et souhaiterait les vendre au même prix que l'année précédente, soit à 50 $ l'unité.

Travaux pratiques

1. Établissez le coût de revient prévisionnel de fabrication.
2. L'entreprise devra-t-elle modifier son prix de vente pour réaliser la marge brute bénéficiaire de 25 % qu'elle a obtenue l'année précédente? Justifiez votre réponse (calculs à l'appui).

EXERCICE 3.7 Méthode de calcul fondée sur la somme des ressources engagées : le coût de commandes

La société Mécano ltée fabrique des pièces de moteurs. Durant le dernier trimestre, elle a entrepris et achevé les quatre commandes suivantes :

Commande n° 26 :	2 000 unités de la pièce A
Commande n° 27 :	1 850 unités de la pièce B
Commande n° 28 :	3 000 unités de la pièce C
Commande n° 29 :	5 200 unités de la pièce D

Selon le devis de fabrication des différentes pièces, les quantités suivantes de ressources directes sont nécessaires à l'entreprise :

	Matières premières	Main-d'œuvre directe
Pièce A	3,5 kg	2,25 h
Pièce B	4,0 kg	2,5 h
Pièce C	5,0 kg	2,15 h
Pièce D	3,0 kg	1,6 h

On a relevé, dans les registres comptables, les renseignements suivants :

- les matières premières ont coûté 600 000 $;
- les salaires des ouvriers ont représenté la somme globale de 286 740 $;

- les frais généraux de fabrication se sont élevés à 192 000 $ et se répartissent comme suit entre les quatre commandes :

Commande nº 26 :	19 %
Commande nº 27 :	19 %
Commande nº 28 :	27 %
Commande nº 29 :	35 %

Travaux pratiques

1. Calculez le coût de revient de chaque commande fabriquée durant le trimestre.
2. Calculez le coût de revient unitaire de chaque modèle de pièces fabriquées durant le trimestre.

EXERCICE 3.8 Méthode de calcul fondée sur la somme des ressources engagées : la soumission d'un contrat

Cet exercice se divise en deux parties.

PREMIÈRE PARTIE

Monsieur Martin, entrepreneur en construction, souhaite calculer le coût de revient d'un projet portant sur la restauration d'un monument historique. Ce coût lui servira à rédiger la soumission qu'il présentera en réponse à un appel d'offres formulé par le gouvernement provincial.

L'analyse du cahier des charges lui a permis d'établir les estimations suivantes.

- Il prévoit utiliser les matériaux énumérés ci-dessous.

Ciment	25 000 $
Dalles de pierre	52 000 $
Bois	30 000 $
Vernis	17 000 $
Plâtre	22 000 $
Peinture	46 000 $

- Il compte avoir recours à une équipe de 25 ouvriers qui travailleront 40 heures par semaine. La durée prévue du contrat est de 12 semaines. Ces ouvriers seront payés au taux de 14 $ l'heure.
- Il prévoit enfin que les frais généraux attribuables à ce contrat seront de 57 000 $.
- Cette année, les frais d'administration de l'entreprise, communs à tous les projets, s'élèveront à 500 240 $.
- M. Martin se réserve habituellement une marge de bénéfices de 20 %, calculée indépendamment des frais d'administration communs aux divers projets.

Travaux pratiques

1. Calculez le coût de revient estimatif du contrat et le montant de la soumission qui doit être présentée.

2. Calculez le coût de revient estimatif du contrat et le montant de la soumission qui doit être présentée si le taux horaire payé aux ouvriers est de 16 $ au lieu de 14 $.

DEUXIÈME PARTIE

Vous trouverez ci-dessous des renseignements concernant les résultats de l'exercice au cours duquel M. Martin a soumissionné pour obtenir un contrat de rénovation d'un monument historique.

- M. Martin a effectué 12 contrats qui lui ont rapporté 5 750 400 $.
- Les matériaux nécessaires à la réalisation de ses contrats lui ont coûté 2 370 000 $.
- Il a employé 70 ouvriers qui ont travaillé en moyenne 235 jours, à raison de huit heures par jour, à un taux horaire de 14 $.
- Les frais généraux reliés aux contrats ont représenté la somme de 710 000 $.
- Les frais d'administration de l'entreprise se sont élevés à 425 000 $.

Travaux pratiques

1. Calculez le résultat net dégagé par M. Martin, avant impôt.
2. Quel devrait être le résultat net de l'entreprise si M. Martin applique toujours la même méthode de calcul du montant des soumissions?
3. Commentez la méthode retenue par M. Martin pour l'établissement du prix des soumissions.

EXERCICE 3.9 Méthode de calcul fondée sur la somme des ressources engagées: le coût d'un service

Manon Beaulieu, directrice de la maison de convalescence Desroches, a récemment demandé à son adjoint, qui agit en tant que contrôleur, d'établir le coût d'exploitation de l'établissement pour l'année qui vient de se terminer. En effet, elle doit fournir un rapport aux principaux fournisseurs de fonds et donateurs de l'établissement.

La maison Desroches offre plusieurs services aux convalescents.

Services médicaux

- Le personnel infirmier effectue trois visites quotidiennes à chaque patient, d'une durée moyenne de 15 minutes. De plus, il est constamment disponible sur appel, et une personne au moins assure la garde en tout temps. Ce personnel est payé au taux de 16 $ l'heure.
- Une équipe de physiothérapeutes et de spécialistes en rééducation est également au service des patients. Les salaires de cette équipe ont atteint la somme globale de 230 000 $.
- Un psychologue est également disponible tous les lundis pour consultation. L'an dernier, huit patients en moyenne se sont prévalus de ce service chaque semaine. La durée moyenne des consultations est de une heure. Le psychologue demande des honoraires de 50 $ par visite à la maison Desroches.

- Les médicaments et autres articles de pharmacie coûtent en moyenne 86 $ par patient.

Cafétéria

- On y sert trois repas par jour. Le coût de revient moyen des aliments est de 3 $ par repas.
- Les salaires des cuisiniers s'élèvent à 30 000 $ par an.
- Les trois aides-cuisiniers sont payés au taux horaire de 8 $ et travaillent en moyenne six heures par jour.

Administration

- La maison Desroches doit engager des frais de 15 $ par patient pour remplir des formulaires destinés aux organismes subventionnaires.
- Les salaires des deux secrétaires, y compris les avantages sociaux, atteignent 40 000 $.
- Le coût des fournitures de bureau est de 1 800 $.
- Les salaires des administrateurs représentent la somme de 240 000 $.

Autres

- Le service de buanderie a coûté 12 500 $.
- Les frais d'électricité sont de 500 $ par mois.
- Un contrat d'entretien a représenté la somme de 5 700 $ pour l'année.
- La dotation annuelle à l'amortissement du bâtiment est de 50 000 $.
- Les frais de publicité n'ont atteint que 10 000 $.
- Les assurances reviennent à 6 000 $ pour une période de six mois.

Selon les dernières statistiques, la maison Desroches accueille 360 nouveaux clients chaque année. Elle peut héberger 50 patients à la fois et son taux d'occupation moyen est de 90 %.

Travaux pratiques

1. Établissez le coût d'exploitation de la maison Desroches pour le dernier exercice financier.
2. Calculez le coût de revient par jour-patient des services offerts par cette entreprise.

EXERCICE 3.10 Établissement d'une fiche détaillée de coût de revient

La société Alpha ltée fabrique et vend le produit Bêta, qui possède les caractéristiques suivantes :

- Il doit passer par les trois ateliers de fabrication de l'usine.
- Les matières premières qui entrent dans sa fabrication sont intégrées à la production à l'atelier n° 1 et coûtent 12 $ le kilogramme.

- Une certaine proportion des matières premières introduites à l'atelier n° 1 sont perdues au cours de la fabrication, de sorte qu'il faut 1 kg de matières premières pour produire 800 g de produit fini.
- Chaque lot de 100 kg de produits finis requiert les services d'une main-d'œuvre directe pour une durée totale de :
  - 20 heures à l'atelier n° 1;
  - 45 heures à l'atelier n° 2;
  - 15 heures à l'atelier n° 3.
- Le contrôle de la qualité effectué à la sortie de l'atelier n° 3 nécessite, en plus de la main-d'œuvre directe déjà mentionnée, 2 heures-hommes pour chaque lot de 100 kg.
- Toute la main-d'œuvre est rémunérée au taux de 16 $ l'heure.
- Les frais généraux de fabrication sont estimés au taux de 4 $ l'heure.

Travail pratique

Établissez la fiche de coût de revient détaillée pour une production totale de 10 000 kg.

EXERCICE 3.11 Méthode de calcul fondée sur la nomenclature d'assemblage : le coût d'un bureau et son prix de vente

L'entreprise AEKI vend des meubles que le client monte lui-même. La nomenclature d'assemblage d'un bureau qui comporte quatre tiroirs, soit deux de chaque côté, se présente comme suit :

Quantité	Pièces	Quantité	Pièces
1	Panneau supérieur	1	Panneau arrière
2	Panneaux latéraux	2	Panneaux internes
4	Panneaux du tiroir G	4	Panneaux du tiroir P
4	Dessous de tiroir	2	Devants du tiroir G
2	Devants du tiroir P	4	Glissoirs externes gauches
4	Glissoirs internes gauches	4	Glissoirs externes droits
4	Glissoirs internes droits	2	Planches de retenue
2	Mécanismes de serrure	4	Poignées
4	Rondelles pour le plancher	8	Vis de type A
8	Écrous de type A	4	Vis de type B
16	Vis de type C	8	Vis de type D
8	Écrous de type D	8	Vis de type E
8	Vis de type F	8	Capsules en plastique
4	Moulures du tiroir G	2	Récipient du tiroir P

Travail pratique

Décrivez la méthode utilisée par cette entreprise pour déterminer son coût de revient et établir son prix de vente.

EXERCICE 3.12 Méthode de calcul fondée sur la nomenclature d'assemblage : le coût d'un jeu de hockey sur table et son prix de vente

L'entreprise Naholi vend des jeux de hockey sur table. Voici la nomenclature d'assemblage d'un jeu.

Quantité	Pièces	Quantité	Pièces
5	Joueurs bleus	5	Joueurs rouges
1	Gardien bleu	1	Gardien rouge
2	Rondelles	10	Mécanismes de joints
2	Mécanismes de joints pour les gardiens	4	Tiges pour les ailiers
4	Tiges pour les défenseurs	2	Tiges pour le centre
2	Tiges pour les gardiens	12	Capsules en caoutchouc
2	Tableaux de pointage	2	Moitiés de surface
2	Rebords du jeu	2	Bandes en plastique
2	Buts	2	Attaches en métal
2	Dessous de buts		

L'entreprise ne fabrique rien ; elle achète de sous-traitants toutes les pièces qui lui sont nécessaires. Elle ne les assemble pas non plus. Elle réunit les pièces d'un jeu, les emballe et assure leur mise en marché et leur distribution.

L'an dernier, l'entreprise a mis en marché et distribué 1 000 jeux. Pour cela, elle a fait les achats suivants de divers fournisseurs :

Quantité	Pièces	Montant
5 050	Joueurs bleus	2 500 $
5 050	Joueurs rouges	2 500 $
1 010	Gardiens bleus	750 $
1 010	Gardiens rouges	750 $
2 100	Rondelles	500 $
10 200	Mécanismes de joints	20 000 $
2 050	Mécanismes de joints pour les gardiens	6 000 $
4 020	Tiges pour les ailiers	1 600 $
4 020	Tiges pour les défenseurs	1 600 $
2 020	Tiges pour les centres	800 $
2 020	Tiges pour les gardiens	800 $
12 400	Capsules en caoutchouc	2 400 $
2 020	Tableaux de pointage	4 000 $
2 020	Moitiés de surface	2 000 $
2 020	Rebords de jeu	3 000 $
2 020	Bandes en plastique	1 200 $
2 020	Buts	1 500 $
2 040	Attaches en métal	600 $
2 020	Dessous de buts	1 200 $

L'an dernier, les matières premières servant à l'emballage ont coûté 3 000 $ et la main-d'œuvre affectée à l'emballage, 4 000 $.

Travail pratique

Calculez le coût de revient d'un jeu de hockey sur table.

EXERCICE 3.13 Méthode de calcul fondée sur les centres de coûts : le coût de deux lots

Le contrôleur des entreprises B.I.G. ltée étudie actuellement les résultats du dernier trimestre. Durant cette période, la société a fabriqué deux lots, pour lesquels les données sont les suivantes :

	Lot n° 1	Lot n° 2
Modèle	Standard	Haut de gamme
Volume	2 000 unités	1 500 unités
Prix de vente unitaire	75 $	150 $
Matières premières utilisées	10 kg/unité à 4,00 $/kg	13 kg/unité à 5,50 $/kg

Les deux modèles doivent passer par les trois ateliers de l'usine. Les coûts assumés par chacun des ateliers au cours de cette période sont les suivants :

	Atelier n° 1	Atelier n° 2	Atelier n° 3
Main-d'œuvre directe	18 000 $	15 600 $	11 200 $
Frais généraux de fabrication	27 000 $	12 000 $	31 000 $

Seuls les modèles standard et haut de gamme ont été fabriqués dans ces trois ateliers au cours du dernier trimestre. La part des charges attribuables au produit standard au cours de cette période a été de 55 % dans les ateliers n°s 1 et 2 respectivement, et de 25 % dans l'atelier n° 3.

Travaux pratiques

1. Calculez le coût de revient du lot n° 1 et du lot n° 2 au cours du dernier trimestre.
2. Calculez le profit unitaire de chaque produit.

EXERCICE 3.14 Méthode de calcul fondée sur les centres de coûts : les purificateurs d'air

L'entreprise Fabrik ltée produit des purificateurs d'air. Chacun comporte un moteur, un boîtier et un filtre. La production de ces purificateurs est distribuée entre trois usines. Les moteurs sont assemblés à l'usine n° 1, les boîtiers sont fabriqués à l'usine n° 2 et le produit final est assemblé, fini et inspecté à l'usine n° 3. Le schéma ci-dessous illustre ce processus.

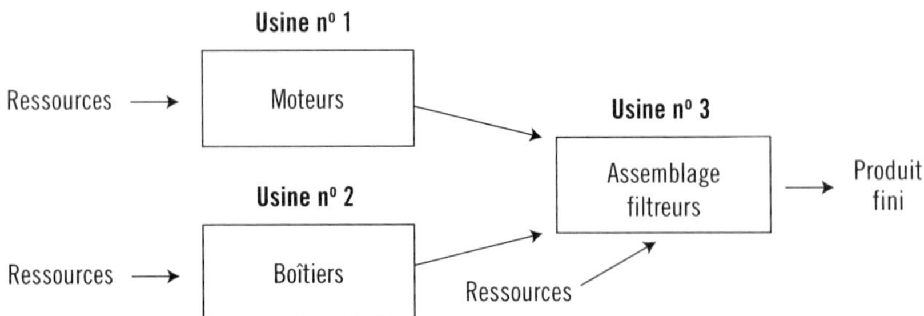

Durant le mois de septembre, les coûts engagés par les usines n°s 1 et 2 de Fabrik ltée ont été les suivants :

	Usine nº 1	Usine nº 2
Matières premières	100 400 $	27 250 $
Main-d'œuvre directe	4 028 h à 12,50 $/h	3 200 h à 11 $/h
Frais généraux	81 000 $	59 050 $

Enfin, l'usine nº 3 a enregistré les coûts suivants durant le même mois :

Matières premières (filtres)	1,50 $ l'unité
Main-d'œuvre (assemblage)	15 min par unité à 12 $/h
Main-d'œuvre (finition et inspection)	12 min par unité à 13 $/h
Frais généraux (assemblage)	31 000 $
Frais généraux (finition et inspection)	23 000 $

Au cours du mois de septembre, l'entreprise a produit 15 000 purificateurs d'air. On doit supposer qu'il n'y a aucun délai de transport entre les usines et que la production des usines n°s 1 et 2 a servi à la production de l'usine nº 3 du même mois.

Travaux pratiques

1. Calculez le coût de revient unitaire des moteurs assemblés à l'usine nº 1.
2. Calculez le coût de revient unitaire des boîtiers fabriqués à l'usine nº 2.
3. Calculez le coût de revient unitaire des purificateurs d'air produits au cours du mois de septembre.

EXERCICE 3.15 Méthode de calcul fondée sur une analyse d'équivalence : le coût des matières premières

Vous avez fabriqué au cours d'une période donnée 800 unités de P1 et 900 unités de P2. De plus, vous avez déterminé que P2 consomme trois fois plus de matières premières par unité que P1 dans chacun des trois ateliers. Le coût engagé pour les matières premières dans chacun des ateliers, pour la période considérée, est le suivant :

	Atelier nº 1	Atelier nº 2	Atelier nº 3	Total
Matières premières	17 500 $	10 500 $	14 000 $	**42 000 $**

Travail pratique

Calculez le coût unitaire des matières premières utilisées pour P1 et P2.

EXERCICE 3.16 Méthode de calcul fondée sur une analyse d'équivalence : le coût de la main-d'œuvre

Vous avez assemblé au cours d'une période donnée 500 unités de P1 et 700 unités de P2. De plus, vous avez déterminé que, dans les ateliers n°s 1 et 2, P2 prend deux fois plus de temps par unité que P1. Cependant, le temps consacré à l'assemblage des deux produits est identique dans l'atelier n° 3. Le coût de la main-d'œuvre directe au cours de la période considérée se présente comme suit:

	Atelier n° 1	Atelier n° 2	Atelier n° 3	Total
Main d'œuvre directe	15 200 $	9 500 $	4 800 $	**29 500 $**

Travail pratique

Calculez le coût unitaire de la main-d'œuvre directe pour P1 et P2.

EXERCICE 3.17 Méthode de calcul fondée sur une analyse d'équivalence: le coût de transformation

Vous avez fabriqué 700 unités de P1 et 300 unités de P2. De plus, vous avez déterminé que P2 consomme quatre fois plus de temps-machine par unité que P1. Si on pose l'hypothèse que le coût de transformation est proportionnel au temps-machine, ce coût s'établit de la façon suivante pour la période étudiée:

	Atelier n° 1	Atelier n° 2	Atelier n° 3	Total
Coût de transformation	13 300 $	15 200 $	11 400 $	**39 900 $**

Travail pratique

Calculez le coût de transformation enregistré pour P1 et P2.

EXERCICE 3.18 Méthode de calcul fondée sur une analyse d'équivalence: le coût de deux produits

Vous avez fabriqué 600 unités de P1 et 800 unités de P2. Vous avez déterminé qu'une unité de P2 nécessite deux fois plus de temps-machine qu'une unité de P1. Les deux produits requièrent les mêmes quantités par unité des mêmes matières premières. Le coût de transformation est réparti entre les produits au prorata du temps-machine. Les résultats financiers obtenus au cours de la période considérée se traduisent de la façon suivante:

	Atelier
Matières premières	14 000 $
Coût de transformation	19 800
Total	**33 800 $**

Travail pratique

Calculez le coût unitaire de P1 et de P2.

EXERCICE 3.19 Méthode de calcul fondée sur une analyse d'équivalence: le coût de deux produits

Deux produits, P1 et P2, sont fabriqués en deux étapes. P1 passe d'abord par l'usine n° 1, puis il est terminé à l'usine n° 3; il est le seul produit fabriqué à l'usine n° 1. P2 passe d'abord par l'usine n° 2, puis il est achevé à l'usine n° 3; il est le seul produit fabriqué à l'usine n° 2. P2 coûte deux fois plus cher l'unité que P1, mais ce, uniquement à l'usine n° 3. Au cours d'un mois, on a fabriqué 500 unités de P1 et 400 unités de P2. Il n'y a aucun stock en cours. Voici les résultats financiers enregistrés au cours de ce mois :

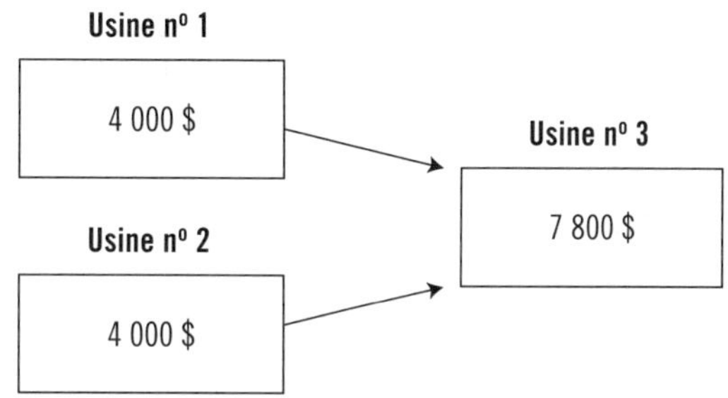

Travail pratique

Calculez le coût unitaire de P1 et de P2.

EXERCICE 3.20 Méthode de calcul fondée sur une analyse d'équivalence : le coût de deux produits

Une entreprise industrielle fabrique deux produits, P1 et P2. Toutes les unités de P1 et P2 exigent exactement la même quantité de matières premières, le même nombre d'heures en main-d'œuvre directe et les mêmes frais généraux. Toutefois, les matières premières qui entrent dans la fabrication de P1 coûtent deux fois plus cher le kilogramme que celles requises pour la fabrication de P2.

L'entreprise a fabriqué, au cours de la période étudiée, 3 500 unités des deux produits, soit 2 000 unités de P1 et 1 500 unités de P2. Le tableau des coûts engagés au cours de la période est reproduit ci-dessous.

Matières premières	24 750 $
Main-d'œuvre directe	38 500
Frais généraux de fabrication	21 000
Total	**84 250 $**

Travail pratique

Calculez le coût unitaire de P1 et de P2.

EXERCICE 3.21 Méthode de calcul fondée sur une analyse d'équivalence : le coût de deux produits

Une entreprise industrielle fabrique deux produits, P1 et P2. Ces produits exigent les mêmes matières premières sauf que, pour une même quantité de produits finis, P2 en nécessite des quantités deux fois plus importantes que P1. Par ailleurs, les deux produits consomment le même nombre d'heures en main-d'œuvre directe et entraînent les mêmes frais généraux de fabrication.

L'entreprise a fabriqué, au cours de la période considérée, 2 000 unités des deux produits, soit 1 000 unités de P1 et 1 000 unités de P2. Le tableau des coûts de fabrication engagés se présente comme suit :

Matières premières	18 900 $
Main-d'œuvre directe	27 600
Frais généraux de fabrication	32 000
Total	**78 500 $**

Travail pratique

Calculez le coût unitaire de P1 et de P2.

EXERCICE 3.22 Méthode de calcul fondée sur une analyse d'équivalence : le coût de deux produits

Une entreprise industrielle fabrique deux produits, P1 et P2. Ces produits exigent les mêmes matières premières et utilisent la même main-d'œuvre. Toutefois, P1 nécessite deux fois plus de temps de fabrication que P2, et les frais généraux de fabrication rattachés à P1 représentent le double de ceux reliés à P2.

Au cours de la période étudiée, l'entreprise a fabriqué 1 100 unités, soit 600 unités de P1 et 500 unités de P2. Les coûts engagés au cours de la période sont les suivants :

Matières premières	38 500 $
Main-d'œuvre directe	26 400
Frais généraux de fabrication	41 400
Total	**106 300 $**

Travail pratique

Calculez le coût unitaire de P1 et de P2.

EXERCICE 3.23 Méthode de calcul fondée sur une analyse d'équivalence : le coût de deux produits

Une entreprise industrielle fabrique deux produits, P1 et P2, dans deux ateliers. Un troisième atelier sert exclusivement à l'emballage de P1, car P2 est vendu en vrac. Pour une quantité de produit fini donnée, P2 consomme trois fois plus de ressources que dans les deux premiers ateliers.

L'entreprise a fabriqué au cours de la période 20 000 unités, soit 10 000 unités de P1 et 10 000 unités de P2. Le tableau des coûts engagés au cours de la période est reproduit ci-dessous.

	Atelier n° 1	Atelier n° 2	Atelier n° 3	Total
Matières premières	33 000 $	12 000 $	8 500 $	**53 500 $**
Main-d'œuvre directe	26 400	31 700	19 200	**77 300**
Frais généraux de fabrication	17 000	24 300	10 300	**51 600**
Total	**76 400 $**	**68 000 $**	**38 000 $**	**182 400 $**

Travail pratique

Calculez le coût unitaire de P1 et de P2.

EXERCICE 3.24 Méthode de calcul résultant de la combinaison des centres de coûts et de l'analyse d'équivalence : deux lots de pièces

La société MPG inc. vient d'achever un contrat de 4 867 200 $ pour la fabrication de deux lots de pièces de 30 000 unités chacun. Ces lots sont destinés à une entreprise manufacturière américaine. La société MPG inc. s'étant dotée d'une structure décentralisée, les coûts sont accumulés dans quatre centres de coûts : le centre d'approvisionnement, l'atelier de moulage, l'atelier de finition et l'entrepôt de produits finis. Les coûts relatifs à ce contrat, par centre de coûts, sont les suivants :

Approvisionnement, 135 000 $, soit :

Frais liés à l'achat et à la réception	54 000 $
Frais liés à l'entreposage	58 000 $
Divers	23 000 $

Atelier de moulage, 4 314 600 $, soit :

Matières premières	270 000 kg à 7 $ le kg
Main-d'œuvre directe	156 000 heures à 12 $ l'heure
Mise en course	6 600 $
Frais généraux	546 000 $

Atelier de finition, 324 000 $, soit :

Main-d'œuvre	18 000 heures à 12 $
Frais généraux	108 000 $

Entreposage, 93 600 $, soit :

Assurances	27 000 $
Main-d'œuvre	41 000 $
Dotation à l'amortissement cumulé	10 600 $
Divers	15 000 $

Les produits du premier lot appartiennent au modèle A et ceux du deuxième lot, au modèle B. Ils sont fabriqués dans les deux cas à partir des mêmes matières premières et doivent subir les mêmes opérations de transformation. Cependant, ils comportent certaines différences.

- Une unité du modèle B nécessite deux fois plus de ressources pour l'approvisionnement et l'entreposage qu'une unité du modèle A.
- Chaque unité du modèle A requiert 3 kg de matières premières, et chaque unité du modèle B, 6 kg.
- La fabrication du modèle B prend trois fois plus de temps par unité à l'atelier de moulage. Le temps requis par unité est le même pour les deux modèles à l'atelier de finition.
- Les frais généraux sont alloués sur la base d'un taux de 3,50 $ par heure de main-d'œuvre directe à l'atelier de moulage et d'un taux de 6 $ par heure de main-d'œuvre directe à l'atelier de finition.
- Les frais de mise en course du lot du modèle A s'élèvent à 1 800 $.

Travaux pratiques

1. Calculez le coût de revient du lot provenant du modèle A.
2. Calculez le coût de revient du lot provenant du modèle B.

EXERCICE 3.25 Évaluation de la rentabilité d'un produit

La société Frigon ltée fabrique des compresseurs. Elle vend son produit surtout à des manufacturiers de climatiseurs. Un concurrent vient de lancer un modèle de compresseur similaire à celui de la société Frigon ltée mais à un prix inférieur, soit à 115 $ l'unité. Bien que la société Frigon ltée jouisse d'une excellente réputation auprès de ses clients, le directeur général craint de voir ses ventes diminuer de 20 % s'il ne ramène pas son prix de vente à 115 $.

Les prévisions initiales de ventes pour l'exercice financier se terminant le 31 décembre 1998 ne tenaient pas compte de l'arrivée de ce concurrent sur le marché. Ces prévisions sont reproduites ci-dessous.

Volume de ventes prévu	60 000 unités
Prix de vente moyen	125 $
Coûts unitaires directs	
Matières premières	20 $
Main-d'œuvre directe	15 $
Coût unitaire indirect de fabrication	34 $
Frais de vente	840 000 $
Frais d'administration	600 000 $

Travaux pratiques

1. Calculez le résultat net unitaire prévu au cours de l'exercice financier se terminant le 31 décembre 1998, en tenant compte des hypothèses suivantes:
   a) le concurrent se ravise et ne lance pas son produit sur le marché en 1998.
   b) le concurrent lance son modèle à 115 $ l'unité, et la société Frigon ltée maintient son prix à 125 $ l'unité.
   c) le concurrent lance son modèle au prix de 115 $ l'unité, et la société Frigon ltée ramène également le prix de son modèle à 115 $ l'unité.
2. La société Frigon ltée devrait-elle maintenir le prix de vente de son compresseur à 125 $ ou le baisser à 115 $? Justifiez votre réponse.
3. En tenant compte des hypothèses *b* et *c*, à quel montant évaluez-vous l'impact financier de l'arrivée du concurrent sur le résultat net de la société Frigon ltée pour l'exercice financier se terminant le 31 décembre 1998?

EXERCICE 3.26 Établissement du prix de vente

La société MBI ltée, un important manufacturier de mobilier et de matériel de bureau, vient d'achever la fabrication d'un lot de 1 000 tables pour ordinateur.

Selon la fiche de coût de revient de ce produit, un lot de 1 000 unités entraîne les coûts de fabrication suivants:

	Atelier nº 1	Atelier nº 2
Matières premières	24 000 $	10 000 $
Main-d'œuvre directe	9 000 $	18 000 $
Frais généraux de fabrication	12 000 $	7 000 $

Le prix de vente a été fixé en majorant de 20 % le coût unitaire de fabrication prévu. Les coûts réellement engagés au cours de l'exercice financier sont les suivants:

	Atelier nº 1	Atelier nº 2
Matières premières	23 500 $	10 200 $
Main-d'œuvre directe	8 300 $	18 100 $
Frais généraux de fabrication	10 600 $	5 800 $

Notons également que 100 des 1 000 unités du lot se sont révélées défectueuses et ont été mises au rebut.

Travaux pratiques

1. Quel était initialement le prix de vente unitaire prévu pour chaque table appartenant à ce lot?
2. Quel prix permettrait de réaliser une marge de profit de 20 % sur les 900 unités conformes au niveau de qualité exigé?

EXERCICE 3.27 Coûts prévus et coûts engagés

L'entreprise PME enr. a vu plusieurs de ses soumissions refusées au cours des derniers mois. Cette situation indique peut-être que ses concurrents proposent des coûts plus bas, ou encore que l'entreprise PME enr. surévalue systématiquement le coût de ses soumissions. Le propriétaire s'inquiète de cette situation et décide de procéder à une analyse du coût de revient des quelques commandes qu'il a effectivement remplies. Il commence donc par la dernière qu'il a reçue, soit une commande de 500 unités dont les résultats sont les suivants :

	Coûts prévus	Coûts engagés
Matières premières	7 000 kg à 1,30 $/kg	5 700 kg à 1,55 $/kg
Main-d'œuvre directe	475 heures à 16 $/h	495 heures à 14 $/h
Frais généraux	10,60 $ par unité	4 235 $

Travaux pratiques

1. Calculez l'écart existant entre les coûts prévus et les coûts engagés lors de la dernière commande.
2. Commentez la qualité des prévisions et le refus des récentes soumissions.

CHAPITRE 4

Les coûts indirects et les centres de coûts

Objectifs

Après avoir étudié ce chapitre, vous serez capable :

- de comprendre la nécessité de tenir compte des coûts indirects dans le calcul des coûts de revient ;
- de répartir les frais généraux ou de les imputer ;
- de discuter du choix de la base d'imputation ;
- de comprendre le rôle que jouent les centres de coût dans l'allocation des coûts indirects ;
- de calculer les coûts de revient constitués en partie de coûts indirects ;
- de tenir compte, dans la prise de décision, des coûts indirects composant le coût de revient.

Sommaire

- Les coûts indirects
- La répartition des coûts indirects
- L'imputation des coûts indirects
- La prise de décision

LES COÛTS INDIRECTS

Nous n'insisterons jamais assez sur le fait que la connaissance des coûts permet au gestionnaire de diriger l'entreprise plus efficacement. Nous avons d'ailleurs souligné, au chapitre 2, que l'analyse des coûts facilite la prise de décision. Nous avons examiné, au chapitre 3, la composition des coûts de revient des biens et services transformés par l'entreprise, et nous avons montré que la connaissance de ces coûts pouvait aider l'entreprise à effectuer des choix judicieux en matière de croissance.

Dans le chapitre précédent, nous avons aussi décrit diverses méthodes de calcul du coût de revient des biens et services produits par une entreprise. Ces méthodes sont particulièrement adéquates lorsque le coût de revient est surtout constitué de coûts directs. Cependant, dès que la proportion des coûts indirects devient substantielle, la nécessité d'analyser les modes d'allocation de ces coûts et l'impact de cette répartition sur le coût de revient s'impose. Or, comme nous l'avons vu, le coût de transformation — qui, auparavant, correspondait dans une large mesure au coût de la main-d'œuvre directe — est aujourd'hui souvent composé de coûts indirects. Parfois même, et c'est ce qui se produit dans un environnement automatisé, le coût de transformation résulte entièrement d'un partage de ressources entre plusieurs biens et services, donc de coûts indirects.

Les coûts indirects prennent de plus en plus d'importance dans l'environnement manufacturier moderne ainsi que dans le domaine des services, d'où notre décision de consacrer un chapitre à leur étude. De plus, les méthodes de répartition ou d'imputation de ces coûts font aujourd'hui l'objet de sévères critiques parce que la base de partage choisie est le volume ; ces méthodes font ainsi porter la plus grande partie de ces coûts sur les produits qui ont un volume substantiel. Alors que l'analyse des coûts a pour objet d'établir des liens entre les objets de coûts et les coûts qu'ils génèrent, ces méthodes ressemblent davantage à des systèmes de partage des coûts d'activités communes à l'ensemble des objets de coûts. On se doit donc, dans cet ouvrage, de porter une attention particulière aux règles dictant la répartition ou la ventilation des coûts indirects.

Les coûts indirects sont rattachés à des ressources qui servent à la production de plusieurs biens et services. À l'exception des coûts reliés aux matières premières et à la main-d'œuvre directe, la plupart des coûts sont donc indirects. Ils résultent de l'utilisation de l'ensemble des équipements et des immobilisations ainsi que du personnel administratif et technique dont l'activité est essentiellement axée sur le soutien des activités principales de l'entreprise. La comptabilité générale classique inclut les coûts indirects dans les frais généraux de fabrication (main-d'œuvre indirecte, entretien et réparations, alimentation de l'usine en électricité, taxes d'usine, dotation à l'amortissement des équipements et des immobilisations de l'usine, etc.), dans les frais généraux de vente (salaires des vendeurs, publicité, etc.), dans les frais généraux d'administration (salaires du personnel administratif, fournitures de bureau, dotation à l'amortissement des équipements de bureau, etc.) ainsi que dans les frais de financement. La figure 4.1, qui reprend la figure 3.1, illustre bien les concepts de coûts directs et de coûts indirects.

Figure 4.1
Les coûts directs et les coûts indirects

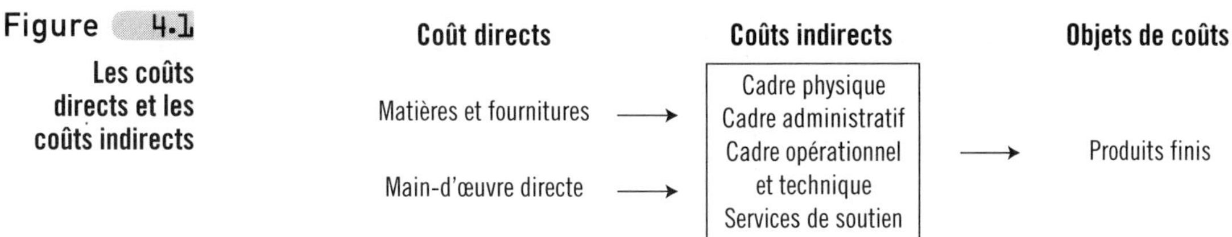

Les coûts indirects se rapportent à l'infrastructure; ils sont associés au cadre physique, au cadre administratif et au cadre opérationnel et technique ainsi qu'aux services de soutien; ce sont donc des coûts qui permettent à l'entreprise de produire, et non des coûts de production proprement dits.

LA RÉPARTITION DES COÛTS INDIRECTS

À l'intérieur d'un segment significatif donné, la plupart des coûts indirects sont considérés comme fixes. Ils sont en effet insensibles aux variations quotidiennes, hebdomadaires ou mensuelles de la production. Cependant, si le volume de la production était soumis à une variation permanente, il est fort probable que nous observerions une augmentation des coûts indirects s'il s'agissait d'une hausse, et une diminution de ces coûts s'il s'agissait d'une baisse.

La répartition des coûts indirects est dictée par les deux règles générales suivantes:

- le coût de toutes les ressources consommées au cours d'une période est distribué entre les extrants, c'est-à-dire entre les biens et services produits au cours de cette période;
- les coûts indirects sont répartis au prorata du volume des extrants.

La répartition de l'ensemble des ressources consommées

Pourquoi faut-il répartir entre les objets de coûts toutes les ressources consommées au cours d'une période?

La réponse à cette question découle de l'objectif même de la comptabilité financière: renseigner les tiers sur les ressources consommées et les produits fabriqués au cours d'une période donnée, ainsi que sur la situation financière de l'entreprise à un moment précis. Or, deux principes s'appliquent dans ce domaine: celui du respect du caractère autonome de l'exercice et celui du rapprochement des produits et des coûts. Ces principes font en sorte qu'il est fondamental d'informer les tiers de toutes les ressources consommées au cours d'une période et d'attribuer cette consommation aux biens et services produits pendant cette période. De plus, les qualités primordiales de cette comptabilité étant l'objectivité et la fidélité, il faut donc rendre compte des résultats tels qu'ils sont.

EXEMPLE L'entreprise manufacturière classique d'un seul produit (EMC1)

L'entreprise EMC1 ne dispose d'aucun stock. Le tableau ci-dessous reproduit la balance de vérification de l'entreprise EMC1 pour l'exercice se terminant le 31 décembre 1998. Les comptes de résultats se rattachant à l'usine sont précédés d'un astérisque (*).

Entreprise EMC1
Balance de vérification régularisée
au 31 décembre 1998

Encaisse	112 600 $	
Comptes clients	874 000	
Provision pour créances douteuses		6 400 $
Terrain	1 350 000	
Usine	5 000 000	
Amortissement cumulé – usine		750 000
Machinerie	4 200 000	
Amortissement cumulé – machinerie		1 920 000
Brevets	400 000	
Emprunt bancaire		110 000
Comptes fournisseurs		184 000
Frais à payer		44 400
Hypothèque à payer		3 250 000
Capital-actions		4 250 000
Bénifices non répartis		850 000
Ventes		8 650 000
* Achats de matières premières	2 478 720	
* Main-d'œuvre directe	1 936 500	
* Main-d'œuvre indirecte	624 780	
* Entretien et réparations – usine	136 800	
* Entretien et réparations – machinerie	214 400	
* Fournitures d'usine	88 600	
* Électricité – usine	84 300	
* Assurances – usine	80 000	
* Taxes foncières – usine	320 000	
Salaires et commissions des vendeurs	680 000	
Publicité	200 000	
Salaires des employés de bureau	280 100	
Frais d'administration	334 000	
* Dotation à l'amortissement cumulé – usine	280 000	
* Dotation à l'amortissement cumulé – machinerie	340 000	
Total	**20 014 800 $**	**20 014 800 $**

La somme des coûts reliés à l'usine (solde des comptes précédés d'un astérisque) est de 6 584 100 $.

Au cours de l'année 1998, l'entreprise a fabriqué 387 300 unités d'un seul produit.

Dans ce premier exemple, il n'existe qu'une seule solution au mode de répartition des coûts indirects. On établit facilement que le coût de fabrication d'une unité est de :

6 584 100 $/387 300 unités = 17 $ l'unité

Ce coût représente la somme des comptes de résultats se rapportant à l'usine (précédés d'un astérisque dans le tableau précédent) divisée par le nombre d'unités fabriquées, ce qui se traduit ainsi :

Matières premières	2 478 720 $/387 300 =	6,40 $ l'unité
Main-d'œuvre directe	1 936 500 $/387 300 =	5,00 $ l'unité
Frais généraux de fabrication	2 168 880 $/387 300 =	5,60 $ l'unité
Coût de fabrication		**17,00 $ l'unité**

EXEMPLE

L'entreprise manufacturière classique de 15 produits (EMC15)

L'entreprise EMC15 ne possède aucun stock. La balance de vérification de l'entreprise pour l'exercice se terminant le 31 décembre 1998 est la même que celle de l'entreprise EMC1 de l'exemple précédent. Les comptes de résultats se rattachant à l'usine sont précédés d'un astérisque (*). Au cours de l'année 1998, l'entreprise a fabriqué 387 300 unités de 15 produits différents.

Le tableau de la page suivante fournit des renseignements sur chacun des 15 produits de l'entreprise, soit le nombre d'unités fabriquées et les quantités de matières premières qu'il requiert.

Produit	Nombre d'unités	Quantité (en kg) de matières premières à l'unité	Quantité totale (en kg) de matières premières
P1	2 300	12	**27 600**
P2	7 000	9	**63 000**
P3	12 000	6	**72 000**
P4	16 000	8	**128 000**
P5	22 000	1,5	**33 000**
P6	26 000	6,5	**169 000**
P7	34 000	14	**476 000**
P8	36 000	4,67	**168 120**
P9	44 000	11	**484 000**
P10	52 000	1	**52 000**
P11	11 000	10	**110 000**
P12	18 000	3	**54 000**
P13	28 000	15	**420 000**
P14	32 000	4	**128 000**
P15	47 000	2	**94 000**
Total	**387 300**		**2 478 720**

Comme le poids total des matières premières est de 2 478 720 kg et que leur coût total s'élève à 2 478 720 $, on en déduit que leur coût est de 1 $/kg.

Tout comme dans le premier exemple, on a établi le coût de la main-d'œuvre directe à 5 $ l'unité.

Dans ce deuxième exemple, il existe deux modes de répartition possibles des coûts indirects, découlant de deux hypothèses relatives à la structure de ces coûts.

Première hypothèse

Les frais généraux de fabrication sont proportionnels au coût de la main-d'œuvre directe, ce qui s'exprime de la façon suivante : 2 168 880 $/1 936 500 $ = 1,12 $ par dollar (1 $) de main-d'œuvre directe. Cependant, comme chaque unité coûte 5 $ de main-d'œuvre directe, les frais généraux de fabrication s'élèvent à 5,60 $ par unité, soit à 5,00 $ × 1,12 $ par dollar (1 $) de main-d'œuvre directe.

Le tableau qui suit donne le coût de fabrication des produits 1 à 15 selon cette première hypothèse :

Produit	Matières premières	Main-d'œuvre directe	Frais généraux de fabrication	Coût unitaire	Coût total
P1	12,00 $	5,00 $	5,60 $	22,60 $	**51 980 $**
P2	9,00 $	5,00 $	5,60 $	19,60 $	**137 200**
P3	6,00 $	5,00 $	5,60 $	16,60 $	**199 200**
P4	8,00 $	5,00 $	5,60 $	18,60 $	**297 600**
P5	1,50 $	5,00 $	5,60 $	12,10 $	**266 200**
P6	6,50 $	5,00 $	5,60 $	17,10 $	**444 600**
P7	14,00 $	5,00 $	5,60 $	24,60 $	**836 400**
P8	4,67 $	5,00 $	5,60 $	15,27 $	**549 720**
P9	11,00 $	5,00 $	5,60 $	21,60 $	**950 400**
P10	1,00 $	5,00 $	5,60 $	11,60 $	**603 200**
P11	10,00 $	5,00 $	5,60 $	20,60 $	**226 600**
P12	3,00 $	5,00 $	5,60 $	13,60 $	**244 800**
P13	15,00 $	5,00 $	5,60 $	25,60 $	**716 800**
P14	4,00 $	5,00 $	5,60 $	14,60 $	**467 200**
P15	2,00 $	5,00 $	5,60 $	12,60 $	**592 200**
Total					**6 584 100 $**

Deuxième hypothèse

Les frais généraux de fabrication sont proportionnels au coût des matières premières, ce qui s'exprime de la façon suivante: 2 168 880 $/2 478 720 $ = 0,875 $ par 1 $ de matières premières.

Le tableau ci-dessous nous renseigne sur le coût de fabrication des produits 1 à 15 selon cette hypothèse:

Produit	Matières premières	Main-d'œuvre directe	Frais généraux de fabrication	Coût unitaire	Coût total
P1	12,00 $	5,00 $	10,50 $	27,50 $	**63 250 $**
P2	9,00 $	5,00 $	7,88 $	21,88 $	**153 125**
P3	6,00 $	5,00 $	5,25 $	16,25 $	**195 000**
P4	8,00 $	5,00 $	7,00 $	20,00 $	**320 000**
P5	1,50 $	5,00 $	1,31 $	7,81 $	**171 875**
P6	6,50 $	5,00 $	5,69 $	17,19 $	**446 875**
P7	14,00 $	5,00 $	12,25 $	31,25 $	**1 062 500**
P8	4,67 $	5,00 $	4,09 $	13,76 $	**495 225**
P9	11,00 $	5,00 $	9,63 $	25,63 $	**1 127 500**
P10	1,00 $	5,00 $	0,88 $	6,88 $	**357 500**
P11	10,00 $	5,00 $	8,75 $	23,75 $	**261 250**
P12	3,00 $	5,00 $	2,63 $	10,63 $	**191 250**
P13	15,00 $	5,00 $	13,13 $	33,13 $	**927 500**
P14	4,00 $	5,00 $	3,50 $	12,50 $	**400 000**
P15	2,00 $	5,00 $	1,75 $	8,75 $	**411 250**
Total					**6 584 100 $**

Analyse des deux hypothèses

Le tableau qui suit illustre, pour chaque produit, les différences entre les coûts unitaires calculés selon ces deux hypothèses, en dollars et en pourcentages.

Produit	Première hypothèse	Deuxième hypothèse	Différence en dollars ($)	Différence en pourcentage (%)
P1	22,60 $	27,50 $	–4,90	–22
P2	19,60 $	21,88 $	–2,28	–12
P3	16,60 $	16,25 $	0,35	2
P4	18,60 $	20,00 $	–1,40	–8
P5	12,10 $	7,81 $	4,29	35
P6	17,10 $	17,19 $	–0,09	–1
P7	24,60 $	31,25 $	–6,65	–27
P8	15,27 $	13,76 $	1,51	10
P9	21,60 $	25,63 $	–4,03	–19
P10	11,60 $	6,88 $	4,73	41
P11	20,60 $	23,75 $	–3,15	–15
P12	13,60 $	10,63 $	2,98	22
P13	25,60 $	33,13 $	–7,53	–29
P14	14,60 $	12,50 $	2,10	14
P15	12,60 $	8,75 $	3,85	31

Dans cet exemple, la répartition des coûts indirects (frais généraux de fabrication) selon chacune des deux hypothèses se traduit par des écarts de 1 % à 35 % dans le calcul des coûts de revient. On saisit immédiatement à quel point il est crucial d'identifier l'hypothèse qui reproduit le plus fidèlement possible la structure des coûts indirects. Mais n'est-ce pas là un problème insoluble puisque la plupart des coûts indirects restent fixes quel que soit le volume des extrants ?

En effet, si les coûts indirects variaient en fonction d'un facteur quelconque, ils ne pourraient être fixes, même en partie. On conclut donc que tous les facteurs proportionnels au volume des extrants – comme les matières premières, la main-d'œuvre directe et les heures-machines – ne sont d'aucune utilité et ne doivent pas être pris en considération dans le calcul des coûts indirects, puisqu'ils décrivent la structure de coûts variables. Cependant, on retient ces facteurs en vertu du principe selon lequel il faut répartir entre les biens et services produits au cours d'une période donnée les coûts indirects ayant servi à les produire au cours de cette même période.

La répartition des coûts indirects au prorata du volume des extrants

Pourquoi faut-il répartir les coûts indirects au prorata du volume des extrants ?

La réponse à cette question découle en partie de la réponse à la question précédente, c'est-à-dire la nécessité de rapprocher les produits et les coûts au cours d'une période donnée. Les coûts directs (matières premières et main-d'œuvre directe) sont habituellement mis en relation avec les produits au moment de l'enregistrement des sommes dépensées. Cela se fait à l'aide d'un mécanisme d'identification des matières premières (pièce justificative, code à barres, etc.) et d'un mécanisme d'identification de la main-d'œuvre directe (carte de temps, etc.) les rattachant à un produit en particulier. Il n'existe cependant aucun moyen similaire pour relier les coûts indirects aux biens et services ; et même s'il en existait un, il ne serait probablement pas pratique de procéder ainsi.

Par ailleurs, si on n'avait pas engagé de coûts indirects au cours d'une période, aucune exploitation n'aurait pu avoir lieu. Donc, il semble logique de distribuer les coûts indirects engagés au cours d'une période de manière équivalente entre tous les produits issus de cette période, c'est-à-dire au prorata du volume des extrants. Dans l'exemple précédent, portant sur l'entreprise EMC15, les frais généraux ont été répartis au prorata du coût de la main-d'œuvre directe et du coût des matières premières, eux-mêmes proportionnels au volume des extrants. Ces frais ont donc été distribués au prorata du volume des extrants. On désigne sous le nom de répartition volumique ce type de distribution des coûts indirects.

EXEMPLE

Le cabinet de consultants

Un cabinet de consultants a réalisé 10 mandats au cours d'un trimestre. Les coûts indirects englobent tous les coûts, sauf ceux se rapportant à la main-d'œuvre directement associée à un mandat. Le directeur financier répartit les coûts indirects entre les mandats au prorata de la main-d'œuvre directe afin d'établir le coût de revient de chaque mandat. Les coûts engagés au cours du premier trimestre de 1998 sont les suivants :

- main-d'œuvre directe 768 000 $
- coûts indirects 307 200 $

On obtient donc une moyenne de 0,40 $ de coûts indirects par dollar (1 $) de main-d'œuvre directe, soit 307 200 $/768 000 $.

Au cours de cette période, le bureau a mené à terme les 10 mandats suivants :

Mandat	Main-d'œuvre directe (en heures)
M1	4 500
M2	1 500
M3	2 800
M4	2 000
M5	800
M6	1 200
M7	4 800
M8	7 300
M9	400
M10	300
Total	**25 600**

Le tableau qui suit détaille les coûts engagés par le bureau de consultants pour chacun des mandats réalisés au cours du premier trimestre de 1998, en supposant un taux horaire moyen de 30 $/h, soit 768 000 $/25 600 h, et un montant de coûts indirects alloués de 0,40 $ par dollar (1 $) de main-d'œuvre directe.

Mandat	Coût de la main-d'œuvre directe	Coût indirect	Coût total
M1	135 000 $	54 000 $	**189 000 $**
M2	45 000	18 000	**63 000**
M3	84 000	33 600	**117 600**
M4	60 000	24 000	**84 000**
M5	24 000	9 600	**33 600**
M6	36 000	14 400	**50 400**
M7	144 000	57 600	**201 600**
M8	219 000	87 600	**306 600**
M9	12 000	4 800	**16 800**
M10	9 000	3 600	**12 600**
Total	**768 000 $**	**307 200 $**	**1 075 200 $**

EXEMPLE

Le guichet automatique d'une banque

Le coût total d'exploitation du guichet automatique d'une banque est de 43 200 $ par mois. Sachant qu'on y a enregistré en moyenne 86 400 transactions par mois, on en déduit que le coût moyen est de 0,50 $ par transaction, soit 43 200 $/86 400 transactions.

Un questionnement

Dans le cas du bureau de consultants, est-il raisonnable de croire que le mandat M8 (comportant 7 300 heures de main-d'œuvre directe) a engendré des coûts indirects de 87 600 $ alors que le mandat M10 (comportant 300 heures de main-d'œuvre directe) n'en a généré que pour 3 600 $? De même, on peut se demander si certaines transactions effectuées dans un guichet automatique d'une banque ne donnent pas lieu à des coûts indirects plus élevés que les mêmes transactions au comptoir, lesquelles donnent lieu à des coûts variables. Ces questions sont légitimes. Nous les aborderons par le biais de l'analyse des activités, au chapitre 5.

Ayant constaté que des distorsions importantes dans le calcul du coût des produits et services sont associées à la répartition volumique des coûts indirects, dits fixes, des spécialistes en coût de revient ont élaboré la méthode des coûts variables (*direct costing*). Cette méthode consiste à établir le coût de revient de fabrication en tenant compte uniquement des coûts directs variables et en excluant les coûts indirects. Cette façon de procéder n'est valable que dans le cas où les coûts indirects représentent une portion minime du coût de fabrication.

Les tenants de la méthode du coût complet objectent que, tant et aussi longtemps que les coûts fixes à répartir représentent un faible pourcentage du coût de revient total, leur modèle permet de déterminer un coût de revient relativement précis. En effet, plus le pourcentage des coûts indirects est faible, plus la répartition au prorata du volume est adéquate ; à l'inverse, plus ce pourcentage est élevé, moins cette répartition est adéquate.

En résumé

1. Tous les coûts indirects doivent être répartis entre l'ensemble des biens et services produits au cours d'une période donnée.
2. La répartition des coûts indirects au prorata du volume des extrants est le mode de distribution le plus logique.
3. Lorsque l'entreprise produit une variété de biens et de services, il est justifié d'exprimer le volume des extrants en fonction de ressources directes (par exemple de matières premières, de main-d'œuvre directe ou d'heures-machines) proportionnelles à ce volume.
4. Par contre, la répartition volumique donne lieu à des différences parfois substantielles entre les coûts de revient calculés.
5. Le coût indirect unitaire est fonction de deux paramètres :
   - le montant total des coûts indirects, qui est fixe pour une période donnée ;
   - le nombre total d'extrants issus de la même période.

   Il est donc impossible d'établir le coût de revient avant la fin d'une période.

LA RÉPARTITION DES COÛTS INDIRECTS PAR CENTRES DE COÛTS

La comptabilité générale classique a cherché à réduire les distorsions pouvant résulter d'une répartition volumique des coûts indirects en proposant le système de comptabilité par centres de coûts (ou par centres de responsabilité). De plus, par le mécanisme de l'imputation, elle permet d'établir en cours d'exercice un coût de revient estimé, appelé parfois coût de revient normal.

Au chapitre 3, nous avons défini les centres de coûts comme des endroits où l'on engage et accumule des coûts. Ces centres correspondent à des lieux physiques, par exemple à un atelier, à un laboratoire, etc., à des unités administratives, ou aux deux à la fois. Ils peuvent également être définis en fonction des responsabilités attribuées au directeur du centre.

Il arrive qu'on regroupe les coûts indirects par centres de coûts pour mieux les contrôler, d'une part (nous en reparlerons dans la deuxième partie de cet ouvrage), et pour les répartir plus fidèlement, d'autre part. En effet, les coûts accumulés dans un centre de coûts sont répartis uniquement entre les biens et services dont la production dépend de ses ressources.

EXEMPLE L'entreprise Cincents

L'entreprise Cincents assemble sur commande les divers composants d'un produit, et en particulier certaines pièces achetées directement de fournisseurs. La direction de l'entreprise Cincents a défini cinq centres de coûts :

- Approvisionnement, regroupant tous les coûts engagés au magasin. Le directeur du magasin est responsable de l'approvisionnement en matières premières et en pièces ainsi que de l'entreposage ;
- Frais généraux d'estampillage, regroupant tous les coûts engagés à l'atelier d'estampillage, à l'exception de ceux se rapportant à la main-d'œuvre directe. Dans cet atelier, on estampille certaines pièces utilisées dans l'assemblage du produit fini ;
- Frais généraux d'assemblage, regroupant tous les coûts (autres que la main-d'œuvre directe) engagés à l'atelier d'assemblage. Dans cet atelier, on assemble le produit fini selon les spécifications du client ;
- Frais de vente, regroupant tous les coûts reliés à la mise en marché ainsi qu'à la préparation du devis d'assemblage, selon les spécifications fournies par le client ;
- Frais d'administration, regroupant tous les coûts générés par les services de soutien des activités principales, comme la comptabilité, la gestion des ressources humaines et la direction proprement dite.

Le tableau ci-dessous affiche les coûts engagés au cours du dernier mois et compilés par centres de coûts.

Coûts du dernier mois

Matières premières et pièces		2 000 000 $
Approvisionnement		1 000 000
Atelier d'estampillage		
Main-d'œuvre directe	600 000 $	
Frais généraux d'estampillage	400 000	1 000 000
Atelier d'assemblage		
Main-d'œuvre directe	1 600 000 $	
Frais généraux d'assemblage	1 200 000	2 800 000
Frais de vente		2 000 000
Frais d'administration		1 200 000
Total		**10 000 000 $**

Le directeur financier a établi des règles suivantes pour le calcul du coût de revient d'une commande :

- les matières premières et les pièces achetées de fournisseurs sont affectées directement à chaque commande ;
- le coût de la main-d'œuvre directe de chacun des ateliers est également porté directement à chacune des commandes ;
- les coûts de l'approvisionnement sont répartis au prorata du coût des matières premières et des pièces achetées à l'extérieur ;
- les frais généraux d'estampillage sont répartis entre les commandes au prorata du coût de la main-d'œuvre de cet atelier ;
- les frais généraux d'assemblage sont répartis entre les commandes au prorata du coût de la main-d'œuvre de cet atelier ;
- les frais de vente sont répartis entre les commandes au prorata du coût de la main-d'œuvre directe des deux ateliers ;
- les frais d'administration sont répartis entre les commandes au prorata du coût accumulé d'une commande avant leur prise en compte.

Le tableau qui suit présente les coûts des ressources directement consommées par chacune des commandes au cours du dernier mois. Ces mêmes données servent à établir les modalités de distribution de l'ensemble des coûts indirects.

Ressources directes consommées le dernier mois

Commande	Matières premières et pièces	Main-d'œuvre directe Estampillage	Main-d'œuvre directe Assemblage
C103	400 000 $	100 000 $	200 000 $
C104	100 000	60 000	180 000
C105	800 000	120 000	600 000
C106	400 000	200 000	320 000
C107	300 000	120 000	300 000
Total	**2 000 000 $**	**600 000 $**	**1 600 000 $**

À partir de ces données, nous avons pu calculer les coûts de revient de chacune des commandes en fonction des règles établies par le directeur financier. Les résultats prennent la forme suivante :

Coûts de revient du dernier mois

	Commande C103	Commande C104	Commande C105	Commande C106	Commande C107	Total
Coût de fabrication						
Matières premières et pièces	400 000 $	100 000 $	800 000 $	400 000 $	300 000 $	2 000 000 $
Approvisionnement	200 000	50 000	400 000	200 000	150 000	1 000 000
Main-d'œuvre directe d'estampillage	100 000	60 000	120 000	200 000	120 000	600 000
Frais généraux d'estampillage	66 667	40 000	80 000	133 333	80 000	400 000
Main-d'œuvre directe d'assemblage	200 000	180 000	600 000	320 000	300 000	1 600 000
Frais généraux d'assemblage	150 000	135 000	450 000	240 000	225 000	1 200 000
	1 116 667 $	**565 000 $**	**2 450 000 $**	**1 493 333 $**	**1 175 000 $**	**6 800 000 $**
Frais de vente	272 727	218 182	654 545	472 727	381 818	2 000 000
Frais d'administration	189 463	106 798	423 347	268 099	212 293	1 200 000
Coût total	**1 578 857 $**	**889 979 $**	**3 527 893 $**	**2 234 160 $**	**1 769 112 $**	**10 000 000 $**

Il est à noter que nous avons calculé deux coûts de revient, soit le coût de fabrication et le coût total, ce dernier incluant, outre le coût de fabrication, les frais de vente et d'administration.

EXEMPLE

L'entreprise Unique

L'entreprise Unique fabrique environ 100 lots par année comportant en moyenne 2 000 unités d'un seul produit. Le tableau qui suit montre les coûts accumulés dans les comptes de l'usine au cours de la dernière année. Ces comptes sont déjà regroupés par centres de coûts.

Soldes des comptes de l'usine pour la dernière année

Comptes	Montant
Matières premières	680 000 $
Frais généraux liés aux matières premières	340 000
Atelier d'estampillage	450 000
Atelier d'assemblage	376 000
Atelier de finition	150 000
Frais généraux liés aux machines	160 000
Autres frais généraux	120 000
Total	**2 276 000 $**

Pour calculer le coût d'un lot particulier de 2 000 unités, il faut disposer de certaines informations additionnelles. On estime que les frais généraux liés aux matières premières sont proportionnels à leur coût. Les coûts se rattachant aux ateliers sont ceux qui peuvent facilement leur être attribués, comme les coûts occasionnés par la main-d'œuvre tant directe qu'indirecte. Les frais généraux liés aux machines comprennent tous les coûts qui s'y rapportent, notamment la dotation à l'amortissement, l'entretien et les réparations. On estime que, de l'ensemble de ces coûts, 30 % sont générés par les machines de l'atelier d'estampillage et 70 % par celles de l'atelier d'assemblage. Il n'y a aucune machine dans l'atelier de finition. Les autres frais généraux de fabrication incluent tous les autres coûts indirects reliés aux trois ateliers : taxes foncières, assurances, dotation à l'amortissement de l'immeuble, fournitures, etc. On estime que 40 % de ces coûts sont attribuables à l'atelier d'assemblage, les autres devant être partagés également entre les ateliers d'estampillage et de finition.

Pour déterminer le coût de revient unitaire des produits fabriqués dans ce lot, dans une première étape, on répartit les frais généraux liés aux machines entre les ateliers d'estampillage et d'assemblage, puis les autres frais généraux entre les trois ateliers. Dans une deuxième étape, on répartit les coûts des ateliers entre les lots, pour les diviser ensuite par le nombre d'unités comprises dans un lot, comme l'illustre le tableau suivant.

Comptes	Estampillage	Assemblage	Finition
Atelier d'estampillage	450 000 $		
Atelier d'assemblage		376 000 $	
Atelier de finition			150 000 $
Frais généraux liés aux machines	48 000	112 000	
Autres frais généraux	36 000	48 000	36 000
Total	**534 000 $**	**536 000 $**	**186 000 $**

Calcul du coût unitaire d'un produit fabriqué dans un lot de 2 000 unités

Comptes	Calcul	Coût d'un lot	Coût unitaire (2 000 unités/lot)
Matières premières	680 000 $/100 lots	6 800 $	3,40 $
Frais généraux liés aux matières premières	340 000 $/100 lots	3 400	1,70
Atelier d'estampillage	534 000 $/100 lots	5 340	2,67
Atelier d'assemblage	536 000 $/100 lots	5 360	2,68
Atelier de finition	186 000 $/100 lots	1 860	0,93
Total	**2 276 000 $/100 lots**	**22 760 $**	**11,38 $**

En résumé, lorsque l'entreprise opte pour les centres de coûts, la répartition des coûts indirects se fait en deux étapes. Dans un premier temps, les coûts indirects sont accumulés par centres de coûts puis, dans un deuxième temps, répartis entre les produits. Le processus de répartition peut également comporter trois étapes, comme dans l'exemple précédent. Dans ce cas, les coûts indirects sont 1) accumulés par centres de coûts, 2) répartis entre les ateliers de production et 3) répartis entre les produits.

L'IMPUTATION DES COÛTS INDIRECTS

On a vu que les coûts directs pouvaient être attribués aux biens et services par le biais d'un mécanisme d'identification de ces ressources. Par ailleurs, la portion des coûts indirects devant être affectée à un bien ou à un service est fonction, notamment, de la quantité de biens et services produits au cours d'une période donnée. Ainsi, s'il est possible de déterminer sur une base quotidienne les coûts directs reliés à chacun des biens et services, il est impossible d'établir, avant la fin de la période, la portion des coûts indirects qu'on doit allouer à chacun de ceux-ci.

Cependant, il est possible d'estimer ce montant à l'aide :

- d'un budget prévoyant les coûts indirects que l'entreprise devra assumer ;
- d'une prévision du volume d'extrants issus de l'activité de production.

On appelle coût imputé la portion du coût indirect allouée à un bien ou à un service à l'aide d'un budget de coûts indirects et d'une prévision du volume des extrants. Le mécanisme qui est en cause est l'imputation, terme qui vient du mot latin *imputare*, signifiant « porter au compte de ». Ainsi, lorsqu'on impute un montant de 100 000 $ de frais généraux de fabrication à un lot de produits, on inscrit au compte de ce lot des charges de 100 000 $. On ajoute donc un montant de frais généraux aux coûts des matières premières et de la main-d'œuvre directe affectés à un lot. Cela ne veut pas nécessairement dire que ce lot est directement responsable des coûts imputés. Tout comme dans le cas de la répartition des coûts indirects, les coûts imputés aux biens et services sont affectés sans qu'il y ait nécessairement de relation de cause à effet. De plus, ce montant est une estimation, ce qui signifie que le résultat obtenu selon les mêmes règles sera fort probablement différent du montant estimé.

Le taux d'imputation

L'imputation des coûts indirects se fait à l'aide d'un taux d'imputation que l'on détermine d'après:

- un budget prévoyant les frais généraux de l'exercice;
- un indicateur du volume des extrants (base d'imputation);
- un budget prévoyant les quantités à produire, exprimé en fonction de l'indicateur choisi.

Le taux d'imputation correspond au quotient suivant:

$$\frac{\text{Montant prévu des frais généraux}}{\text{Volume prévu des extrants (mesuré selon l'indicateur choisi)}}$$

EXEMPLE

L'entreprise manufacturière Contrôlée

Le directeur financier souhaite calculer sur une base quotidienne le coût des produits qu'il fabrique. Il a donc, à cette fin, mis en place un système de coût de revient qui affecte à tous les lots fabriqués les matières premières et la main-d'œuvre directe requises pour les produire. De plus, il impute les frais généraux de fabrication au prorata du temps de main-d'œuvre directe requis pour chaque produit. Les données ci-dessous ont servi à établir le taux d'imputation des coûts indirects:

- un budget de frais généraux estimé à 128 000 000 $;
- un total prévu de 8 000 000 heures de main-d'œuvre directe. Autrement dit, l'entreprise prévoit fabriquer une quantité de produits correspondant à 8 000 000 heures de main-d'œuvre directe.

Le taux d'imputation s'établit donc comme suit: 128 000 000 $/8 000 000 h, soit 16 $/h de main-d'œuvre directe. Pour chaque heure de main-d'œuvre directe travaillée, on imputera donc des frais généraux de fabrication de 16 $. Par exemple, un lot ayant nécessité 1 000 heures de main-d'œuvre directe se verra imputer en frais généraux de fabrication la somme de 16 000 $ (soit 1 000 × 16 $).

EXEMPLE

L'entreprise Cincents revue

Étudions à nouveau les données portant sur l'entreprise Cincents, en les considérant cette fois comme des données prévisionnelles plutôt que comme des résultats. Le tableau ci-dessous regroupe ces données.

Prévisions pour le mois prochain

Matières premières et pièces		2 000 000 $
Approvisionnement		1 000 000
Atelier d'estampillage		
Main-d'œuvre directe	600 000 $	
Frais généraux d'estampillage	400 000	1 000 000
Atelier d'assemblage		
Main-d'œuvre directe	1 600 000 $	
Frais généraux d'assemblage	1 200 000	2 800 000
Frais de vente		2 000 000
Frais d'administration		1 200 000
Total		**10 000 000 $**

Dans ce cas, on peut établir cinq taux d'imputation, soit un pour chacune des catégories de coûts indirects associées aux centres de coûts. Ainsi,

- le taux d'imputation des coûts d'approvisionnement serait de 0,50 $ par dollar (1 $) de matières premières et de pièces, soit de : 1 000 000 $/2 000 000 $;
- le taux d'imputation des frais généraux d'estampillage serait de 0,67 $ par dollar (1 $) de main-d'œuvre directe de cet atelier, soit de : 400 000 $/600 000 $;
- le taux d'imputation des frais généraux d'assemblage serait de 0,75 $ par dollar (1 $) de main-d'œuvre directe de cet atelier, soit de : 1 200 000 $/1 600 000 $;
- le taux d'imputation des frais de vente serait de 0,909 $ par dollar (1 $) de main-d'œuvre directe des deux ateliers, soit de : 2 000 000 $/2 200 000 $;
- le taux d'imputation des frais d'administration serait de 0,136 $ par dollar (1 $) de coûts accumulés avant leur imputation, soit de : 1 200 000 $/ 8 800 000 $.

Il est donc non seulement possible mais fréquent de voir coexister plusieurs taux d'imputation, soit un par catégorie de coûts indirects.

Le choix d'une base d'imputation

Le choix d'une base d'imputation est une question en apparence paradoxale. D'une part, les auteurs qui traitent de l'imputation proposent, dans la mesure du possible, de choisir comme base d'imputation un indicateur qui traduit une relation causale entre le volume d'extrants et les coûts devant faire l'objet de l'imputation. D'autre part, puisque la plupart de ces coûts sont fixes, par définition il ne peut y avoir de relation causale totale entre le volume des extrants et les coûts indirects. Cependant, il peut y avoir une ou même plusieurs relations causales directes entre des inducteurs d'activités et les activités qui génèrent ces coûts (nous analyserons ces relations au chapitre 5). Les activités qui donnent lieu à des coûts indirects sont les activités réalisées par la main-d'œuvre indirecte. Elles ont leur raison d'être, car elles sont nécessaires à la bonne conduite de la production. On retrouve ces justifications dans les inducteurs d'activités.

Donc, même si, à court terme, la plupart des coûts indirects sont fixes, ils deviennent très vite variables dès que le terme s'allonge, à cause des nombreuses relations existant entre les inducteurs d'activités et les activités qu'ils alimentent. C'est ainsi qu'on observe presque toujours, à long terme, une corrélation fortement positive entre les coûts indirects et un indicateur du volume d'extrants.

Cependant, il faut reconnaître que les entreprises n'ont pas toujours les moyens de procéder aux analyses (à l'établissement de corrélations statistiques, par exemple) qui valideraient la base d'imputation. Il s'agit d'une décision très complexe dans certaines situations; de plus, les coûts d'obtention et d'utilisation de la base choisie dépassent les bénéfices que l'on pourrait en retirer. Ainsi, dans plusieurs cas, les matières premières, la main-d'œuvre directe ou les heures-machines seront retenues. Le choix entre ces facteurs dépendra de l'importance relative de chacun d'eux dans la production. La décision de retenir la quantité de matières premières ou leur coût, le temps de main-d'œuvre directe ou leur coût, sera prise en fonction de la disponibilité des données ou du coût engendré par leur collecte.

Les bases d'imputation les plus fréquemment utilisées ont comme caractéristique commune d'être proportionnelles au volume d'extrants produits. Ces bases sont les suivantes:

- les heures de main-d'œuvre directe;
- le coût de la main-d'œuvre directe;
- la quantité de matières premières;
- le coût des matières premières;
- les heures-machines.

EXEMPLE

La galerie du cuivre

Une entreprise reproduit des objets d'art en cuivre. Le prix d'achat du cuivre représente 40 % du coût total que doit assumer cette petite entreprise. Une régression effectuée à partir de 12 données trimestrielles recueillies au cours des trois dernières années révèle un coefficient de détermination r^2 de 0,72 entre la quantité de cuivre employée et le montant des coûts indirects. La direction décide donc de retenir la quantité de cuivre comme base d'imputation des coûts indirects.

Les données relatives aux estimations touchant les coûts indirects et l'utilisation de cuivre au cours de la prochaine année sont présentées ci-dessous.

- Coûts indirects prévus 1 000 000 $
- Utilisation de cuivre prévue 200 000 kg

Sachant que le cuivre se vend 10 $/kg, comment estimer le coût complet des trois objets suivants ?

Objet	Quantité de cuivre	Coût de la main-d'œuvre directe
Une tasse	20 g	1,00 $
Une assiette décorative	40 g	1,50 $
Un pommeau d'épée	1 kg	3,00 $

On établit tout d'abord que le taux d'imputation sera de 5 $/kg de cuivre, soit de 1 000 000 $/200 000 kg de cuivre. Le tableau suivant fournit les données concernant le calcul du coût complet de ces trois objets.

Objet	Cuivre	Main-d'œuvre directe	Coûts indirects imputés	Total
Tasse	2,00 $	1,00 $	1,00 $	**4,00 $**
Assiette	4,00 $	1,50 $	2,00 $	**7,50 $**
Pommeau	10,00 $	3,00 $	5,00 $	**18,00 $**

L'imputation et la comptabilité générale

Selon les principes de la comptabilité générale, on enregistre les frais généraux de fabrication imputés et on les utilise pour l'évaluation des stocks, notamment dans les systèmes de coût de revient standard. On est alors en présence de deux comptes de résultats associés aux frais généraux de fabrication, soit un compte intitulé « Frais généraux de fabrication », qui permet d'accumuler l'ensemble des coûts indirects réels liés à la fabrication et ce, au fur et à mesure qu'ils sont enregistrés, et un compte appelé « Frais généraux de fabrication imputés », qui permet d'accumuler au fur et à mesure tous les coûts indirects imputés.

Bien que cet ouvrage ne porte pas sur la comptabilité générale, il convient de mentionner que le compte « Frais généraux de fabrication » est débiteur, comme tous les comptes de résultats, et que le compte « Frais généraux de fabrication imputés » est créditeur, puisqu'il représente la contrepartie d'une portion d'un compte « Coût de fabrication », lui-même débiteur. Ces deux comptes de frais généraux de fabrication sont fermés l'un contre l'autre et la différence est virée à un compte intitulé « Sous-imputation » (débiteur) lorsque les frais imputés sont inférieurs aux frais réels, ou à un compte intitulé « Surimputation » (créditeur) lorsque les frais imputés sont supérieurs aux frais réels. Il est intéressant, à des fins de contrôle, de connaître les raisons de cette sous-imputation ou de cette surimputation; nous les analyserons au chapitre 10. Enfin, la comptabilité générale a prévu différentes façons de procéder à la fermeture de ce dernier compte. Elle propose notamment:

1. de le fermer à «Résultats», c'est-à-dire de présenter la sous-imputation ou la surimputation à l'état des résultats dans la section appelée «Autres revenus» ou «Autres charges»;
2. de le fermer à «Coûts des produits vendus», c'est-à-dire de virer la sous-imputation ou la surimputation à ce compte;
3. de répartir la sous-imputation ou la surimputation entre les comptes intitulés «Coûts des produits vendus», «Stock des produits finis» et «Stock des produits en cours», au prorata des unités équivalentes inscrites dans chacun de ces comptes.

Il est plus simple de fermer le compte à «Résultats» ou à «Coûts des produits vendus», mais la méthode consistant à le répartir est plus exacte. Nous ne traiterons pas de la question du choix de la méthode de fermeture des comptes «Sous-imputation» ou «Surimputation», car elle relève de la théorie comptable. Soulignons cependant deux principes comptables qui doivent être pris en compte, soit le pragmatisme et la continuité. Si la différence entre le compte de coûts réels et le compte de coûts imputés n'est pas significative, nous suggérons de recourir à une méthode simple, en particulier de fermer le compte à «Coûts des produits vendus». Enfin, les principes de prudence et de continuité doivent prévaloir d'un exercice à l'autre. Nous nous intéresserons dans la section suivante à l'effet de ce choix sur la prise de décision.

LES COÛTS INDIRECTS ET LA PRISE DE DÉCISION

Nous avons vu au chapitre précédent que le coût de revient se substitue au coût d'achat lorsque diverses ressources sont engagées pour obtenir un produit, et qu'on a parfois recours au coût de revient pour établir et analyser la rentabilité de produits. De plus, l'importance relative des coûts indirects peut avoir un impact sur le calcul du coût de revient. Reprenons, en nous penchant cette fois sur les coûts indirects, l'analyse de deux décisions dont il a été question au chapitre précédent:

- l'établissement du prix de vente;
- l'évaluation de la rentabilité.

L'établissement du prix de vente

Bien que le marché détermine souvent le prix de vente, le coût de revient permet d'établir un prix plancher en-dessous duquel l'entreprise n'a aucun intérêt à vendre ses produits ou ses services. Ainsi, à moyen et à long terme, le prix de vente est souvent établi selon l'équation suivante:

Prix de vente = Coût de revient complet + Marge de bénéfice minimale

Toutefois, dans la mesure où la plupart des coûts indirects sont fixes, l'entreprise pourrait être tentée de vendre ses produits et services à un prix qui ne prenne pas en compte les coûts indirects. En effet, si les coûts indirects sont fixes, toute augmentation du volume, lorsque le prix du produit est supérieur aux coûts directs, entraînera un surplus additionnel de revenus puisque les coûts indirects demeurent constants. Ces circonstances permettant d'accroître ainsi le volume sont:

- une commande spéciale;
- l'utilisation d'une capacité excédentaire.

EXEMPLE

Une commande spéciale de dzings

Une entreprise fabrique plusieurs variétés de jouets dont le dzing, ce jouet peint en vert qui est si populaire. L'entreprise vend normalement ce jouet par le biais d'un réseau de distributeurs au prix de 45 $. Son volume de ventes est d'environ 100 000 unités par année. La fiche du coût de revient du dzing est reproduite ci-dessous:

Matières premières	10 $
Main-d'œuvre directe	12
Frais généraux de fabrication imputés	16
Coût de fabrication	**38 $**

Les frais généraux de fabrication sont répartis sur la base du coût de la main-d'œuvre directe.

Mais voilà qu'un nouveau client offre à l'entreprise de lui acheter 20 000 dzings à 35 $ l'unité. Il soutient que sa commande ne nuirait pas aux ventes actuelles de dzings aux distributeurs puisqu'il s'engage à modifier l'apparence du produit en le peignant en rouge et en lui donnant un autre nom, le dzong.

Sachant que l'entreprise dispose actuellement de la capacité de production nécessaire pour remplir cette commande et que ses frais généraux de fabrication, qui s'élèvent actuellement à 16 millions de dollars, ne seraient pas affectés par cette commande spéciale, devrait-elle l'accepter?

Sur un plan strictement économique, cette commande serait avantageuse pour l'entreprise, qui réaliserait ainsi, en coûts directs, un surplus de 13 $ par unité, (soit 35 $ – 22 $), ou encore 260 000 $ pour les 20 000 unités de la commande. En effet, puisqu'ils sont fixes, les frais généraux ne seront pas touchés par un accroissement du volume, et l'entreprise réalisera un surplus égal à la différence entre le prix de vente et les coûts directs. Cependant, divers facteurs d'ordre qualitatif ou stratégique pourraient inciter l'entreprise à refuser cette commande. Que diraient les distributeurs qui paient actuellement 45 $ l'unité pour ce produit s'ils apprenaient qu'un autre distributeur n'a déboursé que 35 $ pour obtenir le même produit? De plus, il est difficile de croire que les 20 000 unités additionnelles de dzongs mises en marché ne provoqueront pas une baisse du prix du dzing. Dans un contexte marqué par la tendance à la réduction du prix, le distributeur qui aurait payé 35 $ au lieu de 45 $ pour ce produit profiterait d'un avantage plus que confortable.

EXEMPLE

L'utilisation d'une capacité excédentaire

Le directeur financier d'une compagnie aérienne établit le coût du trajet Montréal-Paris à 100 000 $, sans égard au nombre de passagers; à ce prix s'ajoute un montant de 50 $ par passager couvrant les frais de nourriture et de boisson. On compte en moyenne 200 passagers par vol sur ce trajet et le prix moyen d'un passage est de 1 200 $. On peut transporter 300 personnes dans le type d'avion employé.

Un directeur de la mise en marché suggère alors de vendre des billets aux passagers en attente, au prix de 300 $, 15 minutes avant l'embarquement, afin de combler les sièges inoccupés. La compagnie obtiendrait ainsi, pour chaque place vendue à un passager en attente, une somme qu'elle ne réaliserait pas autrement: 300 $ – 50 $ = 250 $.

Le coût moyen par passager est actuellement établi comme suit:

Coûts directs	50 $
Coûts indirects (100 000 $/200 passagers)	500
Coût total	**550 $**

Comme dans le cas de la commande spéciale de dzings, il peut être tentant, sur un plan strictement économique, de vendre des billets à bon marché à des passagers en attente. Cependant, une telle proposition soulève des questions d'ordre qualitatif et stratégique. Des passagers qui paient actuellement le plein prix pourraient-ils être tentés de gagner la catégorie des passagers en attente pour bénéficier de la réduction, quitte à retarder leur départ d'un jour ou deux? Et, si les compagnies aériennes effectuant le même trajet adoptaient une stratégie semblable, n'y aurait-il pas des risques que le surplus escompté ne se matérialise pas?

L'évaluation de la rentabilité

La rentabilité des biens et services est fonction des revenus et des coûts que ceux-ci génèrent. Les coûts indirects ne résultent pas directement de la production d'un bien ou de la prestation d'un service. De nombreuses questions sont ainsi soulevées, auxquelles nous tenterons de répondre dans les trois prochains chapitres. Des experts en matière d'analyse des coûts prétendent que la règle consistant à répartir le coût de toutes les ressources consommées au cours d'une période donnée entre l'ensemble des biens et services réalisés au cours de cette période engendre le gaspillage et mène parfois à des décisions qui s'avèrent malheureuses pour l'entreprise. En effet, cette règle peut induire en erreur les décideurs lorsqu'il s'agit d'évaluer la rentabilité d'un produit. C'est ce que montre l'exemple suivant, conçu d'après un exposé de H.L. Gantt[1] datant de 1915.

EXEMPLE

La rentabilité d'un produit

Deux entreprises, Uniplant et Triplant, fabriquent exactement le même produit. La première, Uniplant, possède une seule usine, à Laval, qui fonctionne à pleine capacité. Elle produit environ 300 000 unités par année et son coût de revient correspond aux données suivantes :

Matières premières	8 $
Main-d'œuvre directe	10
Frais généraux de fabrication	5
Coût de fabrication	**23 $**

Le montant des frais généraux de fabrication qui a été réparti provient d'un montant total de 1 500 000 $ divisé par 300 000 unités.

La deuxième entreprise, Triplant, a trois usines, la première étant située à Saint-Laurent, la deuxième à Trois-Rivières et la troisième à Sherbrooke. Chacune de ces entreprises produit 100 000 unités et fonctionne au tiers de sa capacité pratique. Le coût de revient de chacune des usines est le même, soit :

Matières premières	8 $
Main-d'œuvre directe	10
Frais généraux de fabrication	12
Coût de fabrication	**30 $**

Le montant de frais généraux de fabrication qui a été réparti provient d'un montant total de 1 200 000 $ divisé par 100 000 unités.

1. H.L. Gantt. « The Relation Between Production and Costs », 1915, reproduit dans *Journal of Cost Management*, printemps 1994, p. 4 à 11.

Le prix de vente de ce produit était, jusqu'à l'année dernière, fixé à 35 $ l'unité. Depuis peu, il a baissé à 30 $ l'unité à cause d'un accroissement de la compétition.

Dans le cas de l'entreprise Uniplant, le calcul de la rentabilité du produit donne des résultats intéressants. En effet, l'entreprise réalise un bénéfice de 7 $ pour chaque unité vendue, correspondant à la différence entre le prix de vente (30 $) et le coût de fabrication (23 $). Par contre, la situation se révèle désastreuse pour l'entreprise Triplant puisque, selon les calculs, le coût de revient est égal au prix de vente. L'entreprise songe à fermer ses portes. En effet, aucune de ses trois usines n'est plus compétitive que l'autre; de plus, elle ne voit pas comment elle peut faire la concurrence à Uniplant, dont le coût de fabrication est de 23 $.

Et pourtant, supposons que, comme le suggère l'analyse de H.L. Gantt, l'entreprise Triplant rapatrie toute sa production à l'une de ses trois usines et ferme les deux autres. Tous les coûts indirects étant fixes, le coût de revient de l'usine demeurée ouverte, et qui fonctionnerait dorénavant à pleine capacité, serait de:

Matières premières	8 $
Main-d'œuvre directe	10
Frais généraux de fabrication	4
Coût de fabrication	**22 $**

En effet, le montant des frais généraux de fabrication ayant fait l'objet d'une répartition est de 1 200 000 $, qu'on divise par 300 000 unités. Le coût de revient de l'usine de Triplant demeurée ouverte serait plus bas que celui de l'usine d'Uniplant, puisqu'il serait de 22 $ comparativement à 23 $. Pourtant, le coût de revient qu'on avait établi en répartissant toutes les ressources consommées au cours d'une période donnée entre les produits de cette période semblait indiquer qu'il fallait fermer les trois usines.

Les coûts indirects représentent une part de plus en plus importante du coût de transformation, donc du coût de revient des biens et des services produits au cours d'un exercice. Ce chapitre s'est contenté de faire ressortir leur importance et de souligner les pièges et les lacunes qu'entraîne la répartition volumique. Dans le chapitre suivant, nous traiterons, dans le cadre du coût de revient par activités, de l'analyse des activités qui génèrent des coûts indirects.

QUESTIONS DE RÉVISION

1. Définissez les coûts indirects.
2. Donnez des exemples de coûts indirects liés à la fabrication, à la vente et à l'administration.
3. Quelles sont les deux règles dictant la répartition des coûts entre les biens et les services ?
4. Pourquoi faut-il répartir toutes les ressources consommées au cours d'un exercice entre les biens et les services produits durant cette période ?
5. Pourquoi faut-il répartir toutes les ressources consommées au cours d'un exercice au prorata du volume d'extrants produits au cours du même exercice ?
6. Le coût indirect unitaire est fonction de deux paramètres. Lequels ?
7. Expliquez ce qu'est un centre de coûts.
8. Quel rôle jouent les centres de coûts dans la répartition des coûts indirects ?
9. Peut-on, à la suite d'une répartition des coûts indirects, obtenir plusieurs coûts de fabrication acceptables ? Expliquez votre réponse.
10. La répartition des coûts indirects peut-elle s'opérer en plusieurs étapes ? Expliquez votre réponse.
11. À quoi sert l'imputation ?
12. Quels sont les éléments nécessaires à la détermination d'un taux d'imputation ?
13. Quelle est la caractéristique fondamentale des bases d'imputation traditionnelles ?
14. Quel paradoxe le choix d'une base d'imputation traditionnelle soulève-t-il ?
15. Nommez cinq bases d'imputation fréquemment utilisées.
16. Définissez les termes « sous-imputation » et « surimputation ».
17. Nommez trois façons de fermer les comptes de sous-imputation ou de surimputation.
18. Expliquez en quoi les coûts indirects sont importants lors de l'établissement des prix de vente.
19. Donnez les raisons pour lesquelles les coûts indirects doivent être pris en considération lors de l'évaluation de la rentabilité des biens et services.
20. Comment la règle consistant à répartir toutes les ressources consommées au cours d'une période entre tous les biens et services produits au cours de cette période pourrait-elle mener à des décisions malheureuses pour l'entreprise ?

EXERCICES

EXERCICE 4.1 Répartition des coûts indirects

Une entreprise fabrique trois produits, P1, P2 et P3. Le nombre des produits fabriqués au cours du dernier trimestre et les coûts directs par unité reliés à chacun de ces produits sont les suivants :

	P1	P2	P3
Nombre d'unités fabriquées au cours du dernier trimestre	4 000	4 000	6 000
Matières premières	10 $	20 $	30 $
Main-d'œuvre directe	18 $	36 $	36 $

De plus, cette entreprise a engagé des coûts indirects de fabrication pour la somme de 1 200 000 $ au cours de ce trimestre.

Travaux pratiques

1. Calculez le coût de revient de chacun de ces produits en répartissant le montant des coûts indirects au prorata du coût des matières premières.
2. Calculez le coût de revient de chacun de ces produits en répartissant le montant des coûts indirects au prorata du coût de la main-d'œuvre directe.
3. Calculez les écarts enregistrés dans l'établissement du coût de revient unitaire en répartissant les coûts indirects en fonction du coût des matières premières et du coût de la main-d'œuvre directe.

EXERCICE 4.2 Répartition des coûts indirects par le biais des centres de coûts

Une entreprise fabrique par lots divers produits qui doivent passer successivement par trois ateliers. Le travail effectué dans chaque atelier varie selon le type de produit. Le tableau suivant indique les coûts directs relatifs à chacun des cinq lots fabriqués au cours du dernier mois dans chaque atelier.

Coûts directs par lot

	Atelier n° 1	**Atelier n° 2**	**Atelier n° 3**
Lot n° 116	6 000 $	20 000 $	4 000 $
Lot n° 117	10 000	24 000	8 000
Lot n° 118	12 000	60 000	12 000
Lot n° 119	8 000	30 000	10 000
Lot n° 120	4 000	16 000	6 000
Total	**40 000 $**	**150 000 $**	**40 000 $**

Les coûts indirects par atelier sont les suivants :

	Atelier n° 1	**Atelier n° 2**	**Atelier n° 3**
Coûts indirects	120 000 $	300 000 $	200 000 $

Le directeur de la comptabilité du coût de revient décide de répartir entre les lots les coûts indirects de chaque atelier au cours d'un mois donné, proportionnellement aux coûts directs se rapportant à chacun des lots dans chaque atelier.

Enfin, le nombre d'unités de chacun des lots produits le dernier mois s'établit comme suit :

	Lot n° 116	**Lot n° 117**	**Lot n° 118**	**Lot n° 119**	**Lot n° 120**
Nombre d'unités produites	72 000	40 000	100 000	91 000	40 000

Travail pratique

Établissez le coût de revient par unité produite au cours du dernier mois.

EXERCICE 4.3 Analyse des coûts indirects répartis

Une entreprise fabrique trois produits, dont elle établit chaque semaine le coût de revient. Les coûts directs comprennent le coût des matières premières et celui de la main-d'œuvre directe. Le tableau qui suit présente les données relatives à ces coûts pour la dernière semaine.

	P1	P2	P3	Total
Matières premières	30 000 $	70 000 $	20 000 $	**120 000 $**
Main-d'œuvre directe	12 000 $	10 000 $	8 000 $	**30 000 $**

Les coûts indirects se sont élevés à 168 000 $ pour la semaine, et ils sont attribuables en majeure partie à la dotation à l'amortissement des équipements et des bâtiments. L'entreprise a fabriqué 10 000 unités de chacun des produits durant cette semaine.

Travaux pratiques

1. Répartissez les coûts indirects entre les produits au prorata du coût des matières premières.
2. Répartissez les coûts indirects entre les produits au prorata du coût de la main-d'œuvre directe.
3. Calculez les écarts entre les coûts indirects répartis en fonction du coût des matières premières et ceux répartis en fonction du coût de la main-d'œuvre directe.
4. Quels facteurs devrions-nous prendre en considération dans le choix d'une base de répartition des coûts indirects?

EXERCICE 4.4 Analyse des coûts indirects répartis

Une entreprise fabrique trois produits dont elle établit chaque semaine le coût de revient. S'il y a lieu, elle analyse les écarts enregistrés d'une semaine à l'autre en cherchant à expliquer toute variation du coût unitaire. Le tableau qui suit présente les coûts en matières premières engagés au cours des quatre dernières semaines.

	Coûts des matières premières			
	P1	P2	P3	Total
Première semaine	30 000 $	70 000 $	20 000 $	**120 000 $**
Deuxième semaine	40 000 $	90 000 $	30 000 $	**160 000 $**
Troisième semaine	40 000 $	80 000 $	30 000 $	**150 000 $**
Quatrième semaine	35 000 $	80 000 $	25 000 $	**140 000 $**

Les coûts indirects ont été respectivement, pour les quatre semaines étudiées, de 168 000 $, 170 000 $, 174 000 $ et 175 000 $. Ils sont attribuables en majeure partie à la dotation à l'amortissement des équipements et des bâtiments. On répartit ces coûts au prorata du coût des matières premières parce que celles-ci représentent 80 % des coûts directs, la main-d'œuvre directe en consistant 20 %. L'entreprise a fabriqué chaque semaine 10 000 unités de chacun des produits.

Travaux pratiques

1. Répartissez les coûts indirects entre les produits au prorata du coût des matières premières, pour chacune des quatre semaines étudiées.
2. Établissez le coût de revient par unité pour chacune des quatre semaines étudiées.
3. Expliquez les variations du coût de revient observées d'une semaine à l'autre.
4. Ces variations devraient-elles influer sur le prix de vente de ces produits? Devraient-elles modifier l'évaluation des stocks de produits finis?
5. Quels facteurs devrions-nous prendre en considération dans le choix d'une base de répartition des coûts indirects?

EXERCICE 4.5 Détermination du taux d'imputation

Le contrôleur d'une entreprise a extrait les éléments suivants du budget qu'il vient de préparer pour le prochain exercice:

Frais généraux de fabrication	25 600 000 $
Production en unités	6 400 000
Coût des matières premières	12 800 000 $
Kilogrammes de matières premières	3 200 000
Coût de la main-d'œuvre directe	32 000 000 $
Heures de main-d'œuvre directe	5 000 000
Heures de fonctionnement des machines	2 000 000

Travail pratique

Calculez les taux d'imputation qu'on obtiendrait si l'on choisissait comme base d'imputation:

a) les unités produites;
b) le coût des matières premières;
c) les kilogrammes de matières premières;
d) le coût de la main-d'œuvre;
e) les heures de main-d'œuvre directe;
f) les heures de fonctionnement des machines.

EXERCICE 4.6 Imputation des frais généraux de fabrication

Une entreprise prévoyait engager des frais généraux de fabrication de 60 000 000 $ au cours de l'exercice allant du 1er janvier 1998 au 31 décembre 1998. Durant cette période, les frais généraux imputés ont été de 57 800 000 $ et les frais généraux réels, de 64 600 000 $. L'imputation s'est faite au prorata des unités fabriquées.

Travaux pratiques

1. Si l'entreprise décidait de répartir la sous-imputation au prorata des 340 000 unités fabriquées durant l'exercice, quel en serait l'impact sur le coût de revient unitaire?
2. Dites s'il faudrait répartir la sous-imputation dans ce cas, sachant que le coût de revient unitaire était de 270 $ avant la répartition de la sous-imputation. Justifiez votre réponse.

EXERCICE 4.7 Détermination de la sous-imputation mensuelle

Une entreprise prévoyait engager des frais généraux de fabrication de 60 000 000 $ au cours de l'exercice allant du 1er janvier au 31 décembre 1998. Elle impute ses frais généraux de fabrication en fonction des heures-machines. Elle prévoyait également utiliser 300 000 heures-machines pour l'ensemble de cette année.

Au cours du mois de novembre, elle a utilisé 22 000 heures-machines et elle a engagé des frais généraux de fabrication de 520 000 $.

Travail pratique

Déterminez le montant de la sous-imputation ou de la surimputation pour le mois de novembre.

EXERCICE 4.8 Imputation des frais généraux de fabrication

Une entreprise prévoit engager 12 000 000 $ en frais généraux de fabrication au cours du prochain exercice allant du 1er juin 1997 au 31 mai 1998. Elle impute ses frais généraux de fabrication en fonction du coût des matières premières. Elle prévoit utiliser des matières premières pour un montant de 4 000 000 $. À la fin de l'exercice, elle constate qu'elle a utilisé 4 100 000 $ de matières premières et que ses frais généraux réels se sont élevés à 12 100 000 $.

Travail pratique

Déterminez le montant de la sous-imputation ou de la surimputation pour l'exercice se terminant le 31 mai 1998.

EXERCICE 4.9 Imputation des frais généraux de fabrication

Une entreprise prévoit engager des frais généraux de fabrication de 8 000 000 $ au cours du prochain exercice allant du 1er septembre 1997 au 31 août 1998. Elle impute ses frais généraux de fabrication en fonction des heures de main-d'œuvre directe nécessaires et elle prévoit avoir besoin de 400 000 heures de main-d'œuvre directe (MOD) au cours de cette période. Durant le seul mois de septembre, elle a utilisé 35 000 heures de main-d'œuvre directe et elle a engagé 600 000 $ en frais généraux de fabrication.

Travail pratique

Déterminez le montant de la sous-imputation ou de la surimputation pour le seul mois de septembre.

EXERCICE 4.10 Réflexion sur l'imputation

L'entreprise Pingouin ltée fabrique des chambres froides. Au cours de la première semaine de janvier, elle a réalisé trois commandes qui ont entraîné les coûts suivants :

	Commande n° 11	Commande n° 12	Commande n° 13
Matériaux	40 000 $	10 000 $	30 000 $
Main-d'œuvre directe	1 500	2 000	2 500
Frais généraux de fabrication imputés	9 000	12 000	15 000
Coût de fabrication	**50 500 $**	**23 200 $**	**47 500 $**

Toutes les commandes sont vendues par soumission.

Travail pratique

Quel est l'effet de l'imputation des frais généraux au prorata du coût de la main-d'œuvre directe sur le montant des soumissions?

EXERCICE 4.11 Répartition des coûts indirects

Une petite entreprise vend des appareils de chauffage à l'huile, au gaz et à l'électricité. De plus, elle les installe et s'occupe de leur maintenance. Le système comptable comprend six centres de coûts principaux et l'aménagement d'une centaine de comptes se rapportant aux coûts. Voici les descriptions de chacun de ces centres ainsi que le montant des coûts engagés lors du dernier trimestre.

Administration et bâtiments

L'administration comprend la direction, la comptabilité et l'administration en général. On y regroupe principalement les données relatives aux salaires et aux avantages sociaux du personnel exerçant ces activités. Ce centre de coûts englobe également la dotation à l'amortissement des bâtiments, les taxes, les assurances, le chauffage, l'éclairage et l'entretien ménager, la maintenance et les réparations éventuelles de l'immeuble, s'il y a lieu. Les coûts relatifs à l'administration et aux bâtiments ainsi définis se sont élevés à 890 000 $ au cours du dernier trimestre.

Approvisionnement

L'approvisionnement comprend les achats, la gestion des stocks d'appareils neufs et des nombreuses fournitures ainsi que l'approvisionnement quotidien en matériel des équipes de techniciens. Il inclut les salaires et les avantages sociaux du personnel exerçant ces activités, qui ont représenté la somme de 350 000 $ au cours du dernier trimestre.

Mise en marché

La mise en marché désigne l'activité du département des ventes. Elle comprend les salaires et avantages sociaux du personnel ainsi que les sommes dépensées en publicité et en frais de représentation. Le coût de ce centre a été, pour le dernier trimestre, de 1 800 000 $.

Coût d'achat des produits vendus

Le coût d'achat des produits vendus au cours du dernier trimestre, 1 400 000 $ au total, ne comprend que le prix d'achat des appareils de chauffage que l'entreprise a vendus. Il exclut le coût des fournitures diverses, lequel est enregistré dans la catégorie des coûts indirects d'exploitation.

Main d'œuvre directe

Cette catégorie de coûts se limite aux salaires et aux avantages sociaux des techniciens employés par l'entreprise. Ces coûts se sont élevés à 2 500 000 $ au cours du dernier trimestre.

La répartition du temps des équipes de techniciens au cours du dernier trimestre est la suivante :

- 40 % est consacré à l'installation de nouveaux appareils de chauffage ;
- 10 % est alloué au service après-vente découlant de la garantie ;
- 50 % est affecté à l'entretien et à la réparation des appareils existants.

Coûts indirects d'exploitation

La catégorie des coûts indirects d'exploitation comprend tous les coûts qui ne figurent pas dans les catégories précédentes, en particulier les fournitures. Durant le dernier trimestre, ces coûts ont atteint la somme de 900 000 $.

Les coûts engagés au cours du dernier trimestre pour l'ensemble des catégories de coûts ont représenté la somme totale de 7 840 000 $. La direction souhaite connaître la portion de ce montant attribuable aux ventes d'appareils neufs ainsi que celle liée à l'entretien et à la réparation d'équipements déjà installés.

Travaux pratiques

1. Suggérez une règle de répartition des coûts entre les deux activités principales de l'entreprise, soit la vente d'appareils et l'entretien et la réparation d'équipements existants, pour les quatre centres de coûts suivants : administration et bâtiments, approvisionnement, mise en marché et coûts indirects d'exploitation. Justifiez votre choix.
2. Calculez le coût des produits vendus ainsi que celui des services, soit l'entretien et la réparation d'équipements existants, selon les règles de répartition choisies à la question précédente. Commentez la précision des résultats obtenus.

EXERCICE 4.12 Imputation par centres de coûts

L'entreprise XYZ fabrique des produits par lots. Ces produits sont d'abord assemblés dans un premier atelier presque entièrement automatisé, puis ils sont achevés dans un deuxième atelier où l'on a recours à une main-d'œuvre spécialisée. La main-d'œuvre directe des deux ateliers est payée 25 $/h. À la fin de juillet 1998, on vient de terminer le lot n° 4 (10 000 unités). Les données qui suivent se rapportent à la production de ce lot.

	Atelier d'assemblage	Atelier de finition
Matières premières et pièces (en dollars)	8 000 $	5 000 $
Heures de main-d'œuvre directe	140	1 020
Heures-machines	900	180

Les prévisions de l'exercice, concernant chacun des ateliers, s'établissent comme suit :

	Atelier d'assemblage	Atelier de finition
Frais généraux de fabrication	7 200 000 $	8 480 000 $
Heures de main-d'œuvre directe	6 000	106 000
Heures-machines	45 000	6 000

Travaux pratiques

1. Établissez le coût de revient du lot n° 4 en imputant les frais généraux de fabrication de l'atelier d'assemblage en fonction des heures-machines, ainsi que les frais généraux de fabrication de l'atelier de finition en fonction des heures de main-d'œuvre directe.
2. Établissez le coût de revient du lot n° 4 en imputant les frais généraux de fabrication de l'atelier d'assemblage en fonction des heures de main-d'œuvre directe, et les frais généraux de fabrication de l'atelier de finition en fonction des heures-machines.
3. Comparez les deux solutions précédentes et commentez leurs mérites respectifs.

EXERCICE 4.13 Calcul de la surimputation ou de la sous-imputation

Chez FGF ltée, l'imputation des frais généraux de fabrication se fait en fonction du coût de la main-d'œuvre directe. Lors du dernier exercice, plusieurs employés expérimentés ont quitté l'entreprise pour accepter un emploi chez un concurrent nouvellement installé dans la région. Par conséquent, l'entreprise a dû embaucher de nouveaux effectifs dépourvus d'expérience. À cause du temps consacré à la formation de ces nouveaux employés et de leur inexpérience, la production a nécessité 530 000 heures, soit 30 000 heures de plus que prévu. Par contre, le salaire horaire moyen a baissé de 0,50 $/h, pour atteindre 12,50 $/h.

Le budget des frais généraux de fabrication était de 32 500 000 $ et les frais généraux réels se sont élevés à 33 700 000 $.

Travaux pratiques

1. Calculez le montant de la surimputation ou de la sous-imputation.
2. Expliquez l'écart qui résulte de vos calculs.

EXERCICE 4.14 Imputation et prix de vente

Une entreprise manufacturière fabrique et vend trois produits, soit P1, P2 et P3, qui présentent les caractéristiques suivantes :

	P1	P2	P3
Kilogrammes de matières premières par unité	1	7	1,5
Heures de main-d'œuvre directe par unité	0,5	2	0,4
Heures-machines par unité	0,75	4	0,75

Les trois produits sont fabriqués à partir de la même matière première, qui coûte 30 $/kg. Les effectifs de l'usine reçoivent un salaire horaire moyen de 22 $.

La fabrication prévue pour le prochain trimestre est de 120 000 unités de P1, de 20 000 unités de P2 et de 100 000 unités de P3. Le budget des frais généraux de fabrication s'élève à 60 270 000 $ pour la même période. L'entreprise évolue dans un marché très concurrentiel, et sa marge de manœuvre quand à la fixation des prix est très mince. Actuellement, les produits similaires à P1, P2 et P3, se vendent respectivement 250 $, 800 $ et 300 $ l'unité.

Travaux pratiques

1. Calculez le coût de revient de P1, P2 et P3 en utilisant la base d'imputation suivante :
   a) les unités fabriquées ;
   b) les kilogrammes de matières premières utilisées ;
   c) les heures de main-d'œuvre directe ;
   d) les heures de fonctionnement des machines.
2. Commentez l'imputation des coûts indirects et le choix d'une base d'imputation dans un contexte d'analyse du prix de vente.

EXERCICE 4.15 Répartition des coûts indirects et rentabilité des produits

Une entreprise manufacturière est structurée par centres de responsabilité. Elle comprend trois divisions : la division A, qui distribue la famille de produits A, la division B, qui distribue la famille de produits B, et la division C, qui distribue la famille de produits C. Chacune d'elles est responsable de la recherche, du développement et de la mise en marché de sa famille de produits. Les trois divisions se partagent une usine où sont assemblés les produits des trois familles. Les coûts de cette usine sont entièrement assumés par les trois divisions. Le groupe a également un siège social distinct des divisions et responsable du financement de leurs projets, de la gestion des ressources humaines, de la politique d'achat ainsi que du développement de nouveaux marchés et, éventuellement, de nouvelles divisions. Les coûts enregistrés lors du dernier exercice financier sont présentés par centres de responsabilité.

Centres de responsabilité	**Coûts**
Siège social	800 000 $
Division A	30 000 000 $
Division B	40 000 000 $
Division C	60 000 000 $
Usine	**Coûts**
Coûts indirects	315 000 000 $
Matières premières	190 000 000 $
Main-d'œuvre directe	105 000 000 $

Les coûts indirects de l'usine sont entièrement assumés par les trois divisions au prorata des heures de main-d'œuvre directe rattachées à chacune des familles de produits (A, B, C). Le coût de fabrication de chacune des familles de produits, établi en fonction des résultats du dernier exercice, ainsi que le nombre d'unités assemblées sont les suivants:

Coût de fabrication par unité

	Famille A	**Famille B**	**Famille C**
Matières premières	40 $	20 $	30 $
Main-d'œuvre directe	20	15	15
Coûts indirects de l'usine répartis	60	45	45
Coût de fabrication	**120 $**	**80 $**	**90 $**
Nombre d'unités assemblées	1 500 000	2 000 000	3 000 000

Le directeur de la division A croit qu'il assume plus que sa juste part des coûts de l'usine parce que les produits de sa famille utilisent davantage de main-d'œuvre directe que ceux des familles B et C. Il a donc demandé l'an dernier à son service de recherche et de développement de concevoir un nouveau procédé d'assemblage limitant le recours à la main-d'œuvre directe. Les ingénieurs ont mis au point un procédé qui réduit de 50 % les besoins de main-d'œuvre directe pour tous les produits de la famille A, mais fait davantage appel aux machines de contrôle numérique. À la suite de cette modification, le coût par unité prévu pour les matières premières et la main-d'œuvre directe s'établit comme suit:

	Famille A	**Famille B**	**Famille C**
Matières premières	40 $	20 $	30 $
Main-d'œuvre directe	10 $	15 $	15 $

Le budget des coûts indirects de l'usine pour la prochaine année ainsi que les quantités de produits assemblés pour chacune des familles demeureront les mêmes. Toutefois, les coûts totaux de main-d'œuvre directe passeront de 105 000 000 $ à

90 000 000 $, ce qui constitue une économie de 15 millions de dollars sur les produits de la famille A.

Travaux pratiques

1. Calculez le coût de fabrication prévu des trois familles de produits à la suite des modifications apportées au procédé d'assemblage des produits de la famille A.
2. Commentez la répartition des coûts indirects à la lumière de la situation décrite dans cet exercice.
3. Calculez le coût de revient global (incluant les coûts de toutes les ressources consommées). Vous devez proposer une base de répartition des coûts du siège social et justifier votre choix.

EXERCICE 4.16 Répartition des coûts indirects et rentabilité des produits

Une entreprise fabriquait jusqu'au 31 décembre une seule gamme classique de produits qui exigeait une main-d'œuvre spécialisée relativement nombreuse. Les coûts engagés lors du dernier exercice s'établissaient comme suit:

Matières premières	11 000 000 $
Main-d'œuvre directe	24 000 000
Frais généraux de fabrication	48 000 000
Coût de fabrication	**83 000 000 $**

L'an dernier, l'entreprise a entrepris la construction d'une nouvelle usine entièrement robotisée, reliée à l'usine existante par un corridor. Au début du nouvel exercice, elle a commencé à y produire une nouvelle gamme de produits. Le budget des coûts de ce nouveau complexe manufacturier pour l'exercice qui commence se présente comme suit:

	Gamme classique	Gamme nouvelle	Total
Matières premières	11 000 000 $	9 000 000 $	**20 000 000 $**
Main-d'œuvre directe	24 000 000 $	1 000 000 $	**25 000 000**
Frais généraux de fabrication			**150 000 000**
Coût total de fabrication			**195 000 000 $**

Le nombre d'heures-machines prévues dans chacune des deux usines du complexe est le suivant:

	Gamme classique	Gamme nouvelle	Total
Heures-machines	3 000	12 000	**15 000**

La direction souhaite établir le coût de revient prévisionnel de ses deux gammes de produits afin d'établir leur prix de vente et d'évaluer leur rentabilité. Elle prévoit fabriquer 1 million d'unités de chacune.

Travaux pratiques

1. Calculez le coût de revient de chacune des deux gammes de produits en imputant les frais généraux de fabrication :
   a) au prorata du coût de la main-d'œuvre directe ;
   b) au prorata des heures-machines ;
   c) au prorata du coût des matières premières.
2. Comparez les coûts de revient pour la gamme classique selon les divers modes de répartition des coûts indirects avec le coût de revient du dernier exercice. Commentez les résultats obtenus.

EXERCICE 4.17 Répartition des coûts indirects et centres de coûts

L'entreprise Régiemont fabrique environ 500 produits différents par lot. La fabrication est un processus typique en trois étapes, correspondant à trois ateliers : l'estampillage, l'assemblage et la finition. Des feuilles d'acier sont d'abord estampillées. Chaque unité compte en moyenne une cinquantaine de pièces qu'il faut assembler (étape de l'assemblage) puis polir, peindre, inspecter et emballer (étape de la finition). Les processus d'estampillage et d'assemblage sont fortement automatisés et plusieurs lots peuvent être mis simultanément en production. Une fois la production enclenchée, le flux est presque continu.

La figure suivante illustre le système de coût de revient de l'entreprise Régiemont.

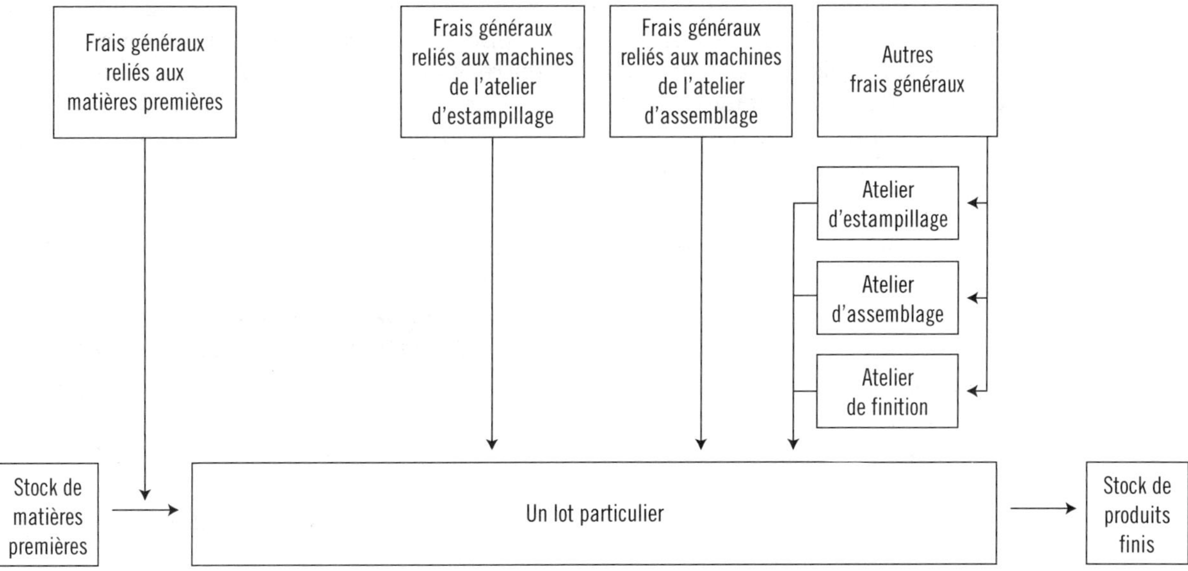

Le coût des matières premières est affecté au lot qui les consomme. Tous les autres coûts sont cumulés dans différents comptes de frais généraux de fabrication. Voici ces comptes et leurs soldes respectifs pour le dernier exercice :

Frais généraux reliés aux matières premières	3 000 000 $
Frais généraux reliés aux machines de l'estampillage	2 000 000 $
Frais généraux reliés aux machines de l'assemblage	4 600 000 $
Autres frais généraux de fabrication	34 400 000 $

Le compte de frais généraux reliés aux matières premières regroupe tous les coûts occasionnés par l'achat, la réception et l'entreposage des matières premières. Ces frais sont imputés aux lots selon le coût, en dollars, des matières premières requises pour chacun.

Il y a deux comptes de frais généraux reliés aux machines : l'un est réservé aux machines de l'atelier d'estampillage et l'autre à celles de l'atelier d'assemblage. On n'emploie pas les mêmes machines dans les deux ateliers. Leur valeur diffère et elles ne requièrent pas le même entretien ni les mêmes fournitures; elles ne génèrent donc pas les mêmes coûts. Ces deux comptes regroupent, pour chacune des catégories de machines, tous les coûts qu'il est possible de leur rattacher : dotation à l'amortissement cumulé, énergie, entretien, etc. Ces frais sont imputés aux lots selon le nombre d'heures-machines utilisées pour chacun.

Le compte relatif aux autres frais généraux regroupe tous les autres coûts indirects reliés à la fabrication ; y figurent notamment les coûts relatifs à la main-d'œuvre indirecte, aux fournitures, à l'ingénierie, à l'entretien, aux taxes et aux assurances de l'usine. Ces frais sont d'abord répartis entre les trois ateliers en fonction du nombre d'heures de main-d'œuvre directe requis par chacun d'eux ; ils sont ensuite imputés aux lots d'après le nombre d'heures-machines requis dans les ateliers d'estampillage et d'assemblage, et le nombre d'heures de main-d'œuvre directe requis à l'atelier de finition.

Voici tous les résultats du dernier exercice nécessaires à l'établissement du coût de revient d'un lot :

	Atelier d'estampillage	**Atelier d'assemblage**	**Atelier de finition**	**Total**
Matières premières				**24 000 000 $**
Heures-machines	625 000	650 000		**1 275 000 h**
Heures de main-d'œuvre directe	20 000	30 000	150 000	**200 000 h**

Les données concernant le dernier lot assemblé au cours du dernier exercice sont les suivantes :

	Atelier d'estampillage	**Atelier d'assemblage**	**Atelier de finition**	**Total**
Matières premières				**50 000 $**
Heures-machines	1 200	1 200		**2 400 h**
Heures de main-d'œuvre directe	100	120	450	**670 h**

Travaux pratiques

1. Déterminez le coût de revient du dernier lot produit au cours du dernier exercice.
2. Commentez le résultat obtenu.

EXERCICE 4.18 Coûts indirects dans une entreprise de services

Voici les coûts de deux établissements universitaires lors du dernier cycle budgétaire :

	Établissement A	Établissement B
Direction	4 000 000 $	12 000 000 $
Bâtiments	7 250 000	24 000 000
Soutien à l'enseignement et à la recherche	6 500 000	16 000 000
Soutien aux programmes	8 500 000	44 000 000
Soutien aux services d'enseignement	6 250 000	32 000 000
Gestion par les professeurs	4 500 000	21 000 000
Enseignement de premier cycle	2 000 000	10 600 000
Enseignement de deuxième cycle	750 000	1 500 000
Enseignement de troisième cycle	250 000	900 000
Recherche	10 000 000	48 000 000
Total	**50 000 000 $**	**210 000 000 $**

Pour cette même période, le nombre d'effectif étudiant équivalent temps plein (EÉÉTP) est le suivant :

	Établissement A	Établissement B
EÉÉTP de premier cycle	3 000	12 800
EÉÉTP de premier cycle	800	800
EÉÉTP de premier cycle	200	400
EÉÉTP total	**4 000**	**14 000**

Travaux pratiques

1. Calculez le coût de revient d'un EÉÉTP de premier cycle, d'un EÉÉTP de deuxième cycle et d'un EÉÉTP de troisième cycle dans chacun de ces deux établissements universitaires.
2. Commentez les hypothèses que vous avez dû poser pour répondre à la première question ainsi que les résultats que vous avez obtenus.
3. Précisez la nature des informations manquantes qui pourraient améliorer la précision de votre réponse à la première question.

CHAPITRE 5

La comptabilité par activités

Objectifs

Après avoir étudié ce chapitre, vous serez capable :

- de comprendre les lacunes de la comptabilité par ressources quant au calcul des coûts et à la pertinence de ces informations pour la prise de décision ;
- de distinguer les tâches, les activités et les processus ;
- de déterminer le coût des activités et des processus ;
- de calculer le coût de revient des objets de coûts à partir des modèles de la décomposition des coûts ;
- de reconnaître les inducteurs d'activités et de les intégrer à une stratégie de réduction des coûts.

Sommaire

- Les lacunes de la comptabilité par ressources
- La décomposition simple des coûts
- La décomposition multiniveaux des coûts
- Les caractéristiques de la comptabilité par activités

La comptabilité par activités (CPA) nous révèle une nouvelle image de l'entreprise, qu'elle montre comme un ensemble d'activités génératrices de produits et de services. Divers modèles de comptabilité par activités[1] ont été proposés au cours des dernières années. Certains s'attachent en priorité à décrire la consommation des ressources pour la réalisation des activités et l'utilisation des activités pour la création de produits et de services. D'autres se concentrent sur le fonctionnement des activités et leurs relation à l'intérieur des processus de production, sous l'angle des coûts, mais également du point de vue des paramètres opérationnels — délais, capacité de production, qualité des produits et des services, etc.

Dans ce chapitre, nous nous intéressons au coût de revient des activités, des produits et des services. Plus précisément, nous expliquerons un modèle de comptabilité par activités : la décomposition des coûts. Nous expliquerons d'abord la décomposition simple des coûts. Nous verrons en détail les modèles visant à représenter l'activité de l'entreprise et nous nous pencherons sur le calcul du coût des activités et des objets de coûts, notamment des produits et des services. Enfin, nous présenterons le modèle de la décomposition multiniveaux des coûts, en mettant l'accent sur les modalités du choix des inducteurs d'activités et les effets de ce choix sur les résultats.

LES LACUNES DE LA COMPTABILITÉ PAR RESSOURCES

*The view of costs so largely held, namely, that **the product of a factory, however small, must bear the total expense, however large**, is responsible for much of the confusion about costs and hence leads to unsound business policies*[2].

Cette conception des coûts, issue de la comptabilité financière, était déjà décriée par H.L. Gantt en 1915. Ce n'est donc pas d'hier que des ingénieurs de la production et des comptables en management dénoncent les méthodes de calcul des coûts préconisées par la comptabilité financière. Depuis, deux visions, deux cadres d'analyse des coûts d'une entreprise continuent de s'affronter.

Les résultats obtenus à l'aide des méthodes classiques d'établissement du coût de revient ne sont pas toujours pertinents pour la prise de décision. En effet, selon le principe comptable de rapprochement des produits et des charges, ces méthodes répartissent généralement les frais en fonction d'indices proportionnels au volume d'activité ; or, les activités sont souvent indépendantes du nombre d'unités produites et/ou de services rendus. Le système d'information ne saisit que les intrants et les extrants — comme si l'entreprise était une boîte noire (voir la figure 5.1) —, et toutes les ressources engagées au cours d'une période donnée sont réparties entre les objets de

1. Ces modèles sont présentés dans l'ouvrage de Hugues Boisvert, *La comptabilité par activités*, dans la collection Comptabilité de management : pratiques de pointe, Éditions du Renouveau Pédagogique Inc., 1997.
2. H.L. Gantt. « The Relation Between Production and Costs », 1915, reproduit dans le *Journal of Cost Management*, printemps 1994, p. 4 à 11.

Figure 5.1
La comptabilité par ressources

- Le système d'information ne saisit que les intrants et les extrants ; l'entreprise est considérée comme une boîte noire.
- Les intrants sont les ressources engagées au cours d'une période donnée.
- Les extrants, appelés objets de coûts englobent tous les produits et services offerts au cours d'une période donnée.
- Les ressources consommées au cours d'une période doivent être réparties entre tous les extrants produits au cours de cette même période. Les coûts directs (désignés ainsi parce que leurs variations sont directement proportionnelles au volume des extrants) sont attribués aux extrants, et les coûts indirects sont distribués selon un mode de répartition quelconque, le plus souvent au prorata du volume d'extrants.

coût, c'est-à-dire les extrants (produits et services offerts) se rapportant à cette période. Les coûts directs (matières premières et main-d'œuvre directe) sont attribués directement aux objets de coûts et les autres coûts leur sont imputés au prorata.

EXEMPLE

Les roues dentées

Une entreprise fabrique des roues dentées de taille et de format différents. Elle offre des modèles standard ainsi que des modèles fabriqués selon les spécifications des clients. L'an dernier, elle a produit un millier de modèles, pour un total d'environ 1 000 000 d'unités. La fiche du coût de revient de deux de ces modèles – un modèle standard dont on a produit 10 000 unités et un modèle sur mesure dont on a produit seulement 10 copies –, établie selon la méthode de calcul classique, est reproduite ci-dessous.

	Modèle standard	Modèle sur mesure
Nombre d'unités produites	**10 000**	**10**
Coût de fabrication		
Matières premières	10 000 $	20 $
Main-d'œuvre directe	80 000	160
Frais généraux de fabrication	400 000	800
	490 000 $	**980 $**
Coût unitaire	**49 $**	**98 $**

Dans cet exemple, les frais généraux de fabrication sont imputés au prorata du coût de la main-d'œuvre directe. Le modèle sur mesure coûte deux fois plus cher par unité, ce qui semble normal, car il requiert deux fois plus de matières premières et deux fois plus de temps de main-d'œuvre directe que le modèle standard; or, le prix de l'acier et le taux horaire de la main-d'œuvre directe sont les mêmes pour tous les modèles. Cependant, un simple examen des activités pour lesquelles des frais généraux de fabrication sont déterminés nous amènera plus loin dans le chapitre à mettre fortement en doute le fait que ces coûts calculés reflètent le juste coût de ces deux produits.

En général, lorsque la gamme de produits est étendue ou que la taille des lots varie beaucoup, les méthodes classiques donnent des résultats peu représentatifs de la réalité, parce que la consommation des ressources n'est pas proportionnelle au volume de produits fabriqués. De plus, lorsqu'on tient compte de toutes les ressources consommées au cours d'une période donnée, on constate qu'elles cachent souvent de l'inefficacité, des capacités excédentaires, du gaspillage, etc. Dans une perspective de prise de décision visant à améliorer la performance de l'entreprise et, en particulier, à réduire les coûts, les méthodes classiques induisent souvent en erreur les gestionnaires plutôt que de les renseigner.

La comptabilité par centres de coûts

La comptabilité par ressources s'est transformée au fil des ans, de façon à répondre à l'évolution de la structure des entreprises. Ainsi, la segmentation des entreprises en divisions ou en unités administratives a favorisé l'émergence de la comptabilité par centres de responsabilité ou centres de coût, illustrée à la figure 5.2.

Figure 5.2
La comptabilité par centres de coûts

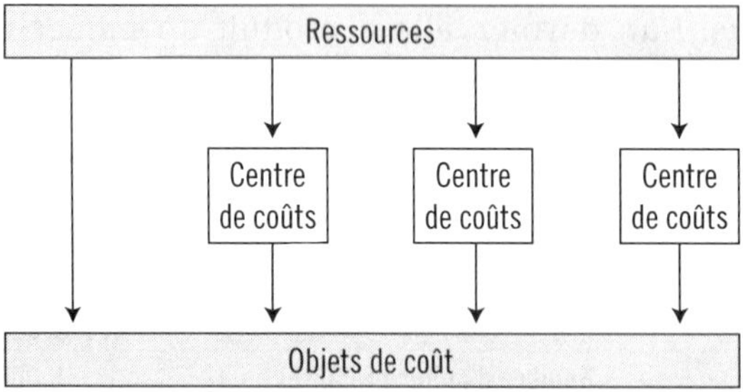

- Le système d'information ne saisit que les intrants et les extrants de chaque centre de coûts; ces centres sont représentés comme des boîtes noires.
- Les intrants regroupent les ressources engagées au cours d'une période donnée.
- Les extrants, appelés objets de coût, englobent tous les produits et les services offerts au cours d'une période donnée.
- Les ressources consommées dans un centre de coûts donné au cours d'une certaine période doivent être réparties entre tous les extrants produits dans ce centre au cours de cette même période. Les matières premières sont rattachées directement aux objets de coût, tandis que les autres coûts (reliés à un centre de coûts) sont répartis entre les objets de coût, le plus souvent au prorata du volume d'extrants produits par chacun des centres.

Un centre de coûts est une unité administrative dont le responsable ne répond que des coûts. Les centres de coûts correspondent souvent à des lieux physiques où sont regroupées plusieurs activités. De manière plus générale, les centres de responsabilité comprennent aussi bien les centres de coûts que les centres de profit et les centres d'investissement.

Les critiques les plus fréquentes concernant la comptabilité par ressources peuvent être résumées par deux questions qui soulignent éloquemment ses lacunes :

- Pourquoi la comptabilité par ressources recommande-t-elle de répartir entre les objets de coût toutes les ressources consommées au cours d'une période ?
- Pourquoi cette répartition des ressources consommées doit-elle être faite au prorata du volume des extrants ?

Répondre à la première de ces deux questions, c'est reprendre les arguments qui sous-tendent les conventions comptables relatives à l'exercice, notamment celle qui préconise le rapprochement des produits et des coûts[3]. Pour assurer l'indépendance de l'exercice, on découpe la vie utile de l'entreprise en périodes de durée égale (de 12 mois ou de 3 mois) ; on peut ainsi rendre compte périodiquement de sa situation financière et de ses résultats d'exploitation. Pour cela, il faut rattacher à un objet de coût toutes les ressources qui lui sont consacrées au cours d'une période ; en l'absence d'une relation directe entre une ressource et un objet de coût, on établit une relation entre la ressource utilisée et la période au cours de laquelle l'objet a été produit. Ce modèle comptable est donc objectif, puisqu'il rend fidèlement compte de toutes les ressources consommées au cours d'une période donnée. Il n'a pas pour fonction de renseigner sur les capacités inutilisées ni d'évaluer la productivité de la main-d'œuvre ou l'efficience de l'utilisation des matières.

Répondre à la deuxième question, c'est reprendre les arguments en faveur de la méthode du coût de revient complet (*full costing*), à savoir que le coût des produits doit inclure non seulement les coûts directs, mais également une juste part des coûts relatifs à cette période. La direction a engagé ces coûts pour doter l'entreprise d'une capacité de production ou pour assurer son exploitation ; si elle ne l'avait pas fait, il n'y aurait pas eu d'exploitation. Ces coûts font donc partie intégrante de la production des extrants et, à ce titre, ils doivent être inclus dans leur coût de production. Il semble logique de répartir les coûts d'une période de manière équivalente entre tous les objets issus de cette période, c'est-à-dire au prorata du volume des extrants.

Lorsqu'ils ont compris que la répartition volumique des coûts fixes pouvait entraîner des distorsions importantes dans le calcul du coût des produits et des services, des spécialistes des coûts de revient ont élaboré la méthode des coûts variables (*direct costing*). Les tenants de la méthode du coût complet objectent que tant et aussi longtemps

3. Ces conventions sont présentées dans les ouvrages de comptabilité générale. Voir notamment : Jacques Douville, Jacques Fortin et Michel Guindon. *Comptabilité générale : Modèle comptable et formes économiques d'entreprises*, Éditions du Renouveau Pédagogique Inc., 1988, p. 28 à 35.

que les coûts fixes ainsi imputés représentent un pourcentage relativement faible du coût de revient total, leur modèle permet d'établir le coût de revient de façon relativement précise. Il est évident que, plus le pourcentage des coûts fixes est petit, plus la méthode classique est adéquate et que, à l'inverse, plus il est élevé et moins elle est pertinente.

LA DÉCOMPOSITION SIMPLE DES COÛTS

La comptabilité par activités est souvent présentée à l'aide d'un modèle général, celui de la décomposition simple des coûts (figure 5.3). En vertu de ce modèle, les ressources consommées, utilisées, enregistrées et regroupées dans les comptes du grand livre général (GLG) de l'entreprise sont d'abord rattachées aux activités qui en font usage. Puis, dans un deuxième temps, le coût de chaque activité est relié aux objets de coût ou extrants qui la requièrent. Si on passe par les activités pour rapprocher les ressources des objets de coûts, on peut mettre en évidence des liens de cause à effet entre les ressources, les activités et les objets de coût, ce que ne permet pas le modèle classique, même lorsqu'il repose sur la constitution de centres de coûts. Les nombreux avantages de la comptabilité par activités découlent de cette importante caractéristique.

Figure 5.3
La décomposition simple des coûts

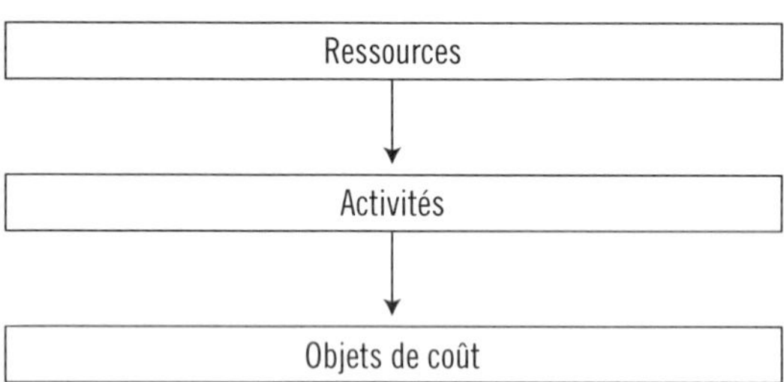

- Les activités (et non les objets de coût) consomment les ressources.
- Les objets de coût consomment les activités.

EXEMPLE

Les roues dentées (suite)

Reprenons l'exemple des roues dentées (voir p. 155). On se souvient que le modèle standard devait assumer des frais généraux de 40 $ par unité, et le modèle sur mesure, de 80 $ par unité, pour la simple raison que le taux d'imputation était de 5 $ par dollar de main-d'œuvre directe. Les frais généraux de l'entreprise, s'élevant à 40 040 000 $, correspondent à des activités de soutien à la fabrication que nous avons regroupées dans l'état suivant en trois macro-activités.

Frais généraux de fabrication

Frais reliés aux machines	10 040 000 $
Frais de mises en course	15 000 000
Frais spécifiques aux modèles	15 000 000
Total	**40 040 000 $**

La comptabilité par activités préconise la répartition entre les produits des frais de chacune de ces activités au prorata de l'inducteur d'activité choisi. Il s'agit, en l'occurrence, d'un facteur qui est responsable de la consommation des ressources pour cette activité, ou encore qui établit un lien causal entre les activités et les objets de coût. Les facteurs choisis dans cet exemple sont :

- pour les coûts des activités reliées aux machines, le nombre d'heures-machines ;
- pour les coûts des activités reliées aux mises en course, le nombre de mises en course ;
- pour les coûts des activités reliées aux modèles, le nombre de modèles.

Ayant dénombré 1 040 000 heures-machines, 5 000 mises en course et 1 000 modèles, on a établi qu'il en avait coûté en moyenne 10 $ par heure-machine, 3 000 $ par mise en course et 15 000 $ par modèle. De plus, sachant que les 10 000 unités du modèle standard ont requis 10 000 heures-machines et cinq mises en course, et que les 10 unités du modèle sur mesure ont requis 15 heures-machines et une mise en course, nous avons pu établir les coûts suivants :

	Modèle standard	**Modèle sur mesure**
Nombre d'unités produites	**10 000**	**10**
Coût de fabrication		
Matières premières	10 000 $	20 $
Main-d'œuvre directe	80 000	160
Frais reliés aux machines	100 000	150
Frais de mises en course	15 000	3 000
Frais spécifiques aux modèles	15 000	15 000
	220 000 $	**18 330 $**
Coût unitaire	**22 $**	**1 833 $**

Nous avons obtenu des écarts considérables parce qu'il s'agit d'une situation caricaturale, soit celle d'un modèle produit en 10 000 exemplaires, d'une part, et d'un modèle produit en seulement 10 exemplaires, d'autre part, ces deux modèles devant assumer par ailleurs des frais assez importants (15 000 $) reliés à des activités de conception et de développement de modèles. En réalité, le coût du modèle standard calculé selon la méthode classique devrait être réduit de plus de la moitié et celui du modèle sur mesure, multiplié par 20.

	Modèle standard	Modèle sur mesure
Coût unitaire (méthode classique)	49 $	98 $
Coût unitaire (comptabilité par activités)	22 $	1 833 $

La comptabilité par activités rompt donc avec le modèle classique voulant que toutes les ressources engagées soient consommées au prorata du volume d'extrants. C'est pourquoi elle est particulièrement adéquate lorsqu'il faut calculer le coût de produits dont les frais généraux de fabrication sont élevés et qui sont offerts dans une grande variété de modèles. Examinons les coûts de mise en course (3 000 $ par mise en course dans notre exemple) proportionnels au nombre de lots mis en production, et les coûts de conception et de développement (15 000 $ par modèle dans notre exemple) proportionnels au nombre de modèles conçus et développés. En comptabilité classique, ces coûts dits fixes en fonction du volume sont imputés en fonction du nombre d'unités fabriquées, du nombre d'heures de main-d'œuvre directe ou de toute autre variable proportionnelle au volume. Nous verrons que ces coûts sont significativement différents de ceux calculés selon les principes de la comptabilité par activités, où les coûts de chaque activité sont rattachés aux objets qui font que ces activités sont nécessaires.

De plus, la comptabilité par activités convient parfaitement au calcul du coût de revient des services, des projets et des programmes, comme l'illustreront d'autres exemples de ce chapitre.

Les activités

Une activité est un ensemble de tâches effectuées tant par la main-d'œuvre que par les machines dans une entreprise.

La description de l'activité de l'entreprise est l'élément caractéristique de la comptabilité par activités ; elle consiste à préciser les principaux processus d'affaires de l'entreprise et leurs répercussions sur les coûts. Dans le cadre de la gestion par activités, on déterminera également des indicateurs de performance.

On peut décrire avec plus ou moins de précision les activités accomplies dans l'entreprise. Lorsqu'on opte pour une description très fine, une même personne peut exercer plusieurs activités. Par contre, si on décrit les activités d'une manière plus globale, le travail d'une personne peut s'insérer dans une activité plus générale. Par ailleurs, les activités sont liées selon une relation client-fournisseur qui constitue un processus. La hiérarchie et le découpage des activités sont donc très variables, et leur étude exige une bonne compréhension des différences entre les processus, les activités et les tâches.

Les processus, les activités et les tâches

La figure 5.4 montre les liens unissant les processus, les activités et les tâches.

Figure 5.4
Les relations entre les processus, les activités et les tâches

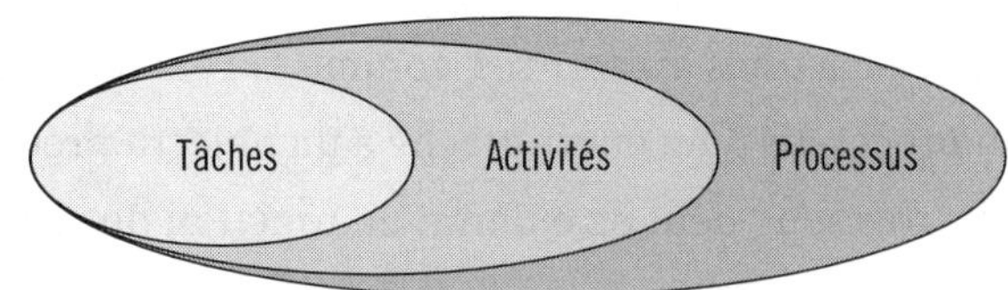

En pratique, ces appellations peuvent varier d'une entreprise à l'autre et d'un projet à l'autre selon que le modèle s'applique à l'ensemble de l'entreprise ou à une seule unité d'affaires. Comme ces concepts se définissent les uns par rapport aux autres, deux questions se posent fréquemment :

- Comment peut-on distinguer un processus d'une activité ?
- Comment peut-on distinguer une activité d'une tâche ?

La différence entre un processus et une activité

Un processus est un ensemble d'activités ayant un déclencheur commun et poursuivant un objectif bien précis associé à un client externe ou interne (par exemple, répondre à la plainte d'un client, faire une analyse de crédit, vérifier les états financiers, assembler un produit, etc.). Un processus peut être divisé en sous-processus.

La figure 5.5 décrit un processus, dans ce cas-ci, un ensemble d'activités liées entre elles dans une relation fournisseur-client.

Figure 5.5
Représentation d'un processus fournisseurs-activité-clients

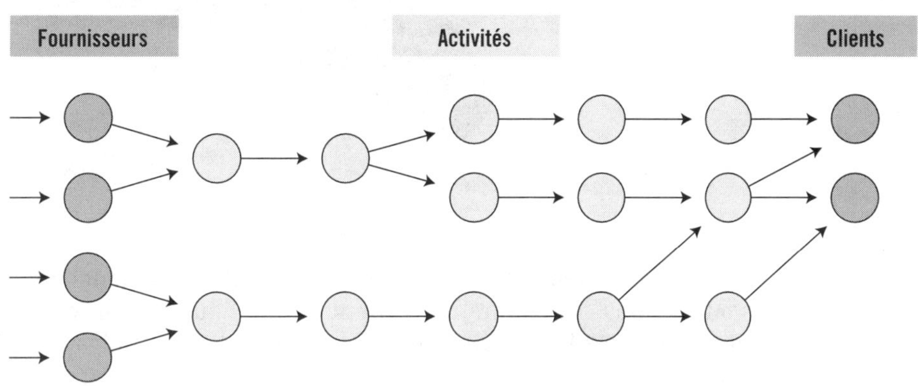

Puisqu'une activité peut également se définir comme un ensemble d'activités, les critères utilisés pour distinguer une activité d'un processus sont les suivants:

- un processus peut regrouper des activités provenant de différents services ou divisions;
- un processus peut être associé à l'élément déclencheur d'un ensemble d'activités reliées les unes aux autres, comme la réaction en chaîne d'une série de dominos;
- un processus peut être rattaché à un objectif précis auquel on peut associer un client;
- un processus peut être défini en fonction de ses fournisseurs.

L'activité principale d'une usine constitue un processus. Toutes les activités comprises dans ce processus peuvent être liées à l'ordre de production d'un produit donné — sans cet ordre, l'usine ne fonctionne pas. Elles peuvent aussi correspondre à un produit spécifique auquel seront reliés un ou plusieurs clients.

Par exemple, la gestion des admissions à un programme d'études de deuxième cycle à l'université est un processus. Elle requiert des activités se déroulant au bureau du registraire, à la direction des programmes et au service d'enseignement concerné. Elle correspond à un objectif précis auquel on peut relier un client.

La figure 5.6 présente le processus comme une série de dominos (chacun d'eux désignant une activité) qui tombent les uns après les autres dans une réaction en chaîne. Cette image montre bien que l'activité-fournisseur déclenche l'activité-client, qui devient à son tour une activité-fournisseur de l'activité suivante de la chaîne, et ainsi de suite; elle illustre aussi le fait que la performance d'une activité dépend de celle de l'activité qui la précède dans la chaîne.

Figure 5.6
Le processus: une réaction en chaîne

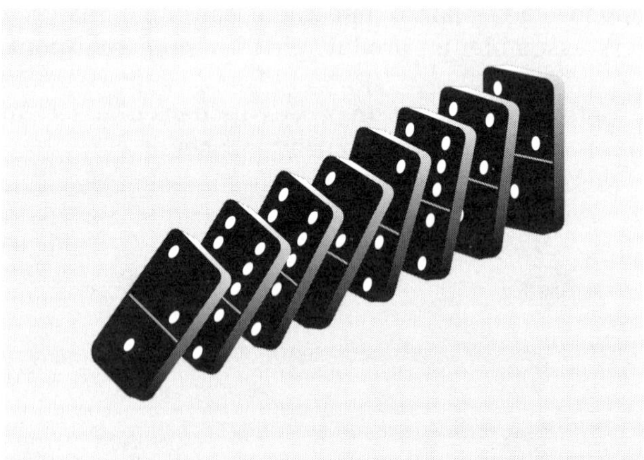

De même, la demande d'admission d'un étudiant enclenche le processus de gestion des admissions. La plainte d'un client donne lieu à un processus de réponse à cette plainte. Un écart budgétaire peut donner lieu à une analyse détaillée des raisons de cet écart, etc.

La différence entre l'activité et la tâche

La tâche est le plus petit élément de travail d'une activité (par exemple, écrire une lettre, répondre au téléphone, nettoyer le bureau, préparer un dépôt, etc.). Autrement dit, l'activité regroupe toutes les tâches normalement accomplies en série. Ainsi, lorsqu'on se rend à la banque pour retirer de l'argent d'un guichet automatique, on accomplit une suite d'opérations (tâches) — insérer la carte bancaire, composer le numéro d'identification personnel, etc. —, tâches qui font partie de l'activité retrait d'argent d'un guichet automatique. La tâche est l'élément d'activité le plus simple ; elle n'est pas décomposable.

Mise en évidence des processus, des activités et des tâches

Nous allons présenter deux approches qu'on peut adopter pour établir la liste des processus, des activités ainsi que des tâches, s'il y a lieu. Pour calculer le coût de revient, il n'est pas nécessaire de savoir en quoi consistent les tâches; ce n'est cependant pas le cas dans le domaine de la gestion par activités. Les deux approches sont les suivantes :

1. la méthode du plus petit au plus grand ;
2. la méthode du plus grand au plus petit.

La méthode du plus petit au plus grand

Cette méthode comporte trois étapes :

- ➥ 1. l'établissement d'une liste de tâches et leur classement par ordre chronologique ;
  - ➥ 2. le regroupement de ces tâches en activités ;
    - ➥ 3. le regroupement de ces activités en processus.

L'exemple qui suit illustre la définition des tâches et leur regroupement en activités.

EXEMPLE L'épicerie

Analysons le processus qui, pour un couple sans enfant, consiste à aller à l'épicerie.

Le jeudi soir, après le travail, le couple rentre à la maison et se prépare à faire les provisions de la semaine. Les conjoints vérifient d'abord leur liste d'achats, récupèrent les bouteilles consignées, se munissent de leurs sacs à provisions et de leur carte de transactions bancaires, puis se rendent en voiture à l'épicerie. Ils s'arrêtent au guichet automatique pour retirer de l'argent. Il doivent alors insérer leur carte de guichet dans la fente, composer leur numéro d'identification personnel, préciser l'opération qu'ils désirent effectuer et le montant du retrait, recueillir les billets, confirmer qu'ils n'ont pas d'autres opérations à effectuer, récupérer leur carte et le relevé de l'opération.

À l'épicerie, après avoir rapporté les bouteilles consignées, ils prennent un chariot, font le tour des allées, mettent des produits dans le chariot, etc. Puis, ils se rendent à la caisse, règlent leurs achats, font livrer la commande à la voiture et donnent un pourboire au commis. De retour chez eux, ils transportent les sacs d'épicerie dans la cuisine, les déballent et rangent les différents articles.

Cet exemple porte sur un seul processus, celui des emplettes, comportant quatre activités qu'on peut décomposer en 24 tâches :

Activités	Tâches
Préparatifs	Vérifier les achats à faire
	Établir une liste d'achats
	Prendre les sacs à provisions
	Récupérer les bouteilles consignées
	Apporter la carte de transactions bancaires
Retrait au guichet automatique	Se rendre au guichet
	Insérer la carte de guichet dans la fente
	Composer le numéro d'identification personnel
	Choisir l'opération souhaitée
	Composer le montant du retrait
	Recueillir l'argent
	Confirmer que la transaction est terminée
	Prendre le relevé de l'opération
	Récupérer la carte de guichet
Épicerie	Se rendre à l'épicerie
	Rapporter les bouteilles consignées
	Prendre un chariot
	Faire le tour des allées
	Mettre des produits dans le chariot
	Passer à la caisse
	Régler les achats
	Faire livrer la commande à l'auto
	Donner un pourboire
Retour à la maison	Se rendre à la maison
	Transporter les sacs d'épicerie
	Déballer les sacs d'épicerie
	Ranger les articles

Voici maintenant un autre exemple illustrant la procédure utilisée pour la définition des tâches, leur regroupement en activités et l'identification des sous-processus et des processus.

EXEMPLE

La gestion des comptes

Examinons le service de comptabilité d'une petite entreprise, service qui s'occupe uniquement de la gestion des comptes clients et des comptes fournisseurs.

Lors de chaque livraison du courrier, on reçoit par lots des bons de commande de vendeurs qui passent la majeure partie de leur temps sur la route. On s'assure qu'aucun bon ne comporte d'anomalies, par exemple un élément d'information manquant. On enregistre la transaction à l'aide d'un micro-ordinateur puis, au moyen d'un logiciel conçu à cet effet, on vérifie certains éléments, comme le numéro du client et sa limite de crédit. Si une anomalie est détectée, un employé entreprend la recherche nécessaire et effectue la correction. Les tâches reliées à la correction des anomalies décelées dans les bons de commande varient selon le type d'anomalie. Ainsi, l'employé peut devoir téléphoner au vendeur, au préposé de l'entrepôt ou même au responsable de l'approbation du crédit. Une fois le bon de commande enregistré, un message électronique est expédié à l'entrepôt où un préposé s'occupe de la livraison. Il peut arriver que ce dernier relève une autre irrégularité : l'article demandé est un produit de fin de série ou il a été remplacé par un produit équivalent. Le préposé en informe alors par téléphone le vendeur, qui n'était manifestement pas au courant de la situation avant de prendre la commande, puis il effectue le changement nécessaire, voire l'annulation de la vente. Après la livraison de la marchandise, le préposé à l'entrepôt enregistre lui-même la livraison sur un terminal. Cet enregistrement entraîne une facturation automatique des clients. Le service de la comptabilité imprime une fois par mois, à l'intention des clients, un sommaire des transactions du mois qui vient de se terminer.

Dès que ce service reçoit les paiements des clients, un employé procède à la vérification des comptes. Il essaie de régler toutes les anomalies qu'il a relevées avant d'effectuer l'enregistrement de la transaction et de préparer les chèques pour le dépôt.

Les factures et les états de compte des fournisseurs sont également acheminés à la comptabilité. Un employé vérifie les factures reçues en les comparant avec les informations contenues dans le fichier informatisé des bons de commande et des bons de réception. S'il y décèle une erreur, il essaie de clarifier la situation et procède, s'il y a lieu, à une correction, puis il en informe le fournisseur. Il enregistre ensuite la transaction. À la fin du mois, il procède au paiement des factures enregistrées et non payées ainsi qu'à l'enregistrement de la transaction qui y correspond.

La liste des tâches et des activités incombant au service de la comptabilité ainsi que des sous-processus inclus dans ce service tels que nous les avons décrits est présentée à la page suivante. Nous avons distingué deux processus principaux, sept activités et 22 tâches.

Processus	Activités	Tâches
Vente	Approbation des ventes	Réception des bons de commande
		Vérification des bons de commande
		Enregistrement de la transaction
	Correction des bons de commande	Communication téléphonique avec le vendeur
		Communication téléphonique avec le préposé de l'entrepôt
		Communication téléphonique avec le responsable du crédit
		Enregistrement des modifications
	Facturation	Impression de la facture
		Impression du sommaire mensuel
		Mise à la poste des documents de facturation
	Encaissement	Réception d'un paiement
		Vérification du paiement reçu
		Correction des anomalies
		Enregistrement du dépôt
		Dépôt
Achat	Reconnaissance des comptes	Réception des factures
		Vérification des pièces justificatives
	Correction des comptes	Communication téléphonique avec le fournisseur
		Communication téléphonique avec le personnel du service des achats
		Communication téléphonique avec l'ingénieur
	Paiement des comptes	Émission du chèque
		Enregistrement du paiement

La figure 5.7 présente les processus sous forme d'une chaîne d'activités.

Si vous refaites l'exercice, il est possible que vous obteniez une liste légèrement différente de celle du tableau précédent, car il existe plus d'une façon de décrire les modalités de réalisation d'un travail et de regrouper les tâches en activités et les activités en processus; l'important est de dégager les deux processus principaux.

Notons que les activités de facturation et d'encaissement peuvent être vues comme des sous-processus du processus de vente, puisqu'il y a une interruption dans la chaîne d'activités; dans le cas de la facturation, la date de la fin du mois est l'élément qui met en route l'impression du sommaire mensuel et, dans le cas de l'encaissement, l'arrivée du courrier est l'élément déclencheur de la réception du paiement qui conduit à l'enregistrement de la transaction. Par ailleurs, les processus de vente et d'achat comprennent des activités supplémentaires provenant d'autres services. Nous ne les avons pas incluses ici, car nous n'avons traité que des activités propres au service de

Figure 5.7
Représentation d'un processus vendeur – comptabilité – entrepôt

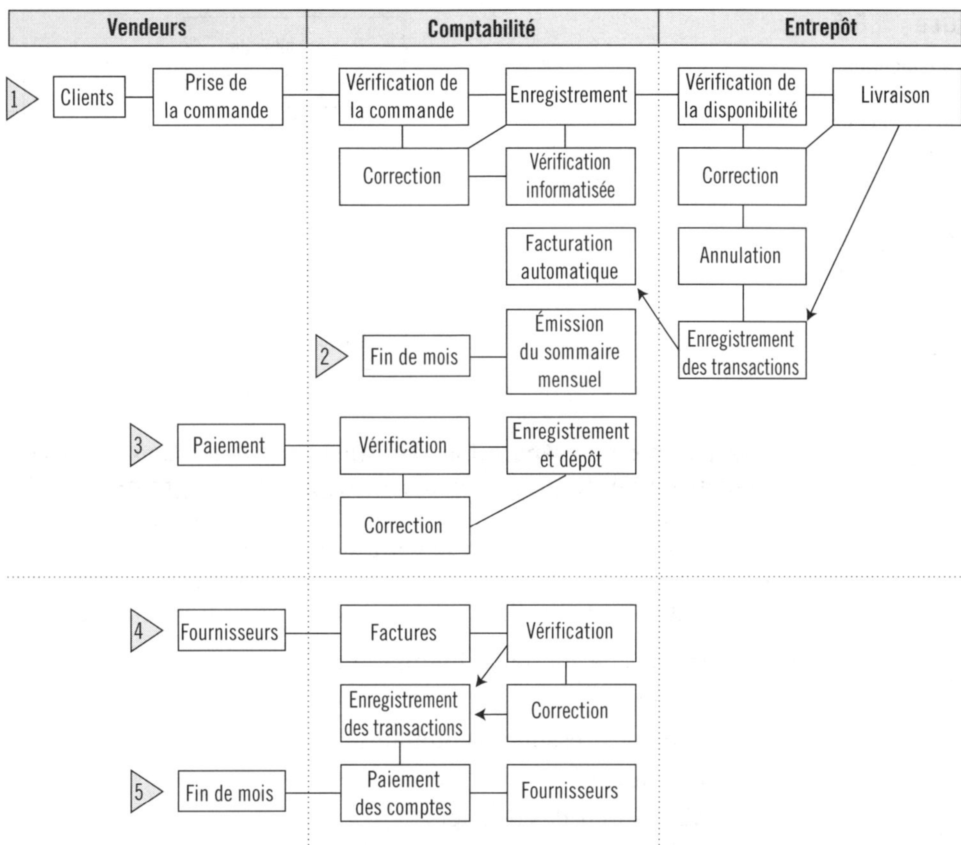

la comptabilité. Nous aurions également pu inclure plusieurs activités reliées à la correction des anomalies, soit une pour chaque type d'anomalie. C'est au concepteur du système que revient ce genre de décision. L'élément le plus important n'est pas le choix des activités, mais la cohérence de ce choix par rapport aux décisions relatives à la conception du modèle et son respect dans les étapes ultérieures.

La méthode du plus grand au plus petit

Cette méthode comporte quatre étapes :

- 1. la définition des principaux processus mis en œuvre par l'entreprise ;
- 2. la segmentation de ces processus en activités de premier niveau ;
- 3. la segmentation de ces dernières en activités de deuxième niveau ;
- 4. la segmentation de ces dernières en activités de troisième niveau, etc.

La figure 5.8 présente un cadre conceptuel utile pour décrire l'activité de l'entreprise selon cette méthode.

Figure 5.8
Cadre conceptuel servant à la description de l'activité d'une entreprise selon la méthode du plus grand au plus petit

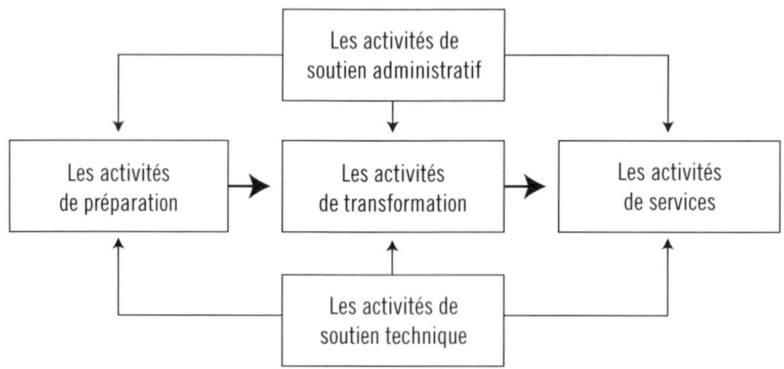

Les activités de préparation, de transformation et de services constituent la chaîne de valeur de l'entreprise, comme le suggèrent les grossses flèches. Les activités de soutien administratif et technique n'ajoutent pas de valeur, aux yeux des clients, bien qu'elles puissent être essentielles à l'exercice des activités de la chaîne de valeur. Nous présentons ci-dessous une liste d'activités de deuxième et de troisième niveau constituant habituellement les activités de premier niveau de la figure 5.8.

- Les activités de soutien administratif
  - Direction
  - Gestion des ressources humaines
    - Embauche
    - Mise à jour des dossiers
    - Évaluation des postes
- Gestion financière
  - Gestion de la paie
  - Gestion des comptes clients
    - Émission d'une facture
    - Encaissement d'un paiement
    - Recouvrement d'une créance
  - Gestion des comptes fournisseurs
- Les activités de soutien technique
  - Contrôle de la qualité
  - Maintenance
  - Informatique
- Les activités de préparation
  - Conception des produits
  - Conception de la transformation
  - Approvisionnement
  - Formation

- Les activités de transformation
- Les activités de services
  - Mise en marché
  - Livraison
  - Service à la clientèle

Les ressources

Les ressources, qui correspondent aux comptes du grand livre, comprennent les matières premières et les fournitures, la main-d'œuvre, les équipements, les services et les immobilisations en général.

Une fois qu'on s'est doté d'une représentation de l'entreprise par processus et par activités, il convient de mesurer ceux-ci en reliant les ressources aux activités.

L'inducteur de ressources

Les inducteurs de ressources servent à relier les ressources aux activités, c'est-à-dire à affecter les montants des comptes du GLG aux activités ou à les répartir entre plusieurs activités, le cas échéant. L'inducteur de ressources mesure la part des ressources employée à la réalisation des activités. Le tableau suivant décrit les inducteurs de ressources les plus courants.

Ressources	Inducteur de ressources
Main-d'œuvre	Temps travaillé en heures
Matières et fournitures	Quantités employées en kilogrammes ou en litres
Machines et équipement	Heures-machines
Espace	Aire ou volume utilisé en mètres carrés ou en mètres cubes

La consommation d'une ressource pour la réalisation d'une activité est exprimée en pourcentage de l'inducteur requis pour cette activité par rapport à l'utilisation totale : ainsi, la ressource main-d'œuvre est souvent évaluée en pourcentage du temps de main-d'œuvre consacré à cette activité. Dans de nombreux cas, il est plus facile de déterminer les coûts des activités consommatrices de ressources au moment où ils sont enregistrés que d'essayer d'en faire la répartition par la suite. Il est parfois utile et même nécessaire de réviser la liste des comptes du GLG afin d'attribuer aux activités les coûts des ressources consommées au moment même où on les inscrit.

L'exemple qui suit montre la procédure utilisée pour rattacher les ressources aux activités lors de la saisie de l'information.

EXEMPLE

La station de ski alpin

Prenons le cas d'une station de ski alpin où l'on se livre aux activités suivantes :

- opération des remontées mécaniques ;
- fabrication de neige artificielle ;
- damage des pistes ;
- entretien des pistes hors saison ;
- maintenance des remontées mécaniques ;
- maintenance des équipements motorisés ;
- autres.

Puisque chaque employé n'effectue qu'une seule de ces activités à la fois, il est possible d'inscrire dans le journal des salaires un code numérique correspondant à l'activité exercée. Il est plus facile de repérer ainsi les activités lors de la saisie des données que de distribuer ultérieurement les salaires entre ces activités.

Dans le cas où un employé exerce plus d'une activité, on doit répartir le montant de son salaire au prorata du temps qu'il a consacré à chacune de ses activités.

L'unité d'œuvre

L'unité d'œuvre d'une activité ou d'un processus est une mesure de l'extrant de cette activité ou de ce processus servant à quantifier le travail effectué, c'est-à-dire à établir le volume d'une activité ou d'un processus. Elle permet donc de calculer un coût unitaire. Le tableau suivant présente des exemples d'activités et d'unités d'œuvre correspondantes.

Processus ou activités	Unités d'œuvre
La prise des commandes	Le nombre de commandes remplies
L'entreposage des produits	Le nombre de jours-produits
La préparation d'un cours	Le nombre de cours préparés
L'analyse du crédit des clients	Le nombre d'analyses réalisées

Un commentaire s'impose sur la détermination des unités d'œuvre. En principe, l'unité d'œuvre correspond à une mesure de l'extrant. Pourtant, on utilise souvent un indicateur d'intrant, par exemple le nombre de commandes reçues, pour mesurer le travail effectué, donc l'extrant. Ce procédé est acceptable seulement si le travail effectué est directement proportionnel à l'intrant.

Lorsque l'on détermine l'unité d'œuvre d'une activité et d'un processus, on peut calculer :

- le coût unitaire d'une activité selon l'unité d'œuvre choisie ;
- le coût unitaire d'un processus selon l'unité d'œuvre choisie.

Par définition, la détermination du coût d'une activité ou d'un processus se fait de la façon suivante :

- Coût unitaire d'une activité = Coût de l'activité/Volume (selon l'unité d'œuvre choisie)
- Coût d'un processus = Somme des coûts des activités composant ce processus
- Coût unitaire d'un processus = Coût du processus/Volume (selon l'unité d'œuvre choisie)

L'exemple qui suit illustre un mode de rattachement des ressources aux activités.

EXEMPLE

Le coût de la gestion des comptes

Reprenons notre exemple du service de comptabilité d'une petite entreprise qui gère les comptes clients et les comptes fournisseurs (voir p. 165).

Voici une liste des unités d'œuvre correspondant aux deux processus et aux sept activités sélectionnés, accompagnée des statistiques annuelles qui s'y rapportent.

Unités d'œuvre des activités et des processus et statistiques annuelles correspondantes

Processus/Activités	Unités d'œuvre	Nombre d'unités d'œuvre
Vente	**Commande livrée**	**4 260**
Approbation des ventes	Bon de commande	6 000
Correction des bons de commande	Anomalie	1 550
Facturation	Commande livrée	4 260
Encaissement	Paiement reçu	4 000
Achat	**Chèque émis**	**2 900**
Reconnaissance des comptes	Réception d'un compte	3 000
Correction des comptes	Anomalie	450
Paiement des comptes	Chèque émis	2 900

Statistiques annuelles relatives aux activités et aux processus

Ressources	Coût
Main-d'œuvre	240 000 $
Fournitures	60 000 $

Activités	Utilisation de main-d'œuvre	Utilisation de fournitures
Approbation des ventes	10 %	5 %
Correction des bons de commande	30	35
Facturation	20	30
Encaissement	10	5
Reconnaissance des comptes	10	0
Correction des comptes	10	15
Paiement des comptes	10	10
Total	**100 %**	**100 %**

Dans cet exemple, nous n'avons pris en considération que deux ressources : la main-d'œuvre et les fournitures. L'inducteur de la main-d'œuvre est le nombre d'heures consacrées aux activités par le personnel. L'inducteur des fournitures est la quantité de fournitures utilisées pour chacune des activités. Ces deux inducteurs s'expriment en un pourcentage (%) d'utilisation par chacune des activités. Le tableau suivant montre la procédure de calcul du coût de revient des sept activités et des deux processus ainsi que de leur coût unitaire respectif selon les unités d'œuvre choisies.

Calcul du coût de revient

Processus/Activités	Main-d'œuvre	Fournitures	Coût total
Approbation des ventes	24 000 $	3 000 $	27 000 $
Correction des bons de commande	72 000	21 000	93 000
Facturation	48 000	18 000	66 000
Encaissement	24 000	3 000	27 000
Vente	**168 000 $**	**45 000 $**	**213 000 $**
Reconnaissance des comptes	24 000 $	0 $	24 000 $
Correction des comptes	24 000	9 000	33 000
Paiement des comptes	24 000	6 000	30 000
Achat	**72 000 $**	**15 000 $**	**87 000 $**
Total de la vente et de l'achat	**240 000 $**	**60 000 $**	**300 000 $**

Calcul du coût de revient (suite)

Processus/Activités	Unités d'œuvre	Coût	Unités	Coûts unitaires
Approbation des ventes	Bon de commande	27 000 $	6 000	4,50 $
Correction des bons de commande	Anomalie	93 000	1 550	60,00
Facturation	Commande livrée	66 000	4 260	15,49
Encaissement	Paiement reçu	27 000	4 000	6,75
Vente	**Commande livrée**	**213 000 $**	**4 260**	**50,00 $**
Reconnaissance des comptes	Réception d'un compte	24 000 $	3 000	8,00 $
Correction des comptes	Anomalie	33 000	450	73,33
Paiement des comptes	Chèque émis	30 000	2 900	10,34
Achat	**Chèque émis**	**87 000 $**	**2 900**	**30,00 $**

Les objets de coût

Le terme objet de coût désigne ce que l'on veut mesurer, soit habituellement les produits et les services, mais également les fournisseurs, les clients ou tout autre objectif désigné.

Après avoir modélisé l'activité de l'entreprise et l'avoir mesurée, il faut définir et mesurer des objets de coût. Cette procédure comporte trois étapes :

1. l'établissement d'une liste d'objets de coût ;
2. la définition des attributs ;
3. le rattachement des activités aux objets de coût.

Le concepteur du système de comptabilité par activités peut décider de définir les objets de coût et les attributs avant de représenter et de mesurer l'activité de l'entreprise ; cependant, il ne pourra pas répartir le coût des activités entre les objets de coût avant de l'avoir fait.

La liste des objets de coût

Les objets de coût que l'on veut mesurer sont également des objectifs de coût. Parfois, certaines activités sont des objets de coût. Par exemple, lorsque l'on souhaite établir les coûts résultant de la mauvaise qualité des produits et des services, on regroupe toutes les activités liées à la prévention, à la détection et à la correction des défauts, et on en établit le coût, qu'on appelle coût relié à la mauvaise qualité. Il est utile de connaître les activités qui sont des objets de coût avant de modéliser l'activité de l'entreprise.

Cela dit, les objets de coût sont généralement constitués des produits et des services de l'entreprise. En principe, dresser cette liste est une tâche relativement simple, puisque l'entreprise possède toujours un fichier d'inventaire de ses produits. Cependant, en pratique, la définition des objets de coût d'entreprises de services comme les télécommunications, les assurances, les soins médicaux, etc., n'est pas aisée. Lorsque l'entreprise fabrique de nombreux produits, le système de comptabilité par activités peut devenir extrêmement complexe, et le coût de la mise en application et de la mise à jour régulière de ce système est très élevé. Par exemple, un système de comptabilité par activités qui devrait répartir 20 activités entre 100 objets de coût devrait mettre à jour périodiquement 2 000 paramètres relatifs aux inducteurs d'activités. Il peut donc être utile de regrouper les produits et de calculer le coût moyen unitaire d'une gamme de produits. Il faut toutefois veiller à regrouper seulement des produits comparables sur le plan de la composition, de la qualité, de la quantité et de la valeur des ressources utilisées, ainsi que du mode de production et des activités de soutien consommées.

On peut également considérer comme objets de coût les clients, les fournisseurs, un créneau commercial, etc. En effet, dans un contexte d'élaboration de stratégies de commercialisation et de gestion par activités, il peut être intéressant de connaître le coût du service donné à un client et de comparer ce coût avec les ventes qui en résultent. De même, dans l'élaboration d'une stratégie d'approvisionnement, on aura avantage à évaluer le coût relié à la gestion d'un fournisseur.

Enfin, on peut souhaiter calculer le coût de plusieurs objets à la fois, et pouvoir les obtenir sur demande, comme c'est le cas dans un système d'information pour les dirigeants (*Executive Information System*). Cela est rendu possible par le mécanisme des attributs.

Les attributs

Un attribut est, selon le modèle de la comptabilité par activités, une caractéristique qui se rattache à plusieurs activités que l'on veut regrouper.

Il est non seulement possible, mais utile et pertinent de caractériser les activités et les objets de coût à l'aide d'attributs. Cette technique permet de mesurer simultanément plusieurs dimensions relatives aux activités et aux objets de coût.

Dans le cas des activités, on peut étudier, par exemple :

- les activités qui ajoutent de la valeur, du point de vue des clients, et celles qui n'en ajoutent pas ;
- les activités reliées à la mauvaise qualité des produits et des services ;
- les activités reliées à une sous-utilisation des ressources d'infrastructure par rapport à leur capacité d'utilisation ;
- les activités sur lesquelles il est possible d'exercer un contrôle.

Une activité est créatrice de valeur, du point de vue des clients, si elle permet d'en augmenter le prix de vente. Dans ce sens, les activités de soutien, bien qu'elles puissent être essentielles au bon fonctionnement des entreprises, ne sont pas créatrices de valeur. Les activités créatrices de valeur constituent la chaîne de valeur ; on les appelle aussi activités à valeur ajoutée.

Le recours à des attributs pour qualifier les activités en vue de les mesurer est une technique propre à la gestion par activités et s'applique également aux indicateurs de performance.

On peut rattacher les objets de coût :

- à des clients ;
- à des caractéristiques particulières ;
- à des objectifs stratégiques.

Voici quelques exemples d'attributs relatifs aux objets de coût.

Dans le cas du service des finances d'une entreprise, les objets de coût sont les rapports qu'il produit ainsi que le soutien technique qu'il fournit aux divisions. Les concepteurs du système de CPA d'une entreprise définissent divers attributs convenant aux objets de coût. Ces attributs peuvent être :

- statutaires, c'est-à-dire requis par la loi ;
- électifs en matière de contrôle, c'est-à-dire qu'ils concernent le suivi des politiques (normes internes et externes) ;
- électifs en matière de gestion, c'est-à-dire qu'ils peuvent contribuer à la prise de décision.

Ce faisant, il a été possible de déterminer le pourcentage des ressources consommées par le service pour chacun des attributs. Cette information est tout à fait pertinente lorsqu'on veut, par exemple, réorienter la mission du service.

Dans le cas d'une entreprise de fabrication, on a retenu deux types d'attributs, l'un concernant la catégorie de clients et l'autre, la région géographique. Cette information s'est avérée très pertinente pour l'élaboration d'une stratégie de mise en marché.

Les liens entre les activités et les objets de coût

Il faut maintenant répartir le coût des activités entre les objets de coût qui s'y rapportent à l'aide des inducteurs d'activités, qui servent à rattacher les activités ou les centres d'activités (selon le cas) aux objets de coûts. Ils sont constitués de déclencheurs d'activités, de facteurs de consommation des ressources et d'unités d'œuvre. On les désigne aussi sous le nom de générateurs d'activités.

EXEMPLE

Les stylos à bille

Une entreprise fabrique et vend annuellement 10 millions de stylos à bille, produits en trois modèles :

- un stylo ordinaire, à l'encre bleue (quatre millions d'unités) ;
- un stylo grand luxe, rechargeable, offert en cinq couleurs de corps et d'encre (quatre millions d'unités) ;

- des stylos faits sur mesure, comptant près d'un millier de modèles, vendus par lots de mille unités et plus (deux millions d'unités).

Voici l'état du coût de fabrication de ces stylos tel qu'inscrit dans le dernier exercice :

	Coût total	Coût unitaire
Coût de fabrication		
Matières premières	500 000 $	0,05 $
Main-d'œuvre directe	800 000	0,08
Frais généraux de fabrication	3 600 000	0,36
	4 900 000 $	**0,49 $**

L'entreprise a réalisé des ventes totalisant 5 040 000 $, pour un bénéfice net de 140 000 $ qui ne représente que 2,8 % des ventes. Le prix de vente du modèle ordinaire est de 0,28 $ l'unité : si on le compare au coût moyen des trois modèles, qui est de 0,49 $ l'unité, on conclut que le modèle ordinaire occasionne des pertes à l'entreprise. Toutefois, l'entreprise ne peut ni l'abandonner ni en augmenter le prix sans compromettre une part importante du marché de ses autres modèles, en apparence plus rentables. Dans ce marché, la concurrence, très forte, détermine les prix, et les clients se procurent généralement tous leurs stylos auprès d'un même fournisseur. Le modèle grand luxe se vend deux fois plus cher que le modèle ordinaire, soit 0,56 $ l'unité, et le modèle sur mesure, trois fois plus cher, soit 0,84 $ l'unité. Compte tenu du coût de fabrication moyen unitaire de 0,49 $, le modèle grand luxe semble peu rentable et le modèle sur mesure, très rentable. Les données sur les coûts que fournit la comptabilité classique incitent donc cette entreprise à se concentrer sur la gamme sur mesure.

Par ailleurs, une analyse des activités sous-jacentes aux frais généraux de fabrication révèle l'existence de cinq activités majeures, et précise la part de ces activités consacrée à chacun des trois produits de l'entreprise.

		Pourcentage d'activité nécessaire		
Activités	**Coût**	**Ordinaire**	**Grand luxe**	**Sur mesure**
Supervision	100 000 $	20 %	40 %	40 %
Conception	500 000	0 %	20 %	80 %
Approvisionnement	1 000 000	10 %	20 %	70 %
Mise en course	1 000 000	10 %	10 %	80 %
Contrôle de la qualité	1 000 000	10 %	40 %	50 %
	3 600 000 $			

Lorsqu'on applique la comptabilité par activités selon le modèle de la décomposition simple des coûts, on obtient le coût de revient suivant pour chacun des trois produits.

	Ordinaire	Grand luxe	Sur mesure
Matières premières	200 000 $	200 000 $	100 000 $
Main-d'œuvre directe	320 000	320 000	160 000
Supervision	20 000	40 000	40 000
Conception	0	100 000	400 000
Approvisionnement	100 000	200 000	700 000
Mise en course	100 000	100 000	800 000
Contrôle de la qualité	100 000	400 000	500 000
	840 000 $	**1 360 000 $**	**2 700 000 $**
Nombre d'unités	4 000 000	4 000 000	2 000 000
Coût unitaire (CPA)	**0,21 $**	**0,34 $**	**1,35 $**
Coût unitaire (classique)	**0,49 $**	**0,49 $**	**0,49 $**

Comparons ces coûts au prix de vente de chacun des modèles.

	Ordinaire	Grand luxe	Sur mesure
Prix de vente	0,28 $	0,56 $	0,84 $
Coût unitaire	0,21	0,34	1,35
Résultat unitaire (CPA)	**0,07 $**	**0,22 $**	**–0,51 $**
Résultat unitaire (classique)	**–0,21 $**	**0,07 $**	**0,35 $**

L'information obtenue à partir de cette CPA donne un message tout à fait contraire à celui de la comptabilité classique : le modèle ordinaire est rentable, le modèle grand luxe est très rentable et le modèle sur mesure est déficitaire.

Si, dans certains cas, les activités de conception et d'approvisionnement peuvent être rattachées à des centres de coûts, les activités de supervision, de mise en course et de contrôle de la qualité le sont rarement. De plus, chaque activité est associée aux trois produits en fonction de liens de cause à effet appelés inducteurs d'activités, dont nous reparlerons plus loin (voir p. 188) et qui sont à l'origine des pourcentages d'activité requis par chaque objet de coût. Par exemple, l'inducteur d'activité de la mise en course peut être le nombre de mises en course, qui correspond parfois au nombre de lots produits par année. Ce qui, dans l'exemple précédent, signifie que le modèle ordinaire et le modèle grand luxe représentent chacun 10 % des lots produits, et la gamme sur mesure, 80 %.

LA DÉCOMPOSITION MULTINIVEAUX DES COÛTS

La figure 5.9 illustre la décomposition multiniveaux des coûts ou décomposition des coûts par niveaux. Dans ce modèle, les activités sont réunies en centres de regroupement et ce, pour deux raisons :

- simplifier la programmation de la CPA en diminuant de façon significative le nombre d'activités à rattacher aux objets de coût ;
- calculer l'effet que les principaux inducteurs de coûts ont sur les coûts.

Figure 5.9
La décomposition multiniveaux des coûts

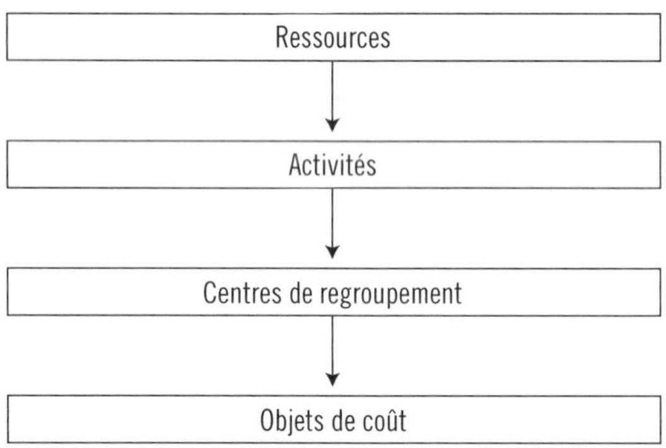

- Les activités consomment les ressources.
- Les centres de regroupement réunissent des activités ayant un inducteur commun.
- Les objets de coût consomment les activités par l'intermédiaire des centres de regroupement.
- Un seul niveau de regroupement est illustré : or, il peut en exister plusieurs.

Les inducteurs d'activités communs à plusieurs activités constituent les principaux inducteurs de coûts de l'entreprise. En effet, comme ils déclenchent l'activité ou influent sur la consommation des ressources pour les activités, ils ont forcément un effet sur les coûts. Nous fournirons plus loin des moyens permettant de désigner ces inducteurs. Un inducteur est commun à plusieurs activités

- s'il est à l'origine de plusieurs activités ;
- s'il s'agit de l'inducteur de la première activité d'une chaîne ; il est alors forcément commun à toutes les activités de cette chaîne.

Le rassemblement, dans un centre de regroupement, des activités ayant un inducteur commun ou des activités d'une chaîne contribue à simplifier la programmation de la CPA tout en produisant de l'information intéressante, comme le montre l'exemple suivant.

EXEMPLE

L'entreprise Assemblar ltée

Examinons une entreprise qui fabrique trois gammes de produits : une gamme commerciale, une gamme industrielle et une gamme d'accessoires. L'état suivant établit le coût de fabrication du dernier exercice de l'entreprise.

Coûts de fabrication	Gamme commerciale	Gamme industrielle	Gamme d'accessoires	Total
Matières premières	48 000 000 $	65 000 000 $	5 600 000 $	118 600 000 $
Coûts de transformation	288 492 132	393 242 251	38 465 618	720 200 000
	336 492 132 $	**458 242 251 $**	**44 065 618 $**	**838 800 000 $**
Nombre d'unités	1 500 000	500 000	2 800 000	4 800 000
Coût unitaire	**224,33 $**	**916,48 $**	**15,74 $**	

Les matières premières sont incorporées dans chacune des gammes de produits et les coûts de transformation sont imputés au prorata du coût des matières premières. Une analyse des activités sous-jacentes au coût de transformation révèle 17 activités ainsi que les inducteurs énumérés ci-dessous.

Activités	Coûts	Inducteurs
Gestion des achats	19 936 000 $	Un composant
Réception	16 020 000	Un composant
Opérations – estampillage	54 720 000	Une heure-machine – estampillage
Gestion – estampillage	14 400 000	Un composant
Manutention – estampillage	8 640 000	Un composant
Mise en course – estampillage	14 004 000	Un modèle
Opérations – assemblage	117 600 000	Une heure-machine – assemblage
Gestion – assemblage	33 600 000	Un composant
Manutention – assemblage	40 320 000	Un composant
Mise en course – assemblage	41 760 000	Un modèle
Opérations – finition	41 400 000	Une heure de main-d'œuvre – finition
Gestion – finition	18 000 000	Un composant
Manutention – finition	21 600 000	Un composant
Recherche	200 000 000	Un composant
Développement	60 200 000	Un composant
Ordonnancement	6 000 000	Un composant
Contrôle de la qualité	12 000 000	Un composant
Coûts de transformation	**720 200 000 $**	

Comme il y a cinq inducteurs, on peut regrouper les 17 activités en cinq centres de regroupement reliés à la transformation :

Centre de regroupement relié aux composants (12 activités)

- Gestion des achats 19 936 000 $
- Réception 16 020 000 $
- Gestion – estampillage 14 400 000 $
- Manutention – estampillage 8 640 000 $
- Gestion – assemblage 33 600 000 $
- Manutention – assemblage 40 320 000 $
- Gestion – finition 18 000 000 $
- Manutention – finition 21 600 000 $
- Recherche 200 000 000 $
- Développement 60 200 000 $
- Ordonnancement 6 000 000 $
- Contrôle de la qualité 12 000 000 $

Le coût total accumulé dans ce centre, qui est de 450 716 000 $, doit être réparti entre les objets de coût au prorata du nombre de leurs composants.

Centre de regroupement relié aux heures-machines à l'atelier d'estampillage (1 activité)

- Opération – estampillage 54 720 000 $

Centre de regroupement relié aux heures-machines à l'atelier d'assemblage (1 activité)

- Opération – assemblage 117 600 000 $

Centre de regroupement relié aux heures de main-d'œuvre directe à l'atelier de finition (1 activité)

- Opération – finition 41 400 000 $

Centre de regroupement relié aux modèles (2 activités)

- Mise en course – estampillage 14 004 000 $
- Mise en course – assemblage 41 760 000 $

Le coût total accumulé dans ce dernier centre de regroupement, qui est de 55 764 000 $, doit être réparti entre les objets de coût au prorata du nombre de modèles.

Les données suivantes permettent de rattacher les cinq centres de regroupement d'activités aux trois objets de coût.

Centres de regroupement reliés à la transformation	Gamme commerciale	Gamme industrielle	Gamme d'accessoires	Total
Nombre de composants	72 000	52 000	54 000	**178 000**
Heures-machines – estampillage	540 000	900 000		**1 440 000**
Heures-machines – assemblage	1 422 000	1 738 000	200 000	**3 360 000**
Heures de main-d'œuvre – finition	300 000	510 000	90 000	**900 000**
Nombre de modèles	800	400	1 800	**3 000**

Ce tableau nous indique que les produits de la gamme commerciale absorbent 72 000 des 178 000 composants requis par l'ensemble des produits de cette entreprise. En conséquence, la gamme commerciale devra assumer 40,45 % (72 000/178 000) des coûts des activités induites par le nombre de composants et regroupées dans un centre appelé « Nombre de composants ».

Le tableau suivant établit le coût de revient de chacune des gammes de produits selon le modèle de la décomposition multiniveaux des coûts issu de la CPA. La figure 5.10 (page suivante) présente les opérations nécessaires pour établir le coût de revient de chacune des gammes de produits, tandis que la figure 5.11 (p. 183) fournit le calcul détaillé de la gamme commerciale.

Éléments des coûts	Gamme commerciale	Gamme industrielle	Gamme d'accessoires	Total
Matières premières	**48 000 000 $**	**65 000 000 $**	**5 600 000 $**	118 600 000 $
Centres de regroupement				
Composants	182 312 090 $	131 669 843 $	136 734 067 $	450 716 000 $
Machines – estampillage	20 520 000	34 200 000	0	54 720 000
Machines – assemblage	49 770 000	60 830 000	7 000 000	117 600 000
Main-d'œuvre – finition	13 800 000	23 460 000	4 140 000	41 400 000
Modèles	14 870 400	7 435 200	33 458 400	55 764 000
Coût total	**329 272 490 $**	**322 595 043 $**	**186 932 467 $**	**838 800 000 $**
Nombre d'unités	1 500 000	500 000	2 800 000	4 800 000
Coût unitaire (CPA)	**219,51 $**	**645,19 $**	**66,76 $**	
Coût unitaire (classique)	**224,33 $**	**916,48 $**	**15,74 $**	
Écart	**4,81 $**	**271,29 $**	**–51,02 $**	

Figure 5.10
Coût de revient par gamme de produits

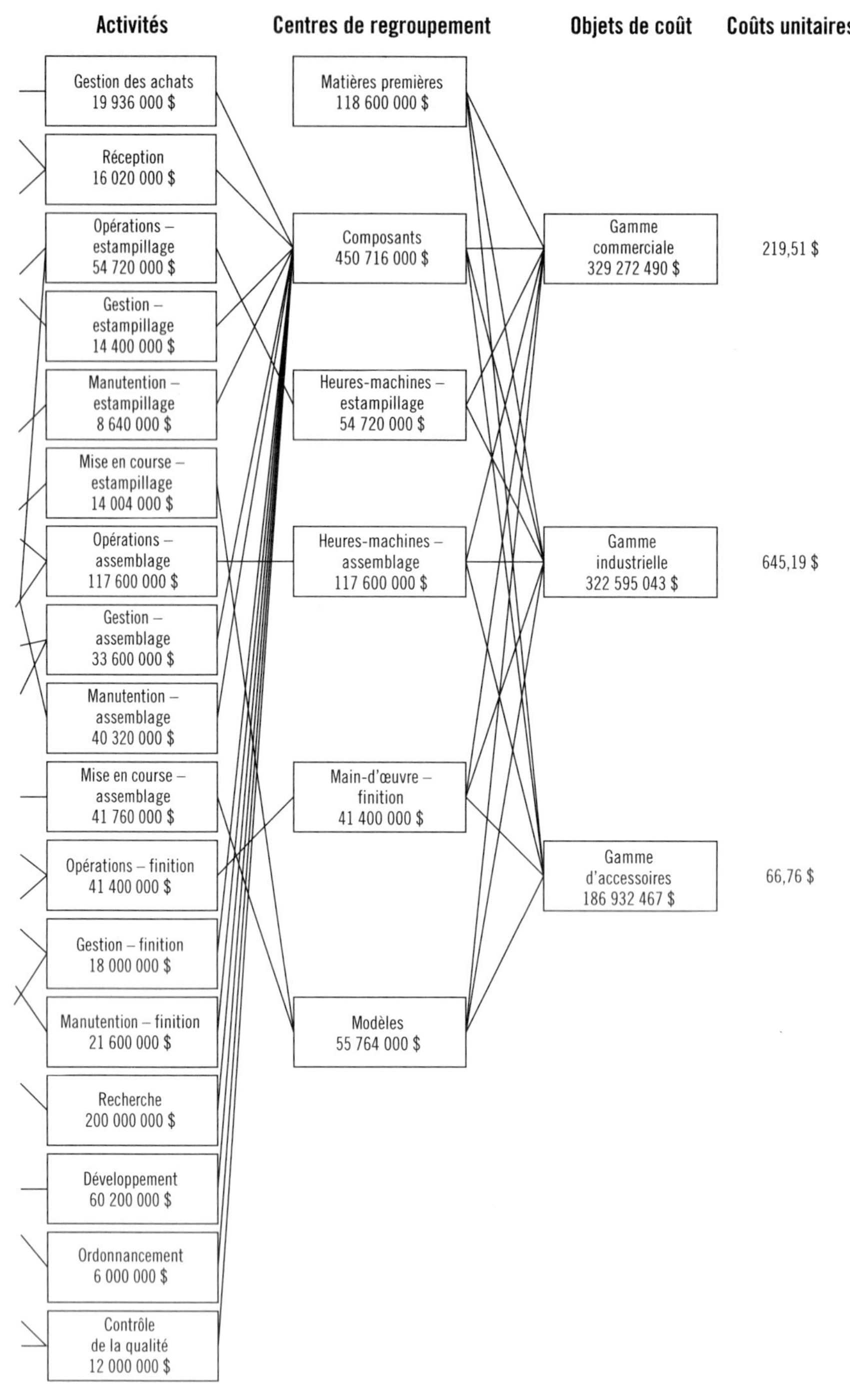

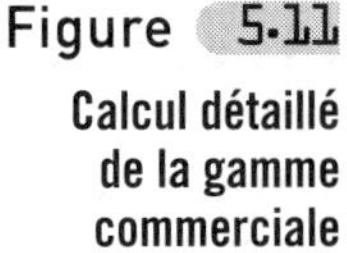

Figure 5.11

Calcul détaillé de la gamme commerciale

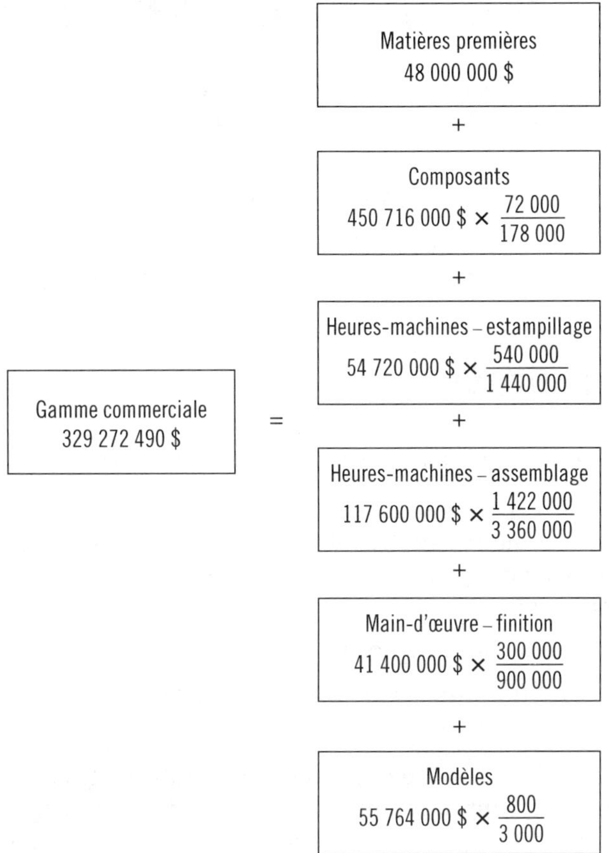

Comme on vient de le voir, un centre de regroupement d'activités est un ensemble d'activités qui partagent un inducteur d'activités. Le choix de l'inducteur de chacune des activités amène donc implicitement à définir les centres de regroupement.

Trois objectifs sont à l'origine de la création des centres de regroupement d'activités :

- réunir les activités en sous-processus et en processus ;
- attirer l'attention des gestionnaires sur les répercussions financières d'inducteurs stratégiques;
- simplifier le rattachement des activités aux objets de coût.

La discussion portant sur les modes de regroupement et le choix d'un inducteur à cet effet dépassent le cadre de ce manuel. Voyons maintenant les caractéristiques de la comptabilité par activités en ce qui a trait au calcul des coûts.

LES CARACTÉRISTIQUES DE LA COMPTABILITÉ PAR ACTIVITÉS

L'analyse de la décomposition simple des coûts et de la décomposition multiniveaux des coûts a mis en évidence deux différences majeures entre la comptabilité par centres de coûts et la CPA :

- les activités n'équivalent pas à des centres de coûts ;
- le rattachement du coût des activités aux objets de coût dépend de relations de cause à effet qui ne sont pas nécessairement volumiques.

La nature des activités

Les activités n'équivalent pas à des centres de coûts parce que :

- les activités correspondent au travail fait par la main-d'œuvre ou même par les machines tandis que les centres de coûts correspondent à des regroupements de métiers associés dans certains cas à des lieux physiques où peuvent parfois loger plusieurs activités ;
- les ressources sont consommées par des activités dans des centres de coûts ;
- les objets de coût (produits et services offerts) requièrent des activités qui les obligent à transiter par des centres de coûts.

Les activités sont la réponse à la question « Pourquoi les coûts sont-ils engagés ? » Les centres de coûts sont la réponse à la question « Où les coûts sont-ils engagés ? » Les centres de coûts (ou, plus généralement, les centres de responsabilité) découlent du découpage fonctionnel de l'entreprise. Hérité du mouvement de l'organisation et de la gestion scientifique du travail, qui a été largement influencé par Frederic W. Taylor, le découpage de l'entreprise en fonctions, puis en unités administratives plus petites, notamment en centres de coûts, vise à en assurer un meilleur contrôle. Il permet en effet d'adopter des standards associés à des ratios extrants/intrants pour mesurer l'efficience (ou la productivité) d'une unité. Le critère par lequel on définit un centre de coûts est généralement l'homogénéité des opérations qui s'y déroulent. Le centre de coûts comprend également les activités administratives et de soutien. C'est ainsi que l'on retrouve dans un même centre de coûts des personnes effectuant des tâches identiques et ayant des compétences similaires, de même que des gestionnaires et du personnel de soutien. Ce découpage fonctionnel de l'entreprise est issu de la théorie selon laquelle l'optimisation de chacune des parties mène à l'optimisation du tout, théorie aujourd'hui rejetée par les tenants de la gestion par processus.

Ce sont les activités qui définissent les processus. Un processus est une chaîne d'activités qui va des fournisseurs aux clients et par laquelle il faut passer pour livrer un produit ou un service à un client. Les processus sont transversaux par rapport aux centres de coûts, puisqu'ils regroupent des activités provenant des différents centres de coûts. La figure 5.12 décrit les relations entre les centres de coûts et l'activité de l'entreprise modélisée par les processus.

Figure 5.12
Relations entre les centres de coûts, les processus et les activités

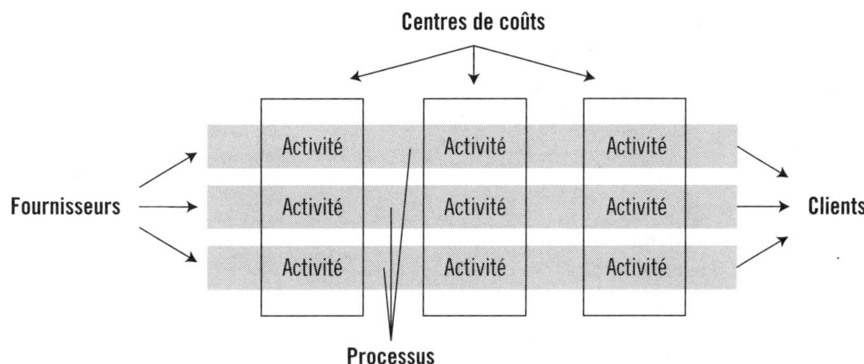

- Les processus, tout comme les centres de coûts, regroupent des activités.
- Le regroupement des activités en fonction de l'homogénéité des opérations ou de la fonction, c'est-à-dire en centres de coûts, correspond à un découpage vertical de l'entreprise.
- Le regroupement des activités en fonction de l'objectif client, c'est-à-dire en processus, correspond à un découpage horizontal de l'entreprise.

Pour illustrer les relations entre les centres de coûts, les processus et les activités, prenons l'exemple d'une école d'administration. Dans cette école, les centres de coûts sont les services d'enseignement et de recherche, les services administratifs et les services de soutien. La figure 5.13 représente l'organisation de cet établissement selon un découpage fonctionnel.

Selon des données du ministère de l'Éducation du Québec, plus de 72 % des ressources consommées par le réseau universitaire québécois au cours du cycle budgétaire 1994–1995 ont été consacrées aux fonctions d'*enseignement* et de *recherche*, alors que 28 % ont été alloués aux fonctions d'*administration* et de *soutien*, appelées respectivement *soutien institutionnel* et *soutien à l'enseignement et à la recherche*[4].

La chaîne de valeur, elle, regroupe les activités qui créent de la valeur aux yeux des clients. Dans notre exemple, les processus créateurs de valeur, du point de vue des clients (les étudiants, les employeurs et la société), correspondent aux programmes de cours offerts par l'école. Ces programmes regroupent des activités de recherche, de développement pédagogique et de transmission des connaissances. Ils comprennent également des processus administratifs qui assurent le bon fonctionnement des programmes de cours. La figure 5.14 met en évidence le découpage de cette organisation par processus.

L'analyse effectuée dans *L'Université à réinventer*[5], qui repose sur ce type de représentation issu de la comptabilité par activités, révèle que seulement 28 % des ressources consommées par le réseau universitaire québécois au cours du cycle budgétaire 1994–1995

4. Hugues Boisvert. *L'Université à réinventer*, Éditions du Renouveau Pédagogique Inc., 1997, p. 16.
5. Hugues Boisvert. *Op. cit.* p. 34 et 35.

Figure 5.13
Découpage fonctionnel d'une école d'administration

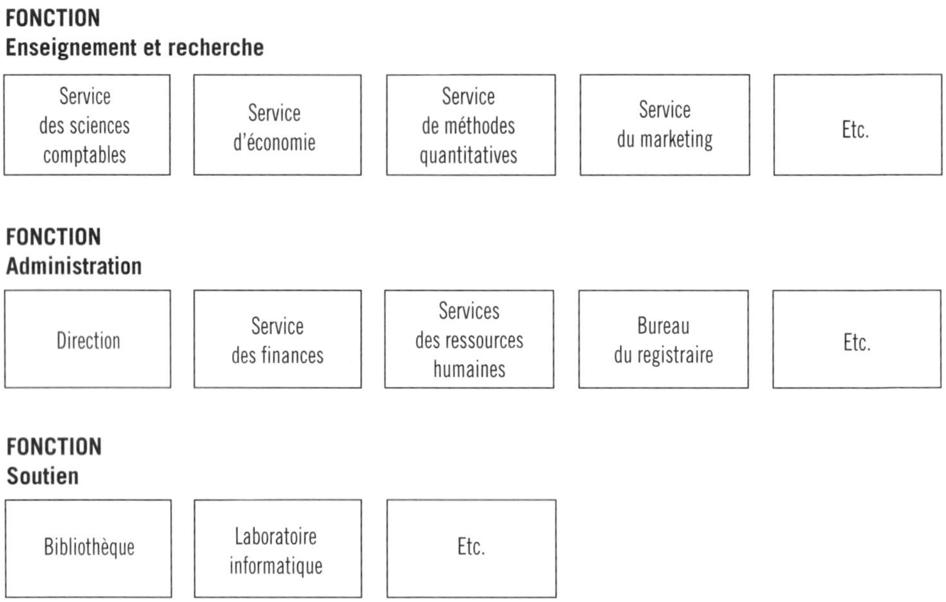

FONCTION
Enseignement et recherche

Service des sciences comptables	Service d'économie	Service de méthodes quantitatives	Service du marketing	Etc.

FONCTION
Administration

Direction	Service des finances	Services des ressources humaines	Bureau du registraire	Etc.

FONCTION
Soutien

Bibliothèque	Laboratoire informatique	Etc.

- La représentation fonctionnelle montre une segmentation de l'entreprise en plusieurs niveaux : chaque fonction est subdivisée en unités administratives ou services.
- Chaque service regroupe des personnes ayant des compétences similaires, auxquelles s'ajoutent des personnes effectuant des tâches administratives et de soutien : aux professeurs d'un service d'enseignement s'ajoutent un directeur, des secrétaires et des assistants.
- La représentation de cette école par centres de coûts montre un découpage vertical.

ont été consacrées aux activités reliées à la chaîne de valeur, soit aux activités de développement pédagogique et de recherche ainsi que de transmission des connaissances, alors que 72 % ont servi à la réalisation de diverses activités administratives et de soutien. La figure 5.15, reprise de cet ouvrage, illustre ce résultat et permet de le comparer au résultat de l'analyse du ministère de l'Éducation.

Le lien de cause à effet

Le rattachement du coût des activités aux objets de coûts dépend de relations de cause à effet indépendantes du volume des produits et des services.

Selon le modèle fondé sur les centres de coûts, la répartition entre les objets de coût des coûts accumulés dans chacun des centres de coûts se fait au prorata du volume d'extrants, ce dernier se mesurant par le nombre d'unités produites ou de services rendus. Dans un contexte caractérisé par la multiplicité et la variété de produits, le volume d'activité est calculé à l'aide d'une unité équivalente ou d'une ressource dont

Figure 5.14
Représentation par processus d'une école d'administration

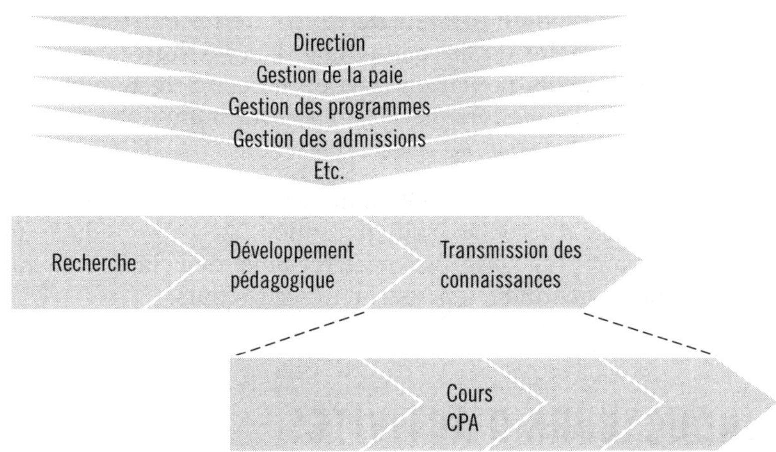

- La représentation par processus montre une segmentation de l'entreprise en plusieurs niveaux. Chaque processus est subdivisé en activités et chaque activité peut être décomposée en activités plus fines. Ainsi, l'activité de *transmission des connaissances* intégrée à la chaîne de valeur comprend notamment le cours sur la CPA.
- Chaque activité correspond au travail spécifique d'une personne ou d'un groupe de personnes : préparer et donner un cours, assurer le traitement de la paie, gérer les admissions, etc.
- La représentation de cette école par processus montre un découpage horizontal.

Figure 5.15
Ressources consommées dans le réseau universitaire québécois selon la comptabilité classique et selon la comptabilité par activités

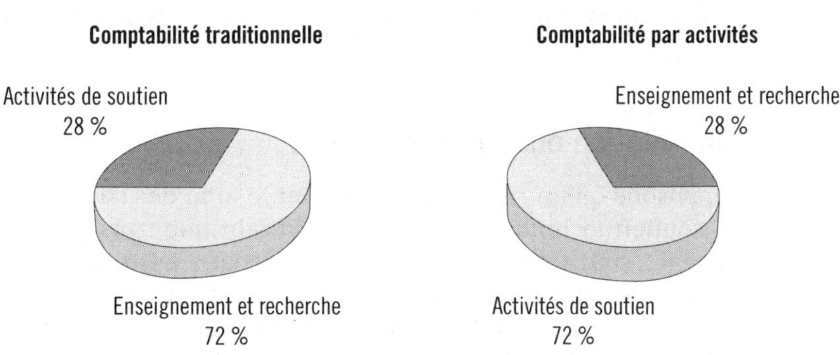

la consommation est directement proportionnelle à la production, comme les matières premières, la main-d'œuvre directe ou les heures-machines.

En vertu des règles de la comptabilité par activités, tous les coûts sont variables. Par exemple, les frais de mise en course varient par rapport au nombre de lots ; les frais liés à la certification des fournisseurs varient par rapport au nombre de fournisseurs ; les frais de conception et de développement des produits varient par rapport au nombre de produits conçus et développés, etc. Ces facteurs de variation que sont le nombre de lots, le nombre de fournisseurs, le nombre de produits, nous donnent les inducteurs d'activités, véritables liens de cause à effet entre les activités et les objets de coût. Selon les règles de la comptabilité par ressources, au contraire, tous ces coûts sont fixes, puisqu'ils ne varient pas en fonction du nombre d'unités produites. De plus, comme on l'a vu, lorsque les coûts sont imputés au prorata du volume d'activité, ils créent des distorsions.

Les inducteurs de coûts sont des facteurs qui sont responsables des coûts. Les inducteurs d'activités, sauf exception, sont des inducteurs de coûts. Ce terme est cependant plus large, car on le retrouve dans la documentation économique qui fait référence aux inducteurs structurels de coûts.

LES INDUCTEURS D'ACTIVITÉS

Comme nous l'avons mentionné plus haut, l'inducteur d'activités sert à rattacher les activités aux objets de coût. Il se présente presque toujours sous la forme d'un indicateur non financier, comme le nombre de lots, de modèles ou de commandes. L'inducteur d'activités marque une relation de cause à effet; c'est le principal élément qui distingue la comptabilité par activités de la comptabilité par centres de coûts. En effet, la répartition des coûts d'une activité entre les objets de coût se fait sur la base d'un facteur qui est à l'origine de la consommation des ressources par cette activité et non pas uniquement selon un taux d'imputation reflétant le volume d'objets de coût.

Voici un exemple illustrant le rôle d'un inducteur d'activités.

EXEMPLE

L'imputation ou le rattachement

Supposons qu'un centre de coûts dont le total des coûts fixes est de 100 000 $ fournit un soutien technique à une usine qui fabrique trois produits. Selon le modèle classique, le coût total de ce centre sera réparti entre les trois produits au prorata du volume de chacun d'eux. Si ce volume est mesuré par le temps de main-d'œuvre directe et si P1, P2 et P3 utilisent respectivement 20 %, 30 % et 50 % du temps de main-d'œuvre directe de l'usine, P1 assumera 20 000 $, P2, 30 000 $ et P3, 50 000 $ des coûts de ce centre.

Supposons, d'autre part, qu'une activité de soutien technique coûtant également 100 000 $ puisse être liée à trois produits. Dans le cadre d'une comptabilité par activités, le coût total de cette activité devra être réparti entre les trois produits en fonction de l'inducteur d'activité choisi. Par définition, cet inducteur génère l'activité ou contribue à la consommation de ressources pour la réalisation de cette activité. On ne peut considérer le temps de main-d'œuvre directe de l'usine comme l'inducteur d'activité, car il n'y a aucun lien entre celui-ci et les ressources requises pour l'activité de soutien technique. Par contre, le temps de main-d'œuvre relatif à l'activité en question peut servir d'inducteur d'activité. Ainsi, si P1 requiert 20 %, P2, 30 % et P3, 50 % de la main-d'œuvre affectée à l'activité de soutien technique, P1 assumera des coûts de

20 000 $, P2, de 30 000 $ et P3, de 50 000 $ pour cette activité. Notez bien la différence: la présence d'une relation de cause à effet est essentielle. Lorsqu'il n'existe pas de lien direct entre une activité et un objet de coût, il faut déterminer un lien entre cette activité et une autre activité. La représentation des processus se révèle alors très utile. Les activités de soutien technique sont rarement reliées directement aux objets de coût. Cependant, elles se rapportent invariablement à d'autres activités, qui peuvent elles-mêmes être associées à d'autres activités ou se rattacher à des objets de coût.

Outre les unités d'œuvre, il est possible et même souvent recommandable d'utiliser comme inducteurs d'activités des éléments déclencheurs d'activités et des facteurs reliés à la consommation des ressources pour la mise en œuvre des activités.

EXEMPLE

Les stylos à bille (suite)

Dans l'exemple des stylos à bille (p. 175), nous avons réparti les coûts de cinq activités entre trois objets de coût au moyen d'un pourcentage d'activité requis.

		Pourcentage d'activité nécessaire		
Activités	**Coût**	**Ordinaire**	**Grand luxe**	**Sur mesure**
Supervision	100 000 $	20 %	40 %	40 %
Conception	500 000	0 %	20 %	80 %
Approvisionnement	1 000 000	10 %	20 %	70 %
Mise en course	1 000 000	10 %	10 %	80 %
Contrôle de la qualité	1 000 000	10 %	40 %	50 %
Total	**3 600 000 $**			

Ce tableau indique que l'objet de coût «stylo ordinaire» requiert 20 % de l'activité de supervision, 0 % de l'activité de conception, et 10 % de chacune des activités d'approvisionnement, de mise en course et de contrôle de la qualité. Ces pourcentages ne sont pas disponibles, il faut donc les estimer; ils proviennent d'une analyse des inducteurs des activités et représentent le pourcentage de l'inducteur choisi que requiert chacun des objets de coût.

Le déclencheur d'activité

Le déclencheur d'activité est l'élément qui provoque une activité ou une série d'activités (c'est-à-dire un processus).

Le déclencheur d'une activité ou d'un processus est l'élément qui est à l'origine de cette activité ou de ce processus. Prenons, par exemple, une activité ou une série d'activités déclenchées par la plainte d'un client. Si 30 % des plaintes se rapportent à un produit particulier, alors ce produit devra assumer 30 % des coûts de cette série d'activités. Lorsqu'on choisit le déclencheur de processus comme inducteur d'activités, on regroupe dans un centre toutes les activités ayant un déclencheur commun. Le centre de regroupement correspond dans ce cas à un processus. La figure 5.16 présente le déclencheur d'activité comme la main qui pousse le premier domino de la série.

Figure 5.16
Le déclencheur : comme la main qui pousse le premier domino de la série

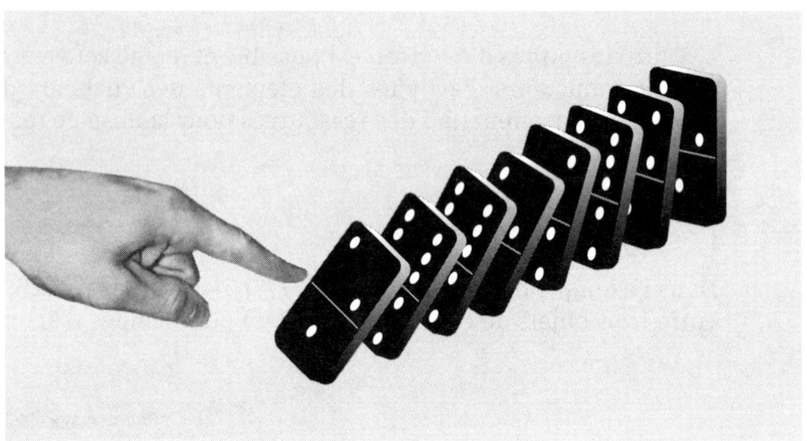

Le choix des déclencheurs d'activités comme inducteurs est révélateur de leurs effets sur les coûts.

Le facteur de consommation des ressources

Le facteur de consommation des ressources est un élément qui influe sur la consommation de ressources par les activités.

Par exemple, le nombre de composants d'un modèle ou d'une gamme de produits influe sur les coûts reliés à l'activité de gestion des composants. Supposons qu'une entreprise fabrique trois produits qui requièrent respectivement 20, 30 et 50 composants, et qu'on choisisse le nombre de composants comme inducteur de l'activité de gestion des composants. Les trois produits devront donc assumer respectivement 20, 30 et 50 % des coûts de cette activité, peu importe le nombre de produits assemblés. Lorsqu'on choisit le facteur de consommation des ressources pour les activités comme inducteur d'activités, on regroupe dans un centre toutes les activités en fonction d'un facteur de consommation commun. Le centre de regroupement représente alors l'ensemble des activités induites par le facteur choisi.

L'utilisation des facteurs de consommation des ressources comme inducteurs d'activités a pour intérêt de révéler leurs effets sur les coûts.

EN CONCLUSION

The man who knows what to do and how to do it shall gradually supplant the man who knows what was done and who did it[6].

Le modèle du coût de revient par activités est particulièrement bien adapté aux entreprises du secteur manufacturier dont les frais généraux sont élevés et dont la production est variée, ainsi qu'aux entreprises de services, parce qu'il permet de calculer le coût de toutes les activités de l'entreprise. La comptabilité par activités permet de sortir du cadre conceptuel de la comptabilité financière et de concrétiser la mission de la comptabilité de management, à savoir produire de l'information utile à la prise de décision tant stratégique qu'opérationnelle.

La comptabilité par activités nous fournit une image vivante de l'entreprise, soit celle d'un ensemble d'activités reliées les unes aux autres en sous-processus et de processus. Cette image nous révèle la dimension transversale (ou horizontale) d'une organisation matricielle (où la dimension verticale est associée aux fonctions). C'est la volonté de modéliser la structure des coûts qui a donné naissance à la comptabilité par activités. Et, c'est la volonté d'intégrer une dimension financière à des modèles d'analyse des paramètres opérationnels se rapportant aux processus qui a conduit à la création du modèle des processus issu de la comptabilité par activités. En quelques années, la comptabilité par activités est passée d'un simple modèle de calcul des coûts à un modèle menant à la gestion par activités.

Ce chapitre n'a présenté qu'un volet de la comptabilité par activités, celui du calcul des coûts à l'aide des méthodes de décomposition. Nous n'avons pas discuté des regroupements d'activités ni des critères de choix des inducteurs qui en découlent. De plus nous n'avons pas décrit le modèle des processus qui mène à la gestion par activités. Enfin, en ce qui a trait à l'implantation de la comptabilité par activités, nous sommes encore dans l'enfance de l'art. Ce n'est que récemment (sauf quelques cas isolés) que les comptables d'entreprise ont osé vaincre leurs paradigmes, s'affranchir du cadre rigide de la comptabilité financière et concevoir de véritables systèmes d'information orientés vers la gestion. Pour paraphraser H.L. Gantt, on peut affirmer que **le comptable en management qui comprend la structure des coûts et sait comment la modéliser supplantera celui qui ne fait que rendre compte des coûts historiques**.

EXERCICES

EXERCICE 5.1 Coût des activités

La masse salariale des professeurs d'une faculté est de 12 600 000 $ et les avantages sociaux afférents équivalent à 10 % de ce montant. Chaque professeur qui ne remplit

6. H.L. Gantt. *Op. cit.*, p. 10.

QUESTIONS DE RÉVISION

1. Quelle vision de l'entreprise la comptabilité par ressources nous transmet-elle ?
2. Quelle image de l'entreprise nous révèle la comptabilité par activités ?
3. En comptabilité financière, pourquoi faut-il répartir les ressources consommées au cours d'une période entre les objets de coût ?
4. Pourquoi les ressources consommées sont-elles distribuées au prorata du volume d'extrants ?
5. Décrivez brièvement le modèle de la décomposition simple des coûts.
6. Donnez la définition d'une activité.
7. Dites en quoi consiste un processus.
8. Quels critères permettent de distinguer les activités des processus ?
9. Qu'est ce qu'une tâche ?
10. Définissez les ressources.
11. Expliquez ce qu'on entend par inducteur de ressources et donnez-en un exemple.
12. Définissez le concept d'unité d'œuvre et illustrez votre définition à l'aide d'un exemple.
13. Dites ce que sont les objets de coût.
14. Qu'appelle-t-on un attribut ?
15. Précisez ce qu'est un inducteur d'activité.
16. Décrivez brièvement le modèle de la décomposition multiniveaux des coûts.
17. Nommez les deux caractéristiques qui distinguent la comptabilité par activités de la comptabilité par centres de responsabilité.
18. Pourquoi les activités n'équivalent-elles pas à des centres de coûts ?
19. Expliquez ce qu'on entend par déclencheur d'activités et illustrez votre définition par un exemple.
20. Dans quel but doit-t-on utiliser un déclencheur d'activités comme inducteur d'activités ?
21. Expliquez ce qu'on entend par facteur de consommation des ressources par les activités et donnez-en un exemple.
22. Pourquoi a-t-on recours à un facteur de consommation des ressources comme inducteur d'activités ?
23. Qu'est-ce qu'un inducteur de coûts ?
24. Pourquoi les modèles de la comptabilité par activités sont-ils particulièrement bien adaptés aux entreprises du secteur manufacturier dont les frais généraux sont élevés et dont les produits sont variés ?

pas une fonction administrative désignée partage ses heures de travail entre trois activités. Il consacre ainsi en moyenne 20 % de son temps à une activité de transmission et de partage des connaissances, 60 % à des activités de recherche et de développement, et 20 % à d'autres activités, que nous désignerons sous le nom d'activités administratives. Par ailleurs, les professeurs qui remplissent une fonction administrative désignée doivent y consacrer 60 % de leur temps, ce qui les oblige à réduire de 50 % le temps qu'ils réservent aux activités de transmission des connaissances, et de recherche et développement. On estime que 25 % du corps professoral occupe une fonction administrative désignée.

Travaux pratiques

1. Quel est, en fonction de la rémunération des professeurs, le coût direct des trois activités suivantes : a) transmission des connaissances, b) recherche et développement et c) administration ?

2. En vertu de quelles hypothèses votre réponse à la question n° 1 se vérifie-t-elle?

EXERCICE 5.2 Coûts d'un objet de coût

Les coûts directs assumés par un établissement universitaire au cours d'un exercice donné sont consignés ci-dessous.

Activité	Montant	Inducteur	Volume
Enseignement	27 900 000 $	Un crédit offert	9 300
Gestion des inscriptions	2 970 000 $	Une inscription	99 000
Gestion des admissions	150 000 $	Une admission	3 000

C'est donc dire que cet établissement a offert 9 300 crédits de cours, géré 99 000 inscriptions à des cours et admis 3 000 nouveaux étudiants dans ses programmes.

De plus, on sait qu'en moyenne, l'étudiant qui obtient un diplôme :

- suit 93 crédits de cours (on compte en moyenne 30 étudiants par cours) ;
- s'inscrit à 33 cours (même s'il n'en termine que 30) ;
- n'est admis qu'une fois.

Travail pratique

Calculez le coût direct qu'un étudiant diplômé représente pour l'université, en supposant que les coûts restent constants durant les trois années de son programme universitaire.

EXERCICE 5.3 Coûts d'un objet de coût

Voici les coûts par activités d'un atelier d'assemblage. Cet atelier assemble deux produits qui requièrent une quantité constante d'un même ensemble de pièces.

			Volume de l'inducteur		
Activité	Montant	Inducteur	Produit n° 1	Produit n° 2	Produit n° 3
Transformation	2 000 $	Une unité produite	10	90	100
Mise en course	400 $	Un lot assemblé	1	3	4
Développement du produit	700 $	Un modèle	1	1	2

Travail pratique

Calculez le coût d'assemblage par unité des produits n°s 1, 2 et 3.

EXERCICE 5.4 Utilisation des inducteurs de coûts

Une entreprise embauche 600 employés permanents et 400 employés à temps partiel. Tous les employés sont payés au moyen d'un dépôt direct effectué toutes les deux semaines. Les employés permanents ont un salaire annuel fixe. Par ailleurs, les employés à temps partiel doivent remplir une feuille de temps toutes les deux semaines. Les coûts du processus de gestion de la paie pour un exercice comportant 26 paies sont les suivants :

Activité	Montant	Unité d'œuvre	Volume	Coût unitaire
Saisie des modifications de base	20 000 $	Une modification	2 000	10,00 $
Traitement des feuilles de temps	208 000	Une feuille de temps	10 400	20,00 $
Production de la paie	78 000	Un dépôt direct	26 000	3,00 $
Gestion de la paie	**306 000 $**	**Un employé**	**1 000**	**306,00 $**

D'après un consultant, le coût annuel moyen de gestion de la paie (306 $ par employé) est élevé, puisqu'il est de 120 $ par employé selon les meilleures pratiques. Le contrôleur procède donc à l'analyse des inducteurs de coûts des activités afin de trouver un ou des moyens d'en réduire le coût.

Les modifications de base concernent les taux de salaire et les déductions à la source de tout le personnel, tant les employés permanents que les employés à temps partiel. Elles comprennent également d'autres changements relatifs au statut de chacun des employés, à leur adresse, ou au numéro de compte dans lequel le dépôt direct doit être effectué.

Le traitement des feuilles de temps ne concerne que les employés à temps partiel. Il consiste à vérifier les données inscrites sur les feuilles et à les saisir dans le système informatique. Par ailleurs, la grande majorité des employés à temps partiel ont des contrats d'une durée fixe de une ou deux journées par semaine.

La production de la paie est automatisée et présente peu de possibilités d'en réduire le coût.

Travail pratique

Proposez une stratégie de réduction des coûts de gestion de la paie et évaluez l'impact de cette stratégie sur les coûts.

EXERCICE 5.5 Utilisation des inducteurs de coûts

Vous étudiez un processus d'assemblage de meubles comprenant quatre activités dont les coûts et les unités d'œuvre se présentent ainsi :

Activité	Coût	Unité d'œuvre	Volume	Coût unitaire
Préparation du meuble	6 600 $	Nombre de meubles préparés	1 100	6,00 $
Assemblage du meuble	20 000	Nombre de meubles assemblés	1 000	20,00
Retouche et nettoyage	7 000	Nombre de meubles retouchés	200	35,00
Emballage	9 000	Nombre de meubles emballés	1 000	9,00
Total	**42 600 $**	**Nombre de meubles livrés**	**1 000**	**42,60 $**

Ces montants n'incluent pas le coût des matières premières employées pour l'assemblage du meuble; ils ne comprennent que les coûts de transformation reliés à ces activités. Le coût unitaire moyen de transformation d'un meuble livré au client est 42,60 $, en supposant qu'il n'y a aucun stock en cours ni au début, ni à la fin de l'exercice.

Travail pratique

Proposez à l'entreprise, calculs à l'appui, une stratégie visant à réduire le coût unitaire moyen.

EXERCICE 5.6 Utilisation des inducteurs de coûts

Voici deux activités et leurs inducteurs respectifs :

Activité	Coût de l'activité	Inducteur	Volume de l'inducteur
Correction des défauts	500 000 $	Un défaut découvert	1 000
Gestion du service à la clientèle	400 000 $	Un client	4 000

Travail pratique

Quelle importance accordez-vous à cette information dans le contexte d'une stratégie de réduction des coûts ?

EXERCICE 5.7 La productivité d'une activité

Une division transforme deux matières premières (X, qui coûte 1 $/kg, et Y, qui coûte 2 $/kg) : elle les mélange afin d'obtenir une pâte qu'elle revend à une autre division. On peut faire varier la proportion de l'une ou l'autre des matières contenues dans le mélange sans altérer la qualité de la pâte. On doit toutefois traiter la matière première X, qui coûte beaucoup moins cher à l'achat que la matière première Y, avant de l'ajouter au mélange. Le tableau suivant présente les quantités de matières premières utilisées de même que les coûts d'exploitation engagés pour les années 1996 et 1998.

	1996	1998
Matière première X (en kilogrammes)	12 880 000	9 840 000
Matière première Y (en kilogrammes)	3 240 000	10 080 000
Total des matières premières (en kilogrammes)	**16 120 000**	**19 920 000**

Coûts	**1996**	**1998**
Main-d'œuvre directe	1 257 900 $	1 031 100 $
Frais généraux de la division	2 680 620	2 485 320
Total	**3 938 520 $**	**3 516 420 $**

Le contrôleur de la division et celui du siège social ne s'entendent pas sur l'interprétation de ces résultats. Le contrôleur du siège social prétend que la productivité de la division a diminué puisque la proportion des frais généraux de la division par rapport au coût de la main-d'œuvre directe s'est accrue entre 1996 et 1998, passant de 2,13 $ à 2,41 $ par dollar ($) de main-d'œuvre directe. Le contrôleur de la division soutient au contraire que la productivité s'est accrue puisque, en 1998, on a transformé en moyenne 19,32 kg de matières premières par dollar ($) de main-d'œuvre directe au lieu de 12,82 kg comme en 1996, ce qui représente une augmentation substantielle.

	1996	1998
Frais généraux/Main-d'œuvre directe	2,13 $/1 $	2,41 $/1 $
Matières premières/Main-d'œuvre directe	12,82 kg/1 $	19,32 kg/1 $

Travaux pratiques

1. Dites qui, du contrôleur de la division ou de celui du siège social, a raison. Justifiez votre réponse.
2. Expliquez comment la direction devrait procéder pour évaluer la productivité de la division.

EXERCICE 5.8 Calcul d'un objet de coût[7]

FSM ltée assemble deux gammes de produits, soit une gamme de produits standard et une gamme de produits faits sur mesure. Devant la faible rentabilité affichée par l'entreprise, il y deux ans, la direction lançait la gamme de produits faits sur mesure. L'usine fonctionne à pleine capacité. On doit reporter des commandes, mais l'entreprise ne réalise toujours pas de bénéfices. Voici l'état des résultats pour le dernier exercice :

7. Ce problème est inspiré de l'étude de cas *Siemens Electric Motor Works (A) et (B) combined*, rédigée par Karen Hooper Wruck et Robin Cooper, Harvard Business School, 1989.

FSM ltée
État des résultats
pour l'exercice se terminant le 31 décembre 1998

Ventes	**100 200 000 $**	
Coûts des produits vendus		
Matières premières	30 000 000 $	30 % des coûts
Main-d'œuvre directe	10 000 000	10 % des coûts
Frais généraux de fabrication	27 000 000	27 % des coûts
	67 000 000 $	**67 % des coûts**
Bénéfice brut	**33 200 000 $**	
Frais généraux de vente et d'administration	33 000 000	33 % des coûts
Bénéfice net	**200 000 $**	

Comme les frais généraux de vente et d'administration se sont particulièrement accrus au cours des deux dernières années, le contrôleur décide d'analyser les activités de vente et d'administration. Ce faisant, il détermine que, de la somme de 33 000 000 $ attribuée aux frais généraux de vente et d'administration, 8 000 000 $ concernent diverses activités liées à la gestion des commandes. L'entreprise a reçu, au cours de la dernière année, 32 000 commandes, réparties comme suit :

Commande	Total des commandes	Total des unités
Une unité	10 780	10 780
Deux à cinq unités	17 920	62 720
6 à 100 unités	3 100	46 500
plus de 100 unités	200	80 000
Total	**32 000**	**200 000**

Comme toutes les unités commandées, au nombre de 200 000, sont équivalentes sur le plan de la consommation de matières premières et de main-d'œuvre directe, l'entreprise n'a pas de système de calcul du coût de revient. Elle estime le coût de revient de ses produits en divisant le coût total par le nombre total d'unités assemblées, ce qui donne un coût unitaire de 500 $.

Travail pratique

Calculez le coût de revient d'une commande de une unité, de 10 unités et de 100 unités, en adoptant une comptabilité par activités.

EXERCICE 5.9 Répartition des frais généraux et choix des inducteurs d'activités[8]

Une entreprise dont les frais généraux de fabrication s'élèvent à 90 000 $ assemble deux produits, P et Q, pour lesquels elle a recueilli les données suivantes :

	Produit P	Produit Q
Coût de la main-d'œuvre directe par unité	50 $	100 $
Nombre d'unités assemblées	100 000	200 000
Nombre de composants par unité	1 de type A	2 de type B
	1 de type B	1 de type C

Hypothèse 1 : Les frais généraux de fabrication sont imputés selon le coût de la main-d'œuvre directe.

Hypothèse 2 : Les frais généraux de fabrication sont imputés selon le nombre total d'unités assemblées.

Hypothèse 3 : Les frais généraux de fabrication sont imputés selon le type de composant ; on détermine le montant de 30 000 $ par type de composant, montant qu'on répartit ensuite selon le nombre d'unités de chacun des trois types de composant.

Travaux pratiques

1. Calculez le montant de frais généraux de fabrication imputé à chacun des produits P et Q, selon chacune des hypothèses.
2. Commentez l'impact de la méthode d'imputation sur le comportement des concepteurs de produits, dans une perspective de réduction des coûts.

EXERCICE 5.10 Coût des activités et rentabilité

L'entreprise Électro ltée assemble et vend des plinthes électriques. La rentabilité de l'entreprise a fortement diminué depuis deux ans. Or, en raison de la mondialisation des marchés et du libre-échange en Amérique du Nord, le prix de vente demeure un facteur important dans la décision d'achat du consommateur.

Le pourcentage de bénéfice net de l'entreprise était de 5 % au 31 décembre 1998 et ce, pour la quatrième année de suite. En 1994, il était de 16,4 %. Le tableau qui suit présente l'état des résultats au 31 décembre 1998.

8. Ce problème est inspiré d'une étude de cas *Tektronix : Portable Instruments Division (A)*, rédigée par Robin Cooper et Peter B. B. Turney, Harvard Business School, 1988.

Électro ltée
État des résultats
pour l'exercice se terminant le 31 décembre 1998

Ventes	**312 580 000 $**	**100,00 %**
Coût des produits vendus	166 300 000	53,20
Bénéfice brut	**146 280 000 $**	**46,80 %**
Frais de vente	90 000 000 $	28,79 %
Frais d'administration	26 660 000	8,53
Frais de financement	14 000 000	4,48
	130 660 000 $	**41,80 %**
Bénéfice net	**15 620 000 $**	**5,00 %**

Le système actuel de coût de revient de l'entreprise est assez simple, puisqu'il repose sur une méthode qui fait appel à une analyse d'équivalence. Les procédés de fabrication sont relativement homogènes, ce qui permet l'établissement d'équivalences entre les produits relativement aux coûts directs. Le tableau qui suit établit la production de l'année 1998 en unités équivalentes.

	Famille de produits					
	A	**B**	**C**	**D**	**E**	**Total**
Unités produites	1 583 000	600 000	1 020 000	680 000	700 000	
Unité d'équivalence	1	2	2	2	3	
Unités équivalentes	1 583 000	960 000	2 040 000	1 632 000	2 100 000	**8 315 000**

Le tableau qui suit indique le calcul du coût de revient par unité à partir des données du tableau précédent.

Coût des produits vendus	166 300 000 $
Nombre d'unités équivalentes	8 315 000
Coût par unité équivalente	20 $

	Famille de produits				
	A	**B**	**C**	**D**	**E**
Unités équivalentes	1	1,6	2	2,4	3
Coût par unité équivalente	20 $	20 $	20 $	20 $	20 $
Coût unitaire	20 $	32 $	40 $	48 $	60 $

Analyse des activités indirectes

Si le produit est homogène en ce qui a trait aux activités d'assemblage, il ne l'est pas pour ce qui est des activités dites indirectes, c'est-à-dire les activités de logistique et de soutien. Ainsi, le moment et le lieu où s'effectue la commande, la quantité de produits commandés et l'initiateur de la commande sont autant de facteurs qui influent sur les frais de vente, les frais généraux de fabrication et les frais d'administration.

Les activités reliées à la fabrication

Au mois d'octobre de chaque année, l'entreprise participe à une série de foires commerciales où elle expose ses produits et remplit son carnet de commandes pour le printemps suivant. À partir de ces commandes, elle établit son programme de production pour l'hiver. Toute commande passée après le 1er janvier perturbe l'horaire de production et doit être produite par lot spécial. En 1998, 831 500 des 8 315 000 unités équivalentes ont été produites par lots spéciaux, à un coût additionnel de 10 $ par unité équivalente. Ce coût est inclus dans le coût des produits vendus.

Les activités reliées à la vente

L'entreprise vend à des groupes d'acheteurs, par exemple au groupe RONA, et à des particuliers. Les groupes exigent en moyenne une réduction additionnelle de 5 % sur le montant de leurs commandes. L'expérience de crédit de ces groupes est excellente, alors que les créances douteuses des particuliers ont totalisé 6 % du montant des ventes l'année précédente, sans compter le travail supplémentaire pour la comptabilité, qui doit traiter avec plusieurs petits clients plutôt qu'avec un seul client important.

En tout, 3 779 895 unités équivalentes ont été exportées et 70 % des unités équivalentes ont été vendues aux groupes. L'entreprise doit assumer des frais additionnels pour les produits exportés. Les coûts reliés aux activités de vente sont les suivants :

Frais de vente	Montant
Activités communes	16 630 000 $
Activités reliées aux exportations	56 698 425
Réductions accordées aux groupements	11 058 950
Mauvaises créances	5 612 625
Total	**90 000 000 $**

Les activités reliées à l'administration

On a établi que la gestion d'une commande coûte 50 $, indépendamment du nombre d'unités. Ainsi, en moyenne, la gestion d'une unité coûte 1 $ pour une commande de 50 unités et 5 $ pour une commande de 10 unités. La gestion des commandes représente 10 % des frais totaux d'administration.

Travaux pratiques

1. Établissez la liste des produits non rentables.
2. Proposez à la direction des mesures susceptibles d'améliorer la rentabilité des produits non rentables.

EXERCICE 5.11 Décomposition simple des coûts

L'entreprise manufacturière MJL ltée fabrique trois produits. Ses activités se déroulent exclusivement à l'intérieur d'un atelier où tous ses produits suivent un parcours similaire. On établit des coûts standard complets pour chacun des trois produits. On affecte directement aux produits les coûts des matières premières et de la main-d'œuvre directe. On impute aux produits les frais généraux de fabrication à partir du coût standard de la main-d'œuvre directe. On considère les frais de vente et d'administration comme des frais se rapportant à l'ensemble de la période et on ne les répartit pas entre les produits.

Voici le budget de MJL ltée pour le prochain exercice :

Budget de MJL ltée pour le prochain exercice financier

Ventes	**3 832 600 $**
Coût des produits vendus	
Matières premières	680 000 $
Main-d'œuvre directe	215 000
Frais généraux de fabrication	1 703 000
	2 598 000 $
Bénéfice brut	**1 234 600 $**
Frais de vente et d'administration	624 000
Bénéfice net	**610 600 $**

La fiche du coût de revient standard des produits est la suivante :

Coût de revient standard

	Produit A	Produit B	Produit C
Matières premières	20,00 $	30,00 $	10,00 $
Main-d'œuvre directe	10,00	6,67	5,00
Frais généraux de fabrication	79,21	52,81	39,60
Total	**109,21 $**	**89,47 $**	**54,60 $**

L'analyse des activités d'exploitation se résume ainsi :.

Activité	Unité d'œuvre	Produit A	Produit B	Produit C	Total
Production	Unité produite	10 000	15 000	3 000	**28 000**
Utilisation des machines	Heure-machine	5 000	12 000	3 000	**20 000**
Gestion des composants	Composant	50 000	90 000	30 000	**170 000**
Mise en course	Mise en course	8	10	12	**30**
Ingénierie	Heure travaillée	2 500	3 500	4 000	**10 000**
Emballage	Unité livrée	100	500	2 000	**2 600**

Une analyse des coûts de ces activités a révélé que la répartition des frais généraux de fabrication est la suivante :

Activités	Coûts
Utilisation des machines	700 000 $
Gestion des composants	300 000
Mise en course	3 000
Ingénierie	500 000
Emballage	200 000
Total	**1 703 000 $**

Quant aux frais de vente et d'administration, mis à part 10 % de ces frais qui sont spécifiques au produit C, il faudrait effectuer une analyse des activités pour pouvoir les établir et ensuite les rattacher aux produits.

Travaux pratiques

1. Calculez le coût de revient des produits A, B et C selon la méthode de la comptabilité par activités.
2. Proposez à l'entreprise une stratégie de réduction des coûts.

EXERCICE 5.12 Décomposition simple des coûts

Une entreprise québécoise, SOL ltée, fabrique un produit qu'elle distribue en Europe par l'intermédiaire d'un grossiste à qui elle consent une commission de 10 %. L'entreprise vend actuellement son produit 10 $ au grossiste, qui le revend 11 $ aux détaillants européens. Le grossiste, qui assume les frais de mise en marché, de publicité et de distribution en Europe, affirme qu'il aura de plus en plus de difficulté à distribuer ce produit, car une entreprise belge offre depuis peu un produit équivalent au prix de 8 $, soit 3 $ de moins que le produit québécois. À moins que l'entreprise ne révise son prix de vente au grossiste, elle risque de voir chuter ses exportations vers l'Europe, qui représentent 30 % de son chiffre d'affaires. L'état des résultats de SOL ltée est reproduit ici :

SOL ltée
État des résultats
pour l'exercice se terminant le 31 décembre 1998

Ventes	**56 845 000 $**
Coût des produits vendus	18 350 000
Bénéfice brut	**38 495 000 $**
Frais généraux	30 045 750
Bénéfice net	**8 449 250 $**

À la suite d'une analyse des frais généraux, qui représentent 60 % des coûts totaux, on a dégagé les postes suivants :

Activités liées aux frais généraux	
Administration	5 200 000 $
Finance et contrôle	3 270 000
Mise en marché et publicité	6 990 500
Entreposage et livraison au pays	4 233 000
Livraison des produits exportés	810 000
Commissions sur les exportations	2 842 250
Recherche et tests	6 700 000
Total	**30 045 750 $**

On constate que tout au plus 50 % des frais d'administration sont reliés à l'exportation.

Travail pratique

L'entreprise devrait-elle réduire son prix de vente au grossiste à 7 $ pour concurrencer l'entreprise belge ? Justifiez votre réponse.

EXERCICE 5.13 Décomposition simple des coûts

Volovent Inc. assemble trois modèles de moteurs d'avion : Ivolo, Ivolba et Itombe.

Le processus d'assemblage est fortement automatisé et n'exige pratiquement plus de main-d'œuvre directe. Les coûts d'assemblage sont répartis entre les produits au prorata des heures-machines. L'entreprise affiche des bénéfices intéressants, mais qui proviennent en majeure partie du rendement financier du modèle Itombe, comme le montrent ces résultats sectoriels portant sur le dernier exercice :

	Ivolo	**Ivolba**	**Itombe**	**Total**
Ventes	**5 600 000 $**	**11 000 000 $**	**12 750 000 $**	**29 350 000 $**
Coût des produits vendus				
Matières premières	1 750 000 $	3 520 000 $	4 500 000 $	9 770 000 $
Coût d'assemblage	3 937 500	7 734 375	6 328 125	18 000 000
Résultat brut	**–87 500 $**	**–254 375 $**	**1 921 875 $**	**1 580 000 $**
Frais de vente et d'administration	125 000	125 000	125 000	375 000
Résultat net	**–212 500 $**	**–379 375 $**	**1 796 875 $**	**1 205 000 $**

La fiche du coût de revient standard des modèles est la suivante :

	Ivolo	**Ivolba**	**Itombe**
Matières premières	125,00 $	160,00 $	150,00 $
Coût d'assemblage	281,25	351,56	210,94
Coût total	**406,25 $**	**511,56 $**	**360,94 $**

Voici des données statistiques touchant la production du dernier exercice :

	Ivolo	Ivolba	Itombe	Total
Unités produites	14 000	22 000	30 000	**66 000**
Dollars de matières premières	1 750 000 $	3 520 000 $	4 500 000 $	**9 770 000 $**
Heures-machines	56 000	110 000	90 000	**256 000**
Nombre de lots	10	18	30	**58**
Nombre de types de composants	1 800	2 000	3 000	**6 800**

Les résultats d'une analyse comparative du prix du moteur du Volovent et du prix du moteur du concurrent le plus bas sur le marché se présentent ainsi :

	Ivolo	Ivolba	Itombe
Prix du moteur du Volovent	400 $	500 $	425 $
Prix du moteur le moins cher	380 $	460 $	450 $

Enfin, l'analyse des activités reliées à l'assemblage des moteurs donne les résultats suivants :

Activités	
Achat, réception et entreposage des matières premières	2 980 000 $
Machinerie et équipement	3 975 000
Mise en course	1 675 000
Ingénierie	3 965 000
Autres activités	5 405 000
Coûts de transformation	**18 000 000 $**

Travaux pratiques

1. Commentez la méthode actuelle de répartition des coûts d'assemblage.
2. Proposez un modèle de comptabilité par activités et décrivez-le, sans toutefois effectuer les calculs pour le vérifier.
3. Calculez le résultat net de chaque produit en utilisant la comptabilité par activités.
4. Suggérez une stratégie de réduction des coûts et estimez-en, calculs à l'appui, l'impact sur le bénéfice de l'entreprise.

EXERCICE 5.14 Décomposition simple des coûts

Ventilation ltée assemble des ventilateurs depuis une vingtaine d'années. À l'origine, l'entreprise ne fabriquait qu'une seule gamme de produits, dite standard, dont les cinq modèles sont vendus au détail dans le réseau des quincailleries. Il y a cinq ans, l'entreprise lançait une deuxième gamme de produits, dite technique. Destinée au secteur résidentiel, cette deuxième gamme compte aujourd'hui dix modèles vendus directement aux entrepreneurs en construction. Il y a deux ans, l'entreprise lançait une gamme sur mesure. Destinés au secteur commercial, ces modèles sont fabriqués selon la dimension et les caractéristiques de l'immeuble auquel ils sont destinés. Par ailleurs, l'entreprise agit aussi comme distributeur exclusif de hottes importées de Suède, et elle a l'intention de les assembler dès que l'entreprise aura maîtrisé leur processus de mise en marché.

Au cours du dernier exercice financier, Ventilation ltée a réalisé un bénéfice net de de 1,41 %, soit 1 695 000 $ sur un chiffre d'affaires de 120 000 000 $. Un résultat décevant, selon la présidente.

L'état des résultats sectoriels est présenté dans le tableau suivant :

Ventilation ltée
Résultats sectoriels
pour l'exercice se terminant le 31 décembre 1998

	Gamme standard	Gamme technique	Gamme sur mesure	Importation de hottes	Total
Ventes	**35 000 000 $**	**45 000 000 $**	**20 000 000 $**	**20 000 000 $**	**120 000 000 $**
Coûts variables					
Achat de hottes				10 000 000 $	10 000 000 $
Matières premières	3 800 000 $	6 500 000 $	2 500 000 $		12 800 000
Main-d'œuvre directe	4 000 000	1 500 000	1 000 000		6 500 000
Frais généraux de fabrication	27 080 000	10 155 000	6 770 000		44 005 000
Frais généraux de vente	525 000	675 000	300 000	300 000	1 800 000
	35 405 000 $	**18 830 000 $**	**10 570 000 $**	**10 300 000 $**	**75 105 000 $**
Marge sur coûts variables	**–405 000 $**	**26 170 000 $**	**9 430 000 $**	**9 700 000 $**	**44 895 000 $**
Coûts fixes					
Frais généraux de fabrication					26 400 000 $
Frais généraux de vente					10 700 000
Frais généraux d'administration					6 100 000
					43 200 000 $
Bénéfice net					**1 695 000 $**

À l'aide d'une régression linéaire, on a déterminé le montant des frais généraux de fabrication variables, qui s'élèvent à 6,77 $ par dollar ($) de main-d'œuvre directe. De même, on a établi que les frais généraux variables de vente représentaient 1,5 % du montant des ventes. Aucun effort n'a encore été fait pour répartir les frais généraux fixes entre les gammes de produits, mais, pour l'évaluation des stocks, l'entreprise utilise un taux d'imputation des frais généraux de fabrication fixes et variables combinés de 10,83 $ par dollar de main-d'œuvre directe.

Analyse de la production

Les statistiques de la production au cours du dernier exercice sont regroupées dans le tableau suivant :

Statistiques	Gamme standard	Gamme technique	Gamme sur mesure	Total
Nombre de modèles	5	10	22	**37**
Taille moyenne des lots	1 000	250	5	
Nombre de lots produits	50	100	500	**650**
Indice de complexité des produits	15 %	50 %	35 %	
Heures de mise en course	3	10	1	
Nombre moyen de composants	5	8	4	
Nombre d'heures-machines	275	520	85	**880**

Le tableau qui suit présente l'analyse des activités de fabrication et le rattachement des ressources à ces activités.

Activités	Coûts
Achat, réception et entreposage des matières premières	13 000 000 $
Mises en course	330 000
Supervision et autres activités de la main-d'œuvre indirecte	8 975 000
Inspection et contrôle de la qualité	8 525 000
Ingénierie, conception et développement des produits	27 000 000
Utilisation des équipements (dotation à l'amortissement cumulé)	6 000 000
Assurances	850 000
Utilisation de l'énergie, chauffage et force motrice	5 000 000
Entretien de l'équipement, maintenance	725 000
Total	**70 405 000 $**

Le nombre de commandes est un facteur de la consommation des ressources relié à l'activité d'achat, de réception et d'entreposage des matières premières. Le service des achats effectue ses commandes de matières premières par composant et par lot.

Chaque lot déclenche une mise en course.

La main-d'œuvre indirecte varie en fonction du nombre d'unités fabriquées.

Le contrôle de la qualité coûte 1 100 $ pour chaque tranche de 100 unités fabriquées.

L'indice de complexité des produits reflète le temps nécessaire pour compléter les devis, s'assurer du respect des spécifications, etc. Il traduit le niveau de consommation des ressources de l'activité d'ingénierie, de conception et de développement de produits.

La consommation des autres activités est proportionnelle au nombre d'heures-machines.

Analyse des activités de vente et d'administration

On a établi que, sur le total de 12 400 000 $ de frais engagés en 1998, 4 700 000 $ ont servi à la distribution des hottes. Les autres activités sont communes aux autres produits de l'entreprise.

On a déterminé que, du total des frais d'administration, 100 000 $ étaient attribuables à la distribution des hottes, les autres activités étant communes aux autres produits.

Travaux pratiques

1. Proposez au président un système de comptabilité par activités.
2. Calculez le résultat net selon le système proposé.
3. Faites-lui des suggestions en matière de gestion stratégique et de gestion opérationnelle ; ces idées devraient le convaincre des bienfaits d'un système de comptabilité par activités.

EXERCICE 5.15 Décomposition simple des coûts

Olytrans est une usine de produits transformés située à Saint-Jean-sur-Richelieu. L'entreprise transforme une matière première, principalement de la viande de porc, en deux gammes de produits : les produits de salaison et les produits dits d'émulsion. Les principaux produits de salaison comprennent la toupie, le jambon à l'ancienne, la fesse entière, le bacon de dos, le bacon et le picnic. Les principaux produits d'émulsion comprennent le saucisson de Bologne, le pepperoni, le salami et la saucisse fumée.

L'entreprise vient de fêter ses 70 ans d'existence ; elle s'est agrandie au fil des ans. Malheureusement, on a assisté à l'effritement de sa rentabilité au cours des dernières années, et elle vient de présenter pour la première fois un résultat déficitaire. La direction en est ébranlée et se demande si elle ne devrait pas liquider l'entreprise avant de subir des pertes plus importantes, ou encore la vendre à d'autres investisseurs. Cependant, devant l'insistance du directeur financier, la direction demande au nouveau contrôleur de préparer un rapport recommandant des mesures permettant d'améliorer la rentabilité de l'entreprise. Cette information devient essentielle à la poursuite des opérations tout autant qu'à la vente de l'entreprise, car les résultats du dernier exercice, qui seraient sans aucun doute exigés par un acheteur éventuel, ont fait dégringoler le prix de vente.

Les résultats de l'exercice

Le tableau qui suit présente l'état des résultats du plus récent exercice financier, qui s'est terminé le 31 mai 1998.

Olytrans
Résultats
pour l'exercice terminé le 31 mai 1998
(en millions de dollars)

Ventes		**77**
Coûts		
Matières premières (viande)	45	
Matières (emballage)	12,6	
Main-d'œuvre de production	9,7	
Frais généraux	12,7	
		80
Résultat		**–3**

Le système de coût de revient en vigueur

Les produits sont transformés par lots. Le graphique ci-dessous illustre la façon dont les ressources sont rattachées aux lots de produits transformés, selon le système de coût de revient en vigueur.

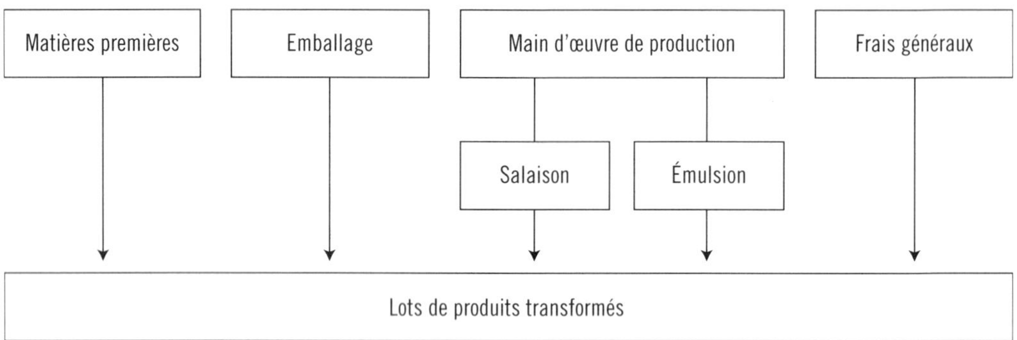

Les matières premières (viandes) et les matières d'emballage sont directement reliées aux lots à partir des quantités utilisées. La main-d'œuvre de production est associée dans un premier temps à un des deux centres de coûts se rapportant aux produits de salaison et aux produits d'émulsion et, dans un deuxième temps, à un lot de produits au prorata du temps de main-d'œuvre. Enfin, les frais généraux sont répartis proportionnellement au coût de la main-d'œuvre à l'aide d'un taux d'imputation déterminé au début de l'exercice.

Le tableau ci-dessous contient les données relatives au coût de revient des deux gammes de produits au cours du dernier exercice.

Coût de revient
(en millions de dollars)

Ressources	**Produits de salaison**	**Produits d'émulsion**	**Total**
Matières premières (viande)	36,000	9,000	**45,000**
Matières (emballage)	8,100	4,500	**12,600**
Main-d'œuvre de production	6,208	3,492	**9,700**
Frais généraux	8,128	4,572	**12,700**
Total	**58,436**	**21,564**	**80,000**
Production en millions de kilogrammes de produits finis	8,55	4,14	
Coût par kilogramme de produits finis	**6,83 $**	**5,21 $**	
Coût de transformation par kilogramme de produits finis	1,68 $	1,95 $	

L'entreprise a utilisé 9 millions de kilogrammes de viande à 4 $/kg pour les produits de salaison. Elle a employé 4,5 millions de kilogrammes de viande à 2 $/kg pour les produits d'émulsion. De même, les matières d'emballage sont rattachées directement aux lots en fonction de leur utilisation. Des 250 employés qui composent la main-d'œuvre de production, 160 sont affectés aux produits de salaison et 90, aux produits d'émulsion. Le coût de transformation par kilogramme de produits finis est obtenu en soustrayant le coût des matières utilisées (viande et emballage) du coût de revient calculé; il ne concerne donc que le coût de la main-d'œuvre de production ainsi que les frais généraux.

Une analyse des activités

Le nouveau contrôleur a l'occasion rêvée de démontrer que la comptabilité par activités est pertinente pour la prise de décision. Il entreprend une analyse des activités d'opérations en mettant l'accent uniquement sur les activités d'attente et de recyclage; il établit également les quantités de rebuts. Dans un premier temps, il n'a pas jugé bon d'analyser les activités pour lesquelles des frais généraux sont déterminés.

Il conçoit alors le modèle suivant:

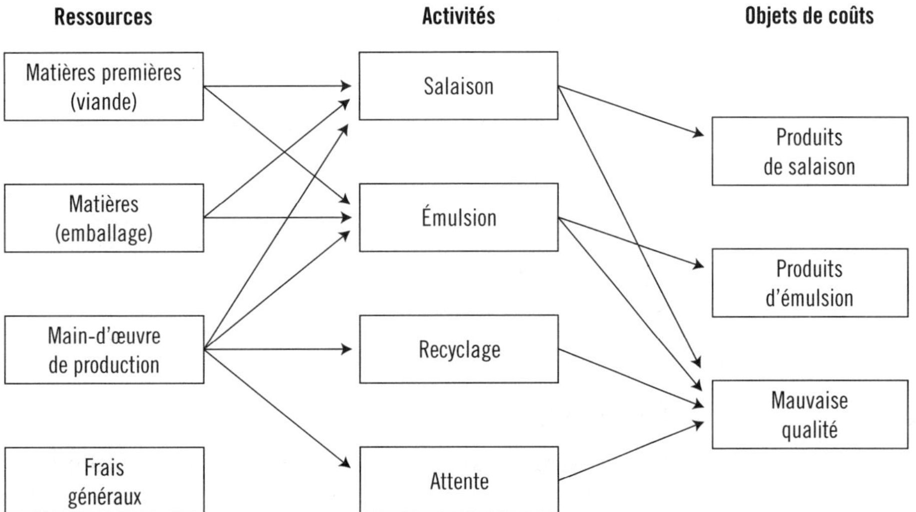

Les inducteurs de ressources

Le contrôleur détermine que 12 des 160 employés affectés aux produits de salaison ainsi que 6 des 90 employés affectés aux produits d'émulsion s'occupent en fait d'activités de recyclage. De plus, il établit que 12 % du temps total de toutes les activités exercées — salaison, émulsion et recyclage — représente une activité d'attente. Ces attentes sont causées par les nombreux arrêts de la chaîne de production dont les motifs font l'objet d'un rapport distinct.

Les objets de coût

Le contrôleur choisit de définir trois objets de coûs: les produits de salaison, les produits d'émulsion et la mauvaise qualité des produits. Ce dernier objet regroupe tous les coûts correspondant aux activités de recyclage et d'attente ainsi que les rebuts. On constate que 5 % des produits de salaison et 8 % des produits d'émulsion se retrouvent au rebut.

Travaux pratiques

1. Calculez le coût en main-d'œuvre de production pour les activités suivantes :
   a) la salaison ;
   b) l'émulsion ;
   c) le recyclage ;
   d) l'attente.
2. Calculez le coût total des produits, excluant les frais généraux, des objets de coût suivants :
   a) produits de salaison ;
   b) produits d'émulsion.
3. Calculez les coûts résultant de la mauvaise qualité des produits, à l'exclusion des frais généraux, en distinguant bien la portion de ces coûts correspondant :
   a) aux matières premières (viande) ;
   b) à la matière (emballage) ;
   c) aux coûts de main-d'œuvre de production par type d'activité (salaison, émulsion, recyclage et attente).
4. Calculez le montant des frais généraux qui devraient être inclus dans les coûts reliés à la mauvaise qualité si les frais généraux étaient totalement proportionnels à la main-d'œuvre de production.
5. Adressez à la direction d'Olytrans un rapport d'une page (au maximum) faisant état de votre analyse de la situation et de vos recommandations pour améliorer la rentabilité de l'entreprise. (Illustrez au besoin votre analyse et vos recommandations par des informations quantitatives).

EXERCICE 5.16 Décomposition simple des coûts

L'entreprise MBH Ltée, fondée en 1987, fabrique des produits destinés à la consommation au détail. Jusqu'à l'année dernière, l'entreprise produisait dans son usine construite en 1987 trois modèles de base qui se vendaient respectivement 50 $, 80 $ et 100 $. Cependant, le modèle A, offert au prix de 50 $, représentait environ 50 % du chiffre d'affaires de l'entreprise et comptait pour environ 70 % de la production. La marge bénéficiaire brute de chacun des modèles était approximativement de 40 %, ce qui signifie que le coût de fabrication du modèle A était d'environ 30 $.

La nécessité d'une nouvelle usine

Les ventes n'avaient cessé de croître depuis la fondation de l'entreprise. Il y a trois ans, l'usine datant de 1987 fonctionnait à pleine capacité et ce, sept jours par semaine. Après avoir étudié deux projets — un projet d'agrandissement de l'usine actuelle et un projet d'implantation d'une nouvelle usine en remplacement de la première —, la direction a opté pour la nouvelle usine intégrant la plus récente technologie de fabrication. Cette nouvelle usine, entièrement automatisée, permettrait de décupler la capacité de production actuelle. De plus, le délai de fabrication pourrait être réduit de une semaine à une journée, et une analyse préliminaire indique que le coût des produits actuels pourrait être réduit de 35 % à 40 %. C'est donc avec un enthousiasme débordant que le président a annoncé ce jour-là le projet d'investissement s'élevant à 500 millions.

La mise en opération de la nouvelle usine

La construction de l'usine a été terminée il y a un an. Les plans de mise en opération prévoyaient le transfert de la production du modèle A dès l'ouverture de la nouvelle usine, de même que le lancement d'un nouveau modèle, le modèle D, requérant des composants faits sur mesure. Le transfert de la production des modèles B et C aurait lieu au début de la deuxième année et, à long terme, la production de chacun des quatre modèles (A, B, C et D) occuperait environ 25 % de la capacité des équipements et également 25 % de l'aire de l'usine. De plus, selon les prévisions de croissance des ventes, on croyait pouvoir atteindre la nouvelle capacité après seulement trois ans d'opération.

Les résultats du premier semestre d'opération à la nouvelle usine

La performance des équipements dépassait les attentes, mais les résultats financiers ont été désastreux. Comme la direction prévoyait réduire substantiellement le délai de fabrication et diminuer le coût de fabrication d'environ 35 % à 40 % dans la nouvelle usine, elle a abaissé dès le début du trimestre son prix de vente du modèle A de 50 $ à 40 $, déclenchant une guerre des prix qu'elle a d'ailleurs remportée. Résultat : l'entreprise a doublé sa part de marché. Soulignons que le délai de fabrication a bel et bien été réduit de une semaine à une journée, qu'aucun problème d'implantation n'aurait pu retarder la production et que les produits fabriqués avec ces nouveaux équipements ont été de qualité supérieure. Enfin, l'entreprise a lancé comme prévu et avec succès le modèle D, qu'elle a vendu 150 $ l'unité.

Cependant, et c'est là le désastre, le coût de fabrication du modèle A est passé de 30 $ à 60 $ l'unité, alors qu'on avait réduit le prix de vente de 50 $ à 40 $, à partir des prévisions de coût. Or, on ne pouvait revenir sur l'ancien prix de 50 $ sans risquer de perdre non seulement les parts de marché nouvellement acquises mais également celles que l'on détenait auparavant. Les résultats obtenus pour le premier semestre d'opération à la nouvelle usine, tels qu'établis par le directeur financier avant qu'il ne quitte l'entreprise, sont les suivants :

Nouvelle usine
Résultats pour le premier semestre d'opération

	Modèle A	**Modèle D**	**Total**
Ventes	**14 000 000 $**	**15 000 000 $**	**29 000 000 $**
Coût des produits vendus			
Matières premières	2 800 000 $	1 200 000 $	4 000 000 $
Main-d'œuvre directe	700 000	300 000	1 000 000
Frais généraux de fabrication	17 500 000	7 500 000	25 000 000
	21 000 000 $	**9 000 000 $**	**30 000 000 $**
Résultat brut	**–7 000 000 $**	**6 000 000 $**	**–1 000 000 $**

Pour faciliter les calculs, voici les mêmes résultats établis par unité.

	Modèle A	Modèle D
Ventes	**40,00 $**	**150,00 $**
Coût des produits vendus		
Matières premières	8,00 $	12,00 $
Main-d'œuvre directe	2,00	3,00
Frais généraux de fabrication	50,00	75,00
	60,00 $	**90,00 $**
Résultat brut	**–20,00 $**	**60,00 $**

La colère du président

Irrité par ces résultats, le président fait venir à son bureau le nouveau directeur financier, C.M. Aubin, embauché la veille. Il lui demande d'expliquer comment le transfert de la production du modèle A pouvait se traduire en une augmentation du coût unitaire de 30 $ à 60 $, alors qu'on avait prévu une baisse de près de 40 % de ce coût. Il exige qu'on lui soumette un rapport qui va directement au but, donc concis et explicatif. Le nouveau directeur financier recueille à cet effet des informations supplémentaires.

- L'entreprise a fabriqué dans la nouvelle usine, au cours de ce premier semestre d'opération, 350 000 unités du modèle A et 100 000 unités du modèle D. Les frais généraux de fabrication ont été imputés sur la base du coût des matières premières.
- Une analyse des frais généraux de fabrication, totalisant 25 millions de dollars pour ce premier trimestre, fournit le détail des activités qui s'y rapportent et leur coût.

Frais généraux de fabrication	Montant	Inducteur d'activité
Direction et supervision	1 500 000 $	Heures de supervision
Conception des devis	2 500 000	Nombre de devis
Développement des composants	3 800 000	Nombre de composants
Contrôle de la qualité	1 700 000	Heures de contrôle
Coûts reliés aux machines	12 000 000	Heures-machines
Coûts reliés aux espaces	3 000 000	Aire allouée
Autres frais généraux	500 000	Heures-machines
Total	**25 000 000 $**	

- Le modèle A a requis 5 000 heures des 15 000 heures de direction et de supervision.
- Les activités de conception des devis et de développement des composants ne concernent que le modèle D.
- Le modèle A n'a requis que 2 000 heures des 17 000 heures consacrées au contrôle de la qualité.
- Le modèle A a nécessité 14 000 des 20 000 heures-machines utilisées. Cependant, les coûts reliés aux machines sont pratiquement fixes.
- Les modèles A et D ont nécessité à peu près le même espace au cours de ce premier semestre. Les coûts reliés aux espaces sont fixes.
- Durant ce premier semestre, l'usine n'a fonctionné qu'à 40 % de sa capacité, c'est-à-dire que les machines n'ont été utilisées qu'à 40 % de leur capacité totale et que

seulement 40 % de l'aire totale disponible a été effectivement utilisée. Il faut rappeler aussi que la production des modèles B et C n'a pas encore été transférée à la nouvelle usine, et que, éventuellement, ces modèles doivent employer 50 % de la capacité des machines et occuper 50 % de l'aire de l'usine.

Travaux pratiques

1. Calculez selon les principes de la comptabilité par activités le coût de revient des produits du modèle A et du modèle D, qui sont fabriqués dans la nouvelle usine.
2. Rédigez le rapport demandé par le président.

EXERCICE 5.17 Décomposition multiniveaux des coûts

L'École du haut savoir commercial (HSC) vient de fêter ses 70 ans d'existence. Depuis son inauguration, cet établissement d'enseignement est résolument engagé dans la communauté. Fière de cet héritage, la direction de l'École a voulu donner l'exemple en matière de gestion des deniers publics. Ainsi, au cours des ans, l'École a toujours présenté un budget équilibré et n'a jamais enregistré de déficit, même si cet objectif devenait de plus en plus difficile à atteindre lors des derniers exercices. En effet, près de 75 % de ses revenus proviennent de subventions. Or, ces dernières ont été réduites de façon constante au cours des dernières années. Les résultats du plus récent exercice financier, terminé le 31 mai 1996, sont reproduits ci-dessous.

État des résultats
École du HSC
pour l'exercice terminé le 31 mai 1996

Revenus		
Subventions		34 285 000 $
Autres		12 082 800
		46 367 800 $
Coûts		
Salaires		
Direction	5 820 000 $	
Enseignants	16 040 000	
Auxiliaires	1 720 000	
Soutien technique	2 316 000	
Soutien de bureau	3 300 000	
Métiers ouvriers	1 020 000	30 216 000 $
Avantages sociaux		4 532 400
Déplacements		3 270 800
Fournitures		4 607 000
Dotation à l'amortissement		2 530 000
Publicité		934 000
Autres		741 000
		46 831 200 $
Résultat net		**–463 400 $**

Comme tous les établissements du réseau universitaire, l'École utilise une comptabilité par ressources. Ces ressources, regroupées par fonctions selon des règles de classement des coûts établies par le ministère de l'Éducation, se présentent ainsi :

Ressources	**Enseignement**	**Recherche**	**Soutien à l'enseignement et à la recherche**	**Soutien institutionnel**	**Coûts**
Salaires					
Direction	1 400 000 $	200 000 $	800 000 $	3 420 000 $	5 820 000 $
Enseignants	13 200 000	2 600 000		240 000	16 040 000
Auxiliaires	500 000	990 000		230 000	1 720 000
Soutien technique	220 000	510 000	1 416 000	170 000	2 316 000
Soutien de bureau	1 700 000	470 000	730 000	400 000	3 300 000
Métiers ouvriers	240 000	50 000	150 000	580 000	1 020 000
Avantages sociaux	2 589 000	738 000	464 400	741 000	4 532 400
Déplacements	900 000	1 400 000	70 800	900 000	3 270 800
Fournitures	3 100 000	340 000	60 000	1 107 000	4 607 000
Dotation à l'amortissement			630 000	1 900 000	2 530 000
Publicité	500 000			434 000	934 000
Autres	310 000	180 000	61 000	190 000	741 000
Total	**24 659 000 $**	**7 463 000 $**	**4 382 200 $**	**10 327 000 $**	**46 831 200 $**
Pourcentage	**53 %**	**16 %**	**9 %**	**22 %**	**100 %**

Les quatre grandes fonctions de l'École sont définies ci-dessous.

- Enseignement

  Cette fonction regroupe toutes les activités reliées à l'enseignement, notamment celles exercées par les services d'enseignement et par les directions de programmes, ainsi que les activités d'inscriptions aux cours, de mise en marché des programmes, etc.

- Recherche

  Cette fonction comprend tous les budgets de recherche ainsi que les dépenses autorisées dans le cadre de ces budgets.

- Soutien à l'enseignement et à la recherche

  Cette fonction regroupe les activités exercées par les services de la bibliothèque, de l'audiovisuel, de l'informatique ainsi que les laboratoires spécialisés.

- Soutien institutionnel

  Cette fonction regroupe les activités du service d'administration et du service des terrains et bâtiments.

Une analyse des activités

La direction croit qu'elle a l'occasion rêvée d'expérimenter la comptabilité par activités. Le modèle de comptabilité par activités qu'elle a retenu est représenté dans ce graphique :

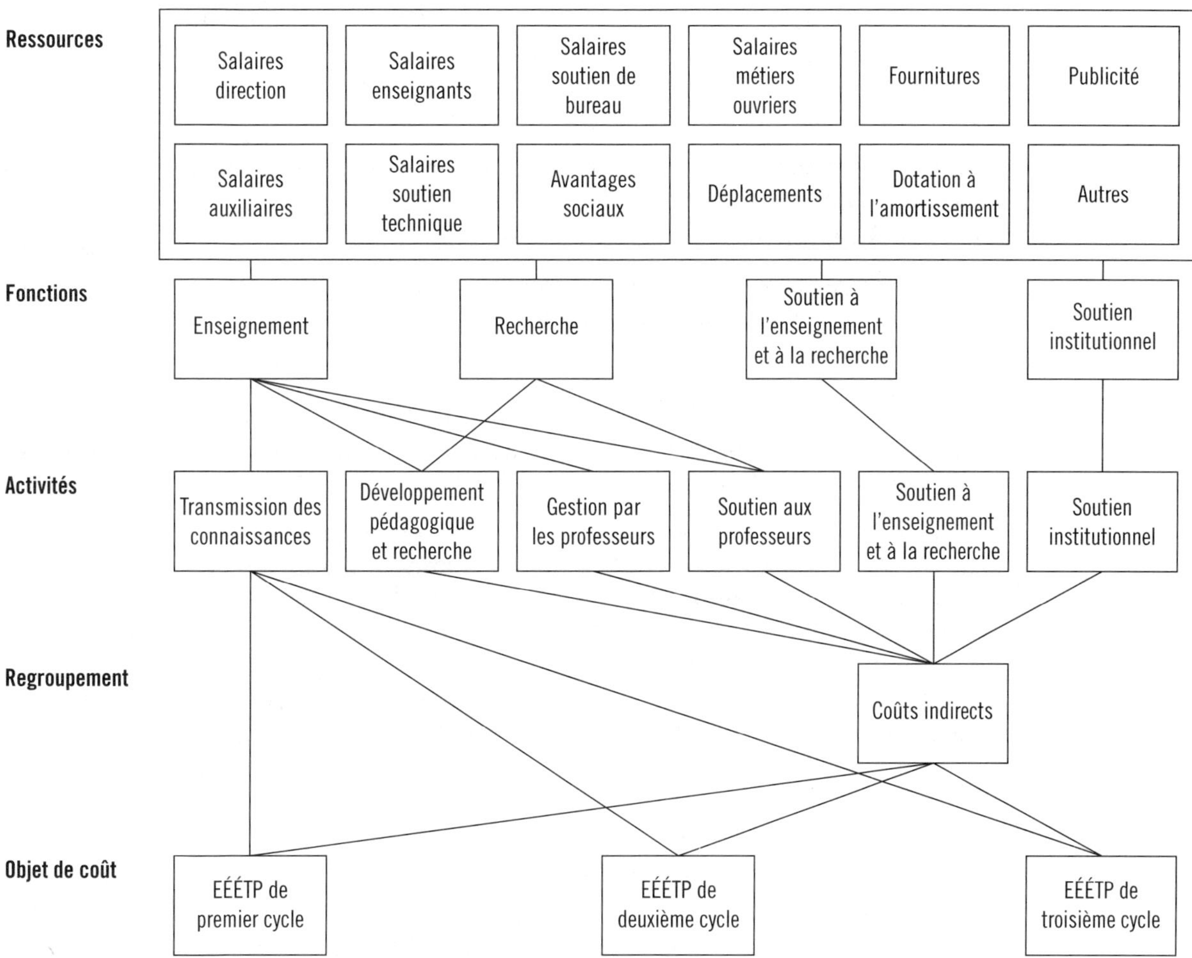

Dans un premier temps, on a fait un inventaire des principales activités de l'École, définies comme suit :

- Transmission des connaissances

  C'est l'activité, réalisée par le professeur ou l'auxiliaire d'enseignement, qui consiste à donner un cours ou à diriger un étudiant dans le cadre d'un travail.

- Développement pédagogique et recherche

  C'est l'activité, réalisée par le professeur, qui consiste à préparer du nouveau matériel pédagogique et à faire de la recherche.

- Gestion par les professeurs

  C'est l'activité, réalisée par le professeur, qui n'est pas comprise dans les activités de transmission des connaissances, de développement pédagogique et de recherche. Elle inclut notamment toutes les activités de réunions et de gestion.
- Soutien aux professeurs

  Cette activité regroupe toutes les tâches rattachées aux fonctions d'enseignement et de recherche qui ne sont pas comprises dans les trois activités principales exercées par les professeurs et les auxiliaires d'enseignement.
- Soutien à l'enseignement et à la recherche

  Cette activité correspond à la fonction du même nom; cette fonction n'a toutefois pas donné lieu à une analyse d'activités.
- Soutien institutionnel

  Cette activité correspond à la fonction du même nom; cette fonction n'a toutefois pas fait l'objet d'une analyse d'activités.

Les inducteurs de ressources

Les inducteurs de ressources servent à rattacher le coût des ressources (regroupées par fonctions) aux différentes activités.

- 20 % de la masse salariale des enseignants qui se rapporte à la fonction d'enseignement (soit 20 % de 13 200 000 $) correspond aux salaires de professeurs qui occupent un poste administratif de direction de services d'enseignement ou de direction de programmes. Ces ressources doivent être rattachées à l'activité dite de gestion par les professeurs.
- Des 80 % de la masse salariale des enseignants qui se rapporte à la fonction d'enseignement (soit 80 % de 13 200 000 $), 20 % doit être rattaché à l'activité de transmission des connaissances, 60 % à l'activité de développement pédagogique et de recherche et 20 % à l'activité de gestion par les professeurs.
- 100 % de la masse salariale des auxiliaires qui se rapporte à la fonction d'enseignement (soit 500 000 $) doit être relié à l'activité de transmission des connaissances.
- 100 % de la masse salariale des enseignants et des auxiliaires qui se rapporte à la fonction de recherche (soit respectivement 2 600 000 $ et 990 000 $) doit être rattaché à l'activité de développement pédagogique et de recherche.
- Les avantages sociaux correspondent à 15 % de la masse salariale totale et doivent être rattachés aux activités auxquelles sont consacrées les différentes masses salariales.

Les objets de coût

La direction a choisi de définir trois objets de coût, soit les EÉÉTP (Effectif Étudiant Équivalent Temps Plein) de premier cycle, de deuxième cycle et de troisième cycle. Seule l'activité de transmission des connaissances peut être reliée directement aux objets de coût étudiés. Les coûts de toutes les autres activités énumérées précédemment sont traités comme des coûts indirects.

Ainsi,

- 75 % des coûts de l'activité de transmission des connaissances est rattaché aux EÉÉTP de premier cycle;
- 20 % des coûts de l'activité de transmission des connaissances est attribué aux EÉÉTP de deuxième cycle;
- 5 % des coûts de l'activité de transmission des connaissances est attribué aux EÉÉTP de troisième cycle.

Au cours de l'exercice étudié, on a dénombré 2 584 EÉÉTP de premier cycle, 580 EÉÉTP de deuxième cycle et 66 EÉÉTP de troisième cycle.

La répartition des coûts indirects

Toutes les activités autres que celle de transmission des connaissances sont communes aux trois objets de coût étudiés. Il serait possible de rattacher certaines de ces activités à des objets de coûts particuliers, mais l'analyse n'a pas été faite en ce sens. La direction a plutôt choisi de répartir l'ensemble de ces coûts à partir d'unités équivalentes établies ainsi:

- un EÉÉTP de deuxième cycle équivaut à 2 EÉÉTP de premier cycle;
- un EÉÉTP de troisième cycle équivaut à 3 EÉÉTP de premier cycle.

Travaux pratiques

1. Calculez le coût des activités énumérées ci-dessous.
   a) La transmission des connaissances.
   b) Le développement pédagogique et recherche.
   c) La gestion par les professeurs.
   d) Le soutien des professeurs.
2. Calculez le coût unitaire des objets de coûts suivants en distinguant le coût de l'activité de transmission des connaissances des coûts indirects répartis.
   a) Le coût unitaire d'un EÉÉTP de premier cycle.
   b) Le coût unitaire d'un EÉÉTP de deuxième cycle.
   c) Le coût unitaire d'un EÉÉTP de troisième cycle.
3. Donnez, en la commentant brièvement,
   a) une bonne raison de répartir les charges indirectes entre les objets de coût;
   b) une bonne raison de ne pas répartir les charges indirectes entre les objets de coût.

EXERCICE 5.18 Décomposition multiniveaux des coûts

L'entreprise manufacturière CEI ltée fabrique trois produits. Ses activités se déroulent à l'intérieur d'un atelier. Fondée en 1964, l'entreprise a connu 14 ans de croissance rapide et continue, soit jusqu'en 1978. En 1992, après une deuxième période de 14 ans, caractérisée par la mondialisation des marchés, une concurrence très vive, des marges bénéficiaires réduites et des exigences accrues de la part des clients, l'entreprise a choisi de promouvoir la qualité de ses produits.

L'entreprise utilise depuis sa fondation un système de coût de revient en vertu duquel on impute les frais généraux de fabrication sur la base du coût prévu de la main-d'œuvre directe. On considère les frais de vente et d'administration comme des frais rattachés à la période. On les répartit au prorata des ventes pour calculer le coût de revient global par unité.

Voici le budget de CEI ltée pour le prochain exercice :

Ventes	**15 340 000 $**
Coût des produits vendus	
Matières premières	2 720 000 $
Main-d'œuvre directe	880 000
Frais généraux de fabrication	7 040 000
	10 640 000 $
Bénéfice brut	**4 700 000 $**
Frais de vente et d'administration	3 068 000
Bénéfice net	**1 632 000 $**

Les ventes se distribuent ainsi :

	Produit A	Produit B	Produit C	Total
Volume	40 000	60 000	12 000	**112 000**
Prix de vente	163,00 $	126,00 $	105,00 $	
Ventes	**6 520 000 $**	**7 560 000 $**	**1 260 000 $**	**15 340 000 $**

La fiche relative au coût de revient global unitaire des produits est reproduite ci-dessous :

	Produit A	Produit B	Produit C
Matières premières	20,00 $	30,00 $	10,00 $
Main-d'œuvre directe	10,00	7,00	5,00
Frais généraux de fabrication	80,00	56,00	40,00
Frais de vente et d'administration	32,60	25,20	21,00
Total	**142,60 $**	**118,20 $**	**76,00 $**

Dans le cadre de sa promotion de la qualité, l'entreprise a dressé la liste de toutes les activités reliées à la gestion de la qualité, et a formé quatre groupes :

Groupe des activités reliées à la prévention de la mauvaise qualité des produits

- Revue de la conception des outils
- Préparation du plan de contrôle
- Planification de la qualité et conception des procédés
- Certification des fournisseurs
- Revue et contrôle des bons d'achat
- Étude de la capacité de l'entreprise
- Entretien préventif
- Contrôle statistique des procédés
- Formation des opérateurs
- Planification conjointe avec les fournisseurs

Groupe des activités reliées à l'évaluation

- Préparation d'un échantillon
- Inspection et changements d'outils
- Coût de l'équipement d'inspection
- Inspection des matières et des composants
- Inspection des procédés
- Entretien et calibration des instruments de tests
- Administration de l'évaluation

Groupe des activités reliées à la découverte de défauts à l'intérieur de l'entreprise

- Reconception de procédés de fabrication
- Rejets de matières premières
- Rejets de composants
- Corrections apportées à des produits en cours
- Modification de produits
- Réductions accordées pour des produits non conformes aux spécifications
- Arrêts des machines dus à la mauvaise qualité des produits
- Analyse des causes des défauts observés dans les produits

Groupe des activités reliées à la découverte de défauts à l'extérieur de l'entreprise

- Remplacement des produits défectueux
- Remboursement de frais accordés aux clients
- Travail effectué sur des produits retournés par les clients
- Réinspection et tests
- Crédits accordés
- Versement de pénalités

Le chef de la direction financière décide de mettre en place un système de comptabilité par activités pour appuyer la démarche de l'entreprise, axée sur la qualité. Les coûts se rapportant aux frais généraux, dans le système classique et dans le système de comptabilité par activités mis en place, sont les suivants :

	Comptabilité classique	Comptabilité par activités
Frais généraux de fabrication (voir note)	7 040 000 $	4 400 000 $
Frais de vente et d'administration (voir note)	3 068 000	1 534 000
Activités de prévention		817 000
Activités d'évaluation		1 275 000
Activités reliées aux défauts découverts à l'intérieur de l'entreprise		1 362 000
Activités reliées aux défauts découverts à l'extérieur de l'entreprise		720 000
Total des frais généraux	**10 108 000 $**	**10 108 000 $**

Note : Dans la comptabilité par activités comme dans la comptabilité classique, les frais généraux de fabrication sont répartis selon le coût de la main-d'œuvre directe, et les frais de vente et d'administration sont répartis au prorata des ventes.

Le tableau ci-dessous présente, pour chacune des activités étudiées, l'unité d'œuvre correspondante ainsi que son coût unitaire.

Activités	Unités d'œuvre	Mesure des unités d'œuvre	Coût unitaire
Activités de prévention	Heures de formation	800	1 021,25 $
Activités d'évaluation	Heures d'inspection	1 500	850,00 $
Activités reliées aux défauts découverts à l'intérieur	Nombre de défauts découverts à l'intérieur de l'entreprise	600	2 270,00 $
Activités reliées aux défauts découverts à l'extérieur	Nombre de défauts découverts à l'extérieur de l'entreprise	400	1 800,00 $

La distribution des unités d'œuvre par produit est la suivante :

Unités d'œuvre	Produit A	Produit B	Produit C	Total
Heures de formation	300	460	40	**800**
Heures d'inspection	600	800	100	**1 500**
Nombre de défauts découverts à l'intérieur de l'entreprise	250	300	50	**600**
Nombre de défauts découverts à l'extérieur de l'entreprise	180	200	20	**400**

Travaux pratiques

1. Calculez le coût de revient des produits A, B et C selon la comptabilité par activités.
2. Suggérez deux modifications (et seulement deux) au système de comptabilité par activités proposé, et justifiez votre choix.

EXERCICE 5.19 Décomposition multiniveaux des coûts

Lilait est une division d'une coopérative agro-alimentaire canadienne spécialisée dans la transformation du lait en fromage. Au cours du dernier exercice, la division n'a pas enregistré les résultats escomptés, et ce, malgré les décisions de rationalisation qu'elle a prises. Elle décide donc de faire réaliser une étude de rentabilité de ses produits.

Main-d'œuvre	4 425 000 $
Matières premières – lait	2 500 000
Matières premières – emballage	500 000
Frais généraux	2 575 000
Total	**10 000 000 $**

Le graphique suivant illustre les quatre principales ressources utilisées :

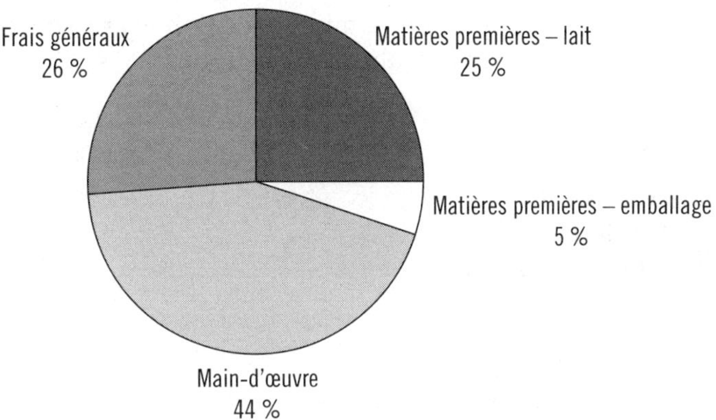

Ces ressources utilisées annuellement par l'entreprise, et dont le coût s'élève à 10 000 000 $, sont regroupées par fonction comme suit :

Exploitation	5 200 000 $
Marketing	770 000 $
Ventes	1 200 000 $
Administration et finance	1 030 000 $
Distribution	1 800 000 $

L'analyse des activités des cinq unités administratives de l'entreprise a permis de définir les 18 activités suivantes :

Unité administrative	Activités
Exploitation	Production de fromage Contrôle de la qualité Gestion du personnel de l'usine Établissement du plan de production
Marketing	Fixation des prix Positionnement du produit Mise en œuvre des promotions Gestion des emballages
Ventes	Orientation et suivi du personnel Formation en techniques de vente Rédaction des documents de travail Analyse hebdomadaire
Administration et finances	Établissement des états financiers Détermination du coût de revient Crédit, facturation et encaissements
Distribution	Collecte et emballage des commandes Livraisons Gestion des stocks

Le contrôleur a mis en relation les ressources et les 18 activités ; le tableau suivant présente les coûts des 18 activités :

Activités	Matières – lait	Matières – emballage	Main-d'œuvre	Frais généraux	Total
Production de fromage	2 500 000 $	500 000 $	640 000 $	576 000 $	**4 216 000 $**
Contrôle de la qualité			140 000	192 000	**332 000**
Gestion du personnel de l'usine			160 000	144 000	**304 000**
Établissement du plan de production			60 000	288 000	**348 000**
Fixation des prix			30 000	78 500	**108 500**
Positionnement du produit			120 000	161 000	**281 000**
Mise en œuvre des promotions			45 000	147 250	**192 250**
Gestion des emballages			30 000	158 250	**188 250**
Orientation et suivi du personnel			285 000	72 500	**357 500**
Formation en techniques de vente			380 000	92 500	**472 500**
Rédaction des documents de travail			142 500	42 500	**185 000**
Analyse hebdomadaire			142 500	42 500	**185 000**
Établissement des états financiers			450 000	58 000	**508 000**
Détermination du coût de revient			135 000	27 000	**162 000**
Crédit, facturation et encaissements			315 000	45 000	**360 000**
Collecte et emballage des commandes			607 500	215 000	**822 500**
Livraisons			540 000	135 000	**675 000**
Gestion des stocks			202 500	100 000	**302 500**
Total	**2 500 000 $**	**500 000 $**	**4 425 000 $**	**2 575 000 $**	**10 000 000 $**

Par la suite, le contrôleur a procédé à une analyse des activités afin de déterminer pour chacune les unités d'œuvre les éléments déclencheurs et les facteurs de la consommation des ressources en général. Le tableau suivant présente les principaux résultats de cette analyse.

Activité	Unité d'œuvre	Déclencheur	Autre inducteur
Production de fromage	Quantité (en kilogramme)	Ordre de fabrication	
Contrôle de la qualité	Temps (en heures)	Politique	Unités emballées
Gestion du personnel de l'usine	Temps (en heures)	Politique interne	
Établissement du plan de production	Plans (nombre)	Début d'une journée	Nombre de produits
Fixation des prix	Produit (nombre)	Début d'une semaine	
Positionnement du produit	Montant budgété	Budget accordé	Nombre de produits
Mise en œuvre des promotions	Montant budgété	Budget accordé	Nombre de produits
Gestion des emballages	Quantité (en unités)	Budget accordé	
Orientation et suivi du personnel	Client (nombre)	Politique de ventes	
Formation sur les techniques de vente	Rencontre d'un client	Politique de ventes	Nombre de clients
Rédaction des documents de travail	Page d'un document	Demande de rapport	
Analyse hebdomadaire	Temps (en heures)	Début d'une semaine	Nombre de produits
Établissement des états financiers	Contrôle (nombre)	Fin d'un trimestre	
Détermination du coût de revient	Temps (en heures)	Décision du contrôleur	Nombre de produits
Crédit, facturation et encaissements	Client (nombre)	Politique de crédit	
Collecte et emballage des commandes	Commande (nombre)	Commande	
Livraisons	Commande (nombre)	Commande	
Gestion des stocks	Produit (nombre)	Politique des stocks	

Les données nécessaires à la mise en place d'une comptabilité par activités sont fournies dans ce tableau :

Inducteur	Montant
Nombre de kilogrammes	602 800
Heures de main-d'œuvre (contrôle de la qualité)	2 800
Heures de main-d'œuvre (gestion du personnel)	4 000
Nombre de plans de production	600
Nombre de produits	140
Montant budgété (positionnement du produit)	280 000
Montant budgété (mise en œuvre des promotions)	190 000
Nombre d'unités emballées	830 500
Nombre de clients	340
Nombre de pages de rapport	5 300
Heures de main-d'œuvre (analyse hebdomadaire)	2 375
Nombre de contrôles	830
Heures de main-d'œuvre (détermination du coût de revient)	2 250
Nombre de commandes	32 000

Comme l'indique le tableau précédent (sous la rubrique « Nombre de produits »), l'entreprise offre 140 variétés de fromage, regroupées en trois familles de produits qui se distinguent par les activités auxquelles elles sont reliées. Le tableau suivant reprend les statistiques du tableau précédent par famille de produits :

	Famille de produits			
Inducteur	**A**	**B**	**C**	**Total**
Nombre de kilogrammes	298 200	184 000	120 600	**602 800**
Heures de main-d'œuvre (contrôle de la qualité)	1 000	1 000	800	**2 800**
Heures de main-d'œuvre (gestion du personnel)	1 400	1 400	1 200	**4 000**
Nombre de plans de production	200	200	200	**600**
Montant budgété (positionnement du produit)	100 000	90 000	90 000	**280 000**
Montant budgété (mise en œuvre des promotions)	70 000	60 000	60 000	**190 000**
Nombre d'unités emballées	298 200	291 000	241 200	**830 500**
Nombre de clients	100	120	120	**340**
Nombre de pages de rapport	1 500	1 800	2 000	**5 300**
Heures de main-d'œuvre (analyse hebdomadaire)	700	675	1 000	**2 375**
Nombre de contrôles	275	275	280	**830**
Heures de main-d'œuvre (détermination du coût de revient)	750	750	750	**2 250**
Nombre de commandes	10 000	8 000	14 000	**32 000**

Travaux pratiques

1. Établissez des centres de regroupement des activités.
2. Calculez le coût de revient moyen d'un kilogramme de fromage correspondant à chacune des familles de produits.
3. Commentez brièvement l'information qu'apporte la comptabilité par activités dans ce cas.

CHAPITRE 6

Les marges et la prise de décision

Objectifs

Après avoir étudié ce chapitre, vous serez capable:

- de définir différentes marges;
- d'analyser les marges dans un contexte de prise de décision;
- d'appliquer la méthode des coûts variables;
- d'appliquer la méthode des coûts spécifiques;
- d'analyser certaines décisions influant sur les marges;
- d'établir une classification des décisions liées à la gestion.

SOMMAIRE

Les marges sont devenues, au même titre que les coûts, des informations financières indispensables à la prise de décision à des fins de gestion. En fait, l'analyse des marges est souvent à l'origine de ces décisions.

Qu'est-ce qu'une marge ?

La marge d'un objet représente la différence entre le revenu tiré d'un objet et le coût de cet objet. Comme il est possible de déterminer plusieurs coûts pour un objet donné, il peut exister plusieurs marges pour ce même objet. Nous allons étudier particulièrement la marge sur coûts variables, la marge par unité d'un facteur de production et la marge nette.

LES MARGES SUR COÛTS VARIABLES

On distingue divers types de marges relatives aux coûts variables : la marge sur coûts variables proprement dite (qui englobe tous les coûts variables), la marge à la fabrication, la marge à la distribution et la marge par unité d'un facteur de production.

On définit la marge sur coûts variables d'un objet comme le revenu (variable) tiré de cet objet, dont on a déduit l'ensemble des coûts variables qui s'y rattachent. La figure 6.1 présentée ci-dessous met en évidence la marge sur coûts variables.

Figure 6.1
La marge sur coûts variables

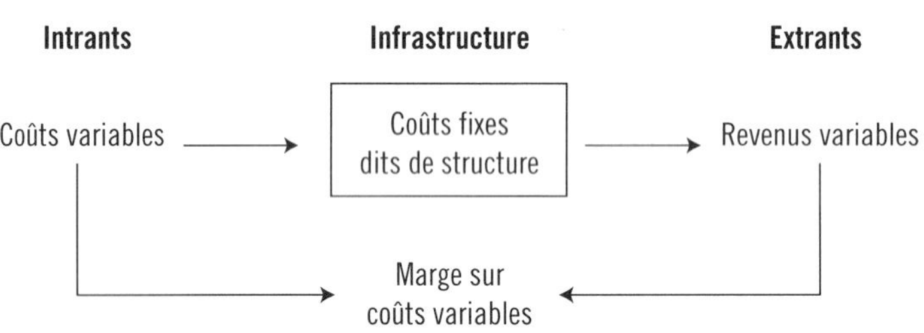

Résultat net = Revenus variables – Coûts variables – Coûts fixes
Résultat net = Marge sur coûts variables – Coûts fixes

La marge sur coûts variables représente le montant dont dispose l'entreprise pour couvrir les coûts fixes et réaliser un bénéfice. Les coûts fixes engagés au cours d'une période donnée s'inscrivent dans le temps comme le sable qui s'écoule d'un sablier. Ainsi, un coût fixe de 365 000 $ par an équivaut à un coût de 1 000 $ par jour puisqu'il est réparti sur toute l'année, donc sur 365 jours. Par ailleurs, la marge sur coûts variables est générée au rythme du volume d'extrants produits.

Or, la planification du volume d'extrants produits incombe à la direction, qui exerce ainsi dans une certaine mesure un contrôle sur le flux monétaire engendré par la marge sur coûts variables. On peut imaginer que ce flux se déverse dans un récipient dont s'écoule, à un rythme constant, un autre flux engendré par les coûts fixes que l'entreprise a engagés. La figure 6.2 décrit ce processus.

Figure 6.2
Les flux monétaires et la marge sur coûts variables

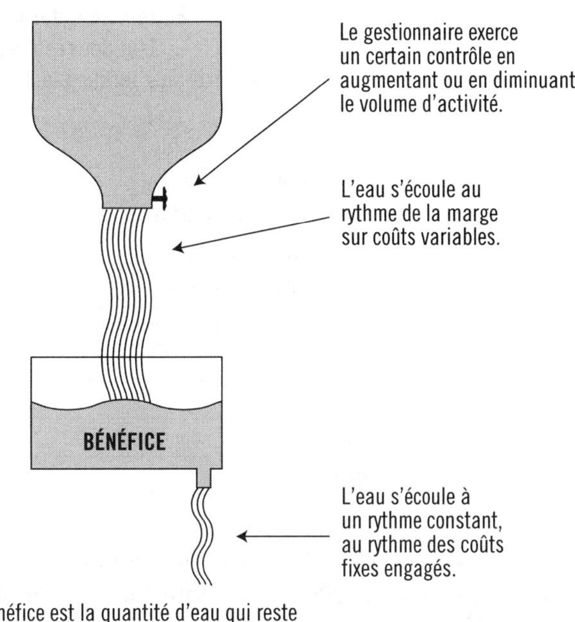

La marge sur coûts variables revêt une importance cruciale dans le modèle des coûts directs et des coûts indirects que nous avons évoqué aux chapitres 3 et 4. Ce modèle conçoit l'entreprise comme une infrastructure constituée d'immobilisations et de personnes dont il faut optimiser le rendement. Cette infrastructure est représentée par une boîte noire, et tous les intrants et les extrants sont mesurés à la suite d'une décision donnée. Les coûts variables correspondent aux intrants, c'est-à-dire aux ressources directes qui entrent dans la boîte, tandis que les revenus représentent les extrants, c'est-à-dire les produits qui en sortent. Il est à noter que les coûts fixes sont souvent engagés a priori, car ils assurent l'existence de la boîte. En ce qui a trait à la prise de décision, l'objectif d'information consiste alors à mesurer les revenus et les coûts variables, souvent exprimés sous la forme d'une marge sur coûts variables. En effet, plusieurs décisions ne concernent que ces éléments variables, qu'on dit contrôlables ; elles n'influent pas sur les coûts fixes, qui sont d'ordre structurel et qu'on dit incontrôlables.

EXEMPLE

L'entreprise Catarina ltée

Le tableau ci-dessous reproduit l'état des résultats de l'entreprise Catarina ltée.

Entreprise Catarina ltée
État des résultats
pour l'exercice terminé le 31 décembre 1998

	Total	À l'unité
Ventes (800 000 unités)	**16 000 000 $**	**20,00 $**
Coût des produits vendus		
Matières premières	3 200 000 $	4,00 $
Main-d'œuvre directe	1 600 000	2,00
Frais généraux de fabrication	4 800 000	6,00
	9 600 000 $	**12,00 $**
Bénéfice brut	**6 400 000 $**	**8,00 $**
Frais de vente et d'administration	5 120 000	6,40
Bénéfice net	**1 280 000 $**	**1,60 $**

La direction de l'entreprise se demande si elle doit accepter une commande additionnelle de 20 000 unités pour laquelle le client souhaite obtenir une remise de 20 % sur le prix régulier. Le prix de vente unitaire serait donc de 16 $ plutôt que de 20 $. Nous supposons que l'entreprise possède la capacité de production nécessaire pour exécuter cette commande, qu'aucun des éléments de coût engagés ne serait touché — c'est-à-dire qu'il n'y aurait aucune augmentation des coûts —, et que cette commande n'aurait aucun effet négatif sur les commandes régulières, c'est-à-dire qu'elle n'affecterait ni le montant total de ces commandes, ni leur livraison.

Dans ce contexte, lorsque l'entreprise ne change pas de segment significatif, la décision d'accepter ou non la commande additionnelle doit être dictée par la valeur de la marge sur coûts variables. Nous allons envisager cette décision selon trois hypothèses relatives au comportement des coûts.

Première hypothèse

Les frais généraux de fabrication (4 800 000 $) et les frais de vente et d'administration (5 120 000 $) sont fixes.

Dans cette hypothèse, la direction doit accepter la commande spéciale, car la marge sur coûts variables de chaque unité vendue sera de 10 $. Le calcul de cette marge s'effectue comme suit :

Marge sur coûts variables = Revenus variables – Coûts variables

Marge sur coûts variables = 16 $ – 6 $ = 10 $

Deuxième hypothèse

Tous les coûts sont variables, aussi bien le coût des produits vendus (9 600 000 $, soit 12 $ l'unité) que les frais de vente et d'administration (5 120 000 $, soit 6,40 $ l'unité).

Dans cette hypothèse, la direction doit refuser la commande spéciale, car la marge sur coûts variables de chaque unité vendue serait de −2,40 $. Le calcul de cette marge s'effectue comme suit :

Marge sur coûts variables = Revenus variables – Coûts variables

Marge sur coûts variables = 16,00 $ – (12,00 $ + 6,40 $)

Marge sur coûts variables = 16,00 $ – 18,40 $ = −2,40 $

Troisième hypothèse

Le coût des produits vendus (12 $ l'unité) est variable, mais les frais de vente et d'administration (5 120 000 $) sont fixes.

Dans ce cas, la direction doit accepter la commande spéciale, car la marge sur coûts variables de chaque unité vendue sera de 4 $. Le calcul de cette marge s'effectue comme suit :

Marge sur coûts variables = Revenus variables – Coûts variables

Marge sur coûts variables = 16 $ – 12 $ = 4 $

La marge sur coûts variables et la contribution marginale

Le revenu marginal est souvent assimilé au prix moyen unitaire ou encore au revenu moyen variable. De même, le coût marginal peut correspondre au coût moyen variable, et la contribution marginale, à la marge sur coûts variables.

Marge sur coûts variables = Revenu variable – Coûts variables

Contribution marginale = Revenu de la dernière unité produite et vendue – Coût de la dernière unité produite et vendue

Selon la nature des coûts étudiés, on utilise le concept de marge à la fabrication — le revenu variable dont on a déduit les coûts variables de fabrication — ou celui de marge à la distribution — la marge à la fabrication dont on a déduit les coûts variables de distribution.

EXEMPLE L'entreprise Multimarges ltée

L'état des résultats de l'entreprise Multimarges ltée se présente comme suit :

Entreprise Multimarges ltée
État des résultats
pour l'exercice terminé le 31 décembre 1998

Ventes (700 000 unités)		**182 000 000 $**
Coût des produits vendus		
Matières premières	42 000 000 $	
Main-d'œuvre directe	28 000 000	
Frais généraux de fabrication	42 000 000	112 000 000 $
Bénéfice brut		**70 000 000 $**
Frais de vente		29 000 000
Frais d'administration		29 800 000
Bénéfice net		**11 200 000 $**

L'an dernier, l'entreprise a vendu 700 000 unités d'un seul produit. À la suite d'une analyse des coûts, on a constaté que 50 % des frais généraux de fabrication, soit 21 000 000 $, sont des coûts variables. De plus, une partie des frais de vente, soit 14 000 000 $, est constituée de coûts variables : ils sont liés à la livraison des produits chez les clients et équivalent à 20 $ par unité vendue. Les frais d'administration sont fixes. Le tableau des résultats qui suit met en évidence le calcul des marges à la fabrication et à la distribution.

Entreprise Multimarges ltée
État des résultats
pour l'exercice terminé le 31 décembre 1998

		Total	À l'unité
Ventes (700 000 unités)		**182 000 000 $**	**260 $**
Coût variable des produits vendus			
Matières premières	42 000 000 $		
Main-d'œuvre directe	28 000 000		
Frais généraux de fabrication	21 000 000	91 000 000 $	130
Marge à la fabrication		**91 000 000 $**	**130 $**
Frais de vente variables		14 000 000	20
Marge à la distribution		**77 000 000 $**	**110 $**
Frais fixes			
Frais de fabrication	21 000 000 $		
Frais de vente	15 000 000		
Frais d'administration	29 800 000	65 800 000 $	94
Bénéfice net		**11 200 000 $**	**16 $**

La connaissance des marges à la fabrication et à la distribution est fort précieuse dans certaines situations, en particulier lorsqu'on doit évaluer une soumission comportant des modalités de partage ou de prise en charge des coûts de distribution.

L'INFLUENCE DE LA MÉTHODE DES COÛTS VARIABLES SUR L'ÉVALUATION DES STOCKS

La méthode des coûts variables (*direct costing*) consiste essentiellement en une réorganisation des informations qui sont fournies aux tiers par la méthode des coûts complets. Toutefois, contrairement à cette dernière, elle met en évidence les coûts variables et les différentes marges sur coûts variables. Même si cette méthode de comptabilisation n'est pas admise au Canada pour la présentation d'états financiers aux tiers, il nous apparaît intéressant d'en traiter ici parce qu'elle nous permet de prendre en considération les diverses marges lors de la prise de décision.

Le recours à la méthode des coûts variables a des conséquences particulières, notamment sur l'évaluation des stocks, qu'elle préconise d'évaluer en fonction du coût variable de fabrication. On considère implicitement les frais fixes de fabrication comme des coûts découlant de la période. Rappelons que, selon la méthode du coût complet, la portion des frais fixes incluse dans les stocks de clôture devient un coût dans l'exercice suivant; on suppose alors qu'on a vendu les stocks durant cette période. Nous illustrons ce phénomène à la figure 6.3.

Figure 6.3
Le cheminement des coûts de fabrication

Selon la méthode du coût complet

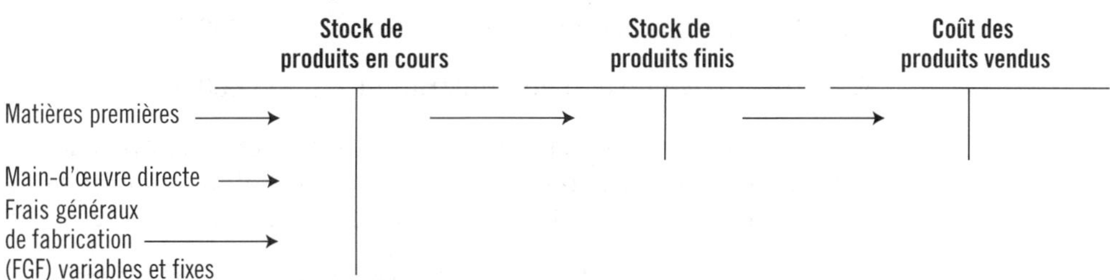

Selon la méthode des coûts variables

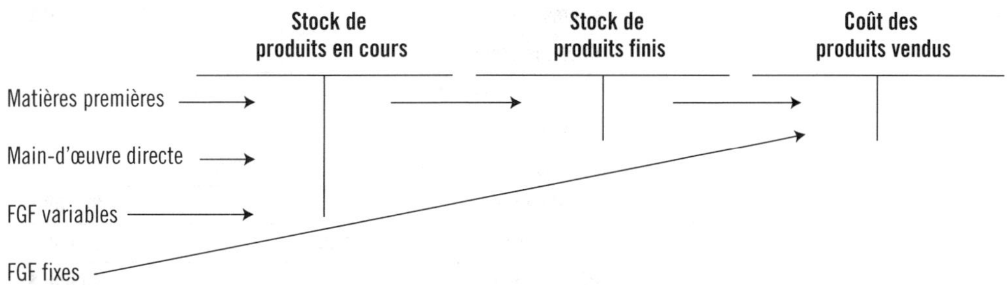

Avec la méthode du coût complet, la direction d'une entreprise peut reporter une portion des frais fixes de fabrication à l'exercice suivant en augmentant le coût des stocks de clôture. Elle doit toutefois absorber l'année suivante les coûts ayant été reportés.

Au contraire, la méthode des coûts variables ne permet pas à l'entreprise de reporter les frais fixes de fabrication, car ceux-ci ne sont pas inclus dans les stocks. L'entreprise doit donc les considérer comme des frais inhérents à la période, et les débiter directement du coût des produits vendus.

EXEMPLE

L'entreprise Unipro ltée

L'entreprise Unipro ltée fabrique un seul produit. Ses prévisions portant sur la fabrication et la vente de 10 000 unités, pour un mois donné, sont les suivantes :

Matières premières	50 000 $
Main-d'œuvre directe (variable)	60 000 $
Frais généraux de fabrication	60 000 $
Frais de vente et d'administration	35 000 $
Prix de vente unitaire	25 $

L'entreprise a procédé à une analyse des frais généraux de fabrication ainsi que des frais de vente et d'administration en vue de déterminer la partie de ces frais qui est fixe. Les résultats obtenus pour le mois étudié sont les suivants :

Frais fixes de fabrication	30 000 $
Frais fixes de vente et d'administration	25 000 $

Voici l'état des résultats pour le mois en question préparé selon la méthode du coût complet de même que l'état des résultats établi selon la méthode des coûts variables. On a émis l'hypothèse qu'il n'y a pas de variations dans le niveau des stocks.

État des résultats selon la méthode du coût complet

Ventes		**250 000 $**
Coût des produits vendus		
Matières premières	50 000 $	
Main-d'œuvre directe	60 000	
Frais généraux de fabrication	60 000	170 000 $
Bénéfice brut		**80 000 $**
Frais de vente et d'administration		35 000
Bénéfice net		**45 000 $**

État des résultats selon la méthode des coûts variables

Ventes		**250 000 $**
Coûts variables		
Fabrication		
Matières premières	50 000 $	
Main-d'œuvre directe	60 000	
Frais généraux de fabrication	30 000	140 000
Marge à la fabrication		**110 000 $**
Vente et administration		10 000
Marge sur coûts variables		**100 000 $**
Coûts fixes		
Fabrication	30 000 $	
Vente et administration	25 000	55 000
Bénéfice net		**45 000 $**

La méthode des coûts variables a l'avantage de donner un aperçu de l'effet d'une variation de volume sur le bénéfice. Toutefois, il est ici plus utile de calculer la marge sur coûts variables unitaires, qui nous permet de visualiser très rapidement le résultat net qu'il est possible de dégager en fonction de différentes hypothèses relatives au volume. C'est ce que nous illustrons dans le tableau qui suit.

La marge sur coûts variables par unité et le bénéfice net en fonction de différents volumes

Prix de vente		**25 $**
Coûts variables		
Matières premières	5 $	
Main-d'œuvre directe	6	
Frais généraux de fabrication	3	
Vente et administration	1	15 $
Marge sur coût variables par unité		**10 $**

Résultat net (vente de 8 000 unités)	
Marge sur coûts variables (8 000 × 10 $)	80 000 $
Coûts fixes	55 000
	25 000 $
Résultat net (vente de 12 000 unités)	
Marge sur coûts variables (12 000 × 10 $)	120 000 $
Coûts fixes	55 000
	65 000 $

EXEMPLE

L'entreprise ABR ltée

L'entreprise ABR ltée fabrique un seul produit. Une analyse a dégagé les données suivantes :

Données relatives aux activités de l'entreprise ABR ltée

Prix de vente		**200 $**
Coûts variables unitaires		
Matières premières	50 $	
Main-d'œuvre directe	15	
Frais généraux de fabrication	15	80 $
Vente et administration		20
Marge sur coûts variables par unité		**100 $**
Coûts fixes		
Fabrication		600 000 $
Vente et administration		400 000
		1 000 000 $
	Exercice 1	**Exercice 2**
Fabrication (en unités)	10 000	10 000
Ventes (en unités)	7 000	12 000

Analysons l'état des résultats de l'entreprise pour les exercices financiers 1 et 2.

État des résultats de l'exercice 1
(en milliers de dollars)

	Méthode du coût complet	Méthode des coûts variables
Ventes	**1 400 $**	**1 400 $**
Coût des produits vendus		
Stock au début	0 $	0 $
Fabrication		
Matières premières	500	500
Main-d'œuvre directe	150	150
Frais généraux		
variables	150	150
fixes	600	0
Moins : Stock de clôture		
(3 000 unités à 140 $ l'unité)	420	
(3 000 unités à 80 $ l'unité)		240
	980 $	**560 $**
Bénéfice brut	**420 $**	
Marge à la fabrication		**840 $**
Frais variables de vente et d'administration	140 $	140 $
Marge sur coûts variables		**700 $**
Coûts fixes		
Fabrication		600 $
Vente et administration	400	400
	540 $	**1 000 $**
Résultat net	**–120 $**	**–300 $**

État des résultats de l'exercice 2
(en milliers de dollars)

	Méthode du coût complet	Méthode des coûts variables
Ventes	**2 400 $**	**2 400 $**
Coût des produits vendus		
Stock au début	420 $	240 $
Fabrication		
Matières premières	500	500
Main-d'œuvre directe	150	150
Frais généraux		
variables	150	150
fixes	600	0
Moins : Stock de clôture		
(1 000 unités à 140 $ l'unité)	−140	
(1 000 unités à 80 $ l'unité)		−80
	1 680 $	**960 $**
Bénéfice brut	**720 $**	
Marge à la fabrication		**1 440 $**
Frais variables de vente et d'administration	240 $	240 $
Marge sur coûts variables		**1 200 $**
Coût fixes		
Fabrication		600 $
Vente et administration	400 $	400 $
	640 $	**1 000 $**
Résultat net	**80 $**	**200 $**

Cet exemple illustre les modalités du report d'une portion des coûts fixes de fabrication par le biais du transfert des stocks de clôture d'un exercice donné à l'exercice suivant. Or, la méthode des coûts variables n'a pas recours à ce procédé. Ainsi, pendant l'exercice 1, l'entreprise ABR ltée a engagé des frais fixes de fabrication de 600 000 $. Dans le cadre de la méthode des coûts variables, ces frais sont considérés comme des coûts de la période, alors que, selon la méthode du coût complet, la somme de 180 000 $ équivalant à 3 000 unités à 60 $ est reportée à l'exercice 2 par voie d'inscription du stock de clôture de l'exercice 1. Par contre, toujours selon la méthode du coût complet, l'entreprise devra, pendant l'exercice 2, considérer ces 180 000 $ comme des coûts appartenant à cet exercice. Elle pourra par ailleurs reporter à l'exercice 3 une portion des coûts fixes de fabrication engagés dans l'exercice 2 (600 000 $). La portion ainsi reportée à la fin de l'exercice 2 est de 60 000 $, ce qui représente 1 000 unités à

60 $. Selon la méthode des coûts variables, les frais généraux fixes de fabrication engagés durant un exercice ne sont pas reportés à l'exercice suivant.

La marge par unité d'un facteur de production

Qu'il s'agisse de marges à la fabrication ou de marges à la distribution, les marges sur coûts variables peuvent également être établies en fonction des facteurs de production. La marge par unité d'un facteur de production est égale à la marge sur coûts variables du produit divisée par le nombre d'unités requises de ce facteur de production.

Prenons, par exemple, la marge sur coûts variables d'un produit valant 24 $. Si ce produit requiert 2 kg de matières premières, sa marge par kilogramme de matières premières sera de 12 $, donc de 24 $ pour 2 kg. Si ce même produit requiert 30 minutes de main-d'œuvre directe, la marge horaire de main-d'œuvre directe sera de 48 $, donc de 24 $ pour 0,5 heure. Enfin, si ce même produit requiert 15 minutes d'une machine spécialisée, la marge horaire de cette machine spécialisée sera de 96 $, c'est-à-dire de 24 $ pour 0,25 heure.

La marge par unité d'un facteur de production est un concept fort intéressant, qui devient même primordial lorsque des contraintes sont posées par plusieurs facteurs de production. Cette variable correspond aux variables duales qui figurent dans un modèle mathématique d'optimisation comme celui de la programmation linéaire. Elle nous indique le moyen d'établir un programme de production qui maximise la marge totale. Voyons maintenant comment on peut appliquer cette information à divers contextes offrant des choix de production.

EXEMPLE

L'entreprise MPC ltée

L'entreprise MPC ltée dispose de 100 000 kg de matières premières par mois et ne peut s'en procurer davantage. Elle fabrique deux produits, P1 et P2; le premier requiert 10 kg par unité et le deuxième, 2 kg par unité. Depuis quelque temps, elle ne parvient pas à combler la demande pour ces produits, car les quantités qu'elle devrait produire sont supérieures aux matières premières disponibles chaque mois pour ces deux produits. Ainsi, le mois dernier, l'entreprise aurait pu vendre 8 000 unités de P1 et 20 000 unités de P2, si elle avait pu les produire. Il est facile de calculer que, pour remplir ce programme de production, il faudrait disposer de 120 000 kg de matières premières, c'est-à-dire de 8 000 unités à 10 kg par unité, et de 20 000 unités à 2 kg par unité.

Les marges sur coûts variables de ces deux produits sont les suivantes :

	P1	P2
Marge sur coûts variables	50 $	30 $

Devant l'obligation de faire un choix, la direction se demande lequel des programmes de production lui permettra de maximiser son bénéfice.

La détermination de la marge par kilogramme de matières premières de chacun des deux produits nous apportera la réponse à cette question.

	P1	P2
Marge par kilogramme de matières premières	5 $	15 $

L'entreprise MPC ltée devrait fabriquer le nombre maximal d'unités de P2 commandées, car ce produit est celui qui rapporte le plus par kilogramme de matières premières, soit 15 $/kg. Elle devrait ensuite fabriquer des unités de P1 jusqu'à épuisement des stocks de matières premières. Voici les données relatives à ce programme de production quant aux modalités d'utilisation des matières premières et à la marge totale générée.

	Unités produites	Matières premières utilisées	Marge générée
Production de P2	20 000	40 000 kg	600 000 $
Production de P1	6 000	60 000 kg	300 000 $

Pour s'assurer que ce programme de production correspond au choix optimal, c'est-à-dire qu'il est plus avantageux de favoriser la production de P2 que de P1, on peut aussi faire un autre calcul. Si l'entreprise ne fabriquait que des unités de P2 avec les 100 000 kg de matières premières dont elle dispose, elle pourrait en fabriquer 50 000 unités, et sa marge totale serait de 1 500 000 $. Par contre, si elle ne fabriquait que des unités de P1 avec ses 100 000 kg de matières premières, elle ne pourrait en fabriquer que 10 000 unités, et sa marge totale serait de 500 000 $. Le produit P2 rapporte donc trois fois plus que le produit P1 par kilogramme de matières premières.

EXEMPLE L'entreprise MOC ltée

L'entreprise MOC ltée fabrique deux produits, P1 et P2, dans un même atelier. Depuis quelque temps, elle ne réussit pas à combler la demande pour ces produits, car les quantités qu'elle devrait produire excèdent la capacité de production mensuelle de cet atelier. En effet, le mois dernier, l'entreprise aurait pu vendre 12 000 unités de P1 et 10 000 unités de P2, si elle avait pu les produire. Or, P1 nécessite en moyenne trois heures de main-d'œuvre directe par unité produite et P2, cinq heures, alors que la capacité de l'entreprise est de 60 000 heures par mois.

Les marges sur coûts variables de ces deux produits sont les suivantes :

	P1	P2
Marge sur coûts variables	60 $	75 $

La direction se demande lequel des programmes de production lui permettrait de maximiser son bénéfice.

La détermination de la marge horaire de main-d'œuvre directe de chacun des deux produits nous apportera la réponse à cette question.

	P1	P2
Marge horaire de main-d'œuvre directe	20 $	15 $

L'entreprise MOC ltée devrait fabriquer le nombre maximal d'unités de P1, car le rendement de ce produit (20 $ l'heure) est le plus élevé par heure de main-d'œuvre directe. Elle devrait ensuite compléter son programme de production en fabriquant des unités de P2 jusqu'à ce qu'elle ait utilisé la pleine capacité de l'atelier. Voici les données relatives au programme de production quant aux modalités d'utilisation de l'atelier et à la marge totale générée :

	Unités produites	Matières premières utilisées	Marge générée
Production de P1	12 000	36 000 heures	720 000 $
Production de P2	4 800	24 000 heures	360 000 $

Pour s'assurer que le programme de production adopté correspond au choix optimal, c'est-à-dire qu'il est plus avantageux de favoriser la production de P1 que de P2, on peut aussi faire un autre calcul. Si l'entreprise ne fabriquait que des unités de P1 avec les 60 000 heures de main-d'œuvre directe disponibles, elle pourrait en fabriquer 20 000, et sa marge totale serait de 1 200 000 $. Par contre, si elle ne fabriquait que des unités de P2, elle ne pourrait en fabriquer que 12 000, et sa marge totale serait de 900 000 $. Dans cet atelier, le produit P1 rapporte donc plus que le produit P2 par heure de main-d'œuvre directe.

EXEMPLE

L'entreprise Triopro ltée

Trois produits, P1, P2 et P3, sont assemblés dans le même atelier. L'entreprise a des commandes excédentaires qui exigeront au total 1 000 heures de travail de plus que la capacité de production de cet atelier. Si on connaît la marge sur coûts variables de chacun des trois produits ainsi que le temps d'assemblage requis pour chacun d'eux, quel ordre de priorité devrait-on adopter pour l'assemblage des produits ? Le tableau ci-dessous résume les données pertinentes à ce choix :

	P1	P2	P3
Marge sur coûts variables	12 $	18 $	30 $
Nombre de produits à l'heure	4	6	1
Marge sur coûts variables par heure	48 $	108 $	30 $
Marge sur coûts variables par 1 000 heures	48 000 $	108 000 $	30 000 $

L'entreprise devrait choisir d'assembler d'abord P2, puis P1 et, si la capacité de production le permet, P3. Cet ordre de priorité résulte du calcul de la marge sur coûts variables par heure. En effet, P2 rapporte 108 $ l'heure, P1, 48 $ l'heure et P3, seulement 30 $ l'heure, même si la marge sur coûts variables de P3 est supérieure à celle des deux autres produits.

LES MARGES NETTES

La marge nette d'un objet est égale aux revenus engendrés par cet objet moins l'ensemble des coûts qui lui sont propres, ce qu'on peut exprimer de la façon suivante :

Marge nette d'un objet = Marge sur coûts variables – Coûts fixes spécifiques à cet objet

La marge nette représente l'apport de cet objet à la couverture des coûts fixes communs aux produits ainsi qu'au bénéfice réalisé par l'entreprise. On peut parler de la marge nette d'une division, d'un atelier, d'une machine, d'une activité, d'un produit ou d'un service. La figure 6.4 est une variante de la figure 6.1 ; elle dégage le lien entre la marge sur coûts variables et la marge nette.

Figure 6.4
La marge sur coûts variables et la marge nette

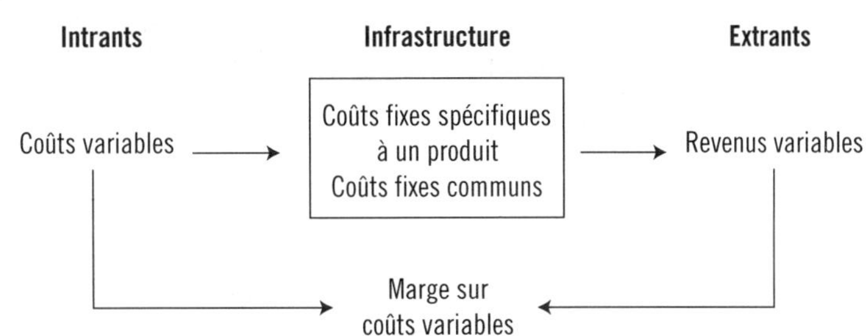

Résultat net = Revenus variables – Coûts variables – Coûts fixes spécifiques – Coûts fixes communs
Résultat net = Marge sur coûts variables – Coûts fixes spécifiques – Coûts fixes communs
Résultat net = Marge nette – Coûts fixes communs

EXEMPLE

L'entreprise Géodis ltée

L'entreprise Géodis ltée possède trois usines et un siège social, dont on a déterminé les coûts fixes et les coûts variables. Le tableau suivant présente ces données tirées d'un exercice, en faisant ressortir la marge sur coûts variables et la marge nette pour chaque unité administrative.

Le coûts, la marge sur coûts variables et la marge nette

	Usine 1	Usine 2	Usine 3	Siège social	Total
Ventes	**1 000 000 $**	**2 000 000 $**	**3 000 000 $**		**6 000 000 $**
Coûts variables	400 000	800 000	1 200 000		2 400 000
Marge sur coûts variables	**600 000 $**	**1 200 000 $**	**1 800 000 $**		**3 600 000 $**
Coûts fixes	400 000	500 000	1 400 000	1 200 000	3 500 000
Marge nette	**200 000 $**	**700 000 $**	**400 000 $**	**–1 200 000 $**	**100 000 $**

On distingue quatre marges sur coûts variables, soit une pour chacune des trois usines et une pour l'entreprise. Le siège social ne produit pas de marge sur coûts variables parce qu'il ne rapporte pas de revenus et qu'on ne peut lui attribuer de coûts variables. Par contre, on distingue cinq marges nettes, soit une pour chacune des trois usines, une pour le siège social et une pour l'entreprise. Il est intéressant de visualiser les flux monétaires de l'entreprise à l'aide des marges sur coûts variables et des marges nettes. La figure 6.5 illustre ces flux en reprenant la métaphore de la figure 6.2.

Le montant de la marge sur coûts variables pour chacune des usines est partagé entièrement entre deux flux. Il sert d'abord à couvrir les coûts fixes spécifiques; puis la marge nette — c'est-à-dire la différence entre la marge sur coûts variables et les coûts fixes spécifiques — est versée dans un fonds commun identifié au siège social; elle

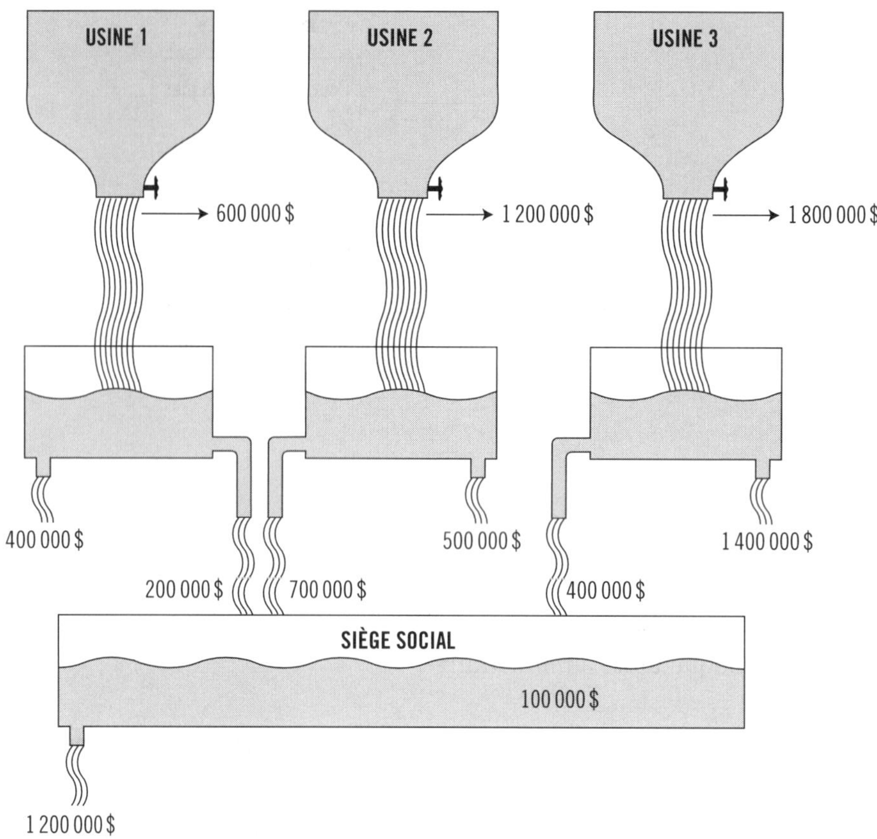

Figure 6.5 **Les marges sur coûts variables et les marges nettes**

sert d'abord à couvrir les coûts fixes du siège social, communs aux trois usines. Le surplus, s'il y en a un, représente le bénéfice réalisé par l'entreprise.

La méthode des coûts spécifiques

La méthode des coûts spécifiques s'applique à dégager, dans la présentation des résultats, tous les coûts, fixes ou variables, engagés par un objet de coût; il s'agit habituellement d'un produit, d'une gamme de produits, d'un service ou d'un ensemble de services. Cette méthode consiste donc à dégager la marge nette de chaque objet de coût. En ce sens, elle apparaît comme un prolongement de la méthode des coûts variables, car il s'agit de soustraire de la marge sur coûts variables de chaque objet de coût les coûts fixes qui lui sont spécifiques.

Ces informations sont cruciales pour la prise de décision. En effet, comme nous l'avons expliqué au chapitre 4, si, dans un état des résultats, on décide de répartir les coûts communs entre les produits au prorata du volume d'extrants, on peut induire en erreur la direction de l'entreprise quant à la rentabilité réelle de ses produits, et l'amener à prendre des décisions mal avisées.

EXEMPLE

L'entreprise Duopro ltée

L'entreprise Duopro ltée fabrique deux gammes de produits. L'état des résultats selon la méthode des coûts spécifiques se présente comme suit :

État des résultats selon la méthode des coûts spécifiques

	P1	P2	Administration	Total
Ventes	**6 900 $**	**20 100 $**		**27 000 $**
Coûts variables de fabrication	4 100	10 700		14 800
Marge à la fabrication	**2 800 $**	**9 400 $**		**12 200 $**
Frais variables de vente et d'administration	480	1 930		2 410
Marge à la distribution	**2 320 $**	**7 470 $**		**9 790 $**
Coûts spécifiques				
Fabrication	1 300 $	1 500 $		2 800 $
Vente	100	200		300
Administration	0	0	2 600 $	2 600
	1 400 $	**1 700 $**	**2 600 $**	**5 700 $**
Marge nette	**920 $**	**5 770 $**	**–2 600 $**	**4 090 $**
Autres coûts fixes communs				1 980
Résultat net				**2 110 $**

La marge nette de P1 est de 920 $ et celle de P2, de 5 770 $. La marge de chacun des deux produits sert à couvrir les frais d'administration (2 600 $), ainsi que les coûts fixes communs (1 980 $), qui correspondent à des coûts de structure et à des frais de financement des immobilisations de l'entreprise. La marge nette d'un produit est le montant que perdrait l'entreprise si elle décidait de cesser de le fabriquer.

Voici maintenant les données d'un état financier hypothétique où les coûts communs, de 4 580 $ — incluant les coûts d'administration de 2 600 $ et les autres coûts fixes communs de 1 980 $ — ont été réparties au prorata des coûts variables de fabrication.

	P1	P2	Total
Ventes	**6 900 $**	**20 100 $**	**27 000 $**
Coûts variables de fabrication	4 100	10 700	14 800
Marge à la fabrication	**2 800 $**	**9 400 $**	**12 200 $**
Frais variables de vente et d'administration	480	1 930	2 410
Marge à la distribution	**2 320 $**	**7 470 $**	**9 790 $**
Coûts spécifiques			
Fabrication	1 300 $	1 500 $	2 800 $
Vente	100	200	300
	1 400 $	**1 700 $**	**3 100 $**
Marge nette	**920 $**	**5 770 $**	**6 690 $**
Coûts communs			
Administration	720 $	1 880 $	2 600 $
Autres	549	1 431	1 980
	1 269 $	**3 311 $**	**4 580 $**
Résultat net	**–349 $**	**2 459 $**	**2 110 $**

Comme nous l'avons dit, la répartition des coûts communs entre les produits risque d'induire en erreur la direction de l'entreprise quant à la véritable rentabilité de ses produits. Ainsi, dans cet exemple, elle indique que P1 est déficitaire, ce qui n'est pas nécessairement le cas. En fait, selon les informations disponibles, nous ne pouvons conclure ni à la rentabilité, ni à la non-rentabilité de ce produit.

LA COMPTABILITÉ PAR CENTRES DE RESPONSABILITÉ

La méthode des coûts spécifiques nous conduit à la comptabilité par centres de responsabilité, qui consiste à rattacher à des unités administratives les coûts et les revenus qui leur sont propres. Ces unités administratives portent le nom de centres de coûts, de centres de profits ou encore de centres d'investissement, selon les responsabilités qui incombent à leur directeur respectif. Ainsi, dans l'exemple de l'entreprise Duopro ltée, les trois usines sont des centres de profits, car leur directeur est responsable des revenus et des coûts de l'usine ; le siège social, lui, est un centre de coûts, car son directeur administratif n'est responsable que de coûts. L'identification de centres de responsabilité est une mesure de contrôle importante, en particulier dans les grandes organisations. Nous y reviendrons dans la deuxième partie de cet ouvrage.

EXEMPLE

L'entreprise Multirégions ltée

L'entreprise Multirégions ltée fabrique deux produits qu'elle vend dans trois régions. Le tableau suivant résume les résultats du dernier exercice. Les frais généraux de fabrication, de vente et d'administration sont répartis entre les deux produits au prorata du nombre d'unités vendues, 240 000 unités du produit 1 et 180 000 unités du produit 2.

	P 1	**P 2**	**Total**
Ventes	**14 400 000 $**	**9 000 000 $**	**23 400 000 $**
Coût des produits vendus			
Matières premières	2 880 000 $	1 980 000 $	4 860 000 $
Main-d'œuvre directe	1 920 000	1 440 000	3 360 000
Frais généraux de fabrication	2 331 429	1 568 571	3 900 000
	7 131 429 $	**4 988 571 $**	**12 120 000 $**
Bénéfice brut	**7 268 571 $**	**4 011 429 $**	**11 280 000 $**
Frais de vente	4 645 714 $	2 494 286 $	7 140 000 $
Frais d'administration	1 988 571	1 131 429	3 120 000
	6 634 286 $	**3 625 714 $**	**10 260 000 $**
Bénéfice net	**497 143 $**	**1 362 857 $**	**1 020 000 $**

La directrice de la région 1 n'est pas satisfaite, car elle croit que son personnel a exercé un contrôle particulièrement efficace sur ses frais de vente et d'administration spécifiques. Elle prétend notamment que sa région a contribué davantage que les deux autres aux bénéfices de l'entreprise, ce que ne montre pas l'état de l'exercice. Elle réclame donc une présentation des résultats qui tienne compte des coûts spécifiques de chaque produit et de chaque région.

Pour remplir ce mandat, le contrôleur du siège social a réuni les données suivantes :

	P 1	**P 2**
Frais généraux de fabrication variables unitaires	5 $	6 $
Frais de vente variables unitaires	6 $	5 $
Frais généraux de fabrication fixes spécifiques	960 000 $	360 000 $

	P 1			P 2		
	Région 1	**Région 2**	**Région 3**	**Région 1**	**Région 2**	**Région 3**
Nombre d'unités vendues	84 000	96 000	60 000	54 000	81 000	45 000
Frais de vente spécifiques	630 000 $	630 000 $	1 260 000 $	216 000 $	216 000 $	648 000 $
Frais d'administration spécifiques	240 000 $	240 000 $	480 000 $	72 000 $	72 000 $	216 000 $

Il n'y a aucuns frais d'administration variable.

Voici un état des résultats établi selon les règles de la comptabilité par centres de responsabilité; il dégage la marge nette unitaire de chaque produit pour chaque région.

	P 1			P 2		
	Région 1	**Région 2**	**Région 3**	**Région 1**	**Région 2**	**Région 3**
Prix de vente	**60,00 $**	**60,00 $**	**60,00 $**	**50,00 $**	**50,00 $**	**50,00 $**
Coûts variables unitaires						
Matières premières	12,00 $	12,00 $	12,00 $	11,00 $	11,00 $	11,00 $
Main-d'œuvre directe	8,00	8,00	8,00	8,00	8,00	8,00
Frais généraux de fabrication	5,00	5,00	5,00	6,00	6,00	6,00
	25,00 $	**25,00 $**	**25,00 $**	**25,00 $**	**25,00 $**	**25,00 $**
Marge à la fabrication	**35,00 $**	**35,00 $**	**35,00 $**	**25,00 $**	**25,00 $**	**25,00 $**
Frais de vente variables	6,00	6,00	6,00	5,00	5,00	5,00
Marge sur coûts variables	**29,00 $**	**29,00 $**	**29,00 $**	**20,00 $**	**20,00 $**	**20,00 $**
Coûts spécifiques						
Frais généraux de fabrication	4,00 $	4,00 $	4,00 $	2,00 $	2,00 $	2,00 $
Frais de vente	7,50	6,56	21,00	4,00	2,67	14,40
Frais d'administration	2,86	2,50	8,00	1,33	0,89	4,80
	14,36 $	**13,06 $**	**33,00 $**	**7,33 $**	**5,56 $**	**21,20 $**
Marge nette	**14,64 $**	**15,94 $**	**–4,00 $**	**12,67 $**	**14,44 $**	**–1,20 $**

Cet état montre que la région 3 est déficitaire pour les deux produits. Il indique par ailleurs que la rentabilité de la région 2 est légèrement supérieure à celle de la région 1. Dans le cadre d'une structure organisationnelle par centres de responsabilité, la comptabilité par centres de responsabilité, qui fait ressortir les coûts spécifiques et les marges nettes de chacune des unités administratives, présente beaucoup d'intérêt, car elle permet l'évaluation de la performance et, de manière générale, facilite la prise de décision.

LES DÉCISIONS À DES FINS DE GESTION

Nous l'avons souligné à maintes reprises depuis le début de cet ouvrage, la comptabilité de management a pour objectif d'aider les gestionnaires à concrétiser la mission de l'entreprise le plus efficacement possible en produisant de l'information utile à la prise de décision. Aux chapitres 2, 3, 4, et 5 nous avons étudié l'information relative aux coûts, et dans le présent chapitre, nous avons fourni de l'information sur les marges. Nous allons maintenant proposer une classification des décisions de gestion, ainsi qu'une approche globale et une approche différentielle de l'évaluation de propositions.

La classification des décisions de gestion

Traditionnellement, les manuels de comptabilité de gestion traitent de ce qu'on a appelé les décisions à court terme et les décisions à long terme. Mais ces deux expressions ne correspondent plus vraiment à la réalité. En effet, le qualificatif «à long terme» n'est guère approprié dans un contexte marqué par la mondialisation des marchés, la compétitivité accrue des entreprises, l'évolution technologique accélérée, le raccourcissement des cycles de vie des produits et la réduction de l'équipement. En outre, avec l'informatisation accrue des décisions opérationnelles, certaines décisions à court terme — celle de commander des matières et des fournitures, et de déclencher la fabrication d'un lot de produits, par exemple — ne font plus l'objet de décisions ad hoc proprement dites.

La classification des décisions de gestion en décisions à court terme et à long terme épouse parfaitement le modèle qui assimile l'entreprise à une boîte noire pourvue d'un cadre physique, administratif et opérationnel ainsi que de moyens techniques et de services auxiliaires appelés ressources de structure. Ces moyens et ces services donnent lieu à des coûts indirects, généralement fixes à court terme.

Selon cette classification, les décisions à long terme ont pour objet l'acquisition de ressources de structure alors que les décisions à court terme visent l'optimisation du rendement des ressources consommées quotidiennement. Les décisions à court terme incluent donc les choix portant sur l'acquisition de ressources accessibles sur une base quotidienne — matières premières, fournitures, main-d'œuvre etc. —, ainsi que sur l'utilisation accrue des actifs immobilisés. On retrouve dans cette catégorie l'ensemble des «décisions-réactions», appelées ainsi parce qu'elles se produisent en réaction à certains événements non planifiés tels que :

- la décision de fabriquer ou d'acheter un produit à la suite d'un changement imprévu dans la production ou dans les conditions du marché ;
- la décision d'accepter ou de rejeter une commande ou un contrat ad hoc ;
- la décision de continuer ou de cesser de fabriquer un produit qui ne semble plus rentable.

Cependant, de telles décisions, bien qu'elles n'exigent aucun financement à long terme, peuvent avoir des répercussions qui s'étendent sur plusieurs années. De plus, elles revêtent une grande importance sur le plan stratégique, et le qualificatif « à court terme » ne les décrit pas adéquatement.

Par ailleurs, les décisions dites à long terme visent une acquisition majeure d'immobilisations, et requièrent de ce fait un financement à long terme. Les informations sur les coûts et les marges ne suffisent pas pour décider d'un investissement de ce type, car, en plus d'analyser l'impact fiscal de l'investissement, il faut évaluer les conditions de financement.

Pour ces raisons, nous préférons utiliser les trois catégories de décisions suivantes :

- l'évaluation de propositions ;
- les décisions liées au volume d'extrants ;
- les décisions requérant un financement.

Les décisions liées au volume d'extrants seront étudiées au chapitre 7. Quant aux décisions requérant un financement, nous n'en traitons pas dans cet ouvrage. Nous nous pencherons donc ici sur l'évaluation de propositions.

L'évaluation de propositions

L'évaluation de propositions se présente sous la forme d'un choix entre deux propositions ou plus. Le rôle de l'analyste consiste à identifier et à mesurer les facteurs quantitatifs et qualitatifs associés aux diverses propositions. Les informations ainsi obtenues permettront au décideur de mieux évaluer l'importance relative de chaque catégorie de facteurs. Par exemple, si deux propositions semblent procurer les mêmes bénéfices, les facteurs qualitatifs se révéleront vraisemblablement décisifs. Par contre, si les bénéfices d'une proposition sont nettement supérieurs à ceux d'une autre proposition, le décideur devra déterminer si les facteurs qualitatifs peuvent compenser le manque à gagner.

L'analyse globale et l'analyse différentielle

Lorsqu'on est en présence d'un ensemble de propositions, on peut adopter une analyse globale ou une analyse différentielle. L'analyse globale dégage les revenus totaux et les coûts totaux découlant de chacune des options. L'analyse différentielle fait ressortir les divers éléments de revenus et de coûts touchés par une décision, par rapport à une situation de référence — souvent le statu quo. La somme des différences représente alors le résultat net différentiel de chacune des propositions par rapport à la situation de référence.

Comme elle n'exige pas le calcul de la somme des coûts qui ne sont pas touchés par la décision, l'analyse différentielle permet d'établir beaucoup plus rapidement que l'analyse globale l'effet d'une variation du volume d'activité sur les résultats.

EXEMPLE

L'entreprise Alternative ltée

Une entreprise désire évaluer une proposition en vue de modifier un processus de fabrication. Cette entreprise fabrique actuellement 80 000 unités d'un seul produit. Voici une analyse globale, puis une analyse différentielle de la proposition.

Analyse globale d'une proposition

		Statu quo		Projet
Prix de vente		**50,00 $**		**50,00 $**
Coût de fabrication				
Matières premières		10,00 $		10,00 $
Main-d'œuvre directe	(2 h à 6 $/h)	12,00	(1,5 h à 6 $/h)	9,00
Frais généraux				
variables	(2 h à 4 $/h)	8,00	(1,5 h à 4 $/h)	6,00
fixes		4,50		4,50
		34,50 $		**29,50 $**
Résultat brut unitaire		**15,50 $**		**20,50 $**
Frais de vente				
variables (10 % du prix de vente)		5,00 $		5,00 $
fixes		2,50		2,50
		7,50 $		**7,50 $**
Résultat net unitaire		**8,00 $**		**13,00 $**
Résultat net pour 80 000 unités		**640 000 $**		**1 040 000 $**

Analyse différentielle d'une proposition

Économie de main-d'œuvre (0,5 h à 6 $/h)	3 $
Économie de frais généraux (0,5 h à 4 $/h)	2
Économie totale	**5 $**
Augmentation du résultat net	
à 80 000 unités	400 000 $
à 50 000 unités	250 000 $
à 60 000 unités	300 000 $
à 70 000 unités	350 000 $
à 90 000 unités	450 000 $

Comme on le voit, l'analyse différentielle permet de calculer rapidement l'économie réalisée à divers volumes d'activité. L'analyse globale exigerait de calculer les coûts fixes unitaires que l'entreprise devrait assumer pour tous les volumes d'activité autres que celui de 80 000 unités.

L'INFORMATION FINANCIÈRE À DES FINS DE GESTION

L'information financière pertinente à la gestion découle souvent, comme on vient de le voir, du calcul des différentes marges et des coûts unitaires. L'utilisation des diverses marges soulève deux problèmes à l'heure actuelle.

Premièrement, le fait qu'il n'y ait presque plus d'éléments de coût strictement variables (à l'exception des matières premières) rend difficile la détermination d'une marge significative sur coûts variables. Les gestionnaires savent qu'il n'y a plus de coûts variables et que tous les coûts sont fixes, à court terme, parce que la main-d'œuvre directe n'est plus engagée à l'heure. Ils se méfient donc des analyses de coûts basées sur la distinction entre coûts fixes et coûts variables. Malgré tout, ces analyses, relativement simples, pourront s'avérer utiles si on sait les intégrer à des analyses d'activité et de causes d'activité, comme nous le verrons au chapitre 11.

Deuxièmement, l'utilisation des coûts unitaires recèle un piège. Les coûts unitaires proviennent d'une répartition de coûts dont une composante est fixe; ils sont par conséquent conditionnels à un volume d'activité donné. Si le coût unitaire était variable, l'analyse des coûts, en particulier l'analyse différentielle, ne présenterait pas d'embûches. Toutefois, à part l'utilisation des matières premières, dont les coûts sont essentiellement variables, on ne retrouve presque plus d'activités dont les coûts sont totalement variables. En général, ils sont fixes à l'intérieur d'un segment significatif, et ce segment diffère d'une activité à l'autre. Le coût unitaire obtenu pour une activité provient donc presque toujours d'une répartition du coût total au prorata du volume de cette activité. Il faut donc éviter de considérer le coût unitaire comme un coût variable, ce qui nous ferait tomber dans ce qu'on appelle le piège des coûts fixes.

EXEMPLE La gestion des achats

Imaginons une activité de gestion des achats dont le coût annuel est de 830 020 $ pour un volume d'activité de 8 830 achats, soit une moyenne de 94 $ par achat. Peut-on conclure qu'une commande nécessitant 100 achats coûtera 9 400 $?

Une analyse des ressources consommées par l'activité de gestion des achats nous indique qu'aucun des éléments de coût dont la somme totalise 830 020 $ n'est entièrement variable. Certains sont fixes, comme le coût de l'amortissement et la portion des taxes rattachées aux immobilisations, mais la plupart sont mixtes ; ils demeurent constants à certains volumes d'activité et varient à d'autres. On ne doit donc pas considérer la somme de 94 $ comme un coût variable à court terme. Toutefois, dans une perspective à long terme, c'est la moyenne qui est généralement prise en considération si l'activité continue à être exercée de la même façon.

Enfin, il ne faut pas négliger l'analyse qualitative des propositions soumises, notamment l'effet d'une décision sur le comportement des fournisseurs et des consommateurs. Les analyses quantitatives centrées sur la détermination des diverses marges sur coûts variables et marges nettes peuvent et doivent être utilisées dans le cadre d'une analyse stratégique qualitative visant l'évaluation de propositions, comme nous le verrons dans plusieurs exercices de ce chapitre.

QUESTIONS DE RÉVISION

1. Qu'est-ce qu'une marge ?
2. Expliquez ce qu'est une marge à la fabrication.
3. Expliquez ce qu'est une marge à la distribution.
4. Distinguez la marge sur coûts variables de la contribution marginale.
5. Pourquoi dit-on qu'il est possible de contrôler la marge sur coûts variables, mais non les coûts fixes ? Sur quelles hypothèses votre réponse se fonde-t-elle ?
6. Définissez la marge par unité d'un facteur de production.
7. Dans quelles situations la marge par unité de facteur de production est-elle significative pour la prise de décision ?
8. Qu'est-ce que la méthode des coûts variables ?
9. Quel pourrait être l'avantage d'utiliser la méthode des coûts variables ?
10. Quelles précautions devrait prendre une entreprise qui fait appel à la méthode des coûts variables ?
11. Décrivez l'impact de la méthode des coûts variables sur l'évaluation des stocks.
12. Définissez la marge nette.
13. Quelles informations additionnelles la méthode des coûts spécifiques fournit-elle ?
14. Qu'est-ce que la comptabilité par centres de responsabilité ?
15. Pourquoi la classification traditionnelle, qui distingue les décisions à court terme des décisions à long terme, est-elle de plus en plus difficile à appliquer ?
16. Quel système de classification propose-t-on ici ?
17. Quel avantage l'analyse différentielle présente-t-elle par rapport à l'analyse globale ?
18. Pourquoi n'est-il pas toujours facile de calculer et d'utiliser les différentes marges pour la prise de décision ?
19. Décrivez le piège que recèlent les coûts fixes.
20. Pourquoi est-il important de situer les analyses quantitatives dans le cadre plus large d'analyses stratégiques qualitatives ?

EXERCICES

EXERCICE 6.1 Marge sur coûts variables

Une entreprise fabrique deux produits, P1 et P2, dont la fiche de coût de revient est la suivante :

	P1	P2
Matières premières	80 $	110 $
Main-d'œuvre directe	40	75
Frais généraux de fabrication	40	75
Coût de fabrication	**160 $**	**260 $**

Le montant des frais généraux par unité apparaissant sur la fiche de coût de revient des produits a été déterminé à l'aide du budget ci-dessous, qui se rapporte au prochain exercice financier.

Ventes	**27 000 000 $**
Coût des produits vendus	15 200 000
Bénéfice brut	**11 800 000 $**
Frais de vente	7 500 000
Frais d'administration	3 500 000
Bénéfice net	**800 000 $**

Ce budget a été établi pour un volume d'activité de 30 000 unités fabriquées et vendues de P1, et de 40 000 unités fabriquées et vendues de P2. Le taux horaire de 20 $ pour la main-d'œuvre directe s'applique aux deux produits. Les frais généraux de fabrication, en majeure partie fixes, sont imputés au prorata des heures de main-d'œuvre directe.

Une proposition de l'ingénieur de la production

L'entreprise pourrait acquérir une nouvelle machine à contrôle numérique qui remplacerait un équipement acheté il y a 30 ans et permettrait de réduire des deux tiers le temps de main-d'œuvre directe requis pour P2. Toutefois, les frais généraux de fabrication augmenteraient de 1 000 000 $ par année en raison des coûts de l'amortissement, de la maintenance et de l'énergie requise par la nouvelle machine.

Une proposition de la directrice du marketing

Actuellement, l'entreprise assume totalement la livraison des produits dans un rayon de 30 km de son entrepôt principal, sans que cela entraîne des frais pour le client. Les coûts reliés à la livraison comptent pour 2 000 000 $ des frais de vente. Considérant le succès de la stratégie de concurrents qui affichent des prix plus bas mais qui n'assument pas le coût de la livraison aux clients, la directrice du marketing propose de réduire le prix de P1 et P2 (actuellement à 240 $ et à 450 $) ; il faudra toutefois exiger un montant forfaitaire de 50 $ par livraison pour couvrir ces coûts. Les prix moyens du marché pour des produits équivalents sont actuellement de 210 $ et de 420 $, excluant la livraison.

Travaux pratiques

1. Calculez la marge sur coûts variables de P1 et P2 sans tenir compte des propositions de l'ingénieur de la production et de la directrice du marketing.
2. Conseillez à la direction d'accepter ou de rejeter la proposition de l'ingénieur de la production.
3. Conseillez à la direction d'accepter ou de rejeter la proposition de la directrice du marketing.

EXERCICE 6.2 Marge sur coûts variables

Une jeune comptable décide de quitter le cabinet conseil qui l'emploie depuis qu'elle a terminé ses études, il y a cinq ans. Elle met sur pied son propre bureau de consultation en comptabilité de management.

Elle s'attend à obtenir, dès la semaine prochaine, un contrat de 1 600 heures représentant 240 000 $ d'honoraires, ainsi que, d'ici six mois, deux autres contrats de moindre importance totalisant 1 400 heures. Elle prévoit assumer des frais fixes de 91 000 $ par an, répartis comme suit:

Secrétariat	30 000 $
Loyer	24 000
Taxes et assurances	4 000
Informatique	20 000
Fournitures	6 000
Téléphone	1 800
Électricité	2 200
Divers	3 000
	91 000 $

Pour chacun des contrats, elle devra faire appel aux services d'un analyste chevronné qu'elle peut embaucher au tarif de 50 $/h ou de 80 000 $ par an. Le contrat annuel équivaut à 1 920 heures.

Travail pratique

Conseillez cette jeune comptable. Devrait-elle embaucher l'analyste sur une base horaire ou avec un contrat annuel?

EXERCICE 6.3 Modification d'activités et analyse différentielle

Une entreprise fabrique un seul produit. Le service d'ingénierie étudie la possibilité de modifier le système de fixation des matrices aux machines et d'offrir périodiquement aux employés visés une formation sur l'attachement et la maintenance des matrices. Les analyses démontrent que les modifications envisagées auront pour effet :

- de réduire de 70 % le temps de mise en course ;
- de diminuer de 50 % le nombre de rejets ;
- de diminuer de 60 % les stocks de produits finis ;
- d'accroître de 20 % les heures de formation des employés ;
- d'augmenter de 5 % le montant des autres frais généraux

Voici un résumé des coûts du dernier exercice :

Activité	Montant	Unité d'œuvre
Achat de matières premières	16 580 000 $	Le kilogramme
Main-d'œuvre directe	8 940 000	L'heure de main-d'oeuvre directe
Achat, réception des matières premières	2 712 000	La commande de matières premières
Mises en course	1 440 000	L'heure de mise en course
Supervision et gestion de la fabrication	1 120 000	Le nombre d'employés supervisés
Rejets de produits non conformes	1 924 000	Le nombre de rejets
Utilisation de l'énergie et force motrice	764 000	Le nombre d'heures-machines
Formation des employés	120 000	Le nombre d'heures de formation
Autres frais généraux	1 748 000	Aucune
	35 348 000 $	

Tous les coûts des activités sont proportionnels au nombre de chaque unité d'œuvre pour un intervalle de production donné qui varie de plus ou moins 15 % par rapport au volume atteint au cours du dernier exercice.

Travail pratique

Évaluez l'effet du projet étudié sur les coûts de l'entreprise.

EXERCICE 6.4 Marge sur coûts variables

La société pétrolière Pétrogas fonctionne actuellement à 80 % de sa capacité normale de raffinage parce qu'elle ne peut se procurer davantage de pétrole brut, sa matière première. Son budget d'exploitation pour une semaine de production, au volume d'activité actuel, est le suivant :

Coûts directs	720 000 $
Coûts indirects	520 000
Coûts totaux d'exploitation	**1 240 000 $**
Nombre de contenants de 40 L de pétrole brut	80 000

Le procédé de raffinage retenu par l'entreprise permet de retirer, pour chaque litre de pétrole brut raffiné, 75 % d'essence, 15 % d'huile à chauffage et un résidu qu'un tiers recueille gratuitement. Le prix de l'essence au détaillant est actuellement de 0,50 $ le litre et celui de l'huile à chauffage, de 0,10 $ le litre.

Un fournisseur étranger vient d'offrir à Pétrogas de lui vendre 800 000 L de pétrole brut par semaine, au prix de 12 $ le contenant de 40 L. Son coût actuel pour le pétrole brut, inclus dans les coûts directs, est de 8 $ le contenant de 40 L.

Travail pratique

Dites si la société pétrolière Pétrogas doit accepter ou refuser l'offre du fournisseur étranger.

EXERCICE 6.5 Marge sur coûts variables

L'entreprise AB ltée assemble deux produits, A et B. Elle se situe dans une industrie très concurrentielle. Au cours des trois dernières années, son bénéfice est passé de 15 % à un peu moins de 8 %, comme le révèle le budget présenté ci-dessous.

Ventes	**430 000 000 $**
Coût des produits vendus	
Matières premières	140 000 000 $
Main-d'œuvre directe	30 000 000
Frais généraux de fabrication	75 000 000
	245 000 000 $
Bénéfice brut	**185 000 000 $**
Frais de vente	108 500 000
Frais d'administration	43 000 000
Bénéfice net	**33 500 000 $**

Afin d'examiner certaines propositions présentées plus loin, le contrôleur a préparé cette analyse du bénéfice unitaire par produit:

	Produit A	**Produit B**
Nombre d'unités assemblées et vendues	**4 000 000**	**500 000**
Prix de vente unitaire	**90 $**	**140 $**
Coût unitaire de fabrication		
Matières premières	30 $	40 $
Main-d'œuvre directe	6	12
Frais généraux de fabrication	15	30
	51 $	**82 $**
Bénéfice brut unitaire	**39 $**	**58 $**
Frais de vente variables	14 $	19 $
Frais de ventes fixes	9	14
Frais d'administration	9	14
	32 $	**47 $**
Bénéfice net	**7 $**	**11 $**

L'entreprise ne garde pas de stocks; elle vend tout ce qu'elle assemble. Les frais généraux de fabrication sont fixes. Ils sont imputés au prorata du temps de main-d'œuvre directe au taux horaire moyen de 20 $. Les frais de vente variables comprennent une commission aux vendeurs égale à 10 % du prix de vente ainsi qu'un coût moyen de 5 $ par unité vendue pour la livraison, ce montant étant identique pour les produits A et B. Les frais de vente fixes ont été répartis au prorata des ventes, de même que les frais d'administration, également fixes.

Deux propositions sont présentement à l'étude.

La première consiste à dégager l'entreprise de l'activité de mise en marché en confiant à un grossiste la commercialisation et la distribution de ses deux produits. La proposition à l'étude prévoit un prix de vente au grossiste de 70 $ et de 110 $ pour les produits A et B respectivement. Par contre, les frais de vente variables seraient totalement éliminés, les frais de vente fixes seraient réduits de 40 millions de dollars et les frais d'administration, fixes eux aussi, de 10 millions de dollars. Enfin, on ne prévoit pas d'effet à court terme de cette décision sur les ventes.

La deuxième proposition consiste à remplacer les machines servant uniquement à l'assemblage du produit B. On prévoit réduire ainsi des deux tiers le temps de main-d'œuvre directe consacré à l'assemblage du produit B. Le coût de la main-d'œuvre directe de ce produit serait alors de 4 $ l'unité. Par contre, les frais fixes de fabrication augmenteraient de 5 millions de dollars.

Travaux pratiques

1. Analysez la première proposition et faites une recommandation, en tenant compte à la fois des calculs économiques et des facteurs qualitatifs.
2. Analysez la deuxième proposition et faites une recommandation, en tenant compte à la fois des calculs économiques et des facteurs qualitatifs.

EXERCICE 6.6 Méthode du coût complet et méthode des coûts variables

Une entreprise fabrique sur commande un seul produit; elle ne possède donc aucun stock de produits finis. La main-d'œuvre directe est engagée par voie de contrats d'un an, et un employé ne peut être congédié avant la fin de son contrat. On estime qu'une unité de produit fini requiert en moyenne 30 minutes de main-d'œuvre directe.

Les résultats de la dernière année financière se présentent ainsi :

Ventes (en unités)	144 000
Ventes (en dollars)	6 480 000 $
Coût des matières premières par unité	10 $
Coût de la main-d'œuvre directe	864 000 $
Frais généraux de fabrication	1 008 000 $
dont 20 % sont variables	
Frais de vente	1 152 000 $
dont la commission aux vendeurs	324 000 $
Frais d'administration	576 000 $
Frais de financement	288 000 $

À cause de l'instabilité de la demande dans son secteur, l'entreprise étudie la possibilité d'offrir à son personnel une rémunération horaire plutôt qu'un contrat annuel. Elle leur propose un salaire de 20 $ l'heure.

Travaux pratiques

1. Présentez l'état des résultats selon la méthode du coût complet et la méthode des coûts variables.
2. Si l'entreprise fabrique seulement 132 000 unités l'an prochain, quel bénéfice prévoit-elle réaliser ?
3. Si l'entreprise opte pour la politique de rémunération à un taux horaire, quel sera l'effet de cette décision sur le bénéfice prévu l'an prochain ?
4. Commentez brièvement les avantages et les inconvénients du contrat annuel par rapport à ceux de la rémunération à l'heure.

EXERCICE 6.7 Effet d'un accroissement de stock sur le résultat net

Le résultat net de neuf mois d'exploitation indique que l'entreprise VWX se dirige vers un résultat net négatif à la fin de l'exercice. Dans le but d'améliorer le résultat net de fin d'exercice, la directrice générale décide de doubler la production initialement prévue pour le dernier trimestre. L'entreprise a recours à la méthode du coût complet pour établir le résultat net.

Voici l'état des résultats après neuf mois d'exploitation et les prévisions de l'exercice :

	Résultats 9 mois	**Prévisions de l'exercice**
Ventes	**11 520 000 $**	**15 360 000 $**
Coût des produits vendus		
Stock du début	500 000 $	500 000 $
Matières premières	1 958 400	2 611 200
Main-d'œuvre directe	1 305 600	1 740 800
Frais généraux de fabrication	4 896 000	6 528 000
Moins : Stock de clôture	500 000	500 000
	8 160 000 $	**10 880 000 $**
Bénéfice brut	**3 360 000 $**	**4 480 000 $**
Frais de vente et d'administration	3 378 240	4 504 320
Résultat net	**–18 240 $**	**–24 320 $**

Le plan de production pour le dernier trimestre, qui a servi à établir les prévisions précédentes, est le suivant :

	À ce jour	**Dernier trimestre**	**Total**
Plan initial (en unités)	163 200	54 400	217 600
Plan révisé (en unités)	163 200	108 800	272 000

Le coût des matières premières et celui de la main-d'œuvre directe sont variables. Les frais généraux de fabrication fixes annuels sont de 5 440 000 $.

Travaux pratiques

1. Quel résultat net prévoit-on si la directrice générale met en œuvre son projet de doubler la production prévue initialement pour le dernier trimestre?
2. Commentez brièvement les effets attendus du projet de la directrice générale.
3. Commentez les résultats tels qu'ils apparaîtraient si on les présentait selon la méthode des coûts variables.

EXERCICE 6.8 Effet d'une diminution de stock sur le résultat net

L'état des résultats d'une entreprise établi selon la méthode du coût complet se présente comme suit:

	Résultats
Ventes	**23 011 200 $**
Coût des produits vendus	
Stock du début (15 000 unités)	750 000 $
Matières premières	4 896 000
Main-d'œuvre directe	3 264 000
Frais généraux de fabrication	10 608 000
Moins: Stock de clôture	4 443 600
	15 074 400 $
Bénéfice brut	**7 936 800 $**
Frais de vente et d'administration	6 756 480
Résultat net	**1 180 320 $**

Le coût des matières premières et celui de la main-d'œuvre directe sont variables. Les frais généraux fixes annuels sont de 6 528 000 $.

L'entreprise montre un résultat net de 1 180 320 $. Cependant, la valeur du stock de produits finis est très élevée en fin d'exercice, puisqu'elle atteint 4 443 600 $. Ce montant équivaut à 96 600 unités, ce qui représente un taux de rotation des stocks de 3,379 unités si l'on envisage des ventes de 326 400 unités. Le directeur général décide donc de ramener le stock de produits finis à 15 000 unités. Si l'on suppose qu'il n'y a pas d'augmentation des prix et que le volume des ventes reste constant, le budget de cette entreprise pour la prochaine année se présenterait alors ainsi:

	Prévisions
Ventes	**23 011 200 $**
Coût des produits vendus	
Stock du début	4 443 600 $
Matières premières	2 937 600
Main-d'œuvre directe	1 958 400
Frais généraux de fabrication	8 976 000
Moins : Stock de clôture	850 000
	17 465 600 $
Bénéfice brut	**5 545 600 $**
Frais de vente et d'administration	6 756 480
Résultat net	**–1 210 880 $**

Ce piètre résultat n'est guère encourageant. Le directeur général se dit qu'il ferait mieux de ne pas réduire le stock car il n'en tirerait aucun avantage économique.

Travaux pratiques

1. Quel résultat prévoit-on si le directeur général décide de maintenir le stock au volume initial de 96 600 unités ?
2. Calculez le résultat net de l'exercice qui vient de se terminer et celui qui est prévu pour l'an prochain selon la méthode des coûts variables, en supposant que le stock soit ramené à 15 000 unités à la fin du prochain exercice.
3. Expliquez au directeur général le piètre résultat qu'il obtiendrait en ramenant le stock de produits finis à 15 000 unités.

EXERCICE 6.9 Marge par unité d'un facteur de production

Une entreprise fabrique deux produits, P1 et P2, qui utilisent une même machine, respectivement pendant 10 minutes et 20 minutes par unité. Le comptable de l'entreprise établit comme suit le résultat brut unitaire de chaque produit.

	P1	P2
Prix de vente	**40 $**	**30 $**
Coût de fabrication		
Matières premières	6 $	2 $
Main-d'œuvre directe	12	4
Frais généraux variables	6	2
Frais généraux fixes	8	2
	32 $	**10 $**
Résultat brut	**8 $**	**20 $**

Travaux pratiques

1. Quel produit cette entreprise devrait-elle fabriquer si elle disposait d'une capacité supérieure à celle de la machine?
2. Quel produit cette entreprise devrait-elle fabriquer si elle ne dispose d'aucune autre capacité que celle de la machine?

EXERCICE 6.10 Marge par unité d'un facteur de production

Un fabricant de jouets estime que, pour répondre aux demandes de ses clients habituels, il doit produire les quantités suivantes aux prix suivants:

Jouet	Nombre d'unités	Prix de vente
A	40 000	24,00 $
B	36 000	11,60 $
C	30 000	39,60 $
D	25 000	20,00 $
E	300 000	13,60 $

Le budget de production pour les matières premières et la main-d'œuvre directe est établi comme suit:

Jouet	Matières premières	Main-d'œuvre directe
A	5,60 $	6,40 $
B	2,80 $	4,00 $
C	10,76 $	11,20 $
D	4,00 $	8,00 $
E	2,40 $	3,20 $

La main-d'œuvre directe est payée au taux de 16 $ l'heure. De plus, on estime que les frais généraux de fabrication variables représentent 25 % du coût de la main-d'œuvre directe. Les frais généraux de fabrication fixes s'élèvent à 400 000 $ par an.

De nouveaux clients font à l'entreprise les commandes additionnelles suivantes:

Jouet	Commandes additionnelles (en unités)
A	10 000
B	6 000
C	8 000
D	15 000
E	25 000

Le directeur général doit remplir en priorité les commandes régulières et faire un choix parmi les commandes additionnelles, car elles vont au-delà de la capacité de l'entreprise, qui est de 131 000 heures de main-d'œuvre directe.

Travaux pratiques

1. Calculez la marge sur coûts variables de chaque produit.
2. Calculez la marge sur coûts variables par heure de main-d'œuvre directe.
3. Quelles commandes additionnelles l'entreprise doit-elle accepter?

EXERCICE 6.11 Marge par unité d'un facteur de production

Une entreprise fabrique trois modèles de poupées ainsi que des vêtements pour ces poupées. Il y a une dizaine de modèles de vêtements, mais, comme le coût des ressources directes (matières premières et main-d'œuvre directe) est à peu près le même pour tous les vêtements, le contrôleur considère tous les vêtements comme un seul objet de coût. Chacune des poupées vendues doit posséder un vêtement. Les commandes déjà acceptées (provenant des clients habituels) pour le prochain exercice sont inscrites dans le tableau ci-dessous, où figurent aussi les prix de vente demandés et le coût prévu pour les matières premières.

Commandes acceptées

	Nombre d'unités	Prix de vente	Matières premières
Poupée 1	40 000	24 $	4 $
Poupée 2	30 000	32 $	6 $
Poupée 3	20 000	40 $	8 $
Vêtement	110 000	10 $	2 $

La demande pour les 110 000 unités de vêtements dépasse le nombre total de poupées prévu, c'est-à-dire 90 000 unités (40 000 + 30 000 + 20 000).

L'entreprise dispose d'une capacité de production équivalant à 40 000 heures de main-d'œuvre directe (MOD). Toute la MOD est payée au taux de 16 $ l'heure, ce qui comprend les avantages sociaux. Tous les autres coûts sont fixes. Le tableau suivant précise l'utilisation de la MOD prévue pour le prochain exercice.

Utilisation de la MOD relative aux commandes acceptées

	Poupée 1	Poupée 2	Poupée 3	Vêtement	Total
Heure MOD par unité	0,2	0,25	0,3	0,1	
Total des heures MOD	8 000	7 500	6 000	11 000	32 500

Or, la possibilité de réaliser des commandes additionnelles aux prix de vente réguliers se matérialise. Le tableau suivant indique le nombre d'unités additionnelles de chacun des produits qu'il devient possible de vendre.

Commandes potentielles

	Nombre d'unités
Poupée 1	10 000
Poupée 2	10 000
Poupée 3	10 000
Vêtement	35 000

Cependant, compte tenu de sa capacité actuelle, l'entreprise ne peut accepter toutes ces commandes additionnelles. Elle ne peut réduire non plus les commandes qu'elle a déjà acceptées. Rappelez-vous aussi que chaque poupée doit avoir un vêtement.

Travaux pratiques

1. Indiquez quelles commandes additionnelles l'entreprise doit accepter, compte tenu des trois contraintes suivantes :
   - la capacité actuelle est de 40 000 heures MOD ;
   - l'entreprise a l'obligation de répondre en priorité aux commandes qu'elles a déjà acceptées ;
   - l'entreprise a l'obligation de produire au moins un vêtement par poupée.
2. Quelle serait l'augmentation du bénéfice résultant de l'acceptation des commandes additionnelles ?
3. Si la demande excédentaire pour les vêtements pourrait être éliminée sans que l'entreprise risque de perdre des clients, c'est-à-dire si elle pouvait être ramenée de 110 000 à 90 000 unités pour les clients réguliers, que produiriez-vous avec la capacité ainsi libérée ?
4. Identifiez et commentez les éléments qualitatifs à prendre en considération dans la décision de réduire de 110 000 à 90 000 unités les commandes de vêtements déjà acceptées.

EXERCICE 6.12 Marge nette et frais fixes

L'entreprise Nikelle est spécialisée dans l'empaquetage sous vide et la distribution de viande fumée. Elle offre présentement deux produits : l'un, composé de quatre sachets de 400 g de viande fumée et l'autre, composé de deux sachets de 1 kg de viande fumée. Le prix exigé du consommateur pour ces deux produits est le même, soit 5 $. L'entreprise décide de lancer un nouveau produit comprenant deux repas complets constitués chacun d'un sachet de 450 g de viande fumée et de 550 g de légumes. Le directeur du marketing prétend qu'on ne peut demander plus de 5 $ l'unité si l'on veut assurer le succès commercial de ce nouveau produit. Selon le contrôleur, le prix de ce produit doit être fixé à 6 $ l'unité si l'on veut faire un profit. Après tout, un repas complet n'a-t-il pas plus de valeur aux yeux du client qu'un simple sachet de viande fumée ?

Voici un sommaire de l'analyse des coûts réalisée par le contrôleur :

	Viande fumée et légumes 2 repas de 1 kg	**Viande fumée 2 sachets de 1 kg**	**Viande fumée 4 sachets de 400 g**
Prix payé par le consommateur	**6,00 $**	**5,00 $**	**5,00 $**
Marge du détaillant (20 % de son coût)	1,00	0,83	0,83
Coût du détaillant	**5,00 $**	**4,17 $**	**4,17 $**
Coûts variables			
Matières premières (viande fumée)	0,80 $	2,00 $	1,60 $
Matières premières (légumes)	1,00		
Matières premières (emballage)	0,20	0,20	0,40
Main-d'œuvre directe	0,20	0,20	0,20
Transport et entreposage	0,40	0,40	0,40
	2,60 $	**2,80 $**	**2,60 $**
Marge sur coûts variables	**2,40 $**	**1,37 $**	**1,57 $**
Coûts fixes			
Frais de production fixes	1,40 $	0,80 $	0,90 $
Autres frais de production fixes	0,60	0,20	0,30
Frais d'administration fixes	0,20	0,20	0,20
	2,20 $	**1,20 $**	**1,40 $**
Résultat net	**0,20 $**	**0,17 $**	**0,17 $**

Les coûts fixes unitaires du nouveau produit ont été calculés pour un volume de 200 000 unités produites et vendues. Les frais de production fixes ont été estimés à 280 000 $; de cette somme, 140 000 $ sont des frais spécifiques à ce produit. Les autres frais de production fixes ont été estimés à 120 000 $; de cette somme, 80 000 $ sont des frais spécifiques à ce produit. Les frais d'administration sont communs aux trois produits.

Travaux pratiques

1. Calculez la marge nette du nouveau produit dans le cas où 100 000, 200 000 et 300 000 unités sont fabriquées et vendues, et où le prix au consommateur est de 6 $ et de 5 $.
2. Commentez brièvement les hypothèses relatives aux coûts fixes qui se dégagent de l'analyse des coûts présentée par le contrôleur.

EXERCICE 6.13 Coûts spécifiques et marges nettes

À l'Université de Ville-Marie, située dans la ville du même nom, le service de santé, qui fonctionne indépendamment de l'université, en tant qu'unité administrative à but non lucratif, est divisé en plusieurs sections : laboratoire, physiothérapie, médecine sportive, etc.

Ce service de santé est actuellement réservé aux étudiants et aux membres du personnel de l'université. Des compressions budgétaires s'annoncent. Le directeur du laboratoire, constatant que l'équipement est nettement sous-utilisé, songe à élargir sa clientèle et à offrir ses services à des cliniques privées. À cette fin, il commande deux études, l'une sur les prix du marché et l'autre sur les coûts. Les résultats de ces deux études sont exposés ci-dessous.

On a divisé les différentes analyses effectuées par le laboratoire en huit familles selon leur consommation de ressources : utilisation de fournitures et d'équipement et main-d'œuvre. Les analyses des familles A1 à A5, effectuées à l'aide d'appareils, sont largement automatisées, alors que ce n'est pas le cas pour les analyses des familles A6 à A8.

Le tableau suivant présente les prix établis par le service de santé et les prix moyens fixés par les cliniques privées pour un service équivalent.

	Famille d'analyses							
	A1	**A2**	**A3**	**A4**	**A5**	**A6**	**A7**	**A8**
Prix du service de santé	12 $	7 $	6 $	10 $	20 $	18 $	8 $	5 $
Prix du marché	25 $	15 $	9 $	22 $	35 $	26 $	12 $	10 $

Cette étude démontre que les prix demandés aux étudiants et aux membres du personnel de l'université sont nettement inférieurs à ceux exigés par les cliniques privées, ce qui est conforme à la mission du service de santé.

Le tableau suivant résume les résultats de l'étude sur les coûts spécifiques à chaque famille d'analyses selon trois volumes d'activité :

	Famille d'analyses								
	A1	**A2**	**A3**	**A4**	**A5**	**A6**	**A7**	**A8**	**Total**
Stato quo									
Nombre d'analyses	2 433	439	2 322	134	1 506	2 531	2 791	2 755	**14 911**
Coûts spécifiques	24 671 $	5 729 $	9 172 $	635 $	26 837 $	14 832 $	7 061 $	12 150 $	**101 086 $**
H1									
Nombre d'analyses	6 326	1 141	6 037	348	3 916	6 581	7 257	7 163	**38 769**
Coûts spécifiques	64 144 $	11 574 $	61 217 $	3 533 $	39 704 $	66 727 $	73 582 $	72 633 $	**393 114 $**
H2									
Nombre d'analyses	9 732	1 756	9 288	536	6 024	10 124	11 164	11 020	**59 644**
Coûts spécifiques	98 682 $	17 806 $	94 180 $	5 435 $	61 083 $	102 657 $	113 203 $	111 743 $	**604 790 $**

Nous retrouvons dans ce tableau trois volumes d'activité correspondant respectivement à 14 911, 38 769 et 59 644 analyses. Le volume d'activité actuel (statu quo) est de 14 911 analyses et il utilise 25 % de la capacité du laboratoire. Les autres volumes d'activité sont hypothétiques, l'hypothèse 1 (H1) représentant 2,6 fois le volume actuel et l'hypothèse 2 (H2), quatre fois le volume actuel, ce qui correspond à 100 % de la capacité estimée.

Les coûts spécifiques comprennent essentiellement les coûts des fournitures, de la main-d'œuvre et de l'utilisation des appareils. Dans le cas des analyses automatisées (familles A1 à A5), ces coûts augmentent selon le volume d'activité, mais de façon décroissante, car les appareils permettent des économies d'échelle substantielles. Par contre, les coûts liés aux familles A6, A7 et A8, qui ne font pas appel à des appareils, sont proportionnels au volume d'activité.

Le tableau suivant résume l'étude portant sur les coûts communs aux diverses familles d'analyses :

	Nombre d'analyses	Coûts communs
Statu quo	14 911	47 417 $
H1	38 769	54 664 $
H2	59 644	61 433 $

Travaux pratiques

1. Calculez la marge nette de chacune des familles d'analyses pour le volume d'activité actuel et pour les deux hypothèses envisagées.
2. Proposez au directeur (chiffres à l'appui) un projet lui permettant d'améliorer le rendement du laboratoire.

EXERCICE 6.14 Marges nettes et centres de responsabilité

L'entreprise Sexta ltée vend deux produits, A et B, dans trois régions, les régions 1, 2 et 3. Le nombre d'unités vendues dans chacune des régions au cours du dernier mois figure dans le tableau ci-dessous.

Unités vendues

	Région 1	Région 2	Région 3	Total
Produit A	30 000	30 000	20 000	**80 000**
Produit B	60 000	20 000	40 000	**120 000**
Total	**90 000**	**50 000**	**60 000**	**200 000**

Voici, pour le même mois, le calcul du résultat unitaire pour chaque produit dans chacune des régions.

Produit A	**Région 1**	**Région 2**	**Région 3**
Prix de vente	50,00 $	58,00 $	66,00 $
Coût unitaire	45,00	46,80	46,60
Résultat net	**5,00 $**	**11,20 $**	**19,40 $**

Produit B	**Région 1**	**Région 2**	**Région 3**
Prix de vente	40,00 $	53,00 $	56,00 $
Coût unitaire	48,00	50,30	49,60
Résultat net	**−8,00 $**	**2,70 $**	**6,40 $**

Au cours de ce mois, l'entreprise a réalisé un bénéfice net de 704 000 $ sur des ventes totales de 10 260 000 $; il s'agit d'un rendement inférieur à 7 %, que la direction de Sexta ltée juge nettement insuffisant.

Le coût unitaire de chaque produit a été établi à partir des informations suivantes:

- les produits A et B sont fabriqués dans une même usine, de sorte que le coût variable de fabrication d'un produit est le même dans chacune des régions;
- le coût fixe de fabrication est de 1 000 000 $, ce qui représente un coût de 5 $ par unité, puisque 200 000 unités ont été produites et vendues;
- le coût variable de vente correspond à une commission aux vendeurs égale à 10 % du prix de vente d'un produit;
- les frais fixes de vente et d'administration, spécifiques à chaque région, sont de:
  - 1 350 000 $ dans la région 1, soit 15 $ par unité vendue;
  - 800 000 $ dans la région 2, soit 16 $ par unité vendue;
  - 900 000 $ dans la région 3, soit 15 $ par unité vendue.

Le contrôleur, désireux d'apporter des suggestions afin d'améliorer le rendement de l'entreprise, y va de quelques simulations. Constatant que le produit B est déficitaire de 8 $ par unité dans la région 1, il émet l'hypothèse d'un abandon du produit B dans cette région et en vérifie les conséquences. Il s'aperçoit avec étonnement que le bénéfice net de l'entreprise, qui était de 704 000 $, se transforme en une perte de 16 000 $, et que, dans la région 1, le produit A génère une perte de 27,14 $ par unité. Il pense à juste titre que cela tient aux frais de vente et d'administration fixes de 1 350 000 $ spécifiques à cette région.

Il décide donc d'y aller d'une deuxième simulation; l'hypothèse formulée consiste cette fois à abandonner complètement la région 1. Il constate alors avec stupéfaction que le bénéfice net ne serait que de 584 000 $, soit 120 000 $ de moins que les résultats initiaux. Il croit que ce peut être dû au fait que, dans la région 2, le produit B est déficitaire de 1,39 $ par unité. Il simule alors à la fois l'abandon du produit B dans les régions 1 et 2; le bénéfice total net diminue alors à 110 000 $.

Enfin, en désespoir de cause, le contrôleur simule l'abandon des régions 1 et 2 pour ne garder que la région 3, dont les prix de vente sont supérieurs, la compétition étant beaucoup moins vive dans cette région. Cependant, en ne gardant que la production de la région 3, le bénéfice total net se transforme en une perte nette de 56 000 $. Le contrôleur essaie une dernière simulation selon laquelle il abandonne également le produit B dans la région n° 3; le bénéfice diminue encore davantage…

Travaux pratiques

1. À partir des données du dernier mois, calculez les différentes marges obtenues pour chacun des produits et ce, dans chacune des régions.
2. Expliquez, chiffres à l'appui, les résultats des diverses simulations du contrôleur.

EXERCICE 6.15 Marges et commandes spéciales

L'entreprise Joliciment ltée fabrique et distribue du ciment, de la pierre concassée et du béton. Le tableau suivant affiche les résultats du dernier exercice financier.

Joliciment ltée
État des résultats
pour le dernier exercice

Ventes		**21 600 000 $**
Coût de fabrication		
Matières premières	4 900 000 $	
Main-d'œuvre directe	2 700 000	
Coûts indirects de fabrication	2 400 000	10 000 000 $
Bénéfice brut		**11 600 000 $**
Coût de distribution		
Essence et huile	1 100 000 $	
Salaires des chauffeurs	3 600 000	
Coûts indirects de distribution	2 700 000	7 400 000 $
Frais de vente et d'administration		3 200 000
Total		**10 600 000 $**
Bénéfice net		**1 000 000 $**

Les derniers résultats laissent le président perplexe. À première vue, le chiffre d'affaires, qui est de 21,6 millions de dollars, paraît intéressant pour cette PME. Cependant, il croit que l'entreprise devrait faire mieux, soit environ 30 millions. Enfin, le bénéfice, qui équivaut à 4,63 % des ventes, lui paraît nettement insuffisant. Il soupçonne deux pratiques d'être responsables de ces piètres résultats : le système de préparation des soumissions ainsi que la règle de décision relative aux commandes spéciales, fréquentes dans cette industrie.

Le système de préparation des soumissions

Selon le système actuel, on établit les coût directs de fabrication et de distribution, puis on ajoute respectivement 100 % et 80 % de ces montants pour couvrir les coûts indirects de fabrication et de distribution, et générer un bénéfice. Voici un exemple d'une commande pour laquelle on prévoit engager 100 000 $ en coûts directs de fabrication et 150 000 $ en coûts directs de distribution.

Calcul de la soumission

Coût direct de fabrication	100 000 $
Coût indirect de fabrication (100 % du coût direct de fabrication)	100 000
Coût direct de distribution	150 000
Coût indirect de distribution (80 % du coût direct de distribution)	120 000
Montant soumissionné	**470 000 $**

La règle de décision des commandes spéciales

Selon les règles en cours, on consent jusqu'à 20 % de réduction sur le coût d'une commande spéciale, que l'on calcule selon la méthode de préparation des soumissions. Ce taux critique de 20 % vient du fait que la marge nette de chacun des produits se situe autour de 20 %.

Les coûts indirects de fabrication et de distribution sont fixes, mais ils sont également spécifiques aux produits. Les frais de vente et d'administration, eux, sont fixes et communs aux divers produits. Le tableau de la répartition des ventes, des coûts directs ainsi que des coûts indirects spécifiques aux produits se présente ainsi :

	Ciment	Concassé	Béton	Total
Ventes	**7 200 000 $**	**5 400 000 $**	**9 000 000 $**	**21 600 000 $**
Coût de fabrication				
Matières premières	2 700 000 $		2 200 000 $	**4 900 000 $**
Main-d'œuvre directe	900 000 $	1 080 000 $	720 000 $	**2 700 000 $**
Coût indirect de fabrication	1 200 000 $	500 000 $	700 000 $	**2 400 000 $**
Coût de distribution				
Essence et huile	165 000 $	330 000 $	605 000 $	**1 100 000 $**
Salaires des chauffeurs	400 000 $	1 400 000 $	1 800 000 $	**3 600 000 $**
Coût indirect de distribution	400 000 $	1 000 000 $	1 300 000 $	**2 700 000 $**

Travaux pratiques

1. Calculez les diverses marges obtenues pour chacun des produits.
2. Si l'entreprise avait accepté d'accorder une réduction de 25 % sur le coût d'une commande spéciale de concassé dont le coût direct de fabrication était estimé à 500 000 $ et le coût direct de distribution, à 800 000 $, quel en aurait été l'effet sur le bénéfice du dernier exercice ?
3. Commentez le système de calcul des soumissions ainsi que la règle d'acceptation des commandes spéciales.

EXERCICE 6.16 Calcul des marges et remplacement de produits

L'entreprise NPI ltée fabrique deux produits, les produits N90 et PC80. Son laboratoire de recherche et de développement vient de mettre au point un nouveau produit, le produit ID2000, qui pourrait remplacer le produit PC80. Le président demande alors au contrôleur de vérifier, à la lumière des résultats du dernier exercice, si ce remplacement est avantageux sur le plan économique. Les résultats du dernier exercice sont les suivants :

	N90	PC80	Total
Ventes	**80 000 000 $**	**18 000 000 $**	**98 000 000 $**
Coût des produits vendus			
Matières premières	18 000 000 $	4 140 000 $	22 140 000 $
Main-d'œuvre directe	18 000 000	4 500 000	22 500 000
Frais généraux de fabrication	20 880 000	5 220 000	26 100 000
	56 880 000 $	**13 860 000 $**	**70 740 000 $**
Bénéfice brut	**23 120 000 $**	**4 140 000 $**	**27 260 000 $**
Frais de vente et d'administration	16 000 000	3 600 000	19 600 000
Bénéfice net	**7 120 000 $**	**540 000 $**	**7 660 000 $**
Pourcentage de bénéfice net	8,90 %	3,00 %	7,82 %

Au cours du dernier exercice, l'entreprise a vendu 200 000 unités du produit N90, et 90 000 unités du produit PC40. Les frais généraux de fabrication sont répartis en fonction du coût de la main-d'œuvre directe et les frais de vente et d'administration, en fonction du montant des ventes. De plus, tous ces coûts sont fixes.

Si le produit ID2000 est lancé en remplacement du produit PC80, on prévoit en vendre 100 000 unités au prix de 350 $ l'unité. Une unité de ce produit coûte 80 $ de matières premières et 10 $ de main-d'œuvre directe. On sait que la recherche et le développement du produit ont coûté 6 millions de dollars. Enfin, la fabrication de ce nouveau produit impliquerait annuellement des coûts fixes additionnels de fabrication de 4 millions ainsi que des coûts additionnels de publicité de 8 millions.

Travail pratique

Dites si l'entreprise devrait lancer le produit ID200 en remplacement du produit PC80. N'oubliez pas d'exposer, en plus des calculs pertinents, les facteurs qualitatifs sur lesquels s'appuie votre décision.

EXERCICE 6.17 Marges et commande spéciale

La Boiserie Duchesne est une entreprise familiale qui fabrique du mobilier de cuisine, surtout des tables; le prix moyen consenti au grossiste pour ce mobilier est de 90 $ l'unité. Le chiffre d'affaires de l'entreprise a été relativement stable ces dernières années, puisqu'il s'est maintenu autour de 5 millions de dollars. Les résultats du dernier exercice sont les suivants :

Ventes	**5 040 000 $**
Coût des produits vendus	
Matières premières	896 000 $
Main-d'œuvre directe	1 120 000
Frais généraux de fabrication	1 904 000
	3 920 000 $
Bénéfice brut	**1 120 000 $**
Frais de vente et d'administration	560 000
Bénéfice net	**560 000 $**
Pourcentage de bénéfice net	11 %

Or, l'entreprise vient de recevoir une commande spéciale d'un grossiste des États-Unis qui souhaite se procurer 20 000 tables au prix de 60 $ l'unité, pour un montant total de 1 200 000 $. Le chiffre d'affaires de l'entreprise passerait ainsi à plus de 6 millions de dollars pour la prochaine année.

Le président de l'entreprise, monsieur Duchesne, croit que cette commande devrait être refusée pour plusieurs raisons, mais d'abord et avant tout parce que le prix offert est inférieur au coût de revient actuel des tables qu'il fabrique. En effet, le coût de revient moyen de fabrication est de 70 $ l'unité et le coût de revient moyen total, de 80 $ l'unité. Cependant, il demande au contrôleur d'analyser plus précisément les effets de cette commande spéciale sur la situation de l'entreprise. L'étude du contrôleur permet notamment d'établir que les frais généraux de fabrication de même que les frais de vente et d'administration sont tous fixes. Toutefois, même si l'atelier possède la capacité physique nécessaire pour fabriquer cette commande, il faudrait assumer des coûts additionnels indirects estimés à 200 000 $.

Travail pratique

Produisez un rapport qui contient tous les éléments dont le président devrait tenir compte dans la décision relative à cette commande.

EXERCICE 6.18 Marges et ventes interdivisionnaires

L'entreprise Roc Lapierre ltée comporte deux divisions. La première exploite une carrière à ciel ouvert où l'on produit des tonnes de pierre concassée de diverses grosseurs. La deuxième division fabrique des blocs de ciment dont la fabrication requiert 30 000 t de pierre concassée par année. Le président du groupe tient à une présentation des résultats financiers par division, car il souhaite que chacune des deux entités du groupe contribue au bénéfice de l'entreprise.

Or, depuis deux ans, l'état des résultats préparé à des fins de gestion interne indique que la division des blocs de ciment est déficitaire. Le président se demande même s'il ne devrait pas abandonner ce secteur d'activité pour s'en tenir à l'exploitation de la carrière à ciel ouvert, c'est-à-dire à la production de la pierre concassée.

Voici les résultats du dernier exercice financier, tels qu'établis de manière non conventionnelle mais répétitive au fil des ans et ce, depuis que les deux divisions cohabitent. Ces résultats, rappelons-le, ne servent qu'à des fins de gestion interne.

	Pierre concassée	Blocs de ciment	Total
Ventes (excluant les ventes interdivisionnaires)	**3 800 000 $**	**8 000 000 $**	**11 800 000 $**
Coût des produits vendus			
Matières premières (ciment, sable)		1 200 000 $	1 200 000 $
Main-d'œuvre directe	1 750 000 $	2 800 000	4 550 000
Coûts indirects	1 750 000	2 250 000	4 000 000
Total des coûts de production avant les ventes interdivisionnaires	**3 500 000 $**	**6 250 000 $**	**9 750 000 $**
Ventes interdivisionnaires (au prix du marché)	−950 000	950 000	0
	2 550 000 $	**7 200 000 $**	**9 750 000 $**
Bénéfice brut	**1 250 000 $**	**800 000 $**	**2 050 000 $**
Frais de vente et d'administration			
Salaires et commission des vendeurs	388 000 $	600 000 $	988 000 $
Coûts spécifiques aux divisions	120 000	110 000	230 000
Coûts communs	193 220	406 780	600 000
	701 220 $	**1 116 780 $**	**1 818 000 $**
Résultat net	**548 780 $**	**−316 780 $**	**232 000 $**

Le président de l'entreprise demande au directeur financier d'évaluer l'effet sur le résultat net de l'entreprise de la vente de la division des blocs de ciment. Voici un certain nombre de renseignements sur l'activité économique de cette entreprise :

- la division qui exploite la carrière à ciel ouvert a extrait annuellement en moyenne 150 000 t de pierre concassée au cours des deux dernières années, et la division des blocs de ciment a vendu au total 800 000 blocs par an ;
- des 150 000 t de pierre concassée extraites, la division de la carrière à ciel ouvert a vendu 30 000 t à la division des blocs de ciment, au prix du marché ;
- les vendeurs des deux divisions reçoivent un salaire moyen fixe de 40 000 $ par an, plus une commission de 6 %, dans le cas des vendeurs de pierre concassée, et de 4 %, dans le cas des vendeurs de blocs de ciment. Toutefois, il n'y a aucune commission sur les ventes interdivisionnaires ;
- les coûts indirects reliés aux opérations sont fixes et spécifiques à chacune des divisions ;
- les frais communs de vente et d'administration sont répartis entre les deux divisions au prorata du montant des ventes. Et, bien que ces coûts soient communs et fixes, on peut facilement penser qu'ils diminueraient de 50 %, passant ainsi de 600 000 $ à 300 000 $, si l'on fermait une des deux divisions ;
- le président pourrait vendre la division des blocs de ciment pour la somme de 1 million de dollars. De plus, il croit qu'il pourrait obtenir un rendement de 10 % sur les fonds qu'il retirerait d'une telle vente ;
- par ailleurs, si l'entreprise vendait la division des blocs de ciment, rien ne garantit que l'acheteur s'approvisionnerait toujours chez Roc Lapierre ltée pour les

30 000 t de pierre concassée, car il y a plusieurs carrières dans la région et aucune ne fonctionne à pleine capacité.

Travaux pratiques

1. Préparez un état montrant le calcul de la marge sur coûts variables ainsi que le bénéfice net des deux divisions et, dans le cas de la division de la pierre concassée, en fonction des deux scénarios : statu quo et vente de la division des blocs de ciment.
2. Formulez une recommandation sur la vente de la division des blocs de ciment en dégageant le pour et le contre de ce projet. Le cas échéant, faites des suggestions quant aux conditions de cette vente.

CHAPITRE 7

La structure des coûts, le volume et la capacité

Objectifs

Après avoir étudié ce chapitre, vous serez capable:

- d'analyser, en fonction du volume d'extrants, les décisions influant sur la structure des coûts;
- de calculer, à l'aide de l'analyse CVB, le point mort, la marge de sécurité et le bénéfice potentiel dans une situation donnée;
- d'établir le seuil d'indifférence entre deux propositions affectant la structure des coûts d'une entreprise;
- d'étudier l'effet de la capacité utilisée sur le bénéfice, ainsi que son rôle dans l'évaluation de la rentabilité des produits et des services.

SOMMAIRE

Dans ce chapitre, nous procédons tout d'abord à l'analyse des coûts et des marges en vue de la prise de décision. Nous montrons ensuite en quoi ces informations sont pertinentes pour l'établissement du prix de vente et, surtout, pour l'évaluation de la rentabilité des produits, des services, des activités et des marchés. Nous abordons enfin l'étude des facteurs qui influent sur les coûts, les marges et le bénéfice, et déterminent la rentabilité d'une entreprise.

Nous nous intéressons à l'effet sur les résultats, et en particulier sur le rendement financier de l'entreprise, des facteurs suivants:

- une modification de la structure des coûts;
- une variation du volume d'extrants;
- un changement dans la combinaison d'extrants;
- une utilisation plus judicieuse de l'infrastructure et des équipements d'une entreprise.

LA STRUCTURE DES COÛTS, LE VOLUME ET LA COMBINAISON D'EXTRANTS

La structure des coûts définit la proportion de coûts fixes et de coûts variables engagés par une entreprise pour la production de biens ou la prestation de services. Elle influe sur la rentabilité actuelle de l'entreprise et détermine sa rentabilité future en fonction de l'évolution du volume d'extrants. Comme elle représente à la fois un facteur de rentabilité et un facteur de risque pour l'entreprise, il faut en tenir compte dans la prise de décision.

En effet, comme nous le verrons, le bénéfice est proportionnel à la marge sur coûts variables. Par conséquent, l'entreprise en période de croissance et dont les ventes augmentent peut trouver avantageux d'adopter une structure de coûts composée surtout de coûts fixes: les coûts variables étant moindres, elle dispose alors d'une marge sur coûts variables relativement plus importante et son bénéfice s'accroît plus rapidement. Par ailleurs, l'entreprise en période de décroissance ou dont les ventes baissent a intérêt à se doter d'une structure de coûts comportant davantage de coûts variables que de coûts fixes, car sa marge sur coûts variables est alors moins élevée et son bénéfice a moins tendance à baisser. De plus, le risque est alors moins grand pour l'entreprise puisque ses coûts fixes sont relativement moins élevés.

On trouve, en comptabilité de management, un modèle omniprésent qui permet l'étude de ces trois éléments cruciaux que sont la structure des coûts, le volume et la combinaison d'extrants: il s'agit du modèle coût-volume-bénéfice (CVB). Ce modèle d'évaluation des coûts d'une entreprise intègre à la fois les coûts variables et les coûts fixes, et met en évidence la variation des coûts et des marges en fonction du volume d'extrants. Il est étroitement relié à la conception classique de la comptabilité financière, dont nous avons présenté une critique au début du chapitre 5.

Ce modèle CVB nous a amené, au chapitre 2, à proposer une définition des coûts fixes et des coûts variables. Aux chapitres 3 (figure 3.2) et 4, il nous a permis d'associer aux coûts indirects les cadres physique, administratif, opérationnel et technique, ainsi que les services de soutien à l'activité principale de l'entreprise, considérés comme des coûts préparant l'entreprise à produire plutôt que comme des coûts de production proprement dits. Au chapitre 6, ce modèle a permis la définition de la marge sur coûts variables et s'est avéré utile à l'étude de propositions.

Dans le présent chapitre, nous décrivons le modèle CVB, ce qui nous permettra d'étudier l'effet sur le bénéfice :

- de divers volumes d'extrants en fonction d'une structure de coûts et d'une combinaison d'extrants données ;
- de modifications de la structure de coûts en fonction de volumes et d'une combinaison d'extrants donnés ;
- d'un changement dans la combinaison d'extrants en fonction d'une structure de coûts et d'un volume d'extrants donnés

Il s'agit, en fait, de répondre aux questions suivantes :

- Quelle sera l'évolution du résultat si le volume d'extrants varie ?
- Quelle sera l'évolution du résultat si la structure des coûts est modifiée ?
- Quelle sera l'évolution du résultat si la combinaison d'extrants change ?

Nous allons répondre à ces questions après avoir décrit le modèle CVB.

LE MODÈLE COÛT-VOLUME-BÉNÉFICE (CVB)

Le modèle coût-volume-bénéfice repose sur les deux prémisses suivantes :

- le revenu total peut être calculé à l'aide de l'équation

  $y' = b'x$

  où y' décrit le revenu total, b', le revenu unitaire ou le prix unitaire, et x, le nombre d'unités vendues ;
- le coût total peut être calculé à l'aide de l'équation

  $y = a + bx$

  où y décrit le coût total, a, le coût fixe, b, le coût variable unitaire, et x, le nombre d'unités traitées.

À partir de ces deux équations, il est possible de dégager le résultat (bénéfice ou perte) à l'aide de l'équation suivante :

$$y' - y = b'x - (a + bx)$$

$$\pi = (b' - b)\, x - a$$

où π décrit le résultat, $(b' - b)$, la marge sur coûts variables par unité, x, le nombre d'unités traitées (et vendues), et a, le coût fixe.

La figure 7.1 illustre le modèle CVB.

Figure 7.1
Le modèle coût-volume-bénéfice (CVB)

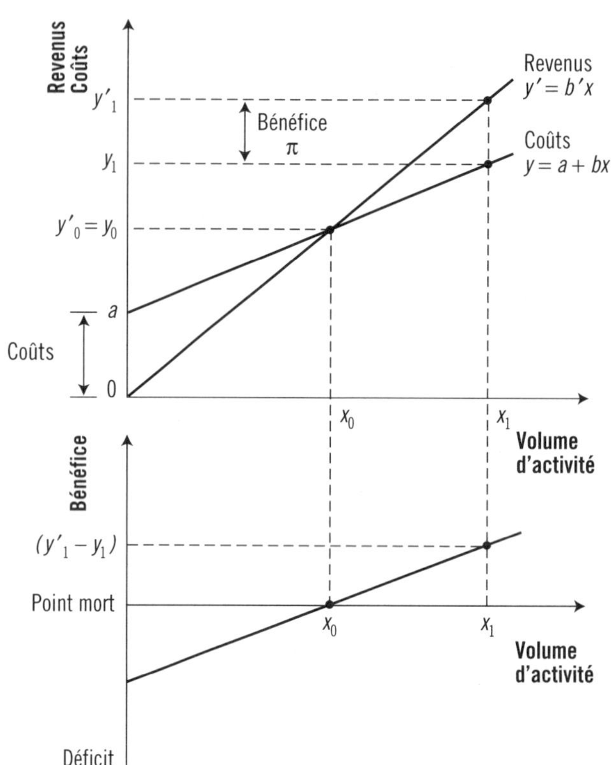

Dans cette figure, l'axe des abscisses représente le volume d'activité, ou plus précisément le volume d'extrants mesuré par la variable x (généralement le nombre d'unités traitées). L'axe des ordonnées exprime une somme d'argent en dollars ($), revenu (variable y') ou coût (variable y). Le résultat π représente la différence entre les valeurs des variables y' et y. Il correspond à l'axe des ordonnées dans le graphique du bas (figure 7.1).

Ce modèle fait référence aux quatre notions suivantes :

- le point mort ;
- la marge de sécurité ;
- le bénéfice potentiel ;
- le seuil d'indifférence.

Le point mort correspond au volume d'activité (ou volume d'extrants) auquel l'entreprise a des revenus et des coûts égaux, c'est-à-dire n'enregistre ni bénéfice ni déficit. Sur le graphique, il correspond au point de rencontre des deux droites, appelé le point des coordonnées (x_0, y_0). Le point mort s'exprime donc en fonction du volume d'extrants, le point x_0, ou en fonction du montant des ventes, le point y_0. Bien que ce graphique soit parfois appelé graphique du point mort (à cause de la place centrale qu'y occupe ce dernier), il fait état de l'ensemble des résultats possibles, bénéfices ou pertes, pour divers volumes d'activité. Le point mort, associé à un volume d'activité bien identifié qui correspond au volume x_0, n'est qu'un des résultats possibles.

Au-dessous du volume d'activité correspondant au point mort se trouve la zone de perte, constituée par l'ensemble des volumes d'activité (valeurs de x) où le revenu de l'entreprise est inférieur au coût qu'elle doit assumer: dans cette zone, $y' < y$. Au-dessus du volume d'activité correspondant au point mort se trouve la zone de bénéfice, constituée de l'ensemble des volumes d'activité (valeurs de x) où le revenu de l'entreprise est supérieur au coût qu'elle doit assumer: dans cette zone, $y' > y$.

La marge de sécurité exprime la différence entre le volume d'activité atteint ou que l'on prévoit atteindre et le volume d'activité correspondant au point mort. Elle indique la diminution du volume d'activité que l'entreprise pourrait absorber sans subir de perte. Sur le graphique de la figure 7.1, x_a représente le volume d'activité actuel; la marge de sécurité correspond alors à la différence $(x_a - x_0)$ entre les deux volumes d'activité.

Le bénéfice potentiel représente le bénéfice maximal que vise l'entreprise lorsqu'elle fonctionne à pleine capacité. Bien que théorique puisqu'il est souvent impossible à atteindre à court ou à moyen terme, dans un contexte marqué par la turbulence et le dynamisme, où les conditions du marché changent rapidement, le bénéfice potentiel demeure un point de repère très important, en particulier pour les gestionnaires les plus optimistes qui aiment prendre des risques calculés.

On définit le seuil d'indifférence comme le volume d'activité auquel deux propositions portant sur la structure des coûts produisent le même résultat net. S'il considérait — indépendamment de son évolution possible — le volume d'extrants au seuil d'indifférence, le décideur devrait choisir indifféremment entre les deux propositions, étant donné qu'elles produisent le même résultat. Cependant, il doit tenir compte des tendances et des perspectives d'avenir, facteurs souvent déterminants dans l'étude de propositions influant sur la structure des coûts. Et, même si l'entreprise opère présentement à un volume qui se situe en deçà du seuil d'indifférence, son évolution à la hausse, qui est prévisible, fait du seuil d'indifférence un point de repère intéressant pour les décisions touchant la structure des coûts. Le seuil d'indifférence, tel qu'illustré sur le graphique de la figure 7.2, correspond au point représenté par les coordonnées (x_i, y_i); les deux droites de coûts s'y croisent et la distance entre la droite de revenus, commune aux deux propositions et à chacune des deux droites de coûts, est forcément la même.

Munis de ces données théoriques sur le modèle CVB, étudions maintenant à l'aide d'exemples l'évolution du résultat lorsque le volume d'extrants varie, lorsque la structure des coûts est modifiée et lorsque la combinaison d'extrants change.

Figure 7.2

Le seuil d'indifférence (x_i, y_i)

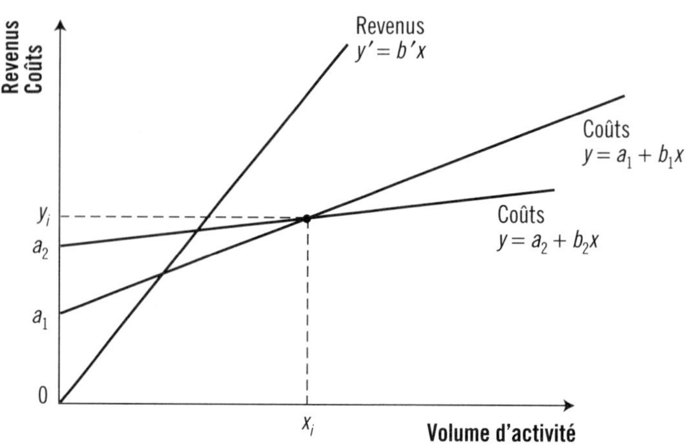

Évolution du résultat lorsque le volume d'extrants varie

EXEMPLE

L'entreprise Unique ltée

Une entreprise offre un seul produit au prix unitaire moyen de 3,25 $. La droite de revenu total correspond à l'équation :

$$y' = 3{,}25x$$

où 3,25 désigne le prix et x, le nombre d'unités vendues. Cette entreprise assume des coûts fixes de 5 000 $ par année et estime son coût variable moyen à 2 $ l'unité. La droite décrivant le coût total s'exprime donc par l'équation :

$$y = 5\,000 + 2x$$

La figure 7.3 montre ces deux droites.

La différence $y' - y$, soit $3{,}25x - 5\,000 - 2x$ (qui devient, après simplification, $1{,}25x - 5\,000$) indique le bénéfice prévu si $1{,}25x > 5\,000$, ou le déficit prévu si $1{,}25x < 5\,000$; $1{,}25x$ représente la marge sur coûts variables par unité.

Le point mort, si on l'exprime en unités fabriquées x_o, est égal à 4 000 unités ; on parvient à ce résultat en divisant 5 000 par 1,25. Si on l'exprime en dollars de ventes y'_o, le point mort est égal à 13 000 $, ce qui représente 4 000 unités à 3,25 $.

Si l'entreprise prévoit fabriquer et vendre 5 000 unités, la marge de sécurité sera de 1 000 unités de plus que le volume au point mort ou de 3 250 $, soit 1 000 unités à 3,25 $ chacune. Notons qu'on a supposé ici que le nombre d'unités vendues était égal au nombre d'unités fabriquées ; si la capacité de l'entreprise est établie à 8 000 unités, son bénéfice potentiel sera de 5 000 $.

Le tableau qui suit résume les principaux résultats d'une analyse CVB.

Figure 7.3
Le modèle CVB

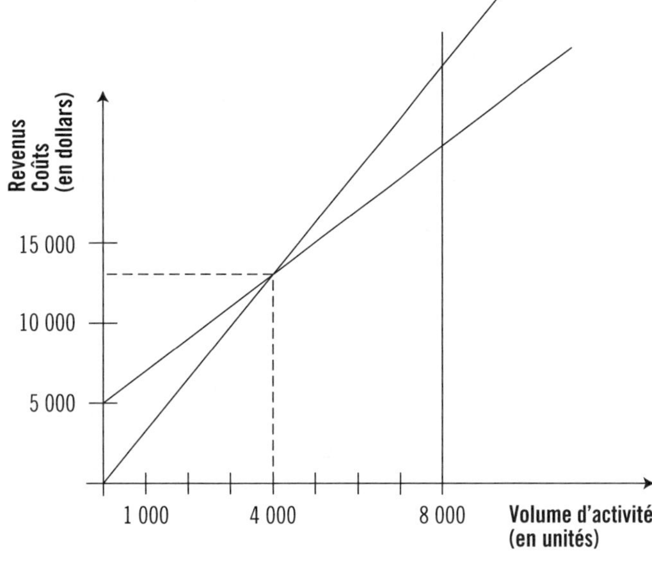

Frais fixes	5 000 $
Marge sur coûts variables par unité	1,25 $
Point mort	4 000 unités
Marge de sécurité	
pour 5 000 unités	1 000 unités
pour 6 000 unités	2 000 unités
Bénéfice prévu	
pour 4 000 unités	0
pour 5 000 unités	1 250 $
pour 7 000 unités	3 750 $
Capacité maximale	8 000 unités
Bénéfice potentiel	5 000 $

Évolution du résultat lorsque la structure des coûts est modifiée

EXEMPLE Un projet de modernisation de l'entreprise Unique ltée

Reprenons l'exemple précédent en supposant que le directeur de l'entreprise Unique ltée envisage l'introduction d'une nouvelle technique destinée à abaisser le coût variable de fabrication de 2 $ à 1 $, ainsi qu'à augmenter la capacité de production de 8 000 unités à 12 000 unités par année. Cette technique ferait passer le montant des frais fixes de 5 000 $ à 10 000 $. Le tableau suivant résume les informations pertinentes décrivant l'évolution du bénéfice avec la nouvelle technique.

	Statu quo	Nouvelle technique
Frais fixes	5 000 $	10 000 $
Marge sur coûts variables par unité	1,25 $	2,25 $
Point mort	4 000 unités	4 444 unités
Seuil d'indifférence	5 000 unités	5 000 unités
Marge de sécurité		
pour 5 000 unités	1 000 unités	556 unités
pour 6 000 unités	2 000 unités	1 556 unités
Bénéfice prévu		
pour 4 000 unités	0 $	–1 000 $
pour 5 000 unités	1 250 $	1 250 $
pour 7 000 unités	3 750 $	5 750 $
Capacité maximale	8 000 unités	12 000 unités
Bénéfice potentiel	5 000 $	17 000 $

L'examen de ces données nous amène à aborder la question de l'utilisation des résultats de l'analyse CVB. Il est évident que la nouvelle technique comporte davantage de risques si la demande est sujette à des fluctuations, mais le potentiel de bénéfice est beaucoup plus élevé. Ainsi, il faut fabriquer et vendre au moins 4 444 unités, plutôt que 4 000, pour couvrir les obligations (fixes), mais, une fois ce volume atteint, chaque unité rapporterait 2,25 $ au lieu de 1,25 $. Si le marché peut absorber une offre additionnelle de produits ou si l'entreprise est en position d'augmenter sa part de marché, la nouvelle technique présente un attrait certain en raison de son potentiel accru de bénéfice.

Le seuil d'indifférence se situe à 5 000 unités car la technique actuelle génère, à ce volume, le même bénéfice que la nouvelle technique, soit 1 250 $. Cette information est intéressante, car si la direction prévoit opérer au-delà de ce volume, elle optera pour la nouvelle technique ; dans le cas contraire, elle optera pour le statu quo. On établit le seuil d'indifférence par la mise en équation des deux droites de coûts, soit :

$$1{,}25\,x - 5\,000 = 2{,}25\,x - 10\,000$$

$$x = 5\,000$$

Enfin, il faut analyser les facteurs qualitatifs qui pourraient influer sur la décision. Ultimement, celle-ci dépendra souvent de l'attitude des décideurs face au risque.

Évolution du résultat lorsque la combinaison d'extrants change

EXEMPLE

L'entreprise Septa ltée

L'entreprise Septa ltée fabrique sept produits différents dont les prix de vente varient entre 3 $ (P5) et 48 $ (P4). Le tableau suivant, intitulé Scénario I, décrit la situation actuelle : prix de vente unitaires, coûts variables unitaires, marges sur coûts variables par unité, nombre d'unités de produits vendus ainsi que marges totales et ventes générées par chaque produit pour une semaine.

SCÉNARIO I (Situation actuelle)

Produit	Prix	Coût variable unitaire	Marge unitaire	Nombre d'unités	Pourcentage	Marge totale	Ventes totales
P1	5 $	2 $	3 $	100	5 %	300 $	500 $
P2	9 $	4 $	5 $	200	10	1 000	1 800
P3	30 $	10 $	20 $	400	20	8 000	12 000
P4	48 $	19 $	29 $	300	15	8 700	14 400
P5	3 $	1 $	2 $	500	25	1 000	1 500
P6	36 $	12 $	24 $	200	10	4 800	7 200
P7	7 $	3 $	4 $	300	15	1 200	2 100
Total				**2 000**	**100 %**	**25 000 $**	**39 500 $**
Moyenne						**12,50 $**	**19,75 $**

Cette entreprise vend donc 2 000 unités par semaine et la marge sur coûts variables moyenne par unité est de 12,50 $. Cette marge unitaire est valide tant que la combinaison de produits n'est pas modifiée, c'est-à-dire aussi longtemps que les ventes de P1 représenteront 5 % des ventes totales, et que celles de P2 représenteront 10 % des ventes totales, etc.

En effet, supposons que l'on vende 200 unités supplémentaires de P1 et 200 unités de moins de P4 ; les ventes de P1 correspondront alors à 15 % des ventes totales, tandis que celles de P4 n'en représenteront plus que 5 %. Le tableau suivant illustre cette première situation hypothétique, appelée scénario II, où la marge sur coûts variables moyenne par unité est de 9,90 $ au lieu de 12,50 $.

SCÉNARIO II

Produit	Prix	Coût variable unitaire	Marge unitaire	Nombre d'unités	Pourcentage	Marge totale	Ventes totales
P1	5 $	2 $	3 $	**300**	**15 %**	900 $	1 500 $
P2	9 $	4 $	5 $	200	10	1 000	1 800
P3	30 $	10 $	20 $	400	20	8 000	12 000
P4	48 $	19 $	29 $	**100**	**5**	2 900	4 800
P5	3 $	1 $	2 $	500	25	1 000	1 500
P6	36 $	12 $	24 $	200	10	4 800	7 200
P7	7 $	3 $	4 $	300	15	1 200	2 100
Total				**2 000**	**100 %**	**19 800 $**	**30 900 $**
Moyenne						**9,90 $**	**15,45 $**

Également hypothétique, le scénario III inverse les volumes des produits P1 et P3 par rapport au scénario I, tout en maintenant les autres données de la situation initiale. L'entreprise produirait donc 400 unités de P1 et 100 unités de P3. Dans ce cas, la marge sur coûts variables moyenne par unité serait de 9,95 $, comme le montre le tableau suivant:

SCÉNARIO III

Produit	Prix	Coût variable unitaire	Marge unitaire	Nombre d'unités	Pourcentage	Marge totale	Ventes totales
P1	5 $	2 $	3 $	**400**	**20 %**	1 200 $	2 000 $
P2	9 $	4 $	5 $	200	10	1 000	1 800
P3	30 $	10 $	20 $	**100**	**5**	2 000	3 000
P4	48 $	19 $	29 $	300	15	8 700	14 400
P5	3 $	1 $	2 $	500	25	1 000	1 500
P6	36 $	12 $	24 $	200	10	4 800	7 200
P7	7 $	3 $	4 $	300	15	1 200	2 100
Total				**2 000**	**100 %**	**19 900 $**	**32 000 $**
Moyenne						**9,95 $**	**16,00 $**

Il est également possible, dans le cadre d'une analyse CVB, de supposer que cette entreprise ne fabriquerait qu'un seul produit, PM, dont la marge sur coûts variables par unité serait de 12,50 $, ce qui correspond au scénario I. En effet, supposons que les coûts fixes s'élèvent à 15 000 $ par semaine, donc à 780 000 $ par année. Voyons comment s'établit le calcul du point mort et de la marge de sécurité dans ce cas.

Le point mort se situe à 1 200 unités par semaine, soit à 15 000 $/12,50 $, ce qui correspond à des ventes de 23 400 $, pour un prix de vente moyen de 19,75 $. La marge de sécurité se situe alors à 800 unités, et les ventes se chiffrent à 15 800 $.

Cependant, ces résultats ne sont valides que dans la mesure où la combinaison de produits demeure constante. Lorsqu'on calcule que le point mort se situe à 1 200 unités, la répartition de ces unités doit nécessairement comporter 5 % de P1 ou 60 unités, 10 % de P2 ou 120 unités, etc. Le tableau suivant résume cette combinaison.

Produit	Pourcentage	Unités
P1	5 %	60
P2	10	120
P3	20	240
P4	15	180
P5	25	300
P6	10	120
P7	15	180
Total	**100 %**	**1 200**

Comme nous l'avons vu à partir de l'analyse de deux situations hypothétiques (scénarios II et III), dès que la combinaison de produits est modifiée, la marge sur coûts variables moyenne par unité change également, de même que le prix de vente moyen, ce qui se répercute forcément sur le point mort et la marge de sécurité.

UNE GÉNÉRALISATION DU MODÈLE COÛT-VOLUME-BÉNÉFICE

Lorsqu'une entreprise fabrique plusieurs produits qu'elle vend à des prix différents ou lorsque ses coûts variables sont différents, et génèrent donc diverses marges sur coûts variables, comme on l'a vu dans l'exemple de l'entreprise Septa ltée, on peut appliquer l'analyse CVB par un autre procédé consistant à établir une marge unitaire moyenne pour un produit moyen hypothétique. On a alors recours à une unité équivalente, comme le nombre d'heures de main-d'œuvre ou la quantité de matières premières utilisées, en fonction de laquelle on établit la marge sur coûts variables de tous les produits. L'exemple qui suit illustre bien cette technique.

EXEMPLE

L'entreprise Septa ltée (suite)

Reprenons le cas de l'entreprise Septa ltée. Les coûts fixes de cette entreprise sont de 15 000 $ par semaine, soit 780 000 $ par an. Le tableau ci-dessous présente les marges sur coûts variables converties en marges horaires et illustre le calcul de la marge horaire moyenne sur coûts variables pour une semaine.

Produit	Prix	Coût variable unitaire	Marge unitaire	Nombre d'unités	Temps de main-d'oeuvre	Heures totales	Marge à l'heure	Marge totale
P1	5 $	2 $	3 $	100	0,5	50	6,00 $	300 $
P2	9 $	4 $	5 $	200	0,75	150	6,67 $	1 000
P3	30 $	10 $	20 $	400	1,7	680	11,76 $	8 000
P4	48 $	19 $	29 $	300	3	900	9,67 $	8 700
P5	3 $	1 $	2 $	500	0,4	200	5,00 $	1 000
P6	36 $	12 $	24 $	200	2	400	12,00 $	4 800
P7	7 $	3 $	4 $	300	0,4	120	10,00 $	1 200
Total				**2 000**		**2 500**		**25 000 $**
Moyenne								**10,00 $**

Le point mort est de 1 500 heures par semaine, soit de 15 000 $/10 $. Il se situe à 1 200 unités « moyennes » et correspond à des ventes totales de 23 400 $.

La marge de sécurité pour un volume d'activité de 2 500 heures est donc de 1 000 heures, ce qui correspond à 800 unités moyennes ou à des ventes de 15 800 $.

Figure 7.4
Le modèle CVB

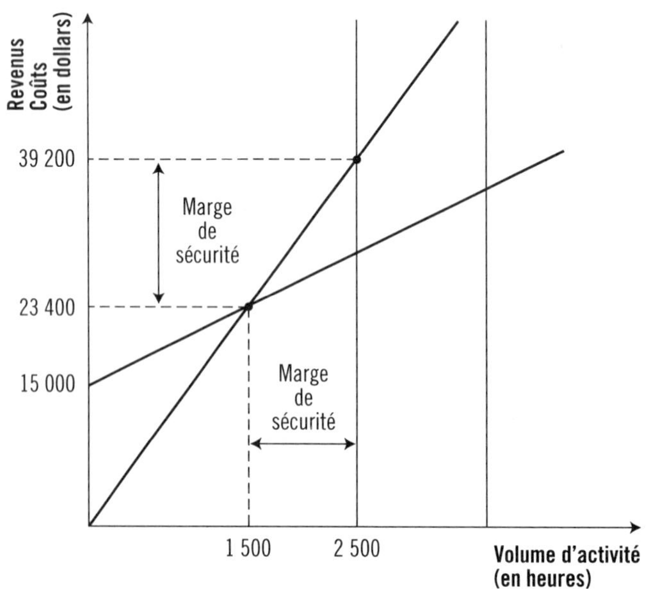

On constate que le point mort, situé à 1 500 heures, a été obtenu à partir d'une marge horaire moyenne. Il faut noter qu'aucun produit n'engendre une marge horaire sur coûts variables identique ; ce résultat dépend toujours de la combinaison de produits établie précédemment.

Toutefois, dans une certaine mesure, cet exemple est artificiel, car la marge horaire est un indicateur de la rentabilité d'un produit. Or, en pratique, il est possible que la marge horaire sur coûts variables varie peu d'un produit à un autre ; on peut alors valider l'analyse CVB sans qu'il y ait nécessairement une combinaison stable de produits. Donc, dans le cas de l'entreprise Septa ltée, si la marge horaire sur coûts variables de chacun des produits était à peu près la même, par exemple 10 $, le point mort, situé à 1 500 heures, et la marge de sécurité de 1 000 heures ne dépendraient pas de la combinaison de produits.

LE PROJET D'INVESTISSEMENT ET LA STRUCTURE DES COÛTS

Un projet d'investissement concerne l'acquisition, moyennant des ressources financières importantes, de biens et de services dont on espère tirer des avantages pendant plusieurs années. Cette définition détermine implicitement le choix de la méthode classique d'évaluation d'un projet d'investissement, méthode qui consiste à mesurer les ressources consenties, d'une part, et les avantages qu'on espère en retirer, d'autre part. Cette mesure peut s'exprimer sous la forme d'un taux de rendement (nominal ou interne), d'un délai de récupération ou d'une valeur nette actualisée.

Or, un projet d'investissement a souvent pour effet de modifier de façon substantielle et permanente la structure des coûts de l'entreprise — c'est-à-dire la proportion de coûts fixes et de coûts variables —, ainsi que sa capacité de produire des revenus. L'information découlant d'une analyse CVB s'avère donc tout à fait pertinente dans une décision d'investissement, car elle détermine le volume de production qui rendra le projet avantageux pour l'entreprise.

En effet, si le taux de rendement est une information intéressante, comme il repose sur la réalisation d'hypothèses de flux de revenus et de coûts dans le temps, hypothèses peut-être infondées, il est entaché d'incertitude et peu utile pour le décideur. L'analyse CVB, au contraire, permet de traiter distinctement les coûts, relativement certains, et les revenus, souvent hypothétiques. Elle fournit donc au décideur des points de repère relativement fiables, qui l'aideront souvent à évaluer plus concrètement le risque que présente un projet.

EXEMPLE

La station de ski alpin Val Saint-Côme

La station de ski alpin Val Saint-Côme, située dans la région de Lanaudière, a ouvert ses portes en décembre 1979. La première saison, elle ne possédait qu'un seul remonte-pente, ce qui signifiait une capacité d'accueil de 300 skieurs par jour. Dès l'année suivante, la direction installait un télésiège triple, agrandissait le restaurant et se dotait d'un nouvel équipement de damage des pistes, portant ainsi la capacité de la station à 900 skieurs par jour.

À la fin de la saison de 1984, l'évolution des ventes de la station depuis son ouverture se présentait comme suit:

Année	Skieurs-visites[1]
1980	7 082
1981	16 005
1982	26 514
1983	12 609
1984	35 815

En 1981, la saison s'est terminée en fait le 15 février à cause d'une température peu propice. En 1983, la saison n'a jamais démarré à cause de pluies abondantes durant les vacances de Noël: la station de ski Val Saint-Côme n'a ouvert ses portes que le 15 janvier. À titre de comparaison, mentionnons que la station du mont Sainte-Anne, à Québec, n'a réalisé cette année-là que 30 % de son chiffre d'affaires habituel. Compte tenu des raisons expliquant les piètres résultats de ces deux années et le succès de la saison de 1984, durant l'été et l'automne de cette même année, la direction envisagea deux importants projets d'investissement, les projets A et B, dont voici une description sommaire:

	Projet A	Projet B
Description	Amélioration du système de fabrication de neige artificielle et de l'équipement de damage des pistes	Amélioration du système de fabrication de neige artificielle et de l'équipement de damage des pistes, ajout d'un télésiège quadruple et agrandissement du restaurant
Augmentation annuelle des charges fixes	54 000 $	154 000 $
Augmentation annuelle de la capacité	3 000 skieurs-visites	35 000 skieurs-visites

L'augmentation de la capacité de 3 000 skieurs-visites associée au projet A était théorique puisqu'elle était liée à la possibilité d'ouvrir plus tôt dans la saison un plus

1. Un skieur-visite correspond à une journée de ski par skieur. Ainsi, un skieur qui, en une saison, a skié 10 jours dans une station représente 10 skieurs-visites dans les données statistiques de cette station.

grand nombre de pistes et de fermer la station à une période plus tardive. La capacité des remontées mécaniques n'était pas modifiée par ce projet.

L'augmentation de la capacité de 35 000 skieurs-visites associée au projet B était principalement liée à l'ajout d'un télésiège quadruple, ce qui ferait passer la capacité de la station de 900 à 1 700 skieurs par jour.

Les revenus variables et les coûts variables pour la saison suivante furent estimés respectivement à 16 $ et à 4 $ par visite, ce qui donnait une marge sur coûts variables par unité de 12 $. Dans l'hypothèse du statu quo, les coûts fixes prévus étaient de 426 000 $. Voici les résultats de l'analyse CVB :

	Statu quo	Projet A	Projet B
Capacité	40 000 skieurs-visites	43 000 skieurs-visites	75 000 skieurs-visites
Coûts fixes	426 000 $	480 000 $	580 000 $
Point mort	35 500 skieurs-visites	40 000 skieurs-visites	48 333 skieurs-visites
Seuil d'indifférence			
entre le statu quo et les projets A et B		aucun	52 833 skieurs-visites
entre le projet A et le projet B			51 333 skieurs-visites
Bénéfice espéré			
à 40 000 skieurs-visites	54 000 $	0 $	–100 000 $
à 43 000 skieurs-visites	impossible	36 000 $	–64 000 $
à 45 000 skieurs-visites	impossible	impossible	–40 000 $
à 50 000 skieurs-visites	impossible	impossible	20 000 $
à 55 000 skieurs-visites	impossible	impossible	80 000 $
à 60 000 skieurs-visites	impossible	impossible	140 000 $
à 75 000 skieurs-visites	impossible	impossible	320 000 $

La figure 7.5 illustre ces données.

Examinons maintenant les conclusions que la direction a tirées de cette analyse CVB.

Le statu quo

À long terme, l'entreprise ne pouvait espérer dégager un bénéfice annuel moyen supérieur à 54 000 $. Au cours d'une saison exceptionnelle, on aurait pu réaliser un bénéfice de 100 000 $, ce qui restait un taux de rendement assez faible par rapport à l'actif net, qui était de 2 millions de dollars à l'époque. Bien que moins vulnérable aux caprices de la température qu'en 1981 et en 1983 grâce à l'installation d'un système de fortune pour fabriquer de la neige, l'entreprise avait besoin au minimum de la protection que lui offrait le projet A.

Figure 7.5
Les résultats de l'analyse CVB

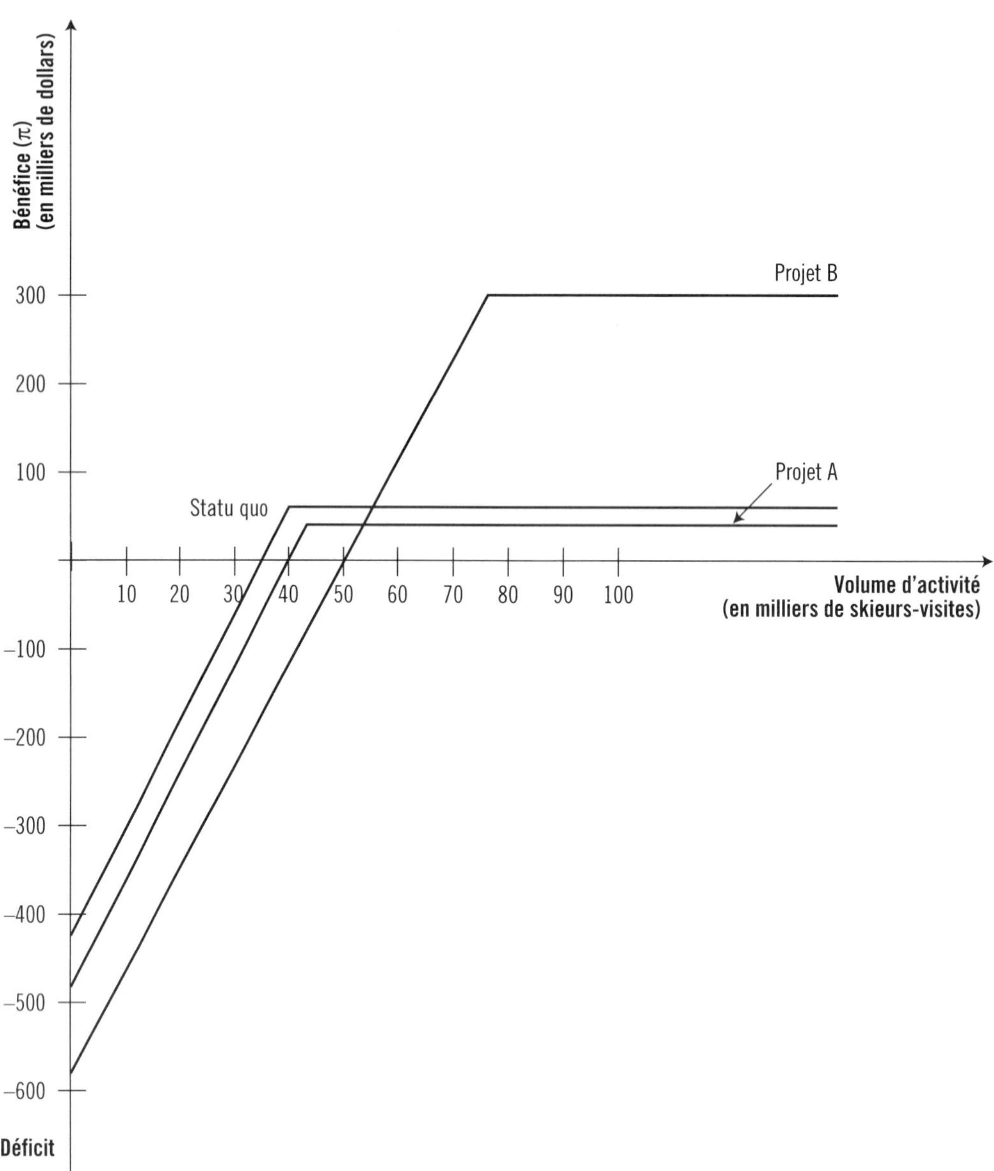

Le projet A

Ce projet se résumait essentiellement à une assurance neige. En améliorant substantiellement le système de fortune installé l'année précédente, on pouvait fabriquer suffisamment de neige pour éviter que les pistes ne se découvrent, même après un dégel de plusieurs jours. La direction espérait également pouvoir couvrir plus tôt l'ensemble des pistes et offrir toute la saison des conditions de ski supérieures à celles qui prévalaient en 1984. Cependant, la mise en œuvre du projet A ne pouvait générer un bénéfice annuel moyen de plus de 36 000 $. En outre, compte tenu de la capacité des équipements, le statu quo aurait généré un bénéfice supérieur à celui du projet A et ce, quel que soit le volume d'activité ; il n'y avait donc pas de seuil d'indifférence. En effet, il aurait fallu que le projet A permette d'accueillir 44 500 visites pour produire un bénéfice équivalent à celui généré par le statu quo, mais la capacité n'était que de 43 000 skieurs-visites.

Le projet B

Les résultats de l'analyse indiquaient que le projet B était nettement plus risqué que le projet A puisqu'il ferait augmenter les coûts fixes de 154 000 $ par année et que son point mort se situerait à près de 50 000 visites. En supposant une augmentation de 10 000 visites, soit une hausse de près de 30 % en regard de l'année 1984 (jugée excellente), l'entreprise perdrait de l'argent en 1985.

Cependant, dans une perspective à long terme, ce projet apparaissait comme le seul moyen de réaliser un jour un bénéfice intéressant. Pour y arriver, il fallait toutefois doubler l'achalandage de 35 500 skieurs-visites obtenu en 1984. De plus, le seuil d'indifférence entre le projet B et le statu quo étant de 52 833 visites, il fallait atteindre ce volume de visiteurs — qu'on prévoyait dépasser dès la deuxième année — pour produire autant de bénéfices que le statu quo.

La direction a donc opté pour le projet B. Elle se fixait comme objectif d'accueillir 50 000 visites en 1985 et 60 000 l'année suivante, ce qui lui paraissait tout à fait réaliste compte tenu de la visibilité que lui procurerait ce nouvel investissement ; elle était en effet la première station de ski au Canada à se doter d'un télésiège quadruple. L'adoption du projet B fut accompagnée d'un plan de marketing et de publicité visant à atteindre les objectifs que l'entreprise s'était fixés.

Dès 1985, Val Saint-Côme a accueilli environ 65 000 skieurs-visites.

Selon les membres de la direction, l'analyse CVB a été extrêmement utile à l'entreprise : elle l'a aidée à décider de son orientation, à se fixer des objectifs et à planifier sa démarche. Toute autre analyse fondée sur des prévisions de flux monétaires paraissant trop hypothétique pour faciliter la décision, la direction n'a procédé qu'à une analyse des budgets de caisse, ce qui est essentiel pour assurer une saine gestion de la trésorerie et offrir au prêteur des garanties de la capacité de l'entreprise à le rembourser.

EXEMPLE L'entreprise Aciermec ltée

Une PME manufacturière de Joliette, Aciermec ltée, réalise depuis trois ans un chiffre d'affaires d'environ 15 millions de dollars et un bénéfice annuel de un million de dollars.

Cette entreprise fabrique une cinquantaine de produits. La main-d'œuvre directe représente un élément important des coûts de production. Le volume d'activité correspond à environ 500 000 heures, ce qui représente un revenu moyen de 30 $ l'heure. Le coût variable moyen à l'heure n'est que de 15 $, dont 5 $ pour les matières premières. Les coûts fixes annuels sont de 6,5 millions de dollars.

L'entreprise est rentable, se dit son unique propriétaire, M. Lépine, mais le demeurera-t-elle malgré une concurrence de plus en plus envahissante dans un contexte de libre-échange ?

Lors d'une exposition, M. Lépine rencontre un vendeur d'équipement qui lui propose de révolutionner ses méthodes d'exploitation en robotisant son atelier afin d'en augmenter l'efficacité et le rendement, d'assurer une meilleure qualité et de réduire les délais de production. Ce réaménagement de l'atelier aurait également pour effet de modifier de manière permanente la structure des coûts de l'entreprise : les coûts fixes annuels doubleraient, passant de 6,5 millions à 13 millions de dollars, et les coûts variables seraient réduits des deux tiers, puisqu'ils passeraient de 15 $ à 5 $ l'heure.

Après bien des hésitations et des pressions de la part du vendeur, M. Lépine commande une étude du projet à un conseiller en gestion. Ce dernier opte pour une analyse CVB, dont voici les résultats :

	Statu quo	Projet
Coûts fixes	6 500 000 $	13 000 000 $
Marge sur coûts variables/heure	15 $	25 $
Marge sur coûts variables/$ de ventes	0,50 $	0,83 $
Point mort (heures d'activité)	433 333	520 000
Point mort ($ de ventes)	13 000 000 $	15 600 000 $
Seuil d'indifférence (heures d'activité)		650 000
Seuil d'indifférence ($ de ventes)		19 500 000 $
Bénéfice à		
15 millions de ventes (500 000 heures d'activité)	1 000 000 $	–500 000 $
16 millions de ventes (533 333 heures d'activité)	1 500 000 $	333 333 $
18 millions de ventes (600 000 heures d'activité)	2 500 000 $	2 000 000 $
20 millions de ventes (666 667 heures d'activité)	3 500 000 $	3 666 667 $
50 millions de ventes (1 666 667 heures d'activité)	18 500 000 $	28 666 667 $

La figure 7.6 illustre les principaux éléments de cette étude.

La proposition du vendeur semble intéressante, car elle offre un bénéfice potentiel accru.

Le point mort lié au statu quo est moins élevé que celui associé au réaménagement de l'atelier, mais les efforts bien modestes de l'année précédente ont permis de

Figure 7.6
Les résultats de l'analyse CVB

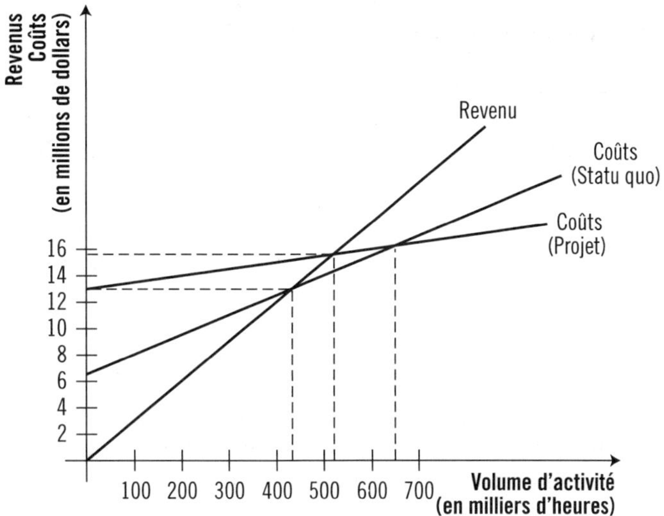

réaliser des ventes de 15 millions de dollars. De plus, le seuil d'indifférence n'est que de 650 000 heures d'activité, cible qui de prime abord semble facile à atteindre puisqu'on estime qu'il existe un potentiel d'accroissement du marché. Toutefois, le passé n'est pas garant de l'avenir. La possibilité d'obtenir un meilleur rendement, de réduire les délais et d'assurer la qualité apparaît comme la meilleure protection contre la concurrence. Sur le plan de l'analyse économique, M. Lépine est placé devant une occasion d'affaires des plus alléchantes. À lui de décider s'il la saisira, sachant qu'il ne pourra plus jamais revenir en arrière.

L'ANALYSE COÛT-VOLUME-BÉNÉFICE D'UNE ACTIVITÉ

L'analyse CVB s'applique au niveau de toute l'entreprise, mais aussi à ses diverses entités : division, département, région ou même activité. Nous avons vu au chapitre 5 qu'à la limite on peut considérer tous les coûts comme variables par rapport à une activité donnée, telle que définie dans le cadre de la comptabilité par activités : certains coûts varient selon le lot, d'autres selon le produit, d'autres encore selon le client et d'autres enfin selon le fournisseur.

On peut donc calculer autant de points morts que d'entités de l'entreprise soumises à l'analyse CBV, et chacun de ces points morts se définit par rapport à une variable mesurant le volume d'extrants de l'entité. Il est souvent avantageux de connaître le point mort d'une activité, comme le montre l'exemple qui suit.

EXEMPLE

La livraison gratuite aux clients

Un magasin de meubles débourse en moyenne 75 $ par livraison, coût que l'entreprise avait l'habitude de transférer au client. Elle réalise en moyenne 20 % de marge nette sur ses ventes. La direction vient de décider que dorénavant la livraison sera offerte gratuitement pour tout achat de plus de 1 000 $.

Cette politique, qui a eu notamment pour effet d'augmenter le montant des ventes, est avantageuse pour l'entreprise puisque le point mort d'une livraison est de 375 $, soit :

$$0{,}2y = 75\ \$,$$

$$\text{soit } y = 375\ \$$$

Donc, toute vente dont le montant est supérieur à 375 $ entraînera un bénéfice. Une vente dont le montant est supérieur à 1 000 $ générera un bénéfice supérieur à 125 $, ce qui se traduit par le calcul suivant :

$$\text{Bénéfice} = 0{,}2 \times 1\ 000\ \$ - 75\ \$$$

L'analyse CVB à deux dimensions

L'analyse CVB peut être conduite en fonction de plusieurs dimensions lorsqu'on considère un certain nombre de facteurs décrivant et expliquant la variabilité des produits. Dans l'exemple qui suit, nous allons illustrer l'analyse CVB à deux dimensions pour décider de la certification des fournisseurs dans le cas d'une entreprise du domaine de l'électronique, en tenant compte des facteurs explicatifs suivants : le nombre de fournisseurs et le nombre de commandes par fournisseur.

EXEMPLE

La certification des fournisseurs

Une entreprise du secteur de l'électronique paie en moyenne 40 000 $ par année pour s'assurer qu'un de ses fournisseurs respecte les normes de qualité instituées dans son domaine (programme de certification). Si l'entreprise ne procède pas à un tel contrôle auprès de ses fournisseurs, elle doit se doter d'un service d'inspection des pièces qu'elle leur achète ; le contrôleur de l'entreprise évalue le coût de ce service à un montant fixe de 50 000 $, auquel s'ajoute un montant variable de 1 000 $ par commande inspectée. La direction s'interroge sur les avantages économiques de sa participation au programme de certification des fournisseurs. Elle a cinq fournisseurs, les achats faits auprès de l'un d'eux représentent en moyenne 300 000 $ par an et ses commandes aux fournisseurs s'élèvent en moyenne à 10 000 $.

Deux variables décrivent le volume d'extrants de l'activité désignée sous le nom d'assurance de la qualité (certification des fournisseurs ou inspection des pièces achetées) : le nombre de commandes et le nombre de fournisseurs. La figure 7.7 décrit le coût résultant de la certification des fournisseurs et de l'inspection des pièces en fonction du nombre de commandes. Le seuil d'indifférence entre les deux activités est de 150 commandes. En effet :

$$\text{Coût de la certification des fournisseurs} = 200\,000\ \$ \text{ par an}$$

soit 5 fournisseurs × 40 000 $ chacun

$$\text{Coût d'inspection des commandes} = 50\,000\ \$ + 1\,000\ \$ \times \text{Nombre de commandes}$$

Donc, le seuil d'indifférence se calcule de la façon suivante :

$$\text{Coût de la certification des fournisseurs} = \text{Coût d'inspection des commandes}$$

$$200\,000\ \$ = 50\,000\ \$ + 1\,000\ \$ \times \text{Nombre de commandes}$$

$$150\,000\ \$ = 1\,000\ \$ \times \text{Nombre de commandes}$$

$$150 = \text{Nombre de commandes}$$

Figure 7.7

Le coût de la certification des fournisseurs et de l'inspection des pièces en fonction du nombre de commandes

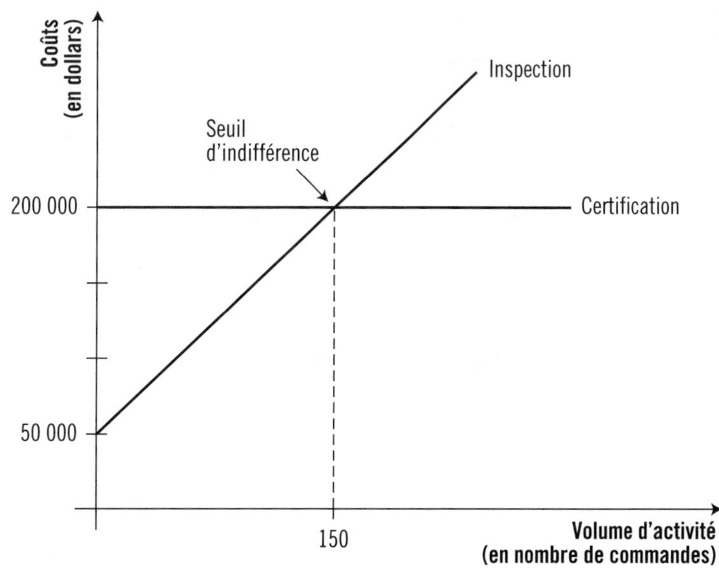

La figure 7.8 décrit le coût de ces activités en fonction du nombre de fournisseurs. Le seuil d'indifférence entre les deux activités est de cinq fournisseurs. En effet :

$$\text{Coût de la certification des fournisseurs} = 40\,000\,\$ \times \text{Nombre de fournisseurs}$$

$$\text{Coût d'inspection des commandes} = 200\,000\,\$$$

$$\text{soit } 50\,000\,\$ + 1\,000\,\$ \times 150 \text{ commandes}$$

Donc, le seuil d'indifférence se calcule de la façon suivante :

$$\text{Coût de la certification des fournisseurs} = \text{Coût d'inspection des commandes}$$

$$40\,000\,\$ \times \text{Nombre de fournisseurs} = 200\,000\,\$$$

$$\text{Nombre de fournisseurs} = 5$$

Figure 7.8
Le coût de la certification des fournisseurs et de l'inspection des pièces en fonction du nombre de fournisseurs

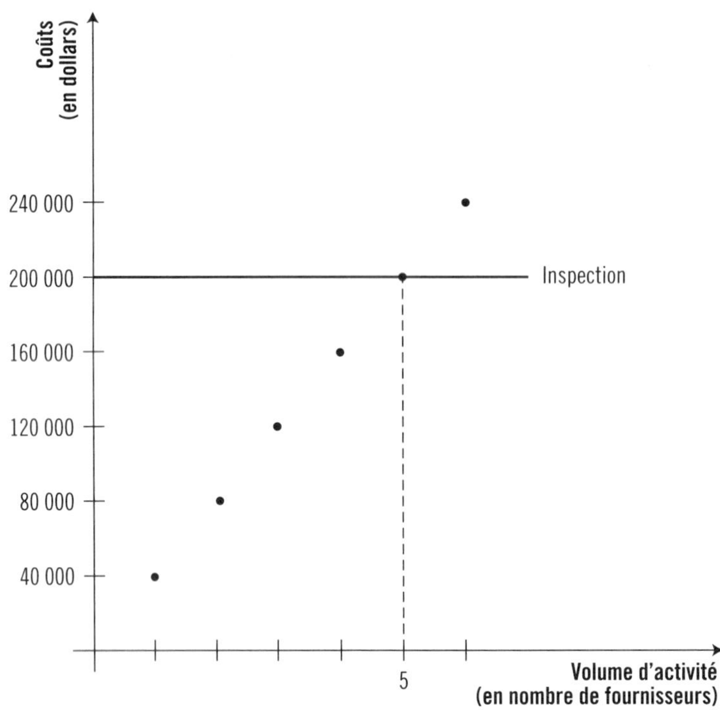

Ces analyses sont tout à fait révélatrices de la dynamique des coûts reliés à ces activités. Compte tenu des achats totaux de 1 500 000 $ effectués auprès de ces cinq fournisseurs et des 150 commandes requises pour ces achats, le coût engagé pour la certification des fournisseurs est identique à celui que génère l'inspection des pièces à la réception. Cependant, comme l'illustrent les trois cas suivants, si on constate une évolution dans un sens ou l'autre du montant total des achats, du nombre de fournisseurs ou du nombre de commandes, il deviendra plus économique d'assurer la qualité des pièces achetées soit par la certification des fournisseurs, soit par l'inspection des commandes, selon le sens de cette évolution.

1. Si le montant total des achats augmente, par exemple, de 1,5 million à 2 millions de dollars, la certification des fournisseurs devient nettement plus économique.

   En effet, dans ce cas, la moyenne des achats effectués auprès de chacun des cinq fournisseurs augmentera pour atteindre 400 000 $. De plus, si les commandes demeurent de 10 000 $, le nombre de commandes faites à un fournisseur passera à 40. Dans ce cas :

   Coût engagé pour la certification des fournisseurs = 5 fournisseurs × 40 000 $, soit 200 000 $

   Coût engagé pour l'inspection des pièces = 50 000 $ + 200 commandes × 1 000 $, soit 250 000 $

2. Si le nombre de fournisseurs diminue, par exemple, de cinq à trois, la certification des fournisseurs devient également la mesure la plus économique.

   En effet, dans ce cas, si les achats globaux s'élèvent toujours à 1,5 million de dollars, la moyenne des achats effectués aux trois fournisseurs sera dorénavant de 500 000 $. Dans ce cas :

   Coût engagé pour la certification des fournisseurs = 3 fournisseurs × 40 000 $, soit 120 000 $

   Coût engagé pour l'inspection des pièces = 50 000 $ + 150 commandes × 1 000 $, soit 200 000 $

3. Par contre, si le nombre de commandes diminue, par exemple, de 150 à 75, l'inspection des pièces à la réception devient la mesure la plus économique.

   En effet, dans ce cas, si les achats globaux sont toujours de 1,5 million de dollars, le montant moyen d'une commande faite à un fournisseur sera dorénavant de 20 000 $. Dans ce cas :

   Coût engagé pour la certification des fournisseurs = 5 fournisseurs × 40 000 $, soit 200 000 $

   Coût engagé pour l'inspection des pièces = 50 000 $ + 75 commandes × 1 000 $, soit 125 000 $

L'ANALYSE DU COÛT DE LA CAPACITÉ

Aujourd'hui, la rentabilité d'une entreprise dépend de plus en plus d'une utilisation judicieuse de l'infrastructure, c'est-à-dire des cadres physique, administratif, opérationnel et technique, ainsi que des services de soutien. En effet, à l'aube du XXIe siècle, l'évolution de la structure des coûts se traduit par des coûts indirects de plus en plus élevés, et qui sont fixes par rapport au volume d'extrants, alors que dans les entreprises fortement automatisées les coûts directs se résument aux coûts des matières premières. Dans ce contexte, l'analyse du coût de la capacité représente une dimension importante de la gestion de la capacité, facteur de plus en plus déterminant dans la rentabilité des entreprises.

Au cours des dernières années, on a assisté à la mise au point de toute une batterie d'analyses du coût de la capacité[2]. Nous en présentons ici les concepts de base ainsi que le modèle de capacité CAM-I.

EXEMPLE La productivité de trois usines

Voici la fiche de coût de revient de trois usines qui fabriquent le même produit avec la même technologie et qui doivent assumer toutes trois des coûts indirects de 15 millions de dollars liés à l'infrastructure de services, de personnes et d'équipements.

	Usine nº 1	Usine nº 2	Usine nº 3
Matières premières	10 $	10 $	10 $
Main-d'œuvre directe	5	5	5
Coûts indirects	25	50	30
Coûts totaux	**40 $**	**65 $**	**45 $**
Unités produites	600 000	300 000	300 000

Étant donné que le nombre d'unités produites varie d'une usine à l'autre, le montant des coûts indirects répartis (ou imputés) varie dans la même proportion. Et, comme c'est souvent le cas dans l'environnement manufacturier contemporain, le montant des coûts indirects alloués par unité explique à lui seul la différence de coût de revient, donc de productivité globale, entre les trois usines, qui fournissent par ailleurs un rendement égal en ce qui a trait à la consommation des matières premières et à la productivité de leur main-d'œuvre directe.

2. En 1996, la Société des comptables en management du Canada publiait, en collaboration avec l'Institute of Management Accountants, un ouvrage intitulé *L'évaluation du coût de la capacité* (collection Politique de comptabilité de management, nº 42), qui présente un sommaire des instruments et techniques d'évaluation du coût de la capacité.

En effet, le montant des coûts indirects par unité de chaque usine provient de la division de 15 millions de dollars par le nombre d'unités produites. Ainsi,

pour l'usine n° 1 : 25 $ = 15 000 000 $/600 000 ;

pour l'usine n° 2 : 50 $ = 15 000 000 $/300 000 ;

pour l'usine n° 3 : 30 $ = 15 000 000 $/500 000.

L'évaluation du coût de la capacité et l'analyse qui lui est associée s'intéressent aux facteurs susceptibles d'expliquer les écarts observés dans les coûts indirects engagés par unité engagés dans les trois usines. Dans ce sens, elle est un complément de la comptabilité par activités.

La capacité se mesure en fonction du volume maximal d'extrants qu'il est possible de produire dans un cadre donné. La capacité définit donc à la fois les ressources et l'organisation nécessaires pour assurer le maintien d'un volume maximal de production.

Il existe plusieurs définitions de la capacité de production, décrivant différents volumes d'utilisation des ressources. On distingue généralement la capacité théorique, la capacité pratique, la capacité normale et la capacité prévue ou budgétée.

La capacité théorique correspond au volume maximal d'extrants qu'une entité peut produire en fonction de l'hypothèse théorique, irréalisable, selon laquelle il n'y a aucun arrêt de production, aucun gaspillage, aucun entretien, etc. Dans le cas d'une usine, la capacité théorique correspondrait à un fonctionnement ininterrompu (24 heures sur 24, sept jours par semaine).

La capacité pratique correspond au volume maximal d'extrants qu'une entité peut produire dans des conditions normales d'exploitation. Cette définition tient compte du caractère inévitable des périodes improductives occasionnées par les mises en course ou la maintenance.

La capacité normale correspond à la capacité moyenne de production prévue à long terme. Elle sert à déterminer l'investissement en immobilisations et en ressources diverses.

La capacité prévue ou budgétée correspond à la capacité que l'on prévoit utiliser à court terme, c'est-à-dire au cours de la période budgétaire à laquelle elle fait référence. La capacité prévue peut très bien correspondre à la capacité normale ; c'est le cas lorsque l'entité en question a atteint son rythme de croisière.

On distingue également, selon le cas, les capacités productive et improductive, utilisée et inutilisée, planifiée et non planifiée (figure 7.9). La capacité productive englobe les ressources directement engagées dans la fabrication d'un produit ou la prestation d'un service, alors que la capacité dite improductive est associée aux services de soutien. Cette classification suscite un débat, car certains refusent de qualifier d'improductifs les services de soutien ou de considérer qu'il existe des activités essentielles au bon fonctionnement des entreprises qui n'ajoutent pas de valeur aux yeux

Figure 7.9
Les différentes notions de capacité

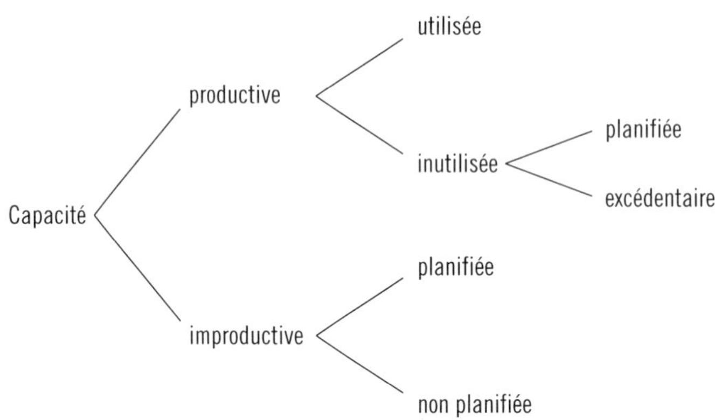

des clients. Pourtant, cette classification, très utile pour comparer les entreprises, est à l'origine de beaucoup de projets de réingénierie.

Le coût de la capacité est la somme des coûts de toutes les ressources nécessaires pour assurer la capacité.

L'entreprise cherchera à maximiser sa capacité productive au fil des ans; elle s'efforcera d'éliminer le gaspillage et les temps improductifs, et de mettre au point des méthodes plus efficaces de gestion de la production. Récemment, plusieurs modèles ont été créés à cette fin, entre autres le modèle conçu par le groupe CAM-I[3] que nous vous présentons ici à titre d'exemple (figure 7.10).

LA PRISE DE DÉCISION

Ce chapitre conclut la première partie de cet ouvrage, consacrée à la prise de décision. Nous avons fourni des explications sur les procédures de calcul des coûts et des marges utilisées pour fixer les prix de vente, évaluer les stocks, tirer des conclusions quant à la rentabilité des produits et des services, choisir entre plusieurs propositions et analyser plus particulièrement les décisions qui influent sur la structure des coûts et modifient la capacité des entreprises.

Nous n'avons pas terminé pour autant notre étude de l'information financière utile à la prise de décision. Celle-ci est en effet implicitement omniprésente dans la planification et le contrôle, thèmes qui seront abordés dans la deuxième partie de cet ouvrage.

3. CAM-I (Consortium for Advanced Manufacturing-International) est une organisation coopérative sans but lucratif créée pour appuyer la recherche et le développement dans des domaines d'importance stratégique pour les secteurs manufacturiers.

Figure 7.10
Le modèle de capacité CAM-I

Capacité	Version sommaire du modèle	Modèle propre au secteur	Modèle propre à la stratégie	Modèle traditionnel
Capacité calculée	Inutilisée	Ne pouvant pas être mise en marché	Excédent non utilisable	Théorique
		Hors limites	Politique de gestion	
			Dispositions contractuelles	
			Contentieux	
		Pouvant être mise en marché	Inutilisée mais utilisable	Pratique
	Improductive	Capacité de secours	Équilibre du processus	Programmée
			Variabilité	
		Gaspillage	Rebus	
			Remise en fabrication	
			Perte sur rendement matières	
		Maintenance	Programmée	
			Non programmée	
		Mises en course	Temps	
			Volume	
			Changement de série	
	Productive	Développement des processus		
		Développement des produits		
		Produits respectant les normes de qualité		

Source : Société des comptables en management du Canada et Institute of Management Accountants, *L'évaluation du coût de la capacité* (collection Politique de comptabilité de management, n° 42), p. 27.

QUESTIONS DE RÉVISION

1. À quoi fait référence la structure des coûts ?
2. Qu'entend-on par volume d'extrants ? Quel autre terme emploie-t-on pour désigner le volume d'extrants ?
3. Qu'entend-on par combinaison d'extrants ?
4. Énumérez les objectifs de l'analyse coût-volume-bénéfice (CVB).
5. Quels sont les paramètres du modèle CVB ?
6. En quoi consiste le point mort ?
7. Définissez la marge de sécurité.
8. En quoi la marge de sécurité constitue-t-elle une mesure du risque financier ?
9. Expliquez ce qu'est un bénéfice potentiel.
10. Qu'est-ce que le seuil d'indifférence ? Quand intervient-il ? En quoi est-il utile à la prise de décision ?
11. Comment peut-on généraliser le modèle CVB à l'analyse de plusieurs produits ?
12. Commentez l'utilité de l'analyse CVB pour évaluer les projets d'investissement.
13. Dans quels cas est-il souhaitable de faire une analyse CVB à plusieurs dimensions ?
14. Proposez une définition de la capacité.
15. Distinguez la capacité théorique de la capacité pratique, de la capacité normale et de la capacité prévue ou budgétée.
16. Qu'entend-on par capacité productive ?

EXERCICES

EXERCICE 7.1 Évaluation du bénéfice, du point mort et de la marge de sécurité

L'entreprise Variété ltée fabrique et vend environ 200 produits différents. Les données statistiques décrivant le montant des ventes, le coût de fabrication et le nombre d'unités vendues exprimé en unités équivalentes, sont les suivantes :

Ventes (en milliers de dollars)	Coût de fabrication (en milliers de dollars)	Unités vendues (en milliers d'unités)
5 865	5 650	23
6 630	5 800	26
7 140	6 100	28
5 355	5 500	21
7 395	6 000	29
6 375	5 700	25
6 885	5 840	27
6 120	5 650	24
6 630	5 810	26
5 610	5 500	22
6 120	5 700	24
6 375	5 750	25
76 500	**69 000**	**300**

À l'aide de la régression linéaire, on a établi l'équation ci-dessous, qui représente le coût de fabrication en fonction du nombre d'unités équivalentes vendues dans un mois.

$$\text{Coût de fabrication} = 3\,959\,657 + 71{,}6129 \times \text{Nombre d'unités vendues}$$

Le coefficient de détermination de cette droite de régression est :

$$r^2 = 0{,}91$$

L'entreprise prévoit vendre 25 000 unités (équivalentes) le mois prochain.

Travaux pratiques

1. Établissez l'équation de la droite des revenus ainsi que celle des coûts.
2. Calculez le point mort.
3. Quel bénéfice l'entreprise prévoit-elle réaliser le mois prochain ?
4. Quelle marge de sécurité est prévue pour le mois prochain ?

EXERCICE 7.2 Modification de la structure des coûts

Une petite entreprise, L'étoile ltée, fabrique un seul produit. Sa structure des coûts comporte 50 % de coûts fixes et 50 % de coûts variables, pour un volume de 15 000 unités produites et vendues par mois. À ce volume d'activité, elle génère un bénéfice de 150 000 $ pour des ventes mensuelles totales de 1 050 000 $.

La direction étudie un projet visant à robotiser un atelier. La mise en place de ce nouvel équipement aurait pour effet d'augmenter de 50 % les coûts fixes, mais aussi de diminuer de 50 % les coûts variables.

Travaux pratiques

1. Quel effet ce projet a-t-il sur le point mort ?
2. Quel est le seuil d'indifférence associé à ce projet ?
3. Quel effet ce projet a-t-il sur la marge de sécurité de l'entreprise lorsque 15 000 unités sont produites et vendues par mois ?

EXERCICE 7.3 Évolution de la combinaison de produits

L'entreprise Quinta ltée fabrique et vend cinq gammes de produits. Le prix moyen, le coût variable moyen et la marge sur coûts variables moyenne par unité se présentent ainsi :

Gamme de produits	Prix de vente	Coût variable	Marge par unité
G1	25 $	15 $	10 $
G2	40 $	20 $	20 $
G3	60 $	35 $	25 $
G4	150 $	90 $	60 $
G5	300 $	140 $	160 $

Les coûts fixes actuels sont de 1,5 million de dollars par mois. Le tableau ci-dessous présente le nombre d'unités vendues au cours du dernier mois ainsi que le nombre d'unités que l'on prévoit vendre chaque mois, selon les analyses de deux experts. Ces derniers s'entendent pour dire que l'on vendra 10 000 unités de plus dans trois mois, mais leurs prévisions divergent quant à l'augmentation des ventes des produits de G3 et de G5.

Gamme de produits	Ventes actuelles	Ventes futures (le premier expert)	Ventes futures (le deuxième expert)
G1	18 000	18 000	18 000
G2	12 000	12 000	12 000
G3	8 000	10 000	16 000
G4	10 000	12 000	12 000
G5	2 000	8 000	2 000
Total	**50 000**	**60 000**	**60 000**

Le deuxième expert prétend que les prix actuels des produits de G3 sont inférieurs à ceux du marché et que les ventes de cette gamme de produits devraient doubler au cours des trois prochains mois, comme ce fut le cas au cours des trois derniers. De plus, il prétend que l'arrivée de nouveaux concurrents sur le marché des produits de G5 devrait en freiner la croissance, voire l'arrêter complètement, à moins que l'entreprise ne réduise les prix de vente de cette gamme. En s'appuyant sur des simulations, il affirme que si le prix de vente moyen des produits de G5 était réduit de 40 $ l'unité pour passer à 260 $, l'entreprise pourrait augmenter les ventes de cette gamme de produits de 10 000 unités, les portant ainsi à 12 000 unités d'ici 12 mois.

Travaux pratiques

1. Calculez le point mort actuel en fonction d'une unité équivalente moyenne.
2. Quel serait l'effet sur la marge sur coûts variables par unité si les prévisions du premier expert se réalisaient ? Si celles du deuxième expert se matérialisaient ?
3. En supposant que le deuxième expert ait raison, l'entreprise devrait-elle baisser de 40 $ le prix des produits de G5 ? Justifiez votre réponse.

EXERCICE 7.4 Généralisation de l'analyse CVB

L'entreprise Controladoria ltée a mis en place un système de contrôle de la productivité basé sur le calcul de la marge sur coûts variables à l'heure. L'entreprise fabrique plusieurs produits, tous évalués selon une marge standard fixée à 20 $ l'heure. Ainsi, la marge sur coûts variables par unité de tous les produits qu'elle fabrique est traduite en une marge horaire. Voici les données statistiques d'un échantillon de cinq produits de l'entreprise.

Produit	Prix de vente	Coût variable	Marge par unité	Temps d'usine par unité
P1	15 $	7 $	8 $	0,4
P2	25 $	11 $	14 $	0,7
P3	45 $	19 $	26 $	1,3
P4	75 $	36 $	39 $	2
P5	150 $	60 $	90 $	4

Le coûts fixes annuels se chiffrent à 3,5 millions de dollars. L'entreprise prévoit automatiser une partie des opérations, ce qui porterait les coûts fixes à 5,3 millions de dollars par an. Par ailleurs, le coût variable unitaire de chacun des produits fabriqués par l'entreprise devrait diminuer de 50 %. Le coût variable moyen, qui tient compte pour chacun des produits du nombre d'unités vendues, est actuellement de 24 $ l'heure. Le revenu moyen est actuellement de 44 $ l'heure.

Travaux pratiques

1. Calculez la marge horaire sur coûts variables de chacun des cinq produits de l'échantillon.
2. Calculez le point mort de l'usine en fonction de la marge sur coûts variables standard par heure de 20 $.
3. Évaluez l'effet sur le point mort de l'automatisation d'une partie des opérations.
4. Quel est le seuil d'indifférence associé à ce projet? Comment l'interprétez-vous?

EXERCICE 7.5 Analyse d'un point mort variable

L'entreprise La Puce ltée fabrique des composants électroniques. Elle offre plusieurs modèles à peu près tous vendus au même prix, soit 25 $. Le seul coût qui varie en fonction des unités fabriquées est celui des matières premières, qui est de 5 $ l'unité. Cependant, l'entreprise doit également faire face à des coûts qui varient selon le nombre de lots mis en fabrication. Ces coûts sont de 50 000 $ par lot et on a mis en fabrication 800 lots au cours du dernier exercice. L'entreprise assume aussi des coûts fixes de 50 millions de dollars par année, et ses ventes se sont chiffrées à 150 millions de dollars au cours du dernier exercice.

Travaux pratiques

1. À combien s'élevait la marge de sécurité de l'entreprise au cours du dernier exercice?
2. Calculez le point mort dans le cas où l'entreprise mettrait en fabrication:
   a) 600 lots;
   b) 1 000 lots;
   c) 1 200 lots.
3. Tracez le graphique du point mort en fonction du nombre de lots.

EXERCICE 7.6 Points morts spécifiques et point mort global

Une entreprise fabrique et assemble plusieurs produits regroupés en cinq familles : F1, F2, F3, F4 et F5. Voici un sommaire des résultats obtenus lors du dernier exercice :

	F1	F2	F3	F4	F5
Ventes	2 247 660 $	3 241 000 $	3 141 800 $	1 463 400 $	3 237 600 $
Nombre de produits	124 870	231 500	136 600	97 560	170 400
Prix moyen de vente	18,00 $	14,00 $	23,00 $	15,00 $	19,00 $
Nombre d'heures de main-d'oeuvre	62 435	92 600	136 600	68 292	136 320
Coût variable moyen par unité	6,50 $	7,20 $	5,75 $	6,00 $	9,10 $
Coûts fixes spécifiques	460 000 $	350 000 $	637 900 $	243 000 $	653 800 $
Coûts communs (répartis au prorata des ventes)	719 510 $	1 037 493 $	1 005 737 $	468 456 $	1 036 404 $

Travaux pratiques

1. Calculez le point mort de chacune des familles de produits.
2. Calculez le point mort global de l'entreprise exprimé en heures de main-d'œuvre.

EXERCICE 7.7 Analyse de la capacité

L'entreprise Capapro ltée fonctionne huit heures par jour et cinq jours par semaine, soit 240 jours par année si on tient compte des congés fériés. L'an dernier, l'entreprise a réalisé des ventes totalisant 146 880 000 $, mais elle a dû refuser plusieurs commandes parce qu'elle utilisait sa capacité productive maximale.

La direction envisage la construction d'une deuxième usine dotée d'une capacité équivalente à celle de l'usine actuelle. Sa construction ferait passer les coûts fixes annuels de 49,8 millions à 90 millions de dollars. La direction a également fait réaliser une analyse de la capacité actuelle pour l'éclairer dans sa décision quant à ce projet de construction.

Dans le cadre de cette analyse, on a estimé la capacité productive de l'usine à 1 440 heures par année et sa capacité improductive à 480 heures par année ; cette dernière s'explique par les rejets de produits non conformes aux normes de conception, par les mises en course, par la maintenance et par les temps morts dus à la variabilité du processus de production. La même étude révèle que l'on pourrait gagner une heure par jour de capacité productive, soit 240 heures pour l'année, si l'on réaménageait le processus de production et si l'on réduisait le nombre de mises en course et de produits qui ne répondent pas aux normes de conception. Ce projet d'amélioration de la qualité n'aurait aucun effet sur les coûts d'exploitation.

Outre les coûts fixes de 49,8 millions, l'entreprise assume actuellement des coûts de 252 000 $ par jour qui couvrent l'ensemble des salaires et les autres coûts d'exploitation. Enfin, un membre de la direction croit que l'on devrait planifier le fonctionnement de l'usine actuelle en fonction de deux quarts de huit heures, plutôt que de construire une deuxième usine. Dans ce cas, les coûts d'exploitation passeraient à 504 000 $ par jour d'opération et les coûts fixes augmenteraient de 4,8 millions par année, pour atteindre 54,6 millions de dollars.

Travaux pratiques

1. Calculez le point mort qui s'appliquerait a) dans la situation actuelle, b) dans le cas où le projet de construction irait de l'avant, c) dans le cas où l'on réussirait à accroître la capacité productive d'une heure par jour et d) dans le cas où l'on déciderait d'implanter un deuxième quart de huit heures par jour.
2. Calculez le seuil d'indifférence associé au projet de construction et au projet d'implantation d'un deuxième quart de huit heures de travail par jour.
3. Commentez ces informations à l'intention du président de l'entreprise et présentez-lui votre recommandation concernant ces projets.

EXERCICE 7.8 Projet d'investissement et structure des coûts

En raison de la pression exercée par la concurrence et de la diminution du taux de bénéfice net au cours des dernières années, le directeur général d'une PME manufacturière envisage de mettre en place un nouvel équipement de pointe afin d'accroître sa productivité. Cet équipement aurait pour effet :

- de diminuer de 50 % le temps moyen de main-d'œuvre directe par unité ;
- de raccourcir des deux tiers le délai de fabrication, ce qui permettrait de réduire dans la même proportion les stocks de produits finis ainsi que l'espace d'entreposage nécessaire ;
- de quadrupler la capacité de production, qui est actuellement de 1 000 000 d'unités par an ;
- d'éliminer certaines activités de manutention des produits en cours qui représentent 60 % du montant des frais généraux de fabrication variables.

Par ailleurs, les frais généraux de fabrication fixes de même que les frais généraux attribuables aux machines doubleront.

Voici un sommaire des résultats obtenus au cours du dernier exercice :

	1998
Ventes	**54 690 000 $**
Coût des produits vendus	
Matières premières	10 938 000 $
Main-d'œuvre directe	16 407 000
Frais généraux liés aux stocks	5 469 000
Frais généraux liés aux machines	3 190 250
Frais généraux de fabrication variables	2 734 500
Frais généraux de fabrication fixes	1 823 000
	40 561 750 $
Bénéfice brut	**14 128 250 $**
Frais de vente et d'administration	
Variables	3 646 000 $
Fixes	6 380 500
	10 026 500 $
Bénéfice net	**4 101 750 $**

Le tableau qui suit présente l'évolution des ventes et du bénéfice au cours des cinq dernières années.

	1994	1995	1996	1997	1998
Ventes (en unités)	789 600	863 800	854 300	897 200	911 500
Ventes (en dollars)	41 059 200 $	46 645 200 $	49 549 400 $	52 037 600 $	54 690 000 $
Bénéfice	5 748 288 $	5 130 972 $	4 707 193 $	4 423 196 $	4 101 750 $

Travaux pratiques

1. Faites une analyse coût-volume-bénéfice des résultats de cette entreprise.
2. Faites une recommandation au directeur général concernant la mise en place d'un équipement de pointe.

EXERCICE 7.9 Projet d'investissement et structure des coûts

Voici l'état des résultats de l'entreprise XYZ ltée pour le dernier exercice financier:

XYZ LTÉE
État des résultats
pour l'exercice se terminant le 31 décembre 1998

Ventes	**71 947 600 $**
Coût des produits vendus	
Matières premières	18 249 000 $
Main-d'œuvre directe	15 000 000
Frais généraux de fabrication	8 900 000
	42 149 000 $
Bénéfice brut	**29 798 600 $**
Frais de vente et d'administration	25 868 000
Bénéfice net	**3 930 600 $**
Pourcentage de bénéfice net (%)	5,46 %

Malgré la récession, l'entreprise fonctionne bien, comme en témoigne son chiffre d'affaires de plus de 71 millions de dollars et son bénéfice de presque 4 millions de dollars. Toutefois, le pourcentage de bénéfice est faible si on le compare au taux d'intérêt de 9 % sur les obligations du gouvernement. L'entreprise est innovatrice et elle détient 60 % des ventes d'un marché national relativement restreint. Pour accroître son potentiel de vente, elle étudie la possibilité de lancer une activité d'exportation.

Le gouvernement, désireux de combattre la récession et plus particulièrement le chômage, annonce un programme de subventions à la création d'emplois: il défraiera jusqu'à 80 % de certains investissements, selon un calcul basé sur le nombre d'emplois permanents créés. Afin de bénéficier de ce programme, l'entreprise XYZ ltée élabore un projet de 7 500 000 $ permettant de créer 50 emplois permanents. Pour que ces emplois soient considérés comme permanents, l'entreprise ne peut réduire son personnel au cours des trois prochaines années, sans quoi la subvention de 6 millions de dollars, qui représente 80 % du projet estimé à 7,5 millions, serait réduite dans la même proportion.

Effet du projet sur les coûts d'exploitation

Création de 50 emplois (30 000 $ chacun, y compris les avantages sociaux)	1 500 000 $
Autres charges fixes	400 000
Total	**1 900 000 $**

Travaux pratiques

1. Calculez le point mort du projet.
2. Commentez brièvement l'intérêt de ce projet pour l'entreprise.

EXERCICE 7.10 Sous-traitance et effet sur la structure des coûts

Un sommaire des résultats d'un bureau d'ingénieurs-conseil pour l'exercice se terminant le 31 décembre 1998 est présenté ci-dessous.

Honoraires professionnels	**114 720 000 $**
Coûts	
Salaires des administrateurs	12 600 000 $
Salaires des ingénieurs	37 500 000
Salaires du personnel de soutien	3 375 000
Sous-traitance (honoraires)	18 880 000
Frais de déplacement et de représentation	15 296 000
Frais généraux d'administration	13 500 000
	101 151 000 $
Bénéfice net	**13 569 000 $**

Le montant des honoraires, qui est de 114 720 000 $, porte sur des contrats représentant au total 764 800 heures-personnes. La dernière année a été particulièrement difficile à cause de la récession et, selon les économistes, la situation n'est pas tout à fait rétablie. Le bureau prévoit une diminution des contrats de l'ordre de 50 % pour l'an prochain.

La directrice générale envisage de ne pas renouveler le contrat annuel de 120 des 300 ingénieurs du bureau, à qui elle offrirait de travailler comme pigistes au taux de 100 $ l'heure. Actuellement, un ingénieur coûte en moyenne 125 000 $ par an, y compris les avantages sociaux. Du même coup, le bureau ne renouvellerait pas son loyer dans un immeuble à bureaux du centre-ville et réduirait ainsi de 8 000 000 $ ses frais de loyer. Il économiserait également 1 500 000 $ en salaires versés au personnel de soutien. Actuellement, tous les postes de coûts sont fixes, excepté celui de la sous-traitance, qui coûte en moyenne 100 $ l'heure de travail, et celui des frais de déplacement et de représentation, qui sont proportionnels aux honoraires perçus.

Travaux pratiques

1. Faites une analyse coût-volume-bénéfice afin d'éclairer la directrice générale dans sa prise de décision.
2. Faites-lui des suggestions afin d'aider l'entreprise à faire face à d'éventuelles variations du nombre d'heures de contrat.

EXERCICE 7.11 Points morts d'activités

Le contrôleur de l'entreprise ABC ltée analyse les premiers résultats annuels établis au moyen de la comptabilité par activités. Voici un tableau de ces résultats précisant les inducteurs d'activité utilisés pour effectuer le rapprochement entre les coûts des activités et les produits.

Activités de l'usine	**Coûts**	**Inducteurs**	**Unités de l'inducteur**
Achat et réception	2 650 234 $	Une commande	4 320
Mises en course	1 669 815	Un lot	450
Fabrication	35 481 600	Une unité produite	1 056 000
Supervision	2 070 800	Un employé	248
Contrôle de la qualité	2 844 900	Un lot	450
Conception et développement	2 452 800	Un nouveau produit	12
Entretien, maintenance	641 932	Une heure-machine	16 380
Total	**47 812 081 $**		

La fiche du coût de revient standard, établie au moyen d'une analyse comparative de l'industrie, se présente de la façon suivante :

	Coût standard par unité produite
Achat et réception	0,50 $
Mises en course	0,50
Fabrication	34,00
Supervision	0,50
Contrôle de la qualité	1,00
Conception et développement	3,00
Entretien, maintenance	0,50
	40,00 $

Travaux pratiques

1. En supposant que le coût par commande de l'activité d'achat et de réception ne varie pas selon le nombre d'unités produites, calculez combien d'unités chaque commande doit comprendre pour que le coût moyen de cette activité soit égal ou inférieur à 0,50 $ par unité produite.
2. En supposant que le coût par lot de l'activité de mise en course ne varie pas selon le nombre d'unités produites, calculez combien d'unités par lot sont nécessaires pour que le coût moyen de cette activité soit égal ou inférieur à 0,50 $ par unité produite.
3. Chiffres à l'appui, faites au contrôleur des suggestions qui l'aideront à atteindre la cible du coût standard de 40 $ par unité produite.

EXERCICE 7.12 Analyse CVB à deux dimensions

Le coût d'un professeur de l'école d'administration d'une université se situe en moyenne à 72 000 $ par année, avantages sociaux inclus. Le professeur passe 180 heures en classe et consacre le reste de son temps à la direction d'étudiants, à la recherche et au développement pédagogique. L'école engage des frais fixes de 4 800 000 $ liés aux immobilisations (taxes, assurances, chauffage, entretien, équipement informatique et audiovisuel, etc.), frais qui ne dépendent pas du temps d'utilisation des salles. Elle compte 40 salles de cours de superficie égale.

Par ailleurs, chaque étudiant rapporte en moyenne à l'université 40 $ par heure de cours, ce qui comprend les fonds obtenus du gouvernement.

Travaux pratiques

1. Calculez le nombre d'étudiants par classe, si l'on suppose que chaque salle de cours est utilisée 10 heures par jour, 5 jours par semaine et 30 semaines par année.
2. Calculez le nombre d'heures d'utilisation de chaque salle de cours requis pour que l'école puisse équilibrer les revenus et les coûts, si l'on suppose :
   a) une moyenne de 20 étudiants par classe ;
   b) une moyenne de 15 étudiants par classe.
3. Suggérez à la direction des moyens lui permettant d'équilibrer son budget.

EXERCICE 7.13 Prix de vente et point mort

À la suite d'une étude de marché et d'une analyse des coûts unitaires, le contrôleur du restaurant Chez nous évalue diverses stratégies de détermination des prix des repas du midi.

Les résultats de son analyse des coûts pour un nombre prévu de 62 400 repas par an sont les suivants :

Prix payé par le consommateur	**5,95 $**
Taxes payées par le consommateur (13 %)	0,68
Prix du repas avant taxes	**5,27 $**
Bénéfices (10 % du coût estimé)	0,48 $
Coût estimé du restaurateur	**4,79 $**
Coûts variables	
Matières premières	0,80 $
Main-d'œuvre directe	0,30
Frais généraux variables	0,20
	1,30 $
Coûts fixes	
Frais fixes de fabrication	1,20 $
Frais fixes d'administration	1,90
Autres frais fixes	0,39
	3,49 $

Travaux pratiques

1. L'étude de marché indique que le contrôleur pourrait accroître substantiellement le nombre de repas préparés par année s'il ramenait le prix payé par le consommateur à 4,95 $. Combien de repas supplémentaires devrait-il servir par année pour réaliser le même taux de bénéfice par repas, soit 10 % du coût estimé du restaurateur?
2. Le gouvernement vient d'annoncer que les taxes sur les repas passeront de 13 % à 15 % à compter du 1er avril prochain. Combien de repas supplémentaires devra-t-on alors servir par année pour réaliser le même taux de bénéfice par repas, soit 10 % du coût, tout en maintenant le prix payé par le consommateur à 5,95 $?

EXERCICE 7.14 Analyse des activités et projet d'investissement

En 1992, la société ABC ltée ne fabriquait qu'un produit en lots de grande taille sur une chaîne de production en flux continu. Prévoyant les effets de la mondialisation, la direction redoutait l'effritement très rapide de son bénéfice; elle craignait de ne plus pouvoir faire face à la compétition livrée par les entreprises de pays où les salaires sont nettement plus bas et les contrats avec les employés nettement plus flexibles. Elle a donc décidé de déployer une stratégie de différenciation caractérisée par la fabrication de produits faits sur mesure, stratégie qui lui permettrait de maintenir ses prix, voire de les augmenter.

Six ans après ce virage stratégique, la société ABC ltée a produit et vendu, au cours de l'exercice 1998, 200 000 versions du même produit de base pour des lots variant de 5 unités à 500 unités. Fonctionnant à 100 % de sa capacité, elle a vendu en tout cinq millions d'unités au cours de cet exercice. De plus, elle a dû refuser des commandes totalisant près de un million d'unités. En 1998, des compétiteurs étrangers sont effectivement intervenus sur le marché local et ont contribué à une chute de 15 % des prix du produit de base, ce qui correspond au taux de bénéfice que réalisait la société ABC en 1992. On peut donc en conclure que la stratégie de différenciation a été implantée avec succès et que, si la société ABC ltée n'avait pas effectué ce virage, elle se trouverait en difficulté.

Cependant, il y a un hic. Si la stratégie de différenciation s'est traduite par un carnet de commandes bien garni, les résultats financiers ne sont guère encourageants, comme le montrent les résultats suivants :

Résultats de l'exercice 1998

Ventes	**100 000 000 $**
Coûts de fabrication	
Matières premières	30 000 000 $
Main-d'œuvre directe	9 000 000
Frais généraux de fabrication	28 000 000
	67 000 000 $
Bénéfice brut	**33 000 000 $**
Frais généraux de vente et d'administration	33 000 000
Résultat net	**0 $**

Un projet de remplacement de certaines machines

Le directeur de l'usine propose de remplacer toutes les machines mécaniques par des machines à contrôle numérique, car, selon lui, le temps requis pour l'ajustement des machines explique l'absence de rentabilité actuelle. Ces nouveaux équipements contribueraient à réduire ce temps de moitié et doubleraient la capacité actuelle de l'usine. Ils permettraient aussi d'augmenter considérablement la qualité, puisqu'on atteindrait le niveau de un rejet par million (0,0000001).

Toutefois, les estimations des économies découlant de cet investissement de 20 millions de dollars donnent à réfléchir. En effet, ses effets sur les coûts d'opération actuels seraient les suivants :

- réduction des coûts de main-d'œuvre directe des deux tiers, soit de 6 millions de dollars ;
- augmentation des frais généraux de fabrication (qui comprennent tous les coûts liés à cet investissement) de 10 millions de dollars.

Un autre effet important de cet investissement est la possibilité d'accepter toutes les commandes refusées au cours de l'exercice 1998.

Tous les frais généraux sont fixes. L'actif total avant le projet est de 400 millions de dollars, et le coût du capital, de 12 %. Le coût du capital correspond au taux minimum de rendement requis pour l'acceptation de tout projet d'investissement.

Une analyse des activités

Le nouveau contrôleur de l'entreprise, embauché au cours de la dernière année pour remplacer le précédent, maintenant à la retraite, a procédé à une analyse des activités axée sur les activités de deux processus, soit le processus technique de conception et de design des produits sur mesure, et le processus administratif de prise de commandes.

Le contrôleur a établi que les activités liées au processus de conception et de design représentent 20 millions des 28 millions de dollars consacrés actuellement aux frais généraux de fabrication, pour une moyenne de 100 $ par version du produit. Le solde des frais généraux de fabrication (8 millions de dollars) consiste en des coûts engagés communs à l'ensemble des produits. Le contrôleur a établi également que, sur les 33 millions de dollars attribués aux frais généraux de vente et d'administration, 9 millions proviennent des activités liées au processus de prise de commandes, pour une moyenne de 60 $ par commande. Le solde des frais de vente et d'administration (24 millions de dollars) peut être rattaché à diverses activités administratives communes à l'ensemble des produits, et qui n'ont pas été analysées.

Le contrôleur prétend que le projet du directeur de l'usine est intéressant car il contribue à réduire les délais, à accroître la capacité, à augmenter la qualité et à obtenir la reconnaissance ISO9001. Mais, s'empresse-t-il d'ajouter, la non-rentabilité actuelle de l'entreprise s'explique par les activités de soutien technique et administratif qui se sont ajoutées au fil des six dernières années afin de rendre possible la production de 200 000 variétés produites sur mesure, ainsi que la gestion de 150 000 commandes de ces produits. À l'appui de ses dires, le tableau qui suit résume le calcul du coût de revient, à l'exclusion des coûts liés au processus de conception et de design et au processus de prise des commandes.

Nombre d'unités produites	5 000 000	
Nombre de versions	200 000	
Nombre de commandes	150 000	
	Coût total	**Coût unitaire**
Ventes	**100 000 000 $**	**20,00 $**
Coûts		
Matières premières	30 000 000 $	6,00 $
Main-d'œuvre directe	9 000 000	1,80
Frais généraux de fabrication (excluant la conception et le design des composants)	8 000 000	1,60
Frais généraux de vente et d'administration (excluant la prise de commandes)	24 000 000	4,80
	71 000 000 $	**14,20 $**
Résultat avant autres coûts fixes	**29 000 000 $**	**5,80 $**
Autres coûts fixes		
Conception et design des composants	20 000 000 $	
Prise de commandes	9 000 000	
Total	**29 000 000 $**	
Résultat net	**0 $**	

Travaux pratiques

1. Faites une analyse coût-volume-bénéfice du projet de remplacement des machines.
2. Déterminez le nombre minimal d'unités qui sont requises par commande pour que la marge nette d'une commande soit positive:
   a) si l'on suppose une commande constituée d'une seule version sur mesure du produit;
   b) si l'on suppose une commande constituée de deux versions sur mesure du produit.
3. Faites un rapport bref (une seule page) présentant vos commentaires et recommandations (point par point) relativement à la rentabilité de l'usine et, plus particulièrement, au projet de remplacement des machines.

EXERCICE 7.15 Analyse des activités et projets d'investissement

Une entreprise possède plusieurs usines. Dans son usine de Chambly, elle fabrique un seul produit dont la fiche de coût de revient unitaire a été établie pour un volume de 80 000 unités produites. Ce volume correspond à la capacité pratique de l'usine.

Prix de vente	**90 $**
Coût de fabrication	
Matières premières (5 kg à 2 $/kg)	10 $
Main-d'œuvre directe (2 h à 12 $/h)	24
Frais généraux de fabrication	
Variables (2 h à 8 $/h)	16
Fixes	16
	66 $
Résultat brut	**24 $**
Frais de vente et d'administration	
Variables (10 % du prix de vente)	9 $
Fixes	10
	19 $
Résultat net unitaire	**5 $**
Résultat net pour 80 000 unités	**400 000 $**

Le service d'ingénierie étudie la possibilité de moderniser l'équipement d'assemblage, ce qui aurait pour effet:

- de diminuer le temps de la main-d'œuvre directe de 50 %;
- de doubler les frais fixes de fabrication;
- de doubler la capacité de production de l'usine.

Les frais fixes de fabrication sont spécifiques à l'usine de Chambly, alors que les autres frais fixes, notamment les frais de vente et d'administration, sont communs à toutes les usines.

Le prix de vente est déterminé par le marché et on prévoit une diminution du prix du marché de l'ordre de 10 % d'ici deux ans. Par ailleurs, la direction de l'usine de Chambly prévoit qu'elle pourrait vendre 100 000 unités de ce produit l'an prochain et 120 000 unités l'année suivante (pourvu qu'elle ajuste son prix de vente à celui du marché).

Si les prévisions portant sur les coûts sont relativement certaines, les prévisions portant sur les prix et le volume des ventes sont plutôt hypothétiques.

Travaux pratiques

1. Calculez la marge sur coûts variables actuelle.
2. Calculez la marge nette actuelle.
3. Dites, calculs à l'appui, si l'entreprise devrait aller de l'avant avec ce projet, et à quelles conditions.

EXERCICE 7.16 Choix de projets d'investissement

Fondée il y a trois ans, une entreprise fabrique et assemble plusieurs produits de quincaillerie. Ses ventes n'ont pas cessé de croître, comme le montrent les statistiques suivantes concernant les ventes :

1996	1 160 000 $
1997	1 760 000 $
1998	2 560 000 $

Toutes les ventes se font au comptant, l'entreprise est presque totalement robotisée et la main-d'œuvre constitue un coût fixe. Voici des données prévisionnelles relatives au budget de l'année 1999 :

Revenu unitaire moyen	32 $
Coût variable moyen par unité	8 $
Coûts fixes (excluant la dotation à l'amortissement)	852 000 $
Remboursement de capital (fixe pour une durée de sept ans)	254 000 $

La direction prévoit que la demande sera de 87 500 unités en 1999, ce qui nécessiterait 43 750 heures-machines. Cependant, la capacité pratique n'est que de 40 000 heures-machines. C'est ce qui explique l'étude des deux projets d'investissement.

Le projet A suppose :

- une augmentation de la capacité pratique de 40 000 heures-machines ;
- une augmentation des coûts d'exploitation fixes de 892 000 $, incluant la main-d'œuvre mais excluant la dotation à l'amortissement ;
- une augmentation de 220 800 $ du remboursement de capital sur les divers emprunts pour les 10 prochaines années.

Le coût variable unitaire demeure constant.

Le projet B suppose :

- une augmentation de la capacité pratique de 10 000 heures-machines ;
- une augmentation de 208 000 $ des coûts d'exploitation fixes, incluant la main-d'œuvre mais excluant la dotation à l'amortissement ;
- une augmentation de 53 600 $ du remboursement de capital sur les divers emprunts pour les 10 prochaines années.

Le coût variable unitaire demeure constant.

Les deux projets sont tout à fait indépendants l'un de l'autre, et la réalisation du projet B ne permettrait pas d'économiser plus tard sur la réalisation du projet A.

Travail pratique

Faites une analyse coût-volume-bénéfice des deux projets et soumettez vos recommandations.

Note : Dans ce problème, nous suggérons d'étudier le point mort en fonction des rentrées et des sorties de fonds plutôt que des revenus et des coûts proprement dits.

EXERCICE 7.17 Édition et point mort

Un éditeur vient d'engager les frais suivants pour la production d'un nouveau manuel :

Révision	3 000 $	
Mise en page	5 000 $	
Impression et assemblage (coûts fixes)	8 000 $	
Publicité	2 000 $	
Impression et assemblage (coûts variables)	1,80 $	par livre
Entreposage (coûts variables)	1,00 $	par an, par livre non vendu

Les frais de révision ne sont engagés qu'une seule fois, alors que les frais d'impression et d'assemblage de même que les frais de publicité le sont à chaque commande d'impression.

L'auteur est rémunéré au moyen d'une commission représentant 10 % du prix de détail. Le détaillant réalise une commission de 10 % sur le prix du grossiste et le grossiste, une commission de 10 % sur le prix de l'éditeur.

On suppose que la demande, estimée à 1 000 livres par an, soit distribuée uniformément sur l'ensemble de l'année.

Travaux pratiques

1. Calculez le point mort si le prix de détail est fixé, pour une première impression :
   a) à 19,95 $;
   b) à 24,95 $.

2. Calculez le point mort si le prix de détail est fixé, pour une réimpression:
   a) à 19,95 $;
   b) à 24,95 $.

EXERCICE 7.18 Analyse de la capacité

L'entreprise Empretres ltée a trois usines qui fonctionnent huit heures par jour et cinq jours par semaine. Toutefois, le rendement financier de chacune des usines diffère et, devant le faible bénéfice réalisé par le groupe selon les résultats du dernier exercice financier, la direction songe à fermer l'usine 3, dont le résultat net est négatif.

	Usine 1	Usine 2	Usine 3	Groupe
Ventes	**100 000 000 $**	**90 000 000 $**	**60 000 000 $**	**250 000 000 $**
Coût des produits vendus				
Matières premières	20 000 000 $	18 000 000 $	12 000 000 $	50 000 000 $
Coûts de transformation	60 000 000	55 000 000	40 000 000	155 000 000
	80 000 000 $	**73 000 000 $**	**52 000 000 $**	**205 000 000 $**
Résultat brut	**20 000 000 $**	**17 000 000 $**	**8 000 000 $**	**45 000 000 $**
Coûts communs	16 000 000	14 400 000	9 600 000	40 000 000
Résultat net	**4 000 000 $**	**2 600 000 $**	**–1 600 000 $**	**5 000 000 $**

Tous les coûts de transformation sont liés au fonctionnement des usines et sont fixes par rapport aux unités produites. Les coûts communs reliés à des activités de vente et d'administration qui se déroulent au siège social sont tout à fait indépendants des usines. Ils sont répartis entre les usines au prorata des ventes. Quant aux ventes, elles sont rattachées aux usines en fonction des unités fabriquées.

Intuitivement, il semble possible de rapatrier la production de l'usine 3 dans les usines 1 et 2, puisqu'on reconnaît que chacune d'elles connaissent des temps morts, même l'usine 1 qui semble la plus productive. Les trois usines opèrent à l'année, sauf les jours fériés et les fins de semaine. Afin d'avoir une image claire de la situation, la direction commande donc une analyse de la capacité de chacune des usines, qui donne les résultats suivants:

	Usine 1	Usine 2	Usine 3
Temps inutilisé par jour	1 heure	2 heures	2 heures
Temps improductif par jour	2 heures	2 heures	2 heures
Temps productif par jour	5 heures	4 heures	4 heures
Total	**8 heures**	**8 heures**	**8 heures**

Selon ces analyses, on peut récupérer immédiatement une heure par jour à l'usine 1 et deux heures par jour à l'usine 2. Or, pour fermer l'usine 3, il faut trouver quatre heures productives supplémentaires par jour dans les deux autres usines et, si possible, faire davantage que de combler les heures improductives des usines 1 et 2, de façon à accroître leur production globale.

Selon un expert en réingénierie des processus, on pourrait réaménager le processus de production de façon à réduire à une heure par jour le temps improductif des trois usines sans y augmenter les coûts de transformation. Selon le même expert, on pourrait de plus ajouter au quart de travail actuel un nouveau quart de travail de huit heures dans l'usine 1. Les coûts de transformation de cette usine augmenteraient alors de 20 millions de dollars par année, mais on pourrait y rapatrier la production des deux autres usines.

Travaux pratiques

1. Calculez le point mort et la marge de sécurité actuels de chacune des usines ainsi que de l'ensemble du groupe.
2. Calculez le point mort des usines 1 et 2, en supposant que 25 % de la production de l'usine 3 soit récupérée par l'usine 1 et 75 % par l'usine 2.
3. Calculez le point mort associé au projet d'implantation d'un deuxième quart de travail à l'usine 1 ainsi qu'aux aux projets de réingénierie et de fermeture des usines 2 et 3.
4. Commentez ces informations à l'intention du président de l'entreprise et soumettez-lui votre recommandation sur la situation globale de ses usines.

PARTIE 2

GESTION

Comme son nom l'indique, la comptabilité de management concerne la gestion. À l'aube du XXIe siècle, dans un contexte de mondialisation marqué par la compétitivité accrue des entreprises, la restructuration organisationnelle ainsi que l'émergence des techniques de pointe et des autoroutes électroniques, la comptabilité de management est appelée à jouer un rôle de plus en plus important dans la planification opérationnelle, le contrôle stratégique, l'évaluation et la gestion de la performance des entreprises.

Ce rôle devient crucial pour deux raisons majeures. Tout d'abord, les besoins d'information des gestionnaires sont mieux cernés qu'auparavant. On saisit de mieux en mieux les liens entre l'information non financière et financière, entre les données qualitatives et quantitatives. Par exemple, il est maintenant impensable de gérer l'amélioration de la qualité sans se préoccuper des coûts ou d'élaborer une stratégie d'entreprise sans tenir compte des facteurs économiques.

Par ailleurs, l'évolution récente de la comptabilité de management l'amène, d'une part, à intégrer l'information à caractère financier et non financier et, d'autre part, à s'intéresser aux causes des résultats plutôt qu'à leur seule mesure. En outre, le contrôle de gestion de l'an 2000, plus proactif que réactif, s'inscrira dans une approche fondée sur l'orientation et l'apprentissage plutôt que sur le commandement et la surveillance.

Tout notre ouvrage décrit des techniques. Cette deuxième partie étudie les techniques utiles à la planification et au contrôle de gestion. Les techniques budgétaires classiques demeurent, mais l'usage qu'on en fait évolue et il s'y greffe de nouvelles techniques.

Le chapitre 8 traite du contrôle de gestion, fournissant un cadre théorique qui devrait faciliter la compréhension de l'ensemble de cette partie. On y traite de l'ensemble des mécanismes du contrôle de gestion, y compris de la comptabilité de management. On y aborde l'évolution récente du contrôle de gestion ainsi que ses enjeux et ses limites.

Le chapitre 9 se concentre sur les budgets et l'usage qu'on en fait tant dans l'approche classique du contrôle de gestion que dans une approche renouvelée. Le chapitre 10 aborde le contrôle budgétaire classique, axé principalement sur l'analyse des écarts budgétaires. Le chapitre 11 est consacré aux techniques liées au contrôle financier fondé sur l'orientation et l'apprentissage, notamment à la gestion par activités. Le chapitre 12 s'intéresse à la gestion de la trésorerie; la planification et le contrôle des flux monétaires étant les applications les plus concrètes, les plus simples et les plus universelles du budget. Ce chapitre permet d'initier le lecteur aux responsabilités du trésorier, souvent assumées par le contrôleur dans une petite entreprise. Le chapitre 13 traite de la mesure de la performance de l'entreprise et de ses gestionnaires. Enfin, en guise de conclusion, le chapitre 14 donne un aperçu des modes de conception et d'utilisation de tableaux de bord de gestion.

CHAPITRE 8

Le contrôle de gestion

Objectifs

Après avoir étudié ce chapitre, vous serez capable :

- de comprendre le rôle de l'information comptable dans la planification et le contrôle de gestion ;
- de bien saisir ce que sont la planification et le contrôle de gestion ;
- de vous représenter clairement les mécanismes du contrôle de gestion ;
- de saisir les enjeux inhérents au contrôle de gestion et les limites de ce système ;
- d'identifier les principaux défis que pose au comptable en management l'évolution du contrôle de gestion.

SOMMAIRE

La comptabilité de management a pour but d'orienter les gestionnaires afin qu'ils soient en mesure de choisir les moyens d'action leur permettant de mener à bien le plus efficacement possible la mission de l'entreprise. Dans ce cadre, la comptabilité de management produit de l'information en vue d'améliorer la prise de décision, ce qui a fait l'objet de la première partie de cet ouvrage, et de faciliter la gestion, ce dont nous traitons en deuxième partie. L'information comptable destinée à la gestion remplit plus précisément des fonctions de planification et de contrôle, au sens classique de surveillance et au sens « renouvelé » de direction, de conduite et de maîtrise des affaires. L'information comptable produite à des fins de gestion alimente le contrôle de gestion.

GESTION OU CONTRÔLE DE GESTION ?

Devrait-on parler d'information comptable axée sur la gestion ou d'information comptable axée sur le contrôle de gestion ? Le contrôle de gestion se distingue-t-il de la gestion ou coïncide-t-il avec la fonction de gestion ?

Pour répondre à ces questions, revoyons brièvement l'étymologie du mot « contrôle » et son évolution au fil des ans. À l'origine, le mot contrôle avait le même sens en français et en anglais. En France, le contre-rôle était un registre tenu en double, conçu pour vérifier un autre registre, le rôle. Il s'agissait donc d'un instrument de vérification, d'inspection et de pointage. Le « contrôle » se limitait à une vérification minutieuse d'un état ou d'un acte.

Cette origine se reflète aujourd'hui dans le terme « contrôles » employé au pluriel, terme qui désigne un ensemble de techniques et d'outils de vérification, ainsi que dans l'expression « contrôle d'exécution » (définie au chapitre 1).

« Les mots anglais, eux, n'ont pas tardé à s'en écarter [du sens du mot français contre-rôle][1]. » En anglais, le mot *control* signifie direction, commande, conduite, maîtrise ; il évoque l'action de piloter, de guider. Cette signification a été retenue et est maintenant intégrée à la pratique du contrôle de gestion. En fait, on observe aujourd'hui différentes pratiques assimilées au contrôle de gestion : certaines s'approchent davantage de la surveillance, donc du sens étymologique de contrôle, alors que d'autres font figure de véritable système d'orientation et d'apprentissage, et sont donc proches du nouveau sens de contrôle.

Le contrôle de gestion, tel que défini au chapitre 1, englobe à la fois l'optimisation des ressources, la prise de décision au sens large, la planification et le contrôle de la gestion. Toutefois, en pratique, il existe diverses approches du contrôle de gestion. Deux d'entre elles se situent aux extrémités d'un continuum de pratiques dans ce domaine, comme le suggère la figure 8.1.

1. Maxime Koessler. *Les faux amis*, Vuibert, 1975, p. 162.

Figure 8.1
Le continuum des pratiques liées au contrôle de gestion

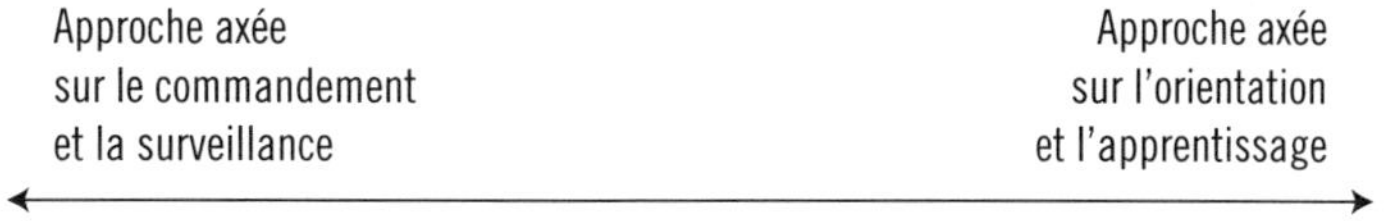

À une extrémité, on trouve une approche axée davantage sur le commandement et la surveillance ; par son esprit, elle peut être assimilée au contrôle d'exécution et, sur le plan méthodologique, elle est de type classique. À l'autre extrémité, on a une approche axée sur l'orientation et l'apprentissage ; elle relève davantage de l'acception anglaise du terme *control*, et correspond au contrôle de gestion tel que le conçoivent les entreprises qui responsabilisent leurs effectifs.

Le contrôle de gestion peut donc prendre différentes formes selon le mode de gestion qui prévaut dans l'entreprise. Pour certains dirigeants, l'atteinte des buts fixés passe par l'exercice d'un contrôle fondé sur la détection a posteriori des problèmes, qui relève d'une approche axée sur le commandement et la surveillance. Pour d'autres, l'atteinte des buts fixés dépend plutôt de leur capacité d'établir un climat propice à l'apprentissage, de stimuler les gestionnaires par un leadership vigoureux et de les orienter par le biais d'un contrôle a priori visant à analyser les conditions qui permettront aux gestionnaires d'atteindre ces buts. Cette approche se situe à l'autre extrémité de l'axe des pratiques du contrôle de gestion.

Étant donné cette évolution du contrôle de gestion, on peut se demander s'il ne vaudrait pas mieux traduire *management control* par « gestion de la gestion » ou encore par « contrôle de la gestion » plutôt que par « contrôle de gestion ». Revoyons brièvement en quoi consistent la gestion et la planification avant de poursuivre notre réflexion sur le contrôle de gestion.

La gestion

La gestion est, pour l'entreprise, l'activité qui anime toutes les autres et lui permet d'accomplir sa mission. Comme en atteste la terminologie de la gestion d'entreprise, la gestion est présente dans toutes les fonctions de l'entreprise : on parle de gestion des opérations, de la mise en marché, de la trésorerie, de la sécurité des systèmes, du système d'information, du personnel, de la recherche et du développement, etc.

La gestion comporte trois grands volets : la planification, l'exécution et le contrôle. Exécuter, c'est poser plusieurs actes, notamment organiser, commander, diriger, motiver, inspirer et coordonner. La figure 8.2 propose une représentation graphique des activités de gestion.

Toutefois, le découpage n'est pas toujours aussi net entre les diverses activités de gestion. Les trois volets de la gestion sont si étroitement liés les uns aux autres qu'on ne peut déterminer exactement où chacun d'eux commence et finit. En effet, le contrôle se fait souvent en cours d'exécution. Il n'y a pas de coupure entre les deux opérations ; le contrôle et l'exécution sont, en fait, deux facettes d'une même activité.

Figure 8.2
Les trois volets de la gestion

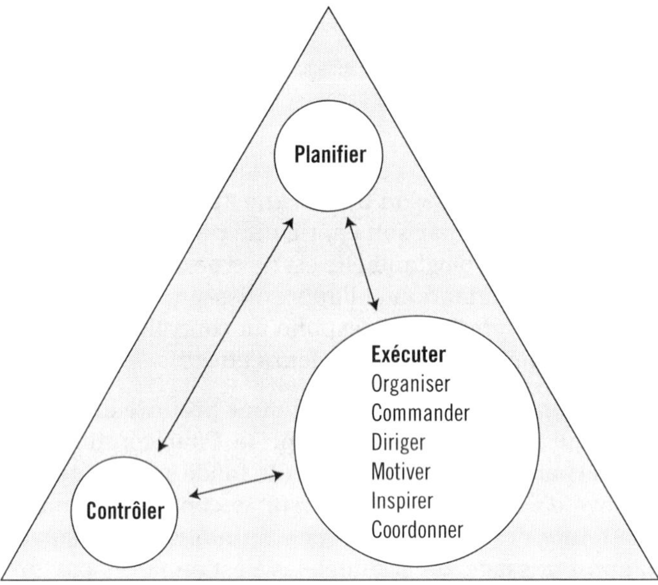

D'autre part, la planification s'inspire du contrôle : les plans s'élaborent parfois en cours d'exécution des politiques et des décisions, c'est-à-dire pendant la phase du contrôle. Il ne saurait y avoir de planification efficace sans contrôle, ni de contrôle efficace sans exécution, ni d'exécution efficace sans planification. Il y a même un contrôle a priori qui précède l'exécution.

La planification

La planification consiste, pour l'entreprise, à concevoir des moyens pour atteindre des objectifs précis, à penser avant d'agir, à élaborer des stratégies afin de structurer son action. La planification peut avoir un caractère formel ou informel. L'action ou la décision, dictée par un réflexe, par une intuition ou par l'instinct de la personne, relève de ce qu'on appelle la planification informelle. On suppose que l'esprit prépare toujours un plan avant d'agir, même si le délai séparant la conception de ce plan et l'action qui est accomplie est très court — parfois si court qu'on a l'impression d'une absence de plan.

La planification dépend de la structure de l'entreprise et du mode de gestion adopté par cette dernière ; elle sera différente dans un contexte de structure administrative industrielle ou professionnelle, de gestion par centres de responsabilité, de gestion par processus, etc.

L'approche axée sur le commandement et la surveillance — observée surtout dans les entreprises centralisées et hiérarchisées, et qui se caractérise par une structure pyramidale — se traduit par la planification formelle de type classique décrite à la figure 8.3. Cette planification est généralement explicite, et elle suit dans l'ordre les étapes indiquées dans la figure. La planification doit nécessairement donner lieu à la définition d'objectifs et de plans précis, car sans de tels instruments il ne peut y avoir de contrôle de surveillance.

Figure 8.3
La planification axée sur le commandement, établie dans le cadre d'une mission donnée

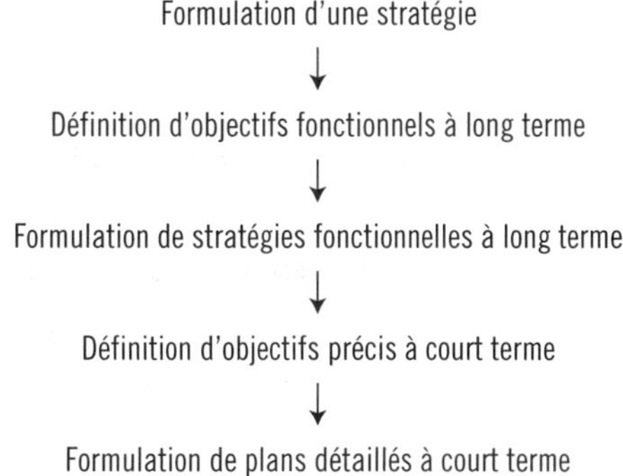

Nous distinguons dans cette approche[2]:

- la planification stratégique à long terme, qui incombe à la haute direction;
- la planification de gestion, ou planification tactique à moyen terme, qui relève des cadres intermédiaires;
- la planification opérationnelle à court terme, qui concerne l'action immédiate et dépend des directeurs de premier niveau, c'est-à-dire de ceux qui se situent à la base de la pyramide hiérarchique.

L'approche axée sur l'orientation et l'apprentissage se traduit par un mode de planification très différent, qui repose sur la formation et la responsabilisation du personnel. Surtout appliquée dans les entreprises décentralisées, dotées d'une structure dite aplatie, la planification a alors pour objectif de tester des projets de stratégies et de plans. Elle vise à structurer véritablement l'action, puis à fixer des points de repère pour atteindre les buts fixés. Dans cette approche, la planification peut être tout aussi formelle qu'elle l'est dans l'approche axée sur le commandement, mais elle suivra les étapes décrites à la figure 8.4.

2. Cette approche a été proposée et décrite par Robert N. Anthony dans *The Management Control Function*, Harvard Business School Press, 1988 (édition révisée de *Planning and Control Systems*, 1965).

Figure 8.4
La planification axée sur l'orientation, établie dans le cadre d'une mission donnée

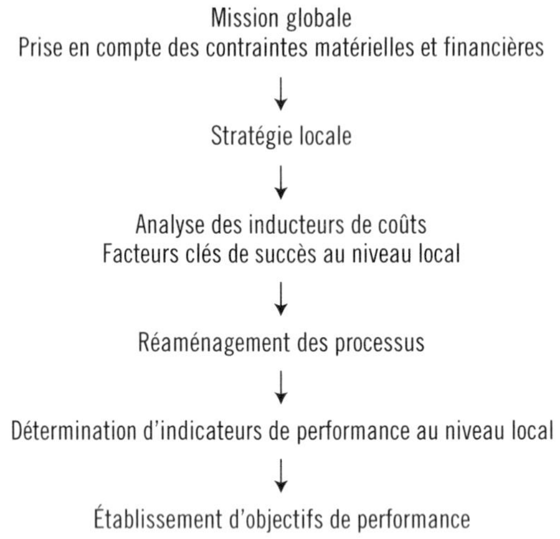

Mission globale
Prise en compte des contraintes matérielles et financières
↓
Stratégie locale
↓
Analyse des inducteurs de coûts
Facteurs clés de succès au niveau local
↓
Réaménagement des processus
↓
Détermination d'indicateurs de performance au niveau local
↓
Établissement d'objectifs de performance

LES DIVERSES APPROCHES DU CONTRÔLE DE GESTION

> Le contrôle de gestion vit actuellement des heures de changement. En fait, ces derniers s'annoncent si profonds qu'il convient peut-être de parler de véritable mutation du contrôle de gestion... Les contrôleurs de gestion ne doivent plus se contenter d'un rôle passif d'observateurs objectifs de la réalité financière des entreprises. Ils doivent devenir de véritables partenaires d'affaires des gestionnaires en produisant de l'information utile à la prise de décision[3].

Cette citation suggère que, dans l'environnement manufacturier, la pratique du contrôle de gestion devrait évoluer vers un contrôle reposant sur l'orientation et l'apprentissage.

Mais avant d'approfondir cette approche, analysons d'abord l'approche classique reposant sur la surveillance.

Le contrôle de gestion fondé sur la surveillance

Selon l'approche fondée sur la surveillance, le contrôle de gestion s'inscrit dans une logique policière de détection, et il est parfois conjugué à un système de récompense et de punition. Le contrôle de gestion intervient a posteriori et s'appuie souvent sur une structure organisationnelle pyramidale par fonctions. Il est particulièrement bien adapté aux entreprises dont le travail est routinier et programmable.

Le contrôle de gestion axé sur la surveillance est souvent intégré à la gestion par exceptions.

---

3. Hugues Boisvert et Richard Déry. « Le contrôle de gestion en mutation », *Gestion, revue internationale de gestion*, vol. 21, nº 3, septembre 1996, p. 10.

La gestion par exceptions

La gestion par exceptions (ou gestion des exceptions) repose sur un postulat selon lequel le gestionnaire ne peut pas tout prévoir, tout surveiller, tout vérifier et tout analyser, et que, même s'il le pouvait, cela reviendrait trop cher. Il doit alors se contenter de gérer les « exceptions », c'est-à-dire les situations et les comportements qui s'écartent sensiblement des normes établies. La figure 8.5 donne une vue d'ensemble de la gestion par exceptions.

Figure 8.5
La gestion par exceptions

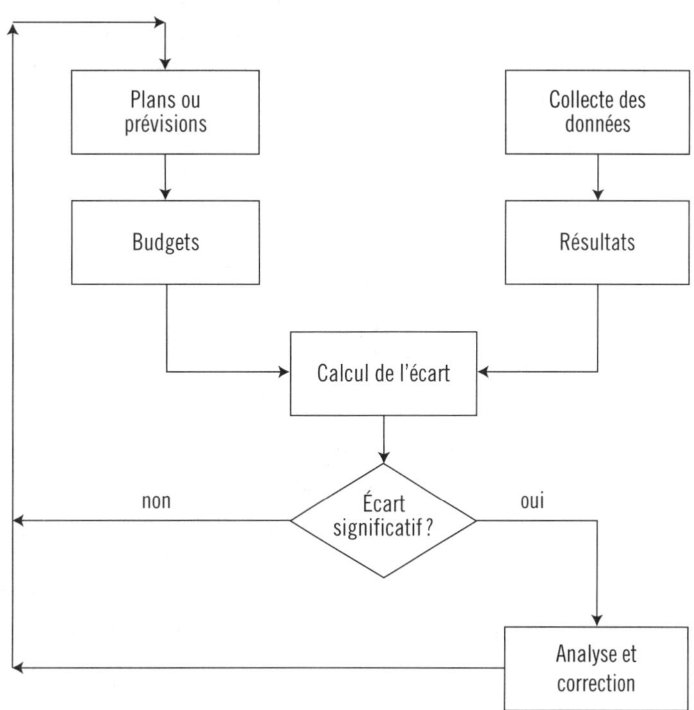

La gestion par exceptions va tout à fait dans le sens du contrôle de gestion axé sur la surveillance. En effet, d'une part, on obtient les plans à exécuter, traduits en budgets. D'autre part, on recueille les données et on établit les résultats. On compare ensuite ces résultats aux budgets. Si l'écart observé entre un résultat et une donnée budgétaire est significatif, on intervient pour corriger le problème décelé; sinon, on laisse la situation telle quelle. La gestion par exceptions se prête particulièrement bien au contrôle de l'efficience, comme nous le verrons au chapitre 10.

Dans les entreprises où le travail n'est pas routinier, où l'objectif d'efficience a peu de signification parce qu'il est à peu près impossible de mesurer l'extrant à partir d'un seul indicateur, le contrôle de surveillance est toutefois plus difficile à réaliser; on lui préférera donc la gestion par objectifs à la gestion par exceptions.

La gestion par objectifs

La gestion par objectifs vise à mesurer l'efficacité d'un programme, d'une division ou d'une entreprise, c'est-à-dire à déterminer à quel point les objectifs fixés pour chaque activité, quantifiés ou non, sont atteints. La figure 8.6 illustre ce mode de gestion.

La gestion par objectifs repose sur le postulat suivant: il est impossible de juger du rendement d'une entreprise en fonction d'un seul indicateur de performance — par exemple d'un écart budgétaire —, et une simple prévision budgétaire, si raffinée soit-elle, ne saurait suffire pour évaluer tous les aspects du rendement, surtout si les objectifs établis par les gestionnaires sont difficilement quantifiables. Elle postule également qu'un contrat établi entre la direction et les gestionnaires peut représenter un défi stimulant et motivant pour ces derniers.

Figure 8.6
La gestion par objectifs

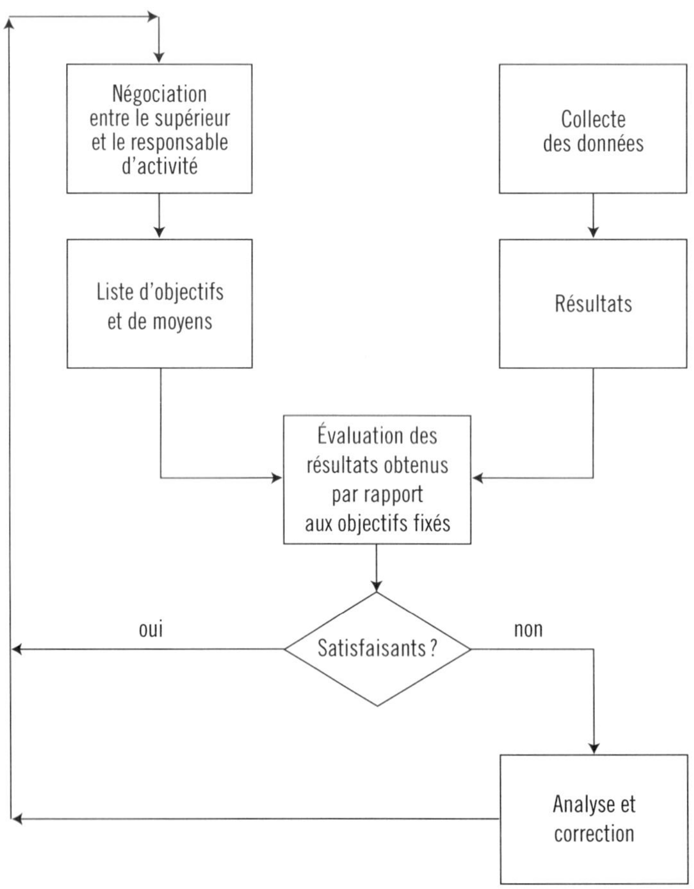

La détermination des objectifs s'effectue généralement dans un processus d'échanges entre le responsable de l'activité, de la division, du service ou de l'atelier, et son supérieur immédiat. Cependant, à partir du moment où les responsables des divers niveaux hiérarchiques se sont entendus sur les objectifs et, parfois, sur les moyens de les atteindre, les objectifs deviennent des plans; dès lors, le contrôle de gestion axé sur la surveillance permet de détecter tout écart.

Le contrôle de gestion fondé sur l'apprentissage

Selon l'approche axée sur l'apprentissage, le contrôle de gestion s'inscrit dans une logique de formation. Il intervient a priori et vise à assurer la maîtrise des coûts par une connaissance de leurs causes. Si le travail n'est ni routinier ni programmable, si les gestionnaires et les employés ont des compétences spécialisées et possèdent une connaissance poussée des tâches à accomplir, tâches qu'ils sont en outre les seuls à pouvoir évaluer, il devient impossible d'implanter un contrôle de surveillance. C'est le cas des entreprises de technologies de pointe et de toutes celles dont la main-d'œuvre est constituée de professionnels, type d'entreprise où l'on trouve souvent une structure aplatie.

Le contrôle de gestion axé sur l'orientation et l'apprentissage s'appuie davantage sur la gestion par activités (chapitre 11) que sur le contrôle budgétaire classique (chapitre 10). La connaissance des tâches et la technologie sont des facteurs déterminants du type de contrôle. Dans le cas des professionnels, le contrôle de gestion doit servir leurs propres besoins d'apprentissage.

Le tableau suivant résume les principales différences sur le plan du contrôle de gestion entre l'approche classique et l'approche renouvelée, la première étant fondée sur le commandement et la surveillance, et la deuxième, sur l'orientation et l'apprentissage.

Comparaison des approches de contrôle de gestion

Commandement et surveillance	Orientation et apprentissage
Trois niveaux hiérarchiques possibles: stratégique, tactique et opérationnel	Structure organisationnelle aplatie: hiérarchie réduite au minimum
Stratégie globale explicite dictée par la direction	Stratégie globale implicite dans le choix des indicateurs de performance élaboré par les gestionnaires
Travail routinier et programmable dont l'organisation maîtrise le savoir-faire	Travail spécialisé et non programmable dont les individus maîtrisent le savoir-faire
Plans détaillés en ce qui concerne les objectifs et les moyens	Plans remplacés par des indicateurs servant de guides

LES MÉCANISMES ASSURANT LE CONTRÔLE DE GESTION

Jusqu'à présent, nous avons présenté une description générale du contrôle de gestion en analysant deux approches « extrêmes » de cette pratique, sans toutefois la définir.

Le contrôle de gestion consiste en un ensemble de mécanismes assurant que tout le personnel travaillera à l'élaboration et à la mise en œuvre de la stratégie de l'entreprise avec économie, efficience et efficacité, et qu'il aura la compétence nécessaire pour y arriver.

Le contrôle de gestion est donc constitué de moyens, de techniques et de procédés de gestion définis au sein de l'entreprise, mécanismes se rattachant à un objectif bien déterminé : l'élaboration et la mise en œuvre des stratégies. Nous avons regroupé ces mécanismes en quatre catégories :

- la structure organisationnelle ;
- les politiques ;
- la gestion des personnes ;
- le système d'information de gestion.

La structure organisationnelle

La structure organisationnelle définit les responsabilités de chaque gestionnaire ; elle détermine donc les modalités du partage du pouvoir au sein de l'organisation. Il existe plusieurs types de structures. La figure 8.7 illustre une structure pyramidale et une structure aplatie.

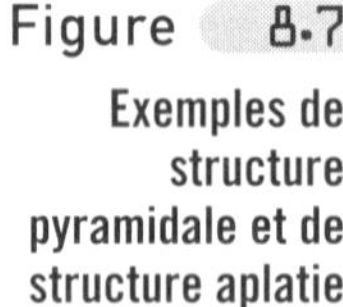

Figure 8.7
Exemples de structure pyramidale et de structure aplatie

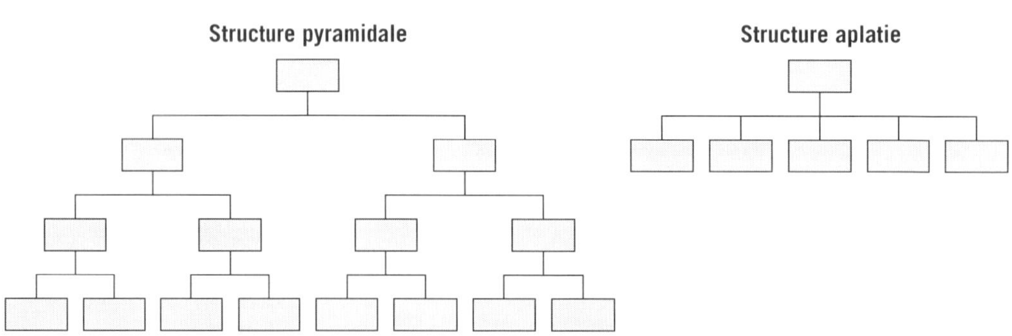

La structure pyramidale répond au modèle classique ; elle existait dans les entreprises industrielles du XIXe siècle, et prévaut encore aujourd'hui dans la majorité des entreprises. Selon ses partisans, elle est idéale pour communiquer les objectifs et la stratégie de la direction du sommet vers la base. Elle facilite également le contrôle de surveillance et convient bien à la gestion des organisations centralisées dont le travail est routinier et programmable. En effet, elle repose sur le postulat voulant que chaque niveau intermédiaire soit nécessaire pour communiquer les instructions au niveau inférieur et surveiller les actions qui y sont accomplies. Or, pour que le travail soit efficace, il faut que le patron maîtrise parfaitement les tâches effectuées au niveau inférieur.

Toutefois, dans l'environnement actuel des entreprises, de plus en plus compétitif, dynamique, varié et turbulent, on constate que la structure pyramidale présente diverses lacunes : elle limite les possibilités d'adapter la stratégie de l'entreprise aux stratégies déployées par les concurrents, elle engendre des délais inutiles dans la prise de décision et elle freine l'innovation. De plus, la structure pyramidale est très coûteuse. Le coût relié aux multiples niveaux de cadres intermédiaires de sa structure organisationnelle est essentiellement lié à la communication et au contrôle de la stratégie de la direction mise en œuvre par les cadres opérationnels. Le coût de ces activités qui ne contribuent pas directement à la production des biens et services est déterminé à l'aide de la comptabilité par activités. De plus, dans les entreprises de professionnels et de technologies de pointe, cette structure est souvent inopérante, car la direction ne maîtrise pas le savoir-faire.

Pour ces raisons et parce que la nouvelle économie compte un nombre accru d'entreprises où l'innovation est un facteur clé de succès, la structure organisationnelle aplatie gagne de plus en plus d'adeptes. L'abolition des niveaux de cadres intermédiaires la rend beaucoup plus économique que la structure pyramidale et favorise l'innovation par la délégation de pouvoir aux cadres opérationnels. Cependant, pour que cette structure puisse fonctionner, il est nécessaire de repenser le contrôle de gestion. Le contrôle axé sur l'orientation et l'apprentissage convient particulièrement bien à la structure aplatie.

Les politiques

On appelle politique la manière dont une entité agit officiellement. Une politique se compose d'un ensemble de règles, de normes, de principes et de directives qui orientent la gestion ; il s'agit donc de lignes de conduite que se donnent les gestionnaires. Une politique stratégique fixe les modalités selon lesquelles s'effectue la formulation et la mise en œuvre des stratégies. Une politique d'investissement, par exemple, définit les critères d'acceptation des projets d'investissement. Les politiques opérationnelles orientent la conduite des opérations courantes ; ce sont des règles de fonctionnement qui ont, plus souvent qu'autrement, un caractère limitatif, c'est-à-dire qu'elles imposent des contraintes aux gestionnaires.

Cette catégorie de mécanismes comprend les contrôles physiques, comme les fermetures à clé, les cartes d'accès, les mots de passe, etc.

La gestion des personnes

À l'aube du XXIe siècle, la gestion des ressources humaines prend de plus en plus d'importance parmi les mécanismes de contrôle de gestion destinés à assurer non seulement la rentabilité, mais également la pérennité des entreprises. La productivité des employés, en particulier de ceux qui exercent des fonctions spécialisées, dépend dans une grande mesure de leur degré de motivation. De plus, les entreprises qui perdent leurs meilleurs cerveaux sont vouées à disparaître.

Au chapitre 1, nous avons évoqué les aspirations des employés. Aujourd'hui plus instruits, ils ne se contentent plus d'exercer leur rôle d'employés, ils aspirent à devenir des associés de la direction de l'entreprise. La rentabilité des entreprises dépend de moins en moins de la main-d'œuvre au sens étymologique du terme, c'est-à-dire de l'ouvrier qui travaille avec ses mains; elle est de plus en plus tributaire des cerveaux. De plus, dans une structure aplatie, le rôle de la direction ne consiste plus à surveiller l'exécution des plans qu'elle a conçus, mais bien à stimuler son personnel pour qu'il soit capable d'innovation. Le contrôle axé sur l'orientation et l'apprentissage doit forcément être intégré à un système de gestion du personnel incluant le système de rémunération au sens large, notamment la participation des employés aux bénéfices et même au capital-actions. Il doit s'inscrire dans une stratégie visant à promouvoir une culture d'entreprise fondée sur le développement de la compétence du personnel.

Le système d'information à des fins de gestion

La structure organisationnelle et les politiques sont souvent perçues comme des contraintes auxquelles sont soumis les gestionnaires. Tout comme le processus de gestion du personnel, le système d'information conçu pour la gestion peut être à la fois limitatif et stimulant. Dans le cadre du contrôle de surveillance, il est essentiellement limitatif: une fois le budget adopté, le contrôle budgétaire vise à limiter les écarts par rapport au budget. L'information portant sur les résultats remonte vers le sommet de la pyramide, où elle est communiquée à la direction. Nous étudierons le contrôle budgétaire sous cet angle au chapitre 10.

Par ailleurs, dans le cadre du contrôle axé sur l'orientation et l'apprentissage, l'information financière pour la gestion peut produire un effet stimulant et être à l'origine de plusieurs initiatives. La mise en évidence des inducteurs de coût à l'aide d'une comptabilité par activités incite à la gestion par activités et à l'élimination ou à la réduction des éléments responsables des coûts. Nous étudierons ce type de système au chapitre 11. L'information financière est destinée tant aux gestionnaires qu'aux employés, à qui elle permet de gérer les processus dont ils ont la responsabilité.

Dans les chapitres qui suivent, nous étudierons essentiellement le système d'information de gestion conçu pour la planification et le contrôle, car cet ouvrage est dédié à la comptabilité de management et non au contrôle de gestion. Cependant, on ne saurait étudier la comptabilité de management, donc les systèmes d'information financière axés sur la gestion, sans avoir une vue globale des autres mécanismes qui contribuent au contrôle de gestion. Enfin, l'exercice du contrôle de gestion pose plusieurs défis dont certains sont liés à la comptabilité de management.

LES DÉFIS INHÉRENTS AU CONTRÔLE DE GESTION

Il convient d'expliciter davantage quatre éléments de la définition du contrôle de gestion proposée dans la section précédente :

- l'harmonisation des objectifs de l'entreprise et des objectifs individuels ;
- l'élaboration et la mise en œuvre de la stratégie de l'entreprise ;
- la satisfaction des critères d'économie, d'efficience et d'efficacité ;
- l'amélioration de la compétence du personnel.

À partir de l'explication que nous proposons de ces éléments, nous allons dégager les défis inhérents au contrôle de gestion, et en particulier à la comptabilité de management.

L'harmonisation des objectifs de l'entreprise et des objectifs individuels

La direction a la responsabilité de déterminer les objectifs de l'entreprise. Pour que tout le personnel travaille dans le même sens, il faut non seulement que ces objectifs soient communiqués adéquatement au personnel, mais aussi que ce dernier les adopte. Les objectifs énoncés par la direction doivent ensuite être assumés par les gestionnaires, et il est essentiel que tout le personnel prenne à son compte les stratégies organisationnelles et participe à leur mise en œuvre.

Ce premier défi que pose le contrôle de gestion au sein d'une organisation en est un de taille, car toute personne embauchée par une entreprise définit ses propres objectifs en termes de rémunération et de réalisation personnelle, et il n'est donc pas évident que ses objectifs coïncident avec ceux de l'entreprise. Le système de contrôle de gestion doit faire en sorte que l'individu contribue à l'atteinte des objectifs de l'entreprise tout en se réalisant lui-même. La structure organisationnelle et les politiques imposent des contraintes aux actions des gestionnaires, mais n'assurent pas qu'ils adhéreront entièrement aux objectifs établis par la direction ni qu'ils mettront en œuvre la stratégie qui en découle de manière cohérente.

L'harmonisation des objectifs de la direction et des objectifs individuels relève à la fois de la gestion des personnes et de la comptabilité de management. Le système de gestion des ressources humaines doit se doter de mesures incitatives appropriées qui inciteront les gestionnaires à contribuer activement à l'élaboration et à la mise en œuvre de la stratégie de l'entreprise. La comptabilité de management doit être en mesure de produire l'information nécessaire au fonctionnement de ce système. Mieux, par le développement de modèles d'analyse des coûts et d'interprétation des résultats financiers — et en particulier de modèles de causalité qui mettent en évidence les facteurs responsables des coûts et ceux qui assurent le succès de l'entreprise —, elle peut favoriser la mise en place de systèmes de gestion des personnes plus performants. S'il y a concordance entre les objectifs de l'entreprise et ceux des employés, et si ces derniers parviennent ainsi plus facilement à atteindre leurs objectifs personnels, l'entreprise ne s'en porte que mieux.

L'élaboration et la mise en œuvre de la stratégie de l'entreprise

La conception et la mise en œuvre de la stratégie de l'entreprise constituent l'objectif ultime du contrôle de gestion. Comme le contrôle de gestion, la stratégie peut être définie comme le choix d'un ensemble de moyens en vue d'atteindre un objectif donné. Par exemple, la stratégie globale a pour but de réaliser la mission de l'entreprise. Ainsi, la stratégie centrée sur la production vise à atteindre l'objectif de production fixé par l'entreprise ; la stratégie de commercialisation est l'ensemble des moyens retenus pour assurer la vente des produits dans les meilleures conditions, etc. La stratégie est donc essentiellement définie par l'action, qu'on la perçoive comme un plan, un stratagème, un schème, un positionnement ou une perspective[4].

L'élaboration d'une stratégie gagnante, qui relève essentiellement de la direction, exige une information variée. Or, elle n'est pas facile à obtenir, et ce pour plusieurs raisons :

- les objectifs de la direction et ceux des sous-groupes qui la mettent en œuvre sont parfois difficiles à cerner et ne concordent pas toujours ;
- plusieurs sources d'information pertinentes à l'élaboration de la stratégie proviennent de l'extérieur de l'entreprise ; c'est le cas des données relatives aux marchés et à la compétition ;
- la prolifération des données disponibles et l'évolution de leur pertinence par rapport à une stratégie donnée se produisent à un rythme plus rapide que celui du système qui les capte ;
- on constate une carence de modèles d'analyse capables de simuler de façon adéquate, c'est-à-dire avec un degré de prévision acceptable, l'effet que les moyens choisis auront sur les objectifs à atteindre.

Ces quatre points représentent autant de défis en matière de contrôle de gestion. Dans la section précédente, nous avons traité de la façon dont les objectifs de la direction et ceux des individus peuvent s'harmoniser. Nous allons maintenant expliquer la difficulté inhérente à la collecte des données, soit la nécessité d'adapter les systèmes et de mettre au point des modèles de simulation.

L'entreprise ne contrôle ni la nature, ni la qualité des données auxquelles les entreprises ont accès. Les données portant sur les coûts, les revenus et les parts de marché

4. Henry Mintzberg met en lumière ces différents aspects de la stratégie. Voir « Les organisations ont-elles besoin de stratégies ? », *Gestion, revue internationale de gestion*, vol. 12, n° 4, novembre 1987, p. 5.

à l'échelle d'une industrie sont parfois fortement regroupées, de sorte qu'elles sont de peu d'utilité pour les entreprises. La comptabilité de management doit donc concevoir des modèles d'analyse comparative qui permettent l'étalonnage (*benchmarking*) des processus et des activités ainsi que des systèmes de mesure, de façon à les rendre utilisables.

L'adaptation des systèmes (rémunération, utilisation du budget, mesures de performance) est un défi crucial pour la comptabilité de management, car la modification des systèmes que l'on a mis du temps à créer et à mettre en place est un processus ardu. Il est toutefois essentiel que le gestionnaire modifie sa perception à cet égard. Si la continuité est, pour la comptabilité financière, un principe fondamental, l'adaptation doit s'imposer en tant que principe de base de la comptabilité de management. En effet, le management doit s'adapter constamment à l'évolution de l'environnement tant externe qu'interne des entreprises.

Les modèles de simulation sont essentiellement des modèles de causalité, en ce sens qu'ils reflètent l'effet que les actions posées dans le cadre d'une stratégie auront sur les résultats, notamment les résultats financiers. Lorsque ces modèles existent, leur utilité est indéniable. Toutefois, on n'en compte qu'un nombre restreint. Leur conception et leur mise en place exigent du temps, ce qui les rend relativement coûteux. De plus, l'environnement évolue constamment, et les stratégies qu'ils simulent doivent souvent être adaptées et modifiées lors de leur mise en œuvre. Leur rareté, bien qu'explicable, n'en pose pas moins un défi de taille à la comptabilité de management.

Les critères d'économie, d'efficience et d'efficacité

Par économie, on entend l'acquisition de ressources au moindre coût, à certaines conditions et en fonction d'une qualité donnée. Dans le passé, le souci d'économie a donné lieu au contrôle des prix, notamment par le biais d'achats auprès du plus bas soumissionnaire et de la pratique consistant à traiter avec plusieurs fournisseurs pour se prémunir contre tout monopole.

L'efficience s'exprime par un ratio extrants-intrants : plus le ratio est élevé, plus l'efficience est grande, et vice-versa. La recherche de l'efficience se résume à la volonté d'obtenir plus avec moins de ressources. C'est par la surveillance du gaspillage des matières premières et de la productivité de la main-d'œuvre directe que les dirigeants ont poursuivi leur quête d'efficience et continuent dans cette voie.

L'efficacité se définit par rapport à un objectif donné. Elle peut prendre autant de formes qu'il y a d'objectifs. Or, on se résigne souvent à ne surveiller que les objectifs mesurables. Par exemple, une équipe ayant pour objectif de vendre 1 000 unités par semaine sera jugée efficace si elle atteint cet objectif. Mais comment évaluer des objectifs difficilement mesurables, la motivation des équipes et la stimulation de la performance individuelle, par exemple ?

Si l'on souhaite vraiment travailler avec économie, efficience et efficacité, il faut parvenir à mesurer ces trois volets. Cet objectif a donné lieu, au cours des dernières années, à la naissance de deux disciplines connexes, celle de la vérification intégrée, dans le contexte gouvernemental, et celle de la vérification de gestion, dans le contexte des entreprises. Le développement et la reconnaissance de ces disciplines est un autre défi qui se pose à la comptabilité de management.

La compétence du personnel

Assurer la compétence du personnel représente le principal défi de la gestion des personnes. C'est de plus en plus un facteur pris en considération par les candidats à un poste : les plus jeunes diplômés, en particulier ont tendance à postuler pour les emplois qui offrent les meilleures conditions d'apprentissage. De même, ils quittent souvent les emplois qui se révèlent insatisfaisants sur ce plan.

La compétence d'une personne dépend aussi, en partie du moins, des outils qu'on met à sa disposition et des occasions qu'on lui offre de s'épanouir au sein de l'organisation. De ce point de vue, l'approche du contrôle de gestion fondée sur l'orientation et l'apprentissage est nettement plus satisfaisante que celle fondée sur la surveillance. La comptabilité de management doit donc concevoir des modèles de traitement de l'information qui favorisent ce type de contrôle de gestion, c'est-à-dire qui informent les employés de leur propre performance.

LES COMPÉTENCES REQUISES DU CONTRÔLEUR DE GESTION

À l'aube du XXIe siècle, les compétences exigées du contrôleur de gestion vont bien au delà de la maîtrise de la comptabilité de management. Le contrôleur de gestion ne peut négliger l'ensemble des mécanismes de contrôle dont on a fait état dans ce chapitre. Il doit notamment intervenir au niveau de la structure organisationnelle, élaborer des politiques de gestion ou de contrôle de gestion et contribuer à la conception de systèmes de gestion des ressources humaines dans le cadre plus large de la gestion de la performance.

Le contrôleur du XXIe siècle devra mettre au point des systèmes d'information qui seront la pierre angulaire des organisations intelligentes[5] de ce siècle, dans un contexte d'évolution continue de leur environnement — tant externe qu'interne. De plus, par le biais de la modélisation économique des comportements, la comptabilité de management fournira aux gestionnaires une représentation de leurs actions dans le contexte d'une rationalité éthique et environnementale. Le contrôleur deviendra un animateur et un partenaire au sein d'une équipe entrepreneuriale.

---

5. L'expression « organisation intelligente » est utilisée pour décrire les organisations qui se sont dotées de moyens de traitement de l'information relativement raffinés afin d'améliorer leur mode de fonctionnement et d'accroître leur productivité.

QUESTIONS DE RÉVISION

1. Quelle relation y a-t-il entre l'information comptable axée sur la gestion et le contrôle de gestion ?
2. Quel est le sens étymologique du mot contrôle ?
3. Quelle est la signification du terme anglais *control* ?
4. Selon les auteurs qui traitent de la gestion, cette discipline comporte trois volets (planifier, exécuter et contrôler) ou quatre (planifier, diriger, organiser et contrôler). Commentez la distinction que l'on établit entre la planification et le contrôle.
5. Décrivez la planification selon une approche axée sur le commandement.
6. Décrivez la planification selon une approche axée sur l'orientation.
7. Proposez une définition formelle du contrôle de gestion.
8. Qu'entend-on par la gestion par exceptions ?
9. Qu'entend-on par la gestion par objectifs ?
10. Décrivez le contrôle de gestion selon une approche fondée sur la surveillance.
11. Décrivez le contrôle de gestion selon une approche fondée sur l'apprentissage.
12. Quelle est la différence entre le contrôle de gestion axé sur la surveillance et le contrôle de gestion axé sur l'apprentissage.
13. Quels sont les principaux mécanismes du contrôle de gestion ?
14. Quel rôle joue la structure organisationnelle en matière de contrôle de gestion ?
15. Dans quel sens peut-on concevoir les politiques comme un des mécanismes du contrôle de gestion ?
16. Situez l'importance de la gestion des personnes dans le contrôle de gestion.
17. En quoi l'information comptable de gestion contribue-t-elle au contrôle de gestion ?
18. Énumérez les principaux défis que pose le contrôle de gestion ?
19. En quoi l'harmonisation des objectifs de l'entreprise et des objectifs individuels représente-t-elle un défi inhérent au contrôle de gestion ?
20. Pour quelles raisons la stratégie nécessite-t-elle une information à la fois variée et difficile à produire ?
21. Définissez les critères d'économie, d'efficience et d'efficacité.
22. En quoi l'amélioration de la compétence du personnel représente-t-elle aujourd'hui un défi pour le contrôle de gestion ?
23. Quel sera le principal défi auquel fera face le contrôleur de gestion en ce début de XXIe siècle ?

CHAPITRE 9

Les budgets

Objectifs

Après avoir étudié ce chapitre, vous serez capable :

- de décrire les différents types de budgets ;
- de dresser des budgets ;
- de déterminer les objectifs visés par le budget ;
- de comprendre l'utilité du budget à des fins de planification et de contrôle ;
- d'associer chacun des types de budgets à une approche globale particulière du contrôle de gestion.

SOMMAIRE

LE BUDGET

Le budget est un ensemble de prévisions quantitatives présentées de façon structurée, une matérialisation (en chiffres) des projets et des plans. Il comporte des états financiers et non financiers, ces derniers étant exprimés en fonction de l'unité de mesure des ressources appropriée (kilogramme, litre, heure, etc.). Les quantités inscrites dans le budget peuvent provenir de données historiques ou encore d'études, comme l'analyse d'un processus de production par une équipe d'ingénieurs industriels. Dans le cas des ventes, les données sont tirées d'analyses de marché qui font parfois appel à des modèles statistiques prévisionnels.

Le budget doit permettre :

- de préciser les objectifs poursuivis par l'organisation ;
- d'élaborer ses plans à court terme ;
- d'estimer les revenus associés aux plans ;
- d'établir un plan d'investissement ;
- de déployer un plan de production ;
- de planifier les achats ;
- de prévoir l'embauche de main-d'œuvre et d'en préparer la formation ;
- de dresser le budget de production ;
- d'établir les budgets financiers ;
- de dresser le budget global.

Le processus budgétaire doit aussi permettre :

- d'assurer le suivi des plans ;
- de mesurer périodiquement dans quelle mesure les objectifs ont été atteints ;
- d'évaluer l'économie, l'efficience et l'efficacité des gestionnaires ;
- d'intervenir pour rectifier les plans ;
- de réévaluer les objectifs et la stratégie de l'organisation.

Le budget est omniprésent dans le cycle des activités de gestion, comme l'illustre la figure 9.1, qui reprend la figure 8.2 en y ajoutant les objectifs visés par les budgets.

Le budget est un outil de planification et de contrôle dont l'usage est extrêmement répandu. On le retrouve aujourd'hui dans la presque totalité des entreprises, au cœur du système d'information financière conçu pour la gestion. Selon certaines études[1], au-delà de 90 % des entreprises aux États-Unis ont recours au budget global, appelé aussi budget directeur. Cette proportion est de 93 % au Japon, 95 % en Australie et 100 % au Royaume-Uni et aux Pays-Bas. Le budget est donc un mécanisme privilégié

1. Il s'agit des études suivantes : Asada, Bailes, et Amano, *An Empirical Study* ; Blayney et Yokoyama, *Comparative Analysis* ; de With et Ijskes, *Current Budgeting*. Ces recherches sont citées dans Charles T. Horngren, George Foster et Srikant M. Datar, *Cost Accounting*, 8e édition, Prentice-Hall, p. 187.

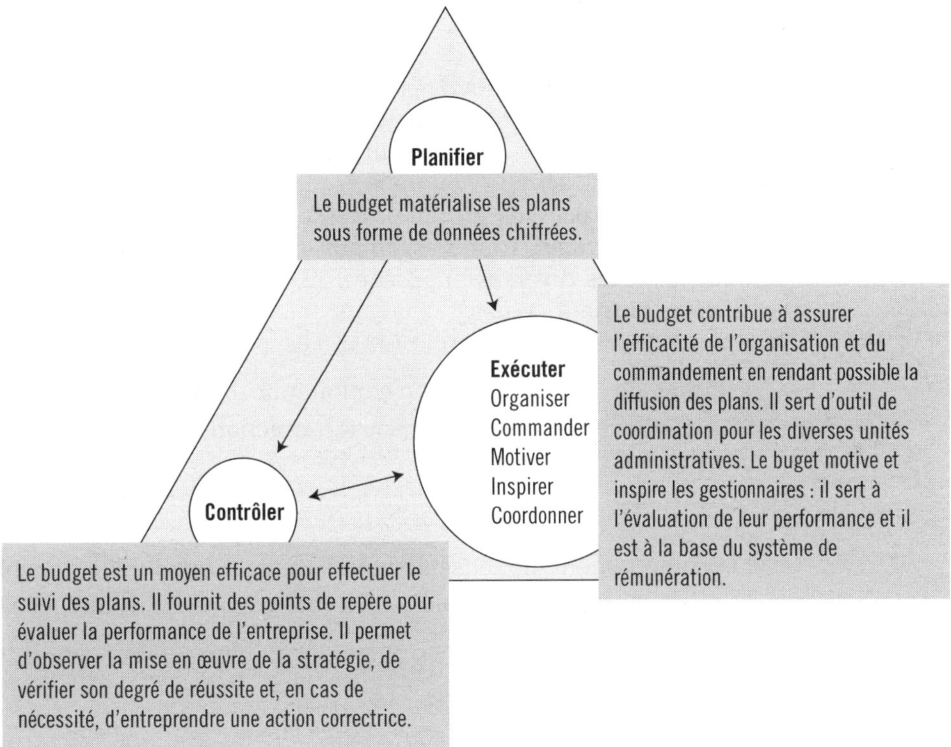

Figure 9.1
Les objectifs visés par les budgets selon les activités de gestion

du contrôle de gestion. Il existe diverses approches du contrôle de gestion, et celui-ci s'exerce dans différents contextes d'entreprise; on a donc mis au point, au fil des ans, presque autant de façons d'utiliser les budgets et de conduire le processus budgétaire qu'il y a d'approches et de contextes budgétaires.

Le budget représente plus qu'un ensemble de données prévisionnelles, car il permet de décider du genre de suivi qu'on donnera à ces données ainsi que des modalités de sa mise en œuvre. Il faut donc se rendre compte d'ores et déjà que préparer le budget consiste également à planifier les étapes consécutives à son adoption. En d'autres termes, il s'agit de préparer le jugement qu'on portera sur la stratégie, et en particulier sur le niveau des coûts. Les données budgétaires sont des points de repère pour évaluer le rendement de l'entreprise: elles servent de normes d'évaluation de sa performance. On les qualifie d'ailleurs de standards lorsqu'elles servent de fondements à des analyses techniques et économiques méthodiques.

Nous allons donc étudier plusieurs types de budgets pouvant remplir des rôles distincts avant d'aborder le processus budgétaire et ses enjeux. Nous terminerons ce chapitre en associant ces divers budgets au contrôle de gestion et au contexte où il s'exerce.

LES TYPES DE BUDGETS ET LEUR PRÉPARATION

Le budget est un outil au service du gestionnaire, qui doit savoir l'adapter à ses besoins propres ainsi qu'au contexte particulier de l'entreprise. Le budget peut donc prendre différentes formes. Par exemple, il peut opérer un classement des transactions par ressources ou par activités, ou un regroupement des comptes par centres de responsabilité ou par processus, etc. Le processus budgétaire peut également varier dans un même type de budget. Toutefois, on observe une certaine cohérence entre les formes de budgets et les diverses approches du contrôle de gestion. L'entreprise a donc le choix entre plusieurs types de budgets, selon ses objectifs, l'utilisation qu'elle veut en faire et ses méthodes de contrôle. Ainsi, il est possible d'établir des budgets en fonction :

- de l'unité de mesure (budget d'exploitation, budget financier, etc.) ;
- de la méthode de classification des transactions (budget par ressources, budget par activités, etc.) ;
- du mode de regroupement des comptes (budget par centres de responsabilité, budget par processus, etc.) ;
- du comportement modélisé des coûts (budget fixe, budget flexible) ;
- du degré d'analyse préalable requis (budget ordinaire, budget à base zéro, etc.).

Nous allons maintenant décrire les divers types de budgets et les illustrer par des exemples.

Le budget établi selon une unité de mesure

Le budget d'exploitation traduit de façon quantitative les plans opérationnels d'une entreprise. Il prévoit tant les produits d'un exercice que les coûts qui s'y rapportent. Le budget des ventes, le budget de production (lui-même constitué des budgets d'achat, de main-d'œuvre et de frais généraux), le budget de distribution et le budget d'administration en sont des exemples. Tous ces budgets sont d'abord exprimés par rapport à l'unité de mesure la plus appropriée à l'exploitation des ressources concernées — notamment en fonction du nombre d'unités produites ou de services offerts (unités d'œuvre) de chaque type ou de chaque catégorie —, puis ils sont traduits en argent. Par exemple, on exprime le budget des ventes selon le nombre d'unités de chacun des produits qu'on prévoit vendre dans chacune des régions au cours d'une période donnée, puis on traduit ces données en valeur des ventes. De même, on exprime le budget de production en nombre d'unités de chacun des produits que l'on prévoit fabriquer dans chacune des usines au cours d'une période donnée, puis on transforme ces unités en coûts. Enfin, la décision de fabriquer un certain nombre d'unités est liée au nombre d'unités que l'on prévoit vendre.

L'état des résultats prévisionnels traduit le budget d'exploitation en unités monétaires. La préparation de cet état est la première étape de l'établissement des états financiers prévisionnels classiques, lesquels comportent également un bilan et un état de l'évolution de la situation financière. On qualifie parfois ces derniers d'états pro forma, en ce sens qu'ils anticipent les obligations financières à long terme de l'entreprise. Les budgets financiers, qui précisent les besoins et les moyens financiers de l'entreprise, comprennent aussi un budget d'investissement qui précède le bilan, ainsi qu'un budget de caisse. Les budgets financiers permettent de prévoir de façon générale la rentabilité de l'entreprise et de ses différents produits. Le budget d'investissement décrit les coûts associés à un projet d'investissement et précise la provenance des fonds qui y sont affectés. Le budget de caisse permet de planifier et de contrôler les flux monétaires de l'entreprise. Nous en traiterons en détail dans le chapitre 12, consacré à l'étude de la gestion de la trésorerie.

Le budget d'exploitation et le budget financier sont traditionnellement regroupés dans un budget global. Ce dernier consolide la stratégie et les objectifs à long terme de l'entreprise en apportant, pour une période donnée, une vue d'ensemble des résultats d'exploitation et de la situation financière prévus à la fin de cette période. Le tableau ci-dessous présente un sommaire des budgets qui font partie du budget global.

Le budget global

Le budget d'exploitation	Il comprend tous les budgets liés à l'exploitation de l'entreprise au cours d'une année ; il regroupe les budgets des ventes, de la production et de l'administration.
Le budget des ventes	Il comprend les prévisions relatives au chiffre des ventes.
Le budget de production	Il comprend les prévisions touchant la production ; il regroupe les budgets relatifs aux besoins en matières premières et en main-d'œuvre, et aux frais généraux.
Le budget des matières premières	Il comprend les prévisions portant sur les besoins en matières premières.
Le budget de main-d'œuvre	Il comprend les prévisions portant sur les besoins en main-d'œuvre.
Le budget des frais généraux de production	Il comprend les prévisions portant sur les ressources requises à titre de frais généraux de production, à l'exception des matières premières et de la main-d'œuvre directe.
Le budget des activités non liées à la production	Il comprend les prévisions portant sur les ressources requises pour l'exercice de l'ensemble des activités, à l'exception des activités de production.
Le budget financier	Exprimé selon l'unité monétaire, il traduit l'effet des budgets d'exploitation ainsi que du budget d'investissement et du budget de financement sur les résultats financiers ; de plus, il regroupe les états financiers prévisionnels ainsi que le budget de caisse.
L'état des résultats prévisionnels d'exploitation	Il traduit en termes monétaires le budget d'exploitation.
Le budget d'investissement et de financement	Il comprend les sommes que l'on prévoit investir ainsi que les scénarios de financement prévus.
Les états financiers prévisionnels (pro forma)	Ils correspondent aux états que l'on retrouve habituellement dans les états financiers, soit le bilan, l'état des résultats et l'état de l'évolution de la situation financière.
Le budget de caisse	Il comprend les prévisions de rentrées et de sorties de fonds.

La figure 9.2 illustre les relations entre les différents budgets qui constituent le budget global, relations qui indiquent les étapes à suivre dans sa préparation.

Figure 9.2
Les relations entre le budget d'exploitation et le budget financier, et les étapes de la préparation du budget global

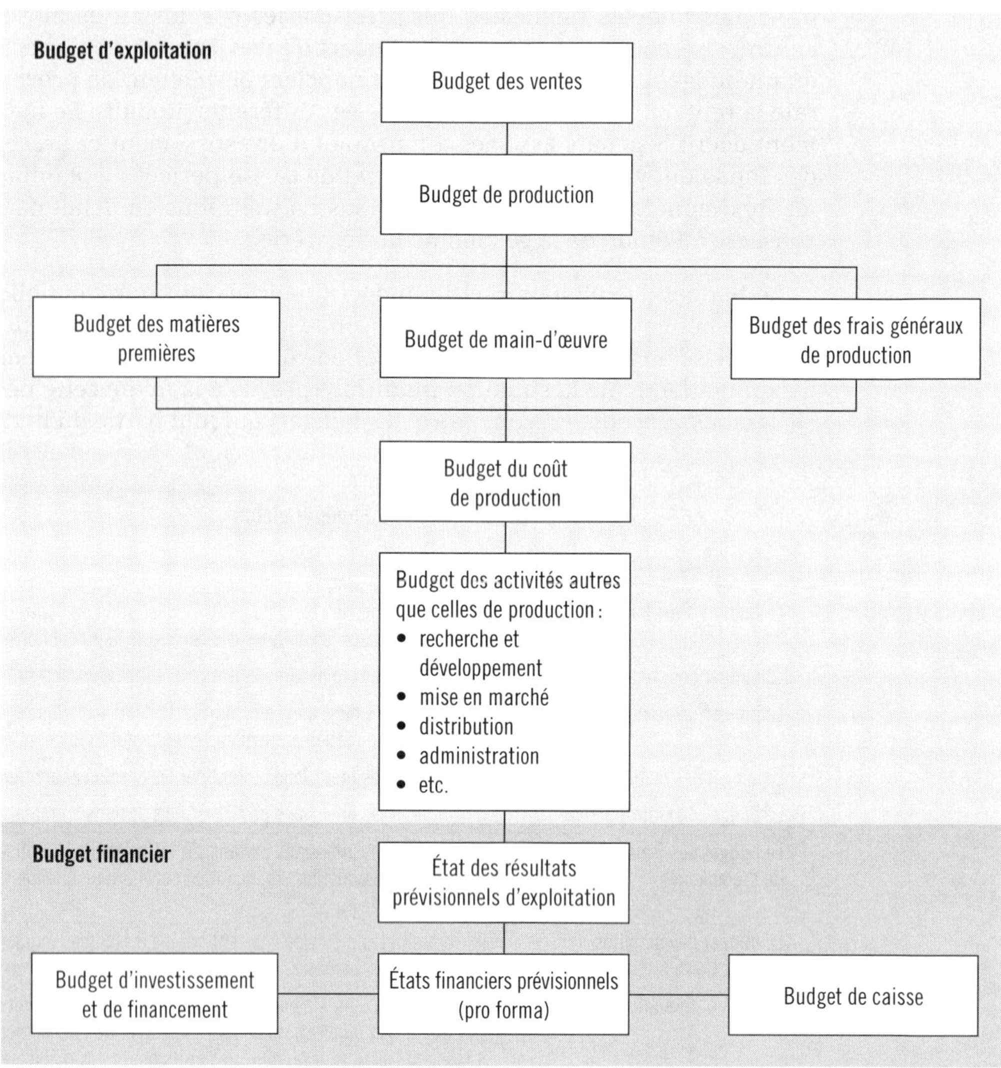

Penchons-nous maintenant sur un exemple illustrant le processus de préparation d'un budget global.

EXEMPLE

L'entreprise manufacturière SYS ltée

L'entreprise manufacturière SYS ltée fabrique un seul produit. Les gestionnaires ont la pleine maîtrise du processus de fabrication et le travail du personnel peut être qualifié de routinier. Voici le bilan de cette entreprise au 31 décembre 1998 :

Entreprise SYS ltée
Bilan
au 31 décembre 1998

Actif		
Actif à court terme		
Encaisse	30 000 $	
Comptes clients	475 000	
Stocks	140 000	645 000 $
Immobilisations nettes		2 500 000
Total de l'actif		**3 145 000 $**
Passif et avoir des actionnaires		
Passif à court terme		
Fournisseurs	136 000 $	
Salaires à payer	18 000	
Versements sur emprunt à long terme	120 000	274 000 $
Passif à long terme		
Emprunt à long terme	635 000 $	
Moins : Versements à court terme	120 000	515 000
Total du passif		**789 000 $**
Avoir des actionnaires		
Capital-actions		
(10 000 actions ordinaires, émises et en circulation)		1 000 000 $
Bénéfices non répartis		1 356 000
Total de l'avoir des actionnaires		**2 356 000 $**
Total du passif et de l'avoir des actionnaires		**3 145 000 $**

Chaque année, on prépare un budget global pour assurer le contrôle de la production, d'une part, et prévoir les résultats financiers, d'autre part. Voici une description étape par étape de la préparation du budget global.

Étape 1 : le budget des ventes

La première étape du processus budgétaire relève du service de la mise en marché, qui élabore les prévisions de ventes en fonction des résultats passés, de la conjoncture économique et des campagnes de promotion qu'il compte mettre sur pied. Voici ces prévisions pour les mois de janvier à mai prochains. (Les données de novembre et de décembre correspondent à des résultats.)

Entreprise SYS ltée
Ventes prévisionnelles
pour les mois de janvier à mai 1999

	Novembre	Décembre	Janvier	Février	Mars	Avril	Mai
Ventes (en unités)	5 000	8 000	3 000	5 000	4 000	6 000	4 000

Connaissant le prix de vente, qui est de 50 $ l'unité, on pourrait aussi exprimer ces prévisions de ventes en dollars.

Étape 2 : le budget de production

Le budget des ventes étant fixé, on peut maintenant dresser le budget de production selon la politique de gestion des stocks de produits finis. Par exemple, si l'entreprise a pour règle de produire un mois à l'avance toutes les quantités qu'elle prévoit vendre, le stock de produits finis sera, à la fin d'un mois, égal aux ventes prévues pour le mois suivant. La donnée de décembre est un résultat. Conformément à cette politique, le budget de production de l'entreprise SYS ltée a été défini comme suit pour les mois de janvier à avril.

Entreprise SYS ltée
Production prévue
pour les mois de janvier à avril 1999

	Décembre	Janvier	Février	Mars	Avril
Production (en unités)	3 000	5 000	4 000	6 000	4 000

Étape 3 : les budgets des besoins en ressources

Le budget de production étant établi, on peut, avec des informations complémentaires, élaborer les budgets des besoins en ressources exigés par cette production. Lors de cette troisième étape, éventuellement, on dressera en parallèle le budget des matières premières, celui de la main-d'œuvre directe et celui des frais généraux de fabrication.

Matières premières

Pour définir le budget des matières premières de l'entreprise SYS ltée, en plus de décider des quantités à produire, il faut :

- préparer un devis de production ; dans le cas présent, ce devis fixe à 2 kg par unité de produit fini les besoins en matières premières ;
- élaborer une politique des achats ; dans le cas présent, cette politique consiste à acheter un mois à l'avance toutes les matières requises pour la production, de sorte qu'à la fin d'un mois, le stock de matières premières soit égal aux matières requises le mois suivant.

La donnée de décembre est un résultat. Le budget des matières premières de l'entreprise SYS ltée, qui prévoit les achats de matières premières un mois à l'avance, est le suivant :

Entreprise SYS ltée
Achats prévus de matières premières
pour les mois de janvier à mars 1999

	Décembre	Janvier	Février	Mars
Achats (en kg)	10 000	8 000	12 000	8 000

Main-d'œuvre directe

Pour dresser le budget de la main-d'œuvre directe de l'entreprise SYS ltée, en plus de décider des quantités à produire, il faut :

- préparer un devis de production ; dans le cas présent, ce devis a fixé à une heure le temps de main-d'œuvre directe requis pour la fabrication d'une unité de produit fini ;
- poser l'hypothèse que la main-d'œuvre directe est engagée à l'heure.

La donnée de décembre est un résultat. Le budget de la main-d'œuvre directe de l'entreprise SYS ltée pour les mois de janvier à mars, qui concerne l'embauche et les calendriers de travail, est le suivant :

Entreprise SYS ltée
Embauche de main-d'œuvre directe
prévue pour les mois de janvier à mars 1999

	Décembre	Janvier	Février	Mars
Main-d'œuvre (en heures)	3 000	5 000	4 000	6 000

Frais généraux de fabrication

Le budget des frais généraux de fabrication est, en général, surtout composé de coûts dits fixes par rapport à la période de temps étudiée. Toutefois, il est nécessaire d'établir le budget de production pour déterminer le volume d'activité, le segment significatif et les coûts qui s'y rattachent.

Dans le cas de l'entreprise SYS ltée, supposons que le budget des frais généraux de fabrication est de 480 000 $ pour l'année et que, de cette somme, 120 000 $ représentent la dotation à l'amortissement cumulé des immobilisations servant à la fabrication. Supposons également que le budget annuel de la main-d'œuvre est de 60 000 heures, ce qui correspond à un taux d'imputation des frais généraux de fabrication de 8 $ l'heure (480 000 $/60 000 h).

Étape 4 : le budget du coût de production

Les informations relatives à la production étant complètes, il est possible de dresser la fiche de coût de revient suivante.

Entreprise SYS ltée
Fiche du coût de revient

Matières premières	2 kg à 5 $/kg	10 $
Main-d'œuvre directe	1 h à 12 $/h	12 $
Frais généraux de fabrication	1 h à 8 $/h	8 $

Le budget du coût de production (ou de fabrication) de l'entreprise SYS ltée pour le premier trimestre, c'est-à-dire les mois de janvier, février et mars, est reproduit ci-après. Cet état est la traduction en termes monétaires du budget de production ; il correspond également à la fiche du coût de revient pour un niveau de production prévu.

Entreprise SYS ltée
Budget du coût de production
pour le premier trimestre de 1999

	Janvier	Février	Mars	Trimestre
Matières premières	50 000 $	40 000 $	60 000 $	150 000 $
Main-d'œuvre directe	60 000	48 000	72 000	180 000
Frais généraux de fabrication	40 000	32 000	48 000	120 000
Coût de fabrication	**150 000 $**	**120 000 $**	**180 000 $**	**450 000 $**
Unités produites	5 000	4 000	6 000	15 000

Étape 5 : le budget des activités non liées à la production

Les frais de vente prévus comportent une partie fixe de 120 000 $ par année — dont 24 000 $ correspondent à la dotation à l'amortissement cumulé des immobilisations —, ainsi qu'une partie variable de 6 $ par unité vendue. Les frais d'administration s'élèvent à 288 000 $ par année ; 50 % de cette somme correspondent à la dotation à l'amortissement cumulé des immobilisations. Nous verrons dans la suite de ce chapitre d'autres exemples illustrant ces budgets, en autres l'exemple du budget par activités, qui se prête bien à la planification des activités non liées à la production.

La planification des activités non liées à la production et la préparation de leurs budgets respectifs concluent le processus d'établissement des budgets d'exploitation. Nous pouvons maintenant dresser les budgets financiers, en commençant par la préparation de l'état des résultats prévisionnels d'exploitation.

Étape 6 : l'état des résultats prévisionnels d'exploitation

À partir du budget des ventes, du budget de production et du budget des activités non liées à la production, nous pouvons dresser l'état des résultats prévisionnels d'exploitation de l'entreprise SYS ltée pour les mois de janvier, de février et de mars 1999.

Entreprise SYS ltée
État des résultats prévisionnels d'exploitation
pour le premier trimestre de 1999

	Janvier	Février	Mars	Trimestre
Ventes	**150 000 $**	**250 000 $**	**200 000 $**	**600 000 $**
Coût des produits vendus	90 000	150 000	120 000	360 000
Bénéfice brut	**60 000 $**	**100 000 $**	**80 000 $**	**240 000 $**
Frais d'administration	24 000	24 000	24 000	72 000
Frais de vente	28 000	40 000	34 000	102 000
	52 000 $	**64 000 $**	**58 000 $**	**174 000 $**
Bénéfice d'exploitation	**8 000 $**	**36 000 $**	**22 000 $**	**66 000 $**

Étape 7 : Le budget d'investissement et de financement

Afin de simplifier le processus de préparation du budget global, supposons qu'il n'y a pas de projet d'investissement au cours du premier trimestre. Par ailleurs, l'entreprise a contracté un emprunt à long terme dont le solde, au 31 décembre 1998, est de 635 000 $. Les conditions de cet emprunt sont les suivantes : l'entreprise doit assumer un remboursement de capital de 10 000 $ le dernier jour de chaque mois ainsi que le paiement des intérêts calculés à cette date au taux nominal de 12,5 %. Voici donc l'échéancier des paiements à effectuer ainsi que l'évolution du solde de l'emprunt :

Entreprise SYS ltée
Dette à long terme et frais de financement prévus
pour le premier trimestre de 1999

	Janvier	Février	Mars
Solde de la dette à long terme (début du mois)	635 000 $	625 000 $	615 000 $
Remboursement de capital	10 000 $	10 000 $	10 000 $
Solde de la dette à long terme (fin du mois)	625 000 $	615 000 $	605 000 $
Frais de financement (12,5 %)	6 615 $	6 510 $	6 406 $

Étape 8 : les états financiers prévisionnels

Les états financiers prévisionnels comprennent l'état des résultats prévisionnels, le bilan prévisionnel ainsi que l'état de l'évolution prévisionnelle de la situation financière. Pour simplifier, supposons qu'il n'y a pas d'impôt. L'état des résultats prévisionnels se présente alors comme suit :

Entreprise SYS ltée
État des résultats prévisionnels
pour le premier trimestre de 1999

	Janvier	Février	Mars	Trimestre
Ventes	**150 000 $**	**250 000 $**	**200 000 $**	**600 000 $**
Coût des produits vendus	90 000	150 000	120 000	360 000
Bénéfice brut	**60 000 $**	**100 000 $**	**80 000 $**	**240 000 $**
Frais d'administration	24 000	24 000	24 000	72 000
Frais de vente	28 000	40 000	34 000	102 000
	52 000 $	**64 000 $**	**58 000 $**	**174 000 $**
Bénéfice d'exploitation	**8 000 $**	**36 000 $**	**22 000 $**	**66 000 $**
Frais de financement	6 615	6 510	6 406	19 531
Bénéfice net	**1 385 $**	**29 490 $**	**15 594 $**	**46 469 $**

À partir de cet état, nous pouvons établir le montant de bénéfices prévisionnels non répartis au 31 mars 1999.

Entreprise SYS ltée
Bénéfices prévisionnels non répartis
au 31 mars 1999

Bénéfices non répartis au 1er janvier 1999	1 356 000 $
Bénéfice net pour le premier trimestre	46 469
Dividendes	0
Bénéfices non répartis au 31 mars 1999	**1 402 469 $**

Pour dresser le bilan, il faut disposer du budget d'investissement et de financement et de l'état des résultats prévisionnels d'exploitation, ainsi que de données touchant les comptes clients et les politiques relatives aux montants à payer (dans cet exemple, il s'agit des sommes dues aux fournisseurs et des salaires à verser). Supposons donc que :

- toutes les ventes se font à crédit (70 % sont payées le mois suivant la vente et 30 % le deuxième mois suivant la vente) ;
- il n'y a aucune créance douteuse ;
- toutes les factures sont payées le mois suivant leur réception ;
- les salaires sont payés 15 jours après que la dépense a été faite ; ainsi, 50 % des salaires engagés en décembre et 50 % des salaires engagés en janvier sont payés en janvier, et ainsi de suite.

Ces informations, qui sont également nécessaires à l'établissement du budget de caisse, nous permettent de dresser le bilan prévisionnel au 31 mars 1999. Celui-ci est suivi des explications se rapportant à chacun des montants qui y apparaissent.

Entreprise SYS ltée
Bilan prévisionnel
au 31 mars 1999

Actif		
Actif à court terme		
Encaisse	240 469 $	
Comptes clients	275 000	
Stocks	220 000	735 469 $
Immobilisations nettes		2 428 000
Total de l'actif		**3 163 469 $**
Passif et avoir des actionnaires		
Passif à court terme		
Fournisseurs	120 000 $	
Salaires à payer	36 000	
Versements sur emprunt à long terme	120 000	276 000 $
Passif à long terme		
Emprunt à long terme	605 000 $	
Moins : Versements à court terme	120 000	485 000
Total du passif		**761 000 $**
Avoir des actionnaires		
Capital-actions		
(10 000 actions ordinaires, émises et en circulation)		1 000 000 $
Bénéfices non répartis		1 402 469
Total de l'avoir des actionnaires		**2 402 469 $**
Total du passif et de l'avoir des actionnaires		**3 163 469 $**

- *Encaisse de 240 469 $* Pour les besoins du bilan, ce poste peut être établi par soustraction, (Encaisse = Passif et avoir des actionnaires – Actif excluant l'encaisse. En effet : Encaisse = 3 163 469 $ – 2 923 000 $, soit 240 469 $). Ce montant fera l'objet d'une vérification lors de la préparation du budget de caisse.
- *Comptes clients, pour un total de 215 000 $* Ce montant correspond à 30 % des ventes de février et à 100 % des ventes de mars (Comptes clients = 5 000 unités × 0,3 × 50 $ + 4 000 unités × 50 $).
- *Stocks, pour un total de 220 000 $* Ce montant comprend le stock de produits finis et le stock de matières premières à cette date. Le stock de produits finis correspond aux prévisions de ventes d'avril, soit 6 000 unités à 30 $ l'unité, ce qui représente le coût unitaire de production. Le stock de matières premières comprend les matières premières requises pour la production du mois d'avril, soit 8 000 kg à 5 $ le kilogramme.

- *Immobilisations nettes, pour un total de 2 428 000 $* Calculées au 31 décembre 1998, elles s'élèvent à 2 500 000 $, dont on a soustrait la dotation à l'amortissement cumulé au cours du premier trimestre de 1999, soit 72 000 $. Ce dernier montant correspond à 25 % de la dotation à l'amortissement cumulé annuel, qui est de 288 000 $, et qui se répartit comme suit : 120 000 $ se rapportent aux frais généraux de fabrication, 24 000 $, aux frais de vente et 144 000 $, aux frais d'administration.
- *Fournisseurs, pour un total de 120 000 $* Ce montant comprend 40 000 $ de matières premières, 36 000 $ de frais généraux de fabrication, 32 000 $ de frais de vente et 12 000 $ de frais d'administration à payer.
- *Salaires à payer, pour un total de 36 000 $* Ce montant correspond à 50 % des salaires engagés au mois de mars, soit à 50 % de 6 000 heures à 12 $ l'heure.
- *Bénéfices non répartis, pour un total de 1 402 469 $* Il s'agit du montant des bénéfices non répartis au 31 décembre 1998, qui était de 1 356 000 $, auquel s'ajoute le bénéfice net prévu du premier trimestre, tel que calculé dans l'état des résultats prévisionnels, soit 46 469 $.

Les états financiers classiques comprennent également un état de l'évolution prévisionnelle de la situation financière, qui prend la forme suivante :

Entreprise SYS ltée
État de l'évolution prévisionnelle de la situation financière
pour le premier trimestre de 1999

Activités d'exploitation	
Bénéfice net	46 469 $
Éléments sans effet sur la trésorerie	72 000
Flux de trésorerie provenant des résultats	**118 469 $**
Variations du fonds de roulement reliées aux activités d'exploitation sans effet sur la trésorerie	122 000 $
Flux de trésorerie provenant des activités d'exploitation	**240 469 $**
Activités d'investissement	0 $
Flux de trésorerie disponibles	**240 469 $**
Activités de financement	
Remboursement de la dette à long terme	–30 000 $
Dividendes	0
	–30 000 $
Augmentation (diminution) de la trésorerie	**210 469 $**
Encaisse au 1-01-1999	30 000 $
Encaisse au 31-03-1999	**240 469 $**

Enfin, on établit le budget de caisse pour le premier trimestre.

Étape 9 : le budget de caisse

Ce budget tient compte de toutes les informations recueillies aux différentes étapes de la préparation du budget global.

Entreprise SYS ltée
Budget de caisse
pour le premier trimestre de 1999

	Janvier	Février	Mars	Trimestre
Solde du début	**30 000 $**	184 385 $	230 875 $	**30 000 $**
Recettes	**355 000 $**	**225 000 $**	**220 000 $**	**800 000 $**
Débours				
Salaires de fabrication	48 000 $	54 000 $	60 000 $	162 000 $
Matières premières	50 000	40 000	60 000	150 000
Frais de fabrication	18 000	30 000	24 000	72 000
Frais de vente	56 000	26 000	38 000	120 000
Frais d'administration	12 000	12 000	12 000	36 000
Frais de financement	6 615	6 510	6 406	19 531
Remboursement de la dette à long terme	10 000	10 000	10 000	30 000
Total	**200 615 $**	**178 510 $**	**210 406 $**	**589 531 $**
Solde de clôture	**184 385 $**	**230 875 $**	**240 469 $**	**240 469 $**

Les neuf étapes décrites dans l'exemple précédent résument le processus de préparation du budget global. Notons qu'il faut établir les prévisions de ventes avant de planifier la production. Une fois le calendrier de production décidé, on peut planifier les achats de matières premières, l'embauche de la main-d'œuvre et le budget de frais généraux de production. Une fois le budget d'exploitation arrêté, on peut préparer les budgets financiers.

Notre exemple de budget global a évidemment été simplifié. Dans la réalité, il faut procéder à la collecte des informations ; de plus, les prix de vente doivent être fixés, et les politiques de crédit et de paiement des fournisseurs, énoncées. Derrière les tableaux chiffrés montrant les divers états, il faut donc voir une multitude de décisions menant à ces résultats.

L'exemple suivant, celui de l'entreprise Optimum ltée, illustre le mode de détermination du prix de vente en fonction du volume des ventes prévues.

EXEMPLE

L'entreprise Optimum ltée

L'entreprise Optimum ltée veut décider du nombre d'unités qu'il faut fabriquer pour optimaliser le bénéfice du prochain trimestre. Une analyse de marché a permis d'établir les prévisions de ventes, et la comptable a dégagé les données prévisionnelles relatives aux coûts. Ces données se présentent ainsi:

Divers scénarios relatifs au volume, au prix et aux coûts

Volume	Prix	Coûts variables	Coûts fixes
40 000	35 $	12 $	780 000 $
50 000	32 $	12 $	780 000 $
60 000	30 $	13 $	820 000 $
70 000	28 $	14 $	820 000 $
80 000	25 $	15 $	820 000 $

L'entreprise peut recourir à un budget des résultats pour déterminer le scénario qui lui convient le mieux:

Divers scénarios relatifs aux résultats

Volume	40 000	50 000	60 000	70 000	80 000
Prix	35 $	32 $	30 $	28 $	25 $
Revenus	1 400 000 $	1 600 000 $	1 800 000 $	1 960 000 $	2 000 000 $
Coûts variables	480 000	600 000	780 000	980 000	1 200 000
Marge sur coûts variables	**920 000 $**	**1 000 000 $**	**1 020 000 $**	**980 000 $**	**800 000 $**
Coûts fixes	780 000	780 000	820 000	820 000	820 000
Résultats prévus	**140 000 $**	**220 000 $**	**200 000 $**	**160 000 $**	**–20 000 $**

Puisque l'entreprise souhaite maximaliser le bénéfice escompté, elle planifiera le scénario correspondant à un volume de production et de ventes de 50 000 unités au prix de 32 $. Elle fixera donc son prix de vente à 32 $ et planifiera la production de 50 000 unités, avec tout ce que cela comporte sur le plan des achats, de l'embauche, du calendrier de production, etc.

Donnons maintenant un aperçu des autres catégories de budgets.

Le budget établi selon la classification des transactions

Cette catégorie comprend le budget par ressources et le budget par activités. Les opérations sont définies et enregistrées selon une classification des ressources consommées, dans le premier cas, et une classification des activités exercées, dans le second cas. Le budget global de l'entreprise SYS ltée que nous venons d'achever est un budget par ressources, puisque nous y avons dressé la liste des ressources nécessaires à la production. L'exemple suivant, qui porte sur l'usine de moteurs électriques ABC ltée, illustre un budget par activités.

EXEMPLE

L'usine de moteurs électriques ABC ltée

L'entreprise ABC ltée assemble des moteurs électriques. Pour simplifier l'exemple, admettons que l'entreprise n'assemble que trois types de moteurs : le type A, qui comporte un seul composant fait sur mesure, le type B, qui en comporte cinq et le type C, qui en comporte 20. Par ailleurs, supposons que toutes les ventes sont faites par le biais de commandes de 1 unité, de 10 unités ou de 100 unités. Le tableau ci-dessous montre les prévisions de ventes pour les quatre prochains mois.

Usine de moteurs électriques ABC ltée
Prévisions de ventes
pour les mois de janvier, février, mars et avril

	Unités par commande	Janvier	Février	Mars	Avril
Moteur A	1 unité	140	450	420	770
	10 unités	18	55	22	75
	100 unités	6	9	6	12
Total des commandes A		164	514	448	857
Total des moteurs A		**920**	**1 900**	**1 240**	**2 720**
Moteur B	1 unité	220	360	470	500
	10 unités	23	80	41	70
	100 unités	11	9	9	11
Total des commandes B		254	449	520	581
Total des moteurs B		**1 550**	**2 060**	**1 780**	**2 300**
Moteur C	1 unité	110	240	260	260
	10 unités	12	20	32	22
	100 unités	3	6	4	5
Total des commandes C		125	266	296	287
Total des moteurs C		**530**	**1 040**	**980**	**980**
Total des commandes A, B et C		543	1 229	1 264	1 725
Total des moteurs A, B et C		**3 000**	**5 000**	**4 000**	**6 000**

Nous allons maintenant établir l'état des résultats prévisionnels par activités pour le premier trimestre, à l'aide des prévisions de ventes et des informations additionnelles suivantes :

- le prix de vente d'un moteur de base est de 290 $ et le prix d'un composant sur mesure, de 18 $;
- l'entreprise assemble le nombre de moteurs qu'elle prévoit vendre le mois suivant ;
- le coût d'un moteur de base est de 140 $ et celui d'un composant, de 10 $;
- le coût de gestion d'un composant sur mesure est de 5 $;
- le coût de gestion d'une commande est de 45 $;
- l'entreprise dépensera 200 000 $ par mois pour la mise en marché de ces moteurs ;
- le coût des autres activités est estimé à 10 % des coûts d'un mois.

Usine de moteurs électriques ABC ltée
État des résultats prévisionnels
pour le premier trimestre

	Janvier	Février	Mars	Trimestre
Ventes	**1 351 750 $**	**2 275 000 $**	**1 903 500 $**	**5 530 250 $**
Coûts				
Fabrication d'un moteur	420 000 $	700 000 $	560 000 $	1 680 000 $
Fabrication de composants	192 700	330 000	297 400	820 100
Gestion de composants	70 812	145 422	161 424	377 658
Gestion de commandes	24 435	55 305	56 880	136 620
Mise en marché	200 000	200 000	200 000	600 000
Autres activités	90 795	143 073	127 570	361 438
	998 742 $	**1 573 800 $**	**1 403 274 $**	**3 975 816 $**
Bénéfice net	**353 008 $**	**701 200 $**	**500 226 $**	**1 554 434 $**

On pourrait subdiviser chacune des activités apparaissant dans cet état en plusieurs activités, éventuellement une centaine. Nous aurions alors un exemple qui se rapproche de la pratique de la budgétisation par activités. Lorsque les activités sont regroupées en processus, il est plutôt question d'un budget par processus.

Le budget établi selon le regroupement des comptes

Les budgets par centres de responsabilité et par processus correspondent à deux styles de gestion bien définis, soit à la gestion par centres de responsabilité et à la gestion par processus.

Le budget par centres de responsabilité devient rapidement, pour chaque responsable de centre, un engagement à atteindre les résultats prévus et un point de repère pour évaluer sa performance. En effet, la comptabilité par centres de responsabilité rattache à chaque unité administrative les revenus qu'elle engendre et les coûts liés à sa consommation de ressources. Elle permet également au responsable de l'unité administrative d'identifier les revenus et les coûts contrôlables. Le budget par processus, quant à lui, nous informe sur le rendement économique des processus plutôt que des centres de responsabilité ou des personnes ; il offre donc une perspective différente de la performance des organisations.

L'exemple de l'usine de moteurs électriques ABC ltée nous a permis d'étudier un budget par activités qui pourrait également être un budget par processus. Le budget de l'entreprise Aléric inc. illustre un budget par centres de responsabilité.

EXEMPLE

L'entreprise Aléric inc.

Voici l'état des résultats prévisionnels de l'entreprise Aléric inc., où l'on prend en considération trois centres de coûts correspondant à trois ateliers :

Aléric inc.
État des résultats prévisionnels par centres de responsabilité
pour la prochaine année
(en milliers de dollars)

	Atelier n° 1	Atelier n° 2	Atelier n° 3	Total
Ventes				**53 358 $**
Coûts				
Matières premières	8 262 $	486 $	972 $	9 720 $
Main-d'œuvre directe	405	270	675	1 350
Frais généraux de fabrication				
Main-d'œuvre indirecte	1 036	1 036	518	2 590
Entretien – réparations	1 170	1 053	117	2 340
Autres	972	972	1 296	3 240
Coûts contrôlables	**11 845 $**	**3 817 $**	**3 578 $**	**19 240 $**
Ingénierie – procédés	3 720	3 348	372	7 440
Dotation à l'amortissement cumulé	2 304	2 304	192	4 800
Coûts propres à chaque atelier	**17 869 $**	**9 469 $**	**4 142 $**	**31 480 $**
Frais communs				
Recherche et développement				11 550 $
Ingénierie – produits				5 225
Dotation à l'amortissement cumulé				725
Coût total				**48 980 $**
Marge nette				**4 378 $**

L'entreprise possède trois centres de coûts, soit l'atelier n° 1, l'atelier n° 2 et l'atelier n° 3. Dans le budget présenté, nous retrouvons non seulement le montant des coûts propres à chacun des ateliers, mais aussi le montant sur lequel chacun des directeurs de ces ateliers peut exercer un contrôle.

Cet exemple nous a fait voir un budget par centres de responsabilité dans lequel les opérations sont classées par ressources. Nous pourrions établir un budget par centres de responsabilité qui opérerait un regroupement des opérations par activités.

Le budget établi selon le comportement modélisé des coûts

Le budget fixe n'admet aucun facteur variable sur une période donnée. Il comporte donc un ensemble de montants forfaitaires découlant d'hypothèses sur les quantités, les prix et les volumes d'activité. La comparaison entre les résultats et le budget requiert des ajustements afin de tenir compte de facteurs qui ont pu influer sur les montants budgétés. Dans une perspective de financement, il arrive souvent qu'un organisme se voie attribuer une enveloppe budgétaire fixe, indépendamment de son activité.

En général, on établit le budget flexible par rapport au volume d'activité, de sorte qu'il puisse s'ajuster au volume d'activité atteint. Les comparaisons ultérieures effectuées entre les résultats et le budget ne valent que pour un volume d'activité donné. L'analyse coût-volume-bénéfice est immédiatement transposable et peut informer les gestionnaires sur les risques financiers inhérents à différents scénarios d'activité. On peut appliquer cette approche de budget flexible à d'autres facteurs susceptibles de varier, notamment aux inducteurs de coûts.

EXEMPLE

L'entreprise XYZ ltée

Voici les données prévisionnelles ayant servi à l'établissement du budget initial, ainsi que certains résultats de l'entreprise XYZ ltée.

	Prévisions	**Résultats**
Unités assemblées et vendues	100 000	112 000
Prix unitaire moyen	50 $	48 $
Coût unitaire moyen		
Matières premières	8,00 $	9,00 $
Main-d'œuvre directe	10,00 $	10,50 $
Frais de fabrication variables	5,00 $	4,00 $

À partir de ces données, nous avons pu reconstruire l'état suivant, qui montre le budget initial, le budget révisé en fonction du volume atteint ainsi que les résultats.

Entreprise XYZ ltée
Budget initial et budget révisé
pour le dernier exercice financier

	Budget initial (100 000 unités)	Budget révisé (112 000 unités)	Résultats (112 000 unités)
Ventes	**5 000 000 $**	**5 600 000 $**	**5 376 000 $**
Coûts variables de fabrication			
Matières premières	800 000 $	896 000 $	1 008 000 $
Main-d'œuvre directe	1 000 000	1 120 000	1 176 000
Autres frais	500 000	560 000	448 000
	2 300 000 $	**2 576 000 $**	**2 632 000 $**
Marge à la fabrication	**2 700 000 $**	**3 024 000 $**	**2 744 000 $**
Coûts fixes			
Fabrication	600 000 $	600 000 $	612 000 $
Vente et administration	1 200 000	1 200 000	1 174 000
	1 800 000 $	**1 800 000**	**1 786 000**
Résultat net	**900 000 $**	**1 224 000 $**	**958 000 $**

En ce qui concerne l'ensemble des données menant à l'établissement de la marge à la fabrication, il est logique d'analyser les résultats en les comparant aux données du budget révisé. En effet, il est tout à fait normal que, si l'entreprise assemble 12 000 unités additionnelles par rapport aux prévisions initiales, il lui en coûte 96 000 $ de plus en matières premières, 120 000 $ de plus en main-d'œuvre directe et 60 000 $ de plus en frais de fabrication variables.

Le budget établi selon le degré d'analyse préalable

L'effort de planification peut se limiter à une projection sur la prochaine année des résultats de l'année précédente : dans ce cas, on parle de budget ordinaire. Ces projections tiennent compte de l'accroissement du coût de la vie, des ajustements salariaux et des modifications des prix des ressources.

Par ailleurs, le budget à base zéro (BBZ), comme son nom l'indique, repart à zéro lors de chaque exercice budgétaire. Selon la présentation des précurseurs de cette approche[2], il s'agit de justifier chacun des montants du budget en se conformant à une procédure assez stricte. Le budget à base zéro, qui oblige les gestionnaires à formuler et à justifier leurs objectifs, leurs stratégies et leurs plans, à étudier différentes façons

2. Il convient de mentionner notamment Peter A. Pyhr, *Zero Base Budgeting*, John Wiley & Sons, 1988, et Paul J. Stonich, *Zero Base Planning and Budgeting*, Dow-Jones Irwin, 1977.

de mener leurs activités et à analyser plusieurs niveaux d'activité, les aide ainsi à atteindre les objectifs fixés et rend probablement leur utilisation des ressources plus efficiente. Le responsable d'une unité administrative doit suivre les étapes suivantes :

- définir l'objectif global poursuivi par son unité, préciser les activités à réaliser et fixer les objectifs opérationnels ;
- étudier formellement au moins une façon différente et, si possible, plusieurs, de mener chacune des activités déterminées ;
- analyser différents volumes d'activité, à l'aide de la simulation, afin d'en estimer les résultats ainsi que les coûts à inscrire au budget ;
- déterminer les indicateurs qui semblent les plus appropriés pour décrire le volume d'activité et en évaluer le rendement ;
- établir, en fonction de ses priorités, l'ordre selon lequel il souhaite que les activités (et les volumes d'activité) soient approuvées.

Le BBZ présente plusieurs caractéristiques, que nous allons examiner une à une.

1. Le BBZ oblige les gestionnaires de tous les niveaux à planifier les activités de manière systématique.

En effet, les étapes du procédé du BBZ les amènent à :

- se fixer des objectifs ;
- formuler les moyens de les atteindre ;
- simuler différents niveaux de fonctionnement ;
- déterminer des indicateurs de rendement ;
- s'interroger sur les priorités à instaurer.

2. Le BBZ oblige les gestionnaires non seulement à choisir les objectifs, mais à préciser les moyens de les atteindre.

L'obligation de préciser les moyens d'atteindre les objectifs permet de s'assurer que ces objectifs sont réalistes et bien compris. Cela dit, notons que ce choix de moyens peut être prématuré, car certaines données ne seront disponibles que tard au cours de l'exercice.

3. Une fois le budget approuvé, le BBZ lie les gestionnaires quant aux moyens d'atteindre les objectifs fixés.

En effet, en procédant ainsi, la direction approuve non seulement un montant de dépenses, mais aussi un programme d'action détaillé qui deviendra l'outil de surveillance du travail des gestionnaires. La direction hésitera avant de modifier ce programme, car cela pourrait être considéré comme un désaveu du programme.

4. Le BBZ restreint la marge de manœuvre de la direction.

La préparation de ce type de budget est très exigeante et elle oblige les gestionnaires à fournir de l'information détaillée. Leurs demandes de fonds se trouvant ainsi bien documentées, la direction ne peut faire autrement que les approuver. La procédure du BBZ enlève donc à la direction tout pouvoir discrétionnaire.

5. Le BBZ est un exercice long et coûteux.

Dans une structure hiérarchisée, plus la consultation porte sur de nombreux niveaux, plus la procédure risque d'être longue et coûteuse. Cela est moins vrai dans une structure aplatie, où l'exercice peut être effectué simultanément dans plusieurs unités.

Quoi qu'il en soit, il n'est généralement pas nécessaire de recommencer à zéro tous les ans. Aussi, certains organismes préfèrent-ils établir en rotation des budgets à base zéro : chaque unité administrative n'élabore un BBZ que tous les trois à cinq ans. Entre-temps, elle se contente de budgets comportant une marge. Ces budgets se présentent en deux parties : ils comprennent un budget ordinaire ainsi qu'une marge de manœuvre qui peut représenter entre 1 % et 20 % de l'enveloppe budgétaire globale.

L'approche du budget par activités est tout à fait cohérente avec celle du BBZ lorsqu'elle s'inscrit dans une gestion axée sur l'orientation : le BBZ procède d'une analyse systématique des activités comme la comptabilité par activités (voir le chapitre 5).

LE BUDGET ET LE CONTRÔLE DE GESTION

Le budget est un mécanisme propre au contrôle de gestion. À ce titre, il contribue :

- à la planification et au contrôle en général ;
- à l'harmonisation des objectifs de la direction et des employés ;
- à l'élaboration et à la mise en œuvre de la stratégie ;
- à la satisfaction des critères d'économie, d'efficience et d'efficacité.

La contribution du budget à la planification et au contrôle

Le processus budgétaire force les gestionnaires à planifier les activités de l'entreprise. Peu importe son résultat, c'est-à-dire la qualité des données budgétaires rassemblées, les gestionnaires auront donc consacré plusieurs jours de travail et de réflexion à imaginer les plans qu'ils seront appelés à réaliser au cours de la prochaine période, ce qui augmentera leur chances de succès et leur capacité à réagir à un éventuel changement dans leur environnement compétitif.

Dans une approche fondée sur le commandement et la surveillance, le budget relève du souci d'organiser de façon efficace toutes les ressources matérielles, humaines et financières de l'entreprise. Il vise :

- à établir de façon structurée et détaillée les données prévisionnelles conformément aux plans élaborés (par exemple, ceux des ventes et des achats) ;
- à communiquer les objectifs et les plans à toutes les unités administratives (en particulier aux responsables des unités administratives) ;
- à surveiller a posteriori l'exécution de ces plans.

Dans une approche fondée sur l'orientation et l'apprentissage, le budget relève du souci de comprendre et d'évaluer les besoins en ressources pour la réalisation des projets et des plans, et d'influer ainsi sur leur conception définitive. L'analyse des activités est cruciale pour déterminer les inducteurs de coûts. La simulation de différents scénarios joue aussi un rôle prépondérant, comme nous pourrons le constater lors de l'étude de la planification de la trésorerie. Ces scénarios doivent tenir compte des différentes façons d'exercer les divers processus administratifs. Le suivi au moyen d'indicateurs de performance permet de valider les analyses faites a priori.

Une fois adopté, le budget sert à communiquer les objectifs, les plans et les résultats attendus à l'ensemble de l'organisation. Par la suite, il devient le point de repère, la norme selon laquelle tous et chacun seront évalués. L'attention qu'on porte au budget et le suivi auquel il donne lieu en font un outil de contrôle de premier plan.

Enfin, lorsque le budget est l'objet d'une entente, voire d'un contrat, entre la direction et les gestionnaires, il devient un engagement pour les deux parties. De plus, dans la mesure où les gestionnaires auront participé à son élaboration, ils se sentiront davantage liés à l'égard des résultats prévus. La participation du personnel est un facteur clé de l'efficacité des budgets en tant que mécanismes de planification et de contrôle.

La contribution du budget à l'harmonisation des objectifs de la direction et des employés

Le budget se doit de relever le défi de l'harmonisation des objectifs de la direction et des objectifs individuels. Le budget impose des contraintes quant aux montants à dépenser ; c'est son aspect limitatif et policier. Par contre, si les employés ont participé à l'élaboration du budget et s'il comporte des incitatifs appropriés, il peut devenir pour tous l'objectif visé et le symbole de l'atteinte des résultats.

Le budget ne peut jouer pleinement ce rôle que s'il est intégré à un système d'évaluation et de gestion de la performance des personnes ; il devient alors le système d'information qui communique les objectifs aux employés et sert à évaluer les résultats. Comme il permet de calculer les indicateurs de la performance, c'est l'outil qui détermine le niveau de performance. Dans ce contexte, le budget peut devenir une source de motivation pour le personnel, un instrument de pouvoir entre les mains des évaluateurs, et parfois même un enjeu politique pour l'ensemble de l'entreprise.

La contribution du budget à l'élaboration et à la mise en œuvre de la stratégie

À une certaine époque, la stratégie était entièrement formulée hors du cadre budgétaire ; le budget était négocié par la suite. Ce temps est révolu. En effet, la compétitivité accrue de plusieurs secteurs industriels et, de manière générale, la diminution des fonds disponibles pour les autres secteurs économiques font en sorte qu'on peut difficilement laisser de côté la composante budgétaire, maintenant perçue par plusieurs organisations comme une source de contrainte.

La simulation budgétaire est devenue une pratique courante dans l'élaboration des stratégies. Le suivi budgétaire qui accompagne sa mise en œuvre souligne les glissements de la stratégie et suggère les redressements qui s'imposent. Bref, le budget est un mécanisme de pilotage. En effet, il s'est imposé non seulement comme un témoin, mais comme un rouage de la concrétisation des stratégies.

La contribution du budget à la satisfaction des critères d'économie, d'efficience et d'efficacité

Le contrôle budgétaire classique a pour objectif d'assurer l'économie, l'efficience et l'efficacité. Les budgets, tout comme la détermination des normes de matières et de temps qui les accompagnent, datent du mouvement de la gestion scientifique qui a marqué la fin du XIXe siècle. Nous reviendrons sur ce point dans les deux prochains chapitres.

LE BUDGET, UN OUTIL POUR L'OBTENTION D'UN FINANCEMENT

Le budget est l'outil privilégié pour appuyer les demandes de financement. Le budget financier n'est souvent qu'un sommaire des coûts prévus, une page d'un document qui en compte plusieurs. En effet, chacun des montants apparaissant à ce sommaire doit être expliqué, et chaque ressource requise doit être justifiée en fonction des objectifs énoncés. La contrepartie de la demande de fonds est l'autorisation accordée pour la réalisation des actions et la communication de la décision.

Le budget à base zéro est un modèle idéal de présentation de ce type de demande de fonds parce qu'il exige qu'on justifie tous les montants réclamés selon une procédure rigoureuse. Par ailleurs, sa préparation demande du temps, et il arrive souvent que les fonds soient accordés en vertu de critères politiques plutôt qu'économiques.

Le gouvernement doit justifier les taxes qu'il exige des contribuables. Tous les organismes qui comptent sur le gouvernement pour leur financement doivent donc lui prouver le bien-fondé de leurs activités, puis lui en rendre compte.

LE PROCESSUS BUDGÉTAIRE

Le processus budgétaire est la façon de dresser le budget. Ce rituel, imprégné de la culture d'entreprise, varie d'une organisation à l'autre. Dans les petites entreprises, il peut être passablement informel : le directeur financier est le directeur du budget et prépare souvent lui-même l'ensemble des états composant le budget global. Dès que l'entreprise atteint une taille qui nécessite la collaboration de plusieurs personnes, le directeur du budget prépare un manuel précisant les étapes du processus budgétaire. Dans les grandes entreprises, on constitue un comité du budget composé habituellement de cadres supérieurs et dont la tâche est de conseiller le directeur du budget relativement aux décisions et aux politiques budgétaires. Ce comité assume également la responsabilité de recommander au conseil d'administration l'adoption du budget.

Le processus budgétaire découle également de l'approche globale du contrôle de gestion — dont il constitue un mécanisme important — et joue un rôle en tant qu'outil servant à dégager des fonds. Il dépend aussi du type de coûts qu'il faut établir : en effet, il y a des coûts qu'on peut lier de façon très précise aux résultats à la suite d'une analyse technique — les coûts directs de production, par exemple. Il y en a d'autres qu'on ne peut rattacher qu'à un programme d'activités parce que les résultats sont difficilement mesurables ou encore sont liés à des éléments sur lesquels on n'exerce aucun contrôle ; c'est le cas des coûts de mise en marché et de ceux liés à la recherche et au développement.

Nous allons définir trois types de coûts et voir comment ils influent sur le processus budgétaire. Ce sont :

- les coûts conceptualisés ;
- les coûts discrétionnaires ;
- les coûts engagés.

Les coûts conceptualisés

Le coût conceptualisé[3] reflète un lien inhérent à la composition d'un produit ou d'un procédé de fabrication. Il traduit une forme d'engagement à l'égard de la conception

3. Ce type de coût correspond à ce qu'on appelle l'*engineered cost* en anglais. Dans son dictionnaire de la comptabilité (p. 272), Ménard propose de traduire *engineered cost* par « coût variable non discrétionnaire » ou « coût (variable) fondamental ». Dans la première édition du présent ouvrage, j'ai choisi de créer cette nouvelle appellation qui me semble mieux refléter la réalité et me permet d'insister sur l'importance de cette notion.

ou du design d'un produit ainsi que d'un procédé de production particulier. En effet, une fois que le devis d'un produit a été adopté et que le procédé de fabrication a été formalisé, les ressources directement consommées par les produits, comme les matières premières et la main-d'œuvre directe, sont considérées comme engagées. On doit en assumer le coût chaque fois qu'on décide de fabriquer une unité.

Les coûts conceptualisés sont donc liés directement au volume d'extrants qu'on planifie de produire. De plus, on peut les calculer avec précision, ce qui permet la détermination de normes ou de standards. Toutefois, pour qu'on puisse faire référence aux normes, il faut que les données de coûts obtenues soient étayées par des analyses conduites par les experts concernés, notamment les ingénieurs concepteurs ainsi que les spécialistes des matériaux employés et des technologies utilisées. Le contrôle des coûts conceptualisés prend son origine dans les premières études de temps et de mouvement effectuées par Frederik W. Taylor.

Le processus budgétaire relatif aux coûts conceptualisés consiste donc à établir la fiche détaillée du coût de revient des ressources directement consommées pour la fabrication d'un produit. Cela fait, les coûts conceptualisés deviennent une donnée qui ne peut être modifiée lors des étapes subséquentes du processus budgétaire, à moins de remettre en cause la conception même des produits que l'on fabrique ou des services que l'on rend.

Le coût conceptualisé reflète donc un engagement inhérent à la conception d'un produit et à un procédé de fabrication. Il comprend un prix standard et une quantité standard s'appliquant aux matières premières ainsi qu'un temps et un taux standard s'appliquant à la main-d'œuvre directe.

Les standards de quantité correspondent à un ratio intrants/extrants visé ou *idéal*, norme qui servira à évaluer l'efficience de la consommation des matières premières ou la productivité de la main-d'œuvre directe. Par conséquent, s'il a été établi que chaque produit devait idéalement nécessiter 10 L de matières premières et deux heures de main-d'œuvre directe, il faut veiller à ce qu'il en soit ainsi.

Les standards de prix représentent un prix visé ou *idéal* pour chacune des ressources utilisées, norme qui servira à évaluer l'économie réalisée lors de l'acquisition des ressources. Par conséquent, s'il a été établi qu'un litre de matières premières devrait coûter 35 $ et qu'une heure de main-d'œuvre directe devrait être payée 24 $, il faut veiller à ce qu'il en soit ainsi.

Les coûts discrétionnaires

Les coûts discrétionnaires sont des coûts planifiés et programmés parce qu'ils sont décidés lors de la préparation de chaque budget. Les montants budgétés font souvent l'objet d'enjeux politiques à l'intérieur de l'organisation et donnent lieu à des tractations de toutes sortes. On les qualifie également de coûts administrés, car ce sont les seuls coûts qui subissent l'influence des gestionnaires, les coûts conceptualisés ne pouvant être modifiés qu'en amont du processus budgétaire, au moment de la conception des produits ou de l'élaboration des procédés de production.

Par ailleurs, il existe toujours un lien direct entre les ressources consommées et les activités. Compte tenu du caractère parfois aléatoire et incertain de ces activités et des résultats qu'elles génèrent, le processus budgétaire devra nécessairement prévoir une forme d'évaluation du programme d'activités proposé. Le budget à base zéro en est une. Le budget par activités est préférable au budget par ressources pour la détermination de ce type de coût parce qu'il décrit mieux l'ensemble des activités que l'on prévoit accomplir à l'aide des fonds qui seront alloués.

Enfin, lorsqu'on tend à l'équilibre budgétaire, ces coûts se retrouvent toujours au centre d'éventuels compromis; il est donc important de bien les documenter. En effet, on ne peut modifier les coûts conceptualisés sans changer la nature ou la qualité de l'extrant produit, et les coûts engagés résultent de décisions antérieures. Les coûts discrétionnaires constituent par conséquent la marge de manœuvre des gestionnaires.

Les coûts engagés

Un coût engagé découle de transactions antérieures. Comme il est déjà lié à une obligation, il n'est pas pertinent pour les décisions à venir: il en est totalement indépendant. Dans le cadre du processus budgétaire, les coûts engagés deviennent des contraintes qu'il faut respecter. C'est le cas de la dotation aux amortissements, des taxes et des assurances minimales, de l'entretien et de la maintenance minimale, etc.

Les coûts engagés sont souvent assimilés aux coûts de capacité, lesquels ont pour objet de procurer à l'entreprise des moyens de production ou des services. En fait, les coûts de capacité ne sont pas nécessairement des engagements. S'il est vrai que c'est le cas de certains (amortissements, taxes, maintenance, etc.), d'autres ont un caractère discrétionnaire parce qu'ils dépendent du niveau de service dont on choisit de se doter pour une période donnée.

Le processus budgétaire lié aux coûts engagés est relativement simple: il consiste à relever et à prendre en considération les coûts qu'il faut assumer parce qu'ils ont déjà fait l'objet d'une décision. Toutefois, comme la composante des coûts engagés représente souvent une portion de plus en plus élevée de l'enveloppe budgétaire globale, on cherche par divers moyens à en réduire l'importance relative. Par exemple, on louera des équipements plutôt que de les acheter, on cherchera à embaucher davantage de personnel à temps partiel ou à contrat et donc moins de permanents, on partagera des services, etc. L'analyse de la capacité évoquée au chapitre 4 vise notamment à analyser ce type de coûts dans la phase préparatoire à l'élaboration du budget.

Le processus budgétaire relatif aux coûts engagés peut être simple si on se contente de constater leur existence et d'en tenir compte dans la préparation des budgets financiers. Cependant, il peut fournir l'occasion à l'entreprise de mener des analyses et de réaliser des choix stratégiques importants. C'est le cas lorsque l'organisation décide de remettre en question l'utilisation des espaces et des équipements, la permanence de la main-d'œuvre, l'ensemble des services de soutien aux activités principales offerts à l'interne et même la partie de ses activités principales qu'elle confie à la sous-traitance.

LES ENJEUX BUDGÉTAIRES

Les enjeux budgétaires se rapportent principalement à la participation du personnel au budget et à l'utilisation de l'information budgétaire pour évaluer, récompenser ou même punir ce personnel.

La participation des employés

Le processus budgétaire peut être un élément rassembleur efficace dans une entreprise, s'il permet d'harmoniser les objectifs des employés et ceux de la direction. La participation des employés à l'élaboration du budget est un élément clé de l'atteinte de cet objectif.

Si le personnel de chaque unité administrative participe activement à la préparation du budget, s'il est incité à déterminer lui-même les moyens qu'il prendra pour atteindre les objectifs — c'est-à-dire qu'il a la possibilité de choisir les activités qu'il mènera et la façon dont il le fera —, le budget devient son projet et les objectifs budgétaires, ses objectifs.

Par contre, si la direction ordonne au personnel d'exécuter un programme et détermine elle-même dans le détail ses activités, il lui sera plus difficile de s'assurer l'engagement total du personnel et d'harmoniser les objectifs de l'entreprise et ceux des employés.

L'évaluation du personnel

L'évaluation du personnel repose souvent en bonne partie sur une comparaison entre les résultats et le budget. Dans certaines organisations, on considère le budget comme un contrat conclu entre la direction et le personnel. De plus, on croit que les gestionnaires doivent rendre compte de tous les écarts observés par rapport au budget. La rémunération et la promotion des gestionnaires sont également liées à la « performance budgétaire », c'est-à-dire à leur capacité de maintenir les dépenses d'un exercice dans les limites du budget.

L'évaluation du personnel au moyen du budget est fonction de l'approche du contrôle de gestion adoptée par la direction, approche elle-même dictée en partie par divers facteurs qui décrivent l'environnement de l'entreprise et auxquels nous avons fait référence au chapitre 8. Une approche trop répressive dans le cadre d'une approche du contrôle de gestion fondée sur le commandement et la surveillance peut engendrer des comportements allant à l'encontre des objectifs poursuivis.

Plusieurs études[4] ont décrit les moyens utilisés par les gestionnaires pour déjouer le système budgétaire en place lorsque les cibles budgétaires sont jugées irréalistes et trop exigeantes, ou encore lorsque tout écart nuisible à l'entreprise donne lieu à des sanctions punitives. Toujours selon ces études, ces moyens sont, entre autres :

- un nivellement des bénéfices consistant à affecter des données sans que les événements eux-mêmes soient altérés, par exemple en déplaçant des coûts d'une période à une autre ;
- un biais consistant à recourir à des options comptables afin de présenter un message particulier ;
- une focalisation consistant à mettre en valeur certaines informations au détriment d'autres, tout aussi importantes, qui sont écartées ;
- un jeu consistant à employer le processus budgétaire pour présenter un budget où les revenus sont sous-estimés et les coûts surestimés afin de pouvoir présenter ultérieurement une image d'efficience et d'efficacité ;
- une filtration de l'information consistant à empêcher certaines informations de remonter jusqu'à la direction ou encore à retarder la communication d'informations ;
- des actes illégaux, des violations flagrantes des règles et des politiques administratives.

LE BUDGET ET LA GESTION

Le budget peut s'avérer un outil extrêmement utile pour les gestionnaires, à condition qu'il soit employé à bon escient. Par contre, son utilisation non judicieuse peut produire des effets contraires aux buts poursuivis. Le budget repose sur des comportements humains ; il sert notamment à communiquer ses façons d'agir. Il peut donc autant mettre les gestionnaires en colère que les stimuler. De plus, les résultats qu'il vise sont souvent soumis à des facteurs totalement incontrôlables qui n'avaient donc pas été prévus initialement. Il ne faut surtout pas que le budget enlève à l'organisme sa souplesse, c'est-à-dire sa capacité de réagir aux facteurs externes.

L'approche classique du budget présente souvent des problèmes que les approches plus récentes cherchent à corriger, entre autres :

- le recours excessif à des tendances historiques pour établir les objectifs ;

---

4. Jacob G. Birnberg, L. Turpolec, et S. M. Young. « The Organisational Context of Accounting », *Accounting, Organizations and Society*, vol. 8, n° 23, 1983, p. 111 à 130.

- l'application de coupes généralisées à l'aide d'un pourcentage prédéterminé pour réduire les coûts et équilibrer le budget, dans le contexte d'une enveloppe budgétaire globale réduite ;
- la tendance à analyser les écarts à une période trop tardive du processus pour qu'on soit en mesure d'effectuer une correction efficace ;
- le coût excessif associé à la préparation des budgets ;
- l'incapacité de s'adapter à un environnement en constante évolution et de modifier les cibles budgétaires en conséquence.

QUESTIONS DE RÉVISION

1. Proposez une définition générale du budget.
2. Énumérez les objectifs visés par le processus budgétaire.
3. Nommez les divers types de budgets.
4. Que comprend le budget d'exploitation ?
5. Qu'est-ce qu'un budget financier ?
6. Qu'est-ce qu'un budget par activités ?
7. Quelles sont les caractéristiques du budget par centres de responsabilité ?
8. Qu'est-ce qu'un budget flexible ?
9. Décrivez le rôle qui incombe au responsable d'un budget à base zéro (BBZ).
10. Résumez les principales caractéristiques du BBZ.
11. Décrivez le rôle que joue le budget en tant que mécanisme du contrôle de gestion.
12. Décrivez le rôle que joue le budget en tant qu'outil pour l'obtention d'un financement.
13. Qu'est-ce qu'un coût conceptualisé ?
14. Expliquez en quoi les coûts conceptualisés influent sur le processus budgétaire.
15. Donnez une définition du coût discrétionnaire.
16. Expliquez en quoi les coûts discrétionnaires influent sur le processus budgétaire.
17. Quel usage particulier fait-on des coûts discrétionnaires dans la recherche de l'équilibre budgétaire ?
18. Qu'est-ce qu'un coût engagé ?
19. Quel est l'effet des coûts engagés sur le processus budgétaire ?
20. Commentez l'enjeu que représente la participation du personnel au processus budgétaire.
21. En quoi l'évaluation du personnel constitue-t-elle un des enjeux du processus budgétaire ?
22. Nommez quelques problèmes souvent soulevés par l'approche budgétaire classique.
23. En quoi le processus budgétaire peut-il engendrer des effets contraires aux buts poursuivis ?

EXERCICES

EXERCICE 9.1 Budget des ventes

Les ventes d'un commerce de détail ont un caractère cyclique. Les statistiques qui suivent représentent la moyenne des ventes mensuelles, exprimée en pourcentage du chiffre d'affaires annuel.

Janvier	4 %
Février	4 %
Mars	5 %
Avril	7 %
Mai	8 %
Juin	12 %
Juillet	7 %
Août	7 %
Septembre	9 %
Octobre	12 %
Novembre	15 %
Décembre	10 %

Une analyse du service de mise en marché prévoit que, l'an prochain, l'entreprise pourrait vendre les quantités de produits suivantes aux prix mentionnés.

Volume	Prix
60 000	50 $
70 000	47 $
80 000	44 $
90 000	40 $
100 000	35 $
110 000	32 $
120 000	28 $

Travail pratique

Déterminez le prix de vente qui permettrait de maximiser les ventes au cours de la prochaine année et formulez des prévisions de ventes mensuelles que l'entreprise pourrait réaliser à ce prix.

EXERCICE 9.2 Budget de production

Une entreprise prévoit vendre 800 000 unités d'un produit au cours de la première année ; 20 % de ces ventes s'effectueraient au premier trimestre, 16 % au deuxième trimestre, 24 % au troisième trimestre et 40 % au quatrième trimestre. À la fin de chacune de ces périodes, l'entreprise compte maintenir un niveau de stock de produits finis équivalent à la moitié des ventes prévues pour le trimestre suivant. Le stock de produits finis est de 80 000 unités au début de l'année.

Travail pratique

Calculez le volume de production prévu, exprimé en unités appropriées, pour chacun des trois premiers trimestres.

EXERCICE 9.3 Budget des matières premières et budget de main-d'œuvre

Les prévisions du service de recherche commerciale d'une entreprise, prévisions qui portent sur le volume des ventes d'un produit donné à un prix déterminé pour les six premiers mois de l'année, sont les suivantes :

Janvier	4 000
Février	4 000
Mars	5 000
Avril	6 000
Mai	8 000
Juin	6 000

La fabrication de chaque unité de ce produit exige notamment les ressources suivantes :

- 2 kg d'une matière première X ;
- 1 L d'une matière première Y ;
- 3 kg d'une matière première Z ;
- 2 heures de main-d'œuvre directe.

L'entreprise a pour politique de maintenir, à la fin de chaque mois, des stocks de produits finis équivalant à la moitié des ventes du mois suivant et des stocks de matières premières équivalant à un mois de production. Au 1er janvier, elle détenait les stocks suivants :

- 2 000 unités de produits finis ;
- 8 000 kg de matière première X ;
- 4 000 L de matière première Y ;
- 12 000 kg de matière première Z.

Travail pratique

Préparez la liste des achats de matières premières ainsi que le budget de temps de main-d'œuvre directe de cette entreprise pour les mois de février, mars et avril.

EXERCICE 9.4 Budget d'exploitation d'entreprise manufacturière

Une entreprise manufacturière assemble quatre produits, soit P1, P2, P3 et P4, requérant chacun de trois à cinq types de composants. Le tableau suivant indique le nombre de composants de chaque type requis pour une unité de chacun des produits.

Nombre de composants par produit

Composant	P1	P2	P3	P4
C1	10	5	2	4
C2		8		
C3	5			6
C4		22		
C5			7	5
C6	3		2	4
C7			12	
C8				8

Ces composants sont tous fabriqués à l'usine. Le tableau suivant précise les quantités prévues de matière A, de matière B, de main-d'œuvre directe et de temps-machine nécessaires à la fabrication d'une unité de chacun des types de composants.

Quantités de ressources requises par composant

Composant	Matière A (en kilogrammes)	Matière B (en kilogrammes)	Main-d'œuvre (en heures)	Temps-machine (en heures)
C1	1	2	0,5	0,3
C2	3	2	0,4	0,5
C3	2	4	0,8	1
C4	1	5	0,2	0,5
C5	4	1	0,3	0,3
C6	5	3	0,7	1,2
C7	3	4	0,6	1
C8	3	6	0,9	1,1

Enfin, voici les ventes prévues par trimestre pour le prochain exercice financier commençant le 1er octobre. Ces prévisions valent également pour l'exercice suivant.

Prévisions de quantités vendues par trimestre

Produits	Trimestre d'automne	Trimestre d'hiver	Trimestre de printemps	Trimestre d'été	Total
P1	7 000	12 000	12 000	14 000	**45 000**
P2	3 000	6 000	4 000	4 000	**17 000**
P3	14 000	22 000			**36 000**
P4			32 000	24 000	**56 000**

Cette entreprise a pour politique de produire au cours du trimestre précédent toutes les quantités qu'elle prévoit vendre au cours d'un trimestre, et d'acheter un trimestre à l'avance toutes les quantités de matières A et B qu'elle compte utiliser au cours d'un trimestre.

Travaux pratiques

1. Préparez le budget de production (en unités) des composants.
2. Dressez le budget d'achat (en kilogrammes) des matières A et B.
3. Établissez les budgets (en heures) de main-d'œuvre directe et de temps-machine.

EXERCICE 9.5 Budget de cours et engagement de chargés de cours

Une maison d'enseignement compte 30 professeurs à temps plein. Chacun assume quatre cours par an, ainsi que des tâches liées à l'administration et au développement pédagogique. Le tableau suivant donne le nombre d'étudiants inscrits par trimestre aux cours de l'année prochaine.

Nombre d'étudiants inscrits par trimestre aux cours donnés l'année prochaine

Cours	Automne	Hiver	Printemps
C1005	410	365	79
C1008	384	298	94
C1104	408	364	88
C1240	371	320	125
C1330	398	348	142
C1350	206	247	210
C1610	374	333	90
C1740	198	268	110
C2005	297	250	240
C2140	145	205	121
C2160	279	254	111
C2220	129	155	46
C2320	204	68	32
C2350	78	79	23
C2420	149	184	49
C2530	172	123	153
C2640	94	64	30
C2770	166	98	107
C3005	202	164	38
C3220	45	24	12
C3370	154	76	14
C3380	136	169	42
C3410	143	163	152
C3320	8	14	20
C3450	12	8	6
C3550	6	7	12
C3650	26	14	5
C3670	11	12	9
C3770	14	6	7
C3790	9	5	20
Total	**5 228**	**4 685**	**2 187**

Selon les normes en vigueur, un groupe-cours requiert un effectif minimal de cinq étudiants et un effectif maximal de 70 étudiants. On attribue d'abord les cours aux professeurs réguliers, puis on complète l'horaire par l'embauche de chargés de cours. Un professeur régulier coûte à l'établissement 70 000 $ par an en moyenne, avantages sociaux inclus, tandis que les dépenses liées à un chargé de cours s'élèvent à 6 000 $ par cours, avantages sociaux inclus. L'établissement assume des coûts de un million de dollars par an pour couvrir toutes les autres dépenses. Il perçoit des droits de 80 $ par cours pour chaque étudiant, et reçoit de l'État une subvention de 200 $ par cours suivi par un étudiant. La directrice des finances a la responsabilité de présenter un budget équilibré.

Travaux pratiques

1. Préparez un budget du nombre de groupes-cours pour chacun des trimestres.
2. Dressez un budget financier portant sur les résultats.
3. Évaluez l'effet sur le budget d'un effectif maximal de 50 étudiants.
4. Évaluez l'effet sur le budget d'un effectif minimal de 15 étudiants.
5. Faites des suggestions à la directrice des finances pour l'aider à équilibrer son budget.

EXERCICE 9.6 Budget du coût de production

Le service de recherche commerciale d'une entreprise a élaboré les prévisions de ventes suivantes pour les six premiers mois de l'année. Il prévoit que le volume des ventes atteindra 80 000 unités pour l'ensemble de l'année.

	Janvier	Février	Mars	Avril	Mai	Juin
Unités	5 000	6 000	8 000	7 000	7 000	8 000
Montants	250 000 $	300 000 $	400 000 $	350 000 $	350 000 $	400 000 $

En fonction de ces prévisions et conformément à la politique de l'entreprise prévoyant le maintien d'un stock de produits finis égal à la moitié des ventes du mois suivant, on a mis au point le calendrier de production suivant :

	Janvier	Février	Mars	Avril	Mai
Unités	5 500	7 000	7 500	7 000	7 500

Pour réaliser la production, on a prévu des achats de matières premières et l'emploi de main-d'œuvre directe, comme le montre le tableau ci-dessous. Les achats de matières premières ont été effectués selon la politique de l'entreprise prévoyant le maintien d'un stock de matières premières égal à un mois de production. Le prix des matières premières est de 25 $ le kilogramme, alors que le taux horaire s'appliquant à la main-d'œuvre directe est de 20 $ l'heure.

	Janvier	Février	Mars	Avril
Kilogrammes	10 500	11 250	10 500	11 250
Heures	2 750	3 500	3 750	3 500

Enfin, l'entreprise prévoit engager 600 000 $ en frais généraux de fabrication pour l'année, en y ajoutant un montant de 5 $ par unité fabriquée.

Travail pratique

Dressez le budget du coût de production par mois pour le premier trimestre.

EXERCICE 9.7 État des résultats prévisionnels d'exploitation

Le service de recherche commerciale d'une entreprise a résumé dans le tableau suivant ses prévisions de ventes pour les six premiers mois de l'année, estimant que le volume des ventes atteindra 300 000 unités pour l'année et que le prix de vente moyen sera de 58 $ l'unité.

	Janvier	Février	Mars	Avril	Mai	Juin
Unités	16 000	22 000	28 000	24 000	28 000	30 000

En fonction de ces prévisions et conformément à la politique de l'entreprise prévoyant le maintien d'un stock de produits finis égal à la moitié des ventes du mois suivant, on a élaboré le calendrier de production suivant:

	Janvier	Février	Mars	Avril	Mai
Unités	19 000	25 000	26 000	26 000	29 000

Les achats de matières premières et l'utilisation de la main-d'œuvre directe nécessaires à la réalisation du programme de production sont consignés dans le tableau qui suit. Les achats de matières premières sont conformes à la politique de l'entreprise prévoyant le maintien d'un stock de matières premières égal à un mois de production. Le prix des matières premières est de 3,50 $ le kilogramme, alors que le taux horaire de la main-d'œuvre directe est de 22 $ l'heure.

	Janvier	Février	Mars	Avril
Kilogrammes	75 000	78 000	78 000	87 000
Heures	14 250	18 750	19 500	19 500

L'entreprise estime à 2 400 000 $ les frais généraux de fabrication qu'elle engagera pour l'année, en plus d'un montant de 5 $ par unité fabriquée.

L'entreprise prévoit également engager des frais de ventes fixes de 600 000 $ par année ainsi que des frais d'administration fixes de 420 000 $ par année. De plus, elle verse aux vendeurs une commission égale à 10 % du montant des ventes.

Travail pratique

Dressez l'état des résultats prévisionnels d'exploitation par mois pour le premier trimestre.

EXERCICE 9.8 État des résultats prévisionnels

Le service de recherche commerciale d'une entreprise a élaboré les prévisions de ventes suivantes pour les six premiers mois de l'année. De plus, il prévoit que le volume de ventes atteindra 180 000 unités pour l'année, le prix de vente moyen étant de 30 $ l'unité.

	Janvier	Février	Mars	Avril	Mai	Juin
Unités	12 000	14 000	18 000	15 000	15 000	14 000

Compte tenu de ces prévisions et conformément à la politique de l'entreprise prévoyant le maintien d'un stock de produits finis égal à la moitié des ventes du mois suivant, on a conçu le calendrier de production suivant :

	Janvier	Février	Mars	Avril	Mai
Unités	13 000	16 000	16 500	15 000	14 500

À partir de ces prévisions et de la fiche du coût de revient du produit fini, on a dressé l'état prévisionnel du coût de fabrication qui suit :

	Janvier	Février	Mars
Matières premières	45 500 $	56 000 $	57 750 $
Main-d'œuvre directe	71 500	88 000	90 750
Frais généraux de fabrication	156 000	192 000	198 000
Total	**273 000 $**	**336 000 $**	**346 500 $**

L'entreprise prévoit des frais de ventes fixes de 510 000 $ par année ainsi que des frais d'administration fixes de 240 000 $ par année. De plus, elle verse aux vendeurs une commission qui représente 5 % du montant des ventes. Enfin, l'entreprise a contracté deux emprunts à long terme. L'échéancier de remboursement et le montant des intérêts à verser se présentent ainsi :

Emprunt 1	Janvier	Février	Mars
Solde au début du mois	300 000 $	295 000 $	290 000 $
Remboursement	5 000 $	5 000 $	5 000 $
Intérêts (calculés à 1 % par mois)	3 000 $	2 950 $	2 900 $
Emprunt 2	**Janvier**	**Février**	**Mars**
Solde au début du mois	120 000 $	118 000 $	116 000 $
Remboursement	2 000 $	2 000 $	2 000 $
Intérêts (calculés à 1 % par mois)	1 200 $	1 180 $	1 160 $

Travail pratique

Établissez l'état des résultats prévisionnels par mois pour le premier trimestre.

EXERCICE 9.9 État des résultats prévisionnels et bilan prévisionnel

Supposons que l'état des résultats pour l'exercice se terminant le 31 décembre 1998 et le bilan au 31 décembre 1998 d'une petite entreprise manufacturière sont les suivants :

Entreprise manufacturière
État des résultats
pour l'exercice se terminant le 31 décembre 1998

Ventes		**16 029 000 $**
Coût des produits vendus		
Matières premières	5 075 850 $	
Main-d'œuvre directe	1 602 900	
Frais généraux de fabrication	2 529 500	9 208 250
Bénéfice brut		**6 820 750 $**
Frais de vente	4 492 900 $	
Frais d'administration	518 100	5 011 000
Bénéfice net d'exploitation		**1 809 750 $**
Frais de financement		382 500
Bénéfice net avant impôts		**1 427 250 $**
Impôts		713 625
Bénéfice net après impôts		**713 625 $**

Entreprise manufacturière
Bilan
au 31 décembre 1998

	Actif	
Actif à court terme		
Encaisse	413 391 $	
Comptes clients	1 335 750	
Stock de matières premières	845 975	
Stock de produits finis	920 825	3 515 941 $
Immobilisations nettes		11 010 815
Total de l'actif		**14 526 756 $**
	Passif et avoir des actionnaires	
Passif à court terme		
Impôts à payer	178 406 $	
Fournisseurs	1 347 075	
Intérêts à payer	31 875	
Versement sur hypothèque à court terme	360 000	1 917 356 $
Passif à long terme		
Hypothèque à payer (au taux annuel de 8,5 %)	4 320 000 $	
Moins : Versement à court terme	360 000	3 960 000
Total du passif		**5 877 356 $**
Avoir des actionnaires		
Capital-actions (50 000 actions ordinaires, émises et en circulation)		2 100 000 $
Bénéfices non répartis		6 549 400
Total de l'avoir des actionnaires		**8 649 400 $**
Total du passif et de l'avoir des actionnaires		**14 526 756 $**

Voici certains renseignements se rapportant à l'exercice 1999:

- le prix moyen de vente augmentera de 2 %, passant à 18 $;
- le nombre d'unités vendues sera accru de 4 %;
- le taux de roulement des comptes clients passera de 12 à 8;
- le coût des matières premières demeurera constant et le taux de roulement du stock, qui est actuellement de six fois l'an, passera à huit fois l'an;
- le taux horaire de la main-d'œuvre directe de même que tous les frais fixes seront haussés en moyenne de 2 %;
- le taux de roulement des stocks de produits finis passera de 10 fois l'an à 12 fois l'an;
- la commission accordée aux vendeurs demeurera la même qu'en 1998, soit 10 % du montant des ventes;
- les fournisseurs exigeront d'être payés un peu plus rapidement, de sorte que le montant des comptes fournisseurs au 31 décembre 1999 devrait être égal à 10 % du coût des matières premières, plus un montant correspondant à 8 % des coûts de vente et d'administration;
- la dotation à l'amortissement cumulé, comprise dans les frais généraux, sera de 140 000 $;
- on suppose que le taux d'imposition est égal à 50 % du bénéfice net à la fin de l'exercice;
- on ne doit pas tenir compte de l'intérêt que l'entreprise pourrait obtenir sur le solde en caisse, ni de l'intérêt qu'elle pourrait payer si elle recourait à une marge de crédit.

Travaux pratiques

1. Dressez l'état des résultats prévisionnels pour l'exercice financier 1999.
2. Préparez le bilan prévisionnel au 31 décembre 1999.

EXERCICE 9.10 États financiers prévisionnels

Voici le bilan de l'entreprise B & D ltée au 31 décembre 1998, date de clôture de l'exercice.

Entreprise B & D ltée
Bilan
au 31 décembre 1998

	Actif	
Actif à court terme		
Encaisse	304 250 $	
Comptes clients	5 220 000	
Stocks	2 784 000	8 308 250 $
Immobilisations nettes		8 488 000
Total de l'actif		**16 796 250 $**
	Passif et avoir des actionnaires	
Passif à court terme		
Impôts à payer	76 250 $	
Fournisseurs	1 160 000	
Salaires à payer	290 000	
Versements sur emprunt à long terme	600 000	2 126 250 $
Passif à long terme		
Emprunt à long terme	7 000 000 $	
Moins : Versements à court terme	600 000	6 400 000
Total du passif		**8 526 250 $**
Avoir des actionnaires		
Capital-actions (10 000 actions ordinaires, émises et en circulation)		5 000 000 $
Bénéfices non répartis		3 270 000
Total de l'avoir des actionnaires		**8 270 000 $**
Total du passif et de l'avoir des actionnaires		**16 796 250 $**

Le directeur financier de l'entreprise souhaite produire des états financiers prévisionnels pour l'exercice qui se terminera le 31 décembre 1999. À cette fin, il réunit les renseignements qui suivent :

- l'entreprise prévoit vendre 1 500 000 unités de l'unique produit qu'elle fabrique, et ce, tout en maintenant le prix de vente à 30 $ l'unité ;
- elle prévoit que le coût moyen de fabrication passera de 20 $ à 21 $ l'unité. Ce nouveau coût unitaire moyen tient compte de l'augmentation du volume d'unités fabriquées ainsi que de la dotation à l'amortissement cumulé comprise dans les frais généraux de fabrication, qui demeurent au même niveau que l'an dernier, soit à 370 000 $;
- au 31 décembre 1998, le montant des stocks apparaissant au bilan comprenait les stocks de produits finis et de matières premières. Le stock de produits finis se rap-

porte aux ventes prévues du mois suivant. Or, la direction de l'entreprise souhaite le réduire de moitié, afin qu'il ne représente plus que 50 % des ventes prévues d'un mois. Le stock de matières premières, égal à 20 % de la valeur du stock de produits finis, sera réduit dans la même proportion, afin qu'il corresponde toujours à 20 % de la valeur du stock de produits finis au 31 décembre 1999;

- on prévoit des frais de ventes fixes de 1 500 000 $, incluant un montant de 90 000 $ s'appliquant à la dotation à l'amortissement des immobilisations. De plus, l'entreprise doit verser aux vendeurs une commission équivalant à 10 % du montant des ventes;
- on prévoit des frais d'administration de 3 000 000 $, tous fixes et comprenant un montant de 120 000 $ à titre de dotation à l'amortissement relative aux immobilisations;
- les frais de financement de la dette à long terme s'élèveront à 490 000 $ et les remboursements de capital, à 600 000 $;
- toutes les ventes de l'entreprise se font à crédit. Toutefois, l'entreprise prévoit resserrer sa politique de crédit, afin que le montant total des ventes soit encaissé dans les 30 jours. On estime ainsi que le montant des comptes clients au 31 décembre 1999 sera égal aux ventes de décembre;
- le montant des impôts à payer au 31 décembre 1999 représentera 25 % du montant des impôts calculés pour 1998. Pour simplifier l'exposé du problème, supposons que les impôts calculés correspondent à 50 % du bénéfice net avant impôts;
- on prévoit que les comptes fournisseurs s'élèveront, au 31 décembre 1999, à 1 012 500 $. De plus, on s'attend à ce que les salaires à payer équivalent à 50 % des salaires engagés au cours d'un mois, dont la somme globale est de 328 126 $. Ce montant inclut les déductions à la source;
- il n'y a eu aucun investissement au cours de l'année et l'entreprise a versé aux actionnaires un dividende de 30 $ par action.

Travaux pratiques

1. Établissez l'état des résultats prévisionnels de cette entreprise pour l'exercice terminé le 31 décembre 1999.
2. Élaborez le bilan prévisionnel de cette entreprise au 31 décembre 1999.
3. Dressez l'état de l'évolution prévisionnelle de la situation financière de cette entreprise pour l'exercice terminé le 31 décembre 1999.

EXERCICE 9.11 État des résultats prévisionnels par activités

Voici l'état des résultats produit par un centre de ski pour l'exercice se terminant le 30 avril 1995.

Centre de ski
État des résultats
pour l'exercice se terminant le 30 avril 1995

Produits		
Droits d'entrée		2 136 862 $
Activité de restauration		145 010
Concessions		62 980
Divers		58 259
Total des produits		**2 403 111 $**
Coûts		
Préparation estivale des pistes		
Main-d'œuvre	58 634 $	
Utilisation des équipements	12 436	
Divers	9 858	80 928 $
Fabrication de la neige		
Main-d'œuvre	102 225 $	
Électricité	38 645	
Utilisation des équipements	58 362	
Divers	25 941	225 173
Éclairage des pistes		
Électricité	32 974 $	
Utilisation du système d'éclairage	12 859	
Divers	5 864	51 697
Damage des pistes		
Main-d'œuvre	81 072 $	
Produits pétroliers	16 369	
Utilisation de la machinerie	43 860	
Divers	16 482	157 783
Remontées mécaniques		
Main-d'œuvre	231 750 $	
Électricité	74 855	
Utilisation des équipements	143 879	
Divers	48 769	499 253
Administration		
Main-d'œuvre	240 572 $	
Assurances	44 788	
Taxes et permis	43 782	
Divers	27 653	356 795
Mise en marché		
Main-d'œuvre	75 860 $	
Publicité	162 998	
Divers	8 742	247 600
Intérêts		384 168
Total des coûts		**2 003 397 $**
Résultat net		**399 714 $**

Voici les renseignements nécessaires à la préparation de l'état des résultats prévisionnels pour l'exercice se terminant le 30 avril 1996 :

- *Droits d'entrée*

  On prévoit que les droits relatifs aux abonnements seront constants par rapport à ceux de l'année précédente et s'élèveront donc à 538 412 $. Quant aux droits exigés pour la journée, on prévoit une diminution de 5 %, la fréquentation de la saison précédente ayant été supérieure à la moyenne.

- *Activité de restauration*

  La contribution aux revenus de l'activité de restauration est proportionnelle aux droits d'entrée perçus au cours d'une année.

- *Concessions*

  Mis à part un loyer fixe de 30 000 $, les revenus sont proportionnels aux droits d'entrée.

- *Produits divers*

  On prévoit inscrire le même montant que l'année précédente sous cette rubrique.

- *Préparation des pistes*

  Cette activité est un coût discrétionnaire ; la direction peut décider de faire le minimum de travaux afin d'en limiter les coûts à 10 000 $ pour une saison, ou encore d'injecter 100 000 $ pour apporter des modifications utiles au domaine skiable. Pour la prochaine saison, la direction prévoit engager 60 000 $ en frais de main-d'œuvre, 14 000 $ en frais d'utilisation des équipements, y compris la dotation à l'amortissement, et 8 000 $ en coûts divers.

- *Fabrication de la neige*

  Cette activité varie selon le nombre d'heures de fonctionnement prévu. La direction souhaite fabriquer de la neige durant 1 700 heures la saison prochaine. On doit prévoir l'emploi de quatre personnes au coût de 16 $ l'heure en moyenne incluant les avantages sociaux, des frais d'électricité s'élevant à 24,60 $ l'heure ainsi que des sommes de 60 000 $ pour l'utilisation des équipements et de 20 000 $ pour les coûts divers.

- *Éclairage des pistes*

  On compte ouvrir la station le même nombre de soirs que l'année précédente. Les coûts ne devraient pas varier de façon significative par rapport à l'année précédente.

- *Damage des pistes*

  On estime que les trois machines à damer fonctionneront durant un total de 5 000 heures. Le salaire de l'opérateur, y compris les avantages sociaux, est de 19 $ l'heure. Le coût des produits pétroliers est proportionnel au coût de la main-d'œuvre. Enfin, le coût d'utilisation prévu est de 15 000 $ par machine, auquel s'ajoute un montant de 5 000 $ par machine en coûts divers.

- *Remontées mécaniques*

  Chaque remontée (il y en a cinq) a son propre horaire d'opération, qui est fonction des jours, fériés ou non fériés, des pistes ouvertes et de l'horaire de ski de soirée. La station est fermée les lundis et mardis soir, sauf durant les vacances. On a prévu 5 775 heures d'opération pour l'ensemble des remontées. On estime les besoins en main-d'œuvre à quatre personnes en moyenne par remontée, au coût de 11 $ l'heure incluant les avantages sociaux, et les frais d'électricité, à 13,80 $ l'heure en moyenne. De plus, on prévoit des montants de 140 000 $ pour l'utilisation des remontées et de 40 000 $ pour les coûts divers.

- *Administration*

  On estime à 2 % l'augmentation des coûts de main-d'œuvre. De plus, on s'attend à ce que le coût des assurances soit le même que celui de l'année précédente, et celui des taxes et permis à 45 000 $. Les coûts divers devraient représenter 30 000 $.

- *Mise en marché*

  On prévoit une augmentation de 2 % des coûts de main-d'œuvre. Le budget de publicité est estimé à 180 000 $. Un montant de 10 000 $ est prévu pour les coûts divers.

- *Intérêts*

  L'an dernier, l'entreprise a payé des intérêts de 8,9 % sur un solde moyen de 4 316 490 $. Cette année, le solde moyen sera de 3 918 068 $.

Travail pratique

Préparez l'état des résultats prévisionnels par activités pour l'exercice se terminant le 30 avril 1996.

EXERCICE 9.12 État des résultats prévisionnels et bilan pro forma

Voici l'état des résultats prévisionnels et le bilan prévisionnel d'une entreprise de distribution tels qu'ils se présentent avant l'évaluation d'un important projet d'investissement pour l'entreprise, soit la construction d'un nouvel entrepôt presque totalement automatisé et informatisé :

Entreprise de distribution
État des résultats prévisionnels
pour l'exercice se terminant le 31 décembre 1996

Ventes		**25 650 360 $**
Coûts		
Frais d'entreposage	3 540 200 $	
Frais de transport	13 338 187	
Publicité et mise en marché	4 455 000	
Administration	1 870 000	23 203 387
Bénéfice d'exploitation		**2 446 973 $**
Frais de financement		159 120
Bénéfice net avant impôts		**2 287 853 $**
Impôts		1 143 926
Bénéfice net après impôts		**1 143 926 $**

Entreprise de distribution
Bilan prévisionnel
au 31 décembre 1996

	Actif	
Actif à court terme		
Encaisse	369 585 $	
Comptes clients	3 206 295	3 575 880 $
Immobilisations nettes		2 010 375
Total de l'actif		**5 586 255 $**
	Passif et avoir des actionnaires	
Passif à court terme		
Impôts à payer	285 982 $	
Fournisseurs	1 933 616	
Intérêts à payer	12 523	
Versement sur hypothèque à court terme	249 600	2 481 721 $
Passif à long terme		
Hypothèque à payer (au taux de 8,5 %)	1 747 200 $	
Moins : Versements à court terme	249 600	1 497 600
Total du passif		**3 979 321 $**
Avoir des actionnaires		
Capital-actions (10 000 actions ordinaires, émises et en circulation)		500 000 $
Bénéfices non répartis		1 106 934
Total de l'avoir des actionnaires		**1 606 934 $**
Total du passif et de l'avoir des actionnaires		**5 586 255 $**

Voici quelques renseignements sur le projet d'investissement envisagé :

- on accroîtrait les ventes de 20 % dès la prochaine année si l'entrepôt était construit ;
- le projet s'élève à 6 000 000 $. Il est financé par le biais d'une mise de fonds sous forme de capital-actions constitué d'actions ordinaires de 600 000 $ et d'un emprunt de 5 400 000 $ portant un intérêt de 9,2 %, remboursable au moyen de versements mensuels, ainsi que d'un remboursement de capital de 50 000 $ par mois ;
- la dotation à l'amortissement cumulé du nouveau bâtiment sera de 300 000 $ par an. Elle est comprise dans l'augmentation prévue des frais fixes d'entreposage ;
- les frais de transport varient. Par ailleurs, les frais d'entreposage, tous fixes, augmenteront de 400 000 $, y compris la dotation à l'amortissement du nouveau bâtiment. Les frais de publicité et de mise en marché demeureront au même niveau, mais les frais d'administration s'accroîtront de 200 000 $.

Travaux pratiques

1. Établissez l'état des résultats pro forma.
2. Préparez le bilan pro forma.

EXERCICE 9.13 États financiers prévisionnels

Voici le bilan de l'entreprise A & M ltée au 31 décembre 1998, date de clôture de l'exercice :

Entreprise A & M ltée
Bilan
au 31 décembre 1998

	Actif	
Actif à court terme		
Encaisse	665 500 $	
Comptes clients	34 992 000	
Stocks	16 848 000	52 505 500 $
Immobilisations nettes		20 460 000
Total de l'actif		**72 965 500 $**
	Passif et avoir des actionnaires	
Passif à court terme		
Emprunt à la banque	20 000 000 $	
Fournisseurs	15 384 500	
Salaires à payer	1 296 000	
Versements sur emprunt à long terme	1 200 000	37 880 500 $
Passif à long terme		
Emprunt à long terme	13 300 000 $	
Moins : Versements à court terme	1 200 000	12 100 000
Total du passif		**49 980 500 $**
Avoir des actionnaires		
Capital-actions (500 000 actions ordinaires, émises et en circulation)		15 000 000 $
Bénéfices non répartis		7 985 000
Total de l'avoir des actionnaires		**22 985 000 $**
Total du passif et de l'avoir des actionnaires		**72 965 500 $**

Le directeur financier de l'entreprise souhaite produire un état des résultats pour le premier trimestre de l'année 1999, un bilan prévisionnel au 31 mars 1999 ainsi qu'un état prévisionnel de l'évolution de la situation financière pour le trimestre se terminant au 31 mars 1999. À cette fin, il réunit les renseignements suivants :

- l'entreprise prévoit vendre 270 000 unités de l'unique produit qu'elle fabrique au cours de janvier, 300 000 unités en février et 360 000 unités en mars, en avril et en mai, et ce, tout en maintenant le prix de vente à 72 $ l'unité ;
- la fiche du coût de revient est la suivante :

Matières premières	12 $
Main-d'œuvre directe	8
Frais généraux de fabrication	20
Coût de fabrication	**40 $**

  Ce coût de fabrication est basé sur un volume annuel de 3 888 000 unités produites. La dotation à l'amortissement cumulé est de 1 470 000 $ par année, et elle est incluse dans les frais généraux de fabrication.
- au 31 décembre 1998, le stock au bilan comprend à la fois le stock de produits finis et celui des matières premières. L'entreprise a pour politique de maintenir un stock de produits finis correspondant aux ventes du mois suivant et un stock de matières premières correspondant à la production du mois suivant ;
- on prévoit des frais de ventes fixes de 1 522 700 $ par mois, montant n'incluant pas la dotation à l'amortissement des immobilisations, qui est de 390 000 $ par année. De plus, l'entreprise verse aux vendeurs une commission égale à 10 % du montant des ventes.
- les frais d'administration, tous fixes, s'élèvent à 1 283 500 $ par mois, montant n'incluant pas la dotation à l'amortissement des immobilisations, qui est de 150 000 $ par année ;
- les frais de financement de la dette à long terme sont calculés au taux de 10 % sur le solde au début du mois et payés sur une base mensuelle, soit le dernier jour du mois. L'entreprise rembourse 100 000 $ par mois.
- l'entreprise doit payer des intérêts le dernier jour de chaque mois pour l'emprunt à court terme consenti par la banque ; ces intérêts sont calculés au taux de 10 % par année. De plus, elle remboursera 10 millions le dernier jour de février ;
- toutes les ventes se font à crédit. Toutefois, l'entreprise prévoit resserrer sa politique de crédit afin que le montant des ventes soit encaissé dorénavant dans les 30 jours. Ainsi, le montant des comptes clients à la fin d'un mois correspondra aux ventes du mois ;
- les comptes fournisseurs à une date donnée comprendront les matières premières, les frais généraux de fabrication, les frais de vente et les frais d'administration qui donnent lieu à un débours ;
- les salaires à payer à la fin du mois représentent 50 % des salaires du mois ;
- on prévoit ne réaliser aucun investissement et ne verser aucun dividende au cours du premier trimestre.

Travaux pratiques

1. Établissez l'état des résultats prévisionnels pour chacun des mois du premier trimestre de l'année 1999.
2. Dressez le bilan prévisionnel de cette entreprise au 31 mars 1999.
3. Élaborez l'état de l'évolution prévisionnelle de la situation financière de cette entreprise pour le trimestre terminé le 31 mars 1999.

EXERCICE 9.14 États financiers prévisionnels

Voici le bilan de l'entreprise AACB ltée au 31 décembre 1998, date de clôture de l'exercice.

Entreprise AACB ltée
Bilan
au 31 décembre 1998

Actif		
Actif à court terme		
Encaisse	971 667 $	
Comptes clients	9 520 000	
Stocks	6 800 000	17 291 667 $
Immobilisations nettes		17 340 000
Total de l'actif		**34 631 667 $**
Passif et avoir des actionnaires		
Passif à court terme		
Fournisseurs	7 351 667 $	
Salaires à payer	510 000	
Versements sur emprunt à long terme	960 000	8 821 667 $
Passif à long terme		
Emprunt à long terme	9 100 000	
Moins : Versements à court terme	960 000	8 140 000
Total du passif		**16 961 667 $**
Avoir des actionnaires		
Capital-actions (500 000 actions ordinaires, émises et en circulation)		12 000 000 $
Bénéfices non répartis		5 670 000
Total de l'avoir des actionnaires		**17 670 000 $**
Total du passif et de l'avoir des actionnaires		**34 631 667 $**

Le directeur financier de l'entreprise souhaite produire des états financiers prévisionnels pour l'exercice financier se terminant le 31 décembre 1999. À cette fin, il réunit les renseignements suivants:

- l'entreprise prévoit vendre 2 400 000 unités de l'unique produit qu'elle fabrique et ce, tout en maintenant le prix de vente à 56 $ l'unité;
- on prévoit que le coût moyen de fabrication, qui était de 30 $ en 1998, passera à 30,20 $. Le prix unitaire des matières premières sera dorénavant de 12 $. Le coût moyen de 30,20 $ tient compte de l'augmentation du volume d'unités fabriquées ainsi que de la dotation à l'amortissement cumulé comprise dans les frais généraux de fabrication et qui est la même que l'année précédente, soit 870 000 $;
- au 31 décembre 1998, le montant des stocks apparaissant au bilan comprenait les stocks de produits finis et de matières premières. Le stock de produits finis correspond aux ventes prévues du mois suivant et la direction de l'entreprise prévoit maintenir cette politique au cours de la prochaine année. Le stock de matières premières pour un mois est égal à 1/12 des matières premières consommées dans une année;
- on prévoit des frais de ventes fixes de 22 976 000 $, qui incluent un montant de 270 000 $ correspondant à la dotation à l'amortissement des immobilisations. De plus, l'entreprise doit verser aux vendeurs une commission égale à 10 % du montant des ventes.
- on estime que les frais d'administration seront de 6 120 000 $; tous fixes, ils comprennent un montant de 120 000 $ à titre de dotation à l'amortissement des immobilisations;
- les frais de financement de la dette à long terme seraient de 862 000 $ et les remboursements de capital, de 960 000 $ s'il n'y avait pas de projet d'investissement;
- toutes les ventes de l'entreprise se font à crédit. Toutefois, l'entreprise prévoit resserrer sa politique de crédit afin que montant total des ventes soit encaissé dans les 30 jours. On prévoit ainsi que le montant des comptes clients au 31 décembre 1999 sera égal aux ventes de décembre;
- on estime que les comptes fournisseurs s'élèveront à la fin de l'exercice à 7 351 667 $. De plus, on prévoit que les salaires à payer correspondront à 50 % des salaires engagés au cours d'un mois; ceux-ci s'élèvent à 1 020 000 $ incluant les déductions à la source;
- un projet d'investissement prévoit de nouvelles immobilisations de 4 millions de dollars en juin. Ce projet sera financé en partie par l'avoir propre de l'entreprise et en partie par un emprunt à long terme de 2,1 millions de dollars au 30 juin 1999. Cet emprunt prévoit des remboursements de capital de 30 000 $ par mois et un intérêt calculé et payé tous les mois au taux de 10 %. La dotation à l'amortissement de ces immobilisations — qui serviront uniquement à la distribution, donc aux activités de vente — sera de 100 000 $ pour l'exercice. Ces frais s'ajouteront aux frais de vente actuels;
- l'entreprise prévoit verser aux actionnaires un dividende de 20 $ par action.

Travaux pratiques

1. Établissez l'état des résultats prévisionnels de cette entreprise pour l'exercice terminé le 31 décembre 1999.
2. Élaborez le bilan prévisionnel de cette entreprise au 31 décembre 1999.
3. Dressez l'état de l'évolution prévisionnelle de la situation financière de cette entreprise pour l'exercice terminé le 31 décembre 1999.

EXERCICE 9.15 Analyse de sensibilité d'un budget de production

L'entreprise Latra ltée transforme des produits laitiers. La production de la journée est livrée durant la nuit. L'entreprise ne garde aucun stock de produits finis. La matière première principale (le lait) est livrée le matin même pour assurer la production de la journée. Il s'agit donc d'un contexte d'approvisionnement et de livraison quotidiens.

En 1998, l'entreprise a transformé 300 000 L de lait par semaine. Le flux de la production est continu et, à l'aide d'une équipe de 40 personnes, on traite 10 000 L à l'heure. À la fin de chaque journée de travail, l'équipe en entier doit nettoyer tous les équipements de même que l'usine, ce qui prend une heure.

En 1998, l'entreprise a engagé les coûts suivants :

- la matière première a été acquise au prix de 0,60 $ le litre ;
- la main-d'œuvre directe a été rémunérée au taux de 20 $ l'heure ;
- les frais généraux de fabrication se subdivisent en trois parties : un montant fixe de 2 000 $ par semaine, un montant de 1 800 $ par jour d'activité et un montant de 100 $ par heure de production (excluant l'heure de nettoyage).

Travaux pratiques

1. Calculez le coût de production d'un litre de produit transformé en utilisant les paramètres opérationnels de 1998.
2. Déterminez le coût prévu de production pour un litre de produit transformé :
   a) si l'entreprise transformait 350 000 L de matière première par semaine, selon un calendrier de cinq jours ;
   b) si l'entreprise transformait 350 000 L de matière première par semaine, selon un calendrier de six jours ;
   c) si l'entreprise transformait 350 000 L de matière première par semaine, selon un calendrier de quatre jours ;
   d) si l'entreprise transformait 350 000 L de matière première par semaine, selon un calendrier de cinq jours, à un taux horaire de 22 $ l'heure pour la main-d'œuvre directe ;
   e) si l'entreprise transformait 350 000 L de matière première par semaine, selon un calendrier de cinq jours, à un taux horaire de 22 $ l'heure pour la main-d'œuvre directe et avec un nouvel équipement qui permettrait de réduire le nombre d'employés de moitié, soit à 20 personnes. L'acquisition de cet équipement aurait par ailleurs pour effet de quintupler le taux horaire des frais généraux de fabrication, le portant à 500 $ l'heure ;

f) si l'entreprise transformait 700 000 L de matière première par semaine, selon un calendrier de cinq jours, à un taux horaire de 22 $ l'heure pour la main-d'œuvre directe et avec un nouvel équipement qui permettrait de réduire le nombre d'employés de moitié, soit à 20 personnes. L'acquisition de cet équipement aurait par ailleurs pour effet de quintupler le taux horaire des frais généraux de fabrication, le portant à 500 $ l'heure ;

g) si l'entreprise transformait 600 000 L de matière première par semaine, selon un calendrier de quatre jours, à un taux horaire de 24 $ l'heure pour la main-d'œuvre directe et avec un nouvel équipement qui permettrait de doubler le volume de matière première traitée en une heure ; cela représenterait un flux de 20 000 L à l'heure et quintuplerait le taux horaire des frais généraux de fabrication, pour le porter à 500 $ l'heure ;

h) si l'entreprise transformait 1 000 000 L de matière première par semaine, selon un calendrier de six jours, à un taux horaire de 24 $ l'heure pour la main-d'œuvre directe et avec un nouvel équipement qui permettrait d'augmenter de 150 % le volume de matière première traitée en une heure ; cela représenterait un flux de 25 000 L à l'heure et quintuplerait le taux horaire des frais généraux de fabrication, pour le porter à 500 $ l'heure ;

i) si l'entreprise transformait 1 000 000 L de matière première par semaine, selon un calendrier de cinq jours, à un taux horaire de 28 $ l'heure pour la main-d'œuvre directe et avec un nouvel équipement qui permettrait d'augmenter de 150 % le volume de matière première traitée en une heure ; cela représenterait un flux de 25 000 L à l'heure et réduirait le nombre de personnes requises à 30 tout en quintuplant le taux horaire des frais généraux de fabrication, pour le porter à 500 $ l'heure ;

j) si l'entreprise transformait 800 000 L de matière première par semaine, selon un calendrier de cinq jours, à un taux horaire de 28 $ l'heure pour la main-d'œuvre directe, et avec un nouvel équipement qui permettrait d'augmenter de 150 % le volume de matière première traitée en une heure ; cela représenterait un flux de 25 000 L à l'heure et réduirait le nombre de personnes requises à 25, tout en multipliant par 6 le taux horaire des frais généraux de fabrication, pour le porter à 600 $ l'heure.

EXERCICE 9.16 Analyse de sensibilité d'un budget de production

Au cours de l'exercice financier terminé le 31 décembre 1998, l'entreprise Manusic ltée a eu pour politique de produire un mois à l'avance les quantités qu'elle prévoyait vendre, et d'acheter un mois à l'avance les quantités de matières premières qu'elle prévoyait utiliser pour la production.

Au cours de cet exercice financier, l'entreprise a assumé les coûts suivants :

• Matières premières	2 kg à 8 $ le kilogramme par unité produite
• Main-d'œuvre directe	2 heures à 20 $ l'heure par unité produite
• Frais généraux de fabrication fixes	100 000 $ par mois
• Frais généraux de fabrication variables	2 $ par unité produite
	1 $ par unité de produits finis entreposés
	0,50 $ par kilogramme de matière première entreposée

De plus, le contrôle de la qualité des produits finis a entraîné le rejet de 10 % des quantités produites, de sorte que l'entreprise a dû fabriquer 1 100 unités pour pouvoir en vendre 1 000.

Le service de recherche commerciale et de mise en marché prévoit atteindre, pour les six premiers mois de 1999, les ventes suivantes :

Janvier	10 000 unités
Février	10 000 unités
Mars	14 000 unités
Avril	12 000 unités
Mai	16 000 unités
Juin	12 000 unités

Le stock de produits finis au 31 décembre 1998 est de 10 000 unités — vérifiées dans le cadre d'un contrôle de la qualité — et de 30 800 kg de matières premières.

Travaux pratiques

1. Établissez, pour les trois premiers mois de 1999, le coût prévu de fabrication de ce produit en utilisant les paramètres relatifs aux coûts, aux délais et à la qualité observés au cours de l'exercice financier de 1998.
2. Calculez, pour les trois premiers mois de 1999, le coût prévu de fabrication de ce produit, ainsi que le coût total et le coût unitaire moyen pour le trimestre, en retenant les hypothèses suivantes :
   a) L'entreprise produira un demi-mois à l'avance les quantités qu'elle prévoit vendre, et achètera un mois à l'avance les quantités de matières premières qu'elle prévoit utiliser pour la production. De plus, elle rejettera 10 % des unités fabriquées et assumera les coûts suivants :
      - Matières premières — 2 kg à 8,25 $ le kilogramme par unité produite
      - Main-d'œuvre directe — 2 heures à 22 $ l'heure par unité produite
      - Frais généraux de fabrication fixes — 100 000 $ par mois
      - Frais généraux de fabrication variables — 2 $ par unité fabriquée
2 $ par unité entreposée
1 $ par kilogramme de matière première entreposée

   b) L'entreprise produira un demi-mois à l'avance les quantités qu'elle prévoit vendre, et achètera un demi-mois à l'avance les quantités de matières premières qu'elle prévoit utiliser pour la production. De plus, elle rejettera 10 % des unités fabriquées et elle assumera les coûts suivants :
      - Matières premières — 2 kg à 8,25 $ le kilogramme par unité produite
      - Main-d'œuvre directe — 2 heures à 22 $ l'heure par unité produite

- Frais généraux de fabrication fixes — 110 000 $ par mois
- Frais généraux de fabrication variables — 2 $ par unité fabriquée; 2 $ par unité entreposée; 1 $ par kilogramme de matière première entreposée

c) L'entreprise produira une semaine (c'est-à-dire 1/4 mois) à l'avance les quantités qu'elle prévoit vendre, et achètera un demi-mois à l'avance les quantités de matières premières qu'elle prévoit utiliser pour la production. De plus, elle rejettera 5 % des unités fabriquées et elle assumera les coûts suivants:

- Matières premières — 2 kg à 8,50 $ le kilogramme par unité produite
- Main-d'œuvre directe — 2 heures à 22 $ l'heure par unité produite
- Frais généraux de fabrication fixes — 110 000 $ par mois
- Frais généraux de fabrication variables — 2 $ par unité fabriquée; 2,50 $ par unité entreposée; 1,50 $ par kilogramme de matière première entreposée

d) L'entreprise produira une semaine (c'est-à-dire 1/4 mois) à l'avance les quantités qu'elle prévoit vendre, et achètera une semaine (c'est-à-dire 1/4 mois) à l'avance les quantités de matières premières qu'elle prévoit utiliser pour la production. De plus, elle rejettera 2 % des unités fabriquées et elle assumera les coûts suivants:

- Matières premières — 2 kg à 8,25 $ le kilogramme par unité produite
- Main-d'œuvre directe — 2 heures à 24 $ l'heure par unité produite
- Frais généraux de fabrication fixes — 110 000 $ par mois
- Frais généraux de fabrication variables — 2,40 $ par unité fabriquée; 2,50 $ par unité entreposée; 1,50 $ par kilogramme de matière première entreposée

e) L'entreprise produira une semaine (c'est-à-dire 1/4 mois) à l'avance les quantités qu'elle prévoit vendre, et achètera un mois à l'avance les quantités de matières premières qu'elle prévoit utiliser pour la production. De plus, elle rejettera 0 % des unités fabriquées et elle assumera les coûts suivants:

- Matières premières — 2 kg à 8,50 $ le kg par unité produite
- Main-d'œuvre directe — 2 heures à 24 $ l'heure par unité produite
- Frais généraux de fabrication fixes — 110 000 $ par mois
- Frais généraux de fabrication variables — 2,20 $ par unité fabriquée; 2,40 $ par unité entreposée; 1,80 $ par kilogramme de matière première entreposée

EXERCICE 9.17 Budget révisé

Le service de recherche commerciale et de mise en marché d'une entreprise prévoit réaliser le volume de ventes suivant d'un produit donné à un prix déterminé, pour les neuf premiers mois de l'année.

Janvier	8 000
Février	8 000
Mars	10 000
Avril	14 000
Mai	14 000
Juin	14 000
Juillet	6 000
Août	10 000
Septembre	12 000

La fabrication de ce produit exige notamment les ressources suivantes :

- 3 kg d'une matière première X ;
- 1 L d'une matière première Y;
- 3 heures de main-d'œuvre directe.

L'entreprise a pour politique de maintenir, à la fin de chaque mois, un niveau de stock de produits finis équivalant à la moitié des ventes du mois suivant et un niveau de stock de matières premières équivalant à un mois de production. Au 1er janvier, elle détenait les stocks suivants :

- 4 000 unités de produits finis ;
- 24 000 kg de matière première X ;
- 8 000 L de matière première Y.

Conformément à ses politiques, l'entreprise a donc planifié et fabriqué 8 000 unités en janvier, 9 000 unités en février et 12 000 unités en mars. Toutefois, les ventes de ces trois mois ont été supérieures aux prévisions, soit 10 000 unités en janvier, 8 000 unités en février et 12 000 unités en mars, de sorte que le contrôleur doit revoir son budget pour les mois d'avril, de mai et de juin.

Travail pratique

À partir des informations additionnelles disponibles à la fin de mars 1999, procédez à la révision du budget relatif aux achats de matières premières ainsi que du budget relatif au temps de main-d'œuvre directe requis pour les mois d'avril, de mai et de juin.

EXERCICE 9.18 Équilibration du budget en vue de l'obtention d'un financement

Un mécène est prêt à acheter un vieux théâtre et à le rénover entièrement à ses frais pour en faire don à une troupe de théâtre. Cependant, il pose une condition : la directrice de la troupe doit lui démontrer que le théâtre pourra s'autofinancer. Il ne voudrait pas que ce don nuise à la rentabilité très fragile de la troupe.

La directrice demande alors à son comptable de lui préparer un budget équilibré concernant l'exploitation de ce théâtre. À cette fin, elle réunit les renseignements suivants.

- La troupe devra engager les personnes suivantes sur une base permanente :
  - un adjoint administratif, au salaire annuel de 28 000 $;
  - une secrétaire-comptable, au salaire annuel de 21 000 $;
  - un gérant-concierge, au salaire annuel de 23 450 $;
  - un préposé à l'entretien, au salaire annuel de 19 000 $;
  - un directeur de la programmation, au salaire annuel de 40 000 $;
  - un directeur technique, au salaire annuel de 40 000 $;
  - deux préposés à la billetterie, pour un salaire total de 36 000 $.
- Elle devra engager les personnes suivantes sur une base occasionnelle :
  - deux placeurs, au salaire de 60 $ chacun par représentation;
  - un éclairagiste, au salaire de 160 $ par représentation;
  - un ingénieur du son, au salaire de 160 $ par représentation;
  - deux aides, au salaire de 40 $ chacun par représentation;
  - deux agents de sécurité, au salaire de 80 $ chacun par représentation.
- Il faut ajouter à ces sommes le coût des avantages sociaux, soit 10 % de la rémunération totale versée.
- Le bâtiment dans lequel loge le théâtre devrait générer des frais de chauffage annuels de 35 000 $.
- On prévoit des frais d'électricité de 20 000 $ par an.
- On estime à 10 000 $ par an le coût d'entretien des équipements.
- On estime le coût des assurances à 31 000 $ par an, celui des taxes, à 10 000 $ par an, et on ajoute un montant de 1 000 $ par mois pour les imprévus.
- On prévoit des frais de publicité s'élevant à 400 000 $.
- Enfin, la troupe reçoit actuellement de l'imprésario qui les engage des cachets s'élevant en moyenne à 2 000 $ par représentation.

Le contrat d'embauche d'une troupe comporte généralement un montant fixe, auquel s'ajoute un montant proportionnel aux revenus générés. En ce qui concerne les revenus, il existe plusieurs scénarios selon le nombre de représentations dans l'année, le taux d'occupation des places à chacune des représentations et le prix moyen du billet. Le théâtre compte 900 places. Le tableau suivant résume les scénarios possibles.

	Scénarios		
	pessimiste	réaliste	optimiste
Nombre de représentations	100	160	200
Taux d'occupation	30 %	50 %	80 %
Prix moyen du billet	10 $	16 $	25 $

Travail pratique

Préparez un budget équilibré visant à convaincre le mécène d'acheter et de rénover le théâtre.

CHAPITRE 10

Le contrôle budgétaire classique

Objectifs

Après avoir étudié ce chapitre, vous serez capable :

- de définir le contrôle budgétaire classique ;
- de situer le contrôle budgétaire classique par rapport au contrôle d'orientation et d'apprentissage ;
- de tirer le meilleur parti possible de cette technique ;
- de réduire au minimum les limites et les inconvénients de cette technique ;
- d'analyser l'effet des variations de prix, des combinaisons de produits, du volume de marché et des parts de marché sur les revenus ;
- d'analyser l'effet des variations du prix des ressources, de la combinaison des ressources et de la quantité de ressources utilisées sur les coûts.

SOMMAIRE

- Le cadre de l'exercice du contrôle budgétaire classique
- Le suivi global d'un budget d'exploitation par ressources
- Le suivi global d'un budget d'exploitation par activités
- L'analyse des écarts de revenus
- L'analyse des écarts relatifs aux coûts conceptualisés
- L'analyse des écarts relatifs aux coûts discrétionnaires
- L'analyse des écarts relatifs aux coûts engagés
- Une réflexion sur le contrôle de surveillance

Après avoir présenté des notions sur les budgets, principaux instruments de planification et de contrôle du système d'information de gestion, nous exposons dans ce chapitre l'approche classique du contrôle budgétaire. Ce dernier, aussi appelé suivi budgétaire, se définit comme l'établissement d'une comparaison entre les prévisions et les résultats obtenus, en regard des objectifs de l'entreprise.

Le contrôle budgétaire classique consiste à repérer des écarts budgétaires, à les calculer et à les analyser afin d'entreprendre une action correctrice, s'il y a lieu, et d'instituer par la suite un processus de planification. L'écart budgétaire représente la différence entre une donnée inscrite au budget, c'est-à-dire une prévision, et un résultat. Le contrôle budgétaire classique doit son nom au fait qu'il est enseigné et appliqué depuis l'émergence, vers la fin du XIXe siècle, de la gestion scientifique du travail associée à Frederik W. Taylor. C'est sans doute l'instrument de contrôle le plus utilisé aujourd'hui.

LE CADRE DE L'EXERCICE DU CONTRÔLE BUDGÉTAIRE CLASSIQUE

Le contrôle budgétaire classique que nous allons décrire et dont nous allons illustrer le fonctionnement s'inscrit dans le cadre intégrateur des mécanismes du contrôle de gestion.

Le contrôle budgétaire classique a été conçu comme un instrument de surveillance des prévisions budgétaires qui servent de base à la formulation de plans budgétaires. Il est donc tout à fait cohérent avec l'approche du contrôle de gestion axée sur le commandement et la surveillance. On retrouve généralement ce mode d'exercice du suivi budgétaire dans les entreprises à structure organisationnelle pyramidale : dans un tel environnement, la stratégie globale est dictée par la direction, le travail a un caractère routinier et programmable, et c'est l'organisation — plutôt que les individus — qui maîtrise le savoir-faire. Comme on le voit à la figure 10.1, le contrôle budgétaire classique se présente comme un système de contrôle cybernétique à trois niveaux.

Le processus de planification, qui va du sommet vers la base, est représenté au moyen d'une pyramide de contrôle organisationnel à trois niveaux – stratégique, tactique et opérationnel. Au sommet (contrôle stratégique), la direction est responsable de l'élaboration de la stratégie globale. Au niveau intermédiaire (contrôle de gestion tactique), les cadres formulent des stratégies fonctionnelles qui découlent de la stratégie globale dictée par la direction. Enfin, à la base (contrôle opérationnel ou d'exécution), les cadres fixent les plans détaillés et en assurent l'exécution. Le système d'information achemine en sens inverse l'information permettant de surveiller l'exécution de ces plans.

Ce système de contrôle fonctionne comme un thermostat (voir la figure 10.2). La première étape est le réglage de la température, c'est-à-dire la conception des plans ou l'établissement des budgets. La deuxième étape est la lecture de la température ambiante ou l'enregistrement des résultats. La troisième étape, qui comprend le calcul des écarts, peut être assimilée à un mécanisme comparant la température ambiante

Figure 10.1
Le système de contrôle cybernétique

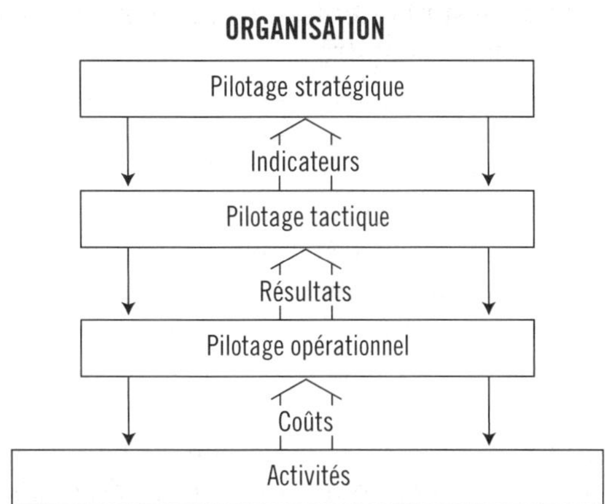

(le résultat) à la température voulue (la prévision, le plan) ; si l'écart entre les deux températures est jugé significatif, le thermostat déclenche l'appareil de chauffage. Toutefois, alors que l'action correctrice du thermostat est programmée, il faut généralement procéder à une analyse des causes des écarts budgétaires avant d'entreprendre une mesure correctrice.

Figure 10.2
Le système du thermostat

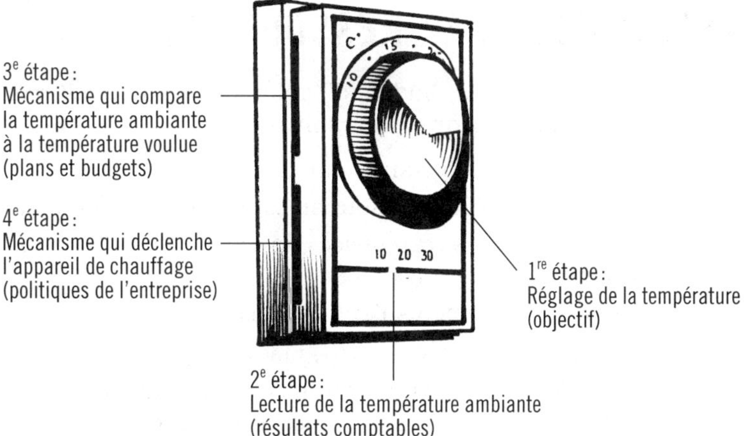

Le contrôle budgétaire classique, qui s'exerce par le biais de l'analyse des écarts budgétaires, se présente donc comme un mécanisme de surveillance souvent assorti d'un système de récompenses et de punitions. Il est également possible d'intégrer l'analyse des écarts dans une approche axée sur l'orientation et l'apprentissage. Le mode d'utilisation de l'analyse des écarts relève de la culture d'entreprise et de la philosophie de contrôle émanant de la direction. Toutefois, la gestion par activités associée au contrôle budgétaire renouvelé décrite au chapitre 11 se prête mieux à une approche axée sur l'orientation et l'apprentissage que le contrôle budgétaire classique présenté dans ce chapitre.

Le contrôle budgétaire a pour point de départ l'élaboration du budget. Car, on l'a vu, le budget ne saurait être réduit à un ensemble de données prévisionnelles puisqu'il permet de décider du suivi de ces données ainsi que de la méthode de mise en œuvre de ce suivi. Préparer le budget consiste donc également à prévoir la suite qui sera donnée à son examen, c'est-à-dire le jugement qui sera porté sur l'ampleur des coûts. Les données budgétaires sont des points de repère : elles servent de normes d'évaluation de la performance des activités et des personnes. On les qualifie d'ailleurs de normes ou de standards lorsqu'elles servent de base à des analyses techniques et économiques méthodiques.

Le contrôle budgétaire classique est habituellement intégré à la gestion par exceptions dans le cas des coûts conceptualisés, et à la gestion par objectifs dans le cas des coûts discrétionnaires. Dans une approche axée sur la surveillance, c'est une activité consistant essentiellement à comparer les résultats aux données budgétaires et à intervenir lorsque l'écart est jugé significatif.

Avant d'étudier l'analyse des écarts, nous allons nous pencher sur le suivi global d'un budget d'exploitation par ressources puis, d'un budget d'exploitation par activités.

LE SUIVI GLOBAL D'UN BUDGET D'EXPLOITATION PAR RESSOURCES

Le suivi global d'un budget d'exploitation par ressources a pour objectif de répondre en tout temps aux questions suivantes.

- Les objectifs budgétaires ont-ils été atteints ?
- Sinon, quels éléments sont en cause, et comment peut-on expliquer leur action ?
- Quelles mesures correctrices devrait-on prendre pour que l'entreprise atteigne ses objectifs ?
- Quels enseignements l'entreprise doit-elle en tirer à des fins de planification ?

Nous allons étudier cette problématique en nous servant de l'exemple de la copropriété VVV, dont nous illustrerons le suivi budgétaire à l'aide de deux modèles de rapport mensuel portant sur le degré d'avancement des dépenses budgétaires. Nous examinerons également les dépassements budgétaires, en tenant compte du nombre de mois écoulés depuis le début de l'exercice, et nous chercherons à en déterminer les causes.

EXEMPLE

La copropriété VVV

La copropriété VVV compte 220 logements. Le tableau ci-dessous fait état des résultats du mois de juin, de même que des résultats cumulatifs au 30 juin se rapportant aux opérations échelonnées du 1er janvier au 30 juin. Ces résultats sont comparés avec les prévisions budgétaires afin de déceler tout écart significatif; chaque poste au budget fait ainsi l'objet d'une surveillance adéquate.

Analyse des résultats de la copropriété VVV au 30 juin

	Budget annuel	Budget juin	Résultats juin	Cumul au 30 juin (6 mois)		
				Budget	Résultats	Écart
Revenus						
Frais de copropriété	800 000 $	66 667 $	66 667 $	400 000 $	400 000 $	0 $
Location d'espaces	24 000	2 000	2 000	12 000	12 000	0
Divers	48 000	4 000	2 000	24 000	18 000	6 000
Total des revenus	**872 000 $**	**72 667 $**	**70 667 $**	**436 000 $**	**430 000 $**	**6 000 $**
Dépenses						
Frais d'opération						
Énergie	152 000 $	12 667 $	6 000 $	76 000 $	96 700 $	–20 700 $
Sécurité	142 000	11 833	11 230	71 000	71 400	–400
Salaires	78 000	6 500	6 440	39 000	38 500	500
Entretien	132 000	11 000	8 900	66 000	62 400	3 600
Déneigement et jardinage	58 000	4 833	2 800	29 000	32 400	–3 400
Assurances	15 000	1 250	1 250	7 500	7 500	0
Ascenseurs	36 000	3 000	2 100	18 000	16 400	1 600
Projets spéciaux	24 000	2 000	8 690	12 000	8 690	3 310
Lavage des vitres	20 000	1 667	5 110	10 000	10 830	–830
Divers	6 000	500	0	3 000	1 200	1 800
	663 000 $	**55 250 $**	**52 520 $**	**331 500 $**	**346 020 $**	**–14 520 $**
Frais d'administration						
Salaires	95 000 $	7 917 $	7 890 $	47 500 $	46 800 $	700 $
Honoraires professionnels	10 000	833	0	5 000	6 700	–1 700
Intérêts	24 000	2 000	1 990	12 000	11 870	130
Frais bancaires	4 000	333	310	2 000	2 100	–100
Divers	4 000	333	0	2 000	1 630	370
	137 000 $	**11 417 $**	**10 190 $**	**68 500 $**	**69 100 $**	**–600 $**
Total des dépenses	**800 000 $**	**66 667 $**	**62 710 $**	**400 000 $**	**415 120 $**	**–15 120 $**
Fonds de prévoyance	60 000 $	5 000 $	5 000 $	30 000 $	30 000 $	0 $
Remboursement de capital	8 000 $	667 $	667 $	4 000 $	4 000 $	0 $
Résultat net	**4 000 $**	**333 $**	**2 290 $**	**2 000 $**	**–19 120 $**	

Le tableau suivant montre un autre mode de comparaison des résultats avec les données budgétaires.

Analyse des résultats de la copropriété VVV au 30 juin

	Budget annuel	Cumul au 30 juin		Disponibilité budget	
		Budget	Résultats	Résiduelle	Par mois
Revenus					
Frais de copropriété	800 000 $	400 000 $	400 000 $	400 000 $	66 667 $
Location d'espaces	24 000	12 000	12 000	12 000	2 000
Divers	48 000	24 000	18 000	30 000	5 000
Total des revenus	**872 000 $**	**436 000 $**	**430 000 $**	**442 000 $**	**73 667 $**
Dépenses					
Frais d'opération					
Énergie	152 000 $	76 000 $	96 700 $	55 300 $	9 217 $
Sécurité	142 000	71 000	71 400	70 600	11 767
Salaires	78 000	39 000	38 500	39 500	6 583
Entretien	132 000	66 000	62 400	69 600	11 600
Déneigement et jardinage	58 000	29 000	32 400	25 600	4 267
Assurances	15 000	7 500	7 500	7 500	1 250
Ascenseurs	36 000	18 000	16 400	19 600	3 267
Projets spéciaux	24 000	12 000	8 690	15 310	2 552
Lavage des vitres	20 000	10 000	10 830	9 170	1 528
Divers	6 000	3 000	1 200	4 800	800
	663 000 $	**331 500 $**	**346 020 $**	**316 980 $**	**52 830 $**
Frais d'administration					
Salaires	95 000 $	47 500 $	46 800 $	48 200 $	8 033 $
Honoraires professionnels	10 000	5 000	6 700	3 300	550
Intérêts	24 000	12 000	11 870	12 130	2 022
Frais bancaires	4 000	2 000	2 100	1 900	317
Divers	4 000	2 000	1 630	2 370	395
	137 000 $	**68 500 $**	**69 100 $**	**67 900 $**	**11 317 $**
Total des dépenses	**800 000 $**	**400 000 $**	**415 120 $**	**384 880 $**	**64 147 $**
Fonds de prévoyance	60 000 $	30 000 $	30 000 $	30 000 $	5 000 $
Remboursement de capital	8 000 $	4 000 $	4 000 $	4 000 $	667 $
Résultat net	**4 000 $**	**2 000 $**	**–19 120 $**	**23 120 $**	**3 853 $**

Il s'agit d'un contexte caractérisé par un cycle annuel répétitif. On établit les frais de copropriété lors de l'assemblée générale annuelle de façon à couvrir les coûts prévus. Le fonds de prévoyance constitue une provision pour les réparations majeures, la réfection du toit de l'immeuble, par exemple.

On obtient le budget mensuel en divisant le budget annuel par 12. De même, on détermine le budget cumulatif au 30 juin en multipliant le budget mensuel par six. Cette procédure est valable lorsqu'il s'agit de prévoir les frais de copropriété, la location des espaces ainsi que des coûts comme les salaires, mais elle ne l'est toutefois pas lorsqu'on veut déterminer le plus précisément possible certains postes budgétaires — déneigement et jardinage, projets spéciaux et honoraires professionnels — pour lesquels l'engagement des ressources nécessaires ne se répartit pas de façon égale et uniforme sur l'ensemble de l'année.

Quant à savoir laquelle des deux formes de présentation des résultats au 30 juin est la plus appropriée, notons que l'information relative aux montants disponibles est utile dans un contexte où le gestionnaire a la possibilité de réduire les frais pour se conformer aux normes de son budget annuel. Par contre, cette information est inutile pour des postes incompressibles comme l'énergie et le déneigement.

En conclusion, dans un contexte marqué par un cycle annuel répétitif, le suivi global d'un budget d'exploitation par ressources est une approche valable, à condition de tenir compte des fluctuations saisonnières auxquelles sont soumis certains postes, et d'analyser séparément les éléments de coûts discrétionnaires comme les projets spéciaux. En effet, les résultats d'une année servent de points de repère à l'établissement du budget. L'examen mensuel des coûts par poste permet de détecter les tendances, de prévoir et d'expliquer les écarts dès qu'ils se manifestent, et, s'il y a lieu, de les corriger dans la mesure du possible.

LE SUIVI GLOBAL D'UN BUDGET D'EXPLOITATION PAR ACTIVITÉS

Comme le suivi global d'un budget d'exploitation par ressources, le suivi d'un budget d'exploitation par activités a pour objet de repérer les dépassements budgétaires et d'en déterminer les causes. Étant donné que l'information fournie par les éléments du budget se rapporte aux activités plutôt qu'aux ressources, on se doit d'interpréter les écarts observés du point de vue des activités. Nous allons étudier cette problématique dans le contexte de l'entreprise SIC.

EXEMPLE L'entreprise SIC

L'entreprise SIC fabrique de la peinture et la conditionne en la répartissant dans des contenants de 3,8 L. Le tableau de la page 404 montre les résultats enregistrés pour une période d'un mois et celui de la page 405 montre les résultats cumulatifs pour une période de six mois. Ces résultats sont comparés avec les données des budgets dans une perspective de surveillance des coûts.

Analyse des résultats de l'entreprise SIC (un mois)

	Budget initial (BI)	Budget révisé (BR)	Résultats (R)	Écart (R – BI)	Écart (R – BR)
Statistiques sur la production					
Volume fabriqué en litres	500 000	543 870	543 870	43 870	0
Nombre de cuvées	60	72	72	12	0
Nombre de contenants	130 000	147 990	147 990	17 990	0
Activité de fabrication		**par cuvée**			
Main-d'œuvre directe	30 000 $	36 000 $	36 880 $	6 880 $	880 $
Autres dépenses	12 000	14 400	11 000	–1 000	–3 400
	42 000 $	**50 400 $**	**47 880 $**	**5 880 $**	**–2 520 $**
Activité de conditionnement		**par contenant**			
Main-d'œuvre directe	40 000 $	45 535 $	65 000 $	25 000 $	19 465 $
Autres dépenses	3 000	3 415	7 000	4 000	3 585
	43 000 $	**48 951 $**	**72 000 $**	**29 000 $**	**23 049 $**
Autres activités		**par litre**			
Recyclage et rebuts	4 000 $	4 351 $	7 000 $	3 000 $	2 649 $
Administration	40 000	43 510	75 000	35 000	31 490
Amortissement et loyer	40 000	43 510	40 000	0	–3 510
Autres dépenses	2 000	2 175	3 000	1 000	825
	86 000 $	**93 546 $**	**125 000 $**	**39 000 $**	**31 454 $**
Total pour l'usine	**171 000 $**	**192 896 $**	**244 880 $**	**73 880 $**	**51 984 $**
Indicateurs de performance					
Coût de fabrication par cuvée	700 $	700 $	665 $	–5,00 %	–5,00 %
Coût du conditionnement par contenant	0,33 $	0,33 $	0,49 $	47,09 %	47,09 %
Coût des autres activités par litre	0,17 $	0,17 $	0,23 $	33,62 %	33,62 %
Coût total par litre	0,34 $	0,35 $	0,45 $	31,65 %	26,95 %
Coût total par cuvée	2 850 $	2 679 $	3 401 $	19,34 %	26,95 %
Coût total par contenant	1,32 $	1,30 $	1,65 $	25,80 %	26,95 %

Analyse des résultats de l'entreprise SIC (six mois)

	Budget initial (BI)	Budget révisé (BR)	Résultats (R)	Écart (R – BI)	Écart (R – BR)
Statistiques sur la production					
Volume en litres	3 000 000	3 451 680	3 451 680	451 680	0
Nombre de cuvées	360	383	383	23	0
Nombre de contenants	780 000	812 870	812 870	32 870	0
Activité de fabrication		**par cuvée**			
Main-d'œuvre directe	180 000 $	191 500 $	202 400 $	22 400 $	10 900 $
Autres dépenses	72 000	76 600	74 000	2 000	–2 600
	252 000 $	**268 100 $**	**276 400 $**	**24 400 $**	**8 300 $**
Activité de conditionnement		**par contenant**			
Main-d'œuvre directe	240 000 $	250 114 $	320 600 $	80 600 $	70 486 $
Autres dépenses	18 000	18 759	31 870	13 870	13 111
	258 000 $	**268 872 $**	**352 470 $**	**94 470 $**	**83 598 $**
Autres activités		**par litre**			
Recyclage et rebuts	24 000 $	27 613 $	36 440 $	12 440 $	8 827 $
Administration	240 000	276 134	427 520	187 520	151 386
Amortissement et loyer	240 000	276 134	240 000	0	–36 134
Autres dépenses	12 000	13 807	13 570	1 570	–237
	516 000 $	**593 689 $**	**717 530 $**	**201 530 $**	**123 841 $**
Total pour l'usine	**1 026 000 $**	**1 130 661 $**	**1 346 400 $**	**320 400 $**	**215 739 $**
Indicateurs de performance					
Coût de fabrication par cuvée	700 $	700 $	722 $	–3,10 %	–3,10 %
Coût du conditionnement par contenant	0,33 $	0,33 $	0,43 $	31,09 %	31,09 %
Coût des autres activités par litre	0,17 $	0,17 $	0,21 $	20,86 %	20,86 %
Coût total par litre	0,34 $	0,33 $	0,39 $	14,06 %	19,08 %
Coût total par cuvée	2 850 $	2 952 $	3 515 $	23,35 %	19,08 %
Coût total par contenant	1,32 $	1,39 $	1,66 $	25,92 %	19,08 %

Il s'agit d'un contexte où les opérations, bien que répétitives, s'inscrivent a priori dans un cycle mensuel. Cependant, la peinture industrielle et la peinture commerciale sont soumises à des cycles saisonniers. Le printemps, par exemple, est une période propice à la rénovation domiciliaire, et donc favorable au secteur commercial.

Dans cet exemple, la plupart des coûts sont des coûts conceptualisés, puisqu'ils dépendent du procédé de fabrication ou de conditionnement ainsi que de la technique retenue. Dans la section suivante, nous reviendrons en détail sur l'analyse des écarts liés à ces coûts. Notons que nous les avons répartis sur deux colonnes, l'une indiquant la différence entre les résultats et le budget initial, et l'autre, la différence entre les résultats et le budget révisé. Nous avons également fourni sur la production des statistiques qui ont servi à la révision du budget et au calcul des indicateurs de performance choisis.

Nous avons regroupé toutes les opérations de l'usine en trois activités principales: la fabrication, le conditionnement et les autres activités. Nous avons révisé le budget des activités de fabrication en fonction du nombre de cuvées, celui des activités de conditionnement en fonction du nombre de contenants, et celui des autres activités selon le nombre de litres.

L'examen de ces données nous incitera sans doute à prêter attention aux indicateurs de performance, et à déceler ainsi tout écart éventuel. L'écart relatif aux activités de fabrication (3,1 %) n'est pas significatif. Par contre, l'écart relatif aux activités de conditionnement est révélateur: il est de 47 %, soit 0,16 $ de plus en moyenne par contenant. Cet écart s'explique par les coûts de main-d'œuvre, qui s'élèvent à 65 000 $, soit environ 20 000 $ de plus que prévu, auxquels s'ajoute un montant supplémentaire de 3 500 $ sous la rubrique « Autres dépenses ».

L'écart relatif aux autres activités (33,6 % ou 0,06 $/L), est tout aussi significatif. Ici, l'administration est la principale activité en cause, car elle a coûté 75 000 $ au lieu du montant de 43 510 $ inscrit dans le budget révisé. Dans ce cas comme dans le précédent, seule une explication de la personne responsable ou une enquête sur le terrain pourrait nous renseigner sur la cause de ces écarts.

Le suivi global d'un budget d'exploitation par activités permet de repérer les activités (plutôt que les ressources) responsables des dépassements budgétaires. Cependant, pour comprendre la cause de ces coûts supplémentaires, le gestionnaire doit savoir à quoi servent ces activités, pourquoi elles sont nécessaires et ce qui détermine leur consommation de ressources. Il faut donc définir les inducteurs d'activité comme on l'a fait dans le cadre de la comptabilité par activités (voir le chapitre 5).

Comme le suivi par ressources, ce type de suivi budgétaire s'intègre bien au contrôle de surveillance. Toutefois, puisqu'il nous amène à nous interroger non seulement sur les raisons qui expliquent la consommation des ressources, mais aussi sur les modalités de réalisation des activités, il se prête mieux à une approche axée sur l'orientation et l'apprentissage. En effet, le questionnement portant sur les ressources conduit souvent le gestionnaire à trouver les responsables de la consommation de ces ressources plutôt qu'à remettre en cause la façon dont ces activités sont accomplies.

L'ANALYSE DES ÉCARTS DE REVENUS

Au chapitre 9, nous avons traité des deux paramètres de base qui permettent à l'entreprise d'établir les prévisions de ventes: le prix moyen et le volume ou la quantité vendue. Par ailleurs, nous avons vu que le choix de la combinaison optimale du prix moyen et de la quantité vendue est déterminé à l'aide de la marge sur coûts variables par unité. Dès lors, nous analyserons les résultats des ventes par rapport aux prévisions en prenant en compte ces trois paramètres: le prix, la quantité vendue et la marge sur coûts variables. Lorsqu'il y a deux ou plusieurs produits, la combinaison de produits influe inévitablement sur le prix moyen d'une unité vendue et, finalement, sur le montant des ventes.

De plus, nous avons établi que, à un prix donné, la quantité vendue correspond à une part de marché, elle-même déterminée par l'action des concurrents ainsi que par le volume total du produit consommé par le marché. Lorsqu'on procédera à l'analyse des écarts de revenus, on ne pourra mettre de côté ces deux autres variables que sont la part de marché et le volume total du marché pour un produit donné. En fait, lorsque des écarts significatifs sont décelés, on est forcément amené à rechercher les facteurs qui sont à l'origine des prévisions et à établir des relations causales entre ces facteurs et les écarts observés.

Voici comment nous calculerons les écarts de revenus:

1. Écart sur prix de vente = (Prix réel – Prix budgété) × Quantité de produits vendus
2. Écart sur volume d'affaires = (Volume réel – Volume budgété) × Prix budgété
3. Écart sur volume de la contribution des ventes = (Volume réel – Volume budgété) × Marge sur coûts variables unitaires budgétée

   Cet écart est exprimé en fonction de la marge sur coûts variables budgétée.
4. Écart dû à la combinaison des produits vendus = (Combinaison réelle – Combinaison budgétée) × Volume réel × Marge sur coûts variables unitaires budgétée
5. Écart dû au volume des produits vendus = (Volume réel – Volume budgété) × Combinaison budgétée × Marge sur coûts variables unitaires budgétée
6. Écart dû au volume du marché = (Volume du marché réel – Volume du marché prévu) × Part de marché budgétée × Marge sur coûts variables unitaires budgétée
7. Écart dû à la part de marché = (Part de marché réelle – Part de marché budgétée) × Volume du marché réel × Marge sur coûts variables unitaires budgétée

La figure 10.3 décrit les relations existant entre les écarts numérotés de 3 à 7 inclusivement; notez qu'on observe certaines correspondances entre ces écarts:

- Écart sur volume de la contribution des ventes = Écart dû à la combinaison des produits vendus + Écart dû au volume des produits vendus
- Écart dû au volume des produits vendus = Écart dû au volume du marché + Écart dû à la part de marché

L'objectif n'est pas ici de relever tous les écarts possibles, mais plutôt d'indiquer les modalités d'analyse des revenus à l'aide des écarts les plus fréquemment observés, et de montrer que, lorsqu'on décèle un écart, on peut pousser l'analyse pour obtenir plus

Figure 10.3 **Les relations entre les écarts définissant la contribution des ventes**

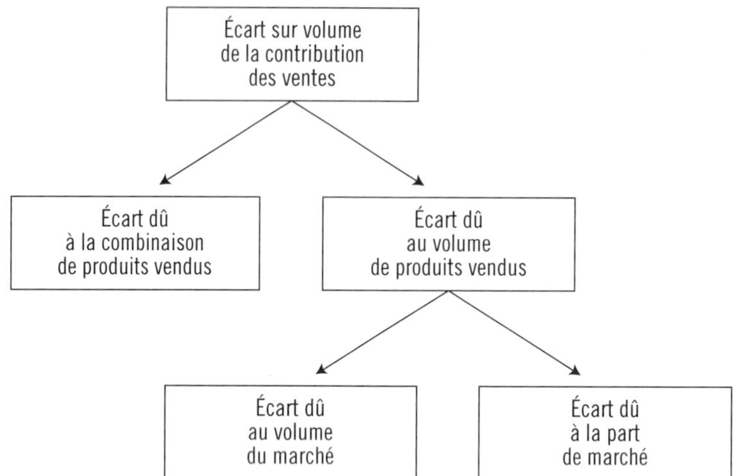

d'informations. Par exemple, si l'écart sur la contribution des ventes est significatif, on peut se demander s'il provient d'une variation dans la combinaison des produits ou bien du volume des produits vendus. De même, si l'écart sur le volume des produits vendus est significatif, on peut se demander s'il est dû à une variation dans le volume du marché ou bien à une modification de la part de marché de l'entreprise.

Nous allons étudier ces écarts tels qu'ils ont été mis en évidence dans le cas de l'entreprise Disco ltée, qui fabrique un seul produit, et dans celui de l'entreprise Vidéonet ltée, qui fabrique deux produits.

EXEMPLE L'entreprise Disco ltée

Le tableau suivant présente le budget initial, le budget révisé et les résultats de l'entreprise Disco ltée :

	Budget initial (BI)	Budget révisé (BR)	Résultats (R)	Écart (BR – BI)	Écart (R – BR)
Ventes (en unités)	100 000	95 000	95 000	–5 000	0
Prix de vente	10,00 $	10,00 $	10,10 $	0,00 $	0,10 $
Ventes	**1 000 000 $**	**950 000 $**	**959 500 $**	**–50 000 $**	**9 500 $**
Coûts variables					
Fabrication					
Matières premières	300 000 $	285 000 $	288 040 $	–15 000 $	3 040 $
Main-d'œuvre directe	400 000	380 000	384 960	–20 000	4 960
Frais généraux	30 000	28 500	27 500	–1 500	–1 000
	730 000 $	**693 500 $**	**700 500 $**	**–36 500 $**	**7 000 $**
Marge à la fabrication	**270 000 $**	**256 500 $**	**259 000 $**	**–13 500 $**	**2 500 $**
Vente et administration	70 000 $	66 500 $	64 600 $	–3 500 $	–1 900 $
Marge sur coûts variables	**200 000 $**	**190 000 $**	**194 400 $**	**–10 000 $**	**4 400 $**
Frais fixes					
Fabrication	20 000 $	20 000 $	21 000 $	0 $	1 000 $
Vente et administration	70 000	70 000	72 000	0	2 000
	90 000 $	**90 000 $**	**93 000 $**	**0 $**	**3 000 $**
Résultat net	**110 000 $**	**100 000 $**	**101 400 $**	**–10 000 $**	**1 400 $**

Les données relatives à la rubrique «Ventes» montrent un écart de –50 000 $ entre le chiffre des ventes inscrit dans le budget révisé (950 000 $), et celui figurant dans le budget initial (1 000 000 $). Cet écart sur volume d'affaires peut être intéressant à noter, mais sans plus, car il n'apporte aucune explication au fait que l'entreprise a vendu 5 000 unités de moins que prévu.

Toujours à la même rubrique, on observe un écart de 9 500 $ entre les résultats et le montant figurant dans le budget révisé. Il s'agit de l'écart sur prix de vente ; cet écart est positif. Pourquoi l'entreprise a-t-elle haussé le prix de vente ? Il faudrait obtenir plus d'informations pour répondre à cette question.

Deux écarts, qui présentent davantage d'intérêt pour l'analyse des revenus, apparaissent à la rubrique «Marge sur coûts variables» ; il s'agit de l'écart entre le montant du budget révisé et le montant du budget initial (–10 000 $), et de l'écart entre les résultats et le montant du budget révisé (4 400 $). Le premier montant constitue l'écart sur volume de la contribution des ventes ; il représente la diminution de la marge sur coûts variables budgétée, provoquée par une diminution du volume des ventes de 5 000 unités valant 2 $ chacune. De plus, la marge sur coûts variables réelle augmente de 4 400 $ par rapport à la marge sur coûts variables budgétée, ce qui correspond à 95 000 unités à 0,0463 $; il s'agit de l'écart entre les résultats et le budget révisé.

Par ailleurs, il faut disposer d'informations supplémentaires pour évaluer la performance de l'entreprise en ce qui a trait aux ventes. L'écart sur volume de la contribution des ventes peut être expliqué, comme le montre le schéma de la figure 10.3, par un écart dû au volume du marché ou par un écart dû à la part de marché de l'entreprise.

En résumé, le volume a diminué de 5 000 unités, le coût variable unitaire a augmenté de 0,0537 $, et le prix de vente s'est accru de 0,10 $, de sorte que la marge sur coûts variables unitaires a enregistré une hausse de 0,0463 $. L'entreprise a-t-elle bien agi en augmentant son prix de vente pour couvrir la hausse du coût variable unitaire ? La diminution du volume de 5 000 unités est-elle attribuable à l'augmentation du prix ou à la stratégie de mise en marché de l'entreprise ?

Voici d'autres informations relatives à l'évolution du volume des ventes de l'entreprise et à sa part de marché. La figure 10.4 montre une comparaison entre le volume des ventes du dernier exercice (1995) et celui des années antérieures. La figure 10.5 présente l'évolution de la part du marché de l'entreprise.

L'examen de la figure 10.4 permet de constater que les ventes de Disco ltée n'ont cessé de croître au cours des 10 dernières années. Quant à la figure 10.5, elle indique que l'entreprise réussit désormais mieux que ses deux principaux concurrents. On doit donc conclure que les prévisions de Disco quant au volume des ventes étaient peut-être trop ambitieuses. En effet, malgré une augmentation du prix de vente, l'entreprise a accru son volume par rapport à l'an dernier, alors que ses concurrents ont vu le leur diminuer.

Figure 10.4
L'évolution du volume des ventes

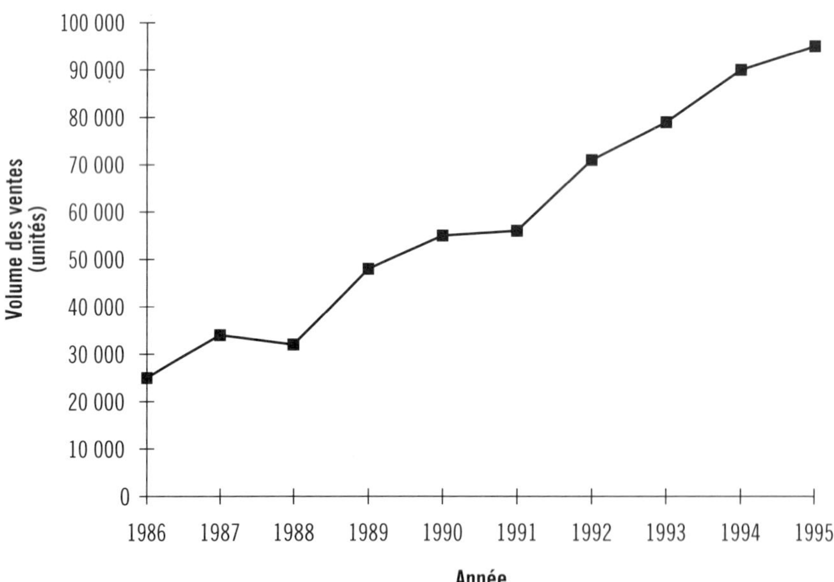

Figure 10.5
L'évolution de la part de marché

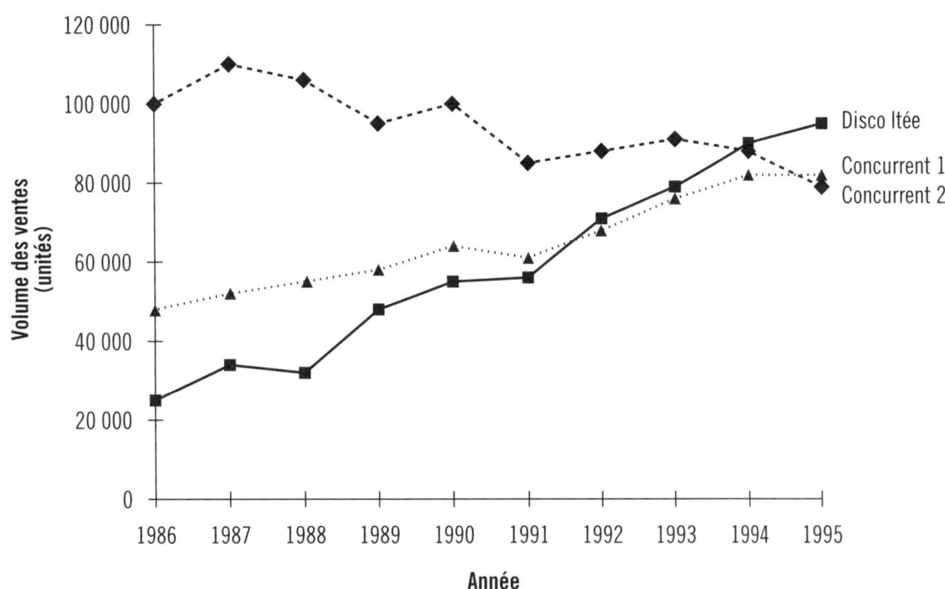

Enfin, les ventes prévues pour l'ensemble du marché, qui ont servi de base à l'estimation des ventes de l'entreprise, étaient de un million d'unités. Or, elles n'ont atteint, au cours de la dernière année, que 900 000 unités. À l'aide de ces données, on peut calculer l'écart dû au volume du marché et l'écart dû à la part de marché. Lorsqu'il n'y a qu'un seul produit, l'écart engendré par la combinaison des produits vendus est inexistant. La figure 10.6 illustre les relations entre les divers écarts.

Figure 10.6
Les relations entre les écarts relatifs aux revenus

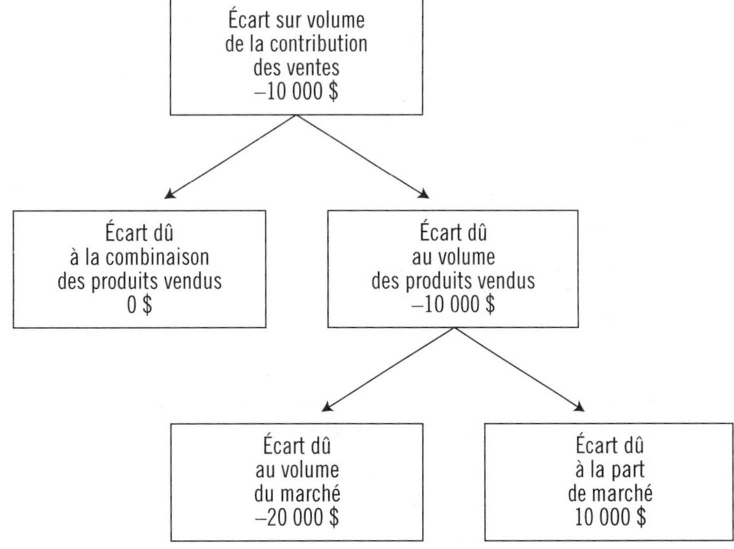

Les calculs détaillés de l'écart dû au volume du marché et de l'écart dû à la part de marché se présentent comme suit.

- Écart dû au volume du marché = (900 000 unités – 1 000 000 unités) × (100 000 unités/ 1 000 000 unités) × 2 $
- Écart dû à la part de marché = (95 000 unités/ 900 000 unités – 100 000 unités/ 1 000 000 unités) × 900 000 unités × 2 $

EXEMPLE

L'entreprise Vidéonet ltée

Vidéonet ltée assemble deux modèles de magnétoscopes, un modèle ordinaire qu'on prévoit vendre 200 $ et un modèle de luxe dont le prix de vente est de 400 $. Le coût variable de fabrication est respectivement de 100 $ pour le modèle ordinaire et de 160 $ pour le modèle de luxe. On a vendu le premier de ces deux magnétoscopes au prix de 210 $ et le second, au prix de 405 $. Il n'y a pas eu d'écarts sur coûts. Voici les prévisions de ventes et de parts de marché pour les deux magnétoscopes.

	Modèle ordinaire	Modèle de luxe	Total
Ventes prévues	100 000	50 000	**150 000**
Volume du marché prévu	800 000	500 000	**1 300 000**
Ventes réelles	93 000	60 000	**153 000**
Volume du marché réel	900 000	480 000	**1 380 000**

Voici les différents écarts observés:

1. Écart sur prix de vente (modèle ordinaire) = (210 $ – 200 $) × 93 000, soit 930 000 $

   Écart sur prix de vente (modèle de luxe) = (405 $ – 400 $) × 60 000, soit 300 000 $

   Écart sur prix de vente = 930 000 $ + 300 000 $, soit 1 230 000 $
2. Écart sur volume d'affaires (modèle ordinaire) = (93 000 – 100 000) × 200 $, soit –1 400 000 $

   Écart sur volume d'affaires (modèle de luxe) = (60 000 – 50 000) × 400 $, soit 4 000 000 $

   Écart sur volume d'affaires = –1 400 000 $ + 4 000 000 $, soit 3 600 000 $

La figure 10.7 présente les autres écarts relatifs aux revenus en montrant les liens entre eux. Voici les calculs détaillés de ces écarts:

3. Écart sur volume de la contribution des ventes (modèle ordinaire) = (93 000 – 100 000) × 100 $, soit –700 000 $

   Écart sur volume de la contribution des ventes (modèle de luxe) = (60 000 – 50 000) × 240 $, soit 2 400 000 $

   Écart sur volume de la contribution des ventes = –700 000 $ + 2 400 000 $, soit 1 700 000 $

Figure 10.7
Les relations entre les écarts relatifs aux revenus

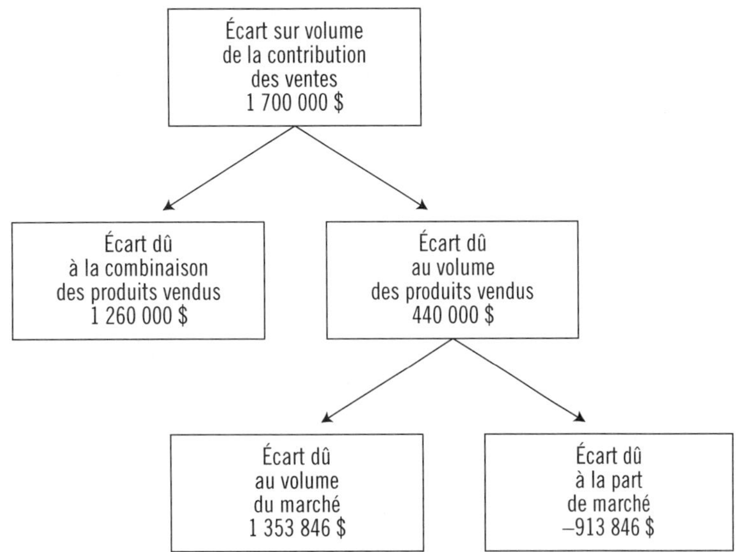

4. Écart dû à la combinaison des produits vendus (modèle ordinaire) = (60 000/153 000 – 50 000/150 000) × 153 000 × 100 $, soit – 900 000 $

   Écart dû à la combinaison des produits vendus (modèle de luxe) = (93 000/153 000 – 100 000/150 000) × 153 000 × 240 $, soit 2 160 000 $

   Écart dû à la combinaison des produits vendus = – 900 000 $ + 2 160 000 $
5. Écart dû au volume des produits vendus (modèle ordinaire) = (153 000 – 150 000) × (100 000/150 000) × 100 $, soit 200 000 $

   Écart dû au volume des produits vendus (modèle de luxe) = (153 000 – 150 000) × (50 000/150 000) × 240 $, soit 240 000 $

   Écart dû au volume des produits vendus = 200 000 $ + 240 000 $
6. Écart dû au volume du marché = (1 380 000 – 1 300 000) × (150 000/1 300 000) × 146,67 $, soit 1 353 846 $

   Il faut noter que 146,67 $ = (100 000 × 100 $ + 50 000 × 240 $)/150 000, ce qui correspond à la marge sur coûts variables moyenne budgétée par unité
7. Écart dû à la part de marché = (153 000/1 380 000 – 150 000/1 300 000) × 1 380 000 × 146,67 $, soit – 913 846 $

Interprétation de ces différents écarts

Le volume des ventes du modèle ordinaire a été moins élevé que prévu, soit de 93 000 unités au lieu de 100 000 unités, ce qui a engendré un écart négatif sur le volume d'affaires de –1 400 000 $. Par contre, le volume du marché a été nettement supérieur à celui prévu, soit 900 000 unités au lieu de 800 000 unités, ce qui n'est pas de bon augure. Par contre, le prix moyen de ce magnétoscope a été plus élevé que prévu, soit de 210 $ au lieu de 200 $, ce qui a engendré un écart sur prix de vente égal à 930 000 $.

Le volume des ventes du modèle de luxe a été substantiellement plus élevé que prévu, atteignant 60 000 unités au lieu de 50 000 unités; il en est résulté un écart impressionnant de 4 000 000 $ sur le volume d'affaires. Or, le volume du marché n'est pas parvenu au niveau prévu, car il a enregistré 480 000 unités au lieu de 500 000 unités. L'avenir est donc prometteur pour ce modèle. De plus, son prix moyen a été supérieur au prix prévu, soit 405 $ au lieu de 400 $, ce qui a engendré un écart sur prix de vente de 300 000 $.

Toutefois, l'écart le plus significatif est celui sur le volume de la contribution des ventes (1 700 000 $) ; cela tient au fait qu'il est exprimé en fonction de la marge sur coûts variables et qu'il combine l'effet de la variation du prix et de la variation du volume, qui ne peuvent donc être analysées séparément. Cet écart s'explique par un écart dû à la combinaison des produits vendus égal à 1 260 000 $, et un écart dû au volume des produits vendus égal à 440 000 $. L'écart dû à la combinaison des produits vendus indique que l'entreprise a vendu plus de modèles de luxe que de modèles ordinaires et que cette substitution a engendré une contribution additionnelle plus qu'intéressante de 1 260 000 $; il est significatif lorsque les produits vendus peuvent se substituer l'un à l'autre.

L'écart de 440 000 $ dû au volume des produits vendus est le résultat de ventes conjointes plus élevées que prévu et ne peut être interprété que par rapport au marché. Il résulte de la combinaison d'un écart dû au volume de marché égal à 1 353 846 $, et d'un écart négatif dû à la part de marché égal à –913 846 $; c'est donc dire que, sans l'augmentation globale du marché des magnétoscopes, l'entreprise Vidéonet ltée aurait vraisemblablement vu ses ventes diminuer, car elle a perdu du terrain dans le marché global des magnétoscopes. La direction devrait y voir un signal qu'elle doit repenser sa stratégie de mise en marché pour rattraper ses concurrents.

L'ANALYSE DES ÉCARTS RELATIFS AUX COÛTS CONCEPTUALISÉS

Cette analyse vise à déterminer dans quelle mesure la consommation des ressources est efficiente. En effet, les coûts conceptualisés sont des coûts rattachés aux ressources directement consommées par les produits et les services, notamment les matières premières et la main-d'œuvre directe. Constitués à la fois d'un prix et d'une quantité qui se rapportent aux ressources, ils sont souvent établis à la suite d'une étude ainsi que d'analyses technico-économiques. Ces prix et ces quantités apparaissent clairement dans la fiche de coût de revient des produits et services. Il s'agit de prévenir toute déviation importante par rapport à ces normes et d'établir dans les plus brefs délais la cause de tout écart détecté. Par exemple, si l'écart résulte du dérèglement d'une machine, il est bon de réagir le plus rapidement possible.

Nous analyserons, dans l'ordre, les écarts sur coût de matières premières, sur coût de la main-d'œuvre directe et sur coût des frais généraux de fabrication variables.

L'analyse des écarts sur coût des matières premières

La figure 10.8 résume l'analyse de l'écart sur coût des matières premières.

Figure 10.8
L'analyse de l'écart sur coût des matières premières

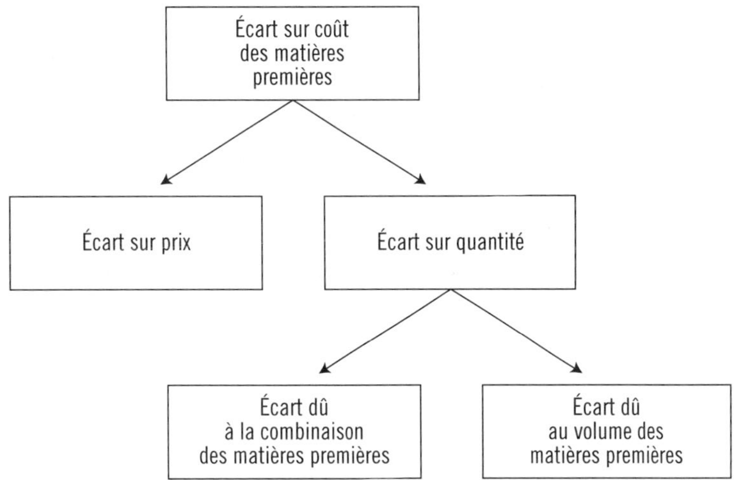

L'écart sur coût des matières premières se compose de multiples écarts que nous allons examiner de plus près.

1. Écart sur coût des matières premières = Coût réel – Coût budgété

   Le coût réel est égal à la quantité réelle utilisée multipliée par le prix moyen réel. Quant au coût budgété, il est égal à la quantité budgétée multipliée par le prix moyen budgété. Soulignons-le, pour que la comparaison soit valable, le coût budgété doit être celui que l'on obtient à partir du budget révisé pour le volume atteint. En effet, la comparaison du résultat avec la prévision du budget initial n'aurait aucun sens car les deux données ne se rapporteraient pas au même nombre de produits fabriqués. L'analyse du coût des matières premières vise à déterminer si la norme établie a été respectée. Par exemple, si on avait prévu et planifié l'utilisation de 2 kg de matières premières à 10 $/kg, a-t-on pu le faire ?

2. Écart sur prix = (Prix réel – Prix budgété) × Quantité réelle

   La quantité réelle est, selon le cas, la quantité de matières premières par unité de produits finis qui est réellement achetée ou celle qui est réellement utilisée. Les prix réel et budgété sont des prix d'achat des matières premières. On peut se demander pourquoi il faut multiplier la différence de prix par la quantité réelle. Si les écarts sont déterminés en dehors du système comptable, il n'est pas nécessaire de procéder ainsi. Par contre, si l'on veut que l'équation relative à l'écart sur coût des matières premières soit valable, ce calcul est nécessaire. De plus, l'information additionnelle qu'on obtient en multipliant la différence de prix par la quantité réelle révèle l'importance de l'écart par rapport à l'ensemble des résultats. Par exemple, on peut se demander quel est l'impact sur les revenus d'un écart de 0,10 $ sur le prix de vente. On obtient la réponse en multipliant cet écart de prix unitaire par la quantité utilisée.

3. Écart sur quantité = (Quantité réelle – Quantité budgétée) × Prix budgété

   Il s'agit de quantités relatives aux matières premières et du prix budgété de ces matières. On doit multiplier l'écart par le prix budgété afin de connaître son importance relative. On peut également exprimer cet écart par la formulation suivante :

   Écart sur quantité = (Quantité réelle/unité – Quantité budgétée/unité) × Nombre d'unités × Prix budgété

   où les unités concernent l'extrant, qui, dans le cas d'une entreprise de fabrication, est le produit fini.

L'analyse de l'écart sur coût des matières premières est illustrée par l'exemple de l'entreprise Grandecart ltée.

EXEMPLE

L'entreprise Grandecart ltée

La fiche du coût de revient de l'unique produit de l'entreprise Grandecart ltée se présente comme suit :

Fiche du coût de revient

	Quantité de ressources	Prix unitaire de la ressource	Coût par unité de produit finis
Matières premières	2 kg	15 $	30 $
Main-d'œuvre directe	0,5 h	16 $	8 $
Frais généraux de fabrication variables	0,5 h	2 $	1 $

Durant la semaine du 2 au 7 mars 1998, l'entreprise a assumé des coûts de 310 800 $ pour les matières premières et produit 10 000 unités de produits finis. Elle avait payé 14,80 $/kg pour l'achat de ces matières.

L'écart sur coût des matières premières, qui s'élève à 10 800 $, est défavorable ; on l'obtient en déduisant 310 800 $ de 300 000 $, montant prévu au budget révisé pour le volume atteint (10 000 unités à 30 $ l'unité). Cet écart s'explique par l'écart sur prix et l'écart sur quantité. La figure 10.9 résume le calcul de ces écarts.

Figure 10.9
Le calcul de l'écart sur coût des matières premières

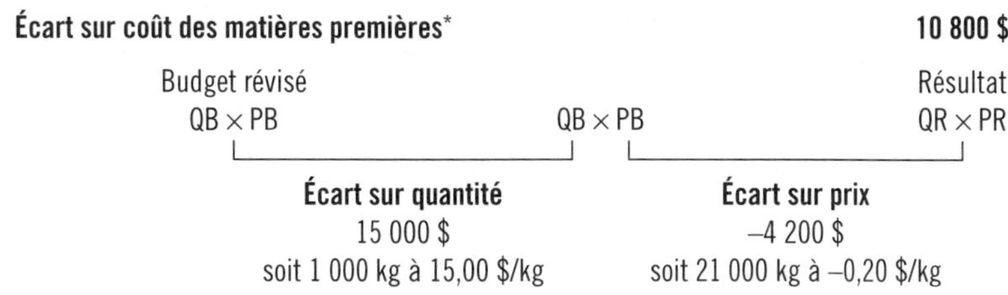

* QR désigne la quantité réelle, QB, la quantité budgétée, PR, le prix réel et PB, le prix budgété.

L'entreprise avait prévu qu'elle aurait besoin en moyenne de 2 kg par unité de produit fini, soit 20 000 kg pour 10 000 unités, et elle en a utilisé 21 000, ce qui a engendré un écart défavorable de 1 000 kg à 15 $ (prix budgété). De plus, elle a payé ces matières premières 14,80 $ le kilogramme au lieu de 15 $, ce qui a créé un écart sur prix favorable de –4 200 $.

La figure 10.8 suggère d'expliquer l'écart sur quantité à l'aide de deux écarts, le premier dû à la combinaison des matières premières et le deuxième au volume des matières premières. On peut procéder ainsi seulement si on utilise plus d'une matière, dont les prix sont différents et qu'on peut substituer les unes aux autres sans altérer la nature du produit.

4. Écart dû à la combinaison des matières = Quantité réelle × (Combinaison réelle – Combinaison budgétée) × Prix budgété

   Cet écart dégage l'effet dû à la variation de la combinaison des matières.

5. Écart dû au volume des matières = Combinaison budgétée × (Quantité réelle – Quantité budgétée) × Prix budgété

   Cet écart dégage l'effet dû à la variation du volume de l'ensemble des matières.

   Ces deux écarts sont illustrés par l'exemple suivant.

EXEMPLE

Le ketchup aux tomates

La recette de base du ketchup d'une conserverie qui transforme des tomates à la tonne est la suivante :

	Quantité de matières	Prix unitaire de la matière	Coût d'une tonne de ketchup
Tomates rouges	0,8 t	100 $/t	80 $
Tomates vertes	0,4 t	50 $/t	20
Total	**1,2 t**		**100 $**

Durant un mois, l'entreprise a fabriqué 5 000 t de ketchup aux tomates avec 3 800 t de tomates rouges au coût de 400 000 $, et de 2 500 t de tomates vertes au coût de 110 000 $.

La figure 10.10 résume la procédure de calcul des écarts.

Figure 10.10
Le calcul des écarts relatifs aux matières premières

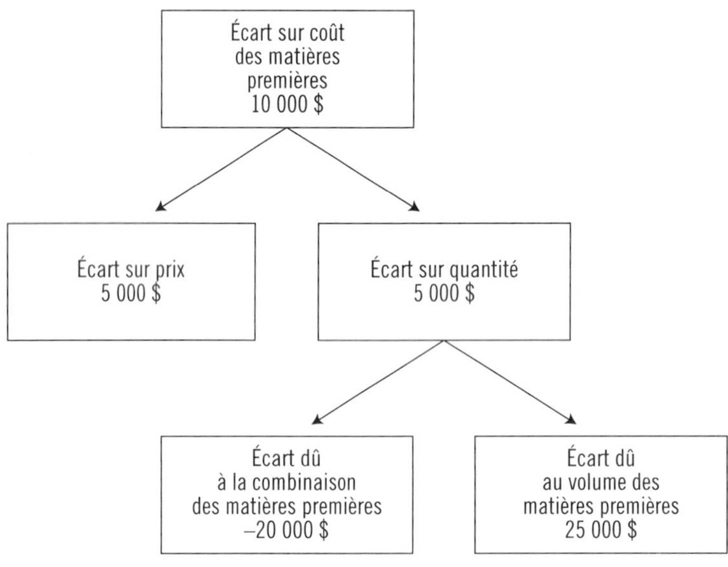

L'analyse des écarts sur coût de la main-d'œuvre directe

La figure 10.11 résume l'analyse de l'écart sur coût de la main-d'œuvre directe.

Figure 10.11
L'analyse de l'écart sur coût de la main-d'œuvre directe

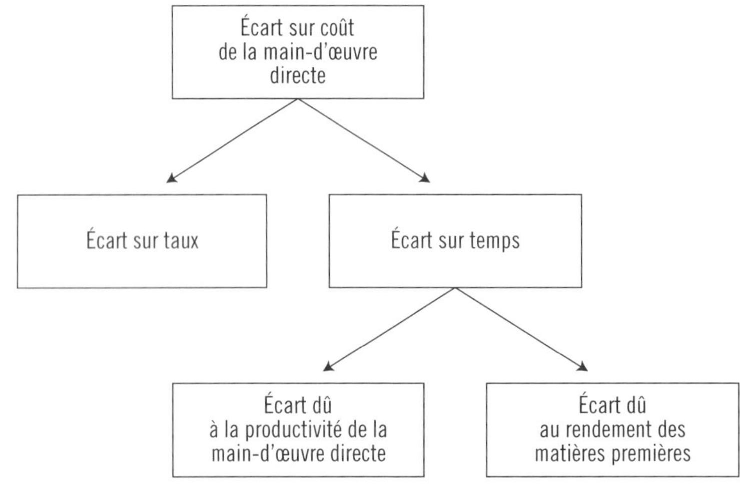

L'écart sur coût de la main-d'œuvre directe se compose de multiples écarts :

1. Écart sur coût de la main-d'œuvre directe = Coût réel – Coût budgété

   Le coût réel est égal au temps réel travaillé multiplié par le taux moyen de rémunération réel, alors que le coût budgété est égal au temps budgété multiplié par le taux moyen budgété. Cependant, pour que la comparaison ait du sens, il faut que le coût budgété soit celui que l'on obtient selon le budget révisé pour le volume atteint. En effet, comme pour les matières premières, il serait illogique de comparer le résultat avec la prévision inscrite dans le budget initial, car les deux données ne se rapportent pas au même nombre de produits fabriqués. L'objectif de l'analyse du coût de la main-d'œuvre directe est de déterminer si la norme établie a été respectée. Ainsi, si on avait prévu et planifié d'utiliser trois heures de main-d'œuvre directe à 20 $ l'heure, ces prévisions se sont-elles avérées exactes ?

2. Écart sur taux = (Taux réel – Taux budgété) × Temps réel

   Le temps réel ainsi que les taux réel et budgété se rapportent à la main-d'œuvre directe. On multiplie la différence de taux par le temps réel afin de déterminer l'importance de l'écart par rapport à l'ensemble des résultats. Par exemple, on peut se demander quel est l'impact sur les revenus d'un écart de 0,50 $ sur le taux payé. On obtient la réponse en multipliant cet écart de taux unitaire par le temps travaillé.

3. Écart sur temps = (Temps réel – Temps budgété) × Taux budgété

   Il s'agit de temps relatifs à la main-d'œuvre directe et du taux budgété de cette main-d'œuvre. On doit multiplier l'écart par le taux budgété afin de connaître l'importance relative de cet écart. On peut également exprimer cet écart par cette autre formulation :

   Écart sur quantité = (Temps réel/unité – Temps budgété/unité) ×
   Nombre d'unités × Taux budgété

   où les unités concernent l'extrant, c'est-à-dire, dans le cas d'une entreprise de fabrication, le produit fini.

L'entreprise Grandecart ltée, dont nous avons déjà analysé les écarts relatifs aux matières premières (voir p. 416), fournit aussi un exemple de l'analyse de l'écart sur coût de la main-d'œuvre directe.

EXEMPLE L'entreprise Grandecart ltée (suite)

Rappelons la fiche du coût de revient de l'unique produit de l'entreprise Grandecart ltée.

Fiche du coût de revient

	Quantité de ressources	Prix unitaire de la ressource	Coût par unité de produit fini
Matières premières	2 kg	15 $	30 $
Main-d'œuvre directe	0,5 h	16 $	8 $
Frais généraux de fabrication variables	0,5 h	2 $	1 $

Durant la semaine du 2 au 7 mars 1998, l'entreprise a assumé des coûts de 80 640 $ pour la main-d'œuvre directe, et a produit 10 000 unités de produits finis. Elle a rémunéré la main-d'œuvre au taux de 16,80 $ l'heure.

L'écart sur coût de la main-d'œuvre directe (80 640 $) est donc défavorable de 640 $. De ce montant de 80 640 $, on déduit 80 000 $, montant prévu au budget révisé pour le volume atteint (10 000 unités à 8 $ l'unité). Cet écart s'explique à la fois par l'écart sur taux et par l'écart sur temps. La figure 10.12 résume le calcul de ces écarts.

Figure 10.12 **Le calcul des écarts sur coût de la main-d'œuvre directe**

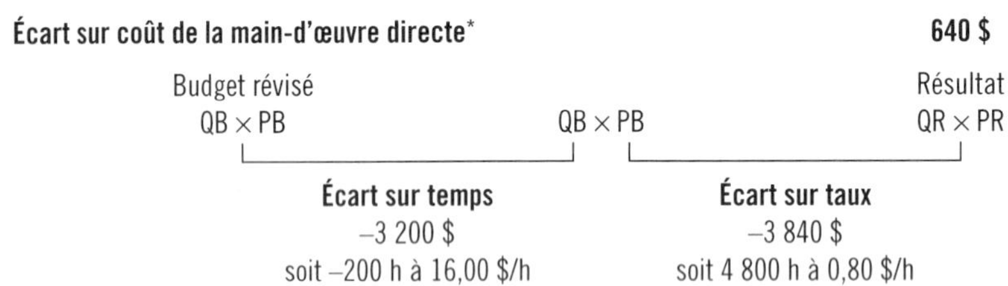

L'entreprise avait prévu employer en moyenne 0,5 heure par unité de produit fini, soit 5 000 heures pour une production de 10 000 unités; elle en a utilisé 4 800, ce qui a engendré un écart favorable sur temps de –200 heures à 16 $, taux de cette ressource prévu au budget. De plus, elle a rémunéré la main-d'œuvre au taux de 16,80 $ l'heure au lieu de 16 $, ce qui a engendré un écart sur taux défavorable de 3 800 $.

La figure 10.11 propose d'expliquer l'écart sur temps à l'aide de deux écarts, le premier dû à la productivité de la main-d'œuvre directe et le deuxième, au rendement des matières premières. Elle s'applique seulement lorsqu'il y a une relation entre la qualité des matières premières et le temps de la main-d'œuvre, c'est-à-dire lorsque la qualité des matières peut influer sur le temps travaillé.

4. Écart dû à la productivité de la main-d'œuvre directe = (Temps réel – Temps prévu en fonction des matières premières utilisées) × Taux budgété

   Cet écart dégage l'effet dû à la productivité de la main-d'œuvre calculé en fonction des matières premières utilisées.

5. Écart dû au rendement des matières premières = (Temps prévu en fonction des matières premières utilisées – Temps budgété) × Taux budgété

   Cet écart dégage l'effet dû au rendement des matières.

   Nous allons illustrer ces écarts en reprenant l'exemple de l'entreprise Grandecart ltée.

EXEMPLE

L'entreprise Grandecart ltée (suite)

Rappelons que, selon la fiche de coût de revient, une unité de produit fini de cette entreprise nécessite 2 kg de matières premières et 0,5 heure de main-d'œuvre directe. Soulignons également que les 10 000 unités de produits finis de l'entreprise avaient nécessité 21 000 kg de matières premières. Donc, on peut déduire la relation suivante entre les matières premières et la main-d'œuvre directe : il faut 0,25 heure de main-d'œuvre directe pour chaque kilogramme de matières premières utilisé. Cette relation permet de calculer l'écart dû à la productivité de la main-d'œuvre et l'écart dû au rendement des matières premières.

L'écart dû à la productivité de la main-d'œuvre directe est favorable de –7 200 $, ce qui correspond à une diminution de 450 heures de travail au taux de 16 $ l'heure. En effet, l'entreprise a eu besoin de 4 800 heures alors qu'elle aurait dû en prendre 5 250, compte tenu de la relation de 0,25 heure par kilogramme.

L'écart dû au rendement des matières premières est défavorable de 4 000 $, ce qui correspond à 250 heures de travail au taux de 16 $ l'heure. En effet, en fonction des 21 000 kg de matières premières utilisés, la main-d'œuvre directe aurait dû prendre 5 250 heures, alors qu'en fonction des 10 000 unités de produits finis elle aurait dû en prendre 5 000. Une autre façon d'interpréter cet écart consiste à dire que les 1 000 kg de matières premières supplémentaires utilisées (21 000 au lieu de 20 000) auraient dû nécessiter 250 heures de plus de main-d'œuvre directe.

L'analyse des écarts relatifs aux frais généraux de fabrication variables

La figure 10.13 résume l'analyse de à l'écart relatif aux frais généraux de fabrication variables.

Figure 10.13
L'analyse de l'écart sur frais généraux de fabrication variables

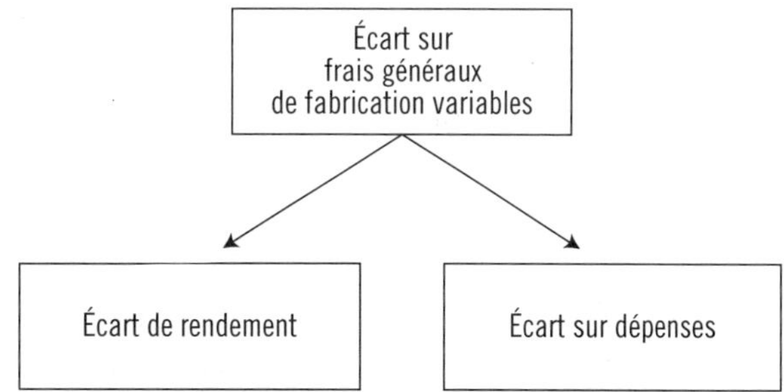

L'écart sur frais généraux de fabrication variables se compose de deux écarts lorsque ces frais varient en fonction d'une variable autre que le nombre d'unités produites. Si les frais généraux varient en fonction du nombre d'unités, il n'y a qu'un écart sur dépenses.

1. Écart sur frais généraux de fabrication variables = Coût réel – Coût budgété

   Le coût réel est égal au volume réel multiplié par le taux moyen réel, alors que le coût budgété est égal au volume budgété multiplié par le taux moyen budgété. Cependant, pour que la comparaison ait du sens, le coût budgété doit être celui que l'on obtient à partir du budget révisé pour le volume atteint. En effet, tout comme pour les matières premières et la main-d'œuvre directe, il serait inadéquat de comparer le résultat avec la prévision découlant du budget initial car les deux données ne se rapporteraient pas au même nombre de produits fabriqués. L'objectif visé par l'analyse des frais généraux de fabrication variables est de déterminer si la norme établie a été respectée. Ainsi, si on avait prévu et planifié des frais généraux de fabrication variables correspondant à 10 $ l'heure de main-d'œuvre directe et deux heures de main-d'œuvre directe, ces prévisions se sont-elles avérées exactes ?

2. Écart de rendement = (Volume réel – Volume budgété) × Taux budgété

   Il s'agit de volumes relatifs à la variable choisie pour mesurer le volume d'extrants. On doit multiplier l'écart par le taux budgété afin d'obtenir une information quant à l'importance relative de cet écart.

3. Écart sur dépenses = (Taux réel – Taux budgété) × Volume réel

   Le volume réel se rapporte à la variable choisie pour mesurer le volume d'extrants, par exemple à la base d'imputation. Les taux réel et budgété se rapportent aux frais généraux de fabrication et dépendent de la variable retenue pour mesurer le volume d'extrants. On multiplie la différence de taux par le volume réel afin de refléter l'importance de l'écart par rapport à l'ensemble des résultats. Par exemple, on peut se demander quel est l'impact sur les revenus d'un écart de 0,50 $ sur le taux des frais généraux de fabrication. On obtient la réponse en multipliant cet écart de taux unitaire par le volume d'extrants.

L'entreprise Grandecart ltée, dont nous avons déjà étudié les écarts relatifs aux matières premières et à la main-d'œuvre directe, fournit un exemple d'analyse de l'écart sur frais généraux de fabrication variables.

EXEMPLE L'entreprise Grandecart ltée (suite)

Rappelons encore une fois la fiche du coût de revient de l'unique produit de l'entreprise Grandecart ltée.

Fiche du coût de revient

	Quantité de ressources	Prix unitaire de la ressource	Coût par unité de produit fini
Matières premières	2 kg	15 $	30 $
Main-d'œuvre directe	0,5 h	16 $	8 $
Frais généraux de fabrication variables	0,5 h	2 $	1 $

Durant la semaine du 2 au 7 mars 1998, l'entreprise a assumé des coûts de 9 120 $ relatifs aux frais généraux de fabrication variables. Rappelons que la main-d'œuvre a travaillé 4 800 heures et que l'entreprise a produit 10 000 unités de produits finis.

On enregistre donc un écart favorable sur frais généraux de fabrication variables égal à −880 $. Il résulte de la différence entre 9 120 $ et 10 000 $; ce dernier montant, qui provient du budget révisé relativement au niveau atteint, a été obtenu en multipliant 10 000 unités par 1 $, soit le prix par unité. Cet écart s'explique par deux écarts : l'écart de rendement et l'écart sur dépenses. La figure 10.14 résume le calcul de ces écarts.

Figure 10.14
Le calcul de l'écart sur frais généraux de fabrication variables

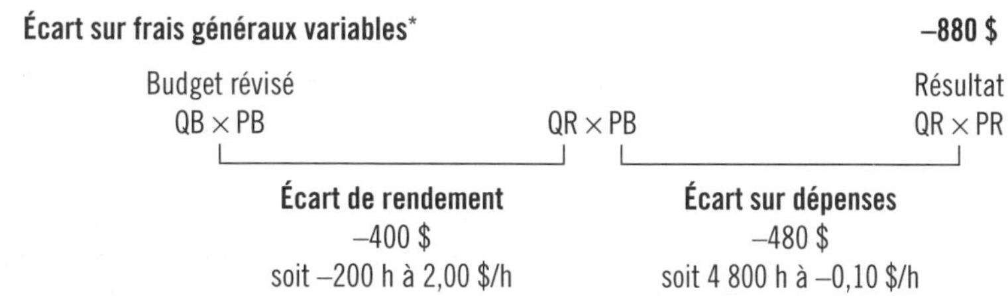

* QR désigne le volume réel, QB, le volume budgété, PR, le taux réel et PB, le taux budgété.

L'entreprise avait prévu utiliser en moyenne 0,5 heure par unité de produit fini, soit 5 000 heures pour une production de 10 000 unités, et elle a eu besoin de 4 800 unités, ce qui a engendré un écart favorable sur temps de −200 heures au taux de 2 $; il s'agissait du taux prévu pour les frais généraux de fabrication variables inscrits au budget. De plus, il lui en a coûté en moyenne 1,90 $ l'heure (9 120 $/4 800 heures) au lieu de 2 $, ce qui a engendré un écart favorable sur dépenses de −480 $. Notez que l'écart de rendement des frais généraux de fabrication variables est dû à l'écart sur temps de la main-d'œuvre directe, car ces frais varient en fonction de la main-d'œuvre directe.

De façon générale, les écarts sur prix, sur taux et sur dépenses sont des écarts résultant de la prévision, tandis que les écarts sur quantité sont des écarts dus à l'efficacité ou au rendement. Or, dans le cas des coûts conceptualisés, il s'agit bel et bien d'écarts visant à vérifier dans quelle mesure la consommation des ressources directes (matières premières, main-d'œuvre directe et frais généraux variables) est efficiente.

L'ANALYSE DES ÉCARTS RELATIFS AUX COÛTS DISCRÉTIONNAIRES

Les coûts discrétionnaires sont des coûts décidés et programmés à l'occasion de chaque budget, et pour lesquels il n'y a pas de norme possible, contrairement aux coûts conceptualisés. En effet, il n'y a pas de ratio intrants/extrants qui puisse servir de norme pour en évaluer l'efficience. Par exemple, le fait d'établir qu'il en coûte 5 $ en frais de recherche et de développement par unité produite, ou encore 5 $ de publicité par unité vendue, ne révèle rien à propos du rendement de ces coûts.

Il est généralement impossible de vérifier si la consommation des ressources discrétionnaires est efficiente parce qu'on dispose de peu de points de repère valables. Autrement dit, il est difficile de déterminer une mesure des activités touchées par ces coûts à cause des éléments qualitatifs qui dominent ces activités. Par exemple, en ce qui concerne les frais d'administration, les frais de mise en marché et les frais de recherche et de développement, comment peut-on évaluer les montants dépensés ?

La surveillance des coûts ne contribue pas à améliorer la performance de l'entreprise, ce qui n'empêche pas certains gestionnaires d'opter pour une planification complexe, parfois même trop complexe. Par ailleurs, d'autres s'assurent d'une certaine efficacité a priori, puis se contentent de surveiller les dépassements budgétaires a posteriori, attitude qui a souvent des effets contraires aux buts poursuivis. Lors du dernier mois de l'exercice, la direction devra procéder à des coupures dans des activités productrices de valeur pour éviter tout dépassement budgétaire (par exemple, un directeur d'hôpital fermera une unité de soins) ; par contre, si elle prévoit un excédent budgétaire, elle engagera des dépenses au cours du dernier mois de l'exercice pour annuler tout excédent éventuel, de crainte de voir son budget amputé l'année suivante.

L'ANALYSE DES ÉCARTS RELATIFS AUX COÛTS ENGAGÉS

En ce qui concerne les coûts engagés, les résultats sont habituellement conformes aux prévisions, car ces frais sont en majeure partie fixes et ils sont déterminés globalement a priori. On n'exercera donc pas une surveillance pour éviter leur dépassement. Par contre, on effectuera un contrôle quant à leur degré de couverture par les produits et services ; il est à noter que cette information est parfois fournie par la sous-imputation, qui peut révéler une capacité planifiée et non utilisée.

Rappelons que la sous-imputation des frais généraux fixes correspond aux frais généraux de fabrication fixes réels, dont on a déduit les frais généraux de fabrication imputés. La figure 10.15 résume l'analyse de la sous-imputation ou de la surimputation.

Figure 10.15
L'analyse de la sous-imputation ou de la surimputation

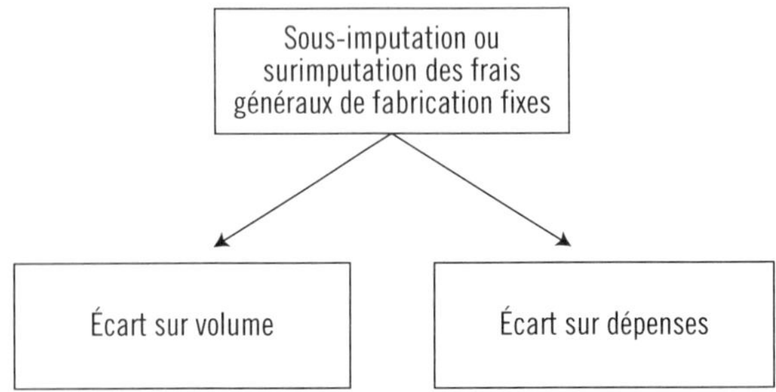

1. Écart sur volume relatif aux frais généraux de fabrication fixes = Frais généraux de fabrication fixes budgétés – Frais généraux de fabrication fixes imputés
2. Écart sur dépenses relatif aux frais généraux de fabrication fixes = Frais généraux de fabrication fixes réels – Frais généraux de fabrication fixes budgétés

Tant la sous-imputation que la surimputation des frais généraux de fabrication fixes sont donc constituées d'un écart sur volume et d'un écart sur dépenses. Un exemple tiré de l'entreprise Sidex ltée illustre le calcul de ces écarts et les interprétations qu'on peut leur donner.

EXEMPLE

L'entreprise Sidex ltée

L'entreprise Sidex ltée transforme de l'acier brut en acier trempé. La fiche du coût de revient d'une tonne d'acier de l'usine Sidex, établie pour un volume normal d'activité de un million de tonnes par an, est la suivante :

Matières premières	100 $
Main-d'œuvre directe	50
Frais généraux de fabrication variables	25
Frais généraux de fabrication fixes	75
Coût standard d'une tonne d'acier trempé	**250 $**

Les frais généraux fixes sont presque entièrement des coûts engagés, comme la dotation à l'amortissement cumulé des immobilisations, les taxes et les assurances. Ils sont estimés à 75 millions de dollars par an.

Voici les résultats du dernier exercice en ce qui touche les frais généraux de fabrication.

Production totale pour l'année	610 000 t
Frais généraux de fabrication fixes budgétés	75 000 000 $
Frais généraux de fabrication fixes réels	75 300 000 $
Frais généraux de fabrication fixes imputés	45 750 000 $

La figure 10.16 résume l'analyse de la sous-imputation, qui porte sur 29 550 000 $.

Figure 10.16
L'analyse de la sous-imputation

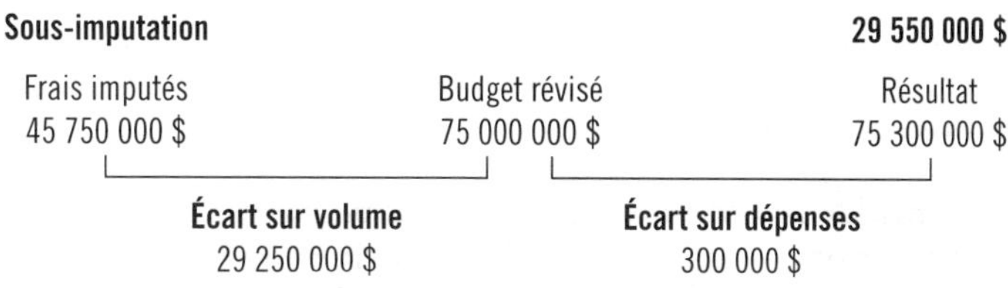

Le montant de l'écart sur volume représente le coût qu'il faut assumer pour disposer d'une infrastructure dont le coût est estimé à 75 millions par an et qui n'est utilisée qu'à 61 % de sa capacité normale, ce qui correspond à 610 000 t, par rapport à une capacité normale de un million de tonnes. Il s'agit donc du coût de la capacité inutilisée. Un écart aussi important va inciter la direction à se pencher sur cette sous-utilisation, cause majeure d'un déficit appréhendé de 30 millions de dollars. L'écart sur dépenses (300 000 $) n'est peut-être qu'une erreur de prévision.

UNE RÉFLEXION SUR LE CONTRÔLE DE SURVEILLANCE

Le contrôle de surveillance est en général limité, bien que l'analyse des écarts de revenus et l'analyse des écarts relatifs aux coûts conceptualisés apportent des informations intéressantes aux gestionnaires. L'analyse des écarts de revenus permet de dégager les effets sur les bénéfices d'une variation de la marge sur coûts variables, mais également de variations du volume du marché et de la part de marché. Ces informations sont utiles, mais elles n'expliquent pas les raisons profondes de ces variations. Il faut donc que ces analyses soient complétées par une analyse de la stratégie de mise en marché de l'entreprise.

En pratique, l'analyse des écarts est inutile en ce qui touche les coûts discrétionnaires et n'a qu'une portée très limitée relativement aux coûts engagés. Par ailleurs, elle est utile, et on y a encore recours dans le cas des coûts conceptualisés. Cela dit, la recherche de l'efficience passe de moins en moins par la surveillance de normes et l'analyse des écarts relatifs à la quantité. On a tendance à lui substituer l'analyse comparative des procédés, l'analyse des inducteurs de coûts et le réaménagement des processus d'entreprise.

De plus, la surveillance des coûts entraîne la surveillance du personnel. Or, on ne peut mettre en place un système de surveillance budgétaire sans se préoccuper de l'aspect humain; il est impératif de connaître son impact sur le comportement du personnel. Si les cerveaux ont de tout temps représenté une ressource cruciale pour l'entreprise, c'est d'autant plus vrai aujourd'hui, alors que les tâches ne requérant qu'une habileté physique disparaissent de plus en plus de nos entreprises, au profit de l'automatisation et de la robotisation.

Le contrôle de surveillance est également limité en ce qui a trait à la recherche de l'économie. En effet, le souci de rentabilité ne repose plus sur l'analyse des écarts sur prix. Un nombre de plus en plus élevé d'entreprises cherchent à conclure des ententes à long terme avec leurs fournisseurs, s'orientant même vers un partenariat conforme au souci de qualité totale. En outre, l'analyse comparative (*benchmarking*) remplace la comparaison établie par le biais de normes internes élaborées au moyen d'indicateurs de pratiques externes.

Enfin, la poursuite de l'efficacité passe par une responsabilisation véritable des gestionnaires, comme en témoigne le renouvellement des entreprises et de la gestion.

QUESTIONS DE RÉVISION

1. Qu'entend-t-on par contrôle budgétaire classique ?
2. À quelles questions répond généralement le suivi global d'un budget d'exploitation par ressources ?
3. Quel contexte justifie le suivi global d'un budget d'exploitation par ressources ?
4. En quoi le suivi global d'un budget d'exploitation par activités diffère-t-il du suivi d'un budget d'exploitation par ressources ?
5. Définissez les écarts suivants :
   a) l'écart sur volume de la contribution des ventes ;
   b) l'écart dû à la combinaison des produits vendus ;
   c) l'écart dû au volume des produits vendus ;
   d) l'écart dû au volume du marché ;
   e) l'écart dû à la part de marché.
6. Quelles raisons invoque-t-on pour justifier la tendance à exprimer la plupart des écarts de revenus en fonction de la marge sur coûts variables unitaires budgétée ?
7. Pourquoi est-il important de calculer les écarts dus au volume du marché et à la part de marché ?
8. Quel est l'objectif poursuivi par l'analyse des écarts relatifs aux coûts conceptualisés ?
9. Quels écarts expliquent l'écart sur coût des matières premières ?
10. Quels écarts expliquent l'écart sur coût de la main-d'œuvre directe ?
11. En quoi les matières premières utilisées peuvent-elles influer sur le coût de la main-d'œuvre directe ?
12. Quels écarts expliquent l'écart sur les frais généraux de fabrication variables ?
13. Comment et dans quelle situation la main-d'œuvre directe peut-elle influer sur les frais généraux de fabrication variables ?
14. Quels facteurs limitent l'analyse des écarts relatifs aux coûts discrétionnaires ?
15. À quoi peut servir l'analyse des écarts relatifs aux coûts engagés ?
16. Pourquoi doit-on se préoccuper des facteurs humains dans l'analyse quantitative des écarts ?
17. Commentez brièvement la recherche de l'efficacité, de l'efficience et de l'économie effectuée au moyen de la surveillance budgétaire.

EXERCICES

EXERCICE 10.1 Suivi global du budget d'une entreprise commerciale

Voici le budget des résultats d'une entreprise commerciale pour l'exercice financier se terminant le 31 décembre 1999.

Entreprise commerciale
Budget des résultats
pour l'exercice se terminant le 31 décembre 1999

Ventes	**18 000 000 $**
Coût des produits vendus	10 800 000
Bénéfice brut	**7 200 000 $**
Coûts	
Salaires du personnel administratif	1 173 000 $
Salaires des vendeurs	1 746 000
Avantages sociaux	291 900
Frais de déplacement	50 400
Frais de représentation	46 800
Énergie	558 000
Téléphone	5 220
Fournitures	15 120
Entretien	32 400
Publicité	1 170 000
Taxes et assurances	39 600
Dotation à l'amortissement	54 000
Divers	21 600
Frais financiers	187 200
	5 391 240 $
Résultat net	**1 808 760 $**

Les vendeurs reçoivent une rémunération fixe établie à 1 386 000 $, plus une commission égale à 2 % des ventes. La consommation des fournitures est proportionnelle aux ventes. Contrairement aux ventes et à d'autres coûts, les salaires du personnel administratif et la dotation à l'amortissement sont assumés de façon uniforme au cours de l'année. Le tableau qui suit présente le pourcentage (%) des ventes de même que le pourcentage (%) de la consommation d'énergie que l'entreprise doit engager chaque mois, selon les compilations statistiques des dix dernières années.

Mois	**Pourcentage des ventes**	**Pourcentage de la consommation d'énergie**
Janvier	5 %	15 %
Février	5	14
Mars	6	11
Avril	7	10
Mai	8	4
Juin	8	2
Juillet	4	2
Août	8	2
Septembre	9	5
Octobre	12	9
Novembre	14	12
Décembre	14	14
Total	**100 %**	**100 %**

L'entreprise prépare des états financiers trimestriels. C'est pour elle l'occasion d'évaluer la performance de l'entreprise en regard des prévisions initiales. Voici les résultats au 31 mars 1999.

Entreprise commerciale
État des résultats
pour les trois mois se terminant le 31 mars 1999

Ventes		**3 750 000 $**
Coût des produits vendus		2 437 500
Bénéfice brut		**1 312 500 $**
Coûts		
Salaires du personnel administratif	293 670 $	
Salaires des vendeurs	421 500	
Avantages sociaux	71 517	
Frais de déplacement	13 200	
Frais de représentation	11 100	
Énergie	229 290	
Téléphone	1 185	
Fournitures	2 388	
Entretien	8 064	
Publicité	121 740	
Taxes et assurances	9 900	
Dotation à l'amortissement	13 500	
Divers	2 946	
Frais financiers	46 800	
		1 246 800 $
Résultat net		**65 700 $**

Travail pratique

Commentez les résultats au 31 mars 1999.

EXERCICE 10.2 Suivi global d'un budget par activités

Voici le budget des résultats d'une station de ski pour l'exercice financier se terminant le 30 avril 1996.

Station de ski
Budget des résultats
pour l'exercice se terminant le 30 avril 1996

Produits		
Droits d'entrée		2 056 940 $
Activité de restauration		139 586
Concessions		61 746
Divers		58 259
		2 316 531 $
Coûts		
Préparation estivale des pistes		
Main-d'œuvre	60 000 $	
Utilisation des équipements	12 436	
Divers	8 000	80 436 $
Fabrication de la neige		
Main-d'œuvre	108 800 $	
Électricité	41 820	
Utilisation des équipements	60 000	
Divers	20 000	230 620
Éclairage des pistes		
Électricité	32 974 $	
Utilisation du système d'éclairage	12 859	
Divers	6 000	51 833
Damage des pistes		
Main-d'œuvre	95 000 $	
Produits pétroliers	18 172	
Utilisation de la machinerie	45 000	
Divers	15 000	173 172
Remontées mécaniques		
Main-d'œuvre	254 100 $	
Électricité	79 695	
Utilisation des équipements	140 000	
Divers	40 000	513 795
Administration		
Main-d'œuvre	245 383 $	
Assurances	44 788	
Taxes et permis	45 000	
Divers	30 000	365 171
Mise en marché		
Main-d'œuvre	77 377 $	
Publicité	180 000	
Divers	10 000	267 377
Intérêts		348 708
		2 031 112 $
Résultat net		**285 419 $**

Les droits d'entrée comprennent les abonnements de saison et les entrées quotidiennes. La vente des abonnements de saison débute le 1er septembre et, sauf exception, se termine le 31 décembre. La station s'est fixé un objectif de ventes de 538 412 $, ce qui représente une augmentation de 5 % par rapport à l'année précédente. Quant aux entrées quotidiennes, le tableau qui suit montre la distribution des ventes par mois. Notons toutefois qu'il s'agit de moyennes établies à partir des ventes des 10 dernières années et que ces pourcentages varient beaucoup d'une année à l'autre, selon les conditions climatiques.

Distribution des ventes par mois

Novembre	3 %
Décembre	26
Janvier	25
Février	24
Mars	20
Avril	2
Total	**100 %**

La préparation estivale des pistes s'effectue en été et se termine à l'automne. On fabrique la neige dès le début de novembre et on cesse généralement cette activité à la fin de janvier, parce qu'on a accumulé suffisamment de neige sur les pistes.

La direction prépare toujours un état des résultats à la mi-saison, c'est-à-dire au 31 janvier de chaque année. La période des vacances de Noël est alors terminée et on se prépare à accueillir, en février et en mars, les classes blanches et la clientèle des relâches scolaires. C'est donc un moment approprié pour faire le point sur les résultats de la saison. Voici les résultats de la station de ski au 31 janvier 1999.

Station de ski
État des résultats
pour la période du 1er mai 1995 au 31 janvier 1996

Produits		
Droits d'entrée		1 416 742 $
Activité de restauration		98 563
Concessions		52 860
Divers		44 639
		1 612 804 $
Coûts		
Préparation estivale des pistes		
Main-d'œuvre	75 638 $	
Utilisation des équipements	12 648	
Divers	12 749	101 035 $
Fabrication de la neige		
Main-d'œuvre	99 953 $	
Électricité	39 562	
Utilisation des équipements	58 639	
Divers	22 538	220 692
Éclairage des pistes		
Électricité	15 846 $	
Utilisation du système d'éclairage	6 493	
Divers	3 287	25 626
Damage des pistes		
Main-d'œuvre	48 520 $	
Produits pétroliers	9 362	
Utilisation de la machinerie	24 370	
Divers	9 620	91 872
Remontées mécaniques		
Main-d'œuvre	127 950 $	
Électricité	41 373	
Utilisation des équipements	35 500	
Divers	24 368	229 191
Administration		
Main-d'œuvre	185 321 $	
Assurances	33 591	
Taxes et permis	33 750	
Divers	26 497	279 159
Mise en marché		
Main-d'œuvre	58 033 $	
Publicité	163 090	
Divers	8 930	230 053
Intérêts		278 966
		1 456 594 $
Résultat net		**156 210 $**

Travail pratique

Commentez les résultats financiers au 31 janvier 1996.

EXERCICE 10.3 Analyse des écarts de revenus

Le service de recherche commerciale et de mise en marché de Comhic ltée, une entreprise commerciale, a établi un tableau estimatif de l'élasticité de la demande pour le prochain exercice financier. Ces prévisions ont été conçues à l'aide de statistiques relatives aux ventes et aux parts du marché des cinq dernières années, et des prévisions sur le volume des ventes dans le marché, qui seront, estime-t-on, de 1 400 000 unités en 1999.

Prévisions sur la demande pour 1999

Prix projeté	18,00 $	17,00 $	16,00 $	15,00 $	14,00 $
Volume prévu	290 000	320 000	350 000	370 000	390 000

Statistiques sur les ventes des années antérieures

	1994	1995	1996	1997	1998
Ventes (en unités)	153 960	178 594	210 740	254 996	298 345
Prix	10,20 $	11,22 $	12,57 $	13,82 $	15,07 $
Part du marché	12,8 %	14,9 %	18,3 %	22,2 %	24,9 %
Volume du marché	1 200 000	1 200 000	1 150 000	1 150 000	1 200 000

Voici le budget des résultats de Comhic ltée pour l'exercice se terminant le 31 décembre 1999, pour un prix prévu de 16 $ l'unité et un volume de 350 000 unités.

Comhic ltée
Budget des résultats
pour l'exercice se terminant le 31 décembre 1999

Ventes		**5 600 000 $**
Coût des produits vendus	2 625 000 $	
Frais de vente variables	560 000	
Frais d'administration variables	700 000	3 885 000
Marge sur coûts variables		**1 715 000 $**
Coûts fixes		
Frais de vente	215 000 $	
Frais d'administration	262 000	
Frais financiers	36 295	513 295
Résultat net		**1 201 705 $**

Au 31 décembre 1999, Comhic ltée avait réalisé un volume de ventes de 342 539 unités alors que le volume du marché était de 1 380 000 unités, ce qui représente une part de marché de 24,58 %, comparativement à 24,9 % pour l'année précédente. L'état des résultats de l'exercice se terminant le 31 décembre 1999 se présente ainsi :

Comhic ltée
État des résultats
pour l'exercice se terminant le 31 décembre 1999

Ventes		**5 446 370 $**
Coût des produits vendus	2 808 820 $	
Frais de vente variables	544 637	
Frais d'administration variables	650 824	4 004 281
Marge sur coûts variables		**1 442 089 $**
Coûts fixes		
Frais de vente	384 962 $	
Frais d'administration	386 048	
Frais financiers	56 315	827 325
Résultat net		**614 764 $**

Travaux pratiques

1. Calculez les écarts suivants :
   a) l'écart sur prix de vente ;
   b) l'écart sur volume d'affaires ;
   c) l'écart sur volume de la contribution des ventes ;
   d) l'écart dû au volume du marché ;
   e) l'écart dû à la part de marché.
2. À la lumière des divers écarts de revenus, commentez la performance commerciale de Comhic ltée pour l'exercice terminé le 31 décembre 1999.

EXERCICE 10.4 Analyse des écarts de revenus

L'entreprise Bathoc ltée fabrique deux modèles de bâtons de hockey : un modèle à base de bois recouvert de fibre de verre, qu'on souhaite vendre aux détaillants au prix de 10 $ l'unité, et un modèle en aluminium, dont la palette en bois recouvert de fibre de verre est remplaçable, qu'on souhaite vendre aux détaillant au prix de 20 $, bâton et palette inclus. Le coût variable de fabrication prévu est de 4 $ pour le bâton en bois et de 7 $ pour le bâton en aluminium.

Au cours de l'année 1998, on n'a enregistré aucun écart sur le coût variable de fabrication. Toutefois, Bathoc ltée a vendu les deux bâtons respectivement 11 $ et 22 $.

Voici les prévisions ainsi que les résultats des ventes, des parts de marché et du volume de marché pour les deux produits, exprimés en nombre de bâtons.

	Bâton en bois	**Bâton en aluminium**	**Total**
Ventes prévues	120 000	40 000	**160 000**
Volume du marché prévu	1 000 000	400 000	**1 400 000**
Ventes réelles	106 000	56 000	**162 000**
Volume du marché réel	940 000	500 000	**1 440 000**

Travaux pratiques

1. Calculez les écarts suivants:
   a) l'écart sur prix de vente;
   b) l'écart sur volume d'affaires;
   c) l'écart sur volume de la contribution des ventes;
   d) l'écart dû à la combinaison des produits vendus;
   e) l'écart dû au volume des produits vendus;
   f) l'écart dû au volume du marché;
   g) l'écart dû à la part de marché.
2. Proposez une interprétation de ces divers écarts.

EXERCICE 10.5 Analyse des écarts de revenus

L'entreprise Compord ltée vient de lancer sur le marché deux modèles d'ordinateur vendus par Internet et dont les prix sont inférieurs à 1000 $. Le prix de vente du premier modèle est de 799 $ et celui du deuxième modèle, de 999 $. L'entreprise espère ainsi accaparer plus de 30 % de ce marché, qui s'annonce très lucratif. En effet, un important magazine d'informatique a prévu qu'il se vendra 3 600 000 ordinateurs dans cette fourchette de prix et par ce nouveau mode de commerce au cours du trimestre d'été, soit de juillet à septembre. On s'attend à ce que 2 400 000 appareils à 799 $ soient vendus.

Compord ltée croit pouvoir vendre, au cours du trimestre d'été, 700 000 appareils au prix de 799 $ — appareils dont le coût variable de fabrication prévu est de 400 $ —, et 400 000 appareils au prix de 999 $ — appareils dont le coût variable de fabrication est de 500 $.

Or, trois mois plus tard, dans son numéro d'octobre, le magazine informe ses lecteurs que les ventes d'appareils à moins de 1 000 $ par Internet ont atteint 4 000 000 pour le trimestre d'été, soit 11,1 % de plus que prévu. De ce nombre, 2 600 000 appareils ont été vendus au prix de 799 $. Quant à Compord ltée, elle a vendu 750 000 appareils à 799 $ et 550 000 appareils à 999 $. Les prix étant fixés à l'avance, il n'y a eu ni écart sur prix ni écart sur coût variable de fabrication.

Travaux pratiques

1. Calculez les écarts suivants :
   a) l'écart sur volume d'affaires ;
   b) l'écart sur volume de la contribution des ventes ;
   c) l'écart dû à la combinaison des produits vendus ;
   d) l'écart dû au volume des produits vendus ;
   e) l'écart dû au volume du marché ;
   f) l'écart dû à la part de marché.
2. Proposez une interprétation de ces divers écarts.

EXERCICE 10.6 Analyse des écarts de revenus

Une petite entreprise, la ferme Collais enr., produit et vend du sirop d'érable. En se basant sur les années précédentes, l'entreprise prévoyait produire et vendre au cours de la prochaine saison :

- 3 000 L d'un sirop clair à 3,00 $/L ;
- 2 000 L d'un sirop moyen à 3,50 $/L ;
- 2 000 L d'un sirop foncé à 4,00 $/L.

Le marché du sirop d'érable québécois représente un total de un million de litres par saison, dont 40 % sous forme de sirop clair, le reste (60 %) étant réparti également entre le sirop moyen et le sirop foncé.

Or, à la clôture de la dernière saison, il s'était produit et vendu :

- 350 000 L d'un sirop clair à 3,00 $/L ;
- 300 000 L d'un sirop moyen à 4,00 $/L ;
- 250 000 L d'un sirop foncé à 5,00 $/L.

Pour sa part, le propriétaire de la ferme Collais enr. considère qu'il a eu une bonne saison. En effet, la petite entreprise a produit et vendu au prix du marché :

- 2 000 L d'un sirop clair ;
- 2 500 L d'un sirop moyen ;
- 3 000 L d'un sirop foncé.

La plupart des coûts de l'entreprise sont fixes, et le coût variable de production est le même pour les trois qualités de sirop, soit 0,50 $ le litre. Il n'y a pas eu d'écarts de coûts.

Travaux pratiques

1. Calculez les écarts suivants :
   a) l'écart sur prix de vente ;
   b) l'écart sur volume d'affaires ;
   c) l'écart sur volume de la contribution des ventes ;

d) l'écart dû à la combinaison des produits vendus;
e) l'écart dû au volume des produits vendus;
f) l'écart dû au volume du marché;
g) l'écart dû à la part de marché.

2. Proposez une interprétation de ces divers écarts.

EXERCICE 10.7 Analyse des écarts relatifs aux coûts conceptualisés

Voici le budget du coût de fabrication d'une entreprise manufacturière pour l'exercice se terminant le 31 décembre 1998, pour un volume de 160 500 unités.

Entreprise manufacturière
Budget du coût de fabrication
pour l'exercice se terminant le 31 décembre 1998

Matières premières		
Composants	8 506 500 $	
Matière X	3 919 410	12 425 910 $
Main-d'œuvre directe		1 829 700
Frais généraux de fabrication		
Frais variables	706 200 $	
Frais fixes	2 250 000	2 956 200
Coût de fabrication		**17 211 810 $**

La fiche de coût de fabrication standard de l'unique produit fabriqué par cette entreprise est la suivante:

Fiche du coût de fabrication standard

Matières premières	
Composants	10 unités à 5,30 $/unité
Matière X	2,2 kg à 11,10 $/kg
Main-d'œuvre directe	45 min à 15,20 $/h
Frais généraux de fabrication	
Frais variables	4,40 $/unité de produit fini
Frais fixes	12,50 $/unité de produit fini (établi en fonction de la capacité de production)

Voici l'état du coût de fabrication pour l'exercice se terminant le 31 décembre 1998.

Entreprise manufacturière
État du coût de fabrication
pour l'exercice se terminant le 31 décembre 1998

Matières premières		
Composants	9 852 279 $	
Matière X	3 956 468	13 808 747 $
Main-d'œuvre directe		1 839 092
Frais généraux de fabrication		
Frais variables	725 957 $	
Frais fixes	2 252 852	2 978 809
Coût de fabrication		**18 626 648 $**

Il n'y a aucune relation entre les matières premières utilisées et la main-d'œuvre directe. L'entreprise a fabriqué 172 847 unités en 1998. Elle ne garde aucun stock de produits en cours. Elle a employé en moyenne, par unité produite, 10 composants, 2,1 kg de la matière X et 42 minutes de main-d'œuvre directe.

Travaux pratiques

1. Calculez les écarts suivants:
   a) l'écart sur coût des matières;
   b) l'écart sur prix des composants;
   c) l'écart sur quantité des composants;
   d) l'écart sur prix de la matière X;
   e) l'écart sur quantité de la matière X;
   f) l'écart sur taux de la main-d'œuvre directe;
   g) l'écart sur temps de la main-d'œuvre directe;
   h) l'écart de rendement des frais généraux de fabrication variables;
   i) l'écart sur dépenses des frais généraux de fabrication variables.
2. Proposez une interprétation de ces divers écarts.

EXERCICE 10.8 Analyse des écarts relatifs aux coûts conceptualisés observés dans deux ateliers

Voici le budget du coût de fabrication d'une entreprise manufacturière pour l'exercice se terminant le 31 décembre 1998, calculé pour un volume de 244 500 unités.

Entreprise manufacturière
Budget du coût de fabrication
pour l'exercice se terminant le 31 décembre 1998

Matières premières		
Matière A	6 215 190 $	
Matière B	6 777 540	
Composants	25 036 800	38 029 530 $
Main-d'œuvre directe		
Atelier n° 1	1 931 550 $	
Atelier n° 2	4 498 800	6 430 350
Frais généraux de fabrication		
Frais variables de l'atelier n° 1	1 320 300 $	
Frais fixes de l'atelier n° 1	2 180 500	
Frais variables de l'atelier n° 2	1 882 650	
Frais fixes de l'atelier n° 2	2 254 000	7 637 450
Coût de fabrication		**52 097 330 $**

Comme on peut le voir dans ce budget, chaque produit doit passer par deux ateliers. Dans le premier atelier, on emploie deux matières premières, A et B. Il n'y a aucune relation entre les matières premières et la main-d'œuvre directe. Le produit fini de l'atelier n° 1 est ensuite transféré à l'atelier n° 2 où il est assemblé avec quatre composants achetés par l'entreprise auprès d'autant de fournisseurs différents. La fiche de coût de fabrication standard de l'unique produit fabriqué par cette entreprise se présente comme suit :

Fiche du coût de fabrication standard

Atelier n° 1	
Matières premières	
Matière A	4,1 kg à 6,20 $/kg
Matière B	1,8 kg à 15,40 $/kg
Main-d'œuvre directe	30 min à 15,80 $/kg
Frais généraux de fabrication	
Frais variables	30 minutes à 10,80 $/h
Frais fixes	8,90 $/unité
Atelier n° 2	
Matières premières	
Transfert de l'atelier n° 1	
Composants venant de l'extérieur	4 unités à 25,60 $/unité
Main-d'œuvre directe	1 h à 18,40 $/h
Frais généraux de fabrication	
Frais variables	7,70 $/unité
Frais fixes	9,20 $/unité

L'état du coût de fabrication pour l'exercice se terminant le 31 décembre 1998 est le suivant :

Entreprise manufacturière
État du coût de fabrication
pour l'exercice se terminant le 31 décembre 1998

Matières premières		
Produit A	6 562 256 $	
Produit B	6 526 100	
Composants	23 591 581	36 679 937 $
Main-d'œuvre directe		
Atelier n° 1	1 889 134 $	
Atelier n° 2	3 742 113	5 631 247
Frais généraux de fabrication		
Frais variables de l'atelier n° 1	1 391 994 $	
Frais fixes de l'atelier n° 1	2 180 562	
Frais variables de l'atelier n° 2	1 830 381	
Frais fixes de l'atelier n° 2	2 246 492	7 649 429
Coût de fabrication		**49 960 614 $**

L'entreprise a fabriqué 225 973 unités en 1998. Elle ne garde aucun stock de produits en cours. Elle a utilisé en moyenne 4,4 kg de la matière A, 1,9 kg de la matière B, 33 minutes de main-d'œuvre directe à l'atelier n° 1 et 54 minutes de main-d'œuvre directe à l'atelier n° 2.

Travaux pratiques

1. Calculez les écarts suivants :
   a) l'écart sur coût des matières ;
   b) l'écart sur prix de la matière A ;
   c) l'écart sur quantité de la matière A ;
   d) l'écart sur prix de la matière B ;
   e) l'écart sur quantité de la matière B ;
   f) l'écart sur taux de la main-d'œuvre directe de l'atelier n° 1 ;
   g) l'écart sur temps de la main-d'œuvre directe de l'atelier n° 1 ;
   h) l'écart sur taux de la main-d'œuvre directe de l'atelier n° 2 ;
   i) l'écart sur temps de la main-d'œuvre directe de l'atelier n° 2 ;
   j) l'écart de rendement des frais généraux de fabrication variables de l'atelier n° 1 ;
   k) l'écart sur dépenses des frais généraux de fabrication variables de l'atelier n° 1 ;
   l) l'écart de rendement des frais généraux de fabrication variables de l'atelier n° 2 ;
   m) l'écart sur dépenses des frais généraux de fabrication variables de l'atelier n° 2.
2. Proposez une interprétation de ces divers écarts.

EXERCICE 10.9 Analyse des écarts sur coût des matières premières

L'entreprise Vitengrais ltée fabrique de l'engrais qui se vend à un prix unique de 10 $/kg. On prépare différentes recettes en variant les proportions de trois matières premières, A, B et C. Il y a une perte de 10 % de matières premières lors de la préparation, de sorte que 100 kg de matières premières donnent 90 kg de produits finis.

Voici le budget de production pour un volume de produits finis équivalant à 180 000 kg d'engrais.

Vitengrais ltée
Budget de production
pour le prochain exercice

	Quantités	Prix	Total
Matière A	50 000	5,00 $	250 000 $
Matière B	80 000	4,00 $	320 000
Matière C	70 000	3,00 $	210 000
Total	**200 000**		**780 000 $**

À la fin de l'exercice, on constate qu'il en a coûté 1 045 000 $ en matières premières. Toutefois, on a produit 216 000 kg d'engrais. On fait état de l'emploi des matières premières suivantes :

- 64 000 kg de matière A que l'entreprise a acquise au prix de 5,50 $/kg ;
- 90 000 kg de matière B que l'entreprise a acquise au prix de 4,80 $/kg ;
- 90 000 kg de matière C que l'entreprise a acquise au prix de 2,90 $/kg.

Le directeur général de l'entreprise demande au contrôleur de l'informer de la performance de l'entreprise.

Travaux pratiques

1. Calculez les écarts suivants :
   a) l'écart sur coût des matières premières ;
   b) l'écart sur prix des matières ;
   c) l'écart sur quantité des matières ;
   d) l'écart dû à la combinaison des matières premières ;
   e) l'écart dû au volume des matières premières.
2. Rédigez, au nom du contrôleur, un rapport à l'intention du directeur général de l'entreprise, l'informant de la performance enregistrée par l'entreprise au cours du dernier exercice.

EXERCICE 10.10 Analyse des écarts sur coût des matières premières

L'entreprise Chimipro ltée fabrique un produit nettoyant industriel à l'aide de trois ingrédients, A, B et C, qu'on mélange en y ajoutant de l'eau. On peut modifier légèrement les quantités d'ingrédients en les interchangeant sans altérer la qualité du produit fini.

Voici le budget de production pour un volume de à 360 000 kg de produit nettoyant.

Chimipro ltée
Budget de production
pour le prochain exercice

	Quantités	Prix	Total
Ingrédient A	100 000 kg	12,00 $	1 200 000 $
Ingrédient B	80 000	8,00 $	640 000
Ingrédient C	120 000	10,00 $	1 200 000
Total	**300 000 kg**		**3 040 000 $**

À la fin de l'exercice, on établit l'état du coût de fabrication comme suit :

Chimipro ltée
État du coût de fabrication
pour le dernier exercice

	Quantités	Prix	Total
Ingrédient A	120 000 kg	11,50 $	1 380 000 $
Ingrédient B	80 000	9,00 $	720 000
Ingrédient C	136 000	10,00 $	1 360 000
Total	**336 000 kg**		**3 460 000 $**

Toutefois, Chimipro ltée a transformé un total de 396 000 kg de produit nettoyant industriel au cours de l'exercice.

Travaux pratiques

1. Calculez les écarts suivants :
   a) l'écart sur coût des matières premières ;
   b) l'écart sur prix des matières ;
   c) l'écart sur quantité des matières ;
   d) l'écart dû à la combinaison des matières premières ;
   e) l'écart dû au volume des matières premières.
2. Proposez une interprétation des différents écarts calculés à la question n° 1.

EXERCICE 10.11 Analyse des écarts sur coût des ressources humaines

Un cabinet de consultants, PROMASC & Cie, effectue des mandats qui nécessitent l'engagement d'analystes seniors rémunérés au taux de 100 $/h, d'analystes juniors rémunérés au taux de 60 $/h et de stagiaires rémunérés au taux de 30 $/h. Un mandat typique de 100 heures comprend :

- 20 heures de travail d'analystes seniors ;
- 30 heures de travail d'analystes juniors ;
- 50 heures de travail de stagiaires.

Voici le budget des ressources professionnelles pour le prochain exercice. Ce budget équivaut à 200 000 heures de services professionnels.

PROMASC ltée
Budget des ressources professionnelles
pour le prochain exercice

	Quantités	**Prix**	**Total**
Analystes seniors	40 000 h	100,00 $	4 000 000 $
Analystes juniors	60 000	60,00 $	3 600 000
Stagiaires	100 000	30,00 $	3 000 000
Total	**200 000 h**		**10 600 000 $**

À la fin de l'exercice, on a réalisé des mandats qui ont coûté 11 280 000 $ en ressources humaines professionnelles. Toutefois, on a facturé 210 000 heures de services professionnels. On a relevé, à l'aide des feuilles de temps, l'emploi des ressources professionnelles suivantes :

- 48 000 heures travaillées par des analystes seniors ;
- 54 000 heures travaillées par des analystes juniors ;
- 108 000 heures travaillées par des stagiaires.

L'associé principal du cabinet souhaite obtenir une analyse détaillée de l'emploi de ressources professionnelles.

Travaux pratiques

1. Calculez les écarts suivants :
   a) l'écart sur coût des ressources professionnelles ;
   b) l'écart sur taux des ressources professionnelles ;
   c) l'écart sur temps des ressources professionnelles ;
   d) l'écart dû à la combinaison des ressources professionnelles ;
   e) l'écart dû au volume des ressources professionnelles.
2. Rédigez un rapport à l'intention de l'associé principal du cabinet pour rendre compte de l'utilisation des ressources professionnelles.

EXERCICE 10.12 Analyse du coût de la main-d'œuvre directe

L'entreprise Mobilibois ltée fabrique des meubles en bois. Dans un premier atelier, on découpe des pièces à partir de bois brut et on les sable, puis on les assemble dans un deuxième atelier. Dans le premier atelier, un menuisier qui effectue huit heures de travail transforme 120 m^2 de bois brut en pièces prêtes à assembler qui équivalent à 100 m^2 de bois brut ; autrement dit, on accumule 20 m^2 de rebuts pour 120 m^2 de bois brut utilisé.

Voici le budget de fabrication de cet atelier de Mobilibois ltée pour le prochain exercice, budget qui correspond à une production de pièces prêtes à assembler équivalant à 100 000 m² de bois.

Mobilibois ltée
Budget de fabrication
pour le prochain exercice

	Quantité ou temps	Prix ou taux	Total
Bois brut	120 000 m²	10 $	1 200 000 $
Menuisiers	8 000 h	24 $	192 000 $

À la fin de l'exercice, on constate qu'on a versé 242 500 $ en salaires aux menuisiers qui travaillent dans le premier atelier. Toutefois, ces derniers ont découpé et préparé pour le deuxième atelier des pièces équivalant à 120 000 m² de bois.

Le directeur général de l'entreprise demande au contrôleur de lui communiquer des données concernant la productivité des menuisiers du premier atelier.

Travaux pratiques

1. Calculez les écarts suivants :
   a) l'écart sur quantité des matières premières utilisées ;
   b) l'écart sur prix des matières premières ;
   c) l'écart sur coût de la main-d'œuvre directe du premier atelier ;
   d) l'écart sur temps de la main-d'œuvre directe du premier atelier ;
   e) l'écart sur taux de la main-d'œuvre directe du premier atelier ;
   f) l'écart dû à la productivité de la main-d'œuvre directe du premier atelier ;
   g) l'écart sur temps dû au rendement des matières premières.
2. Rédigez le rapport que le contrôleur prépare à l'intention du directeur général de l'entreprise pour l'informer de la productivité des menuisiers du premier atelier au cours du dernier exercice.

EXERCICE 10.13 Analyse du coût de la main-d'œuvre directe

La Pâtisserie de chez nous ltée fabrique plusieurs produits agréables au palais, dont les tartes aux pommes, aux bleuets, aux fraises et aux framboises qui ont fait sa renommée. Plusieurs ingrédients entrent dans la recette des tartes, dont on garde jalousement le secret. Toutefois, le directeur de la production révèle qu'avec 10 kg de farine en moyenne, un pâtissier qui travaille 7 heures fait 150 tartes.

Voici le budget de production des tartes de la Pâtisserie de chez nous ltée pour le prochain mois, budget qui correspond à une production de 45 000 tartes.

La Pâtisserie de chez nous ltée
Budget de production
pour le prochain mois

	Quantité ou temps	Prix ou taux	Total
Farine	3 000 kg	1 $	3 000 $
Pâtissiers	2 100 h	20 $	42 000 $

Or, en février dernier, les pâtissiers ont travaillé 2 000 heures, ils ont été rémunéré au taux de 19 $/h en moyenne, et ils ont produit 42 000 tartes.

Le directeur général de l'entreprise demande au contrôleur de l'informer de la productivité des pâtissiers durant le mois de février.

Travaux pratiques

1. Calculez les écarts suivants :
   a) l'écart sur quantité de farine utilisée ;
   b) l'écart sur coût des pâtissiers ;
   c) l'écart sur temps des pâtissiers ;
   d) l'écart sur taux horaire payé aux pâtissiers ;
   e) l'écart dû à la productivité des pâtissiers ;
   f) l'écart sur temps dû au rendement de la farine.
2. Rédigez le rapport que le contrôleur adresse au directeur général de l'entreprise pour l'informer de la productivité des pâtissiers durant le mois de février.

EXERCICE 10.14 Analyse du coût de la main-d'œuvre directe

Un service d'analyse de demandes de crédit d'une succursale bancaire reçoit en moyenne 400 demandes de prêts par semaine qui se distribuent comme suit :

- 50 sont de type A ; elles nécessitent en moyenne huit heures de travail de la part d'un analyste ;
- 100 sont de type B ; elles nécessitent en moyenne quatre heures de travail de la part d'un analyste ;
- 250 sont de type C ; elles nécessitent en moyenne une heure de travail de la part d'un analyste.

Les analystes sont rémunérés selon leur expérience. Le taux horaire moyen versé actuellement, compte tenu de l'expérience de l'équipe d'analystes à l'emploi de l'entreprise, est de 40 $/h.

Or, durant la semaine du 5 au 9 octobre 1998, l'équipe d'analystes a étudié 520 demandes de prêts dont 65 de type A, 130 de type B et 325 de type C, et la succursale a versé 53 960 $ en salaires aux analystes pour un total de 1 400 heures de travail.

Le directeur de la succursale demande au contrôleur de l'informer de la productivité des analystes de demandes de crédit durant cette semaine.

Travaux pratiques

1. Calculez les écarts suivants :
   a) l'écart sur coût des analystes ;
   b) l'écart sur temps des analystes ;
   c) l'écart sur taux horaire payé aux analystes ;
   d) l'écart dû à la productivité des analystes ;
   e) l'écart sur temps dû à la combinaison des types de demandes de crédit.
2. Rédigez le rapport que le contrôleur adresse au directeur de la succursale, et qui traite de la productivité des analystes des demandes de crédit durant la semaine du 5 au 9 octobre 1998.

EXERCICE 10.15 Analyse des frais généraux de fabrication variables

Voici le budget de fabrication de l'entreprise manufacturière Prodec ltée pour l'exercice financier se terminant le 31 décembre 1998 :

Prodec ltée
Budget de fabrication
pour l'exercice se terminant le 31 décembre 1998

Matières premières	30 000 000 $
Main-d'œuvre directe	2 700 000
Frais généraux de fabrication variables	900 000
Frais généraux de fabrication fixes	2 400 000
Coût total	**36 000 000 $**

L'entreprise compte fabriquer 1 200 000 kg de produits finis au cours de l'année 1998. Pour ce faire, elle prévoit avoir besoin de 1 500 000 kg de matières premières et de 90 000 heures de main-d'œuvre directe. L'entreprise a établi que les frais généraux de fabrication variables étaient proportionnels au nombre d'heures de main-d'œuvre directe travaillées.

Au début de 1999, le contrôleur établit l'état de fabrication suivant, qui couvre la même période :

Prodec ltée
État de fabrication
pour l'exercice terminé le 31 décembre 1998

Matières premières	27 600 000 $
Main-d'œuvre directe	2 352 000
Frais généraux de fabrication variables	924 000
Frais généraux de fabrication fixes	2 350 000
Coût total	**33 226 000 $**

Un relevé des résultats de l'exercice 1999 montre que l'entreprise :

- a fabriqué 1 140 000 kg de produits finis ;
- a employé 1 380 000 kg de matières premières ;
- a utilisé 84 000 heures de main-d'œuvre directe.

Le directeur général de Prodec ltée demande alors au contrôleur de lui préparer un rapport faisant état de la productivité de l'entreprise pour l'exercice terminé le 31 décembre 1998.

Travaux pratiques

1. Calculez les écarts suivants :
   a) l'écart sur quantité des matières premières utilisées ;
   b) l'écart sur prix des matières premières ;
   c) l'écart sur coût de la main-d'œuvre directe ;
   d) l'écart sur temps de la main-d'œuvre directe ;
   e) l'écart sur taux de la main-d'œuvre directe ;
   f) l'écart dû à la productivité de la main-d'œuvre directe ;
   g) l'écart sur temps dû au rendement des matières premières ;
   h) l'écart sur coût des frais généraux de fabrication variables ;
   i) l'écart sur dépenses des frais généraux de fabrication variables ;
   j) l'écart de rendement des frais généraux de fabrication variables ;
   k) la portion de l'écart de rendement des frais généraux de fabrication variables dû à la productivité de la main-d'œuvre directe ;
   l) l'écart sur coût des frais généraux de fabrication fixes.
2. Rédigez le rapport que le contrôleur adresse au directeur général de l'entreprise pour rendre compte de la productivité de l'entreprise au cours du dernier exercice.

EXERCICE 10.16 Analyse des écarts sur coûts engagés

Voici le budget des résultats d'une entreprise manufacturière pour l'exercice se terminant le 31 décembre 1998, budget établi pour un volume de produits fabriqués et vendus de 1 840 000 unités.

Entreprise manufacturière
Budget des résultats
pour l'exercice se terminant le 31 décembre 1998

Ventes		**106 720 000 $**
Coût des produits vendus		
Matières premières	14 352 000 $	
Frais de fabrication	76 065 600	90 417 600
Bénéfice brut		**16 302 400 $**
Frais de vente et d'administration		11 652 000
Résultat net		**4 650 400 $**

Le coût standard des matières premières est de 7,80 $ l'unité. L'entreprise est très robotisée, de sorte qu'il n'est pas pertinent d'examiner une catégorie de coûts associée à la main-d'œuvre directe. Tous les frais de fabrication sont des coûts engagés. Le coût standard des frais de fabrication est de 5,30 $ par dollar de matières premières. Ce taux sert de taux d'imputation des frais de fabrication.

L'entreprise a fabriqué et vendu 1 694 880 unités au cours de 1998.

Voici l'état des résultats pour l'exercice se terminant le 31 décembre 1998.

Entreprise manufacturière
État des résultats
pour l'exercice se terminant le 31 décembre 1998

Ventes		**105 421 536 $**
Coût des produits vendus		
Matières premières	14 236 992 $	
Frais de fabrication	76 096 220	90 333 212
Bénéfice brut		**15 088 324 $**
Frais de vente et d'administration		11 521 454
Résultat net		**3 566 870 $**

Travail pratique

Analysez l'écart sur les frais de fabrication engagés.

EXERCICE 10.17 Analyse des écarts relatifs aux coûts engagés

Voici le budget des résultats de l'entreprise manufacturière Robotprod ltée pour l'exercice se terminant le 31 décembre 1998, budget établi pour un volume de produits fabriqués et vendus de 10 millions d'unités.

Robotprod ltée
Budget des résultats
pour l'exercice se terminant le 31 décembre 1999

Ventes		**320 000 000 $**
Coût des produits vendus		
Matières premières	55 000 000 $	
Frais de fabrication	178 000 000	233 000 000
Bénéfice brut		**87 000 000 $**
Frais de vente et d'administration		32 980 000
Résultat net		**54 020 000 $**

L'entreprise est fortement robotisée, de sorte qu'il n'est pas pertinent d'examiner une catégorie de coûts associée à la main-d'œuvre directe. Tous les frais de fabrication sont des coûts engagés. Le coût standard des frais de fabrication est de 8,90 $ par heure-machine, et on prévoit que chaque unité de produit fabriqué nécessitera deux heures-machines.

Voici l'état des résultats pour l'exercice se terminant le 31 décembre 1999.

Robotprod ltée
État des résultats
pour l'exercice se terminant le 31 décembre 1999

Ventes		**268 400 000 $**
Coût des produits vendus		
Matières premières	47 520 000 $	
Frais de fabrication	180 500 000	228 020 000
Bénéfice brut		**40 380 000 $**
Frais de vente et d'administration		27 819 300
Résultat net		**12 560 700 $**

Le président est surpris des résultats de l'exercice. Il se doutait bien qu'on avait dû diminuer la production pour éviter d'accumuler des stocks. Cependant, il ne s'attendait pas à ce que le résultat net de l'entreprise soit aussi faible que 12 560 700 $. Il demande alors au contrôleur de lui faire un rapport expliquant la piètre performance de l'entreprise.

Robotprod a fabriqué et vendu 8,8 millions d'unités au cours de 1999; elle a payé la matière première moins cher que prévu, soit 5,40 $ l'unité. Cependant, elle a utilisé en moyenne 2,1 heures-machines par unité.

Travaux pratiques

1. Analysez l'écart sur les frais de fabrication engagés.
2. Préparez le rapport du contrôleur expliquant le maigre résultat net de 12 560 700 $ réalisé en 1999.

EXERCICE 10.18 Analyse des écarts relatifs aux coûts conceptualisés

Voici la fiche du coût de revient standard de l'entreprise manufacturière Manuprod ltée relativement à un lot de 90 t de produits finis, pour le prochain exercice financier se terminant le 31 décembre 1999.

	Quantité	Prix	Coût total
Matières premières	100 t	50 $	**5 000 $**
Main-d'œuvre directe	3 h	28 $	**84 $**
Frais généraux de fabrication variables	100 t	8 $	**800 $**

Manuprod ltée doit également assumer des frais généraux de fabrication fixes de 12 millions par année. Le volume de production prévu pour l'année 1999 est de 1 260 000 t.

Au début de l'an 2000, le contrôleur établit l'état de fabrication que voici pour l'exercice terminé le 31 décembre 1999.

Manuprod ltée
État de fabrication
pour l'exercice se terminant le 31 décembre 1999

Matières premières	74 400 000 $
Main-d'œuvre directe	1 350 000
Frais généraux de fabrication variables	13 950 000
Frais généraux de fabrication fixes	12 210 000
Coût total	**101 910 000 $**
Production	1 440 000
Coût par tonne	**70,77 $**

En 1999, l'entreprise a fabriqué 1 440 000 t de produits finis, à un coût moyen de 70,77 $/t, soit près de 4 $ de moins que le coût prévu dans le budget initial.

Le directeur général de Manuprod ltée demande alors au contrôleur de lui préparer un rapport expliquant la diminution du coût par tonne de produits finis observée au cours de l'exercice terminé le 31 décembre 1998. Selon le budget initial, l'entreprise avait prévu employer 1 400 000 t de matières premières; or, elle en a utilisé 1 550 000 t; elle avait aussi prévu que le temps de travail de la main-d'œuvre directe serait de 42 000 heures, alors qu'il a été de 50 000 heures.

Travaux pratiques

1. Calculez les écarts suivants:
   a) l'écart sur quantité des matières premières utilisées;
   b) l'écart sur prix des matières premières;
   c) l'écart sur coût de la main-d'œuvre directe;
   d) l'écart sur temps de la main-d'œuvre directe;
   e) l'écart sur taux de la main-d'œuvre directe;
   f) l'écart dû à la productivité de la main-d'œuvre directe;
   g) l'écart sur temps dû au rendement des matières premières;
   h) l'écart sur coût des frais généraux de fabrication variables;
   i) l'écart sur dépenses des frais généraux de fabrication variables;
   j) l'écart de rendement des frais généraux de fabrication variables;
   k) l'écart sur coût des frais généraux de fabrication fixes.
2. Rédigez le rapport du contrôleur expliquant au directeur général de l'entreprise la diminution du coût par tonne de produits finis au cours de l'exercice terminé le 31 décembre 1999.

CHAPITRE 11

Le contrôle financier renouvelé

Objectifs

Après avoir étudié ce chapitre, vous serez capable :

- de décrire le contrôle financier renouvelé ;
- de maîtriser les principales techniques auxquelles il fait appel ;
- de tirer le meilleur parti possible de ces techniques ;
- de mettre en application la gestion par activités (GPA).

Sommaire

Nous présentons dans ce chapitre les principales composantes du contrôle financier renouvelé, que l'on définit comme l'analyse des résultats financiers en vue d'orienter les gestionnaires dans leur planification. Au chapitre 8, nous avons souligné que le contrôle de gestion pouvait être à la fois limitatif et stimulant. Il est limitatif lorsqu'il agit comme une barrière, dicte dans une certaine mesure la conduite à suivre et détecte toute action s'écartant des normes dans le but spécifique de la corriger. Il est stimulant lorsqu'il incite le gestionnaire à agir et lui apporte de l'information susceptible de l'aider à cheminer vers les objectifs qu'il s'est fixés.

Nous avons traité, dans le chapitre 10, du contrôle budgétaire classique. Bien qu'elle puisse être motivante si elle est appliquée avec discernement, cette approche nous semble comporter un certain nombre de limites que nous allons exposer dans ce chapitre. En outre, elle s'appuie presque exclusivement sur une seule technique, le budget, d'où son appellation de contrôle *budgétaire* classique plutôt que de contrôle *financier* classique, concept plus large en théorie et qui, lui, fait appel à plusieurs techniques : le budget, l'analyse des activités, l'analyse de la chaîne de valeur et l'analyse de la capacité, pour ne nommer que les plus connues.

Le contrôle financier renouvelé repose donc sur un ensemble de techniques qui traitent l'information financière et contribuent à l'orientation et à l'apprentissage tant des gestionnaires que de la direction. On qualifie l'utilisation de ces techniques de « contrôle renouvelé » parce qu'elles n'ont pas pour but d'imposer la conformité et de veiller à son maintien, mais bien d'orienter le gestionnaire et d'accroître sa performance en le rendant conscient des activités qui génèrent les coûts.

Par ailleurs, on a assisté au cours des deux dernières décennies à la mise au point de nouveaux outils qui répondent mieux aux besoins d'information des gestionnaires et à leur souci constant d'améliorer la rentabilité de l'entreprise. Ces outils sont mieux adaptés à l'environnement organisationnel moderne et favorisent une meilleure compréhension des coûts.

LE CADRE D'EXERCICE DU CONTRÔLE FINANCIER RENOUVELÉ

Le contrôle financier renouvelé correspond au volet financier ou comptable de l'approche du contrôle de gestion axée sur l'orientation et l'apprentissage. Cette approche est surtout adoptée par les entreprises dotées de structures aplaties et par celles qui ont tendance à responsabiliser leurs gestionnaires.

Selon cette approche, on incite le gestionnaire à analyser les résultats et à comprendre la structure des coûts, c'est-à-dire à en déterminer les facteurs explicatifs plutôt que de se contenter d'en préciser la nature (fournitures, salaires, électricité, téléphone, etc.) ou d'en établir la provenance (atelier, service des ventes, département des finances, etc.). Ainsi, on planifie en contrôlant, puisque l'apprentissage qui résulte de l'activité de contrôle amène à revoir les façons de faire, donc les plans, qui ont pour objectif d'orienter l'action et non de la surveiller; cette approche correspond donc à une forme de contrôle a priori (*feed-forward control*).

Le contrôle financier renouvelé a donc pour but de donner au gestionnaire une connaissance approfondie du comportement des coûts en les reliant aux facteurs déclencheurs de processus et aux facteurs explicatifs de la consommation des ressources par les activités de ces processus. Il vise l'amélioration des processus existants ou leur réaménagement, voire leur «reconception». On peut visualiser cette approche comme un miroir placé au-dessus des gestionnaires et des employés pour leur permettre de voir et de comprendre comment leur activité influe sur les processus. La figure 11.1 illustre cette métaphore.

Figure 11.1

La représentation du contrôle de gestion axé sur l'apprentissage: comme un miroir au dessus des gestionnaires et des employés

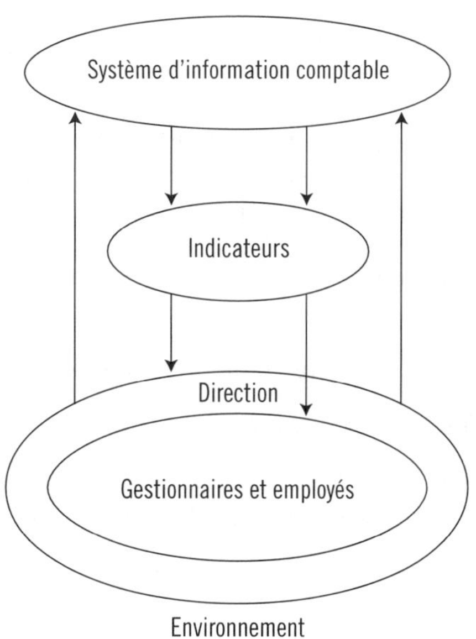

Le système de représentation reflète les activités de l'entreprise et celles de son environnement immédiat qui pourraient avoir une incidence sur ses résultats. La représentation est l'image que la direction, les gestionnaires et les employés se font des activités qu'ils exercent et de la place qu'ils occupent dans le réseau d'activités qu'est l'entreprise. Ainsi, les ingénieurs responsables du service de recherche et de développement ont de leurs activités une perception différente de celle du personnel de l'usine ou de tout autre service de l'entreprise.

Les indicateurs découlent d'un système de représentation de l'entreprise dans son environnement. Les utilisateurs de l'information choisissent eux-mêmes les indicateurs; à chacun d'eux incombe la responsabilité de définir les indicateurs qui seront les plus utiles. La direction détermine les indicateurs stratégiques, et les gestionnaires, les indicateurs opérationnels.

Les techniques découlant du contrôle financier renouvelé se présentent donc comme des outils de prospection et d'investigation. Elles ont pour objectif de répondre à la question «Pourquoi les coûts sont-ils engagés?», et non seulement aux deux autres questions auxquelles nous avons répondu dans les chapitres précédents, à savoir «Quel est le montant des coûts?» et «Où les coûts ont-ils été engagés?»

LE CONTRÔLE BUDGÉTAIRE DES RESSOURCES

Nous avons vu qu'il était possible d'intégrer le budget par activités au contrôle budgétaire classique; le budget par ressources peut de la même façon se prêter au contrôle axé sur l'orientation et l'apprentissage. Cependant, les possibilités d'apprentissage y sont restreintes, comme nous allons le montrer, d'où les nombreux efforts investis ces dernières années en vue de créer de nouveaux modèles, comme celui de la gestion par activités présenté plus loin dans ce chapitre.

Le contrôle budgétaire des ressources est limité pour les raisons suivantes:

- les coûts sont accumulés par ressources et non par activités;
- les écarts sont détectés, mais pas leurs causes;
- l'effet d'un écart sur le bénéfice n'est pas modélisé;
- les autres dimensions que sont les temps de cycle et la qualité ne sont pas prises en considération;
- il exerce un rôle passif a posteriori.

L'accumulation des coûts par ressources

L'accumulation des coûts par ressources consiste à établir les sommes que l'entreprise a versées en salaires, avantages sociaux, taxes et assurances; en fournitures et matières premières; en consommation d'énergie, de gaz et d'électricité; en entretien, réparations et maintenance des équipements et en amortissement des immobilisations.

Dans une petite entreprise, le propriétaire voit à tout et a une connaissance approfondie de son entreprise; il peut facilement faire le lien entre les coûts des ressources et leur utilisation, ce qui n'est pas le cas des grandes entreprises. Dans une grande entreprise, un budget ou un état des résultats par ressources fournit de l'information sur les coûts des ressources, mais non sur l'emploi que l'entreprise en fera ou en a fait. Examinez les états financiers d'une entreprise et essayez de découvrir à quelles activités ont servi exactement les montants apparaissant aux divers postes. Par exemple, lisez le tableau ci-dessous, tiré des résultats financiers du réseau universitaire pour l'exercice terminé le 31 mai 1995, et essayez de répondre aux questions suivantes :

- Combien a coûté l'enseignement dans le réseau universitaire en 1994–1995 ?
- Combien a coûté la gestion des inscriptions aux cours ?
- Combien a coûté la gestion des paies ?

Ressources consommées dans le réseau universitaire québécois pour les fonctions Enseignement, Recherche, Soutien à l'enseignement et à la recherche et Soutien institutionnel au cours du cycle budgétaire 1994–1995

Poste	Enseignement	Recherche	Soutien à l'enseignement et à la recherche	Soutien institutionnel	Total
Direction	59 555 359 $	3 385 744 $	8 462 519 $	37 896 921 $	109 300 543 $
Gérance	10 360 641	727 525	4 806 429	10 225 260	26 119 855
Enseignants	692 518 868	108 412 740	266 602	1 041 780	802 239 990
Auxiliaires à l'enseignement et à la recherche	28 050 725	57 824 997	150 872	82 627	86 109 221
Professeurs non-enseignants	46 358 428	20 332 606	45 321 005	44 609 641	156 621 680
Soutien technique	40 387 649	25 616 583	32 114 427	17 687 301	115 805 960
Soutien de bureau	78 564 649	10 101 447	25 912 180	50 766 837	165 345 113
Métiers ouvriers	4 982 501	669 636	1 269 792	44 026 692	50 948 621
Avantages sociaux	150 476 192	30 436 905	20 586 416	36 736 722	238 236 235
Frais pour congés	4 256 701	7 055	20 170	149 018	4 432 944
	1 115 511 713 $	**257 515 238 $**	**138 910 412 $**	**243 222 799 $**	**1 755 160 162 $**
Autres dépenses					
Formation et perfectionnement	1 438 432 $	1 283 717 $	187 891 $	2 902 382 $	5 812 422 $
Frais de déplacement (715)	8 051 370	32 550 036	688 336	4 217 428	45 507 170
Frais de déplacement (720)	4 914 718	727 671	143	26 204	5 668 736
Frais de déplacement (725)	1 062 848	574 965		13 106	1 650 919
Frais de représentation	2 370 806	1 718 770	103 559	2 650 597	6 843 732
Bourses	2 713 414	24 118 698	2 206	562 684	27 397 002
Subventions et cotisations	3 478 137	2 400 626	312 769	6 801 536	12 993 068
Fournitures et matériaux	33 281 838	66 378 515	9 832 108	27 848 228	137 340 689
Volumes et périodiques	836 038	1 835 876	32 557 600	579 005	35 808 519
Coût des marchandises	186 997	910	274 258	2 610 907	3 073 072

Honoraires professionnels	6 014 921	13 424 164	1 117 057	7 137 575	27 693 717
Frais juridiques	19 692	11 513		3 650 913	3 682 118
Frais de vérification	36	2 154		940 484	942 674
Services contractuels	12 329 681	7 731 894	5 732 850	36 333 599	62 128 024
Publicité	1 865 226	255 193	12 603	3 361 459	5 494 481
Assurances	60 134	36 366	3 132	3 996 953	4 096 585
Stages	8 422 567	53 330		1 184	8 477 081
Équipement téléphonique	814 580	259 820	1 354 135	7 709 419	10 137 954
Téléphone et télégraphe	2 173 581	1 916 628	649 054	1 448 181	6 187 444
Électricité	7 817	45 256	85 732	28 759 702	28 898 507
Huile à chauffage		94 403	12 155	10 413 285	10 519 843
Taxes municipales		299	9 514	973 401	983 214
Déneigement				378 579	378 579
Immobilisations – amortissement cumulé	4 980 421	47 847 500	7 563 008	4 354 360	64 745 289
Entretien et réparations	2 607 324	1 512 168	2 640 031	9 372 675	16 132 198
Rénovations et réaménagement	96 444	551 096		612 246	1 259 786
Mobilier et appareils (830)	455 242	2 294 802	3 287 924	905 199	6 943 167
Mobilier et appareils (835)	97 762	482	1 436 230	2 111 427	3 645 901
Location de locaux et bail (840)	72 951	37 414		45 576 510	45 686 875
Améliorations locatives subventionnées				3 924 127	3 924 127
Location de locaux et bail (845)	326 170	605 108	4 902	984 178	1 920 358
Améliorations locatives non subventionnées				114 922	114 922
Intérêts et frais bancaires	62	2 496	40 627	18 910 475	18 953 660
Mauvaises créances	1 040 000	28 869		3 103 524	4 172 393
Transfert de coûts	70 167	13 908 319	273 589	99 037	14 351 112
Autres dépenses	640 240	775 489	312 818	7 334 089	9 062 636
Transfert à d'autres postes	1 206 415	24 430 056	128 469	1 424 417	27 189 357
Virement de dépenses exceptionnelles	10 138 079	–6 852 772	–5 779 419	–15 085 666	–17 579 778
	111 774 110 $	**240 561 831 $**	**62 843 281 $**	**237 058 331 $**	**652 237 553 $**
Total des coûts	**1 227 285 823 $**	**498 077 069 $**	**201 753 693 $**	**480 281 130 $**	**2 407 397 715 $**

Comme vous le constatez, la liste des ressources consommées ne nous permet pas de répondre à des questions précises concernant le coût des activités. Par contre, un système de comptabilité par activités qui décrit les processus de l'entreprise peut le faire.

L'identification des écarts

La détection des écarts ne révèle généralement pas les causes de leur existence. Au chapitre 10, nous avons décelé des écarts de prix et de quantité, que nous avons, selon le cas, qualifiés d'écarts de productivité ou d'écarts de rendement. Nous avons établi le montant de ces écarts, mais n'avons en aucun cas tiré de conclusion sur les facteurs susceptibles de les expliquer. Dans le cadre du contrôle budgétaire classique, c'est au gestionnaire responsable de la fonction qui a donné lieu à cet écart de fournir l'explication appropriée.

Dans l'exemple qui suit, essayez d'identifier les facteurs explicatifs de l'écart observé.

EXEMPLE

L'entreprise Motech ltée

Les prévisions relatives au coût de la main-d'œuvre directe de l'atelier n° 1, pour un produit donné, sont les suivantes: 0,5 heure à 24 $ l'heure, pour un total de 12 $. L'entreprise prévoit assembler et vendre 10 000 unités par semaine.

Or, durant la semaine du 6 au 10 avril 1998, l'entreprise a assumé des coûts de main-d'œuvre directe de 165 500 $; elle a rémunéré cette main-d'œuvre au taux moyen de 23 $ l'heure, et a assemblé et vendu 12 000 unités.

C'est donc dire qu'elle a pris 7 200 heures, soit 165 600 $/23 $, pour assembler les 12 000 unités, alors que, selon le budget révisé pour le volume atteint, elle aurait dû prendre 6 000 heures, soit 12 000 unités à 0,5 heure par unité.

L'analyse de l'écart sur coûts de la main-d'œuvre directe (voir le chapitre précédent) est résumée par la figure 11.2.

Figure 11.2
L'analyse de l'écart sur coût de la main-d'œuvre directe de l'atelier n° 1

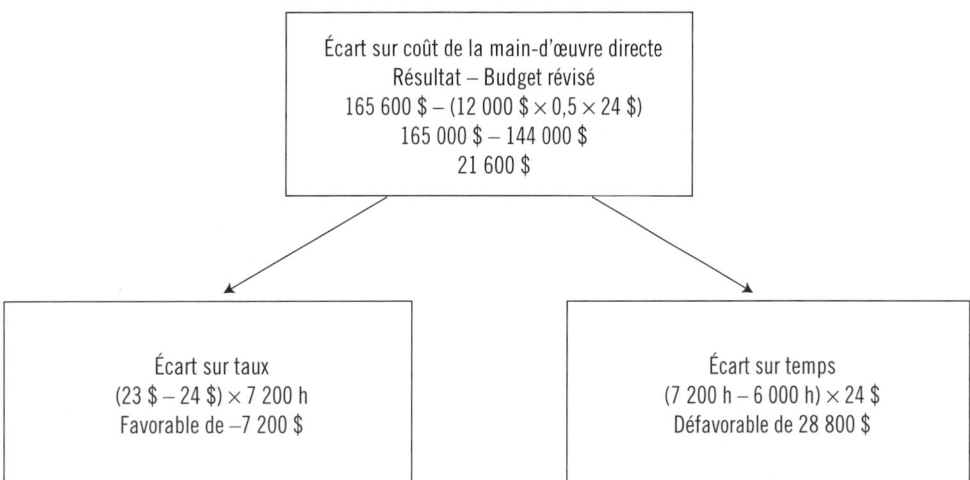

L'écart sur coût de la main-d'œuvre directe, constitué par la différence entre le résultat et le budget révisé, est de 21 600 $ pour la semaine étudiée, ce qui comprend un écart sur taux favorable de –7 200 $ et un écart sur temps défavorable de 28 800 $. Au chapitre 10, nous avons vu qu'il était également possible de décomposer l'écart sur temps en un écart de productivité et un écart dû au rendement des matières premières lorsque les conditions suivantes sont réunies :

- il existe une relation entre les matières premières et la main-d'œuvre directe, c'est-à-dire que la quantité de matières premières utilisées influe sur le temps de main-d'œuvre directe ;
- les données permettant d'établir cette relation sont disponibles.

Cependant, la détection des écarts nous permet tout au plus d'en calculer les montants et d'en désigner les responsables. Le gestionnaire qui a fixé le taux de rémunération de la main-d'œuvre devra justifier l'écart de taux observé, et celui chargé de l'atelier d'où provient l'écart sur temps devra faire de même.

Il est généralement facile d'établir l'origine d'un écart sur taux, car les facteurs susceptibles de l'expliquer sont peu nombreux. Il s'agit habituellement d'une modification de la composition des travailleurs, puisque leurs salaires diffèrent en raison de leur ancienneté dans l'entreprise. Par contre, une multitude de facteurs peuvent être responsables d'un écart sur temps. En voici quelques-uns.

- On a employé plus de matières premières que prévu et il y a une relation entre les matières premières utilisées et le temps de main-d'œuvre directe. Il importe alors de découvrir pourquoi il a fallu plus de matières premières : y avait-il des matières de mauvaise qualité ou a-t-on substitué aux matières habituelles des matières n'ayant pas tout à fait les mêmes propriétés ?
- On a produit en fait 14 000 unités, mais on n'en a livré et comptabilisé que 12 000. Comment expliquer cette décision comptable et le fait que 2 000 unités additionnelles n'aient été ni livrées ni comptabilisées ?
- On a enregistré des délais imprévus dans la production, et les employés sont demeurés inactifs (mauvaise identification des pièces, pénurie de matières, bris d'équipement, mauvais réglage des machines, mises en course plus nombreuses à la suite d'une combinaison de lots de petites tailles, etc.)
- Les employés assurent eux-mêmes le réglage des machines, et l'entreprise a assemblé durant cette semaine des lots de taille inférieure à la moyenne, de sorte qu'il a fallu consacrer beaucoup plus de temps que d'habitude à cette activité comprise dans le temps de main-d'œuvre directe.
- On a dû embaucher des employés et les former, et le temps d'apprentissage est inclus dans le temps de main-d'œuvre directe.
- On a entrepris l'assemblage d'un nouveau modèle, ce qui a exigé un certain temps d'apprentissage.

Un système de comptabilité par activités qui associerait les attributs appropriés aux activités permettrait de réduire considérablement les limites évoquées dans l'exemple précédent.

L'effet d'un écart sur le bénéfice

L'effet sur le bénéfice d'un écart correspond implicitement au montant de cet écart, parce que les activités de l'entreprise ne sont pas modélisées. Lorsque les activités de l'entreprise sont représentées par processus, on peut prévoir l'impact d'un écart de temps sur des paramètres opérationnels comme le temps de cycle et en estimer l'effet sur le bénéfice de l'entreprise.

EXEMPLE

L'entreprise Motech ltée (suite)

Dans l'atelier nº 1 de l'entreprise Motech ltée, on a observé, pour un produit donné, un écart sur coût de la main-d'œuvre directe de 21 600 $; cet écart défavorable résulte d'un écart sur taux favorable de –7 200 $ et d'un écart sur temps défavorable de 28 800 $. On a pris pour acquis que l'effet de ces écarts sur le bénéfice était égal au montant des écarts, c'est-à-dire que l'écart défavorable de 21 600 $ sur le coût de la main-d'œuvre directe signifiait une diminution du bénéfice de 21 600 $. Or, il n'en est pas toujours ainsi.

En effet, durant la même semaine (du 6 au 10 avril 1998), dans un deuxième atelier, l'entreprise a assumé un écart sur coût de la main-d'œuvre directe de 10 800 $; elle a rémunéré cette main-d'œuvre au même taux que celle du premier atelier, soit 23 $ l'heure (au lieu de 24 $, qui était le taux prévu) et elle a pris 3 600 heures au lieu des 3 000 heures prévues pour fabriquer les 6 000 unités traitées. L'analyse classique de l'écart sur coût de la main-d'œuvre directe de ce deuxième atelier est résumée par la figure 11.3.

Figure 11.3
L'analyse de l'écart sur coût de la main-d'œuvre directe de l'atelier nº 2

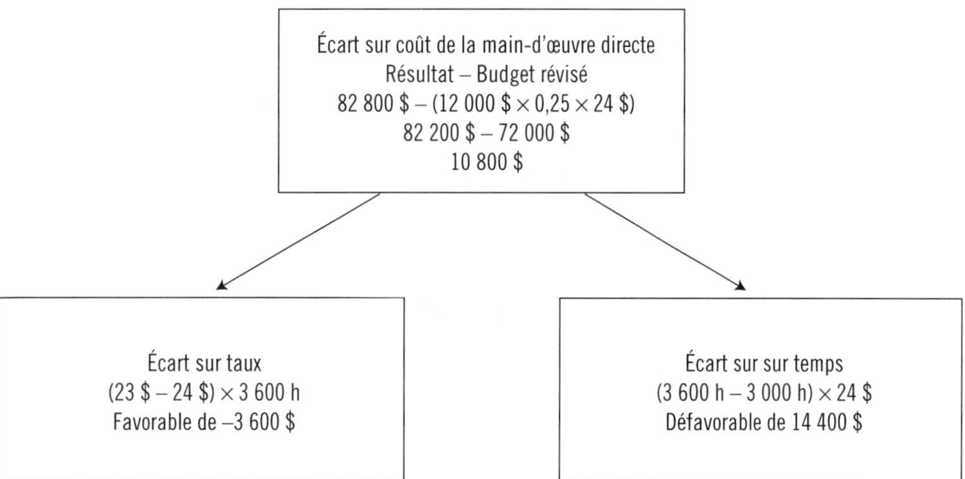

L'écart sur coût de la main-d'œuvre directe enregistré dans l'atelier n° 1, soit 21 600 $, est le double de celui de l'atelier n° 2, soit 10 800 $. Sans autre information, on peut conclure qu'il en est de même de l'effet de ces deux écarts sur le bénéfice de l'entreprise.

Or, une analyse révèle que l'atelier n° 2 fonctionne à 100 % de sa capacité, alors que l'atelier n° 1 dispose toujours d'une capacité inutilisée. L'écart sur temps de main-d'œuvre directe observé à l'atelier n° 2, qui est défavorable de 600 heures, s'est donc traduit, puisque l'atelier fonctionnait à pleine capacité, par la diminution de la fabrication d'autres produits dont la marge sur coûts variables par heure est de 60 $, ce qui signifie un manque à gagner de 36 000 $, en sus de l'écart calculé. Par conséquent, l'écart sur coût de la main-d'œuvre directe observé à l'atelier n° 2 (10 800 $) a eu un effet plus important sur le bénéfice que le même écart observé à l'atelier n° 1, qui était pourtant le double (21 600 $).

Un système de comptabilité par processus permet également de modéliser les paramètres opérationnels et d'évaluer l'effet que les écarts ont sur l'ensemble des indicateurs de performance, et en particulier sur les temps de cycle.

Les temps de cycle et la qualité

Le contrôle budgétaire des ressources porte essentiellement sur les coûts. Or, il y a souvent un lien entre les écarts sur quantité, les rejets et les rebuts, et les écarts sur temps d'une part et, d'autre part, les temps de cycle et la qualité. Il est important de connaître la nature de ces liens, car l'effet le plus important d'un écart touche souvent les paramètres opérationnels et se traduit par une diminution de la production et de la productivité globale.

Un modèle de gestion par activités qui tient compte des temps de cycle et d'autres indicateurs de qualité informe les gestionnaires de l'effet de tout écart et de toute variation de la production sur les coûts, les temps de cycle et la qualité.

Un rôle passif et a posteriori

De par sa conception même, le contrôle budgétaire classique intervient a posteriori ; il informe le gestionnaire sur les résultats en les comparant au budget. Il remplit un rôle passif d'observateur des résultats financiers, bien qu'il mène à des corrections de stratégies et de plans, et influe sur la planification subséquente. À l'aube du XXIe siècle, le contrôleur moderne cherche à intervenir a priori ; il devient de plus en plus un gestionnaire de l'incertain et un analyste des coûts à venir plutôt qu'un gestionnaire qui rend simplement compte des coûts passés.

La simulation budgétaire atténue les inconvénients du budget par ressources et permet d'étudier l'effet de divers scénarios d'activité sur les coûts et le bénéfice, comme le montre l'exemple suivant.

EXEMPLE

L'entreprise XYZ ltée

L'entreprise manufacturière XYZ ltée fabrique et assemble une variété de produits regroupés en 10 gammes comportant chacune de 5 à 18 modèles différents. Le prix moyen des produits vendus varie de 10 $ à 250 $ selon les gammes. Les hypothèses fondamentales qui orientent le budget pour le prochain exercice financier sont:

- une croissance des ventes nulle;
- une augmentation moyenne de 2 % du prix des produits vendus;
- une augmentation moyenne de 3 % du prix des ressources;
- le maintien de la combinaison actuelle des produits vendus.

Voici le budget du prochain exercice, établi à partir de ces hypothèses.

Budget de l'entreprise XYZ ltée

Ventes	**797 940 000 $**	**100,00 %**
Frais de fabrication variables	185 544 000	23,25
Marge à la fabrication	**612 396 000 $**	**76,75 %**
Frais de vente variables	11 948 000	1,50
Marge à la distribution	**600 448 000 $**	**75,25 %**
Frais fixes		
Fabrication	322 000 000 $	40,35 %
Vente	117 069 000	14,67
Administration	48 078 000	6,03
Financement	17 940 000	2,25
	505 087 000 $	**63,30 %**
Résultat net	**95 361 000 $**	**11,95 %**

Les données de ce budget proviennent des données prévisionnelles du tableau qui suit.

Données prévisionnelles

	Frais variables	Frais fixes
Frais de fabrication		
Matières premières	88 570 000 $	
Main-d'œuvre directe	19 800 000	
Frais généraux – matières premières	16 400 000	2 000 000 $
Frais généraux – machines	40 574 000	80 000 000
Frais généraux – autres	20 200 000	240 000 000
	185 544 000 $	**322 000 000 $**
Frais de vente		
Publicité		60 000 000 $
Salaires		19 395 000
Ristournes	11 948 000 $	
Recherche de marché		8 944 000
Autres (déplacement, etc.)		28 730 000
	11 948 000 $	**117 069 000 $**
Frais d'administration		
Salaires		23 449 000 $
Mobilier, matériel informatique		4 642 000
Fournitures		8 427 000
Autres		11 560 000
		48 078 000 $

Les résultats obtenus par la simulation de divers scénarios sont présentés ci-dessous. Nous pourrions produire un budget complet pour chacun de ces cas.

Effet de divers scénarios

Scénario	Effet
La stabilité des prix	Le bénéfice net passerait de 95 361 000 $ à 79 402 200 $, soit de 11,95 % à 10,15 % des ventes.
Une diminution moyenne de 4 % des quantités vendues par rapport à l'an dernier	Le pourcentage (%) de marge à la distribution demeurerait le même, soit 75,25 %. Cependant, le bénéfice net diminuerait à 71 343 080 $, soit 9,31 % des ventes.
Une augmentation de 10 % du prix payé pour les matières premières	Le bénéfice net diminuerait de 8 857 000 $, soit d'un montant égal à l'augmentation du prix payé pour les matières premières.
Une diminution globale de 5 % du coût des matières premières	Le bénéfice net augmenterait de 4 428 500 $, soit d'un montant égal à la diminution du coût engagé pour les matières premières.
Une augmentation de 8 % des salaires de la main-d'œuvre directe	Le bénéfice net diminuerait de 1 584 000 $, soit d'un montant égal à l'augmentation des salaires engagés pour la main-d'œuvre directe.

Nous aurions pu, au cours d'une simulation, examiner simultanément plusieurs hypothèses de changement et envisager différents scénarios à partir des données que nous possédions.

Que nous apprend la simulation de divers scénarios ? Elle montre l'effet des variations de prix et de quantités des ressources ainsi que de prix et de volume des produits vendus sur des indicateurs clés, dont le bénéfice net de l'entreprise. La figure 11.4 illustre cette situation.

Figure 11.4
Simulation budgétaire

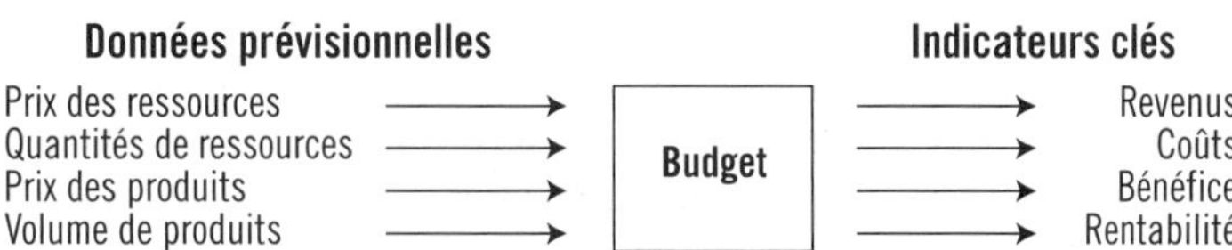

D'une part, on enregistre des données sur les prix et les quantités de ressources utilisées, et sur les prix et le volume de produits vendus. D'autre part, on en observe l'impact sur des indicateurs financiers clés, notamment les revenus, les coûts, le bénéfice et divers ratios de rentabilité de l'entreprise.

Cependant, selon ce modèle, il semble que la seule façon de réduire les coûts consiste à diminuer les prix payés pour les ressources, à réduire la quantité de ressources utilisées, notamment le personnel, ou à accroître le volume des ventes. Il serait souhaitable d'augmenter les prix des produits vendus ; malheureusement, cette solution est de moins en moins réaliste. Au contraire, on est souvent forcé de réduire les prix à cause de la concurrence.

La simulation que permet un budget par ressources est limitée par les caractéristiques du modèle utilisé, un modèle de type CVB (voir le chapitre 7), où le seul paramètre responsable de la variation des coûts est le nombre d'unités fabriquées. Les revenus sont variables et les coûts ne peuvent être que fixes ou variables. Ce type de modèle nous informe de l'augmentation des coûts résultant de la variation à la hausse des prix des ressources ainsi que de l'augmentation de la marge sur coûts variables résultant d'une variation à la hausse des prix des produits ou encore d'un accroissement du volume. Mais, pour en savoir davantage sur le comportement des coûts et le succès de la stratégie, il faut approfondir l'analyse et se poser les questions suivantes : « À quoi servent les ressources utilisées ? », « Quels sont les facteurs inducteurs de coûts et quels sont les facteurs clés de succès ? », « Quel est le pourcentage d'utilisation des immobilisations ? », « Quelles sont les activités créatrices de valeur ? », etc.

Bref, il faut remettre en question le fonctionnement de l'entreprise, le repenser et le reconcevoir en tirant profit des nouvelles techniques. Sur le plan de l'information, il faut se doter d'un modèle qui représente les processus et les activités, et fournit de l'information sur leur performance en fonction de l'objectif ultime : accroître la valeur aux yeux des clients et réduire le coût des produits vendus et des services rendus.

LE CONTRÔLE BUDGÉTAIRE DES ACTIVITÉS

Nous avons traité au chapitre précédent de l'application du budget par activités au contrôle budgétaire classique. Lorsqu'il s'inscrit dans le cadre du contrôle axé sur l'orientation et l'apprentissage, ce type de budget permet de repousser les limites du contrôle budgétaire. Cependant, le calcul d'écarts budgétaires relatifs au recours à des ressources ou à des activités ne fournit que peu d'information aux gestionnaires sur les mesures à prendre pour améliorer la performance de l'entreprise.

Toutefois, la simulation à l'aide d'un budget par activités permet d'inclure un plus grand nombre de paramètres que ne le fait la comptabilité par ressources. En effet, on peut, comme l'illustre l'exemple qui suit, faire une analyse de la sensibilité des inducteurs de ressources et des inducteurs d'activités, donc des valeurs prises par les paramètres.

EXEMPLE L'entreprise PJL ltée

L'entreprise manufacturière PJL ltée fabrique et assemble une variété de produits regroupés en trois gammes comportant chacune de 30 à 70 modèles. L'entreprise a recours à un système de comptabilité par activités fondé sur le modèle de la décomposition simple des coûts.

Voici le budget du coût de fabrication du prochain exercice.

Coût de fabrication prévu de l'entreprise PJL ltée pour le prochain exercice

Coût de fabrication	Montant
Matières premières	825 000 $
Main-d'œuvre directe	435 000
Utilisation des machines	1 170 000
Gestion des composants	680 000
Mise en course	1 120 000
Développement de produits	2 400 000
Contrôle de la qualité	630 000
Total	**7 260 000 $**

Les estimations de coût de ce budget ont été établies à l'aide des prix moyens prévus pour les ressources et les inducteurs d'activité suivants:

Prix moyens prévus des ressources et des inducteurs d'activité

Coût par unité produite	Gamme A	Gamme B	Gamme C
Matières premières	10 $	20 $	5 $
Main-d'œuvre directe	10 $	7 $	5 $
Activités	**Prix moyen**	**Inducteur**	
Utilisation des machines	30 $	heure-machine	
Gestion des composants	4 $	Composant	
Mise en course	800 $	Lot	
Développement de produits	15 000 $	Modèle	
Contrôle de la qualité	450 $	Lot	

Pour l'établissement des prévisions relatives au coût de fabrication de cette entreprise, on a également tenu compte des estimations suivantes, qui portent sur les données opérationnelles.

Données opérationnelles prévues

Activité	Inducteur	Gamme A	Gamme B	Gamme C	Total
Production	Unité produite	24 000	36 000	6 000	**66 000**
Utilisation des machines	Heure-machine	10 000	24 000	5 000	**39 000**
Gestion des composants	Composant	50 000	90 000	30 000	**170 000**
Mise en course	Lot	300	500	600	**1 400**
Développement de produits	Modèle	30	60	70	**160**
Contrôle de la qualité	Lot	300	500	600	**1 400**

Les scénarios que l'on peut soumettre à la simulation se définissent non seulement par le prix des ressources et le nombre d'unités produites, mais également par les données opérationnelles prévues, associées aux inducteurs des activités représentées dans le modèle.

Voici les résultats obtenus lors de la simulation de quelques scénarios.

Scénario	Effet
Une diminution de 10 % du prix moyen des matières premières et une augmentation de 10 % du taux horaire de la main-d'œuvre directe	Une diminution du coût de fabrication de 39 000 $, soit environ 0,5 % du coût de fabrication prévu actuellement
Une diminution de 25 % du coût d'une mise en course à la suite d'une modification du système d'attachement des matrices aux machines	Une diminution du coût de fabrication de 280 000 $, soit près de 4 % du coût de fabrication prévu actuellement
Une diminution de 10 % du nombre total de composants de chacune des gammes de produits, dans le cadre d'une stratégie de standardisation des composants	Une diminution du coût de fabrication de 68 000 $, soit près de 1 % du coût de fabrication prévu actuellement
Une augmentation de 10 % du nombre de lots, dans le cadre d'une stratégie visant à réduire les stocks par la mise en fabrication d'un plus grand nombre de lots plus petits	Une augmentation du coût de fabrication de 175 000 $, soit près de 2,5 % du coût de fabrication prévu actuellement
Une augmentation de 20 % du nombre de modèles créés chaque année, accompagnée d'une augmentation équivalente du nombre de lots, du nombre d'unités mises en fabrication, du nombre de composants et du nombre d'heures-machines	Une augmentation du coût de fabrication de 1 452 000 $, soit 20 % du coût de fabrication prévu actuellement

Les limites de la simulation correspondent à celles du modèle étudié ; comme le budget par activités provient d'un modèle de décomposition des coûts, ses limites sont celles de ce modèle. Il s'agit essentiellement d'un modèle comptable où les résultats sont exprimés en dollars. Les paramètres opérationnels comme les temps de cycle et les indicateurs de qualité ne sont pas modélisés. La séquence des activités au sein des processus n'est pas prise en compte, de sorte qu'on ne peut évaluer l'effet que ce facteur, combiné à la variation des données prévues des inducteurs, a sur les résultats.

Le modèle des processus issu de la comptabilité par activités, appelé gestion par activités, permet de repousser encore plus loin les limites du budget par ressources, qui ont déjà reculé grâce au budget par activités.

LA GESTION PAR ACTIVITÉS

Selon une définition classique, la gestion consiste à planifier, à diriger, à organiser et à contrôler, tandis que la comptabilité est essentiellement un système d'information. Toutefois, ce qu'on appelle la gestion par activités est un système d'information comptable qui se rapproche à tel point des préoccupations des gestionnaires qu'on l'assimile à la gestion qui en découle. En effet, le modèle de gestion par activités répond aux besoins d'information des gestionnaires et les incite à l'action.

Le système de comptabilité sous-jacent à la gestion par activités correspond au modèle des processus issu de la comptabilité par activités. Ce modèle, illustré par la figure 11.5, vise à comprendre et à décrire les relations entre les activités ; il établit, par exemple, que le produit d'une activité devient la matière première de l'activité qui suit dans la chaîne d'activités. Il sert à concevoir et à réaménager les processus en fonction de paramètres opérationnels comme la capacité des équipements, le nombre de personnes, les temps morts, les temps de cycle ainsi que les objectifs de qualité et de productivité. Notons que ce modèle est de même nature que celui auquel ont recours les ingénieurs pour concevoir les procédés d'assemblage de produits ; on lui a seulement ajouté un volet financier.

Figure 11.5

Le modèle des processus issu de la comptabilité par activités

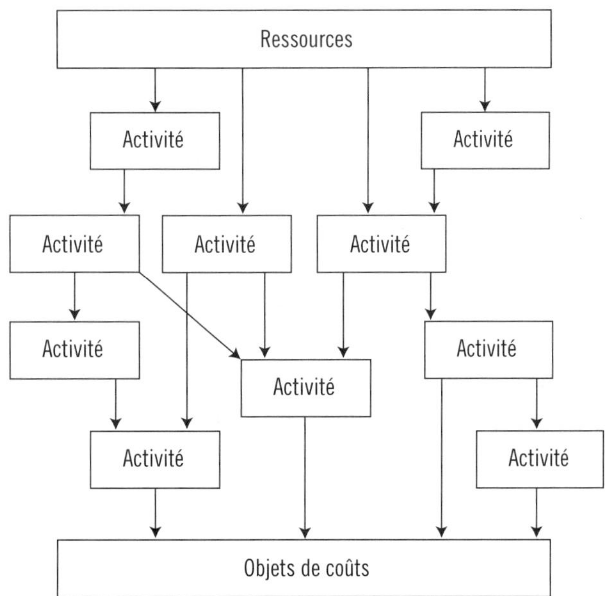

Les caractéristiques du modèle des processus sont les suivantes :

- les objets de coûts requièrent des activités ;
- les activités requièrent des ressources et, éventuellement, d'autres activités ;
- les activités forment des chaînes d'activités appelées processus et sous-processus ;
- les relations entre les activités sont décrites par la position qu'elles occupent dans la chaîne ; des activités et des ressources peuvent ne pas être requises dans un contexte donné.

Ce type de modèle se prête bien à la simulation et permet de dégager des indicateurs opérationnels qui témoignent de l'efficacité des processus et de l'efficience des activités. Il vise notamment à mettre en évidence le gaspillage et le non-respect des normes de qualité. De ce fait, il est tout désigné pour aborder la réingénierie des processus et guider les gestionnaires dans le cadre d'une stratégie de réduction continue des coûts et d'une amélioration continue de la qualité.

Le tableau suivant résume les différences entre le modèle de la décomposition des coûts (chapitre 5), et le modèle des processus appliqué dans le cadre de la gestion par activités.

Modèle de la décomposition des coûts	Modèle des processus
C'est un modèle de type « comptable ».	C'est un modèle de type « ingénieur ».
Il fait appel à des données historiques, réelles.	Il fait appel à des standards et à des données réelles.
Il est plus simple à modéliser.	Il est sensible à la séquence des activités.
Il est plus facile à intégrer au grand livre.	Il permet la modélisation de paramètres opérationnels.
Il permet une plus grande flexibilité dans le regroupement des activités.	Il a un léger avantage sur l'autre modèle en ce qui a trait à la compréhension des coûts.
	Il se prête mieux à une reconception des processus.

La gestion par activités, qui se fonde sur le modèle des processus de la comptabilité par activités, pousse l'analyse et la mesure des activités et des processus un cran plus loin, comme le suggère la figure 11.6. Elle se caractérise par:

- l'analyse des processus et des activités qui composent les processus ainsi que l'analyse des facteurs responsables de la consommation des ressources par les activités;
- l'établissement d'indicateurs guides et d'indicateurs témoins de la performance du point de vue des coûts ainsi que de paramètres opérationnels comme les délais ou temps de cycle et l'absence de qualité.

Figure 11.6
La gestion par activités

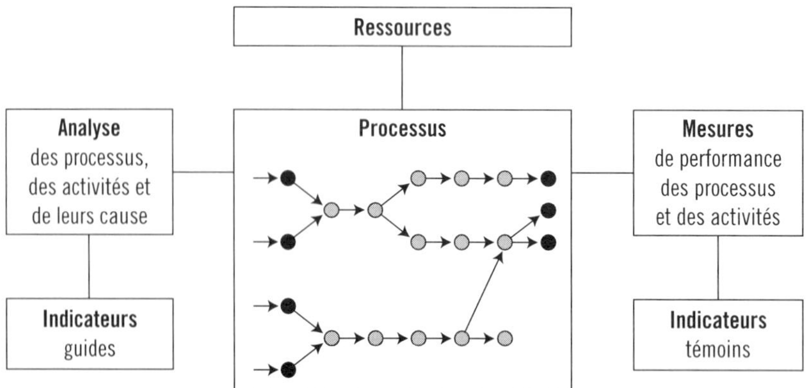

Voici un cas de réingénierie illustrant l'analyse des processus et des activités.

La Société de l'assurance automobile d'un pays imaginaire (SAAI)[1]

Le tableau suivant montre un budget typique de la Société de l'assurance automobile d'un pays imaginaire (SAAI).

Société de l'assurance automobile d'un pays imaginaire
État des résultats prévisionnels par ressources
pour le prochain exercice financier

Revenus		
Émission de nouveaux permis	18 000 000 $	
Émission de nouveaux certificats	45 000 000	
Renouvellement de permis	324 000 000	
Renouvellement de certificats	270 000 000	657 000 000 $
Coûts		
Prestations d'assurances	570 000 000 $	
Salaires	61 200 000	
Avantages sociaux	7 650 000	
Fournitures et papeterie	2 570 000	
Plaques et vignettes	750 000	
Postes	3 773 250	
Service informatique	1 200 000	
Loyers	6 000 000	
Taxes et assurances	2 000 000	
Autres	1 500 000	656 643 250
Excédent des revenus sur les coûts		**356 750 $**

Cette société n'offre que trois services : l'émission du permis de conduire, l'émission du certificat d'immatriculation et l'assurance des personnes en cas d'accident de la route. Le nombre de personnes détenant un permis de conduire se maintient à quatre millions. Chaque année, on observe qu'environ 10 % des conducteurs ne renouvellent pas leur permis à l'échéance. Par contre, la SAAI émet chaque année un nombre équivalent de nouveaux permis. Le nombre de véhicules immatriculés fluctue autour de trois millions. Dans le cas étudié, environ 25 % des immatriculations de véhicules n'ont pas été renouvelées l'année suivante ; elles ont été remplacées par un nombre équivalent de nouvelles immatriculations. La SAAI verse des prestations aux victimes d'accidents. Elle n'offre pas d'autres produits ou services.

1. Ce processus a été étudié par Marie-Josée Ledoux dans *Pertinence des outils de gestion au sein des organisations sans but lucratif*, Travail dirigé, École des Hautes Études Commerciales de Montréal, 1992.

Pour obtenir un nouveau permis ou un nouveau certificat, il faut se présenter à l'un des 200 bureaux disséminés sur le territoire. Ces nouveaux permis et certificats sont valides jusqu'à la date de renouvellement déterminée par la première lettre du nom de famille du détenteur. Par la suite, le renouvellement s'effectue sur une base annuelle.

Tous les clients reçoivent par la poste une demande personnalisée de renouvellement. Les clients doivent remplir ce formulaire, puis le retourner par la poste dans l'enveloppe prévue à cet effet, ou en personne à l'un des 200 bureaux de la SAAI. Si la demande de renouvellement est effectuée par la poste, il faut retourner le formulaire au moins un mois avant la date d'échéance. On recevra ainsi le nouveau permis ou certificat d'immatriculation avant que le document actuel ne devienne périmé. Le certificat d'immatriculation est accompagné d'une vignette qu'il faut coller sur le pare-brise du véhicule. On peut également se présenter à l'un des bureaux de la SAAI jusqu'au jour de l'échéance pour renouveler son permis ou son certificat : c'est ce que font la moitié des clients.

La figure 11.7 illustre les quatre processus que nous avons retenus à la suite de notre analyse des activités de la SAAI.

Figure 11.7
Illustration de quatre processus en cours à la SAAI

1. Émission d'un nouveau permis ou d'un nouveau certificat d'immatriculation

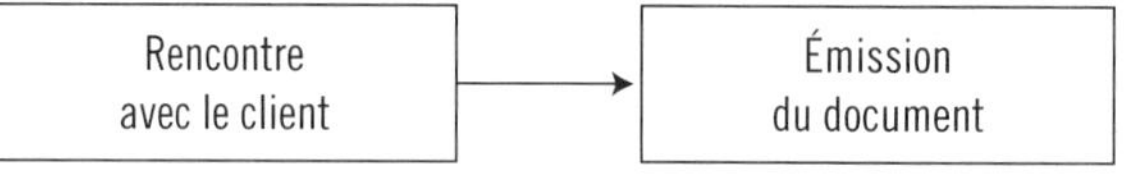

2. Renouvellement d'un permis ou d'un certificat d'immatriculation

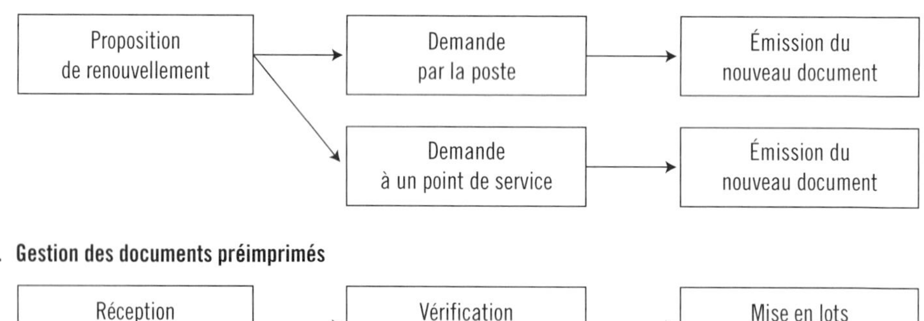

3. Gestion des documents préimprimés

Réception des documents → Vérification des documents → Mise en lots et distribution

4. Gestion des rentrées de fonds

1. Émission d'un nouveau permis ou d'un nouveau certificat d'immatriculation

Dans le cas de l'émission d'un nouveau permis de conduire, l'élément déclencheur est l'arrivée d'une personne à un bureau de la SAAI pour obtenir le permis l'autorisant à conduire un véhicule motorisé. Cette personne a atteint l'âge légal et n'a jamais détenu de permis auparavant, ou elle vient d'un autre pays. Après les examens habituels, la vérification des papiers d'identité et l'encaissement du paiement des droits, on imprime un permis de conduire qu'on remet au client.

Dans le cas de l'émission d'un nouveau certificat d'immatriculation, l'élément déclencheur est l'acquisition d'un véhicule motorisé. L'acquéreur doit se présenter à l'un des bureaux de la SAAI pour faire immatriculer son véhicule. Après avoir vérifié les pièces identifiant le véhicule et l'acquéreur, puis encaissé le paiement des droits, on imprime un certificat d'immatriculation qu'on remet au client avec une plaque d'immatriculation et une vignette indiquant la date d'échéance du certificat.

2. Renouvellement d'un permis ou d'un certificat d'immatriculation

Deux mois avant l'échéance, la SAAI fait parvenir par la poste aux clients concernés une demande de renouvellement personnalisée. La SAAI tire ces informations de son fichier-maître, les imprime sur un formulaire de renouvellement, insère ce formulaire, accompagné d'une note explicative et d'une enveloppe-réponse, dans une enveloppe qu'elle adresse au client et met à la poste.

Le client peut remplir le formulaire de renouvellement et le poster dans l'enveloppe-réponse avec son paiement (chèque visé ou mandat-poste), ou encore se présenter à l'un des bureaux avec son formulaire et payer sur place.

3. Gestion des documents préimprimés

Outre le formulaire de renouvellement, qui ne pose aucun problème de gestion particulier, la SAAI doit contrôler la production, l'entreposage, la distribution et l'utilisation des documents préimprimés relatifs aux permis de conduire, aux certificats d'immatriculation et aux vignettes. Tous les documents portent un numéro de série, de sorte que chacun est unique. On note les numéros de série de chaque document envoyé du siège social aux 200 bureaux de la SAAI, puis on les compare aux numéros figurant dans les rapports de ventes que doivent produire régulièrement les bureaux. De même, dans tous les bureaux de la SAAI, on note les numéros de série des documents utilisés par chaque préposé à un guichet de service puis on effectue une vérification des numéros inscrits dans les rapports de vente produits par chaque préposé à la fin de la journée.

Ces procédures de contrôle sont essentielles pour éviter le vol de documents préimprimés, l'impression de faux permis et de faux certificats, ou encore l'utilisation de vignettes qui n'ont pas été payées.

4. Gestion des rentrées de fonds

La gestion des rentrées de fonds s'accompagne d'une gestion des documents préimprimés. Les montants reçus doivent correspondre au nombre de permis, de certificats et de vignettes émis.

Le budget par activités

Voici le budget par activités de la SAAI. Outre les quatre processus déjà décrits, deux autres processus (Gestion des prestations aux bénéficiaires et Administration) y apparaissent.

Société de l'assurance automobile d'un pays imaginaire
Budget par activités
pour le prochain exercice financier

Coûts		
Prestations d'assurances		570 000 000 $
Loyers		6 000 000
Taxes et assurances		2 000 000
Autres		1 500 000
Émission d'un nouveau permis ou d'un nouveau certificat		
Rencontre avec le client	6 196 500 $	
Émission du document	5 029 600	11 226 100
Renouvellement d'un permis ou d'un certificat d'immatriculation		
Sollicitation du renouvellement	6 966 025 $	
Demande par la poste	2 065 500	
Émission du document renouvelé par la poste	6 729 005	
Demande à un point de service	4 131 000	
Émission du document renouvelé à un point de service	5 095 260	24 986 790
Distribution des documents préimprimés		
Réception des documents	2 086 060 $	
Vérification des documents	2 086 060	
Mise en lots et distribution	2 086 060	6 258 180
Gestion des rentrées de fonds		
Réception des montants	2 086 060 $	
Vérification des montants	2 086 060	
Production de rapports	2 086 060	6 258 180
Gestion des prestations aux bénéficiaires		21 152 000
Administration		7 262 000 $
Total		**656 643 250 $**

Quelques remarques s'imposent relativement à ce budget. Le total des coûts est le même que celui de l'état des résultats prévisionnels par ressources présenté précédemment. Il s'agit donc du même budget, mais réparti par activités plutôt que par ressources. La production d'un budget par activités ne crée ni ne supprime aucun coût.

Quatre postes sont demeurés identiques parce qu'ils ne sont pas inclus dans les processus mentionnés. Enfin, quatre des six processus ont été décrits par activités.

Voici les résultats sommaires d'une analyse qui portait sur la raison d'être des activités.

Émission d'un nouveau permis ou d'un nouveau certificat d'immatriculation

La demande d'un client déclenche le processus d'émission d'un nouveau permis, et l'acquisition d'un véhicule motorisé entraîne l'émission d'un certificat d'immatriculation. Les principaux facteurs de consommation des ressources sont:

- le nombre de demandes;
- la date d'émission du document;
- le délai de réponse;
- le nombre de bureaux.

Renouvellement d'un permis ou d'un certificat

L'échéance d'un document déclenche l'envoi du formulaire de renouvellement. Le renouvellement par la poste ou à un bureau donne lieu à l'émission du document. Les principaux facteurs de consommation des ressources sont:

- le nombre de documents à renouveler;
- le nombre de renouvellements par la poste;
- le nombre de renouvellements à un point de service;
- la date d'émission du document;
- le délai de réponse;
- le nombre de bureaux;
- la procédure consistant à exiger un formulaire de renouvellement.

Gestion des documents préimprimés

La baisse de stock dans un bureau déclenche ce processus. Les principaux facteurs de consommation des ressources sont:

- le nombre de bureaux;
- l'obligation de se protéger contre le vol ou la fraude;
- la technique utilisée pour vérifier les numéros de série;
- les quantités de documents à traiter;
- le nombre de modèles de documents.

Gestion des rentrées de fonds

Ce processus est déclenché périodiquement :

- au cours de la journée, dans chacun des points de service ;
- à la fin de chaque semaine, dans chacun des bureaux et au siège social.

Les principaux facteurs de consommation des ressources sont :

- le nombre de bureaux ;
- l'obligation de se protéger contre le vol ou la fraude ;
- la technique utilisée pour vérifier les numéros de série ;
- la quantité de documents à traiter ;
- le nombre de modèles de documents ;
- le nombre de clients reçus à un bureau.

Cette liste de facteurs responsables des coûts doit être complétée par des explications ou même des suggestions sur les moyens de réduire leur effet sur la consommation des ressources, ou tout simplement de les éliminer au moyen d'une reconception des processus.

À la suite de l'analyse des processus, de leurs activités et des facteurs responsables des coûts de ces activités, on a réaménagé ainsi les processus :

- deux mois avant l'échéance, on fait parvenir aux bénéficiaires le permis de conduire ou le certificat d'immatriculation renouvelé, accompagné d'une facture qu'on leur demande de régler pour valider le renouvellement ;
- on leur donne la possibilité d'effectuer le règlement à n'importe quelle succursale bancaire du territoire ou encore à l'un des bureaux ;
- on élimine l'emploi de la vignette.

Voici le budget par activités établi pour le statu quo ainsi que pour la proposition de réaménagement. L'économie prévue est de 8 403 269 $.

Société de l'assurance automobile d'un pays imaginaire
Budget par activités
pour le prochain exercice financier

Coûts	Statu quo	Réaménagement
Prestations d'assurances	570 000 000 $	570 000 000 $
Loyers	6 000 000	6 000 000
Taxes et assurances	2 000 000	2 000 000
Autres	1 500 000	1 500 000
Émission d'un nouveau permis ou d'un nouveau certificat		
Rencontre avec le client	6 196 500	6 196 500
Émission du document	5 029 600	5 029 600
Renouvellement d'un permis ou d'un certificat d'immatriculation		
Proposition de renouvellement	6 966 025	6 966 025
Demande effectuée par la poste	2 065 500	0
Émission du document renouvelé par la poste	6 729 005	0
Demande effectuée à un point de service	4 131 000	2 065 500
Émission du document renouvelé à un point de service	5 095 260	2 547 630
Distribution des documents préimprimés		
Réception des documents	2 086 060	417 212
Vérification des documents	2 086 060	417 212
Mise en lots et distribution	2 086 060	417 212
Gestion des rentrées de fonds		
Réception des montants	2 086 060	1 043 030
Vérification des montants	2 086 060	1 043 030
Production de rapports	2 086 060	1 043 030
Commission aux institutions financières		13 140 000
Gestion des prestations aux bénéficiaires	21 152 000	21 152 000
Administration	7 262 000	7 262 000
Total	**656 643 250 $**	**648 239 981 $**
Différence		**–8 403 269 $**

L'analyse des processus et des activités

Pourquoi faut-il analyser les processus et les activités ? Parce que la seule façon de réduire les coûts de manière durable consiste à remettre en question les procédures actuelles. En effet, si l'entreprise essaie d'atteindre les mêmes objectifs de production ou de service en réalisant les mêmes activités avec moins de ressources, tôt ou tard le personnel va s'essouffler et on devra faire appel à des ressources additionnelles.

Réduire les coûts de manière durable, c'est d'abord déterminer pourquoi ces coûts sont engagés. Or, les coûts découlent de la consommation de ressources par des activités, et ces dernières sont déclenchées par des facteurs qu'il faut identifier. Supprimer ces facteurs, c'est éliminer les activités correspondantes. Par exemple, supprimer les plaintes des clients, c'est éliminer des activités exercées par le service à la clientèle; supprimer les défauts d'un produit, c'est éliminer les activités de correction de ces défauts, etc.

De même, l'élaboration d'une stratégie visant à réduire les délais commence par une analyse des facteurs influant sur les temps de cycle, et l'amélioration de la qualité commence par une recherche des facteurs pouvant affecter la qualité des produits et services.

Nous avons abordé au chapitre 5 la définition des processus. Nous allons maintenant décrire brièvement trois techniques qui sont utiles pour mesurer les processus, soit le graphique d'acheminement, la méthode du chemin critique et la méthode PERT.

La représentation et la mesure des processus

Si le processus à l'étude est complexe, on peut le représenter à l'aide d'un graphique d'acheminement et déterminer le temps de cycle le plus court par la méthode du chemin critique. Si on dispose de statistiques sur les coûts et la durée, et que la situation justifie une analyse plus approfondie du processus, on peut recourir à la méthode PERT. Cette méthode permet de déterminer à la fois une moyenne espérée et un intervalle de coûts et de temps de cycle, et ce, à différents niveaux de confiance.

Le graphique d'acheminement

Le graphique d'acheminement donne une représentation des relations entre les différentes activités d'un processus. On y fait ressortir plus particulièrement l'enchaînement des activités, une activité étant préalable à une autre si elle doit être entièrement terminée avant que l'autre ne puisse être commencée. On indique aussi sur ce graphique la durée prévue de chacune des activités.

Il existe plusieurs façons de représenter les relations entre les tâches à l'aide de graphes. Dans certains cas, on associe les activités aux arcs du graphique; dans d'autres cas, on les relie aux nœuds du graphique, et les arcs n'indiquent que l'ordre d'enchaînement des activités, c'est-à-dire l'activité préalable, comme l'illustre l'exemple suivant.

EXEMPLE

L'établissement d'un budget de caisse

Le tableau suivant dresse une liste des activités comprises dans le processus de préparation d'un budget de caisse et des informations nécessaires pour le représenter sous forme d'un graphique d'acheminement, comme à la figure 11.8.

Processus d'établissement d'un budget de caisse

Nº de l'activité	Description	Activité préalable	Durée de l'activité
1	Établir le budget des ventes	aucune	5 jours
2	Établir le budget de fabrication	1	5 jours
3	Établir le budget des rentrées de fonds	1	2 jours
4	Établir le budget des débours	2	2 jours
5	Dresser le budget de caisse	3 et 4	2 jours

Figure 11.8
L'établissement d'un budget de caisse

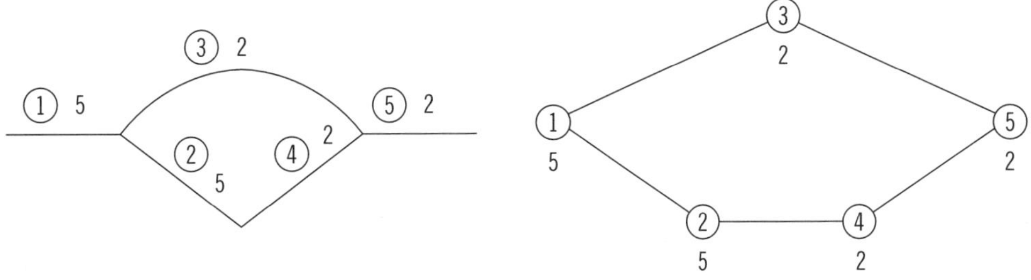

La méthode du chemin critique

Une fois le graphique d'acheminement terminé, il n'y a qu'un pas à franchir pour produire les informations suivantes :

- le temps le plus court pour exécuter un processus ;
- les activités pouvant être retardées sans augmenter le temps de cycle du processus ;
- le moment le plus éloigné pour entreprendre une activité, en respectant la date d'échéance du projet.

L'ensemble de ces informations s'obtiennent à l'aide d'un algorithme connu sous le nom de méthode du chemin critique. On définit le chemin critique comme l'ensemble des activités critiques, soit celles qu'on ne peut retarder sans allonger le temps de cycle du processus.

Le tableau suivant résume l'algorithme du chemin critique, et l'exemple illustre son application.

Algorithme du chemin critique

Étape	Description
1	Calculer, pour chaque activité du processus :
	a) la date la plus rapprochée (hâtive) du début de cette activité (DR) ;
	b) la date la plus rapprochée de la fin de cette activité (FR).
2	Calculer, pour chaque activité, en procédant à reculons sur le graphique :
	a) la date la plus éloignée (tardive) de la fin de cette activité (FE) ;
	b) la date la plus éloignée du début de cette activité (DE).
3	Repérer les activités critiques, soit celles pour lesquelles (DR, FR) = (DE, FE).

EXEMPLE

Le budget de caisse revu

La figure 11.9 illustre le chemin critique du processus d'établissement d'un budget de caisse. Les couples DR et FR figurent au-dessus des nœuds du graphique et les couples DE et FE, au-dessous.

Figure 11.9 **Chemin critique relié à l'établissement d'un budget de caisse**

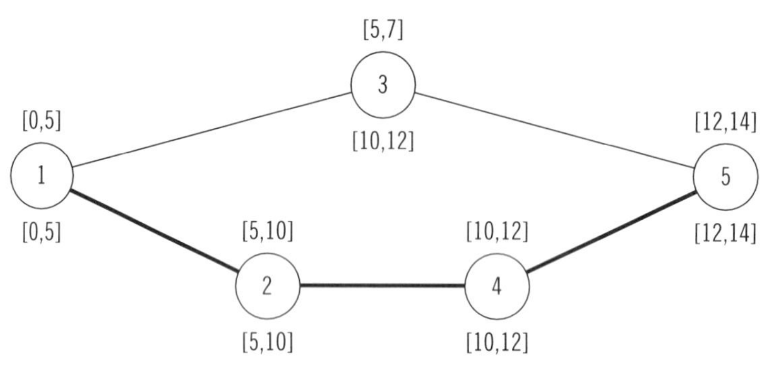

La méthode PERT

La méthode PERT (*Program Evaluation and Review Technique*) diffère principalement de la méthode précédente en ce qu'elle reconnaît la variance associée à la durée d'une tâche en ayant recours à trois estimations plutôt qu'à une seule, soit :

- l'estimation de la durée la plus courte (optimiste) t_o;
- l'estimation de la durée la plus probable t_m;
- l'estimation de la durée la plus longue (pessimiste) t_p.

La méthode PERT repose également sur les hypothèses suivantes :

- t, ou la durée espérée d'une activité, est égale à :

$$\frac{t_o + 4t_m + t_p}{6}$$

- $S(t)$, ou l'écart-type du temps d'une activité, est égal à :

$$\frac{t_p - t_o}{6}$$

Si l'on observe un graphique d'acheminement construit avec la liste des durées les plus probables, on constate qu'il ne semble pas différer du graphique d'acheminement indiquant le chemin critique et les durées disponibles. Cependant, à partir de la durée prévue de chaque activité, on peut calculer des probabilités relativement à la durée du projet et établir des intervalles de confiance[2].

EXEMPLE

Le budget de caisse (suite)

Voici les résultats obtenus selon cette méthode dans le contexte de l'exemple précédent du budget de caisse ; il suffit de remplacer les durées des activités du processus d'établissement d'un budget de caisse par les trois estimations de durée apparaissant au tableau.

Estimations de la durée des activités

N° de l'activité	Estimation de la durée la plus courte t_o	Estimation de la durée la plus probable t_m	Estimation de la durée la plus longue t_p
1	3 jours	5 jours	10 jours
2	4 jours	5 jours	12 jours
3	1 jour	2 jours	3 jours
4	1 jour	2 jours	6 jours
5	1 jour	2 jours	4 jours

En appliquant la méthode PERT à ces données estimatives, nous avons obtenu les résultats apparaissant au tableau suivant.

2. Il faut se rappeler que l'espérance mathématique d'une somme de variables aléatoires est égale à la somme des espérances mathématiques de ces variables aléatoires, que la variance d'une somme de variables aléatoires est égale à la somme des variances de ces variables aléatoires lorsqu'elles sont indépendantes, et enfin qu'une somme de variables aléatoires se comporte selon une loi normale de probabilité.

Résultats calculés selon la méthode PERT

Nº de l'activité	Espérance mathématique de la durée de l'activité	Écart-type de la durée de l'activité
1	5,5 jours	1,17 jour
2	6,0 jours	1,33 jour
3	2,0 jours	0,33 jour
4	2,5 jours	0,83 jour
5	2,17 jours	0,5 jour
Processus	**16,17 jours**	**2,02 jours**

Dans l'exemple qui suit, la méthode PERT se rapporte aux montants estimés des diverses activités plutôt qu'à leur durée prévue.

EXEMPLE

La rénovation d'un monument

Un projet de rénovation d'un monument comporte cinq phases indépendantes les unes des autres. Un comité composé du contrôleur et de l'ingénieur responsable du projet dépose le budget suivant.

Budget du projet de rénovation d'un monument

Phase	Estimation optimiste	Estimation la plus probable	Estimation pessimiste
I	60 000 $	65 000 $	75 000 $
II	30 000 $	45 000 $	50 000 $
III	26 000 $	32 000 $	42 000 $
IV	90 000 $	110 000 $	145 000 $
V	34 000 $	38 000 $	42 000 $
Total	**240 000 $**	**290 000 $**	**354 000 $**

En appliquant la méthode PERT à ces données estimatives, nous avons calculé les résultats suivants.

Résultats calculés selon la méthode PERT

Phase	Espérance mathématique du coût de la phase	Écart-type du coût de la phase
I	65 833 $	2 500 $
II	43 333	3 333
III	32 667	2 667
IV	112 500	9 167
V	38 000	1 333
Total	**292 333 $**	**10 501 $**

On considère le coût de chacune des phases comme une variable aléatoire. Étant donné que l'espérance mathématique d'une somme de variables aléatoires se comporte selon la loi normale de probabilité, le coût total du projet se conforme à la loi normale de probabilité. L'espérance mathématique de ces coûts est donc égale à 292 333 \$ et l'écart-type, à 10 501 \$. On peut déterminer, par exemple, que la probabilité que le coût total du projet dépasse 313 000 \$ est inférieure à 2,5 %.

L'analyse des facteurs responsables des coûts

L'objectif de l'analyse des facteurs responsables des coûts est de recueillir des informations afin de réaménager les processus et d'imaginer une nouvelle façon de rendre le service ou de fabriquer et d'assembler le produit. Les processus étant définis, représentés et mesurés, il faut les documenter. Pour limiter le temps et l'argent consacrés aux analyses et aux études, il est recommandé d'adopter une approche par étapes consistant à analyser un processus à la fois. Par exemple, dans un cas de réingénierie des processus financiers, on pourrait décider de revoir en priorité la gestion des comptes clients, parce que c'est à ce processus que l'on peut a priori apporter le plus d'améliorations.

On peut recourir à différentes méthodes d'analyse selon les circonstances. Quatre d'entre elles font l'objet des sections suivantes: l'analyse de Pareto, l'analyse de la valeur des activités, l'analyse des causes des activités et l'analyse comparative.

L'analyse de Pareto

Cette technique est également qualifiée d'analyse 80/20 parce qu'elle repose sur le postulat que 20 % des activités consomment 80 % des ressources et, inversement, que 80 % des activités requierent 20 % des ressources. Cette analyse consiste à classer les activités, en allant de celle qui requiert le plus de ressources à celle qui en requiert le moins, soit de la plus coûteuse à la moins coûteuse. Elle permet donc de repérer les activités les plus importantes.

Le tableau suivant présente un exemple d'analyse de Pareto appliquée à un processus de gestion des comptes clients.

Consommation de ressources par les activités

Activité	Équivalent-personne	Pourcentage de ressources	Pourcentage cumulatif
Enregistrement d'un paiement	22	55,00 %	55,00 %
Autres	5	12,50	67,50
Production d'un rapport	4	10,00	77,50
Vérification du crédit	3	7,50	85,00
Correction d'une erreur	2	5,00	90,00
Production d'un état de compte	2	5,00	95,00
Envoi d'un deuxième avis de paiement	2	5,00	100,00
Total	**40**	**100,00 %**	**100,00 %**

Ce qu'on a établi pour les activités vaut également pour les comptes à gérer; en d'autres termes, 20 % des comptes génèrent 80 % du travail, et inversement, 80 % des comptes génèrent 20 % du travail. On s'aperçoit aussi que 20 % des clients sont responsables de 80 % des ventes, et vice-versa.

L'analyse de la valeur des activités

Cette technique consiste à qualifier les activités et à les répartir dans les catégories suivantes : celles qui ajoutent de la valeur aux yeux des clients et celles qui n'en ajoutent pas, celles qui sont primordiales aux yeux des principaux intéressés et celles qui ne le sont pas. Le tableau suivant offre un exemple de classification des activités en fonction de l'un de ces critères.

Catégorisation des activités d'un processus d'assemblage de meubles[3]

Activité	Nombre de personnes	Ajoute de la valeur	N'ajoute pas de valeur	Assure la valeur
Réception	1,375		X	
Préparation	8	X		
Assemblage des tiroirs	5	X		
Assemblage du meuble	7	X		
Ajustement des tiroirs	2			X
Nettoyage du meuble	4			X
Retouche du meuble	3			X
Enregistrement	1		X	
Emballage	5			X
Réparation	1,75			X
Entreposage	0,75		X	
Total	**38,875**	**51,45 %**	**6,11 %**	**40,51 %**

La figure 11.10 présente un autre exemple.

L'analyse des facteurs à l'origine des activités

L'analyse des facteurs à l'origine des activités, c'est l'analyse des facteurs responsables des coûts — appelés également inducteurs de coûts — parmi lesquels on trouve les déclencheurs d'activité, qui amorcent l'activité, et les facteurs de consommation des ressources, qui alimentent l'activité. Nous avons déjà abordé la question de la détermination des inducteurs de coûts au chapitre 5; nous allons maintenant approfondir notre analyse en vue de documenter leur existence. Nous suggérons d'utiliser un outil comme le diagramme en arête de poisson, ou diagramme d'Ishikawa, présenté à la figure 11.11.

3. Cet exemple est tiré du mémoire de maîtrise de Daniel Côté, *La comptabilité par activités et son mode d'implantation dans une entreprise manufacturière*, département de génie industriel, École Polytechnique de Montréal, 1993, p. 73.

Figure 11.10
La pertinence des activités[4]

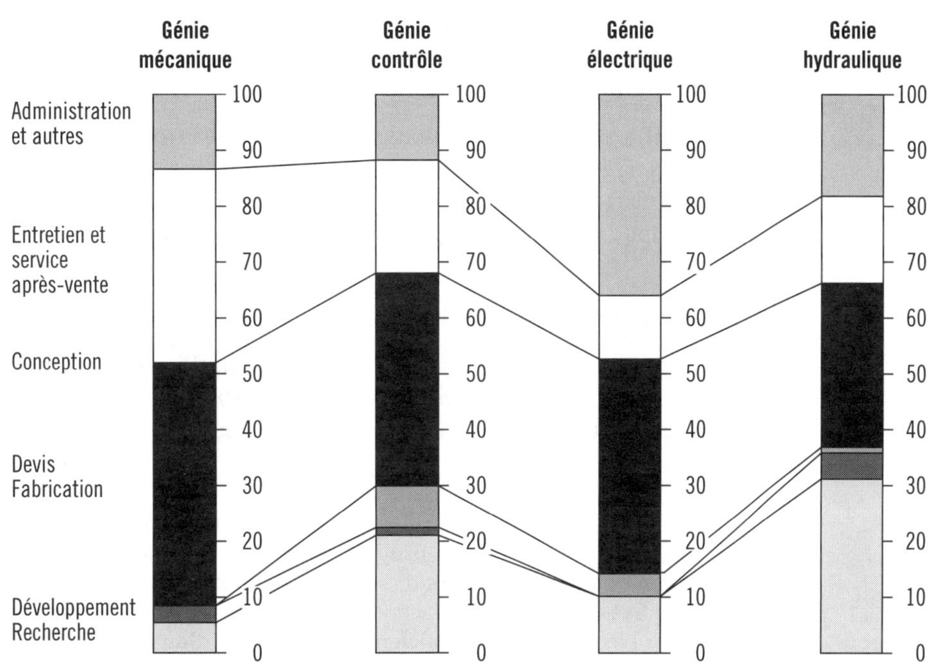

Figure 11.11
Le diagramme en arête de poisson[5]

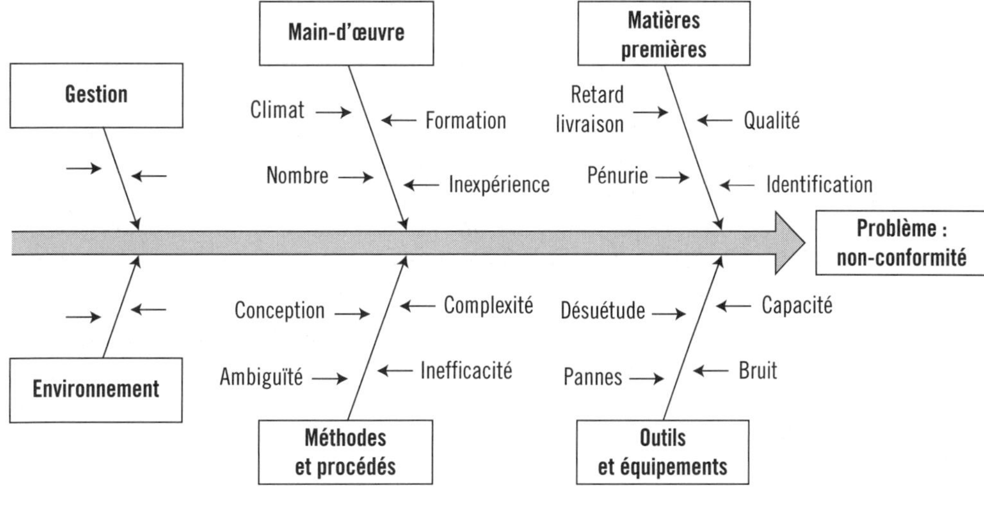

4. Cette illustration est tirée d'un texte de Thomas O'Brien, « Improving Performance through Activity Analysis », présenté au Third Annual Management Accounting Symposium à San Diego, Californie, en mars 1989. On y compare la pertinence des activités de quatre divisions, l'activité Administration étant considérée comme non pertinente.
5. Cette illustration est tirée de Kaoru Ishikawa, *Guide to Quality Control, Industrial and Technology*, Asian Productivity Organization, 1976.

Dans cette étape, il s'agit de déterminer, pour chacun des processus que l'on souhaite réaménager, un ou deux inducteurs de coûts principaux que l'on essaie de réduire, voire d'éliminer, par la reconception des processus visés.

On qualifie parfois les inducteurs de coûts de processus inducteurs transversaux parce qu'ils influent sur plusieurs activités qui sont souvent exercées par plus d'une unité administrative et même par plus d'une division. L'impact de ces inducteurs se répercute donc « à travers » l'organisation, d'où leur nom.

L'analyse comparative

L'analyse comparative, appelée également évaluation comparative ou étalonnage concurrentiel, consiste à comparer des unités semblables sur les plans de la consommation des ressources, des activités et des procédés.

Selon Gerald J. Balm, l'analyse comparative est :

> « [...] l'activité permanente qui consiste à comparer ses propres procédés, ses propres produits ou ses propres services à ceux, similaires, qui sont reconnus comme étant les meilleurs, de sorte que des buts exigeants mais réalisables puissent être fixés et qu'un plan d'action réaliste puisse être élaboré pour atteindre et maintenir l'excellence avec efficience, à l'intérieur d'un laps de temps raisonnable[6]. »

L'établissement d'indicateurs guides et d'indicateurs témoins

La détermination d'indicateurs servant de guides et d'indicateurs servant de témoins mène à la constitution d'un tableau de bord de gestion. Les indicateurs guides doivent orienter les gestionnaires dans le cadre de la réduction des coûts et des temps de cycle ainsi que de l'amélioration de la qualité. Les indicateurs témoins leur permettent de savoir après coup si la stratégie ou le plan qu'ils ont mis en œuvre a réussi et dans quelle mesure les objectifs ont été atteints. Comme le pilote d'avion, le gestionnaire doit surveiller tous les indicateurs de son tableau de bord, en particulier les indicateurs guides, afin de mener son avion/entreprise à bon port.

Les indicateurs guides proviennent d'une analyse des activités et de leurs causes, alors que les indicateurs témoins proviennent de la mesure des activités et des processus. L'exemple suivant illustre l'intégration de la comptabilité et de la gestion par activités, bref, le contrôle financier renouvelé.

6. Cité dans *Mise en application de l'analyse comparative, Politique de comptabilité de management nº 16*, La Société des comptables en management du Canada, 1993, p. 6.

EXEMPLE

L'entreprise Olytrans ltée

Olytrans ltée, une entreprise qui transforme de la viande en charcuterie, fabrique deux gammes de produits, soit des produits de salaison (par exemple, un jambon à l'ancienne) et des produits d'émulsion (par exemple, un saucisson de Bologne).

Voici le résultat net pour chacune des gammes de produits au cours du dernier exercice, selon la comptabilité traditionnelle.

	Salaison	Émulsion	Total
Revenus	**54 900 000 $**	**23 400 000 $**	**78 300 000 $**
Coûts			
Matières premières – viande	36 000 000 $	9 000 000 $	45 000 000 $
Matières premières – emballage	8 100 000	4 500 000	12 600 000
Main-d'œuvre	4 716 514	4 983 486	9 700 000
Frais généraux	6 175 229	6 524 771	12 700 000
	54 991 743 $	**25 008 257 $**	**80 000 000 $**
Résultat net	**–91 743 $**	**–1 608 257 $**	**–1 700 000 $**

Voici maintenant le calcul du coût par kilogramme pour les deux gammes de produits selon la comptabilité traditionnelle; on y indique également le résultat net unitaire.

	Salaison	Émulsion
Production en kilogrammes	**9 000 000**	**4 500 000**
Coût par kilogramme		
Matières premières – viande	4,00 $	2,00 $
Matières premières – emballage	0,90	1,00
Main-d'œuvre	0,52	1,11
Frais généraux	0,69	1,45
	6,11 $	**5,56 $**
Résultat net unitaire	**–0,01 $**	**–0,36 $**

Olytrans ltée souhaite mieux gérer ses processus et étudie la possibilité d'implanter la gestion par activités pour y arriver. Voici donc une présentation de la gestion par activités de cette entreprise ainsi que des éléments qu'il est nécessaire de mettre en place pour l'implanter.

La problématique

La figure 11.12 résume la problématique de cette entreprise.

Figure 11.12
La problématique de l'entreprise Olytrans ltée

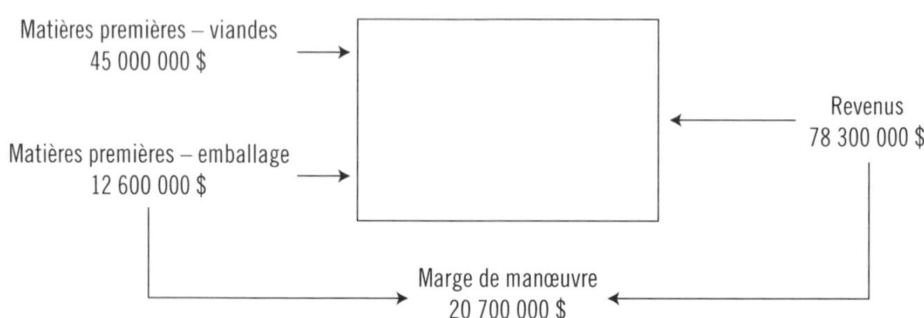

L'entreprise dispose de 20,7 millions de dollars pour transformer 57,6 millions de dollars de matières premières, soit 45 millions de viande plus 12,6 millions d'emballage, en produits d'une valeur de 78,3 millions. Actuellement, elle dépense 22,4 millions de dollars, soit 9,7 millions de main-d'œuvre directe auxquels s'ajoutent 12,7 millions de frais généraux. Elle est donc déficitaire de 1,7 million.

La principale ressource servant à effectuer cette transformation est la main-d'œuvre. Nous allons donc analyser ce que fait la main-d'œuvre, c'est-à-dire ses activités.

La définition et la mesure des processus

La figure 11.13 présente un diagramme simplifié du flux des matières dans cette entreprise. Il correspond au diagramme des activités emprunté au modèle des processus issu de la comptabilité par activités.

Figure 11.13
Le diagramme du flux des matières

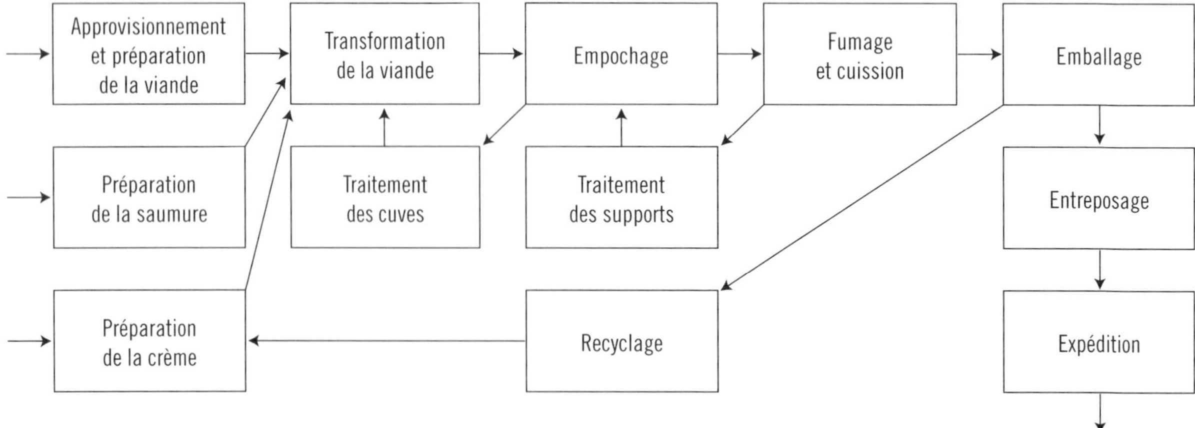

Chaque activité dépend de celles qui la précèdent dans la chaîne d'activités. Chacune requiert des ressources, soit des matières premières, de la main-d'œuvre et des équipements. À des fins de simplification, nous ne tiendrons pas compte des équipements dans les calculs qui suivent. Ce diagramme simplifié du flux des matières doit être repris pour chaque gamme de produits, car les paramètres opérationnels diffèrent d'une gamme à l'autre.

Chaque activité doit être mesurée en fonction du temps qu'on y consacre. Dans ce cas, nous utilisons le nombre de personnes exerçant l'activité. Cependant, une analyse des activités a permis de faire les constatations qui suivent :

- certaines activités sont partagées par les deux gammes de produits et d'autres sont spécifiques à l'une d'elles ;
- à certains moments, des membres du personnel sont en attente, pour diverses raisons que nous allons exposer plus loin ;
- une partie du temps est consacré à préparer l'activité, ce que nous appelons temps de mise en course ; le reste sert à faire l'activité proprement dite.

Le tableau suivant indique le nombre de personnes affectées à chacune des activités ainsi que le pourcentage du temps durant lequel chacune est occupée en moyenne et ce, pour les deux gammes de produits.

			Activités spécifiques aux produits			
	Activités partagées		**Salaison**		**Émulsion**	
	Personnes	Utilisation	Personnes	Utilisation	Personnes	Utilisation
Approvisionnement et préparation de la viande	6	90 %				
Préparation de la saumure	5	90 %				
Préparation de la crème	5	85 %				
Transformation de la viande			36	85 %	15	80 %
Empochage et transfert			10	80 %	15	80 %
Fumage et cuisson			4	85 %	4	85 %
Traitement des cuves	5	95 %				
Traitement des supports	5	90 %				
Recyclage			6	85 %	3	80 %
Emballage			50	90 %	75	85 %
Entreposage	2	75 %				
Expédition	4	90 %				
Total	**32**		**106**		**112**	

Comme à chaque lot de produits d'une gamme correspond une recette ou un emballage particulier, la réalisation de plusieurs activités exige un temps de préparation (mise en course). Le tableau suivant donne ces temps exprimés en pourcentage du temps total, compte tenu du fait que l'entreprise a fabriqué au cours du dernier exercice 550 lots de produits de salaison et 450 lots de produits d'émulsion.

	Activités partagées		Activités spécifiques aux produits			
			Salaison		Émulsion	
	Opérations	Mise en course	Opérations	Mise en course	Opérations	Mise en course
Approvisionnement et préparation de la viande	100 %	0 %				
Préparation de la saumure	70 %	30 %				
Préparation de la crème	80 %	20 %				
Transformation de la viande			95 %	5 %	95 %	5 %
Empochage et transfert			90 %	10 %	90 %	10 %
Fumage et cuisson			95 %	5 %	95 %	5 %
Traitement des cuves	100 %	0 %				
Traitement des supports	100 %	0 %				
Recyclage			100 %	0 %	100 %	0 %
Emballage			90 %	10 %	90 %	10 %
Entreposage	100 %	0 %				
Expédition	100 %	0 %				

Enfin, le tableau ci-dessous indique les pourcentages de produits recyclés et mis au rebut ainsi que les pertes de matières d'emballage pour chacune des deux gammes de produits.

	Produits	
Indicateur de mauvaise qualité	**Salaison**	**Émulsion**
Rebuts de viande	5 %	10 %
Viande recyclée	15 %	15 %
Pertes de matières d'emballage	15 %	10 %

La figure 11.14 présente le diagramme d'activités pour les produits de salaison et pour les produits d'émulsion. Les standards de coûts unitaires représentent un coût par kilogramme de produit fini, sauf pour les activités de mise en course, où il s'agit d'un coût par lot. Nous n'avons indiqué sur le diagramme ni les temps d'arrêt ni les temps d'attente de la main-d'œuvre.

Figure 11.14
Le diagramme des activités des produits de salaison et des produits d'émulsion

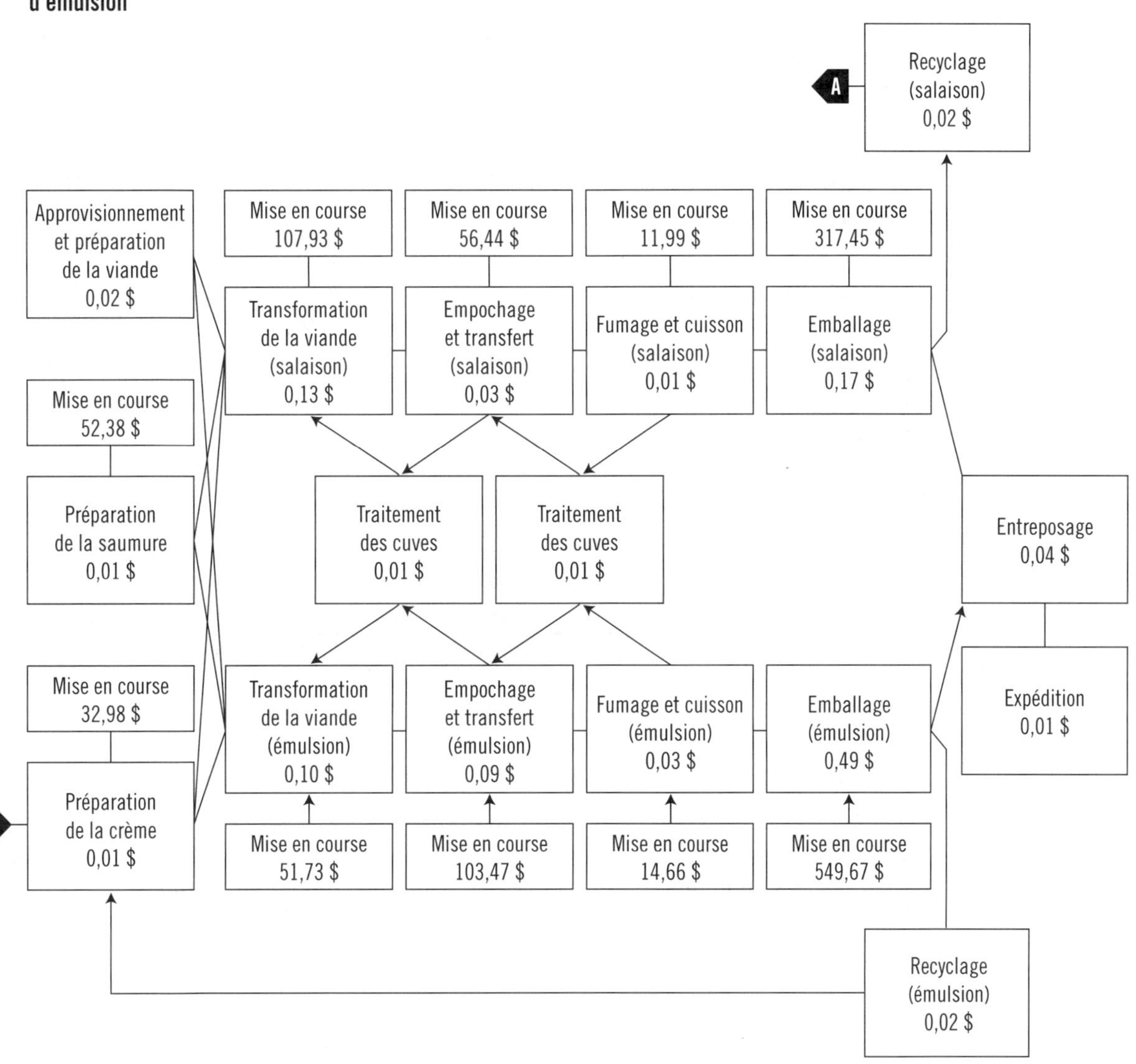

L'entreprise a produit 550 lots de produits de salaison pour un total de 9 000 000 kg et 450 lots de produits d'émulsion pour un total de 4 500 000 kg. Voici les coûts totaux de la main-d'œuvre par activités.

Activité	Opérations	Mise en course	Attente	Total
Approvisionnement et préparation de la viande	209 520 $	0 $	23 280 $	232 800 $
Préparation de la saumure	122 220	52 380	19 400	194 000
Préparation de la crème	131 920	32 980	29 100	194 000
Transformation de la viande – salaison	1 127 916	59 364	209 520	1 396 800
Empochage et transfert – salaison	279 360	31 040	77 600	388 000
Fumage et cuisson – salaison	125 324	6 596	23 280	155 200
Transformation de la viande – émulsion	442 320	23 280	116 400	582 000
Empochage et transfert – émulsion	419 040	46 560	116 400	582 000
Fumage et cuisson – émulsion	125 324	6 596	23 280	155 200
Traitement des cuves	184 300	0	9 700	194 000
Traitement des supports	174 600	0	19 400	194 000
Recyclage – salaison	197 880	0	34 920	232 800
Emballage – salaison	1 571 400	174 600	194 000	1 940 000
Recyclage – émulsion	93 120	0	23 280	116 400
Emballage – émulsion	2 226 150	247 350	436 500	2 910 000
Entreposage	58 200	0	19 400	77 600
Expédition	139 680	0	15 520	155 200
Total	**7 628 274 $**	**680 746 $**	**1 390 980 $**	**9 700 000 $**

Les résultats précédents ont permis d'établir les standards que l'on retrouve à la figure 11.14. À partir de ces résultats intermédiaires, on peut calculer plusieurs objets de coûts.

Le tableau qui suit compare les coûts de la main-d'œuvre affectée aux produits de salaison et ceux de la main-d'œuvre affectée aux produits d'émulsion, selon la comptabilité traditionnelle et selon le modèle des processus de la CPA.

	Produits de salaison	Produits d'émulsion
Comptabilité par ressources	0,52 $/kg	1,11 $/kg
Comptabilité par activités « le modèle des processus »	0,44 $/kg ou 579,18 $/lot	0,81 $/kg ou 804,88 $/lot

Le tableau qui suit compare le coût moyen par kilogramme de produits de salaison pour des lots de différentes tailles selon la comptabilité traditionnelle et selon le modèle des processus de la CPA. La figure 11.15 illustre ce tableau.

Produits de salaison	Comptabilité traditionnelle	CPA, modèle des processus	Écart
Un lot de 1 000 kg	0,52 $	1,02 $	0,50 $
Un lot de 5 000 kg	0,52 $	0,56 $	0,04 $
Un lot de 10 000 kg	0,52 $	0,50 $	–0,02 $
Un lot de 15 000 kg	0,52 $	0,48 $	–0,04 $
Un lot de 20 000 kg	0,52 $	0,47 $	–0,05 $
Un lot de 25 000 kg	0,52 $	0,47 $	–0,05 $
Un lot de 30 000 kg	0,52 $	0,46 $	–0,06 $

Figure 11.15
Le coût par kilogramme des produits de salaison selon la taille des lots

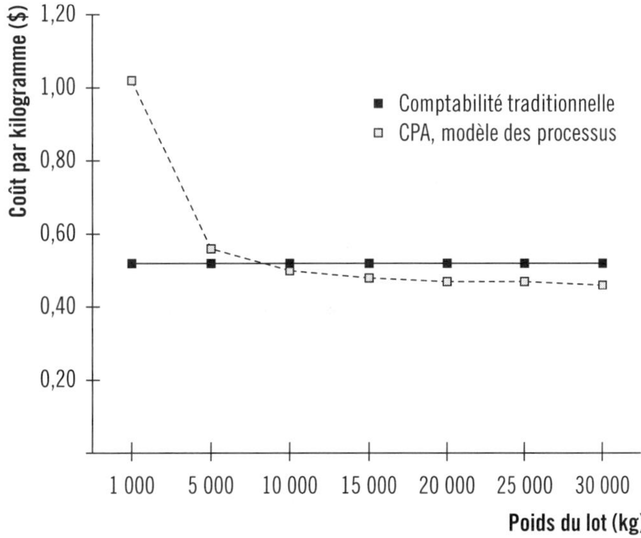

Le tableau qui suit compare le coût de la main-d'œuvre affectée aux produits de salaison et celui de la main-d'œuvre affectée aux produits d'émulsion, selon la comptabilité traditionnelle et selon le modèle des processus issu de la CPA. L'hypothèse théorique est que les rebuts sont éliminés, de même que les produits recyclés, car tous les produits issus du processus de transformation sont conformes aux normes de qualité.

	Produits de salaison	Produits d'émulsion
Comptabilité par ressources	0,52 $/kg	1,11 $/kg
Comptabilité par activités « Le modèle des processus »	0,34 $/kg ou 579,18 $/lot	0,60 $/kg ou 804,88 $/lot

Le tableau qui suit compare, en retenant cette dernière hypothèse, le coût moyen par kilogramme de produits de salaison pour des lots de différentes tailles, selon la comptabilité traditionnelle et selon le modèle des processus de la CPA. La figure 11.16 illustre ce tableau.

Produits de salaison	Comptabilité traditionnelle	CPA, modèle des processus	Écart
Un lot de 1 000 kg	0,52 $	0,92 $	0,39 $
Un lot de 5 000 kg	0,52 $	0,45 $	–0,07 $
Un lot de 10 000 kg	0,52 $	0,40 $	–0,13 $
Un lot de 15 000 kg	0,52 $	0,38 $	–0,15 $
Un lot de 20 000 kg	0,52 $	0,37 $	–0,16 $
Un lot de 25 000 kg	0,52 $	0,36 $	–0,16 $
Un lot de 30 000 kg	0,52 $	0,36 $	–0,17 $

Figure 11.16
Le coût par kilogramme des produits de salaison selon la taille des lots

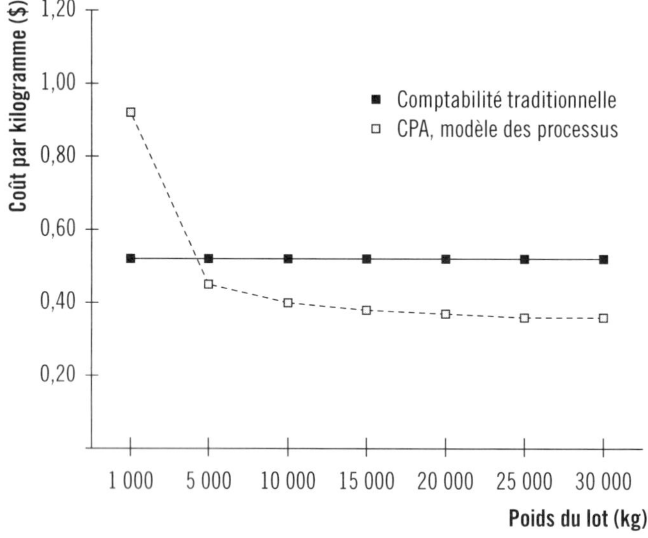

Plusieurs autres résultats sont possibles selon le modèle des processus de la CPA. Des logiciels spécialisés permettent de faire ces simulations et illustrent les résultats à l'aide de tableaux et de graphiques.

Le tableau de bord

Le tableau de bord doit comprendre les indicateurs qui aideront les gestionnaires d'Olytrans à parvenir à une réduction des coûts et à une diminution de la quantité de rebuts et de produits recyclés. Plusieurs facteurs expliquent les nombreuses attentes ; il faut, par une analyse des causes, identifier ces facteurs et en faire le suivi. Or, les arrêts de la chaîne de production sont à l'origine de 75 % des attentes. Dans ce cas, les causes de ces arrêts constituent des indicateurs guides, car le jour où elles seront éliminées et où il n'y aura plus d'arrêts, le temps d'attente devrait diminuer.

Le tableau de bord comprend également des indicateurs témoins, comme les coûts par activité. Ces indicateurs devront refléter l'évolution des indicateurs guides choisis.

UNE RÉFLEXION SUR LE CONTRÔLE FINANCIER RENOUVELÉ

Autrefois, les comptables étaient les chiens de garde de l'entreprise. Le renouvellement des entreprises et de leur gestion fait en sorte que les comptables doivent maintenant agir plutôt comme des guides et des éclaireurs pour les gestionnaires opérationnels comme pour les gestionnaires stratégiques[7]. Nous avons présenté dans ce chapitre une approche et des outils qui devraient permettre à ce nouveau rôle du contrôleur de gestion de prendre forme.

Il est toujours possible d'opter pour le contrôle budgétaire classique et de l'inscrire dans une approche axée sur l'orientation et l'apprentissage. Cependant, cette approche a ses limites, comme nous l'avons démontré à l'aide de plusieurs exemples. Par ailleurs, la gestion par activités produit de l'information sur les processus et activités de l'entreprise, et sur leurs raisons d'être. Elle met en lumière les facteurs déclencheurs des processus de même que les facteurs explicatifs de la consommation des ressources par les activités. De plus, elle établit un lien entre ces facteurs et des indicateurs de performance que l'on regroupe en trois catégories : coûts, temps de cycle et qualité.

La gestion par activités amène la réorganisation, le réaménagement, la reconception, la restructuration ou la reconstruction des processus d'entreprise. Ces différents termes marquent différents degrés de changement dans l'entreprise ou encore précisent la nature du changement, qualifié plus généralement de réingénierie (*reengineering*). Ainsi, le terme reconception désigne une réorganisation totale de l'entreprise à un moment précis dans le temps. Dans ce cas, l'entreprise fait table rase de tout ce qui existait avant; il s'agit d'un nouveau départ en matière d'organisation. Il n'est pas nécessairement utile d'étudier les processus existants, car l'entreprise opte d'entrée de jeu pour une nouvelle technique ou une nouvelle manière de procéder. Le terme de réaménagement décrit une réorganisation majeure et implique également des changements radicaux; mais il se concentre sur un ou plusieurs processus qui peuvent toucher diverses fonctions de l'entreprise. L'amélioration continue concerne des changements mineurs effectués de façon continue.

Outre la gestion par activités, d'autres outils et techniques qui contribuent à enrichir l'approche axée sur l'orientation et l'apprentissage émergent. Toutefois, ils dépassent le cadre de cet ouvrage.

---

7. Cette idée est développée dans Hugues Boisvert, Marie-Andrée Caron et al., *Redéfinir la fonction finance-contrôle en vue du XXI*e *siècle*, collection Les affaires, Les Éditions Transcontinentales inc., février 1995.

QUESTIONS DE RÉVISION

1. Définissez le contrôle financier renouvelé.
2. Pourquoi le contrôle budgétaire par ressources est-il limité ?
3. Expliquez les limites de l'analyse des écarts relatifs à la main-d'œuvre directe.
4. Dans quel cas l'effet d'un écart sur le bénéfice est-il substantiellement plus important que le montant de cet écart ?
5. Donnez un exemple du rôle proactif que peut jouer le budget dans la planification.
6. Définissez la gestion par activités.
7. Quelles sont les caractéristiques du modèle des processus issu de la comptabilité par activités ?
8. En quoi le modèle des processus issu de la comptabilité par activités se distingue-t-il du modèle de la décomposition des coûts ?
9. Quelle est l'utilité du graphique d'acheminement en matière de contrôle financier ?
10. Quelle information apporte la méthode du chemin critique ?
11. En quoi la méthode PERT est-elle utile au contrôle financier ?
12. Qu'est-ce que l'analyse de Pareto ?
13. Décrivez brièvement l'analyse de la valeur des activités.
14. Décrivez brièvement l'analyse des causes des activités.
15. Dites brièvement en quoi consiste l'analyse comparative.
16. Distinguez l'indicateur guide de l'indicateur témoin et donnez un exemple de chacun d'eux.
17. Qu'est-ce qu'un tableau de bord ?
18. Si le comptable d'entreprise adopte une approche axée sur l'orientation et l'apprentissage, quelle en sera la conséquence sur le plan de la planification et du contrôle ?

EXERCICES

EXERCICE 11.1 Limites du contrôle budgétaire classique

L'entreprise Limca ltée fabrique un seul produit. Sa fiche de coût de revient est la suivante :

Matières premières	5 kg à 3 $/kg
Main-d'œuvre directe	3,5 h à 10 $/h
Frais généraux de fabrication variables	20 % du coût de la main-d'œuvre directe

L'entreprise prévoyait fabriquer 120 000 unités au cours du prochain exercice. Voici son budget de fabrication partiel, excluant les frais généraux de fabrication fixes.

Limca ltée
Budget de fabrication partiel
pour le prochain exercice

Matières premières	1 800 000 $
Main-d'œuvre directe	4 200 000
Frais généraux de fabrication variables	840 000
	6 840 000 $

Le tableau qui suit présente les résultats de ce même exercice pour un volume de produits fabriqués de 96 000 unités.

Limca ltée
État de fabrication partiel
pour le prochain exercice

Matières premières	1 305 600 $
Main-d'œuvre directe	3 564 000
Frais généraux de fabrication variables	891 000
	5 760 600 $

Le contrôleur a calculé les écarts suivants :

Écart sur prix des matières premières	153 600 $	(défavorable)
Écart sur quantité des matières premières	–288 000 $	(favorable)
Écart sur taux de la main-d'œuvre directe	–36 000 $	(favorable)
Écart sur temps de la main-d'œuvre directe	240 000 $	(défavorable)
Écart dû à la productivité de la main-d'œuvre directe	912 000 $	(défavorable)
Écart sur temps dû au rendement des matières premières	–672 000 $	(favorable)
Écart sur dépenses des frais généraux de fabrication variables	178 200 $	(défavorable)
Écart de rendement des frais généraux de fabrication variables	40 800 $	(défavorable)
Écart de rendement des frais généraux de fabrication dû à la productivité de la main-d'œuvre directe	659 040 $	(défavorable)
Écart de rendement des frais généraux de fabrication dû au rendement des matières premières	–13 440 $	(favorable)

Travaux pratiques

1. Quelles actions pourraient être entreprises à la suite de l'étude des écarts ?
2. Quelles limites comporte, dans ce cas, l'information apportée par les écarts ?

EXERCICE 11.2 Effet d'un écart sur le bénéfice net

L'entreprise Profil ltée fabrique cinq produits, A, B, C, D et E, dans trois ateliers : l'estampillage, l'assemblage et la finition. Le taux horaire de la main-d'œuvre directe est le même dans les trois ateliers, soit 30 $ l'heure. Un premier tableau présente un sommaire des temps de fabrication requis par chaque produit dans chaque atelier en précisant la capacité de chacun. Un deuxième tableau présente la marge sur coûts variables par unité de chacun des produits, et un troisième tableau, les contraintes de marché se traduisant par des quantités minimales et maximales à produire pour chacun des produits.

Temps de production (en minutes)

Atelier	Produits A	B	C	D	E	Capacité de l'atelier
Estampillage	5	10	20	30	20	3 600 000
Assemblage	10	8	20	40	20	4 200 000
Finition	5	10	10	20	20	3 300 000
Total	**20**	**28**	**50**	**90**	**60**	

Marge sur coûts variables par unités

A	B	C	D	E
33,00 $	46,70 $	51,00 $	144,70 $	102,90 $

Contraintes de marché

Produit	Nombre minimal d'unités à produire	Nombre maximal d'unités à produire
A	80 000	150 000
B	20 000	50 000
C	10 000	50 000
D	35 000	50 000
E	10 000	50 000

À l'aide d'un logiciel de programmation linéaire, le contrôleur a établi le programme de production optimal pour le prochain trimestre. Ce programme prévoit la fabrication de :

- 80 000 unités du produit A ;
- 50 000 unités du produit B ;
- 10 000 unités du produit C ;
- 45 000 unités du produit D ;
- 50 000 unités du produit E.

La marge sur coûts variables totale prévue pour ce programme de production est de 17 141 500 $.

À la fin du trimestre, le contrôleur a calculé qu'on a pris pour la fabrication du produit E :

- 22 minutes par unité dans l'atelier d'estampillage ;
- 21 minutes par unité dans l'atelier d'assemblage ;
- 24 minutes dans l'atelier de finition.

Travail pratique

Commentez l'effet des écarts de temps de production du produit E sur le bénéfice de l'entreprise.

EXERCICE 11.3 Simulation d'un budget par ressources

L'entreprise manufacturière Semore ltée prévoit fabriquer l'an prochain 600 000 unités qu'elle pense vendre 828 $ l'unité. Voici le budget des résultats de Semore ltée pour l'exercice se terminant le 31 décembre 1999.

Semore ltée
Budget des résultats
pour l'exercice se terminant le 31 décembre 1999

Ventes	**496 800 000 $**	**100,00 %**
Coûts de fabrication variables	182 400 000	36,71
Marge à la fabrication	**314 400 000 $**	**63,29 %**
Coûts de vente variables	49 680 000	10,00
Marge à la distribution	**264 720 000 $**	**53,29 %**
Coûts fixes		
Fabrication	30 000 000 $	6,04 %
Vente	117 069 000	23,56
Administration	48 078 000	9,68
Financement	17 940 000	3,61
	213 087 000 $	**42,89 %**
Résultat net	**51 633 000 $**	**10,39 %**

Les coûts de fabrication et les frais de vente et d'administration sont détaillés dans les trois tableaux suivants :

Coûts de fabrication	**Coûts variables**	**Coûts fixes**
Matières premières	84 000 000 $	
Main-d'œuvre directe	38 400 000	
Frais généraux – matières premières	42 000 000	2 000 000 $
Frais généraux – machines	10 800 000	20 000 000
Frais généraux – autres	7 200 000	8 000 000
	182 400 000 $	**30 000 000 $**

Frais de vente	**Frais variables**	**Frais fixes**
Publicité		60 000 000 $
Salaires		19 395 000
Ristournes	49 680 000 $	
Recherche de marché		8 944 000
Autres (déplacement, etc.)		28 730 000
	49 680 000 $	**117 069 000 $**

Frais d'administration	**Frais variables**	**Frais fixes**
Salaires		23 449 000 $
Mobilier, matériel informatique		4 642 000
Fournitures		8 427 000
Autres		11 560 000
Total		**48 078 000 $**

Voici un tableau résumant les trois scénarios envisagés. Le budget des résultats de Semore ltée a été établi en utilisant le scénario le plus probable (colonne du centre).

	Scénarios envisagés		
	Scénario pessimiste	**Scénario le plus probable**	**Scénario optimiste**
Unités vendues	500 000	600 000	750 000
Prix de vente moyen	750 $	828 $	868 $
Quantité de matières premières utilisées	4,5 kg par unité	4 kg par unité	3,8 kg par unité
Prix payé pour les matières premières	42 $/kg	35 $/kg	32 $/kg
Heures de main-d'œuvre directe par unité	2,25 h	2 h	1,9 h
Taux horaire de la main-d'œuvre directe	35 $	32 $	30 $
Taux des frais généraux – matières premières	0,60 $ par dollar de matières premières	0,50 $ par dollar de matières premières	0,48 $ par dollar de matières premières
Taux des frais généraux – machines	15 $ par heure-machine	12 $ par heure-machine	10 $ par heure-machine
Heure-machine par unité	1,6 h par unité	1,5 h par unité	1,4 h par unité
Taux des frais généraux – autres	8 $ par unité	6 $ par unité	5 $ par unité
Taux des frais de vente variables	12 % du montant des ventes	10 % du montant des ventes	10 % du montant des ventes

Il n'y a qu'un scénario pour les coûts fixes, car pour la majorité ils sont engagés ou prévus lors du budget ; ils ne présentent donc aucune incertitude.

Travaux pratiques

1. Établissez le budget :
   a) selon le scénario pessimiste ;
   b) selon le scénario optimiste ;
   c) en recourant à la méthode PERT.
2. Pour orienter les gestionnaires, commentez l'approche du budget par ressources à la lumière des résultats précédents.

EXERCICE 11.4 Simulation d'un budget par activités

L'entreprise de transformation Sicord ltée planifie sa production du prochain exercice en fonction d'un volume de 30 millions de litres. Voici son budget pour le prochain exercice.

Sicord ltée
Budget de production
pour le prochain exercice

Matières premières		**30 000 000 $**
Activité de fabrication		
Main-d'œuvre directe	1 701 000 $	
Autres coûts de fabrication	630 000	2 331 000
Activité de mise en contenant		
Main-d'œuvre directe	2 274 480 $	
Autres coûts de mise en contenant	168 480	2 442 960
Autres activités		
Recyclage et rebut	240 000 $	
Gestion	1 800 000	
Logement	800 000	
Autres	200 000	3 040 000
Total		**37 813 960 $**

Ce budget des résultats de Sicord ltée a été établi en fonction du scénario jugé le plus probable (colonne du centre).

	Scénarios envisagés		
	Scénario pessimiste	**Scénario le plus probable**	**Scénario optimiste**
Volume produit en litres	24 000 000	30 000 000	34 000 000
Nombre de cuvées	2 800	3 150	3 300
Nombre de contenants	550 000	702 000	800 000
Quantité de matières premières utilisées	1 L par litre	1 L par litre	1 L par litre
Prix payé pour les matières premières	1,30 $/L	1 $/L	0,90 $/L
Heures de main-d'œuvre directe, fabrication	36 h par cuvée	30 h par cuvée	28 h par cuvée
Heures de main-d'œuvre directe, mise en contenant	0,2 h par contenant	0,18 h par contenant	0,15 h par contenant
Taux horaire de la main-d'œuvre directe	20 $/h	18 $/h	17 $/h
Taux par cuvée des autres charges de fabrication	225 $ par cuvée	200 $ par cuvée	180 $ par cuvée
Taux par contenant des autres charges	0,28 $ par contenant	0,24 $ par contenant	0,22 $ par contenant
Taux du recyclage et des rebuts par litre	1,2 % du nombre de litres	0,8 % du nombre de litres	0,5 % du nombre de litres

Les coûts de gestion, de logement et autres sont fixes, c'est-à-dire qu'on n'a pas cru bon de les analyser afin de déterminer un inducteur pertinent.

Travaux pratiques

1. Établissez le budget :
   a) selon le scénario pessimiste ;
   b) selon le scénario optimiste ;
   c) en recourant à la méthode PERT.
2. Quels indicateurs pourraient être utiles à la planification et au contrôle ?
3. Pour orienter les gestionnaires, commentez l'approche du budget par activités à la lumière des résultats précédents.

EXERCICE 11.5 Analyse des temps de cycle et chemin critique

Un projet nécessite huit tâches, désignées respectivement par les lettres A à H, pour lesquelles l'ingénieur a préparé les estimations de durée suivantes en indiquant la relation d'antériorité entre chacune d'entre elles, c'est-à-dire leur ordre d'enchaînement.

	Durée			
Tâche	Estimation pessimiste	Estimation la plus probable	Estimation optimiste	Tâche préalable
A	4	5	7	Aucune
B	3	4	5	Aucune
C	8	10	14	A
D	6	8	9	B
E	8	12	16	B
F	12	14	18	C et D
G	6	7	9	E
H	2	4	5	F et G

Le projet doit être terminé au plus tard dans 40 jours et, si l'espérance mathématique de la durée d'une tâche engage une fraction de journée, on doit y consacrer une journée entière, car on ne peut commencer une tâche lorsque la journée est déjà entamée.

Travaux pratiques

1. Établissez le chemin critique.
2. Calculez l'espérance mathématique de la date de fin du projet.
3. Déterminez la date la plus éloignée du début de chacune des tâches.

EXERCICE 11.6 Analyse du projet d'installation d'un télésiège

Voici l'échéancier du projet d'installation d'un télésiège.

Projet d'installation d'un télésiège

Nº de la tâche	Description	Tâche préalable	Durée de la tâche (en jours)
	Phase I		
1.1	Choix de la ligne de centre	Aucune	3
1.2	Déboisement	1.1	10
1.3	Prise du profil	1.2	3
1.4	Préparation des plans	1.3	10
	Phase II		
2.1	Désignation de l'emplacement des tours	1.4	2
2.2	Creusage	2.1	3
2.3	Fixation des ancrages dans le roc	2.2	10
2.4	Préparation des formes	2.2	8
2.5	Installation des formes	2.3, 2.4	5
2.6	Béton	2.5	1
2.7	Décoffrage	2.6	2
2.8	Remblaiement	2.7	2
	Phase III		
3.1	Peinture des tours	Livraison des tours	10
3.2	Montage des berceaux de poulies	3.1	3
3.3	Érection des tours	3.2, 2.8	1
3.4	Érection de la station de départ	3.2, 2.8	1
	Phase IV		
4.1	Installation du moteur	3.4	3
4.2	Cabine du moteur	4.1	2
4.3	Cabine de l'opérateur principal	3.4	3
4.4	Rampe	3.3	4
4.5	Cabine de l'opérateur au sommet	4.4	2
4.6	Entrée électrique	4.3	2
4.7	Installation du câble tracteur	3.3, 3.4	3
4.8	Épissure	4.7	1
4.9	Installation du câble électrique	3.3, 3.4	1
4.10	Système de sécurité	4.2, 4.3, 4.5, 4.9	5
4.11	Alignement des poulies	4.6, 4.8, 4.10	1
4.12	Installation des chaises	4.11	1

Le projet démarre le 1er mai et doit être terminé le 31 octobre, ce qui laisse 126 jours ouvrables.

Travaux pratiques

À l'aide de l'algorithme du chemin critique, déterminez :

1. la durée la plus courte du projet ;
2. les tâches que l'on peut retarder sans nuire à l'échéance du projet ;
3. la date la plus éloignée pour commencer une tâche, étant donné la date d'échéance prévue pour le projet.

EXERCICE 11.7 Analyse des coûts et des temps de cycle d'un processus

À une certaine époque, pas tellement lointaine, lorsqu'un professeur d'université commandait un ordinateur, il pouvait s'écouler 38 jours ouvrables (plus de sept semaines) avant qu'il le reçoive. De plus, la gestion de la demande du professeur coûtait 310,47 $, et 43 % des demandes requéraient plus de temps et s'avéraient plus coûteuses. Le tableau suivant décrit ce processus.

Nº de la tâche	Description	Tâche préalable	Délai	Qualité
1	Demande du professeur	Aucune	1	
2	Approbation du directeur de service	1	3	95 %
3	Préparation de la demande	2	1	
4	Approbation du directeur de l'informatique	3	5	
5	Vérification technique	4	8	70 %
6	Vérification du fournisseur	5	10	95 %
7	Approbation finale du directeur de l'informatique	4,5	1	
8	Approbation du directeur financier	7	5	
9	Vérification par la comptabilité	8	5	90 %
10	Approbation finale par le directeur financier	9	1	

Examinons ce processus de plus près. Lorsqu'un professeur souhaite obtenir un ordinateur ou un périphérique quelconque, il doit rédiger une lettre à son directeur de service pour solliciter l'appareil en question. La rédaction de cette demande peut lui prendre une heure. Il la dépose dans la boîte aux lettres du directeur de service, qui reçoit son courrier tous les matins des mains de sa secrétaire. L'approbation du directeur de service ne prend que 5 ou 10 minutes, mais ce dernier ne traite ces demandes qu'une ou deux fois par semaine ; il peut donc y avoir un délai de trois jours avant que le directeur ne demande à sa secrétaire de préparer une demande formelle à l'intention du directeur de l'informatique. On doit compter un autre jour pour que la demande parvienne au directeur de l'informatique, qui ne répond à de telles demandes qu'une fois par semaine, d'où un délai moyen de cinq jours. Après en avoir pris connaissance, le directeur de l'informatique achemine la demande à un technicien en informatique qui effectue une vérification technique, puis à un technicien acheteur qui détermine le fournisseur et le prix exact. Cela fait, le directeur de l'informatique réexamine la demande complétée avant de la faire parvenir au directeur des finances. Ce dernier, qui ne prend connaissance de ces demandes qu'une fois par semaine, les achemine au technicien comptable qui, lui, vérifie les disponibilités budgétaires et l'exactitude des numéros de fonds et de comptes mentionnés dans la demande de transaction.

Le directeur de service approuve telles quelles 95 % des demandes présentées. Le technicien en informatique suggère des modifications techniques quant au modèle et aux spécifications de l'appareil dans 30 % des cas. Le technicien acheteur propose un changement de fournisseur dans 5 % des cas. Enfin, la vérification faite au service de comptabilité amène des modifications dans 10 % des dossiers.

Pour établir le coût de l'activité, nous avons inscrit dans le tableau qui suit l'unité d'œuvre de chaque activité, le nombre d'unités, la personne responsable, son salaire annuel et le pourcentage de son temps qu'elle consacre à cette activité.

Activité	Responsable	Salaire annuel	Unité d'œuvre	Nombre d'unités	Pourcentage du temps
1	Professeur	60 000 $	Demande du professeur	1	0,04 %
2	Directeur du service	100 000 $	Demande de service	552	10 %
3	Secrétaire	30 000 $	Demande de service	552	18,46 %
4 et 7	Directeur de l'informatique	100 000 $	Demande d'achat	920	20 %
5	Technicien en informatique	50 000 $	Vérification technique	400	100 %
6	Technicien acheteur	40 000 $	Choix du fournisseur	500	100 %
8 et 10	Directeur des finances	100 000 $	Approbation de l'achat	1 380	20 %
9	Technicien comptable	30 000 $	Vérification comptable	2 000	100 %

Travaux pratiques

1. Vérifiez (détails à l'appui) le coût de gestion d'une commande d'ordinateur (310,47 $), le délai requis pour sa préparation, et le pourcentage de demandes plus coûteuses et requérant plus de temps (43 %).
2. Faites des suggestions sur les possibilités de réduction du coût et des délais, et d'amélioration de la qualité (diminution de la statistique de 43 %). Précisez la démarche conduisant à l'établissement d'un plan d'amélioration du processus.

EXERCICE 11.8 La méthode PERT appliquée au budget

Un projet d'investissement a été découpé en cinq phases indépendantes les unes des autres. Le comité du projet dépose le budget suivant.

Phase	Estimation optimiste	Estimation la plus probable	Estimation pessimiste
I	900 000 $	950 000 $	1 200 000 $
II	1 200 000	1 350 000	1 600 000
III	2 500 000	2 770 000	3 200 000
IV	3 200 000	3 600 000	4 200 000
V	1 000 000	1 200 000	1 500 000
Total	**8 800 000 $**	**9 870 000 $**	**11 700 000 $**

Travaux pratiques

1. Déterminez l'espérance mathématique du coût du projet.
2. Déterminez une fourchette de coûts normale pour ce projet.

EXERCICE 11.9 Analyse d'un projet

La phase II du projet de construction d'un télésiège concerne la construction des fondations des tours. Voici le budget de cette phase selon trois scénarios.

N° de la tâche	Description	Estimation optimiste	Estimation la plus probable	Estimation pessimiste
2.1	Désignation de l'emplacement des tours sur le terrain	500 $	1 000 $	1 500 $
2.2	Creusage	1 100	2 000	3 000
2.3	Fixation des ancrages dans le roc			
	Location du compresseur	200	400	600
	Coût des ancrages	800	1 200	1 800
	Ciment pour ancrages	160	300	360
	Main-d'œuvre	800	1 200	2 000
2.4	Construction des formes			
	Matériaux pour le coffrage	1 000	2 000	3 000
	Fer d'armature et ancrages	10 000	16 000	20 000
	Main-d'œuvre	800	1 200	2 000
2.5	Installation des formes	880	960	1 120
2.6	Coulage			
	Coût du béton	4 850	5 600	6 985
	Hélicoptère	6 000	8 000	12 000
	Main-d'œuvre	600	800	1 200
2.7	Décoffrage	200	300	600
2.8	Remblaiement des fondations	500	800	1 200
	Location d'un véhicule de transport en montagne	3 000	3 500	5 000
Total		**31 390 $**	**45 260 $**	**62 365 $**

Travaux pratiques

1. Déterminez l'espérance mathématique du coût du projet.
2. Déterminez une fourchette de coûts normale pour ce projet.

EXERCICE 11.10 Analyse des activités

La gestion des comptes clients de l'entreprise Crédifor ltée coûte 540 000 $ par année, dont 480 000 $ en salaires et avantages sociaux, et 60 000 $ en fournitures et timbres. L'entreprise effectue en moyenne 4 000 livraisons par mois à 1 000 clients. Une analyse des activités liées à la gestion des comptes clients révèle l'existence de quatre activités principales qui nécessitent les pourcentages suivants des ressources en main-d'œuvre et des fournitures :

Activité	Description	Utilisation de la main-d'œuvre	Utilisation des fournitures
1	Émission des factures	20 %	40 %
2	Envoi de l'état de comptes	15 %	10 %
3	Réception, vérification et enregistrement du paiement	25 %	15 %
4	Vérification, enregistrement et remballage des marchandises retournées	40 %	35 %

Chaque livraison donne lieu à une facture et on envoie un état de compte mensuel à chaque client. L'entreprise doit traiter en moyenne 100 retours de marchandises par mois pour diverses raisons, dont la détérioration d'une marchandise lors du transport.

Travaux pratiques

1. Calculez le coût des activités.
2. Décrivez la gestion par activités des comptes clients.

EXERCICE 11.11 Analyse des activités

La gestion des réclamations de dépenses — frais de déplacement et frais de représentation — du personnel d'une grande entreprise, Ventout ltée, coûte 800 000 $ par année. Une analyse de ces activités a permis d'établir que 80 % des réclamations sont faites pour des montants inférieurs à 100 $, bien que la somme des réclamations s'élève à trois millions de dollars par an. De plus, les corrections apportées à la suite de la vérification représentent moins de 2 % du montant initialement réclamé.

Travaux pratiques

1. Décrivez la gestion par activités des réclamations de dépenses du personnel.
2. Apportez des suggestions susceptibles de réduire les coûts de cette activité tout en améliorant son efficacité.

EXERCICE 11.12 Analyse des activités

Une analyse des activités d'un service de paie a permis de déterminer que plus de 50 % des activités exercées dans ce service consistent en vérifications de toutes sortes relatives à des employés à temps partiel (vérification de formulaires d'embauche, d'approbations budgétaires, des heures travaillées, du calcul des salaires, etc.).

Travaux pratiques

1. Décrivez la gestion par activités d'un service de paie.
2. Apportez des suggestions susceptibles de réduire les coûts de cette activité tout en améliorant son efficacité.

EXERCICE 11.13 Analyse des activités

La chaîne de production de l'entreprise Strata ltée comprend 30 stations de travail. La figure qui suit illustre le flux des matières et des produits semi-finis d'une station de travail à l'autre.

Le flux des matières et des produits semi-finis d'une station de travail à l'autre

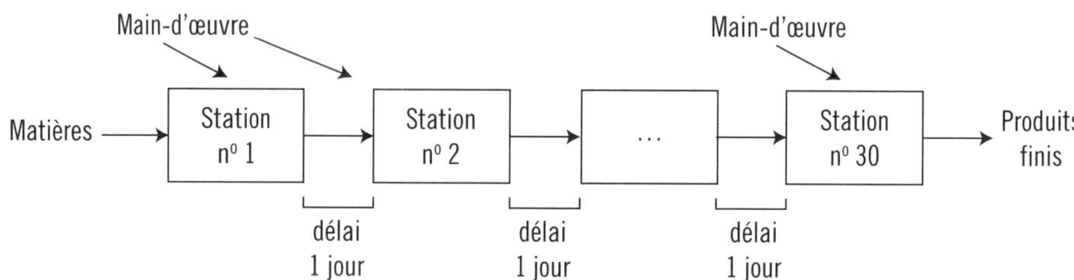

Le temps de cycle moyen d'une station de travail est de 10 minutes et chaque produit requiert donc 300 minutes (soit 30 × 10 minutes) de main-d'œuvre directe. Par ailleurs, on doit compter un jour de délai entre chaque station de travail, de sorte que le délai de fabrication est de 30 jours ouvrables, répartis sur six semaines de cinq jours.

Les produits en cours représentent deux millions de dollars; comme il y a 30 stations de travail, on retrouve les stocks en cours à divers degrés d'avancement entre chacune des stations de travail. Ces deux millions de valeurs stockées représentent un coût non négligeable pour l'entreprise dont le coût du capital est de 10 %.

La station de travail n° 30, essentiellement axée sur le contrôle de qualité, détecte les produits défectueux. Sur une production moyenne de 1 000 unités par mois, elle en rejette en moyenne 20, soit 2 % de la production. Outre le coût des matières premières, estimé à 800 $ par unité, le coût de transformation est de cinq heures de main-d'œuvre directe à 60 $ l'heure. On compte également en moyenne cinq heures-machines à 500 $ l'heure et 900 $ d'autres coûts liés à la transformation.

Travail pratique

Décrivez la gestion par activités dans cette entreprise.

EXERCICE 11.14 Analyse des activités

Voici le budget des résultats d'une entreprise manufacturière pour la période se terminant le 31 décembre 1998.

Sicord ltée
Budget de production
pour le prochain exercice

Ventes	**56 478 100 $**
Coût des produits vendus	
Matières premières	26 428 800 $
Main-d'œuvre directe	8 688 000
Gestion des composants	3 989 120
Mise en course	1 344 000
Préparation d'une livraison	1 170 000
Ingénierie	2 308 500
Utilisation des machines	2 086 800
	46 015 220 $
Bénéfice brut	**10 462 880 $**
Frais de vente et d'administration	6 638 260
Frais de financement	873 940
Résultat net	**2 950 680 $**

Le président demande au contrôleur de lui préparer un plan de réduction de coûts, car la disparition de barrières tarifaires risque d'intensifier la concurrence dès la prochaine année. Certains compétiteurs étrangers qui n'étaient pas présents jusqu'à maintenant, à cause notamment des accords commerciaux, des tarifs douaniers et des quotas afférents, proposent des prix nettement inférieurs à ceux de l'entreprise. Le tableau qui suit fournit le détail du montant des ventes et des indications sur ce que ce montant pourrait être si l'on ajustait les prix au plus bas prix mondial. Dans ce cas de figure, l'entreprise verrait le montant de ses ventes diminuer de 8 225 100 $, ce qui lui occasionnerait un déficit.

	Gamme A	Gamme B	Gamme C	Total
Production (en unités)	**8 000**	**24 000**	**5 000**	
Prix actuel	1 825,80 $	1 536,80 $	997,70 $	
Prix le plus bas au monde	1 595,40 $	1 348,20 $	626,60 $	
Ventes prévues	14 606 400 $	36 883 200 $	4 988 500 $	56 478 100 $
Ventes simulées (au prix le plus bas)	12 763 200 $	32 356 800 $	3 133 000 $	48 253 000
Diminution				**8 225 100 $**

La gestion des composants coûte actuellement 3 680 $ par type de composant. L'entreprise doit gérer 1 084 types de composants, soit 120 pour la gamme A (coûtant 1,10 $ chacun), 328 pour la gamme B (coûtant 2,90 $ chacun) et 636 pour la gamme C (coûtant 0,80 $ chacun). De plus, le nombre élevé de composants augmente les risques de problèmes de qualité. Actuellement, on considère le taux de 5 % de rejets comme normal. Par ailleurs, si ce taux était réduit à 0, on économiserait 5 % des coûts de matières premières, de main-d'œuvre directe et d'utilisation des machines.

On doit compter huit heures-personne de temps de main-d'œuvre directe pour une unité de la gamme A, 12 heures-personne pour une unité de la gamme B et 2 heures-personne pour une unité de la gamme C, toutes rémunérées au taux de 24 $ l'heure. De plus, chaque mise en course coûte en moyenne 2 800 $ en fournitures et en entretien des machines, plus le temps de main-d'œuvre directe équivalant à une unité produite pour chaque gamme. Dans une année, on doit prévoir 100 mises en course pour la gamme A, 200 pour la gamme B et 150 pour la gamme C.

Le temps-machine par unité est de 30 minutes pour une unité de la gamme A, de 48 minutes pour une unité de la gamme B et de 60 minutes pour une unité de la gamme C.

La préparation d'une livraison coûte en moyenne 450 $. On prévoit 100 livraisons pour la gamme A, 500 pour la gamme B et 2 000 pour la gamme C.

L'activité d'ingénierie consiste à concevoir de nouveaux produits et à développer de nouveaux modèles au sein de chaque gamme. Il faut noter que les ingénieurs consacrent 10 % de leur temps à identifier les causes de problèmes de qualité.

Travail pratique

Proposez un plan visant à réduire les coûts à moyen terme et estimez l'effet de ce plan sur le bénéfice de l'entreprise.

EXERCICE 11.15 Réduction des coûts et analyse des activités de vente

Voici l'état des résultats d'une entreprise de distribution pour l'exercice se terminant le 31 décembre 1998.

Entreprise de distribution
État des résultats
pour l'exercice se terminant le 31 décembre 1998

Ventes		**136 589 400 $**
Coût des produits vendus		65 562 912
Bénéfice brut		**71 026 488 $**
Frais de vente		
Salaires des vendeurs	32 781 456 $	
Avantages sociaux	3 605 960	
Représentation	4 097 682	
Déplacements	2 032 450	
Fournitures	11 310	
Télécommunications	4 626	
Publicité	5 860 000	
Divers	12 000	48 405 484
Frais d'administration		
Salaires	6 829 470 $	
Avantages sociaux	819 536	
Représentation	286 838	
Déplacements	143 419	
Fournitures	2 848	
Téléphone et télécopie	1 771	
Énergie	5 729	
Taxes et assurances	36 397	
Divers	12 000	8 138 008
Frais de financement		1 428 574
		57 972 066 $
Résultat net		**13 054 422 $**

À cause de l'arrivée de nouveaux compétiteurs sur le marché, la directrice des ventes prévoit une baisse moyenne des prix de l'ordre de 10 % en 1999. Si cette baisse se matérialise, l'entreprise verra son bénéfice fondre comme neige au soleil. On demande donc au contrôleur de préparer un budget pour l'exercice 1999, budget qui comporterait un plan de réduction des coûts de 10 % en moyenne. Le contrôleur décide d'analyser en priorité les activités de vente car, selon les résultats de 1998, elles représentent 39,2 % des coûts totaux, soit 48 405 484 $ sur un total des coûts de 123 534 978 $.

Cette entreprise distribue sur commande un produit de haute technologie. Les produits sont assemblés selon les spécifications du client dans une autre division de la même entreprise. Le coût des produits vendus, qui est de 65 562 912 $, représente le prix payé à l'autre division pour les produits vendus et livrés. Les vendeurs sont des ingénieurs qui se déplacent chez le client, analysent avec lui ses besoins et l'aident à formuler les spécifications de sa commande. La prise d'une commande peut ne coûter que 500 $ si le déplacement du vendeur se fait dans la même ville et ne prend qu'une demi-journée ; par contre, elle peut s'élever à plusieurs milliers de dollars s'il doit se faire par avion. Les vendeurs sont rémunérés au taux de 80 $ l'heure, y compris les avantages sociaux, mais en plus des déplacements et autres frais inhérents à la représentation.

La répartition des commandes selon le montant total de la vente est la suivante :

Montant de la vente	Nombre de commandes	Pourcentage des commandes	Ventes totales	Pourcentage des ventes
Moins de 2 000 $	6 472	31,84 %	6 590 300 $	4,82 %
De 2 000 $ à 5 000 $	8 290	40,79 %	24 870 000	18,21 %
De 5 000 $ à 10 000 $	3 749	18,45 %	26 263 000	19,23 %
De 10 000 $ à 50 000 $	1 529	7,52 %	44 491 000	32,57 %
Plus de 50 000 $	284	1,40 %	34 375 100	25,17 %
Total	**20 324**	**100,00 %**	**136 589 400 $**	**100,00 %**

Travaux pratiques

1. Tracez un graphique du nombre de commandes en fonction du montant cumulatif des ventes et commentez l'application de l'analyse de Pareto dans ce cas.
2. Formulez les hypothèses de réduction des coûts que vous aimeriez vérifier.
3. Proposez un budget correspondant au plan de réduction des coûts que vous préconisez.

EXERCICE 11.16 Comptabilité par activités et équilibre budgétaire

Le complexe sportif AÉRO offre au public une gamme étendue d'activités sportives. Le tableau qui suit donne la liste des 25 produits offerts par ce centre ainsi que des revenus et des coûts rattachés à ces produits selon un système de comptabilité par activités pour l'exercice terminé le 31 mai 1998.

L'entreprise, qui génère des revenus de 4 982 000 $, accuse un déficit de 329 200 $. Ce déficit est supérieur de 100 000 $ à celui de l'année précédente. La direction ne peut plus assumer le risque d'un déficit sans mettre en danger la survie de l'entreprise, dont le déficit accumulé atteint pour la première fois le million de dollars. Elle doit absolument présenter un résultat équilibré l'an prochain.

Complexe sportif AÉRO
État des résultats
pour l'exercice terminé le 31 mai 1998

	Produit	Revenus	Coûts	Marge	Total
1.	Arts martiaux	78 065 $	33 915 $	44 150 $	
2.	Danse	79 279	64 220	15 059	
3.	Gymnastique	52 853	43 226	9 627	
4.	Gymnastique-compétition	104 706	59 666	45 040	
5.	Sports sur glace	17 284	214 790	–197 506	
6.	Hockey-compétition	157 058	87 490	69 568	
7.	Balle au mur	2 881	16 760	–13 879	
8.	Badminton	5 761	38 843	–33 082	
9.	Tennis	8 642	46 253	–37 611	
10.	Football, balle molle, soccer	11 523	81 407	–69 884	
11.	Volleyball, basketball	11 523	92 883	–81 360	
12.	Volleyball-compétition	52 353	51 663	690	
13.	Conditionnement physique rythmique	132 132	80 447	51 685	
14.	Conditionnement physique	689 969	320 224	369 745	
15.	Aquatique	492 526	195 134	297 392	
16.	Natation-compétition	209 412	113 977	95 435	
17.	Plongée sous-marine	10 052	7 324	2 728	
18.	Activités communautaires	234 981	168 130	66 851	
19.	Activités libres	911 000	345 233	565 767	
		3 262 000 $	**2 061 585 $**	**1 200 415 $**	
	Coûts spécifiques aux produits 1 à 19			1 087 260 $	113 155 $
20.	Location du terrain extérieur	172 000 $	107 513 $	64 487 $	
21.	Location de la patinoire	344 000	236 800	107 200	
22.	Location de la piscine	344 000	240 807	103 193	
13.	Location de la salle omnisport	344 000	167 891	176 109	
24.	Location du grand gymnase	344 000	151 965	192 035	
25.	Location de la palestre	172 000	57 086	114 914	
		1 720 000 $	**962 062 $**	**757 938 $**	
	Coûts spécifiques aux produits 20 à 25			476 093 $	281 845
					395 000 $
	Coûts communs				724 200 $
	Résultat net				**–329 200 $**

Le contrôleur présente également les coûts suivants reliés aux centres de regroupement d'activités :

	Centre de regroupement	Coûts
1.	Terrain extérieur	215 026 $
2.	Patinoire	473 600
3.	Piscine	481 613
4.	Salle omnisport	335 781
5.	Grand gymnase	303 931
6.	Salle de musculation	114 172
7.	Palestre	114 172
8.	Autres lieux	125 352
9.	Administration	411 666
10.	Services de soutien	540 521
11.	Mise en marché	611 166
	Total	**3 727 000 $**

Les centres de regroupement sont rattachés à des lieux physiques. Ainsi, le centre de regroupement Piscine représente toutes les activités liées à l'entretien, au chauffage et à la gestion de la piscine. Les coûts des centres de regroupement sont répartis au prorata du temps d'utilisation des lieux par les produits.

Outre les coûts des centres de regroupement, qui s'élèvent à 3 727 000 $, l'entreprise a engagé l'an dernier des coûts directs de 1 584 000 $, constitués essentiellement des salaires versés aux moniteurs des divers programmes d'animation sportive. Le tableau qui suit présente un sommaire visant à comparer les deux tableaux de coûts précédents.

Nature des coûts	Montant
Coûts des produits nos 1 à 19	2 061 585 $
Coûts spécifiques aux produits nos 1 à 19	1 087 260
Coûts des produits nos 20 à 25	962 062
Coûts spécifiques aux produits nos 20 à 25	476 093
Coûts communs	724 200
Total	**5 311 200 $**
Coûts rattachés aux centres de regroupement	3 727 000 $
Coûts directs liés aux produits (salaires des moniteurs)	1 584 200
Total	**5 311 200 $**

Travail pratique

Proposez à la direction du complexe AÉRO un programme d'action visant à équilibrer son budget l'an prochain.

EXERCICE 11.17 Apprentissage du coût de la qualité

Voici l'état des résultats d'une entreprise manufacturière pour l'exercice se terminant le 31 décembre 1998.

Entreprise manufacturière
État des résultats
pour l'exercice se terminant le 31 décembre 1998

Ventes		**336 402 936 $**
Coût des produits vendus		
Matières premières	37 142 280 $	
Main-d'œuvre directe	55 713 420	
Frais généraux de fabrication	78 264 090	171 119 790
Bénéfice brut		**165 283 146 $**
Frais de vente	94 192 822 $	
Frais d'administration	22 857 000	
Frais de financement	14 839 000	131 888 822
Résultat net		**33 394 324 $**

L'entreprise a vu son taux de bénéfice s'effriter au cours des cinq dernières années; pour la première fois, ce taux est passé sous la barre des 10 % en 1998. L'entreprise assemble une cinquantaine de modèles différents. Le président a demandé de revoir le système de coût de revient, car il croyait que certains des produits n'étaient pas rentables et bénéficiaient de subventions croisées indirectes des produits les plus rentables par le biais du partage des frais généraux de fabrication. Mais cette hypothèse n'a pu être vérifiée: on a trouvé des écarts d'au plus 5 % entre le système de coût de revient par activités proposé et l'ancien système qui répartissait les frais généraux de fabrication selon le coût de la main-d'œuvre directe.

Pourtant, une analyse comparative effectuée auprès d'autres usines du même type a convaincu le président que son coût de fabrication était le plus élevé de l'industrie. Il a donc commandé un rapport détaillé des activités de l'usine ainsi que des hypothèses comptables d'affectation et de répartition des coûts. Voici les faits saillants de ce rapport.

Consommation des matières premières

En 1995, l'entreprise a vendu 1 326 500 unités, et il n'y a pas eu d'augmentation des stocks; le coût moyen des matières premières est donc de 28 $ par unité. Or, le standard de l'industrie est de 25 $ par unité.

On peut expliquer cet écart par deux raisons. La première est que l'entreprise livre systématiquement 102 unités pour 100 unités commandées et enregistrées, car elle considère que les rejets dus à des problèmes de qualité sont normaux. Par conséquent, 26 530 unités non conformes ont été fabriquées en sus des 1 326 500 unités vendues. La deuxième raison est que des matières premières sont mises au rebut à la suite d'une inspection à l'entrée; ce qui représente 5 % du coût total des matières premières, soit 1 857 114 $.

Utilisation de la main-d'œuvre directe

Pour 1 326 500 unités vendues, le coût moyen de la main-d'œuvre directe s'élève à 42 $ par unité. Le standard de l'industrie est de 32 $.

On peut expliquer cet écart par trois raisons. La première est qu'on a livré 102 unités pour chaque lot de 100 unités commandées. La deuxième est que la main-d'œuvre passe 20 % de son temps à inspecter le travail ou à retravailler des unités. Et la troisième est que l'arrêt des machines ou les délais dans la réception des matières premières à l'atelier occasionnent des pertes de temps de main-d'œuvre directe de l'ordre de 10 %.

Frais généraux de fabrication

On estime que 40 % des frais généraux de fabrication sont variables et proportionnels au coût de la main-d'œuvre directe. Le standard de l'industrie est de 55 $ par unité.

Travail pratique

Proposez un plan de réduction des coûts.

EXERCICE 11.18 Réduction des coûts et analyse des activités

Voici le budget de fabrication de l'entreprise manufacturière Mespec ltée pour la période se terminant le 31 décembre 1998. L'entreprise fabrique un produit sur mesure.

Mespec ltée
Budget de fabrication
pour l'exercice se terminant le 31 décembre 1998

Ventes		**111 600 000 $**
Coût des produits vendus		
Matières premières	38 400 000 $	
Préparation d'une soumission	4 000 000	
Développement	3 600 000	
Mise en course	800 000	
Utilisation des machines	7 200 000	
Supervision des changements	3 200 000	
Contrôle de la qualité	1 600 000	
Livraison	800 000	
Frais généraux de fabrication	1 200 000	60 800 000
Bénéfice brut		**50 800 000 $**

Le président demande au contrôleur d'élaborer avec le directeur de la production un plan visant à réduire les coûts car, selon les dernières analyses comparatives, il semble que Mespec ltée soit devenu un des fabricants dont les coûts sont les plus élevés dans son domaine. Toutefois, la qualité supérieure de ses produits lui a permis de maintenir sa part de marché.

Il n'y a que deux éléments de coûts directement proportionnels au nombre d'unités fabriquées, qui est de 60 000 unités par année : les matières premières et l'utilisation des machines.

Le coût de préparation des soumissions est fonction du nombre de soumissions. L'entreprise prépare annuellement 5 000 soumissions. De ce nombre, 4 000 sont acceptées et deviennent un projet de l'entreprise. Bien que le nombre moyen de produits finis par projet soit de 15, ce nombre varie énormément d'un projet à l'autre : il peut être aussi bas qu'un seul produit fini et aussi élevé que 50 produits finis. Il va sans dire qu'il y a beaucoup plus de petites commandes (moins de 5) que de grosses (plus de 25).

Le coût du développement est relié aux travaux réalisés par les ingénieurs pour adapter le produit aux spécifications d'un client. Le coût total de cette activité est fonction du nombre de projets. Il en est de même du coût relié à la mise en course, car il y a une mise en course par projet.

L'entreprise doit désigner un ingénieur pour superviser chaque projet ; cela tient au fait qu'il est fréquent d'avoir plusieurs modifications au devis une fois le projet commencé. En effet, la première étape de tout projet consiste à développer un prototype que l'on soumet au client pour approbation ; c'est à ce moment que le client modifie ses spécifications et qu'on doit apporter des ajustements au produit que l'on est en train de fabriquer. Il faut parfois recommencer la production à zéro.

Le contrôle de la qualité consiste en une série de vérifications du produit fini pour s'assurer qu'il répond en tous points aux spécifications du client. Une fois inspectée, chaque commande doit être soigneusement emballée et livrée au client.

Travaux pratiques

1. Proposez un plan visant à réduire les coûts.
2. Dites en quoi pourrait consister une gestion par activités dans cette entreprise.

CHAPITRE 12

La gestion de la trésorerie

Objectifs

Après avoir étudié ce chapitre, vous serez capable :

- de décrire la gestion de la trésorerie ;
- de comprendre le cycle des flux de trésorerie ;
- de dresser un budget de caisse ;
- de simuler la gestion de la trésorerie ;
- de mettre en application les mécanismes du contrôle de la trésorerie.

Sommaire

LA GESTION DE LA TRÉSORERIE

La gestion de la trésorerie concerne la planification et le contrôle des flux monétaires. Son principal objectif est de veiller à ce qu'il y ait toujours de l'argent en caisse. Son deuxième objectif est de faire fructifier les montants en caisse, même pour un court laps de temps. Essentiellement, la gestion de la trésorerie

> « [...] consiste à équilibrer les rentrées et les sorties de fonds de telle manière que l'entreprise puisse s'acquitter de ses obligations à temps et que tout excédent de fonds soit placé de façon à produire des revenus[1] ».

On peut équilibrer les rentrées et les sorties de fonds en couvrant un déficit temporaire par un emprunt à court terme, c'est-à-dire d'une durée inférieure à un an.

Les principales tâches liées à la gestion de la trésorerie sont :

- les dépôts ;
- la perception des comptes clients ;
- le paiement des comptes fournisseurs ;
- le paiement des salaires et autres comptes ;
- les placements et les emprunts à court terme ;

Par ailleurs, en plus de la gestion de la trésorerie à court terme, le trésorier assume :

- les placements et les emprunts à long terme ;
- les assurances.

Très petites entreprises ou multinationales, sociétés fermées ou sociétés ouvertes, organismes à but non lucratif, entreprises paragouvernementales ou même gouvernements, toutes les organisations doivent gérer leurs flux monétaires.

Le cycle des flux de trésorerie

La gestion de la trésorerie est intimement liée au cycle des flux de trésorerie, comme le montre la figure 12.1. D'un côté, il y a les rentrées de fonds et de l'autre, les sorties de fonds. On distingue quatre flux : les deux premiers concernent des mouvements temporaires de fonds, (partie supérieure de la figure), alors que deux autres concernent des mouvements permanents de fonds (partie inférieure). Les mouvements permanents sont constitués d'un cycle long associé à l'acquisition des installations de l'entreprise, notamment les immobilisations, et d'un cycle court associé à l'activité commerciale proprement dite. Les mouvements temporaires comprennent les placements à court terme, d'une part, et les emprunts à court terme, d'autre part.

---

1. La Société des comptables en management du Canada, *Politique de comptabilité de management n°5, La gestion de la trésorerie*, 1986, p. 5–2.

Figure 12.1
Le cycle des flux de trésorerie

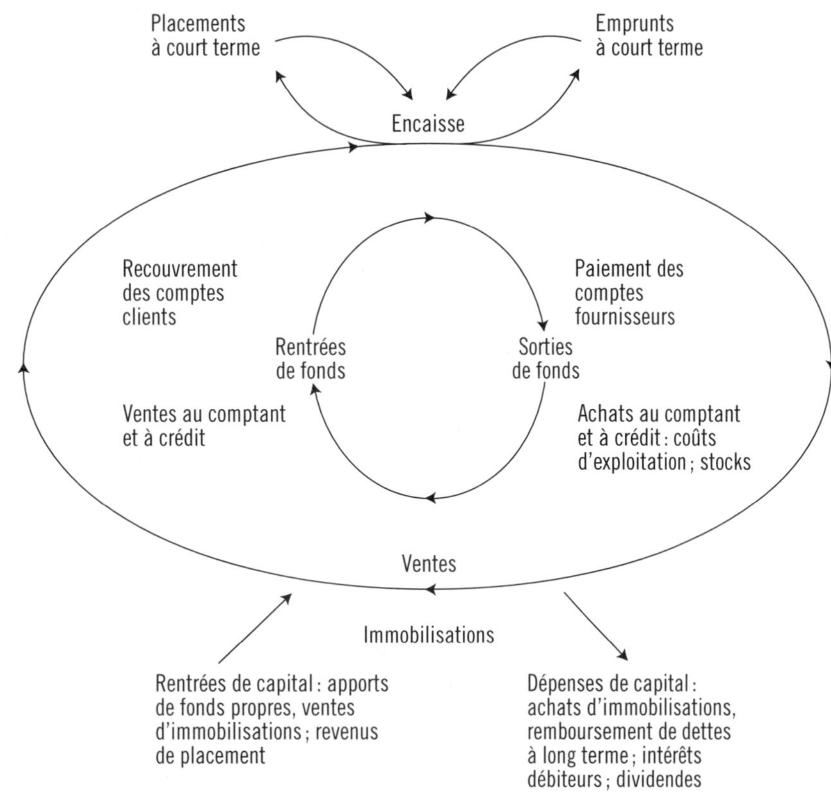

Source : Adapté de *Politique de comptabilité de management n° 5, La gestion de la trésorerie*, Société des comptables en management du Canada, 1986, p. 5-4.

La planification et le contrôle

La gestion de la trésorerie comporte deux volets : la planification et le contrôle.

La planification comprend :

- la prévision des rentrées et des sorties de fonds, c'est-à-dire des recettes et des débours ;
- les décisions de placement à court terme, lorsqu'un surplus d'encaisse est prévu ;
- les décisions d'emprunt à court terme, lorsqu'un déficit d'encaisse est prévu ;
- l'étude de l'effet de la politique d'achat et de paiement (qui concerne les comptes fournisseurs) ainsi que de la politique de crédit (qui concerne les comptes clients) sur les flux monétaires.

Une entreprise étant exposée à des variations périodiques des flux monétaires, la planification revêt une importance particulière. Par exemple, les entreprises dont les activités sont saisonnières encaissent des montants d'argent élevés pendant quelques mois, mais doivent régler certains coûts tout au long de l'année. De nombreux commerces réalisent la moitié de leur chiffre d'affaires avant les Fêtes, soit en novembre et en décembre. Plusieurs stations de ski du Québec enregistrent le tiers de leurs revenus durant la dernière semaine de décembre et la première semaine de janvier. Et que dire des cabanes à sucre, des pourvoiries, des entreprises de navigation de plaisance, etc. Enfin, pour hausser leurs ventes, d'autres entreprises adoptent une politique de crédit fondée sur le slogan « Achetez maintenant et payez plus tard » ; par ailleurs, elles ont la possibilité de vendre les créances de leurs clients à des firmes de services financiers.

Le contrôle comprend :

- l'exécution (encaissement des ventes, recouvrement des comptes clients, paiement des comptes fournisseurs, placements à court terme, emprunts à court terme) ;
- le suivi des prévisions, qui consiste essentiellement à comparer les résultats avec les prévisions sur une base continue ; dans le cas où les prévisions ne se matérialisent pas, il faut envisager la mise en place de mesures appropriées pour redresser la situation ;
- le suivi et la vérification des comptes clients et des comptes fournisseurs ;
- le suivi de la marge de crédit ;
- le suivi des taux de change.

EXEMPLE

Éric, un étudiant de cégep

Éric a préparé à l'aide d'un tableur électronique ses prévisions de recettes et de débours pour sa prochaine année d'études au cégep. Il a choisi la période du 1er août au 31 juillet pour deux raisons : c'est en juillet qu'il planifie l'année à venir et qu'il négocie avec son père son allocation mensuelle. En fait, le mois de juillet représente une interruption normale dans son cycle d'activité. Voici les prévisions d'Éric.

Prévisions des flux monétaires d'Éric par périodes de deux mois

	Août, septembre	Octobre, novembre	Décembre, janvier	Février, mars	Avril, mai	Juin, juillet	Sommaire annuel
Solde au début	**1 300 $**	**960 $**	**290 $**	**380 $**	**170 $**	**–450 $**	**1 300 $**
Recettes							
Travail	800 $	200 $	400 $	400 $		1 600 $	3 400 $
Cadeaux			300			200	500
Allocation	1 150	1 150	1 150	1 150	1 150	1 150	6 900
	1 950 $	**1 350 $**	**1 850 $**	**1 550 $**	**1 150 $**	**2 950 $**	**10 800 $**
Débours							
Loyer	800 $	800 $	800 $	800 $	800 $	800 $	4 800 $
Services publics	150	200	400	400	250	150	1 550
Repas	400	400	400	400	400	400	2 400
Vêtements	400	500			200		1 100
Loisirs	120	80	120	120	80	160	680
Divers	420	40	40	40	40		580
	2 290 $	**2 020 $**	**1 760 $**	**1 760 $**	**1 770 $**	**1 510 $**	**11 110 $**
Solde à la fin	**960 $**	**290 $**	**380 $**	**170 $**	**–450 $**	**990 $**	**990 $**

Ces prévisions sont établies par périodes de deux mois. Le solde est négatif au 31 mai. Il est temps que la session se termine et qu'Éric décroche un emploi d'été. S'il n'obtient pas de travail, il devra, afin de boucler son budget, demander à son père de hausser son allocation mensuelle, renoncer à certains loisirs, ou encore déménager dans un appartement dont le loyer est moins élevé.

Dans ce cas, la gestion de la trésorerie consiste à établir des prévisions et à envisager dès maintenant les mesures à prendre pour éviter de manquer d'argent pendant l'année.

EXEMPLE

Le Centre de ski mont Agne

Mario Dupin, directeur financier du Centre de ski mont Agne, a préparé à l'aide d'un tableur ses prévisions de recettes et de débours pour la prochaine année. Il a choisi la période du 1er mai au 30 avril, qui correspond au cycle normal d'exploitation dans ce secteur. Voici les prévisions de Mario.

Prévisions des flux monétaires du Centre de ski mont Agne par trimestre

	Mai à juillet	Août à octobre	Novembre à janvier	Février à avril	Sommaire annuel
Solde au début	**200 000 $**	**–112 219 $**	**–289 572 $**	**–25 470 $**	**200 000 $**
Recettes					
Restaurant	0 $	15 000 $	368 079 $	303 924 $	687 003 $
Abonnements	0	187 866	66 150	0	254 016
Ski	0	0	980 624	809 702	1 790 327
Autres	0	40 000	180 000	120 000	340 000
	0 $	**242 866 $**	**1 594 854 $**	**1 233 626 $**	**3 071 346 $**
Débours					
Salaires	65 000 $	80 000 $	340 000 $	270 000 $	755 000 $
Retenues à la source	32 000	15 000	105 000	110 000	262 000
Assurances	10 000	0	40 000	0	50 000
Publicité	0	70 000	35 000	15 000	120 000
Électricité	3 000	5 000	140 000	75 000	223 000
Produits pétroliers	1 000	5 000	38 000	25 000	69 000
Entretien	12 000	30 000	105 000	72 000	219 000
Administration	30 000	40 000	80 000	60 000	210 000
Restaurant	0	8 000	184 000	131 000	323 000
Service de la dette	156 219	156 219	155 752	152 019	620 208
Remboursement	0	0	80 000	80 000	160 000
Autres	3 000	11 000	28 000	26 000	68 000
	312 219 $	**420 219 $**	**1 330 752 $**	**1 016 019 $**	**3 079 208 $**
Solde à la fin	**–112 219 $**	**–289 572 $**	**–25 470 $**	**192 137 $**	**192 137 $**

Dans ce cas, la gestion de la trésorerie consiste à établir les prévisions de rentrées et de sorties de fonds ainsi qu'à prévoir dès maintenant les mesures à prendre pour verser les salaires et acquitter les factures urgentes au cours de l'été. C'est également sur la base de ces prévisions que Mario pourra négocier une marge de crédit (emprunt à court terme ouvert et remboursable à demande[2]) auprès de la banque et placer à court terme l'excédent d'encaisse de la période de février à avril.

2. « Remboursable à demande » signifie que le prêt peut être retiré sans préavis. En pratique, la banque n'exige un remboursement anticipé que si elle se rend compte que la situation financière de l'entreprise est devenue si précaire que le prêt comporte des risques trop élevés.

EXEMPLE

L'entreprise manufacturière EDT ltée

Mme Leclerc, directrice des finances de l'entreprise manufacturière EDT ltée, a préparé sur un tableur ses prévisions de recettes et de débours pour le prochain exercice. Voici ces prévisions :

Prévisions des flux monétaires de l'entreprise EDT ltée par trimestre

	Janvier à mars	Avril à juin	Juillet à septembre	Octobre à décembre
Solde au début	**30 000 $**	**–19 531 $**	**62 438 $**	**–110 031 $**
Recettes	**800 000 $**	**737 500 $**	**698 750 $**	**671 875 $**
Débours				
Salaires	162 000 $	162 000 $	180 000 $	108 000 $
Matières premières	150 000	120 000	180 000	120 000
Frais de fabrication	72 000	90 000	72 000	108 000
Frais de vente	256 000	144 000	240 000	192 000
Frais d'administration	160 000	90 000	150 000	120 000
Frais de financement	19 531	19 531	19 219	18 906
Remb. de la dette à long terme	30 000	30 000	30 000	30 000
	849 531 $	**655 531 $**	**871 219 $**	**696 906 $**
Solde à la fin	**–19 531 $**	**62 438 $**	**–110 031 $**	**–135 063 $**

Dans cet exemple, la gestion de la trésorerie consiste à établir les prévisions de rentrées et de sorties de fonds ainsi qu'à prévoir dès maintenant les mesures à prendre pour payer les salaires et les factures urgentes au cours de l'automne. C'est également sur la base de ces prévisions que la directrice des finances de l'entreprise EDT ltée pourra négocier une marge de crédit et placer à court terme les excédents d'encaisse des deux premières périodes.

Toutefois, nous pouvons nous demander si un budget de caisse établi par trimestre convient bien à ce type d'entreprise, c'est-à-dire s'il s'agit de la meilleure façon de présenter l'information pour la gestion de la trésorerie.

LE BUDGET DE CAISSE

Comme on l'a vu au chapitre 9, de manière générale, on appelle budget un ensemble de prévisions financières présentées de façon structurée, et budget de caisse d'une entité un ensemble de prévisions des rentrées et sorties de fonds de cette entité. Les prévisions d'Éric, dans le premier exemple, celles de Mario Dupin, directeur financier du Centre de ski mont Agne, dans le deuxième exemple, et celles de Mme Leclerc, directrice des finances de l'entreprise manufacturière EDT ltée, dans le troisième exemple, sont des budgets de caisse. Le budget de caisse est *le principal outil dont dispose l'entreprise pour la planification de la trésorerie.*

Le budget de caisse se fait à la dernière étape du processus budgétaire, comme l'illustre la figure 12.2, adaptée de la figure 9.1.

Figure 12.2
La place du budget de caisse dans le budget global

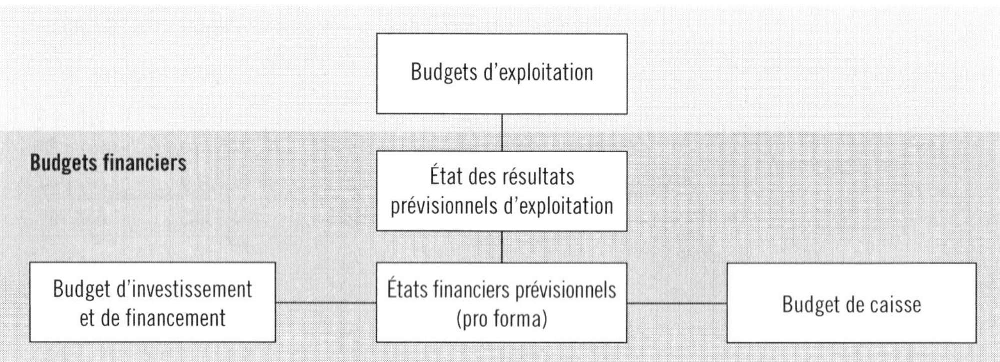

Pourquoi doit-on produire un budget de caisse quand on a déjà dressé des états financiers prévisionnels? Pourquoi doit-on prévoir les rentrées et les sorties de fonds? Pourquoi doit-on prendre des décisions concernant des placements et des emprunts à court terme qui seront négociés dans trois, six ou huit mois?

Toute entreprise a des obligations fermes auxquelles elle ne peut absolument pas se soustraire, comme les salaires versés à ses employés, d'autres qu'elle ne peut différer de plus d'une semaine, comme les montants dus aux fournisseurs, et d'autres encore qu'elle ne peut reporter qu'à grands frais, comme les versements relatifs à des emprunts. Voilà pourquoi il est utile de prévoir les rentrées et les sorties de fonds. Par ailleurs, il est toujours plus facile à un chef d'entreprise de négocier un emprunt s'il n'a pas de dettes échues impayées. Les banquiers voient d'un mauvais œil la personne qui a un besoin urgent de fonds; ils ont tendance à le lui faire payer chèrement en lui imposant un taux d'intérêt plus élevé sous prétexte que l'institution financière court plus de risques en de telles circonstances.

Le budget de caisse est utile aux individus comme à toutes les entreprises, des plus petites aux plus grandes et ce, dans tous les secteurs d'activité. C'est un outil essentiel pour la gestion de la trésorerie. Bon nombre de petites entreprises privées n'ont pas de système comptable élaboré avec grand livre et journaux auxiliaires. Elles ont néanmoins un système qui consiste à enregistrer les dépôts et les paiements, à suivre l'évolution du solde de leur compte en banque et à prévoir leurs besoins de fonds. On peut dire qu'elles ont une sorte de comptabilité de caisse[3] et que, étant donné qu'elles prévoient leurs besoins d'emprunts, elles gèrent leur trésorerie.

3. Dans Sylvain, Mosich et Larsen, *Comptabilité intermédiaire et modalités d'application*, 2e édition, on lit: «Dans un système de comptabilité de caisse, les produits ne sont comptabilisés que lorsque l'encaisse s'accroît; de même, les charges d'exploitation n'influent sur le bénéfice net que lorsqu'elles font l'objet d'une diminution de l'encaisse.»

Les règles du budget de caisse

Pour être efficace, le budget de caisse doit respecter quelques règles générales :

- être établi sur une base mensuelle ;
- distinguer les postes relatifs aux activités normales d'exploitation de ceux qui concernent les autres activités commerciales ;
- distinguer les postes engagés des postes discrétionnaires ;
- se concentrer sur les postes susceptibles d'avoir un impact sur le solde en caisse ;
- établir, pour chaque poste, les facteurs déterminant les recettes et les débours ;
- préciser les scénarios de volume anticipé ;
- fournir les calculs à l'appui.

Regardons de plus près chacun de ces éléments.

Le budget mensuel

Les arguments en faveur du budget mensuel sont les suivants :

- une période supérieure à un mois entraîne une perte d'informations essentielles dans tous les cas où l'on observe d'importantes variations mensuelles ou saisonnières ;
- une période inférieure à un mois n'est pas très adéquate, puisque le cycle normal d'encaissement des comptes clients est de 30 jours ;
- les retenues d'impôts à la source doivent être faites mensuellement ;
- beaucoup de fournisseurs ont un système de facturation établi sur une base mensuelle.

Par contre, les salaires étant versés aux deux semaines, on pourrait envisager un budget de caisse couvrant des périodes de deux semaines.

Même si la période d'un mois semble idéale, certaines entreprises pourraient avoir avantage à établir un budget de caisse trimestriel, semestriel, voire annuel si les recettes et les débours se répartissent uniformément sur toute l'année. Ainsi, les scénarios de recettes et de débours des entreprises de services publics sont relativement prévisibles, et les flux monétaires sont assez stables durant toute l'année. D'autres entreprises ayant une masse salariale considérable pourraient tirer profit de la préparation d'un budget de caisse toutes les deux semaines.

Les activités d'exploitation normales et les autres activités commerciales

La distinction entre les activités d'exploitation normales et les autres activités commerciales permet de déterminer si l'entreprise génère suffisamment de liquidités par ses seules opérations normales, ou s'il lui faut compter sur d'autres activités. Par exemple, une station de ski pourrait avoir un déficit de caisse découlant de ses activités normales, mais réaliser globalement un surplus grâce à la vente de terrains. Cette station de ski devra tôt ou tard équilibrer son budget de caisse avec ses seules activités normales car, dès que ses autres activités cesseront, elle sera en difficulté. Il en va de même d'une entreprise commerciale ou manufacturière qui toucherait des revenus d'intérêts importants provenant de placements : si ces activités de placements sont accessoires ou circonstancielles, elles doivent être considérées comme des activités supplémentaires.

Les postes engagés et les postes discrétionnaires

Les postes engagés ne laissent aucune liberté au gestionnaire, qui doit les considérer comme des contraintes. Par exemple, on ne peut reporter le paiement des salaires, du loyer et des impôts. Par définition, les postes discrétionnaires, eux, relèvent d'une décision et laissent donc au gestionnaire une marge de manœuvre. Le montant prévu par Éric pour ses loisirs comme les sommes consacrées par la direction du Centre de ski mont Agne aux dépenses de publicité ont un caractère discrétionnaire.

En cas de diminution imprévue des rentrées de fonds, on cherchera à réduire dans l'immédiat les sorties de fonds reliées aux postes discrétionnaires.

Les postes susceptibles d'avoir un impact sur le solde en caisse

Avoir trop d'informations, c'est comme en avoir trop peu. Le fait de reproduire dans le budget chacun des quelque 100 comptes relatifs aux coûts apparaissant dans le grand livre général (GLG) d'une entreprise en rendrait la lecture plus difficile. En outre, plus le nombre de postes est élevé, plus il devient difficile d'identifier rapidement les plus susceptibles d'avoir un impact significatif sur le budget. On peut donc regrouper tous les comptes relatifs à l'entretien et à l'administration en un seul, comme on l'a fait dans plusieurs des exemples précédents. Par contre, il est utile de repérer les comptes qui ont une importance matérielle relativement élevée — c'est-à-dire qui peuvent influer sur les décisions d'emprunt ou de placement à court terme — et ceux qui ont un caractère saisonnier.

Les facteurs déterminant les recettes et les débours

Pour établir un budget, il est utile de définir les facteurs déterminants de chacun des postes, c'est-à-dire les facteurs susceptibles d'influer sur le montant des recettes ou des débours : tenue d'événements particuliers, retombées de certaines manifestations (la venue de touristes pour une fête ou un congé, par exemple), etc.

Les scénarios de volume anticipé

Il est utile d'étudier différents scénarios de volume anticipé lorsque l'entreprise est soumise à des facteurs incontrôlables. Les recettes sont généralement soumises aux caprices du marché. Dans le cas d'une station de ski, les conditions climatiques jouent un rôle majeur. Dans le cas d'Hydro-Québec ou de n'importe quel service public, les fluctuations de la demande, quoique possibles, sont beaucoup moins importantes. Le fait d'étudier différents scénarios de volume permet de réagir sur-le-champ lorsque les résultats sont moins favorables que prévu, de définir à l'avance les mesures à prendre dans de telles circonstances et de devancer les concurrents aux prises avec les mêmes facteurs incontrôlables. C'est ce qu'on appelle la gestion proactive : il s'agit de prévoir les événements et d'en tirer le meilleur parti.

Les calculs à l'appui

Le budget de caisse ne doit pas comporter d'éléments que les gestionnaires, qui en sont les utilisateurs, seront incapables de comprendre ; il est important qu'ils aient en main toutes les données leur permettant de recalculer chacun des postes. D'ailleurs, c'est à eux que le budget de caisse est surtout utile.

La marche à suivre pour l'établissement d'un budget de caisse

Dans le tableau suivant, nous suggérons une procédure simple pour établir un budget de caisse.

La marche à suivre pour établir un budget de caisse

Déterminer les rentrées de fonds provenant :	
1.	des activités normales ;
2.	des placements ;
3.	d'autres sources.
Déterminer les sorties de fonds découlant :	
4.	des activités normales d'exploitation ;
5.	des activités normales d'administration ;
6.	des emprunts ;
7.	d'autres activités.

Revenons aux trois exemples précédents afin de montrer en quoi le budget de caisse est un outil de planification de la trésorerie.

EXEMPLE

Éric, un étudiant de cégep (suite)

Les prévisions financières d'Éric, présentées plus tôt, ne respectent pas toutes les règles du budget de caisse. D'abord, ce budget n'est pas établi mensuellement, mais par périodes de deux mois ; il s'agit là d'un défaut majeur. De plus, il comporte un seul scénario de recettes et de débours, et ne fournit aucun calcul à l'appui, mais ce n'est pas très grave parce qu'Éric ne s'astreint à cet exercice que pour lui-même. Il peut donc intégrer de façon implicite les différents scénarios de recettes (Travail et Allocation) sans les mettre sur papier. Tel n'est pas le cas d'une entreprise, qui doit détailler tous les scénarios.

Le tableau suivant présente le budget de caisse mensuel d'Éric.

Budget de caisse mensuel d'Éric

	Août	Septembre	Octobre	Novembre	Décembre	Janvier	Février	Mars	Avril	Mai	Juin	Juillet	Sommaire annuel
Solde au début	**1 300 $**	**1 145 $**	**960 $**	**825 $**	**290 $**	**615 $**	**380 $**	**405 $**	**170 $**	**–165 $**	**–450 $**	**395 $**	**1 300 $**
Recettes													
Travail	800 $			200 $	200 $	200 $	200 $	200 $			800 $	800 $	3 400 $
Cadeaux					300						200		500
Allocation	575	575	575	575	575	575	575	575	575	575	575	575	6 900
	1 375 $	**575 $**	**575 $**	**775 $**	**1 075 $**	**775 $**	**775 $**	**775 $**	**575 $**	**575 $**	**1 575 $**	**1 375 $**	**10 800 $**
Débours													
Loyer	400 $	400 $	400 $	400 $	400 $	400 $	400 $	400 $	400 $	400 $	400 $	400 $	4 800 $
Services publics	50	100	50	150	50	350	50	350	50	200	50	100	1 550
Repas	200	200	200	200	200	200	200	200	200	200	200	200	2 400
Vêtements	400			500					200				1 100
Loisirs	80	40	40	40	80	40	80	40	40	40	80	80	680
Divers	400	20	20	20	20	20	20	20	20	20			580
	1 530 $	**760 $**	**710 $**	**1 310 $**	**750 $**	**1 010 $**	**750 $**	**1 010 $**	**910 $**	**860 $**	**730 $**	**780 $**	**11 110 $**
Solde à la fin	**1 145 $**	**960 $**	**825 $**	**290 $**	**615 $**	**380 $**	**405 $**	**170 $**	**–165 $**	**–450 $**	**395 $**	**990 $**	**990 $**

Tous les mois, Éric doit payer le loyer, les services publics[4] (électricité, téléphone et câble) et les repas. Il ne peut reporter ces débours. À la limite, il pourrait se passer du câble et même du téléphone, et épargner ainsi 50 $ par mois, soit 25 $ pour le câble et 25 $ pour le téléphone. Dans son budget de caisse, Éric prévoit un solde négatif pendant deux mois consécutifs ; c'est un fait important dont il devra tenir compte dans sa planification. Enfin, il ne faudrait pas qu'il oublie qu'il y a une diminution du solde en caisse entre le 1er août et le 31 juillet de l'année suivante, et que sa seule marge de manœuvre dans ce budget se situe sur le plan des postes discrétionnaires Vêtements, Loisirs et Divers.

EXEMPLE

Le Centre de ski mont Agne (suite)

Les prévisions financières de Mario, directeur financier du Centre de ski mont Agne, dérogent considérablement aux règles du budget de caisse.

Nous allons reprendre chacune de ces règles en comparant les prévisions financières données plus tôt par trimestre avec le budget de caisse du Centre de ski mont Agne présenté dans le tableau qui suit.

Voici quelques observations à propos de ce tableau :

- le budget est établi tous les mois ;
- les rentrées de fonds ne sont supérieures aux sorties que 5 mois sur 12, soit en septembre, en décembre, en janvier, en février et en mars ;
- le solde atteint son niveau le plus bas, soit –427 587 $, en novembre ;
- l'obtention d'une marge de crédit de 100 000 $ serait nettement insuffisante dans les circonstances ;
- si la marge de crédit n'était que de 100 000 $, il faudrait que l'encaisse soit d'au moins 530 000 $ à la fin de la saison de ski, en avril, sauf s'il y a réduction des débours hors saison, c'est-à-dire, durant la période de mai à novembre ;
- il faut une réserve substantielle d'argent en banque pour compenser les variations de l'encaisse même si, sur une période d'une année, on prévoit que les recettes et les débours vont s'équilibrer ;
- la planification active de la trésorerie consiste à déterminer des compressions que l'entreprise peut faire ou des arrangements auxquels elle peut parvenir.

Pourquoi doit-on faire un budget mensuel ?

Les prévisions financières inscrites dans le tableau suivant sont identiques à celles du budget de caisse trimestriel présenté plus tôt. Dans le budget de caisse mensuel, le solde minimum est de –427 587 $. Dans le budget trimestriel, il était de –289 572 $; en procédant de cette façon, l'entreprise ne pouvait donc pas prévoir qu'elle aurait besoin de 427 587 $ en novembre.

4. Plusieurs entreprises publiques facturent leurs clients aux deux mois.

Budget de caisse mensuel du Centre de ski mont Agne

	Mai	Juin	Juillet	Août	Septembre	Octobre	Novembre	Décembre	Janvier	Février	Mars	Avril	Sommaire annuel
Solde au début	**200 000 $**	**101 927 $**	**–1 146 $**	**–112 219 $**	**–232 292 $**	**–175 344 $**	**–289 572 $**	**–427 587 $**	**–247 263 $**	**–25 470 $**	**187 856 $**	**352 361 $**	**200 000 $**
Recettes													
Restaurant					10 000 $	5 000 $	10 784 $	170 786 $	186 509 $	160 054 $	133 230 $	10 639 $	687 003 $
Abonnements					168 021	19 845	44 541	21 609					254 016
Droits d'entrée							28 732	455 002	496 891	426 411	354 947	28 344	1 790 327
Autres					40 000		60 000	60 000	60 000	60 000	60 000		340 000
	0 $	**0 $**	**0 $**	**0 $**	**218 021 $**	**24 845 $**	**144 057 $**	**707 397 $**	**743 400 $**	**646 465 $**	**548 178 $**	**38 983 $**	**3 071 346 $**
Débours													
Salaires	25 000 $	20 000 $	20 000 $	20 000 $	30 000 $	30 000 $	60 000 $	140 000 $	140 000 $	110 000 $	100 000 $	60 000 $	755 000 $
Retenues à la source	5 000	5 000	22 000	5 000	5 000	5 000	15 000	40 000	50 000	40 000	40 000	30 000	262 000
Assurances		10 000					40 000						50 000
Électricité	1 000	1 000	1 000	1 000	2 000	2 000	30 000	60 000	50 000	30 000	30 000	15 000	223 000
Produits pétroliers			1 000	1 000	2 000	2 000	8 000	15 000	15 000	12 000	8 000	5 000	69 000
Entretien	4 000	4 000	4 000	10 000	10 000	10 000	25 000	40 000	40 000	35 000	25 000	12 000	219 000
Publicité				20 000	30 000	20 000	20 000	10 000	5 000	10 000	5 000		120 000
Administration	10 000	10 000	10 000	10 000	20 000	10 000	20 000	30 000	30 000	25 000	20 000	15 000	210 000
Restaurant					5 000	3 000	4 000	90 000	90 000	70 000	55 000	6 000	323 000
Service dette	52 073	52 073	52 073	52 073	52 073	52 073	52 073	52 073	51 606	51 140	50 673	50 206	620 208
Remboursement								40 000	40 000	40 000	40 000		160 000
Autres	1 000	1 000	1 000	1 000	5 000	5 000	8 000	10 000	10 000	10 000	10 000	6 000	68 000
	98 073 $	**103 073 $**	**111 073 $**	**120 073 $**	**161 073 $**	**139 073 $**	**282 073 $**	**527 073 $**	**521 606 $**	**433 140 $**	**383 673 $**	**199 206 $**	**3 079 208 $**
Solde à la fin	**101 927 $**	**–1 146 $**	**–112 219 $**	**–232 292 $**	**–175 344 $**	**–289 572 $**	**–427 587 $**	**–247 263 $**	**–25 470 $**	**187 856 $**	**352 361 $**	**192 137 $**	**192 137 $**

Commentons maintenant les autres règles du budget de caisse en suivant les étapes de la marche à suivre pour établir le budget de caisse mensuel du Centre de ski mont Agne.

1. Les rentrées de fonds provenant des activités d'exploitation normales

Trois postes principaux ont été définis: Restaurant, Abonnements et Droits d'entrée. Le poste Restaurant comprend les revenus provenant du restaurant et des cantines. Le poste Abonnements concerne les cartes d'abonnement et le poste Droits d'entrée, les billets d'une journée. Il y a également un poste Autres qui englobe les recettes provenant de la boutique de ski, de la location de casiers, de l'école de ski, de la garderie et des autres concessions. Dans cet exemple, nous nous concentrons sur les principaux postes qui génèrent des recettes.

Nous avons choisi les facteurs clés suivants pour déterminer les revenus:

Restaurant et Droits d'entrée:

- le montant moyen dépensé par chaque skieur, qui a été l'année précédente de 5,35 $ par personne pour le restaurant et de 14,20 $ par personne pour les droits d'entrée;
- le nombre de skieurs par mois, soit le nombre de visites.

Abonnements:

- le montant moyen déboursé par abonné, qui a été l'année précédente de 420 $ par personne;
- le nombre d'abonnés.

Le tableau suivant présente des statistiques concernant le nombre de skieurs et d'abonnés.

	Septembre	Octobre	Novembre	Décembre	Janvier	Février	Mars	Avril	Total
Résultats de la saison dernière (en unités)									
Skieurs			1 927	26 702	33 326	28 599	23 806	1 901	116 261
Abonnements	381	45	101	49					576
Prévisions pour la saison prochaine (en unités)									
Skieurs			2 023	32 042	34 992	30 029	24 996	1 996	126 079
Abonnements	400	47	106	51					605

Compte tenu de la situation économique, des améliorations apportées aux installations au cours de l'été, des nouveaux programmes de promotion et de l'historique de l'accroissement de la clientèle, le scénario de recettes le plus vraisemblable est celui-ci:

- une augmentation moyenne de la clientèle de 5 %, mais de 20 % en décembre puisque, l'an dernier, des conditions climatiques défavorables ont poussé bon nombre de skieurs à rester chez eux entre Noël et le jour de l'An;

- aucun changement dans le montant moyen généré par chaque skieur, les prix étant les mêmes que l'an dernier.

Dans le cas du poste Autres, on a simplement augmenté de 5 % les résultats de l'année précédente.

2. Les rentrées de fonds provenant des placements

Cet exemple ne fait référence à aucun placement.

3. Les rentrées de fonds provenant d'autres sources

Il n'y en a pas dans cet exemple. On trouve généralement sous cette rubrique les apports de capital, les emprunts à long terme et les ventes de biens.

4. La détermination des sorties de fonds découlant des activités normales d'exploitation

Six postes principaux ont été déterminés : Salaires, Retenues d'impôts à la source et taxes, Assurances, Électricité, Produits pétroliers et Entretien.

Le montant des salaires a été calculé en se basant sur le contrat signé par les employés, l'horaire de travail prévu et le nombre de personnes que l'on compte embaucher.

5. La détermination des sorties de fonds découlant des activités normales d'administration

Deux postes principaux ont été déterminés : Publicité et Administration.

Le budget de publicité s'appuie sur une estimation des coûts du projet de publicité qui a été approuvé à la dernière réunion du conseil d'administration.

Les frais d'administration sont similaires à ceux de l'année précédente, puisqu'on ne prévoit aucun changement à ce chapitre.

6. La détermination des sorties de fonds découlant des emprunts

L'entreprise a actuellement trois contrats d'emprunt à long terme. Les voici, avec leur calendrier de remboursement respectif.

Emprunts à long terme (en milliers de dollars) et calendrier de remboursement

	Mai	Juin	Juillet	Août	Septembre	Octobre	Novembre	Décembre	Janvier	Février	Mars	Avril
Emprunt nº 1												
Solde	3 200	3 200	3 200	3 200	3 200	3 200	3 200	3 200	3 180	3 160	3 140	3 120
Remboursement								20	20	20	20	
Emprunt nº 2												
Solde	960	960	960	960	960	960	960	960	948	936	924	912
Remboursement								12	12	12	12	
Emprunt nº 3												
Solde	290	290	290	290	290	290	290	290	282	274	266	258
Remboursement								8	8	8	8	

Voici le taux d'intérêt nominal capitalisé mensuellement pour chacun de ces emprunts.

- Emprunt nº 1 : 14,5 % ;
- Emprunt nº 2 : 12,00 % ;
- Emprunt nº 3 : 15,75 %.

7. La détermination des sorties de fonds découlant d'autres activités

Il n'y en a pas dans cet exemple. On trouve habituellement dans ce poste les projets d'investissement et l'acquisition d'immobilisations.

Le poste Autres offre une marge de manœuvre pour les dépenses imprévues. Il n'est relié à aucun poste en particulier.

Pourquoi doit-on élaborer plusieurs scénarios ?

On doit concevoir plusieurs scénarios afin d'analyser l'impact potentiel d'éléments incontrôlables, comme une diminution de la clientèle, sur les flux monétaires. Le tableau suivant montre, par exemple, quel serait l'impact d'une diminution de 10 % de la clientèle sur les résultats, par rapport au budget initialement présenté.

**Budget de caisse du Centre de ski mont Agne,
dans l'hypothèse d'une diminution de 10 % de la clientèle**

	Mai	Juin	Juillet	Août	Septembre	Octobre	Novembre	Décembre	Janvier	Février	Mars	Avril	Sommaire annuel
Solde au début	**200 000 $**	**101 927 $**	**−1 146 $**	**−112 219 $**	**−232 292 $**	**−199 347 $**	**−316 410 $**	**−466 434 $**	**−289 196 $**	**−165 032 $**	**−35 486 $**	**59 279 $**	**200 000 $**
Recettes													
Restaurant					10 000 $	5 000 $	9 244 $	170 786 $	159 865 $	137 189 $	114 197 $	9 119 $	615 401 $
Abonnements					144 018	17 010	38 178	18 522					217 728
Droits d'entrée							24 627	455 002	425 906	365 495	304 241	24 295	1 599 566
Autres					40 000		60 000	60 000	60 000	60 000	60 000		340 000
	0 $	**0 $**	**0 $**	**0 $**	**194 018 $**	**22 010 $**	**132 049 $**	**704 310 $**	**645 771 $**	**562 685 $**	**478 438 $**	**33 414 $**	**2 772 695 $**
Débours													
Salaires	25 000 $	20 000 $	20 000 $	20 000 $	30 000 $	30 000 $	60 000 $	140 000 $	140 000 $	110 000 $	100 000 $	60 000 $	755 000 $
Retenues à la source	5 000	5 000	22 000	5 000	5 000	5 000	15 000	40 000	50 000	40 000	40 000	30 000	262 000
Assurances		10 000					40 000						50 000
Électricité	1 000	1 000	1 000	1 000	2 000	2 000	30 000	60 000	50 000	30 000	30 000	15 000	223 000
Produits pétroliers			1 000	1 000	2 000	2 000	8 000	15 000	15 000	12 000	8 000	5 000	69 000
Entretien	4 000	4 000	4 000	10 000	10 000	10 000	25 000	40 000	40 000	35 000	25 000	12 000	219 000
Publicité				20 000	30 000	20 000	20 000	10 000	5 000	10 000	5 000		120 000
Administration	10 000	10 000	10 000	10 000	20 000	10 000	20 000	30 000	30 000	25 000	20 000	15 000	210 000
Restaurant					5 000	3 000	4 000	90 000	90 000	70 000	55 000	6 000	323 000
Service dette	52 073	52 073	52 073	52 073	52 073	52 073	52 073	52 073	51 606	51 140	50 673	50 206	620 208
Remboursement								40 000	40 000	40 000	40 000		160 000
Autres	1 000	1 000	1 000	1 000	5 000	5 000	8 000	10 000	10 000	10 000	10 000	6 000	68 000
	98 073 $	**103 073 $**	**111 073 $**	**120 073 $**	**161 073 $**	**139 073 $**	**282 073 $**	**527 073 $**	**521 606 $**	**433 140 $**	**383 673 $**	**199 206 $**	**3 079 208 $**
Solde à la fin	**101 927 $**	**−1 146 $**	**−112 219 $**	**−232 292 $**	**−199 347 $**	**−316 410 $**	**−466 434 $**	**−289 196 $**	**−165 032 $**	**−35 486 $**	**59 279 $**	**−106 514 $**	**−106 514 $**

L'examen de ce scénario nous révèle que dans le cas d'une diminution de 10 % seulement de la clientèle, le Centre de ski mont Agne serait en difficulté. Mario pourrait de trouver l'été suivant passablement long s'il ne prend pas immédiatement des mesures visant à réduire ses dépenses discrétionnaires ou à augmenter ses revenus.

Sur quels facteurs doit-on se concentrer?

Nous avons regroupé ci-dessous plusieurs facteurs susceptibles d'influer sur les droits perçus par une station de ski:

- le nombre de skieurs;
- la température;
- le nombre de samedis où la station est ouverte;
- le nombre de dimanches où la station est ouverte;
- le nombre de congés;
- les prix;
- la publicité;
- les promotions, y compris la politique de réduction des prix;
- les activités spéciales (compétitions et autres);
- les programmes de l'école de ski;
- une grève.

Étant donné que nous ne pouvons pas étudier à fond l'impact de tous ces facteurs, nous devons privilégier les plus importants. Ce choix peut varier en fonction du passé de l'entreprise et des informations disponibles. On peut, une fois l'an, remettre en cause les facteurs retenus.

Dans le budget présenté, nous avons calculé les droits d'entrée comme suit:

Moyenne de skieurs par jour × Nombre de jours × Prix moyen

Dans un cas réel, nous pourrions distinguer très rapidement les jours de semaine (du lundi au vendredi, à l'exception des congés) des autres jours. Nous pourrions ensuite déterminer les types de skieurs selon une segmentation basée sur les promotions, par exemple les skieurs du programme Skiami, du programme Ski en famille, etc.

La règle d'or en comptabilité est de dresser un premier budget le plus simplement possible après la mise sur pied de l'entreprise, et de le rendre plus complexe avec le temps, selon les besoins d'information.

EXEMPLE L'entreprise manufacturière EDT ltée (suite)

Voici le budget de caisse de l'entreprise EDT ltée pour le premier trimestre.

Budget de caisse de l'entreprise EDT ltée

	Janvier	Février	Mars	Trimestre
Solde au début	**30 000 $**	**44 385 $**	**50 875 $**	**30 000 $**
Recettes	**355 000 $**	**225 000 $**	**220 000 $**	**800 000 $**
Débours				
Salaires	48 000 $	54 000 $	60 000 $	162 000 $
Matières premières	50 000	40 000	60 000	150 000
Frais de fabrication	18 000	30 000	24 000	72 000
Frais de vente	128 000	48 000	80 000	256 000
Frais d'administration	80 000	30 000	50 000	160 000
Frais de financement	6 615	6 510	6 406	19 531
Remb. de la dette à long terme	10 000	10 000	10 000	30 000
	340 615 $	**218 510 $**	**290 406 $**	**849 531 $**
Solde à la fin	**44 385 $**	**50 875 $**	**–19 531 $**	**–19 531 $**

Voici quelques observations relativement à ce budget de caisse :

- le budget est établi tous les mois ;
- la connaissance du montant des ventes, de la politique de crédit et des habitudes de paiement des clients est nécessaire pour établir les recettes ;
- la connaissance de la politique de stockage des produits finis et des matières premières ainsi que de la politique de paiement des fournisseurs est nécessaire pour établir les montants des débours relatifs aux matières premières ;
- la connaissance du taux d'intérêt et du solde de la dette à long terme est nécessaire pour déterminer les montants relatifs aux frais de financement.

Ce tableau montre les prévisions de ventes de EDT ltée ainsi que le volume de la production, les achats et les heures de main-d'œuvre directe que cette entreprise a planifiés.

	Novembre	Décembre	Janvier	Février	Mars	Avril	Mai
Ventes (unités)	5 000	8 000	3 000	5 000	4 000	6 000	4 000
Production (unités)		3 000	5 000	4 000	6 000	4 000	
Achats (kilogrammes)		10 000	8 000	12 000	8 000		
Main-d'œuvre (heures)		3 000	5 000	4 000	6 000		

Toutes les ventes se font à crédit. Pas moins de 70 % des clients règlent leur compte le mois suivant l'achat, alors que 30 % le font le deuxième mois. Il n'y a aucune créance douteuse.

Comme on peut le constater, l'entreprise fabrique au cours d'un mois ce qu'elle prévoit vendre le mois suivant. La réalisation d'une unité requiert deux kilogrammes de matières premières et une heure de main-d'œuvre directe. On acquiert les matières premières le mois précédant la production et on règle ces achats dans les 30 jours qui suivent. Les salaires sont versés avec deux semaines de retard sur la production, de sorte que 50 % des heures travaillées au cours d'un mois sont payées le même mois et 50 %, le mois suivant. Tous les frais de fabrication, de vente et d'administration sont acquittés le mois suivant. Les frais de fabrication sont considérés comme proportionnels à la quantité fabriquée, au taux de 6 $ l'unité. Les frais de vente et d'administration sont considérés comme proportionnels aux ventes, les premiers au taux de 16 $ l'unité et les seconds, au taux de 10 $ l'unité. Enfin, les frais de financement sont calculés au taux nominal de 12,5 % capitalisé mensuellement. Le calendrier de remboursement est le suivant :

	Novembre	Décembre	Janvier	Février	Mars
Solde du début	655 000 $	645 000 $	635 000 $	625 000 $	615 000 $
Remboursement	10 000 $	10 000 $	10 000 $	10 000 $	10 000 $

Dans cet exemple comme dans plusieurs autres, le nombre d'unités produites ou le nombre de services offerts est fonction de la demande anticipée, ce qui se traduit dans le budget des ventes. D'autres budgets dits d'exploitation interviennent dans la préparation du budget de caisse, comme nous l'avons vu au chapitre 9.

LE CONTRÔLE DE LA TRÉSORERIE

Le contrôle de la trésorerie comprend, entre autres activités, l'encaissement des ventes au comptant, le recouvrement des comptes clients et le paiement des comptes fournisseurs. L'exécution efficace et efficiente de ces activités relève des contrôles d'exécution, sujet dont nous ne traiterons pas dans ce manuel. Dans cette section, nous aborderons uniquement la question du contrôle de gestion, soit :

- le suivi du budget ;
- le suivi des comptes clients ;
- le suivi des comptes fournisseurs ;
- le suivi de la marge de crédit ;
- le suivi du taux de change.

Le suivi du budget

Pourquoi comparer les résultats au budget puisqu'on ne peut plus changer un résultat une fois qu'il est enregistré ? On procède de la sorte afin de constater le plus rapidement possible l'effet que les écarts budgétaires ont sur les flux monétaires futurs, et de prévoir ainsi les emprunts ou les placements à court terme qui seront nécessaires. Cette comparaison permet aussi d'éviter les décisions à la sauvette et de mieux planifier son action.

EXEMPLE

Éric, un étudiant de cégep (suite)

Reprenons le budget d'Éric étudié plus tôt. Au 31 janvier, le solde en caisse d'Éric est de 300 $ et non de 380 $, contrairement à ce qu'il avait prévu initialement. De plus, il ne pourra, comme il l'avait espéré, travailler en février, de sorte que les 200 $ de recettes qu'il avait inscrits au poste Travail doivent être rayés. Il a intégré ces informations dans le budget initial aussitôt qu'il en a pris connaissance. Les autres éléments du budget ne changent pas. Il reste peu de temps à Éric pour trouver une solution à son manque de liquidités, car il prévoit un solde négatif au 31 mars, un solde plus bas au 30 avril et encore plus bas au 31 mai. Demandera-t-il à son père une allocation supplémentaire ? Essaiera-t-il de dénicher un travail de fin de semaine ? Annulera-t-il son abonnement au câble ? Quelle solution lui proposez-vous ?

Voici son budget révisé incluant les derniers résultats (solde de 300 $ au 31 janvier et 200 $ de moins au poste Travail en février).

Budget d'Éric révisé au 1er février

	Février	Mars	Avril	Mai	Juin	Juillet	Total
Solde au début	**300 $**						**300 $**
Recettes							
Travail		200 $			800 $	800 $	1 800 $
Cadeaux					200		200
Allocation	575	575	575	575	575	575	3 450
	575 $	**775 $**	**575 $**	**575 $**	**1 575 $**	**1 375 $**	**5 450 $**
Débours							
Loyer	400 $	400 $	400 $	400 $	400 $	400 $	2 400 $
Services pub.	50	350	50	200	50	100	800
Repas	200	200	200	200	200	200	1 200
Vêtements			200				200
Loisirs	80	40	40	40	80	80	360
Divers	20	20	20	20			80
	750 $	**1 010 $**	**910 $**	**860 $**	**730 $**	**780 $**	**5 040 $**
Solde à la fin	**125 $**	**–110 $**	**–445 $**	**–730 $**	**115 $**	**710 $**	**710 $**

Le suivi des comptes clients

Pourquoi doit-on procéder à un suivi des comptes clients? Afin de s'enquérir le plus rapidement possible des raisons qui peuvent amener un client à ne pas acquitter son compte. Ainsi, on sera en mesure de prévoir l'effet d'une mauvaise créance éventuelle sur les flux monétaires de l'entreprise, de négocier une nouvelle entente de paiement avec un client ou de refuser de lui consentir un nouveau crédit. Il peut être utile de préparer un rapport mensuel tenant compte des délais de paiement des clients, comme nous l'avons fait dans l'exemple suivant.

On doit faire le suivi du ratio de la rotation des comptes clients:

$$\text{Rotation des comptes clients} = \frac{\text{Total des ventes crédit}}{\text{Comptes clients moyens}}$$

ou son corollaire, le délai de recouvrement des comptes clients:

$$\text{Délai de recouvrement des comptes clients} = \frac{\text{365 jours}}{\text{Rotation des comptes clients}}$$

Un délai de recouvrement de plus de 45 jours peut occasionner des problèmes de recouvrement des comptes clients.

EXEMPLE

L'entreprise EDT ltée (suite)

Reprenons l'exemple de l'entreprise EDT ltée. Toutes les ventes se font à crédit: 70 % des clients règlent leur compte le mois suivant leurs achats, disons dans les 30 jours, alors que 30 % le font le deuxième mois, disons dans les 60 jours. Le premier des deux tableaux qui suivent présente un rapport sur le vieillissement des comptes au 31 décembre. Y figurent deux mauvaises créances. L'entreprise décide de mettre en œuvre dès le 1er janvier une politique de crédit net de 30 jours (c'est-à-dire qu'on accorde aux clients 30 jours pour régler leurs factures sans intérêt). Après ce délai, on exige un taux d'intérêt de 1,5 % par mois sur le solde de chacun des comptes clients. Au deuxième tableau, nous pouvons voir l'effet positif de cette nouvelle politique sur les flux monétaires, en supposant que tous les clients payeront leur compte dans les 30 jours.

Rapport sur le vieillissement des comptes de l'entreprise EDT ltée au 31 décembre

Nº du client	30 jours	60 jours	90 jours	120 jours et +
A1125	122 000 $			
B1456	20 000			
B1726				10 000 $
C1746	3 000			
F9648		17 000 $		
H6230	32 000			
M3904	14 000			
M3974	2 000			
R3387		23 000		
S7294			15 000 $	
S8492		10 000		
T3694	44 000			
U6920	108 000			
V7380	55 000			
Total	**400 000 $**	**50 000 $**	**15 000 $**	**10 000 $**

Ce rapport attire l'attention du responsable des comptes en souffrance sur les clients n[os] B1726 et S7294. À moins qu'elle n'établisse une entente avec ces deux clients, EDT ltée devrait refuser de leur faire crédit de nouveau.

Budget de caisse de l'entreprise EDT ltée révisé

	Janvier	Février	Mars
Solde au début	**30 000 $**		
Recettes (avant)	355 000 $	225 000 $	220 000 $
Recettes (nouvelle politique)	**475 000 $**	**150 000 $**	**250 000 $**
Débours			
Salaires	48 000 $	54 000 $	60 000 $
Matières premières	50 000	40 000	60 000
Frais de fabrication	18 000	30 000	24 000
Frais de vente	128 000	48 000	80 000
Frais d'administration	80 000	30 000	50 000
Frais de financement	6 615	6 510	6 406
Remboursement de la dette à long terme	10 000	10 000	10 000
	340 615 $	**218 510 $**	**290 406 $**
Solde à la fin (avant)	44 385 $	50 875 $	–19 531 $
Solde à la fin (nouvelle politique)	**164 385 $**	**95 875 $**	**55 469 $**

Les ventes n'ont pas changé, les débours sont les mêmes et, dans un cas comme dans l'autre, nous n'avons pas tenu compte des mauvaises créances. Pourtant, il y a beaucoup d'argent en caisse lorsque la période de recouvrement des comptes clients est courte.

Le suivi des comptes fournisseurs

Pourquoi doit-on procéder à un suivi des comptes fournisseurs ? Principalement pour profiter des escomptes de caisse, d'autant que l'entreprise dispose des fonds nécessaires. Cependant, le règlement des comptes fournisseurs doit respecter les contraintes de liquidités, comme nous le verrons dans la section suivante consacrée au suivi de la marge de crédit.

On doit faire le suivi du ratio de la rotation des comptes fournisseurs :

$$\text{Rotation des comptes fournisseurs} = \frac{\text{Total des achats (crédit)}}{\text{Comptes fournisseurs moyens}}$$

ou son corollaire, le délai de paiement des comptes fournisseurs :

$$\text{Délai de paiement des comptes fournisseurs} = \frac{\text{365 jours}}{\text{Rotation des comptes fournisseurs}}$$

Un délai de paiement de plus de 45 jours peut occasionner divers problèmes : règlement des comptes fournisseurs, impossibilité d'encaisser les escomptes et paiement d'intérêts sur les comptes en souffrance.

EXEMPLE

Un commerce de détail

Les fournisseurs proposent souvent des conditions de règlement de 2/10, net 30 jours, ce qui signifie qu'un rabais de 2 % est accordé si le paiement est effectué dans les 10 jours suivant l'achat, et qu'il sera net d'intérêts s'il l'est dans les 30 jours.

Un commerce de détail a pour politique de payer ses fournisseurs dans les 30 jours. Il décide de calculer combien il économiserait s'il réglait tous ses comptes fournisseurs dans les 10 jours, compte tenu du fait qu'il achète pour 1 000 000 $ de marchandises par année.

Il économiserait 2 % de 1 000 000 $, soit 20 000 $, en supposant que le coût de renonciation associé au loyer de l'argent soit nul.

Le suivi de la marge de crédit

L'institution bancaire qui accorde une marge de crédit pose certaines conditions, comme garder des stocks et des comptes clients en garantie, de même qu'obtenir l'engagement de crédit des administrateurs. Cette dernière condition est fréquemment imposée aux PME. La banque voudra certainement qu'on lui remette des états financiers annuels vérifiés et, si la limite de la marge de crédit est élevée, des rapports trimestriels, voire mensuels.

EXEMPLE L'entreprise Le quincaillier ltée

Voici un rapport déterminant la limite de la marge de crédit de l'entreprise Le quincaillier ltée pour un mois donné, et, dans le deuxième tableau, un rapport sur le fonds de roulement de la même entreprise.

Détermination du montant maximal de la marge de crédit

Total des comptes clients		**120 615 $**
Moins : comptes de 90 jours et plus	18 793	
Comptes clients de moins de 90 jours		**101 822 $**
75 % du montant des comptes clients de moins de 90 jours		**76 367 $**
Plus : 40 % de la valeur des stocks		
en deçà d'un montant de 50 000 $	43 444	
		119 811 $
Moins : Salaires courus à payer		6 898 $
Retenues d'impôt fédérales à la source	5 499	
Retenues d'impôt provinciales à la source	5 266	
Montant maximal autorisé		**102 148 $**

Ce rapport mensuel est fondé sur le principe voulant que la marge de crédit ne sert qu'à combler un déficit temporaire de liquidités. Pour calculer cette marge, on a pris 75 % de la valeur des comptes clients ordinaires (comptes de moins de 90 jours), montant auquel on a ajouté 40 % de la valeur des stocks jusqu'à concurrence de 50 000 $, car ces montants ne seraient pas financés par les frais courus à payer.

Rapport du fonds de roulement

	Aujourd'hui	Aux derniers états financiers vérifiés
Stocks	**108 610 $**	**110 676 $**
Moins : Salaires courus à payer	6 898	7 955
Retenues d'impôt fédérales à la source	5 499	6 421
Retenues d'impôt provinciales à la source	5 266	6 089
	90 947 $	**90 211 $**
Plus : Comptes clients de moins de 90 jours	101 822	110 933
	192 769 $	**201 144 $**
Moins : Marge de crédit	96 231	100 554
	96 538 $	**100 590 $**
Plus : Solde des comptes en banque	14 296	18 974
Autres éléments d'actif à court terme	3 200	0
	114 034 $	**119 564 $**
Moins : Chèques en circulation	4 836	8 966
Comptes à payer	23 759	18 695
Portion de la dette à long terme échéant dans l'année	20 000	20 000
Solde du fonds de roulement	**65 439 $**	**71 903 $**

Le ratio de solvabilité à court terme est aujourd'hui :

$$\frac{\text{Actif à court terme}}{\text{Passif à court terme}} = \frac{227\,928}{162\,489} \text{ soit } 1{,}4027288$$

Le ration de solvabilité à court terme était, aux derniers états financiers vérifiés :

$$\frac{\text{Actif à court terme}}{\text{Passif à court terme}} = \frac{240\,583}{168\,680} \text{ soit } 1{,}426268674$$

Ce dernier rapport trimestriel permet d'établir le fonds de roulement de l'entreprise. En effet, tous les éléments qui y sont additionnés représentent son actif à court terme à cette date et tous les éléments soustraits, son passif à court terme. Le rapport trimestriel permet aussi de calculer les deux ratios fréquemment combinés pour évaluer la solvabilité à court terme d'une entreprise : le ratio de solvabilité à court terme et le ratio de trésorerie.

1. $\text{Solvabilité à court terme} = \dfrac{\text{Actif à court terme}}{\text{Passif à court terme}}$

2. $\text{Trésorerie} = \dfrac{\text{Actif à court terme} - \text{Stocks}}{\text{Passif à court terme}}$

Le ratio de solvabilité à court terme doit généralement être supérieur à 1,4, et le ratio de trésorerie, supérieur à 1.

Le suivi du taux de change

Avec la mondialisation des marchés, de plus en plus d'entreprises sont appelées à traiter avec des pays étrangers et donc à faire des paiements en monnaie étrangère. Dans le contexte nord-américain, l'accord de libre-échange entre le Canada, les États-Unis et le Mexique (ALENA) amènera un nombre croissant d'entreprises à effectuer des paiements en dollars américains ou en pesos. Les entreprises qui font couramment affaire avec les États-Unis ont généralement un compte bancaire en dollars américains et, de temps à autre, elles y transfèrent un montant d'argent. Ce transfert de fonds peut occasionner des coûts substantiels pour l'entreprise. La gestion de la trésorerie doit les réduire au minimum.

EXEMPLE

L'entreprise Airtotal ltée

Carole Matthieu est comptable et gère la trésorerie d'une entreprise d'électronique. Cette entreprise achète des biens et services pour une valeur d'environ 1 000 000 $US par année. Carole vérifie donc attentivement chaque matin les cours du taux de change du dollar américain contre le dollar canadien. Pour une journée donnée, ce taux est le suivant :

1,3745 $ pour un montant compris entre 0 et 1 000 $US,

1,3725 $ pour un montant compris entre 1 000 et 10 000 $US, et

1,3585 $ pour le service de trésorerie, soit pour un montant de 15 000 $US et plus.

Supposons que ce jour-là Carole transfère le montant minimal. Si elle procède toujours par tranches de 1 000 $, il lui en coûterait, sur une période de un an :

$$1\,000\,000\ \$ \times 1{,}3725\ \$ = 1\,372\,500\ \$\text{CAN}$$

Par contre, si elle transfère toujours un montant de 15 000 $ ou plus, il lui en coûterait sur une période de un an :

$$1\,000\,000\ \$ \times 1{,}3585\ \$ = 1\,358\,500\ \$\text{CAN}$$

En procédant par tranches minimales de 15 000 $ et plus, elle réaliserait une économie de :

$$1\,372\,500\ \$ - 1\,358\,500\ \$ = 14\,000\ \$\text{CAN}$$

UNE RÉFLEXION SUR LA GESTION DE LA TRÉSORERIE

Nous partons de l'hypothèse selon laquelle aucune personne ni aucune entreprise ne peut vivre sans argent. La gestion de la trésorerie a pour but de planifier, de maintenir et de faire fructifier les liquidités. Le budget de caisse peut se révéler essentiel à une saine planification de la trésorerie. Cependant, il doit respecter un certain nombre de règles, que nous avons présentées et illustrées. Enfin, le contrôle de la trésorerie comprend, selon nous, la « révision de la planification initiale », d'une part, et les décisions touchant la trésorerie, le paiement des comptes fournisseurs, la marge de crédit et le taux de change, d'autre part. Par conséquent, il comprend aussi le suivi quotidien de l'évolution des flux monétaires et les décisions qui s'y rapportent.

QUESTIONS DE RÉVISION

1. Qu'est-ce que la gestion de la trésorerie ?
2. En quoi la gestion de la trésorerie se distingue-t-elle du financement de l'entreprise ?
3. Quelles sont les entités qui nécessitent une gestion de la trésorerie ?
4. En quoi consiste la planification de la gestion de la trésorerie ?
5. En quoi consiste le contrôle de la gestion de la trésorerie ?
6. Qu'appelle-t-on le budget de caisse ?
7. Quelles sont les règles du budget de caisse ?
8. Pourquoi faut-il produire un budget de caisse mensuel ?
9. Pourquoi est-il nécessaire de distinguer les activités normales d'exploitation des autres activités commerciales de l'entreprise ?
10. Pourquoi faut-il distinguer les postes engagés des postes discrétionnaires ?
11. Pourquoi faut-il définir les facteurs déterminant les recettes et les débours ?
12. Pourquoi est-il important d'envisager plus d'un scénario de volume d'affaires ?
13. Pourquoi procède-t-on au suivi du budget de caisse ?
14. Pourquoi faut-il procéder au suivi des comptes clients ?
15. Expliquez ce qu'est le coefficient de rotation des comptes clients.
16. En quoi le rapport sur le vieillissement des comptes clients est-il utile ?
17. Pourquoi doit-on faire au suivi des comptes fournisseurs ?
18. Expliquez ce qu'on entend par le délai de paiement des comptes fournisseurs.
19. Pourquoi faut-il procéder au suivi de la marge de crédit ?
20. En quoi consiste le suivi du taux de change ?

EXERCICES

EXERCICE 12.1 Effet des conditions de paiement sur les rentrées de fonds

Une petite entreprise, Quatrope ltée, distribue quatre produits, P1, P2, P3, et P4, qui lui coûtent respectivement 7 $, 10 $, 12 $ et 5 $ l'unité. Voici les commandes reçues pour les six prochains mois :

	P1	P2	P3	P4
Janvier	200		100	
Février	150	75		
Mars		500		
Avril	200		60	150
Mai			300	
Juin		120		

Chaque mois, le propriétaire achète les marchandises qu'il prévoit vendre durant le mois suivant et règle comptant la totalité de la facture, comme l'exige son fournisseur. Il songe à s'adresser à un autre fournisseur qui lui offrirait de meilleures conditions de paiement, soit un versement comptant au moment de la livraison égal à 50 % du prix d'achat, le solde étant payable 30 jours plus tard.

Travaux pratiques

1. Déterminez l'effet d'un tel changement sur les flux de trésorerie de l'entreprise pour le semestre étudié, en supposant que les coûts unitaires ne varient pas.
2. En quoi cette nouvelle situation pourrait-elle avantager le propriétaire ?

EXERCICE 12.2 Calcul du solde en caisse d'une petite entreprise commerciale

Mme Marcoux possède une boutique de vêtements dans le centre commercial de son quartier. Afin d'estimer ses besoins financiers pour les quatre prochains mois, elle a commandé une étude de marché. On y trouve les prévisions suivantes : le chiffre d'affaires s'élèvera à 25 000 $ le premier mois, à 40 000 $ le deuxième mois, à 37 500 $ le troisième mois et à 28 000 $ le quatrième mois. Mme Marcoux a prévu les débours à effectuer pour la même période :

Commission des vendeurs	10 % du chiffre d'affaires
Loyer mensuel	2 500 $
Achats	45 % du prix de vente
Assurances à payer le deuxième et le quatrième mois	1 500 $
Frais d'administration	200 $ par mois
Salaire hebdomadaire des vendeurs	1 500 $

Le solde en caisse est actuellement de 18 700 $. Les achats sont réglés comptant au moment de la livraison des vêtements. Mme Marcoux devrait recevoir deux livraisons par mois durant les deux prochains mois : la première correspond aux deux tiers des achats totaux et la seconde, au dernier tiers.

Travail pratique

Calculez le montant prévu du surplus ou du déficit d'encaisse pour chacun des mois.

EXERCICE 12.3 Effet des vacances sur le solde en caisse

Frédéric dispose d'une somme de 2 500 $ le 1er janvier. Il prévoit, pour le début du mois de mars, un voyage dont le coût est estimé à 2 000 $. Toutefois, compte tenu de sa situation financière plutôt précaire, il se demande si ce projet est raisonnable. En effet, il ne commencera à travailler qu'en juin. D'ici là, ses prévisions concernant ses rentrées et ses sorties de fonds sont les suivantes :

Frais de scolarité	700 $, payable en deux versements, soit un premier de 450 $ en janvier et le solde en février
Loyer	350 $ par mois
Téléphone	20 $ par mois
Électricité	210 $ en février et 95 $ en avril
Nourriture	25 $ par semaine
Loisirs	60 $ par semaine
Divers	150 $ par mois
Livres et fournitures scolaires	220 $ en janvier et 15 $ par mois par la suite
Prêts et bourses	2 000 $ à recevoir en janvier et 600 $ en mars

Travail pratique

Déterminez (chiffres à l'appui) si Frédéric peut ou non assumer le coût de ce voyage.

EXERCICE 12.4 Effet d'une politique de crédit sur le solde en caisse

Le contrôleur d'une petite entreprise commerciale, Comerciaou ltée, établit ses prévisions concernant les flux monétaires du prochain trimestre. Il évalue le chiffre d'affaires à 550 000 $ pour cette période, soit respectivement à 190 000 $, à 230 000 $ et à 130 000 $ pour les mois de juillet, d'août et de septembre. Selon son expérience, 80 % des ventes se font à crédit, 60 % des comptes clients sont encaissés au cours du mois qui suit la vente et 40 %, au cours du deuxième mois suivant la vente. L'entreprise offre aux clients le choix de payer comptant ou d'acheter à crédit. Les ventes de juin se sont élevées à 175 000 $.

Afin d'améliorer la gestion de la trésorerie, le contrôleur envisage de modifier la politique de crédit qui prévalait jusqu'à présent, pour exiger que 25 % de toutes les ventes soient payées comptant. Il pense que ce changement de politique ne modifiera pas les habitudes d'achat des clients. Selon lui, 40 % des comptes clients seront remboursés durant le mois suivant la vente et 60 %, dans un délai de deux mois suivant la vente.

Travaux pratiques

1. Établissez les encaissements de comptes clients pour les trois prochains mois, conformément à la politique actuelle de crédit.
2. Déterminez l'effet de la nouvelle politique de crédit sur les encaissements.

EXERCICE 12.5 Budget de caisse hebdomadaire

Un bureau de consultants en gestion, Consulpro & Associés, dirigé par deux jeunes diplômés en administration, a établi des prévisions concernant ses recettes et ses débours pour les cinq prochaines semaines.

Recettes prévues en date du lundi 1er septembre :

Il y a trois contrats en cours à cette date. Pour le premier, on prévoit une rentrée de 4 500 $ le 25 septembre. Pour le deuxième, les rentrées prévues sont de 1 000 $ les 2 et 9 septembre, ainsi que de 2 000 $ les 16 et 23 septembre et le 1er octobre. Enfin, pour le troisième contrat, une rentrée de 2 250 $ est attendue le 26 septembre.

Débours prévus en date du lundi 1er septembre :

- Salaires des deux associés

  Ces salaires représentent chacun 1 500 $ net, une fois faites les retenues d'impôts à la source ; ils sont payables toutes les deux semaines, les 11 et 25 septembre.
- Salaire d'une secrétaire

  Il est de 960 $ net des retenues d'impôts à la source, et payable toutes les deux semaines, soit les 4 et 18 septembre et le 3 octobre.
- Retenues d'impôts à la source

  Les retenues d'impôts à la source et la contribution de l'employeur aux avantages sociaux doivent être versés aux gouvernements le 15e jour de chaque mois. Elles représentent 21 % des salaires nets versés le mois précédent.

  Les deux associés et la secrétaire ont reçu deux paies en août.
- Loyer

  Il est de 1 500 $ par mois, payable le premier jour du mois.
- Téléphone

  Les frais du service téléphonique représentent en moyenne 125 $ par mois, et sont payables le 15e jour du mois.
- Électricité

  On prévoit payer 130 $ le dernier jour de septembre pour l'électricité des mois d'août et de septembre.
- Fournitures

  La somme de 540 $ est payable le 10 septembre.

- Autres

  Les factures suivantes doivent être acquittées: 749 $ le 2 septembre, 334 $ le 10 septembre, 427 $ le 22 septembre et 64 $ le 30 septembre.
- Intérêt sur la marge de crédit

  On doit payer l'intérêt tous les lundis; cet intérêt est calculé sur le solde de la marge de crédit le lundi matin, au taux nominal annuel de 12 %.

Pour simplifier le budget, supposez qu'on procède à un ajustement hebdomadaire à la fin de chaque semaine, ce qui se traduit par un emprunt ou un remboursement par tranches de 1 000 $. La société rembourse le maximum et emprunte le minimum, tout en maintenant un solde en caisse positif.

Le solde en caisse au 1er septembre est de 470 $, et celui de la marge de crédit, de 6 000 $. La marge de crédit autorisée est de 15 000 $.

Travail pratique

Dressez un budget de caisse pour cinq semaines à compter du 1er septembre.

EXERCICE 12.6 Marge de crédit, politique de paiement et politique de crédit

La présidente-directrice générale (P.D.G.) d'une PME du secteur manufacturier, Pema ltée, envisage de lancer un nouveau produit le 1er octobre prochain. La fabrication de ce produit débutera le 1er septembre. Selon une étude que la P.D.G. a commandée, les ventes sont largement tributaires des conditions de paiement exigées par les clients, des détaillants pour la plupart. Le prix de vente sera de 50 $.

Voici les trois scénarios de ventes les plus probables, exprimés en unités:

Scénarios	Octobre	Novembre	Décembre	Janvier
Nº 1 (les clients paient dans les 60 jours)	700	1 100	1 400	700
Nº 2 (les clients paient dans les 30 jours)	500	700	800	400
Nº 3 (les clients paient comptant)	300	500	600	300

Voici quelques renseignements relatifs aux coûts du nouveau produit.

- Matières premières

  Elles sont achetées un mois avant d'être employées dans la fabrication, et le paiement est effectué 30 jours plus tard. Le coût de revient d'une unité fabriquée est de 18 $.
- Main-d'œuvre directe

  Elle est rémunérée avec un délai de 15 jours. Le coût de revient d'une unité fabriquée est de 16 $.
- Frais généraux de fabrication

  Ils sont de 1 800 $ par mois, payables le mois où ils sont engagés.
- Frais de livraison

  Ils sont de 3 $ par unité vendue et payables lors de la vente.

- Frais de publicité

  On prévoit dépenser 5 000 $ par mois et ce, dès septembre.

- Frais d'administration

  Ils sont de 1 000 $ par mois, payables le mois où ils sont engagés. On prévoit également acquitter ce montant pour septembre.

Tous ces coûts sont spécifiques au nouveau produit et ne seraient pas engagés si le produit n'était pas lancé.

La P.D.G. prévoit également fabriquer 50 % des unités durant le mois précédant la vente, et le reste, au cours du mois où est effectuée la vente.

Enfin, elle ne souhaite pas investir plus qu'un montant additionnel de 10 000 $ dans son fonds de roulement.

Travaux pratiques

1. Préparez le budget de caisse pour chacun des scénarios énumérés.
2. Faites des suggestions à la P.D.G. concernant le financement du fonds de roulement requis pour le lancement du nouveau produit.

EXERCICE 12.7 Distinction entre les activités d'exploitation et d'autres activités

Une jeune gestionnaire projette de mettre sur pied un centre de formation spécialisé en gestion des ressources humaines. Depuis qu'elle a quitté l'université, il y a bientôt cinq ans, elle a établi de nombreux contacts et amorcé une carrière fructueuse à titre de consultante dans une firme reconnue.

Elle souhaite emprunter 60 000 $ pour acheter du matériel de bureau et du matériel informatique en vue d'aménager un local pour ses activités. À cette fin, elle a préparé le budget de caisse suivant, avec lequel elle se présente à la banque.

	Septembre	Octobre	Novembre	Décembre	Janvier	Février	Total
Solde au début	**0 $**	**2 579 $**	**5 954 $**	**7 057 $**	**10 432 $**	**11 459 $**	
Recettes	9 956	9 956	9 956	9 956	9 956	9 956	**59 736 $**
Débours	7 377	6 581	8 853	6 581	8 929	6 581	**44 902 $**
Solde à la fin	**2 579 $**	**5 954 $**	**7 057 $**	**10 432 $**	**11 459 $**	**14 834 $**	

L'emprunt de 60 000 $ qu'elle sollicite comporte un intérêt mensuel calculé au taux annuel de 9,6 %, ainsi que des remises de capital de 1 500 $ par mois et ce, pendant 50 mois.

Cette jeune professionnelle pourra se conformer à ces conditions si elle parvient à respecter le budget qu'elle a présenté. Cependant, le banquier souhaite obtenir des détails supplémentaires, notamment en ce qui concerne les recettes prévues, qui semblent particulièrement élevées pour une jeune entreprise.

Comme il s'agit d'une entreprise personnelle, on trouve dans les recettes le salaire que cette jeune femme reçoit actuellement de la firme de consultants, soit 4 956 $ par mois, net des retenues d'impôts à la source. Comme elle a un horaire flexible et qu'elle est en bonne santé, elle croit pouvoir continuer à travailler quelque temps (six mois), tout en mettant sur pied son entreprise.

Le banquier lui demande de préparer un nouveau budget en distinguant les recettes et les débours personnels des recettes et débours provenant de l'entreprise qu'elle souhaite mettre sur pied.

Voici les renseignements qu'elle a réunis.

- Loyer

  Son loyer personnel est de 1 250 $ par mois et celui qu'elle prévoit pour son entreprise, de 1 500 $ par mois.
- Téléphone

  L'an dernier, sa facture moyenne a été de 50 $ par mois, et elle s'attend à débourser 125 $ par mois pour son entreprise.
- Électricité

  Elle prévoit payer le même montant pour son entreprise que pour son logment, soit 148 $ en septembre, 236 $ en novembre et 874 $ en janvier.
- Secrétaire

  Elle compte engager une secrétaire pour son entreprise, au salaire de 960 $ par mois, plus les avantages sociaux qui équivalent à 10 % du salaire brut.
- Autres débours personnels

  Elle envisage de payer les montants suivants pour les six mois en question : 1 300 $, 800 $, 2 600 $, 800 $, 1 400 $ et 800 $. Ces montants comprennent les débours pour sa voiture, ses dépenses de loisirs, l'achat de ses vêtements et diverses autres dépenses.
- Autres débours de l'entreprise

  Elle prévoit payer 400 $ par mois pour des fournitures, 1 200 $ par mois pour la publicité et 200 $ par mois pour les dépenses imprévues.

Travaux pratiques

1. Préparez le budget de caisse de l'entreprise que la jeune professionnelle souhaite mettre sur pied.
2. Faites à cette jeune professionnelle des suggestions qui lui permettraient de présenter un budget équilibré.

EXERCICE 12.8 Budget de caisse établi selon différents scénarios

Le directeur des finances d'une petite entreprise commerciale, Mercando ltée, réunit les renseignements suivants afin de préparer son budget de caisse pour les mois de janvier, de février et de mars 1999.

Débours

- Coût des marchandises vendues

  Il achète le mois courant toutes les marchandises qu'il prévoit vendre le mois suivant selon le scénario réaliste; ainsi, il achète en janvier ce qu'il compte vendre en février, etc. Il doit payer ces marchandises en entier le mois suivant l'achat. Le coût des marchandises vendues est de 22 $ par unité. Voici les prévisions de ventes en unités selon trois scénarios. En décembre, l'entreprise a pleinement réalisé le scénario réaliste.

Scénarios	Décembre	Janvier	Février	Mars
Pessimiste		2 200	2 800	3 000
Réaliste	5 600	3 400	4 200	4 800
Optimiste		4 200	5 400	6 000

- Salaires et avantages sociaux

  Les salaires sont versés toutes les deux semaines (posez comme hypothèse que les avantages sociaux sont payés au même moment que les salaires). Il y a trois paies en janvier, deux en février et deux en mars. Le montant des salaires est de 14 880 $ par paie, incluant les avantages sociaux.

- Frais d'exploitation

  Les frais d'exploitation sont de 38 000 $ par mois, dont 4 000 $ représentent la dotation à l'amortissement cumulé qui se rapporte aux équipements. Plusieurs de ces frais sont engagés; c'est le cas du loyer, des taxes et des assurances. Par ailleurs, ce montant comprend également les frais de publicité et les frais de représentation. En fait, il comprend tous les frais, à l'exception du coût des marchandises vendues, des salaires et avantages sociaux ainsi que des frais de financement de la dette à long terme et de la marge de crédit.

- Dette à long terme

  L'entreprise a une dette à long terme dont le solde est de 320 000 $ au 31 décembre 1998. Elle rembourse 16 000 $ par mois au début de chacun des mois. Elle paie également les intérêts calculés sur le solde au début du mois, au taux nominal de 12 % par année.

- Marge de crédit et intérêt à court terme

  On doit payer l'intérêt le 1er jour du mois; cet intérêt est calculé sur le solde de la marge de crédit ce matin-là, au taux nominal annuel de 12 %. Le solde de la marge de crédit au 31 décembre 1998 est nul.

- La limite de la marge de crédit est de 20 000 $.

  Pour simplifier le budget, supposez qu'un ajustement mensuel est effectué à la fin de chaque mois, se traduisant par un emprunt ou un remboursement par tranches de 1 000 $. La société rembourse le maximum et emprunte le minimum, tout en maintenant un solde en caisse positif. De plus, elle ne reçoit aucun intérêt sur un solde positif en caisse.

Recettes

L'entreprise encaisse 40 % du montant au cours du mois où a lieu la vente et 60 % du montant le mois suivant la vente. Le prix de vente moyen est de 40 $ par unité et il n'y a aucune créance douteuse.

Solde au 1er janvier

Le solde en caisse au 1er janvier 1999 est de 9 870 $.

Travaux pratiques

1. Préparez un budget de caisse pour les mois de janvier, février et mars 1999, en adoptant le scénario réaliste.
2. Calculez le montant des ventes qu'il est nécessaire d'enregistrer en février pour équilibrer les rentrées et les sorties de fonds de ce mois, en supposant que le scénario réaliste se confirme en janvier.
3. En supposant que l'hypothèse pessimiste se réalise en février, mais que cette information ne soit connue qu'à la mi-février, calculez le montant de la marge de crédit nécessaire pour couvrir les débours prévus en février. Faites deux suggestions visant à ne pas dépasser la marge de crédit actuelle.

EXERCICE 12.9 Budget de caisse personnel

Andrée est inscrite au programme de BAA de l'École des HEC. Comme elle suit présentement le cours de comptabilité de gestion, elle décide de faire son budget de caisse personnel pour planifier sa trésorerie jusqu'au 1er mai 1999, date où elle recommencera à travailler.

Au 30 novembre 1998, elle dispose d'un solde en banque de 1 800 $.

Voici la liste de ses dépenses qui reviennent chaque mois :

Loyer	400 $
Téléphone	30 $
Nourriture	300 $
Loisirs	un minimum de 50 $

Elle s'attend également à payer 150 $ d'électricité en décembre, 300 $ en février et 100 $ en avril.

Enfin, le premier jour de chaque mois, elle doit effectuer des versements de 100 $ pour rembourser un emprunt personnel ; à ce montant s'ajoutent les intérêts calculés au taux de 1 % par mois sur le solde. Le solde de cet emprunt au 30 novembre est de 2 000 $.

Le père d'Andrée lui verse une allocation de 140 $ par semaine, tous les lundis. Il y a cinq lundis en décembre et quatre lundis en janvier, en février, en mars et en avril.

De plus, Andrée prévoit recevoir 400 $ en argent à Noël et 400 $ le jour de son anniversaire, en avril.

Andrée aimerait savoir combien d'argent elle pourrait dépenser pour ses cadeaux de Noël et pour ses loisirs, en plus du montant de 50 $ par mois déjà prévu dans son budget, sans pour autant se retrouver à la fin d'avril 1999 avec un solde déficitaire dans son compte de banque.

Travaux pratiques

1. Faites le budget de caisse d'Andrée pour les mois de décembre, janvier, février, mars et avril. Dites à la jeune femme quelles sont ses disponibilités financières pour ses cadeaux de Noël et ses loisirs.
2. Expliquez, à partir de cet exemple, pourquoi il faut distinguer les postes engagés des postes discrétionnaires dans un budget de caisse.

EXERCICE 12.10 Budget de caisse et modification de politiques

Voici le budget de caisse d'une PME du secteur manufacturier, Jolimag ltée. Ce budget, établi durant le mois de décembre, couvre les cinq premiers mois de l'année.

Jolimag ltée
Budget de caisse

	Janvier	Février	Mars	Avril	Mai
Solde au début	**–99 000 $**	**–101 600 $**	**–68 350 $**	**–213 750 $**	**–259 600 $**
Recettes	**500 000 $**	**600 000 $**	**400 000 $**	**450 000 $**	**600 000 $**
Débours liés à la fabrication					
Salaires	108 000 $	144 000 $	120 000 $	96 000 $	144 000 $
Avantages sociaux	9 600	10 800	14 400	12 000	9 600
Matières premières	72 000	96 000	80 000	64 000	96 000
Autres coûts de fabrication	50 000	50 000	50 000	50 000	50 000
	239 600 $	**300 800 $**	**264 400 $**	**222 000 $**	**299 600 $**
Débours liés à la vente					
Salaires	140 000 $	145 000 $	160 000 $	150 000 $	140 000 $
Avantages sociaux	16 000	14 000	14 500	16 000	15 000
Déplacement et représentation	15 000	15 000	15 000	15 000	15 000
Autres coûts de vente	5 000	5 000	5 000	5 000	5 000
	176 000 $	**179 000 $**	**194 500 $**	**186 000 $**	**175 000 $**
Débours liés à l'administration					
Salaires	60 000 $	60 000 $	60 000 $	60 000 $	60 000 $
Avantages sociaux	6 000	6 000	6 000	6 000	6 000
Charges liées aux immobilisations	5 000	5 000	5 000	5 000	5 000
Autres coûts	1 000	1 000	1 000	1 000	1 000
	72 000 $	**72 000 $**	**72 000 $**	**72 000 $**	**72 000 $**
Remboursement de la dette à long terme	10 000	10 000	10 000	10 000	10 000
Financement de la dette à long terme	4 000	3 900	3 800	3 700	3 600
Intérêts sur la marge de crédit	1 000	1 050	700	2 150	2 600
Total des débours	**502 600 $**	**566 750 $**	**545 400 $**	**495 850 $**	**562 800 $**
Solde à la fin	**–101 600 $**	**–68 350 $**	**–213 750 $**	**–259 600 $**	**–222 400 $**

Le solde négatif de l'encaisse est couvert par une marge de crédit utilisable par tranches de 5 000 $. Les intérêts sur la marge de crédit sont calculés au taux de 1 % par mois.

Informations ayant servi à établir ce budget de caisse

Voici le calendrier des unités vendues, des unités fabriquées ainsi que des matières premières achetées :

	Novembre	Décembre	Janvier	Février	Mars
Unités vendues	10 000	12 000	8 000	9 000	12 000
Unités fabriquées	12 000	8 000	9 000	12 000	10 000
Matières premières achetées	8 000	9 000	12 000	10 000	8 000

On peut déduire de ce calendrier que les unités vendues sont fabriquées un mois avant la date prévue de leur vente, et que les matières premières sont achetées un mois avant d'être utilisées dans la fabrication. Cependant, elles sont payées net 30 jours, c'est-à-dire un mois après avoir été achetées.

L'entreprise consent à ses clients un crédit net 60 jours. Tous les clients respectent intégralement ces conditions ; par conséquent, l'entreprise encaisse le montant de la vente deux mois après sa conclusion.

Les salaires du personnel affecté à la fabrication ne concernent que la main-d'œuvre directe, rémunérée au taux de 12 $ par unité fabriquée. Ces salaires sont payés intégralement durant le mois où les produits sont fabriqués.

Les salaires du personnel affecté à la vente totalisent 100 000 $; s'y ajoute un montant égal à 10 % des ventes du mois. Le tout est payé intégralement le mois où a lieu la vente.

Les salaires du personnel affecté à l'administration sont fixes.

Les avantages sociaux correspondent à 10 % des salaires d'un mois et sont payés le 15e jour du mois suivant.

Modification des plans

Étant donné que l'entreprise engage en moyenne plus de 1 000 $ d'intérêts par mois relativement à la marge de crédit, la direction de l'entreprise décide, après avoir étudié les flux de trésorerie, de modifier certaines politiques.

Dorénavant, c'est-à-dire dès le mois de janvier, l'entreprise ne fabriquera que 15 jours (0,5 mois) à l'avance le nombre d'unités qu'elle prévoit vendre. De plus, elle n'achètera que 15 jours à l'avance (0,5 mois) les matières premières qui lui sont nécessaires. Enfin, elle modifiera les conditions de crédit accordées à ses clients en exigeant qu'ils règlent leurs achats dans les 30 jours, soit un mois après l'achat. Les autres conditions demeurent les mêmes.

Ces politiques prennent effet le 1er janvier. Or, à cette date, les 8 000 unités qui devaient être vendues en janvier ont déjà été fabriquées en décembre. De même, les matières premières requises pour les 9 000 unités qui devaient être vendues en février ont déjà été achetées en décembre.

Présumez que les ventes ne varieront pas malgré les modifications de la politique de crédit, et que toutes ces conditions seront respectées à la lettre.

Travaux pratiques

1. Prévoyez les modifications qu'il faudra apporter au calendrier des ventes, de la fabrication et des achats de matières premières.
2. Refaites les lignes du budget qui sont affectées par les modifications proposées, à l'exception du poste Intérêts sur la marge de crédit.
3. Croyez-vous que les différences observées vont s'estomper avec le temps? Pourquoi?
4. Quels sont les avantages et les inconvénients éventuels liés aux modifications proposées?

EXERCICE 12.11 Budget de caisse et changement de politique

Voici l'état des résultats prévisionnels en milliers de dollars d'une PME du secteur manufacturier, Tiremaf ltée, pour les quatre derniers mois de 1998.

Tiremaf ltée
Résultats prévisionnels

	Septembre	Octobre	Novembre	Décembre
Ventes	**600 000 $**	**720 000 $**	**960 000 $**	**840 000 $**
Coûts				
Salaires	100 000 $	120 000 $	160 000 $	140 000 $
Avantages sociaux	10 000	12 000	16 000	14 000
Matières premières	250 000	300 000	400 000	350 000
Dotation à l'amortissement	100 000	100 000	100 000	100 000
Autres coûts	25 000	25 000	25 000	25 000
	485 000 $	**557 000 $**	**701 000 $**	**629 000 $**
Bénéfice net	**115 000 $**	**163 000 $**	**259 000 $**	**211 000 $**

L'entreprise est si peu rentable qu'elle parvient à peine à verser à ses actionnaires un dividende de 500 000 $ à la fin de chaque trimestre (mars, juin, septembre et décembre). Mais voilà que depuis deux ans sa part de marché diminue au profit de ses concurrents. L'entreprise a toujours eu pour politique de ne vendre qu'au comptant. Le directeur du marketing prétend qu'il faudrait qu'elle accepte de vendre à crédit, et qu'elle pourrait ainsi reconquérir ses marchés, voire les accroître. En effet, affirme-t-il en s'appuyant sur les analyses des habitudes de la clientèle de ce type d'entreprise, les ventes pourraient augmenter de 20 % en septembre et de 40 % les mois suivants si l'entreprise se dotait d'une politique de crédit. Cependant, pour cela, cette politique devrait être en vigueur le 1er septembre, avec les conditions suivantes : paiement net

30 jours, auquel s'ajouterait un montant égal à 1 % par mois sur tout solde impayé après ce délai.

Actuellement, l'entreprise vend au comptant, mais elle règle également comptant, dans le mois où ils sont engagés, l'achat des matières premières, les salaires et les avantages sociaux ainsi que les autres coûts. Les matières premières sont achetées le mois précédant la production, et l'entreprise transforme ces matières en produits finis le mois précédant la vente. Les autres coûts sont fixes, alors que les salaires et les avantages sociaux varient proportionnellement au volume de production du mois.

Voici le tableau correspondant aux ventes prévues, avec la politique actuelle.

Mois	Nombre d'unités
Septembre	10 000
Octobre	12 000
Novembre	16 000
Décembre	14 000
Janvier	8 000
Février	10 000

Une augmentation du chiffre d'affaires de 20 % en septembre et de 40 % dès le mois d'octobre ne serait pas à dédaigner, au contraire ! Cependant, le trésorier objecte que cette nouvelle politique de crédit réduirait à court terme les liquidités de l'entreprise.

Le solde en caisse au 1er septembre est de 337 000 $.

Travaux pratiques

1. Dressez le budget de caisse mensuel de l'entreprise (chiffres arrondis au dollar) pour les quatre mois de septembre, octobre, novembre et décembre, en prenant pour hypothèse le scénario suivant, qui s'appliquerait dès le 1er septembre :
   - l'entreprise va de l'avant avec la politique de crédit proposée ;
   - tous les clients acquittent leur compte dans un délai de 30 jours ;
   - l'entreprise paye ses fournisseurs de matières premières dans un délai de 30 jours ; par contre, elle lui coûtent maintenant 27 $ l'unité plutôt que 25 $.
2. En prenant pour hypothèse que le déficit de caisse peut atteindre environ 500 000 $, proposez deux solutions visant à résoudre le problème de liquidités auquel l'entreprise ferait face si elle allait de l'avant avec la nouvelle politique de crédit, étant donné que la marge de crédit maximale est de 200 000 $.

EXERCICE 12.12 Budget de fabrication et budget de caisse

Au début de janvier 1999, une entreprise du secteur manufacturier, Stomag ltée, tente de prévoir ses besoins en stocks et en liquidités pour le mois de mars 1999. Elle dispose des renseignements suivants.

- On prévoit vendre 26 000 unités en janvier, 24 000 en février, 30 000 en mars et 36 000 pour chacun des mois d'avril, de mai et de juin. Le prix de vente sera maintenu à 100 $ l'unité. Les mauvaises créances sont négligeables et le profil du recouvrement des comptes est le suivant : 20 % des ventes d'un mois sont perçues le mois de la vente, 50 %, le mois suivant la vente, et 30 %, le deuxième mois suivant la vente.
- La politique de stock exige, à la fin de chaque mois, un stock de base de 10 000 unités de produits finis, plus l'équivalent de 50 % des ventes du mois suivant. Le stock au 1er janvier 1999 était de 23 000 unités.
- À la fin de chaque mois, le stock de matières premières doit correspondre aux besoins prévus pour la production des deux prochains mois. Le stock au 1er janvier 1999 était de 13 000 kg. Les conditions d'achats sont n/30, c'est-à-dire que le montant net est payable dans 30 jours.
- La fiche du coût de revient est la suivante :

Matières premières	0,5 kg à 30 $/kg	15 $
Main-d'œuvre directe	0,5 h à 40 $/h	20 $
Frais généraux de fabrication variables	0,5 h à 20 $/h	10 $

- De plus, l'entreprise doit assumer des frais généraux de fabrication fixes de 4 800 000 $ par année ; de ce montant, 210 000 $ sont engagés pour la dotation à l'amortissement cumulé des immobilisations.
- Les coûts variables sont payés le mois suivant celui où ils sont engagés. Les coûts fixes mensuels représentent 1/12 des coûts fixes annuels.
- Les frais de vente et d'administration sont de 150 000 $ par mois pour la partie fixe, et la partie variable est estimée à 20 % du chiffre d'affaires d'un mois.

Travail pratique

Établissez le budget de caisse du mois de mars.

EXERCICE 12.13 Budget de caisse et marge de crédit

Le président d'une entreprise, Entrecom ltée, est très heureux de montrer ses états financiers à son gérant de banque. Le directeur de la banque, même s'il se dit satisfait des résultats de son client, lui répond qu'il ne suffit pas de faire du profit ; il faut générer un flux monétaire positif, ce qui n'est pas le cas d'Entrecom. D'ailleurs, il se demande même si l'entreprise ne devra pas contracter un emprunt au cours du premier trimestre de 1999.

Afin de clarifier la situation auprès du gérant de la banque, le président de l'entreprise demande au contrôleur de préparer un budget de caisse mensuel pour chacun des mois du premier trimestre. À cet effet, le contrôleur a réuni les renseignements suivants.

- Toutes les ventes se font à crédit. La moitié est perçue dans le mois de la vente et l'autre moitié, le mois suivant.
- Le stock de marchandises à la fin d'un mois devrait être suffisant pour combler les ventes des deux mois suivants.
- Les achats de marchandises effectués au cours d'un mois sont payés à raison de 50 % le mois de l'achat et de 50 % le mois suivant. Les comptes fournisseurs, s'élevant à 360 000 $ au 31 décembre 1998, seront payés en janvier 1999. Le dividende dû au 31 décembre 1998 sera versé en mars 1999.
- Tous les autres coûts sont payés comptant.
- Les ventes prévues pour les premiers mois de 1999 sont les suivantes :

Janvier	400 000 $
Février	600 000 $
Mars	1 000 000 $
Avril	400 000 $
Mai	400 000 $

- Le prix de vente de 100 $ devrait se maintenir pour les six premiers mois de 1999.
- La marge de bénéfice brut prévue est de 40 %.
- Les frais de vente et d'administration mensuels sont de 110 000 $; ils comprennent 20 000 $ de dotation à l'amortissement cumulé des immobilisations.
- L'entreprise doit maintenir un niveau d'encaisse minimum de 5 000 $ à la fin de chaque mois.
- Si des avances bancaires sont nécessaires, on présumera qu'elles sont reçues au début du mois et remboursées à la fin du mois, par tranches de 1 000 $.
- On suppose que le taux d'intérêt est de 12 %. Les intérêts sont calculés et payés à la fin du mois.
- Le solde en caisse au 1er janvier 1999 est de 5 300 $.

Travail pratique

Préparez le budget de caisse pour les trois premiers mois de 1999.

EXERCICE 12.14 Vente des créances à une agence de recouvrement

L'entreprise Momag ltée, qui vend des meubles, adopte la stratégie promotionnelle suivante : « Achetez maintenant et ne payez rien avant six mois, sans dépôt ni intérêts ! » Pour pouvoir profiter immédiatement de ces recettes, l'entreprise vend, à la fin de chaque mois, toutes les créances ainsi accumulées à une agence de recouvrement, qui lui verse alors 90 % du solde des comptes. On prévoit que 25 % des ventes effectuées en 1999 résulteront de cette promotion. Quant au reste des ventes, 40 % seront faites comptant et 60 % seront payables dans 30 jours. Voici le montant des ventes prévues en 1999.

Janvier	600 000 $
Février	720 000 $
Mars	840 000 $
Avril	1 200 000 $
Mai	1 400 000 $

La marge bénéficiaire brute réalisée sur les ventes est en moyenne de 40 %. En raison des longs délais d'approvisionnement, d'une part, et de la variabilité de la demande, d'autre part, l'entreprise a pour politique de maintenir un stock équivalant aux ventes des deux prochains mois. Les achats sont entièrement acquittés le mois suivant l'achat.

Les coûts fixes mensuels sont les suivants :

Loyer	6 200 $
Salaires	40 000 $
Avantages sociaux	4 800 $
Électricité	5 000 $
Publicité et promotion	10 000 $
Dotation à l'amortissement cumulé	19 400 $

Le loyer est payé au début de chaque mois. Par ailleurs, 50 % des salaires sont versés le mois où ils sont engagés et 50 %, le mois suivant. Tous les autres coûts sont réglés le mois suivant leur engagement. Les avantages sociaux équivalent à 12 % des salaires payés au cours d'un mois.

L'entreprise verse également une commission aux vendeurs égale à 5 % des ventes, et qui est payée selon les mêmes conditions que les salaires, soit 50 % le mois de la vente et 50 % le mois suivant. De plus, elle verse aux franchiseurs des redevances égales à 2 % du chiffre d'affaires, payables le 15e jour du mois suivant.

Momag utilise une marge de crédit qui porte intérêt au taux de 12 % par année. Les intérêts sont calculés sur le solde au début de chaque mois et payés le dernier jour du mois. L'entreprise doit maintenir un solde minimal de 1 000 $. De plus, elle effectue des remboursements ou des emprunts le dernier jour de chaque mois, par tranches de 5 000 $.

Enfin, l'entreprise prévoit l'achat en février d'un nouvel équipement informatique de 20 000 $, payable comptant le 1er février 1999.

Voici le solde de certains comptes apparaissant au bilan au 31 décembre 1998 :

Encaisse	1 450 $
Clients	372 000 $
Stocks	792 000 $
Emprunt de banque	25 000 $
Fournisseurs de marchandises	432 000 $
Salaires à payer	20 000 $
Avantages sociaux à payer	4 800 $
Autres fournisseurs à payer	15 000 $
Commissions à payer	31 000 $
Redevances à payer	6 200 $

Travail pratique

Préparez le budget de caisse pour chacun des mois du premier trimestre de l'exercice 1999.

EXERCICE 12.15 Marge de crédit variable d'une entreprise commerciale

L'entreprise Électro 2000 ltée vend et assure le service d'équipements électroniques. Voici les ventes prévues pour le prochain exercice.

Janvier	Février	Mars	Avril	Mai	Juin
10 000 $	20 000 $	60 000 $	120 000 $	260 000 $	160 000 $

Juillet	Août	Septembre	Octobre	Novembre	Décembre
120 000 $	110 000 $	80 000 $	60 000 $	20 000 $	10 000 $

Voici maintenant les heures de service prévues au cours du prochain exercice.

Janvier	Février	Mars	Avril	Mai	Juin
4 000	4 000	5 000	6 000	8 000	8 000

Juillet	Août	Septembre	Octobre	Novembre	Décembre
4 000	7 000	6 000	4 000	4 000	4 000

Le service est facturé selon un taux horaire de 50 $. L'état des résultats prévisionnels pour le prochain exercice est le suivant.

Électro 2000 ltée
État des résultats prévisionnels
pour le prochain exercice

Revenus		
Ventes	1 030 000 $	
Service	3 200 000	4 230 000 $
Coûts		
Coût des marchandises vendues	515 000 $	
Main-d'œuvre directe	1 536 000	
Frais généraux	1 487 320	3 538 320
Bénéfice net		**691 680 $**

La rentabilité de l'entreprise est excellente. Cependant, elle verse à ses propriétaires un dividende de 400 000 $ par année en quatre versements égaux, soit en mars, en juin, en septembre et en décembre. Afin d'assurer le paiement du dividende, le contrôleur constate qu'il doit suivre attentivement les flux de trésorerie à l'aide d'un budget de caisse. À cette fin, il réunit les renseignements suivants.

- Les ventes de produits sont encaissées dans un délai de 30 jours. Par ailleurs, 50 % des honoraires de service sont encaissés le mois où le service est rendu et 50 %, le mois suivant.
- L'entreprise achète deux mois à l'avance les produits qu'elle prévoit vendre ; leur coût est égal à 50 % du montant de la vente. Électro 2000 règle les fournisseurs le mois suivant l'achat.
- La main-d'œuvre est payée selon une base horaire au taux de 24 $. Les salaires sont payés avec un délai de 0,5 mois, de sorte que 50 % des salaires engagés durant un mois sont versés durant le même mois, et 50 %, le mois suivant.
- Tous les autres coûts sont réglés le mois suivant leur engagement.
- Les frais généraux sont constitués d'une partie variable et d'une autre fixe. Les frais généraux variables comprennent les avantages sociaux, qui représentent 12 % du coût de la main-d'œuvre directe, plus un montant équivalant à 10 % des ventes. Les frais fixes, qui sont de 100 000 $ par mois, incluent 20 000 $ par mois de dotation à l'amortissement des immobilisations.
- Le montant de la marge de crédit autorisée équivaut à 75 % des comptes clients et à 40 % des stocks en deçà de 150 000 $. L'entreprise doit payer des intérêts de 1 % par mois à la fin du mois sur le montant emprunté au début du même mois. Elle effectue des emprunts et des remboursements par tranches de 1 000 $, et doit maintenir un solde en caisse minimum de 1000 $.
- Le solde en caisse au 1er avril est de 1 600 $ et l'emprunt sur la marge de crédit, de 62 000 $.

Travaux pratiques

1. Établissez le montant de la marge de crédit autorisée pour les mois d'avril, de mai et de juin.
2. Dressez le budget de caisse pour les mois d'avril, de mai et de juin.

EXERCICE 12.16 Marge de crédit variable d'une entreprise manufacturière

Une entreprise, Gredon ltée, fabrique un produit dont la consommation est saisonnière. Voici les ventes prévues pour le prochain exercice.

Janvier	Février	Mars	Avril	Mai	Juin
40 000	48 000	80 000	160 000	160 000	248 000
Juillet	**Août**	**Septembre**	**Octobre**	**Novembre**	**Décembre**
200 000	120 000	64 000	40 000	80 000	40 000

La fabrication se fait en deux étapes : la fabrication du produit et la mise en pots de différentes tailles. L'état des résultats prévisionnels pour le prochain exercice se présente ainsi :

Gredon ltée
État des résultats prévisionnels
pour le prochain exercice

Ventes		**3 200 000 $**
Coût des produits vendus		
Matières premières	1 280 000 $	
Main-d'œuvre directe	3 200	
Frais généraux de fabrication	406 400	1 689 600
Bénéfice brut		**1 510 400 $**
Frais de vente	920 000 $	
Frais d'administration	360 000	1 280 000
Bénéfice net		**230 400 $**

Voici d'autres renseignements sur cette entreprise.

- Gredon ltée fabrique un mois à l'avance les produits qu'elle prévoit vendre.
- La production est uniforme au cours d'un mois.
- Une heure de main-d'œuvre directe équivaut en moyenne à 40 L de production.
- L'entreprise se procure 0,5 mois à l'avance les matières premières nécessaires à la production. Elle paie ses fournisseurs le mois suivant l'achat.
- La main-d'œuvre est embauchée au mois et payée selon une base horaire, au taux de 20 $ l'heure. Les salaires sont versés avec un délai de 0,5 mois, de sorte que 50 % des salaires engagés durant un mois sont versés durant ce même mois et 50 %, le mois suivant.
- Tous les autres coûts sont réglés le mois suivant leur engagement.
- Les frais généraux de fabrication sont constitués d'une partie variable et d'une autre fixe. Les frais généraux variables comprennent les avantages sociaux, qui représentent 10 % du coût de la main-d'œuvre directe, plus un montant équivalant à 5 $ l'heure de main-d'œuvre directe. Les frais fixes, qui incluent 126 080 $ de dotation à l'amortissement des immobilisations, sont engagés uniformément au cours de l'année.

- Les frais de vente comprennent une commission aux vendeurs égale à 10 % du montant des ventes, plus un budget de publicité de 600 000 $, engagé selon le calendrier suivant:

Janvier	Février	Mars	Avril	Mai	Juin
		40 000 $	60 000 $	100 000 $	160 000 $
Juillet	**Août**	**Septembre**	**Octobre**	**Novembre**	**Décembre**
100 000 $	40 000 $			100 000 $	

- Les frais d'administration sont fixes; ils sont engagés uniformément au cours de l'année et comprennent un montant de 10 000 $ à titre de dotation à l'amortissement cumulé des immobilisations.
- Le montant de la marge de crédit autorisé équivaut à 75 % des comptes clients et à 40 % des stocks. L'entreprise doit payer des intérêts de 1 % par mois à la fin du mois sur le montant emprunté au début du même mois. Elle effectue des emprunts et des remboursements par tranches de 1 000 $, et doit maintenir en caisse un solde minimum de 1000 $.
- Le solde en caisse au 1er avril est de 24 000 $.

Travaux pratiques

1. Établissez le montant de la marge de crédit autorisée pour les mois d'avril, de mai et de juin.
2. Dressez le budget de caisse pour les mois d'avril, mai et juin.
3. Formulez une suggestion à la direction de l'entreprise pour qu'elle n'ait pas à utiliser plus que la marge de crédit autorisée en juin.

EXERCICE 12.17 Modulation des loyers et trésorerie

Une entreprise exploite un centre commercial qui comprend 65 locaux commerciaux en location. Voici le budget de cette entreprise pour le prochain exercice (1er avril au 31 mars).

Prévoyant un solde en caisse de 50 000 $ au début de l'exercice, le contrôleur envisage un déficit de 2 253 $ à la fin de l'exercice.

Voici quelques renseignements concernant ce budget.

- Loyers-revenus

  Chaque local est loué en moyenne 2 900 $ par mois.
- Intérêts-revenus

  L'entreprise reçoit un intérêt de 0,5 % par mois sur le solde en caisse au début du mois. Par ailleurs, elle doit payer un intérêt de 1 % par mois sur tout déficit de caisse au début du mois.
- Autres revenus

  Ces revenus proviennent de la location mensuelle de locaux dans les allées du centre commercial. Il s'agit de locations occasionnelles, pour lesquelles la période précédant Noël est particulièrement propice.

	Avril	Mai	Juin	Juillet	Août	Septembre	Octobre	Novembre	Décembre	Janvier	Février	Mars	Total
Solde du début	50 000 $	19 538 $	60 263 $	99 252 $	67 695 $	100 841 $	122 213 $	117 752 $	137 328 $	139 062 $	95 465 $	1 910 $	
Recettes													
Loyers	188 500 $	188 500 $	188 500 $	188 500 $	188 500 $	188 500 $	188 500 $	188 500 $	188 500 $	188 500 $	188 500 $	188 500 $	2 262 000 $
Intérêts	250	98	301	496	338	504	611	589	687	695	477	10	5 057
Autres	8 000	6 000	4 000	2 000	4 000	4 000	12 000	22 000	22 000	2 000	2 000	6 000	94 000
	196 750 $	**194 598 $**	**192 801 $**	**190 996 $**	**192 838 $**	**193 004 $**	**201 111 $**	**211 089 $**	**211 187 $**	**191 195 $**	**190 977 $**	**194 510 $**	**2 361 057 $**
Débours													
Salaires	20 500 $	20 500 $	20 500 $	20 500 $	20 500 $	20 500 $	20 500 $	20 500 $	20 500 $	20 500 $	20 500 $	20 500 $	246 000 $
Avantages sociaux	2 153	2 153	2 153	2 153	2 153	2 153	2 153	2 153	2 153	2 153	2 153	2 153	25 830
Honoraires professionnels	20 880					10 000							30 880
Énergie	15 000	10 000	10 000	16 000	16 000	18 000	22 000	28 000	46 000	48 000	35 000	28 000	292 000
Sécurité	24 000	24 000	24 000	24 000	24 000	24 000	34 000	34 000	34 000	24 000	24 000	24 000	318 000
Entretien	22 000	22 000	22 000	22 000	22 000	22 000	22 000	22 000	22 000	22 000	22 000	22 000	264 000
Déneigement								12 000	12 000	12 000	12 000	12 000	60 000
Jardinage	5 000	5 000	5 000	5 000	5 000	5 000	5 000	3 000	3 000	3 000	3 000	3 000	50 000
Assurances	30 000						30 000						60 000
Taxes				62 800							62800		125 600
Projets spéciaux										16 000	16 000		32 000
Mauvaises créances	17 400									17 400	17 400	17 400	69 600
Remboursement	8 000	8 000	8 000	8 000	8 000	8 000	8 000	8 000	8 000	8 000	8 000	8 000	96 000
Intérêts	60 000	59 940	59 880	59 820	59 760	59 700	59 640	59 580	59 520	59 460	59 400	59 340	716 040
Frais bancaires	280	280	280	280	280	280	280	280	280	280	280	280	3 360
Imprévus	2 000	2 000	2 000	2 000	2 000	2 000	2 000	2 000	2 000	2 000	2 000	2 000	24 000
	227 213 $	**153 873 $**	**153 813 $**	**222 553 $**	**159 693 $**	**171 633 $**	**205 573 $**	**191 513 $**	**209 453 $**	**234 793 $**	**284 533 $**	**198 673 $**	**2 413 310 $**
Solde de la fin	**19 538 $**	**60 263 $**	**99 252 $**	**67 695 $**	**100 841 $**	**122 213 $**	**117 752 $**	**137 328 $**	**139 062 $**	**95 465 $**	**1 910 $**	**–2 253 $**	**–2 253 $**

- Mauvaises créances

  Elles correspondent à quatre mois de loyer perdus; six commerces en moyenne ferment leurs portes chaque année le 31 décembre.

- Honoraires professionnels

  Le montant du mois d'avril correspond à la commission versée au courtier qui signera les baux des nouveaux locataires des six locaux vacants.

- Sous-contractants

  L'entreprise a signé des contrats relatifs à la sécurité, à l'entretien, au déneigement et au jardinage. Dans ce dernier cas, la différence entre les montants versés durant l'hiver et durant l'été s'explique par le coût de l'entretien des jardins extérieurs.

- Emprunt à long terme

  L'entreprise a un emprunt à long terme dont le solde au 1er avril sera de 8 000 000 $. Cet emprunt porte un intérêt calculé au taux de 9 % par année sur le solde du mois précédent et payable mensuellement, auquel s'ajoute un remboursement de capital fixé à 8 000 $ par mois.

Actuellement, le contrôleur étudie deux propositions visant à équilibrer son budget de caisse.

Proposition 1 : Modulation des loyers

Comme la plupart des commerces réalisent 50 % de leur chiffre d'affaires durant les trois mois précédant Noël, et comme la plupart des fermetures de commerces ont lieu le 31 décembre, l'assistant du contrôleur propose à ce dernier de moduler le loyer de base de 2 900 $ par mois comme suit :

Janvier, février, mars et avril	Aucun loyer
Juillet	0,5 fois le loyer de base
Mai, juin et août	1,5 fois le loyer de base
Septembre	Loyer de base
Octobre, novembre et décembre	2 fois le loyer de base

Les arguments de l'assistant du contrôleur sont les suivants. D'abord, le montant total annuel des loyers resterait le même, mais l'entreprise n'aurait plus à assumer de mauvaises créances en janvier, février, mars et avril puisqu'elle ne percevrait plus de loyers pendant cette période. Par ailleurs, estime-t-il, en raison de la planification financière forcée, le nombre de fermetures annuelles passerait probablement de six à deux par an.

Proposition 2 : Augmentation des loyers

Selon le tableau ci-dessous, cette proposition comporte un risque de fermeture plus élevé :

Augmentation de 5 %	Fermeture de quatre commerces de plus par an
Augmentation de 10,5 %	Fermeture de six commerces de plus par an

Travaux pratiques

1. Évaluez et commentez la proposition n° 1.
2. Évaluez et commentez la proposition n° 2.
3. Faites des recommandations au contrôleur pour l'aider à équilibrer son budget.

EXERCICE 12.18 Contrôle de la trésorerie

Examinons le budget de caisse d'une PME du secteur manufacturier dont le chiffre d'affaires dépasse les cinq millions de dollars (voir p. 568).

Selon ce budget, on prévoit qu'il y aura 30 000 $ en caisse au 1er septembre pour commencer l'exercice financier, et 43 596 $ pour le terminer au 31 août de l'année suivante. Ce budget dépend des ventes, qui représentent 86 000 unités, des comportements d'encaissement des ventes, et du paiement des fournisseurs et des salaires. Voici les principaux éléments de ce comportement que nous allons faire varier.

- Les ventes varient d'un mois à l'autre. En voici la distribution par mois en unités :

	Septembre	Octobre	Novembre	Décembre	Janvier	Février	Mars	Avril	Mai	Juin	Juillet	Août	Total
Ventes	5 000	9 000	14 000	16 000	3 000	4 000	5 000	6 000	9 000	7 000	2 000	6 000	**86 000**

- On produit pour un mois donné 50 % des ventes du mois, plus 50 % des ventes du mois suivant.
- On achète les matières premières un mois avant la production. Les fournisseurs sont payés dans les 30 jours.
- Les salaires et les autres coûts sont réglés le mois où ils sont engagés.
- Les ventes sont encaissées le mois suivant.
- L'entreprise reçoit un intérêt de 0,5 % sur le solde en caisse au début d'un mois, mais doit payer 1 % si le solde est négatif.
- L'intérêt sur la dette à long terme est payé mensuellement et calculé au taux annuel de 12,5 %.

Travaux pratiques

1. Supposez que la marge de crédit allouée est de 200 000 $ et faites des suggestions au contrôleur pour l'aider à respecter cette contrainte.
2. Un concurrent lance une campagne avec ce slogan « Achetez maintenant et payez plus tard, 90 jours sans intérêts. » Qu'adviendrait-il si l'entreprise décidait de faire la même chose ? Comment pourrait-elle équilibrer son budget de caisse avec une marge de crédit de 200 000 $?
3. Le fournisseur de matières premières offre 5 % de réduction sur les factures payées comptant. Comment pourrait-on profiter de cette offre alléchante sans dépasser la marge de crédit ?

	Septembre	Octobre	Novembre	Décembre	Janvier	Février	Mars	Avril	Mai	Juin	Juillet	Août	Total
Solde du début	**30 000 $**	**–8 673 $**	**–268 030 $**	**–437 430 $**	**–194 970 $**	**475 965 $**	**334 283 $**	**214 944 $**	**93 060 $**	**–17 881 $**	**162 086 $**	**295 594 $**	
Recettes													
Ventes	360 000 $	300 000 $	540 000 $	840 000 $	960 000 $	180 000 $	240 000 $	300 000 $	360 000 $	540 000 $	420 000 $	120 000 $	5 160 000 $
Intérêt (marge de crédit)	150	–87	–2 680	–4 374	–1 950	2 380	1 671	1 075	465	–179	810	1 478	–1 240
	360 150 $	**299 913 $**	**537 320 $**	**835 626 $**	**958 050 $**	**182 380 $**	**241 671 $**	**301 075 $**	**360 465 $**	**539 821 $**	**420 810 $**	**121 478 $**	**5 158 760 $**
Débours													
Salaires	98 000 $	161 000 $	210 000 $	133 000 $	49 000 $	63 000 $	77 000 $	105 000 $	112 000 $	63 000 $	56 000 $	77 000 $	1 204 000 $
Matières premières	77 000	126 500	165 000	104 500	38 500	49 500	60 500	82 500	88 000	49 500	44 000	60 500	946 000
Frais de fabrication	80 000	80 000	80 000	80 000	80 000	80 000	80 000	80 000	80 000	80 000	80 000	80 000	960 000
Frais de vente	70 000	118 000	178 000	202 000	46 000	58 000	70 000	82 000	118 000	94 000	34 000	82 000	1 152 000
Frais d'administration	62 000	62 000	62 000	62 000	62 000	62 000	62 000	62 000	62 000	62 000	62 000	62 000	744 000
Intérêt (dette à long terme)	6 823	6 771	6 719	6 667	6 615	6 563	6 510	6 458	6 406	6 354	6 302	6 250	78 438
Remboursement	5 000	5 000	5 000	5 000	5 000	5 000	5 000	5 000	5 000	5 000	5 000	5 000	60 000
	398 823 $	**559 271 $**	**706 719 $**	**593 167 $**	**287 115 $**	**324 063 $**	**361 010 $**	**422 958 $**	**471 406 $**	**359 854 $**	**287 302 $**	**372 750 $**	**5 144 438 $**
Solde à la fin	**–8 673 $**	**–268 030 $**	**–437 430 $**	**–194 970 $**	**475 965 $**	**334 283 $**	**214 944 $**	**93 060 $**	**–17 881 $**	**162 086 $**	**295 594 $**	**44 322 $**	**44 322 $**

CHAPITRE 13

La mesure de la performance

Objectifs

Après avoir étudié ce chapitre, vous serez capable :

- de définir la performance ;
- de mesurer le rendement financier ;
- de faire la distinction entre l'évaluation de la performance des dirigeants et la mesure du rendement financier de l'entreprise ;
- de décrire la problématique du prix de cession interne ;
- de comprendre l'importance du prix de cession interne dans l'évaluation du rendement financier des divisions.

Sommaire

Dans ce chapitre, nous cherchons à définir et à mesurer la performance, celle des personnes et celle des entreprises, mais plus particulièrement la performance financière des entreprises. Dans le chapitre 14, intitulé *Les tableaux de bord de gestion*, nous traiterons de la gestion de la performance.

Mais qu'est-ce que la performance ? Que mesurons-nous lorsque nous parlons de performance ? En quoi la performance des personnes diffère-t-elle de celle des entreprises ?

LA PERFORMANCE

La performance d'une personne décrit la production de cette personne, et la performance d'une entreprise, l'extrant de cette entreprise. Par ailleurs, plusieurs termes servent à désigner la performance, du moins sous certaines formes.

- L'efficacité se définit par rapport à un objectif donné. Elle indique dans quelle mesure l'objectif est atteint.
- L'efficience est l'obtention d'un extrant donné à partir d'intrants minimaux. Elle s'exprime par un ratio extrants/intrants.
- L'économie est l'acquisition de ressources selon les critères suivants : coût moindre, quantité et qualité conformes aux normes établies, moment et lieu opportuns.
- Le rendement décrit l'efficience financière, c'est-à-dire le ratio bénéfices/capital investi.
- La productivité décrit le degré d'efficience qui caractérise l'utilisation des personnes, c'est-à-dire le ratio extrants/main-d'œuvre utilisée.
- Un exploit est une action d'éclat imprévue.

On peut faire référence à la performance d'un directeur, d'un employé, d'une entreprise, d'une machine, d'un processus, d'un programme, d'un produit, etc.

La performance est un résultat remarquable, hors du commun, optimal. On envisage la performance a priori comme un objectif à atteindre et a posteriori comme un fait accompli. Enfin, on distingue la performance des personnes de celle des entreprises et des équipements.

La performance des personnes

> S'il s'agit d'évaluer l'habileté d'un employé à accomplir sa tâche en fonction de certaines attentes, nous devrions utiliser le mot « performance » qu'on peut associer à la performance d'un artiste de la scène. Si nous voulons évaluer la productivité d'une personne (output), alors nous devrions utiliser le mot « rendement ». Par exemple, on évaluerait le rendement d'un médecin selon le nombre de patients vus chaque heure, alors que sa performance serait déterminée en fonction de la justesse de ses diagnostics.[1]

On mesure la productivité ou le rendement des personnes à l'aide d'un ratio extrants/intrants, alors que la performance proprement dite se rapporte à des attentes que l'on peut traduire en objectifs. Si les attentes ne sont pas formellement exprimées sous forme d'objectifs, on dit d'une personne qu'elle est performante lorsqu'elle comble nos attentes ou même les dépasse, c'est-à-dire lorsqu'elle réalise une chose hors du commun, parfois intangible, pour laquelle il n'a pas été établi de moyen d'évaluation ou d'échelle de mesure.

Cependant, si l'on a préalablement fixé des objectifs, on dit d'un employé qu'il est performant s'il les atteint. Un employé peut donc être performant par rapport à certains objectifs (aspects) et ne pas l'être par rapport à d'autres.

La performance des entreprises

Tout comme la performance des personnes, la performance des entreprises se définit en fonction d'attentes et s'évalue en fonction d'objectifs préalablement établis. Toutefois, la performance d'une entreprise est souvent associée à sa seule performance économique; dans ce cas, elle est liée à son rendement. Ainsi, selon que le rendement dépasse les objectifs fixés ou se situe en deçà, il sera question de bonne ou de mauvaise performance « financière ».

LE RENDEMENT FINANCIER DE L'ENTREPRISE

Les résultats financiers de l'entreprise sont évalués périodiquement par le biais de l'état des résultats. Le rendement est en quelque sorte une façon de qualifier ces résultats puisqu'il les met en rapport avec les ressources investies (à long terme) pour les obtenir. La performance est un jugement qu'on porte sur le rendement en le comparant aux attentes.

Des indicateurs témoins

Le rendement se mesure à l'aide d'indicateurs, qui sont les témoins des résultats obtenus et qu'on identifie toujours a posteriori. Rattachés aux produits vendus et aux services rendus par l'entreprise, les indicateurs sont des outils indispensables pour analyser le rendement de celle-ci. Traditionnellement, les indicateurs financiers (résultat net, taux de rendement du capital investi ou RCI, etc.) jouaient un rôle considérable dans la gestion de la performance des entreprises, notamment des grandes firmes décentralisées. Encore aujourd'hui, ces indicateurs témoins influent sur la planification des entreprises et sur l'évaluation de la performance des cadres, dans ce

1. Yvon Chouinard, vice-président directeur chez Diffusion Power inc., *Gestion*, septembre 1994, p. 6.

dernier cas par le biais des systèmes de rémunération. Cependant, leur utilisation comme guides vers la performance a été grandement critiquée au cours des deux dernières décennies. On a reproché à la gestion à l'aide d'indicateurs témoins de mettre l'accent sur l'action à court terme au détriment de la performance à long terme (nous y reviendrons au chapitre 14). On a parlé de la « pertinence perdue[2] » de cette pratique, on l'a comparée à la « gestion par rétroviseurs[3] » et on l'a qualifiée de « contrôle de gestion à distance par les chiffres[4] ».

Le rétroviseur d'une voiture est également un témoin de la distance que l'on vient de franchir. Il n'a aucunement pour fonction de prévoir les obstacles qui se trouvent devant la voiture, cependant, il peut s'avérer un guide très utile si on s'en sert intelligemment, par exemple pour s'assurer que la voie est libre avant d'amorcer un changement de voie.

Nous allons étudier deux indicateurs du rendement des entreprises, soit le rendement du capital investi (RCI) et le résultat net résiduel (RNR).

Le rendement du capital investi (RCI)

Le rendement financier d'une entreprise ou d'une division correspond au rendement des ressources investies dans l'entité en question. Le taux de rendement permet de savoir combien ces sommes rapportent comparativement aux montants investis ailleurs.

Autrefois, dans un environnement économique stable, accueillant et peu diversifié, cette information était prise en considération dans les décisions d'allocation de ressources. Voici une série de questions décrivant les préoccupations des gestionnaires d'aujourd'hui.

- Devrait-on retirer une partie des actifs d'une entreprise et les investir ailleurs ?
- Le rendement de l'entreprise est-il satisfaisant ?
- Devrait-on investir davantage dans l'entreprise ?

Le rendement du capital investi se définit ainsi :

$$\text{RCI} = \frac{\text{Résultat net}}{\text{Capital investi}}$$

Le rapport entre le montant produit par un capital et le montant du capital lui-même exprime le rendement de ce capital. Si le capital correspond à l'actif total d'une entité et le résultat net, au résultat net de cette même entité, le RCI exprime alors le rendement de l'entité.

2. Robert S. Kaplan et H. Thomas Johnson, *Relevance Lost, The Rise and Fall of Management Accounting*, Harvard Business School Press, 1987.
3. Philippe Lorino, *L'économiste et le manageur*, Éditions La Découverte, 1989.
4. H. Thomas Johnson, *Relevance Regained*, Free Press, 1992.

La décomposition du RCI en facteurs met en évidence les deux éléments par lesquels il est possible d'améliorer le rendement de l'entreprise.

$$\text{RCI} = \frac{\text{Résultat net}}{\text{Ventes}} \times \frac{\text{Ventes}}{\text{Capital investi}}$$

$$\text{RCI} = \text{Taux du résultat net} \times \text{Taux de rotation du capital}$$

Le taux du résultat net établit dans quelle mesure l'entreprise contrôle efficacement les coûts à un certain volume d'activité au cours d'une période donnée et, par conséquent, sa capacité de produire un résultat net positif. Le taux de rotation du capital mesure l'efficacité de l'entreprise quant au renouvellement du capital investi, c'est-à-dire sa capacité de générer un chiffre d'affaires à partir d'un investissement donné. On peut améliorer le RCI en modifiant l'un ou l'autre des ratios, ou encore les deux.

EXEMPLE

L'arithmétique du RCI

Prenons l'exemple d'une entreprise dont l'actif total est de 8 000 000 $, les ventes de 10 000 000 $ et le résultat net de 1 600 000 $. Au cours de la dernière période, le RCI a été de 20 %, soit :

$$\text{RCI} = \frac{1{,}6}{10} \times \frac{10}{8}$$

On pourrait hausser le RCI au cours de la prochaine période en adoptant l'une ou l'autre de ces deux stratégies : une réduction des coûts de 400 000 $ ou une réduction des stocks de 1 600 000 $.

Si l'on opte pour une réduction des coûts de 400 000 $, le RCI obtenu est de 25 %, soit :

$$\text{RCI} = \frac{2}{10} \times \frac{10}{8}$$

$$\text{RCI} = 0{,}25 \text{ ou } 25\ \%$$

Si l'on opte pour une réduction des stocks de 1 600 000 $, le RCI obtenu est également de 25 %, soit :

$$\text{RCI} = \frac{1{,}6}{10} \times \frac{10}{6{,}4}$$

$$\text{RCI} = 0{,}25 \text{ ou } 25\ \%$$

Il faut noter que, dans un cas comme dans l'autre, le montant des ventes n'influe en rien sur le calcul du RCI. Que les ventes soient de 12 000 000 $ ou de 15 000 000 $, le ratio sera même, c'est-à-dire de 20 % ou de 25 %, selon le cas.

L'exemple précédent met en évidence les trois facteurs associés au RCI :

- les ventes ou le chiffre d'affaires ;
- le résultat net, soit la différence entre les ventes et les coûts ;
- le capital investi.

Si l'on enregistre une augmentation du chiffre d'affaires sans qu'il y ait d'accroissement du résultat net, c'est-à-dire si la différence entre ce chiffre d'affaires et les coûts qui ont contribué à le réaliser reste la même, le RCI ne subit aucune modification, comme l'illustre le cas suivant.

EXEMPLE

Un cas de variation du chiffre d'affaires

Reprenons l'exemple précédent, celui d'une entreprise dont l'actif total est de 8 000 000 $, les ventes, de 10 000 000 $ et le résultat net, de 1 600 000 $. Au cours de la dernière période, le RCI a été de 20 %, soit :

$$\text{RCI} = \frac{1{,}6}{10} \times \frac{10}{8}$$

Si les ventes sont portées à 20 000 000 $ tandis que le résultat net demeure à 1 600 000 $ et que l'actif total est toujours de 8 000 000 $, le RCI sera encore de 20 %, soit :

$$\text{RCI} = \frac{1{,}6}{20} \times \frac{20}{8}$$

Pour que le RCI soit modifié, il faut qu'il y ait une variation du résultat net ou du capital investi sans que l'effet de la variation annule celui de l'autre facteur. On peut obtenir un accroissement du résultat net soit par une réduction des coûts, soit par une hausse du chiffre d'affaires supérieure à l'augmentation des coûts qui y correspond.

Le RCI est un indicateur témoin de la performance. Toutefois, il est risqué de le considérer comme un guide, car il peut inciter un gestionnaire à réduire les coûts sans qu'il ait compris quels en étaient les véritables inducteurs ni quels éléments de ces coûts étaient générateurs de revenus.

Il importe d'établir également dans quelle mesure cet indicateur témoin du rendement financier permet d'évaluer équitablement les entreprises comparées et si, par le fait même, les comparaisons établies sont valables. Cela dit, la décomposition du RCI en de multiples facteurs a longtemps été à l'origine des tableaux de bord de gestion de l'entreprise, du moins en Amérique du Nord. La figure 13.1 montre le processus de la décomposition du RCI en ses divers facteurs.

Figure 13.1
La décomposition du RCI

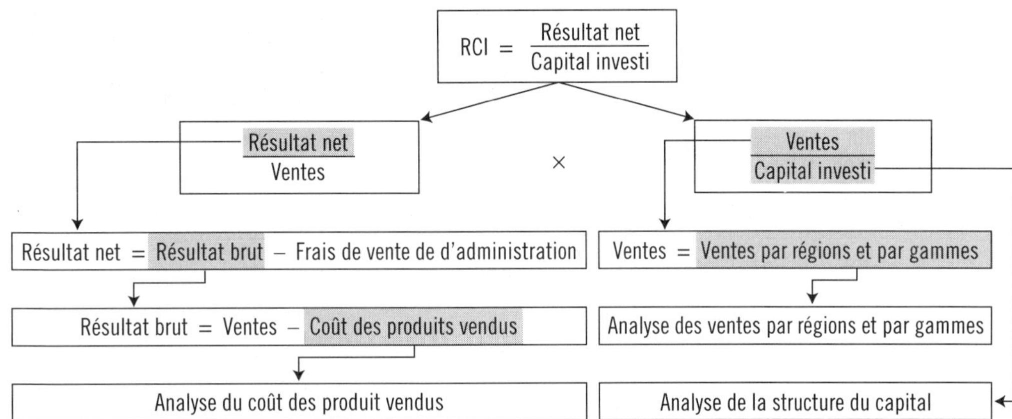

On a recours au RCI pour comparer le rendement de placements, d'entreprises ou encore de divisions d'une même entreprise. Cependant, il faut analyser sept éléments pour valider les comparaisons faites à l'aide du RCI, soit:

- la définition du capital investi;
- l'unité de mesure du capital investi;
- l'âge des immobilisations;
- l'excédent de capacité;
- la propriété des immobilisations;
- les ventes interdivisionnaires;
- les inducteurs transversaux.

Qu'est-ce que le capital investi?

Il est important d'appliquer la même définition du capital investi dans toutes les entités dont on veut comparer le rendement.

Prenons l'exemple illustré à la figure 13.2. Les données qui y figurent permettent de constater que, dans ce cas, le capital investi représente:

- 13 millions si l'on parle de l'actif total;
- 12 millions si l'on parle de l'actif utilisé;
- 9 millions si l'on parle des immobilisations;
- 11 millions si l'on englobe les immobilisations et le fonds de roulement;
- 8 millions si l'on parle des immobilisations utilisées;
- 10 millions si l'on englobe les immobilisations utilisées et le fonds de roulement;
- 6 millions si l'on parle de l'avoir des actionnaires.

Selon la définition de base, le rendement d'une entreprise correspond au ratio Résultat net/Capital investi. On peut donc exclure de la définition du capital investi

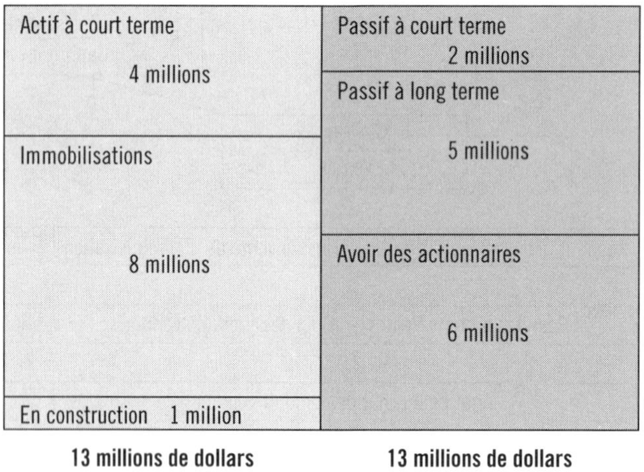

Figure 13.2
Le bilan d'une entreprise

l'avoir des actionnaires, car celui-ci ne représente qu'une fraction des investissements. Le ratio Résultat net/Avoir des actionnaires présente un intérêt certain pour les actionnaires eux-mêmes, mais il ne peut être utilisé pour mesurer le rendement de l'ensemble du capital investi dans l'entreprise.

On considère souvent que l'actif total représente le capital investi. On présume alors que l'actif inutilisé est négligeable, ou encore qu'on le trouve normalement au sein de toutes les unités évaluées.

L'actif utilisé est sans doute une donnée plus précise que les précédentes car, dans l'exemple fourni par la figure 13.2, le million engagé dans le projet en cours n'a pas commencé à produire de revenus, de sorte qu'il ne peut être considéré comme un élément de l'actif générant des revenus. Cette manière de procéder est également plus équitable lorsqu'on compare une entreprise dont une partie de l'actif est inutilisée avec d'autres entreprises où tous les éléments de l'actif sont générateurs de revenus.

On définit quelquefois le capital investi comme la valeur des immobilisations, en avançant que les immobilisations sont les seuls éléments de l'actif qui ont un caractère permanent. Nous ne partageons pas cette opinion car, selon nous, le fonds de roulement, qui représente la différence entre l'actif à court terme et le passif à court terme, a également un caractère de permanence. Sans fonds de roulement positif, une entreprise peut difficilement fonctionner. Toute entreprise commerciale ou manufacturière doit financer des stocks, et accepter qu'il y ait un délai entre l'encaissement des comptes clients et le paiement des comptes fournisseurs, ce qui se traduit par le cycle des flux de trésorerie. Les fonds nécessaires à l'exploitation de l'entreprise comprennent des montants injectés de façon permanente. Du point de vue des investisseurs, les sommes engagées à long terme dans l'entreprise sont constituées du passif à long terme ainsi que de l'avoir des actionnaires, ce qui correspond aux immobilisations, auxquelles s'ajoute le fonds de roulement. C'est donc à juste titre que l'on peut considérer les immobilisations augmentées du fonds de roulement comme du capital investi, ou des sommes investies à long terme dans l'entreprise.

La mesure du capital investi

En pratique, on choisit le plus souvent la valeur aux livres comme unité de mesure du capital investi. Il faut alors s'assurer que les principes comptables généralement reconnus ont été appliqués uniformément dans chacune des entreprises que l'on veut comparer. Cette remarque vaut autant pour le calcul du résultat net que pour celui du capital investi.

On peut également recourir à la valeur du marché ou à la valeur de remplacement des immobilisations pour établir la valeur du capital investi. Le choix de l'une de ces mesures dépend de ce que l'on désire évaluer et comparer, à savoir:

- le rendement des sommes investies dans le passé;
- le rendement des mêmes immobilisations acquises au prix actuel;
- le rendement de l'entité comme placement financier, compte tenu du coût de renonciation.

La valeur aux livres de l'actif correspond aux sommes investies dans le passé, que l'on a déduites de l'amortissement cumulé au fil des ans. Or, la valeur marchande d'un élément de l'actif, qui est égale à la valeur aux livres au moment de l'acquisition, change toujours quelques mois après la transaction. Si l'on souhaite évaluer le rendement des sommes investies dans le passé, il faut se rapporter à la valeur aux livres. Cependant, il faut se demander à quoi servira l'information ainsi obtenue. En effet, les transactions passées ne sont généralement pas des données pertinentes pour une prise de décision engageant l'avenir de l'entreprise. Seules les valeurs actuelles interviennent dans ce type de décision, comme le montre l'exemple qui suit.

EXEMPLE

La vente d'une entreprise

Prenons le cas d'une entreprise dont l'actif total est de 100 millions de dollars, et qui vient de réaliser un résultat net de 20 millions de dollars. Lorsque le capital investi est mesuré selon la valeur aux livres, le RCI est de 20 %, soit RCI = 20 000 000 $/100 000 000 $.

Le propriétaire devrait-il ou non vendre son entreprise, si on suppose qu'il pourrait placer le produit de la vente à un taux de 10 %? Lorsque l'on compare le rendement du placement, soit 10 %, au RCI de l'entreprise, qui est de 20 %, la réponse est non. Cependant, cette donnée n'est pas pertinente dans cette décision, parce que le ratio a été calculé à partir de la valeur aux livres de l'actif.

On doit plutôt considérer le montant net issu de la transaction. Ainsi, si le propriétaire recevait 400 millions de dollars, montant qui correspond à la valeur marchande de l'actif total, le RCI de l'entreprise, calculé à partir de la valeur sur le marché de 400 millions de dollars, est égal à 5 %, ce qui est nettement inférieur au rendement de 10 % que rapporte le placement. En effet, RCI = 20 000 000 $/400 000 000 $ dans ce cas.

Avant de prendre une décision concernant l'unité de mesure du capital investi, il faut donc toujours se demander à quoi servira l'information colligée, comme le montre également cet autre exemple.

EXEMPLE

La chaîne Hôtelfort

La chaîne Hôtelfort compte 200 établissements hôteliers répartis dans le monde. La direction souhaite évaluer et comparer le rendement financier de chacun de ses établissements. À cette fin, elle a recours au RCI. Devrait-elle, pour mesurer le capital investi, retenir la valeur aux livres de l'actif ou la valeur de remplacement ?

Afin de porter à la réflexion, voici le RCI d'un échantillon de cinq établissements, calculé pour la valeur aux livres de l'actif, puis pour la valeur de remplacement de l'actif.

	Établissement				
	A	**B**	**C**	**D**	**E**
Résultat net (en millions de dollars)	5	6.5	8	10	15
Capital investi net (en millions de dollars)					
Valeur aux livres	15	28	80	70	150
Valeur de remplacement	90	60	120	80	150
RCI (valeur aux livres)	33,33 %	23,21 %	10,00 %	14,29 %	10,00 %
RCI (valeur de remplacement)	5,56 %	10,83 %	6,67 %	12,50 %	10,00 %

Comment interpréter l'information de ce tableau ?

Lequel des cinq établissements compris dans l'échantillon a obtenu le meilleur rendement ?

Lequel a offert la meilleure performance ?

Lequel est susceptible d'améliorer son rendement dans l'avenir ?

Si l'on considère le RCI établi à partir de la valeur aux livres de l'actif, l'établissement A obtient le meilleur taux de l'échantillon, avec 33,33 %, et les établissements C et E ont le moins bon, avec 10 %. On peut donc dire que l'établissement A a un meilleur rendement comptable que les autres. Toutefois, comme le capital investi de l'établissement A, mesuré selon la valeur de remplacement, est de 90 millions, il est manifeste que le « bon » rendement de 33,33 % est uniquement attribuable au fait que les immobilisations sont complètement amorties ; le même investissement fait aujourd'hui ne serait pas rentable. Par ailleurs, le rendement de l'établissement E a été calculé à partir d'immobilisations acquises durant l'année.

Nous concluons que les établissements B, D et E présentent les meilleures possibilités de rendement dans l'avenir. Ajoutons qu'on pourrait peut-être obtenir un meilleur rendement financier de l'établissement A en le vendant, compte tenu du fait que la valeur au marché se rapproche davantage de la valeur de remplacement que de la valeur aux livres, ce qui, par ailleurs, n'est pas toujours le cas.

L'âge des immobilisations

La valeur aux livres des immobilisations est directement liée à leur âge, qui influe aussi sur le coût annuel de l'amortissement ainsi que sur les coûts d'entretien. On a vu dans l'exemple de la chaîne Hôtelfort qu'il est préférable de choisir la valeur de remplacement plutôt que la valeur aux livres pour comparer le rendement d'établissements qui n'ont pas le même âge. Par ailleurs, la valeur de remplacement n'étant pas toujours connue, il faut souvent l'établir. Cependant, il est possible d'opter pour d'autres moyens d'évaluation, comme la valeur marchande ou encore la valeur aux livres indexée.

En conclusion, l'âge des immobilisations peut créer un biais dans la comparaison du rendement d'entreprises, mais il est possible de le corriger. Par ailleurs, le choix du moyen d'évaluation du capital investi dépend des objectifs poursuivis par la direction : décisions de réinvestissement, désinvestissement, rémunération des gestionnaires, etc.

L'excédent de capacité

Les taxes, les assurances, l'amortissement et divers autres frais généraux sont liés à la capacité de produire un bien ou de fournir un service. Si une division n'utilise qu'une partie de la capacité disponible, comment doit-on traiter les coûts qui découlent de cette infrastructure ? Par exemple, si une entreprise ne fonctionne qu'à 50 % de sa capacité, doit-on considérer les 50 % restants comme un actif inutilisé et ne pas en tenir compte dans l'évaluation de son rendement ?

Tout dépend de ce que l'on désire évaluer. Si c''est le rendement financier du placement, il faut considérer 100 % de l'actif ; si c'est le rendement des opérations de l'entreprise, il ne faut considérer que l'actif utilisé. Il est probable que l'on veuille connaître les deux informations.

Les immobilisations louées

Les coûts de location sont un coût de l'exercice et n'influent pas sur le capital investi, alors que le coût d'acquisition est un élément de l'actif qui augmente le capital investi. Seule la dotation à l'amortissement de cet actif est un coût de l'exercice. Il est fort probable que l'option de la location soit préférable à l'option de l'achat si l'on se base uniquement sur les résultats de la première année. Toutefois, si l'on prend en considération les résultats pour toute la durée du projet, l'achat est habituellement préférable.

Les ventes interdivisionnaires

Les ventes interdivisionnaires sont parfois un élément important de la stratégie d'entreprise. Le prix auquel ces ventes sont réalisées fausse le calcul du RCI des divisions concernées, comme nous pouvons le constater dans l'exemple suivant.

EXEMPLE

L'entreprise Filières ltée

L'entreprise Filières ltée possède deux filiales en propriété exclusive, la division A et la division B. Du point de vue administratif, le directeur de chaque division dispose d'une autonomie complète, même sur le plan de l'acquisition des immobilisations. Le tableau ci-dessous présente les résultats du dernier exercice ainsi que le montant du capital investi établi selon la valeur aux livres et selon la valeur de remplacement.

Résultats du dernier exercice

	Division A	Division B
Résultat net	600 000 $	900 000 $
Capital investi		
Valeur aux livres	6 000 000 $	10 000 000 $
Valeur de remplacement	9 000 000 $	12 000 000 $

De plus, le résultat net de chacune des deux divisions tient compte des ventes interdivisionnaires. La division B a vendu pour 1 000 000 $ de produits à la division A, produits qui valent 1 500 000 $ au prix du marché.

Voici les données relatives au calcul du RCI pour chacune des deux divisions, selon la valeur aux livres et selon la valeur de remplacement.

Selon la valeur aux livres :

		Division A	Division B
Résultat net / Actif net	=	600 000 $ / 6 000 000 $	900 000 $ / 10 000 000 $
RCI	=	0,1	0,09

Selon la valeur de remplacement :

		Division A	Division B
Résultat net / Actif net	=	600 000 $ / 9 000 000 $	900 000 $ / 12 000 000 $
RCI	=	0,067	0,075

Selon la valeur aux livres, le rendement financier de la division A a été de 10 % et celui de la division B, de 9 %. Cependant, si l'on devait remplacer les immobilisations au prix actuel, le rendement de la division B serait de 7,5 % et celui de la division A, de 6,7 %.

Supposons maintenant que les ventes interdivisionnaires se fassent au prix du marché, c'est-à-dire que la division B vende pour 1 500 000 $ (au lieu de 1 000 000 $) de produits à la division A. Cela aurait pour effet de réduire le résultat net de la division A de 500 000 $ et d'augmenter du même montant celui de la division B. On obtiendrait alors les RCI suivants :

Selon la valeur aux livres :

		Division A	Division B
Résultat net / Actif net	=	100 000 $ / 6 000 000 $	1 400 000 $ / 10 000 000 $
RCI	=	0,0167	0,14

Selon la valeur de remplacement :

		Division A	Division B
Résultat net / Actif net	=	100 000 $ / 9 000 000 $	1 400 000 $ / 12 000 000 $
RCI	=	0,011	0,1167

Le rendement de la division B apparaîtrait alors nettement meilleur que celui de la division A. Si, selon nos calculs précédents, le rendement de la division A paraissait supérieur, cela était attribuable aux achats interdivisionnaires faits à des prix inférieurs à ceux du marché. Si la rémunération des directeurs divisionnaires de cette entreprise était fonction de la performance de leur division, évaluée par le RCI, le directeur de la division B préférerait vendre sa production à l'extérieur plutôt qu'à la division A.

Les inducteurs transversaux

Dans le cas de l'évaluation d'unités administratives, les inducteurs transversaux peuvent influer sur la détermination du RCI. Les inducteurs transversaux sont définis comme des éléments qui déclenchent des activités ou qui sont responsables de la consommation de ressources par les activités ; la direction d'une unité évaluée n'a aucun contrôle sur ces éléments. Les inducteurs transversaux comprennent donc tous les facteurs à l'origine du travail issus des autres unités de l'organisation.

Le résultat net résiduel (RNR)

Bien que le rendement se mesure habituellement à l'aide d'un taux, c'est-à-dire d'un ratio mettant en relation l'extrant (résultat net) et les sommes investies (capital investi), bon nombre de dirigeants aiment bien connaître également le résultat net résiduel (RNR) pour évaluer le rendement d'une entreprise.

Le RNR est le résultat net dont on a déduit un montant d'intérêts calculé sur le capital investi moyen; il s'agit donc d'un montant absolu plutôt que d'un pourcentage. De ce fait, le RNR transmet une information différente de celle véhiculée par le RCI, comme le suggère le calcul du RNR décrit dans l'exemple suit.

EXEMPLE

L'arithmétique du RNR

Prenons le cas d'une entreprise dont le capital investi moyen au cours de la dernière période a été de 8 000 000 $ et le résultat net, de 1 600 000 $, ce qui donne un RCI de 20 %.

Si le coût du capital investi est calculé à un taux d'intérêt de 12 %, on établit alors ce coût à 960 000 $, ce qui correspond à 12 % de 8 000 000 $. Ainsi, le RNR est égal à:

$$\text{RNR} = 1\,600\,000\,\$ - 960\,000\,\$$$

$$\text{RNR} = 640\,000\,\$$$

Admettons que cette entreprise ait réalisé un projet, appelé projet A, qui aurait eu pour effet d'augmenter le capital investi de 2 000 000 $ et le résultat net de 400 000 $. Le rendement du projet A serait de 20 %, car:

$$\text{RCI (projet A)} = \frac{400\,000\,\$}{2\,000\,000\,\$}$$

Le projet A ne changerait en rien le RCI de cette entreprise, qui était et qui demeure égal à 20 %. En effet:

$$\text{RCI} = \frac{1\,600\,000\,\$ + 400\,000\,\$}{8\,000\,000\,\$ + 2\,000\,000\,\$}$$

Par ailleurs, le RNR de l'entreprise augmenterait de 160 000 $ à la suite du projet A, comme le démontre le calcul suivant:

$$\text{RNR} = (1\,600\,000\,\$ + 400\,000\,\$) - \big(0{,}12 \times (8\,000\,000\,\$ + 2\,000\,000\,\$)\big)$$

$$\text{RNR} = 800\,000\,\$$$

Supposons maintenant qu'un deuxième projet, appelé projet B, ait eu pour effet d'augmenter le capital investi de 2 000 000 $ et le résultat net de 300 000 $. Le rendement du projet B soit de 15 %, car:

$$\text{RCI (projet B)} = \frac{300\,000\,\$}{2\,000\,000\,\$}$$

Le projet B aurait pour effet de diminuer le RCI de l'entreprise de 20 % à 19 %. En effet :

$$RCI = \frac{1\,600\,000\ \$ + 300\,000\ \$}{8\,000\,000\ \$ + 2\,000\,000\ \$}$$

Par ailleurs, le RNR de l'entreprise augmenterait de 60 000 $ à la suite du projet B, comme le démontre le calcul suivant :

$$RNR = (1\,600\,000\ \$ + 300\,000\ \$) - \left(0{,}12 \times (8\,000\,000\ \$ + 2\,000\,000\ \$)\right)$$

$$RNR = 700\,000\ \$$$

L'exemple précédent suscite plusieurs réflexions. Premièrement, le montant de 640 000 $ n'est pas significatif, à lui seul. Toutefois, dans une suite de résultats chronologiques, il peut être plus révélateur qu'un taux de rendement, car on peut constater l'évolution du RNR au fil des ans alors que le RCI se maintient à 20 %. En effet, à la suite du projet A de l'exemple précédent, le RCI demeure à 20 % alors que le RNR augmente de 160 000 $.

Deuxièmement, la référence à un montant plutôt qu'à un taux envoie un message différent. Dans le cas du RNR, le message transmis est la nécessité de maximiser le montant enregistré, ce qui incite le directeur à accepter tout projet qui rapportera au moins le taux d'intérêt utilisé pour le calcul du coût du capital investi. Ce taux fait alors figure de taux de rejet ou de taux critique. Dans le cas du RCI, le message transmis est la nécessité de maximiser le taux actuellement observé et calculé, ce qui incitera le directeur à refuser tout projet qui aurait pour effet de diminuer la moyenne obtenue, même si ce projet rapporte plus que le taux de rejet fixé. Ainsi, selon les données de l'exemple précédent, on refuserait tout projet qui, comme le projet B, promet un rendement calculé se situant entre 12 % et 20 %.

En effet, à la suite du projet B, le RCI diminue à 19 %, alors que le RNR augmente de 60 000 $. Si l'évaluation du rendement d'une entreprise est basée sur le RCI, le directeur refusera un projet comme le projet B, qui aurait pour effet de diminuer ce rendement. Par contre, si l'évaluation du rendement de la même entreprise est basée sur le RNR, le directeur acceptera un projet comme le projet B, qui aurait pour effet d'augmenter ce rendement. Lorsque la direction d'une entreprise souhaite en stimuler la croissance, il est préférable de recourir au RNR plutôt qu'au RCI pour en évaluer le rendement.

Le RCI et le RNR sont-ils des indicateurs pertinents pour évaluer le rendement financier de toutes les unités administratives ? C'est la question sur laquelle nous nous pencherons dans la section qui suit.

L'ENTREPRISE DÉCENTRALISÉE

La décentralisation est caractérisée par la délégation de pouvoirs décisionnels. Les différents degrés de décentralisation peuvent être présentés sous forme d'un continuum allant de la décentralisation superficielle, caractérisée par la délégation d'un minimum de pouvoirs décisionnels aux cadres inférieurs, à la décentralisation complète, caractérisée par la délégation d'un maximum de pouvoirs décisionnels aux cadres inférieurs. La décentralisation complète mène généralement à une structure par divisions ou par centres de responsabilités.

La décentralisation a pour objectif ultime d'améliorer la performance des entreprises. Voici les principales raisons invoquées pour justifier la décentralisation.

- **La proximité des centres de décision et des problèmes**

  Les cadres inférieurs qui font face aux problèmes quotidiens sont en principe les mieux placés pour les régler.

- **Une réaction plus rapide**

  Le temps est un facteur non négligeable en matière de concurrence. Or, plus il y a de niveaux hiérarchiques dans l'entreprise, plus les décisions prennent du temps.

- **Une gestion plus judicieuse des compétences**

  On évite le double emploi et on réduit — en principe — les activités de surveillance directe ; la direction se consacre à la gestion stratégique tandis que les cadres auxquels elle a délégué des responsabilités se consacrent à la gestion opérationnelle.

- **La simplification du système d'information**

  La complexité du système d'information est fonction de sa taille et du nombre d'activités qu'il traite.

- **Un entraînement pour les cadres divisionnaires**

  Dans les grandes entreprises, ces cadres acquièrent de l'expérience avant d'accéder à des postes plus importants au siège social.

- **Une source de motivation**

  La motivation étant à la mesure du défi, et ce dernier étant proportionnel au niveau de responsabilité, la décentralisation est une source de motivation.

Les centres de responsabilité

La décentralisation dépend à la fois du type de décisions qui sont confiées à un cadre, de la nature de l'activité dont il est responsable et des objectifs fixés par la direction. Influencé par le taylorisme, le découpage organisationnel s'effectue généralement par métier ou par fonction plutôt que par processus ou par programme. Au chapitre 3, nous avons défini les centres de coûts comme des endroits où des coûts sont engagés et accumulés et, au chapitre 4, nous avons fait appel aux centres de coûts pour la répartition des coûts indirects entre les produits et les services. Mais, outre les centres de coûts, il existe également des centres de revenu, des centres de profit et des centres d'investissement. Voici une série de définitions qui ont pour objet de qualifier les unités administratives en fonction des responsabilités qui leur incombent.

Le centre de coûts

Le centre de coûts est une unité administrative dont le responsable n'assume qu'une seule tâche, le contrôle des coûts. C'est habituellement dû au fait que l'extrant de cette unité est entièrement absorbé par une autre unité administrative interne ou encore qu'il n'existe pas de marché externe organisé dans lequel cet extrant pourrait être vendu tel quel et produire ainsi des revenus. La nature des coûts à contrôler peut être totalement différente d'un centre à un autre. C'est ainsi que nous distinguons le centre de coûts conceptualisés du centre de coûts discrétionnaires.

Le centre de coûts conceptualisés

On engage le coût conceptualisé dans l'élaboration d'un produit (ou service) et dans la conception d'un procédé de production. En conséquence, le directeur d'un tel centre ne peut influer que sur la productivité de cette activité. Sa responsabilité se limite au contrôle du gaspillage des matières premières, des pertes de temps, de l'horaire des opérations et de l'utilisation des frais généraux de fabrication, en ce qui concerne la portion de ces frais jugée contrôlable. Les ateliers de production, par exemple, sont des centres de coûts conceptualisés.

Le centre de coûts discrétionnaires

Le produit ou le service rendu par un centre de coûts discrétionnaires est plus difficilement mesurable. Il devient souvent hasardeux d'en mesurer la productivité et le rendement de façon précise, car il n'existe aucune relation extrants-intrants parfaitement bien définie et acceptée pour ces centres. Les services administratifs, les services de mise en marché ainsi que les services de recherche et de développement relèvent de ce type de coût. La performance de ces centres découle de multiples dimensions allant au-delà du volet financier, notamment l'atteinte d'objectifs de résultats comme une part de marché, le nombre de nouveaux produits, etc. Parfois, certaines de ces dimensions sont difficilement mesurables sur une échelle, par exemple lorsqu'il s'agit d'améliorer la qualité des soins offerts à la population, la qualité de l'enseignement universitaire, etc.

Le centre de revenu

Le centre de revenu est exclusivement axé sur les revenus ; ainsi, le service des ventes est un centre de revenu. Un tel centre peut comporter deux volets : celui de la quantité de produits et des services vendus, et celui du prix de vente de ces produits et services. À cause de l'interdépendance des prix et des quantités, on ne peut faire assumer à un directeur la responsabilité d'un seul de ces volets. En effet, il est difficile d'imaginer que l'on puisse gérer les revenus sans gérer certains coûts. Lorsque les coûts sont importants, on parle de centre de profit.

Le centre de profit

Le centre de profit est une unité administrative dont le directeur gère les revenus et les coûts. Seules les décisions d'investissement lui échappent ; on peut imaginer qu'il a, en pratique, une certaine influence sur les décisions d'investissement, mais il n'en est pas responsable. Le résultat net est souvent adopté pour mesurer le rendement financier d'un centre de profit.

Le centre d'investissement

Le centre d'investissement est le produit d'une décentralisation complète, caractérisée par la délégation presque totale des pouvoirs au directeur. Le directeur est à la fois responsable des opérations (revenus et coûts) et des investissements. Les premières véritables entreprises divisionnalisées sont apparues avec les premiers conglomérats, au début du XXe siècle. On opte pour des indices comme le RCI et le résultat net résiduel (RNR) pour évaluer la performance de ces entreprises.

L'exemple de l'entreprise Aléric inc. nous permettra d'étudier l'évaluation du rendement financier des divers centres de responsabilité, notamment par le recours au RCI et au RNR.

EXEMPLE

L'entreprise Aléric inc.

L'entreprise Aléric inc. fabrique et vend deux gammes de produits : la gamme A, fabriquée à l'usine A, et la gamme B, fabriquée à l'usine B.

L'entreprise s'est dotée d'un système de comptabilité par centres de responsabilité calqué sur l'organigramme de l'entreprise, lequel est reproduit à la figure 13.3. Nous retrouvons sur l'organigramme trois centres de profit (Ventes, Usine A et Usine B) et six centres de coûts discrétionnaires, (Publicité, Recherche et développement, Ingénierie — produits, Ingénierie — procédés, Administration et Contrôle).

Les deux usines vendent leurs produits au service des ventes à un prix fixé à l'intérieur de l'entreprise, appelé prix de cession interne, et le service des ventes les revend ensuite sur le marché. Ainsi, on peut considérer le service des ventes et chacune des deux usines comme des centres de profit. Le tableau ci-dessous présente l'état des résultats de l'ensemble de l'entreprise.

Aléric inc.
État des résultats
pour l'exercice se terminant le 31 décembre 1998

Ventes	**98 820 $**
Coût des produits vendus	83 000
Bénéfice brut	**15 820 $**
Frais de vente	4 600 $
Frais d'administration	8 500
Frais de financement	2 500
	15 600 $
Résultat net	**220 $**

Figure 13.3
L'organigramme d'Aléric inc.

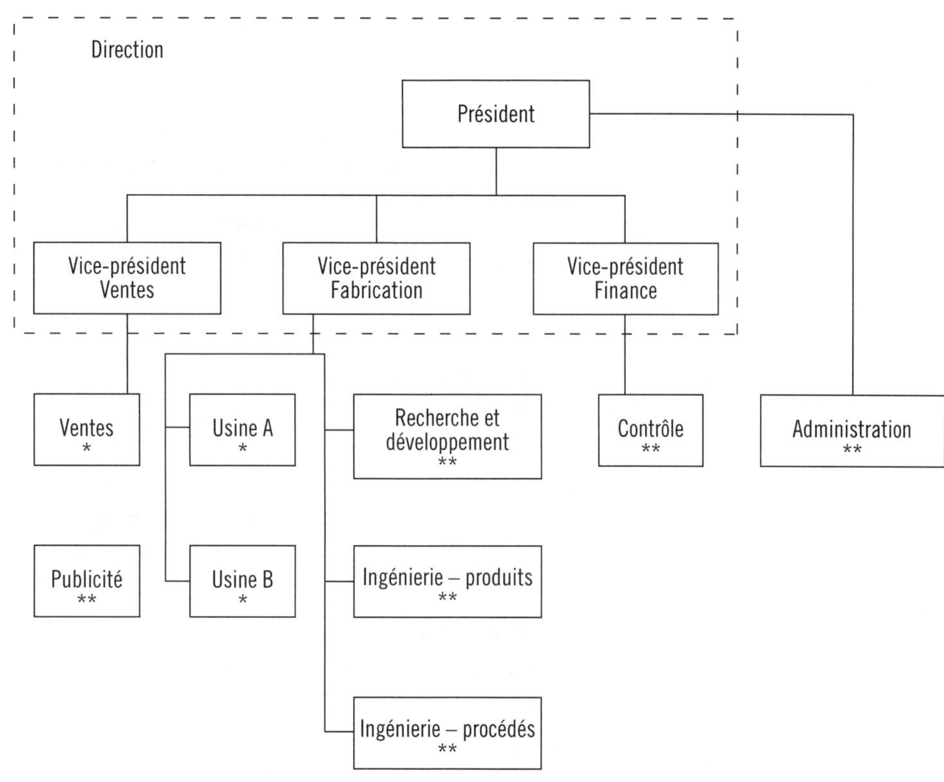

Le coût des produits vendus comprend les éléments suivants :

Matières premières	16 200 $
Main-d'œuvre directe	2 700 $
Frais généraux de fabrication	
Main-d'œuvre indirecte	3 700 $
Entretien	3 600
Recherche et développement	21 000
Ingénierie – produits	9 500
Ingénierie – procédés	12 400
Dotation à l'amortissement cumulé	8 500
Autres	5 400
Total	**83 000 $**

Voici l'état des résultats détaillé pour chaque usine.

Aléric inc.
État des résultats par usine
pour l'exercice se terminant le 31 décembre 1998

	Usine A	Usine B	Total
Ventes (au prix de cession interne)	**53 358 $**	**35 572 $**	**88 930 $**
Matières premières	9 720 $	6 480 $	16 200 $
Main-d'œuvre directe	1 350	1 350	2 700
Frais généraux de fabrication			
Main-d'œuvre indirecte	2 590	1 110	3 700
Entretien	2 340	1 260	3 600
Autres	3 240	2 160	5 400
	19 240 $	**12 360 $**	**31 600 $**
Marge contrôlable	**34 118 $**	**23 212 $**	**57 330 $**
	63,9 %	65,3 %	64,5 %
Recherche et développement	11 550 $	9 450 $	21 000 $
Ingénierie – produits	5 225	4 275	9 500
Ingénierie – procédés	7 440	4 960	12 400
Dotation à l'amortissement cumulé	5 525	2 975	8 500
	29 740 $	**21 660 $**	**51 400 $**
Marge nette	**4 378 $**	**1 552 $**	**5 930 $**
	8,2 %	4,4 %	6,7 %

Le dernier état indique la marge nette de chacune des deux usines en fonction de leurs ventes internes au service des ventes ; il rend compte des revenus et des coûts qu'elles ont engendrés. Le prix fixé pour la transaction entre les usines et le service des ventes est le coût standard plus 6 %. Si l'on considère le montant de cette marge, l'usine A a été plus efficiente que l'usine B puisqu'elle a généré une marge de 8,2 % comparativement à 4,4 % pour l'usine A ; elle est donc plus rentable. Par contre, si l'on considère la marge que les directeurs peuvent contrôler, le directeur de l'usine B est plus efficient, avec une marge de 65,2 %, que son homologue de l'usine A, dont la marge est de 63,9 %.

Les coûts des centres Recherche et développement, Ingénierie – produits et Ingénierie – procédés font l'objet d'une facturation interne, et les directeurs des usines ne peuvent les contrôler directement. Par ailleurs, les directeurs n'ont pas la responsabilité des investissements et n'influent donc pas sur la dotation à l'amortissement cumulé.

Aléric inc.
État des résultats de l'usine A
pour l'exercice se terminant le 31 décembre 1998

	Atelier 1	Atelier 2	Atelier 3	Total
Ventes (au prix de cession interne)				**53 358 $**
Matières premières	8 262 $	486 $	972 $	9 720 $
Main-d'œuvre directe	405	270	675	1 350
Frais généraux de fabrication				
Main-d'œuvre indirecte	1 036	1 036	518	2 590
Entretien	1 170	1 053	117	2 340
Autres	972	972	1 296	3 240
Coûts contrôlables	**11 845 $**	**3 817 $**	**3 578 $**	**19 240 $**
Ingénierie – procédés	3 720	3 348	372	7 440
Dotation à l'amortissement cumulé	2 304	2 304	192	4 800
Coûts propres à chaque atelier	**17 869 $**	**9 469 $**	**4 142 $**	**31 480 $**
Frais communs				
Recherche et développement				11 550 $
Ingénierie – produits				5 225
Dotation à l'amortissement accumulé				725
				17 500 $
Coût total				**48 980 $**
Marge nette				**4 378 $**

L'état des résultats de l'usine A rend compte du partage des responsabilités dans l'usine. Il distingue les coûts que chacun des contremaîtres peut contrôler de ceux propres à chaque atelier, et précise le montant des frais communs à l'ensemble de l'usine, frais qui ne peuvent être rattachés à aucun atelier en particulier.

Aléric inc.
État des résultats par régions et par gammes
pour l'exercice se terminant le 31 décembre 1998

	Région est			Région ouest			
	Gamme A	**Gamme B**	**Sous-total**	**Gamme A**	**Gamme B**	**Sous-total**	**Total**
Ventes	**41 500 $**	**22 733 $**	**64 233 $**	**17 792 $**	**16 795 $**	**34 587 $**	**98 820 $**
Coût des produits vendus (au prix de cession interne)	36 731	20 963	57 694	15 748	15 488	31 236	88 930
Marge brute	**4 769 $**	**1 770 $**	**6 539 $**	**2 044 $**	**1 307 $**	**3 351 $**	**9 890 $**
Coûts propres à chaque région							
Vente			2 760 $			1 840 $	4 600 $
Administration			2 635			1 615	4 250
			5 395 $			**3 455 $**	**8 850 $**
Marge nette des régions			**1 144 $**			**–104 $**	**1 040 $**

Cet état par régions et par gammes rend compte de la situation du service des ventes. Pour simplifier l'interprétation, on suppose que toutes les marchandises achetées aux usines sont vendues sur le marché et qu'il n'y a aucun flottement de stock. Enfin, la marge brute est le résultat que les directeurs des gammes de produits peuvent contrôler, et la marge nette de chaque région, le résultat que le directeur régional peut contrôler. Voici un dernier tableau visant à concilier le résultat global avec les résultats de chacune des unités administratives.

Aléric inc.
Conciliation des résultats des unités avec le résultat global
pour l'exercice se terminant le 31 décembre 1998

Marge nette des usines		5 930 $
Marge nette des régions		1 040
Marges totales		**6 970 $**
Frais communs		
Administration	4 250 $	
Financement	2 500 $	6 750 $
Bénéfice net		**220 $**

À la lumière de cet exemple, est-il possible d'adopter le RCI et le RNR pour évaluer les centres de profit et les centres de coûts ? La réponse est non ! Le RCI et le RNR ne peuvent servir qu'à évaluer le rendement de l'entreprise et celui de divisions tout à fait autonomes, c'est-à-dire qui correspondent à la définition des centres d'investissement. Il faudra donc trouver d'autres indicateurs pour évaluer les centres de profit ou les centres de coûts. Par ailleurs, n'est-il pas plus important de stimuler la performance des centres de responsabilités que de chercher à la mesurer le plus précisément possible ?

Enfin, le découpage des entreprises en centres de responsabilité en vue d'en améliorer le rendement financier ne peut se justifier que par la certitude qu'en optimisant le rendement de chacune des unités, on optimisera le rendement de l'ensemble de celles-ci. Mais, en voulant améliorer ainsi la performance d'une unité, on évite parfois de tenir compte des inducteurs transversaux qui diminuent la performance des autres unités intervenant dans un même processus. Par exemple, en réduisant le temps d'assemblage d'une machine par la modification du design d'un produit, on accroît de façon considérable le temps d'entretien de cette machine. Enfin, il est plus facile d'améliorer la productivité et de contrôler la consommation des ressources de petites unités que de grandes unités, et il est plus facile d'accroître la motivation des cadres à qui l'on confie des responsabilités.

Le prix de cession interne

Le prix de cession interne est le prix demandé par une division à une autre division de la même entreprise pour un bien ou un service qu'elle lui fournit. Du point de vue du rendement financier de l'entreprise, le prix de cession interne n'influe aucunement sur le résultat global si l'on ne tient pas compte de certaines différences entre les provinces et les pays sur le plan des impôts. En effet, ce que perd une division, l'autre le gagne.

Cependant, dans le cadre d'une entreprise décentralisée où le rendement financier des divisions est déterminé à l'aide du RCI ou même du RNR, le prix de cession interne peut facilement changer le résultat d'une division, comme on l'a vu dans l'exemple de l'entreprise Filières ltée. Le prix de cession interne peut, de ce fait, devenir un facteur de motivation ou de démotivation pour le directeur de la division.

La véritable décentralisation doit s'accompagner d'une délégation totale des pouvoirs ; elle doit en particulier comporter, d'une part, la liberté de choisir les clients et les fournisseurs et, d'autre part, la liberté de fixer le prix des produits et des services. Le directeur d'une division devrait avoir toute latitude pour acheter là où on lui offre le meilleur prix, qu'il s'agisse d'une autre division de l'entreprise ou d'un fournisseur entièrement indépendant. Le même principe devrait s'appliquer pour les ventes, de sorte que le directeur d'une division devrait avoir la liberté de vendre à qui il veut. Cependant, une telle autonomie ne garantit pas l'optimisation du résultat global.

En effet, certaines divisions peuvent éprouver un faux sentiment de sécurité parce qu'elles ont vendu d'avance une partie importante de leur production à une autre division. Cette situation n'assure pas un contrôle efficace des coûts de la division fournisseuse, et elle présente des risques importants dans le cas où la division acheteuse a de la difficulté à vendre ses produits. Par ailleurs, si une division se trouve en situation privilégiée, son directeur cherchera à en tirer profit au détriment du directeur d'une autre division. Enfin, la volonté de créer une concurrence entre les divisions est sans doute excellente en soi, mais elle risque d'entraîner des décisions qui sont nettement à l'avantage d'un directeur de division en particulier et qui ne se traduiront pas par des résultats des plus positifs pour l'entreprise.

Le prix du marché

Le choix du prix du marché comme prix de cession interne respecte le principe de la décentralisation. De cette façon, les divisions acheteuse et fournisseuse se tiennent au courant des prix prévalant sur le marché. De plus, le prix du marché favorise l'autonomie des divisions. Il permet à la haute direction d'atteindre ses objectifs de motivation, de coordination et d'efficacité. On aura fréquemment recours au prix du marché diminué des frais de vente et de mise en marché, que la division fournisseuse n'a pas à assumer. Le prix lui-même n'est ni contestable ni source de frustration puisqu'il est déterminé par le marché de façon indépendante et externe.

Lorsqu'il n'y a pas de prix du marché à cause de l'inexistence d'un marché véritable, comme dans le cas de pièces spécialisées, on a recours à un certain nombre de formules ou de méthodes basées sur les coûts calculés.

Le coût complet

Le choix du coût complet, avec ou sans marge bénéficiaire, comme prix de cession interne ne semble pas très pertinent à cause des inconvénients qu'il entraîne. D'une part, la division fournisseuse n'est aucunement incitée à accroître la productivité : quelle que soit sa performance, son résultat est le même. D'autre part, la division acheteuse absorbe les inefficacités de l'autre division, le cas échéant.

Toutefois, si l'entreprise décide d'opter pour l'une ou l'autre forme de coût complet, il est préférable de privilégier un coût budgétisé, donc prédéterminé, plutôt qu'un coût réel : en effet, dès qu'il y a un écart entre le prix prévu et le prix réel, il peut être extrêmement frustrant pour la division acheteuse de devoir assumer un coût non prévu dont elle n'est aucunement responsable.

Le coût variable

Si l'on retient le coût variable pour le calcul du prix de cession interne, on se trouve à masquer un des inconvénients propres au coût complet, soit l'obligation de répartir les coûts fixes. Par ailleurs, une division ne peut vendre ses produits et services à un coût variable, car elle serait déficitaire.

Le coût standard

Le choix du coût standard comme prix de cession interne permet jusqu'à un certain point d'éliminer les inconvénients du coût complet. Comme il est déterminé de manière relativement objective et représente une norme à atteindre, il est indépendant de la performance de la division fournisseuse.

Un prix négocié

En l'absence de véritable prix du marché, la direction du siège social devrait laisser les divisions négocier le prix de cession interne. Si le prix est accepté de plein gré par les deux parties, il y a de fortes chances que les objectifs de motivation et de coordination soient atteints.

Plusieurs prix

Notons enfin que, selon l'objectif poursuivi, il peut y avoir plus d'un prix de cession interne, c'est-à-dire un prix établi pour la coordination et la motivation, un prix associé aux taxes et aux impôts, un prix relatif à certaines réglementations sur les prix, etc.

EXEMPLE

L'entreprise Divisions ltée

Le service administratif de l'entreprise Divisions ltée réserve ses services à deux divisions, A et B, qui sont des centres de profit. Le service administratif fonctionne actuellement en centre de coûts. La direction songe à transformer ce service administratif en centre de profit en établissant un prix de cession interne. Elle croit que, si les deux divisions avaient à payer pour les services qu'elles reçoivent du centre administratif, elles seraient plus économes.

Au cours de la dernière année, le budget annuel d'exploitation du centre administratif a été de 520 000 $; il était constitué d'une partie fixe de 400 000 $ et d'une partie variable de 120 000 $ représentant 12 000 heures de service prévues.

Après une analyse de ce cas par le contrôleur, le prix de cession interne a été fixé, pour ce qui est de la partie fixe des coûts budgétés, à partir des prévisions à long terme. Pour ce qui est de la partie variable des coûts, on a fixé le prix à 10 $ l'heure d'utilisation. Le tableau qui suit présente les calculs de la facture interne des deux divisions pour le mois de juin.

Prévisions d'utilisation à long terme	
Division A	7 200 h/année
Division B	4 800 h/année
Prévisions d'utilisation pour juin	
Division A	600 h
Division B	300 h
Les factures du mois de juin s'élèveront respectivement à :	
Division A	
Portion fixe	(400 000 $/12 000 h) × 7 200 h, soit 240 000 $ par an ou 20 000 $ par mois
Portion variable	600 h à 10 $/h, soit 6 000 $
Total	**26 000 $**
Division B	
Portion fixe	(400 000 $/12 000 h) × 4 800 h, soit 160 000 $ par année ou 13 333 $ par mois
Portion variable	300 h à 10 $/h, soit 3 000 $
Total	**16 333 $**

Comme la portion fixe de la facture, qui est respectivement de 20 000 $ et de 13 333 $ par mois pour les divisions A et B, est fonction de leurs prévisions de besoins à long terme, ces divisions auront intérêt à planifier leurs besoins de façon plus rigoureuse. Et comme la portion variable, qui s'élève respectivement, pour les divisions A et B, à 6 000 $ et à 3 000 $ par mois, est fonction de l'utilisation réelle, les divisions s'efforceront de ne pas abuser du service administratif.

Le prix de cession interne permet à certains utilisateurs de produits semi-finis et de services internes de l'entreprise de constater que rien n'est gratuit.

VERS LA GESTION DE LA PERFORMANCE

Ce chapitre abordait la mesure de la performance en général, puis, de façon plus pointue, le rendement financier des entreprises et des divisions d'entreprises à l'aide du RCI et du RNR, deux indicateurs universellement reconnus. Finalement, le titre de cet ouvrage étant *La comptabilité de management* et cette dernière ayant pour objet de produire de l'information utile à la gestion, il est naturel de se demander en quoi la mesure de la performance améliore la gestion de la performance.

Nous avons vu que la performance se mesure à l'aide d'indicateurs qui sont des témoins de la performance. Or, pour gérer la performance, c'est-à-dire pour la susciter et la stimuler, il nous faut des indicateurs qui sont des guides vers la performance. En effet, on se rend compte aujourd'hui que les comptables ont toujours choisi des indicateurs basés sur les résultats financiers, donc des témoins de la performance financière. D'autre part, on croyait assurer la performance en établissant des standards et en surveillant les écarts par rapport à ceux-ci. On procédait de la même manière que les ingénieurs qui assuraient la qualité par le biais du contrôle statistique de la qualité. Or, avec l'avènement de la comptabilité et de la gestion par activités, on s'aperçoit que c'est par l'analyse des facteurs responsables des coûts que l'on peut réduire ces derniers. Plus précisément, la recherche des causes des délais permet de réduire les temps de cycle, l'examen des causes des défauts, d'accroître la qualité des produits et des services, et le contrôle des inducteurs transversaux, d'améliorer la performance des processus.

QUESTIONS DE RÉVISION

1. Qu'est-ce que la performance ?
2. Distinguez la performance des personnes de celle des organisations.
3. Expliquez ce que sont les indicateurs témoins de la performance.
4. Dites ce qu'on entend par le rendement financier d'une organisation.
5. Expliquez brièvement ce qu'est le RCI.
6. Commentez brièvement les différentes définitions qu'on donne du capital investi.
7. Commentez l'effet d'une variation du chiffre d'affaires sur le calcul du RCI.
8. Comment devrait-on mesurer le capital investi ? Quelle unité de mesure faut-il choisir ?
9. Quels critères devrait-on adopter dans le choix d'une unité de mesure du capital investi ?
10. Expliquez l'effet des facteurs suivants lorsqu'on compare le rendement financier de deux ou de plusieurs entreprises à l'aide du RCI :
    a) l'âge des immobilisations ;
    b) l'excédent de capacité ;
    c) les immobilisations louées ;
    d) les ventes interdivisionnaires.
11. Définissez le RNR.
12. Dites ce qui distingue le RNR du RCI dans l'évaluation de la performance financière des divisions.
13. Quelles sont les principales raisons invoquées pour décentraliser les organisations ?
14. Définissez les centres de responsabilité suivants :
    a) le centre de coûts conceptualisés ;
    b) le centre de coûts discrétionnaires ;
    c) le centre de revenu ;
    d) le centre de profit ;
    e) le centre d'investissement.
15. Expliquez ce qu'est un prix de cession interne.
16. Donnez des raisons pour établir un prix de cession interne.
17. Formulez brièvement vos suggestions pour établir un prix de cession interne.
18. Commentez la phrase suivante : « Les comptables en management sont des témoins, et non des guides, de la performance des organisations ».

EXERCICES

EXERCICE 13.1 Définition du capital investi

Voici le bilan de l'entreprise Placedec ltée au 31 décembre 1998.

Placedec ltée
Bilan
au 31 décembre 1998
(en milliers de dollars)

Actif		
Actif à court terme		
Encaisse	4 000 $	
Comptes clients	14 000	
Stocks	18 000	36 000 $
Immobilisations nettes		114 000
Total de l'actif		**150 000 $**
Passif et avoir des actionnaires		
Passif à court terme		
Emprunt de banque	8 000 $	
Fournisseurs	12 000	
Versements sur emprunt à long terme	4 000	24 000
Passif à long terme		
Emprunt à long terme	44 000 $	
Moins : Versements à court terme	4 000	40 000
Total du passif		**64 000 $**
Avoir des actionnaires		
Capital-actions autorisé, émis et versé (50 000 actions ordinaires)		21 000
Bénéfices non répartis		65 000
Total de l'avoir des actionnaires		**86 000 $**
Total du passif et de l'avoir des actionnaires		**150 000 $**

Le contrôleur estime que le coût du capital investi est de 10 % et que l'entreprise pourrait disposer de tous ses éléments d'actif à leur valeur aux livres et les investir dans une autre entreprise. Toutefois, l'entreprise devrait rembourser en entier son passif à court terme. Le résultat net de l'exercice terminé le 31 décembre 1998 a été de 15 120 000 $, pour des ventes s'élevant à 100 millions de dollars.

Travaux pratiques

1. Proposez une définition du capital investi et justifiez-la.
2. Calculez le RCI et le RNR de Placedec ltée.
3. Quel devrait être le rendement du placement dans une autre entreprise pour qu'il soit intéressant ? Expliquez votre réponse.

EXERCICE 13.2 Définition du capital investi

L'entreprise Fusidiv ltée est née de la fusion de trois entreprises de secteurs économiques différents, soit deux entreprises manufacturières, devenues les divisions A et B, et une entreprise de services, devenue la division C. La direction de la nouvelle société a décidé de maintenir pour chacune des divisions une gestion tout à fait autonome, les considérant comme des centres d'investissement. Le coût moyen du capital investi de la nouvelle société est de 10 %. Le tableau ci-dessous résume les principales données du bilan de ces trois divisions ainsi que leur chiffre d'affaires et leur résultat net tels qu'on les retrouvait dans les états financiers au 31 décembre 1998.

Résumé du bilan
(en milliers de dollars)

	Division A	Division B	Division C
Actif à court terme	40 000	40 000	10 000
Immobilisations nettes	80 000	80 000	80 000
Total de l'actif	**120 000**	**120 000**	**90 000**
Passif à court terme	12 000	32 000	2 000
Passif à long terme	50 000	50 000	50 000
Avoir des actionnaires	44 000	34 000	34 000
Total du passif et de l'avoir des actionnaires	**106 000**	**116 000**	**86 000**
Résultat net	14 000	14 000	14 000
Ventes	400 000	200 000	100 000

Travaux pratiques

1. Proposez une définition du capital investi et justifiez-la.
2. Calculez le RCI et le RNR de chacune des divisions de Fusidiv ltée.
3. Commentez le rendement de chacune des trois divisions.

EXERCICE 13.3 Calcul et interprétation du RCI

Le groupe Les Provisions Alexandre inc. vend des produits alimentaires en gros et au détail. La vente au détail se fait par un réseau qui, en 1995, comptait 140 établissements répartis dans tout le Québec. Certains de ces établissements appartiennent au groupe, d'autres appartiennent conjointement au gérant et au groupe, d'autres enfin sont des concessions. Voici des données relatives au groupe.

Les Provisions Alexandre inc.

	1994	1995	1996	1997	1998
Nombre d'établissements	66	72	88	120	140
Bénéfice net d'exploitation (en millions de dollars)	8,7	9,1	11,1	17,5	20,4
Ventes (en millions de dollars)	396	455	584	832	1 019
Capital investi (en millions de dollars)					
Coût d'origine	32	37	64	75	86
Coût de remplacement	39	48	86	103	124
Valeur de revente	47	57	76	114	155

Le tableau qui suit présente les données relatives à l'un des établissements du groupe, le magasin de Sainte-Foy.

Magasin de Sainte-Foy

	1994	1995	1996	1997	1998
Bénéfice net d'exploitation (en milliers de dollars)	93	108	126	145	146
Ventes (en milliers de dollars)	4 634	4 932	6 630	6 934	7 280
Capital investi (en milliers de dollars)					
Coût d'origine	125	124	195	196	194
Coût de remplacement	150	190	325	360	400
Valeur de revente	180	240	430	600	800

Travaux pratiques

1. Calculez le RCI du groupe Les Provisions Alexandre inc., puis du magasin de Sainte-Foy.
2. Commentez l'historique de la performance du magasin de Sainte-Foy.
3. Commentez la performance prévisible du magasin de Sainte-Foy et la pertinence des indicateurs utilisés pour l'évaluer.

EXERCICE 13.4 Interprétation du RCI

Voici des données financières portant sur les cinq dernières années de l'entreprise Multidiv ltée, qui comprend cinq divisions ainsi qu'un siège social et un centre de recherche.

	1994	1995	1996	1997	1998
Siège social					
Coûts	1 230 000 $	1 291 500 $	1 937 250 $	2 324 700 $	2 789 640 $
Capital investi	1 420 000 $	1 349 000 $	2 023 500 $	1 922 325 $	1 826 209 $
Centre de recherche					
Coûts	500 000 $	1 050 000 $	1 260 000 $	2 772 000 $	6 930 000 $
Capital investi	2 650 000 $	5 300 000 $	5 300 000 $	10 600 000 $	16 960 000 $
Division A					
Bénéfice net	1 790 460 $	1 883 180 $	1 632 900 $	2 008 321 $	1 772 862 $
Ventes	58 829 400 $	59 532 795 $	75 813 192 $	70 637 484 $	67 867 386 $
Capital investi	12 789 000 $	12 149 550 $	14 579 460 $	13 850 487 $	13 850 487 $
Division B					
Bénéfice net	3 859 300 $	4 585 750 $	4 612 725 $	5 599 336 $	6 816 583 $
Ventes	119 638 300 $	129 480 000 $	143 507 000 $	160 676 588 $	165 545 575 $
Capital investi	38 593 000 $	53 950 000 $	51 252 500 $	48 689 875 $	48 689 875 $
Division C					
Bénéfice net		2 148 190 $	3 163 698 $	3 327 742 $	3 747 225 $
Ventes		103 503 700 $	149 982 720 $	166 387 080 $	207 163 632 $
Capital investi		19 529 000 $	23 434 800 $	23 434 800 $	30 465 240 $
Division D					
Bénéfice net			6 942 600 $	8 423 688 $	9 326 226 $
Ventes			425 812 800 $	667 878 120 $	722 030 400 $
Capital investi			46 284 000 $	60 169 200 $	60 169 200 $
Division E					
Bénéfice net			1 217 855 $	1 496 702 $	3 030 359 $
Ventes			19 317 700 $	36 031 710 $	77 606 760 $
Capital investi			8 399 000 $	9 238 900 $	18 477 800 $
Groupe					
Bénéfice net	3 919 760 $	6 275 620 $	14 372 528 $	15 759 088 $	14 973 615 $
Ventes	178 467 700 $	292 516 495 $	814 433 412 $	1 101 610 981 $	1 240 213 753 $
Capital investi	55 452 000 $	92 277 550 $	151 273 260 $	167 905 587 $	190 438 811 $

À partir de ces données, nous avons calculé le taux de bénéfice net, le taux de rotation du capital ainsi que le RCI des cinq divisions et du groupe. Les résultats sont reproduits à la page suivante.

	1994	1995	1996	1997	1998
Division A					
Taux de bénéfice net	3,04 %	3,16 %	2,15 %	2,84 %	2,61 %
Taux de rotation du capital	4,60	4,90	5,20	5,10	4,90
RCI	14,00 %	15,50 %	11,20 %	14,50 %	12,80 %
Division B					
Taux de bénéfice net	3,23 %	3,54 %	3,21 %	3,48 %	4,12 %
Taux de rotation du capital	3,10	2,40	2,80	3,30	3,40
RCI	10,00 %	8,50 %	9,00 %	11,50 %	14,00 %
Division C					
Taux de bénéfice net		2,08 %	2,11 %	2,00 %	1,81 %
Taux de rotation du capital		5,30	6,40	7,10	6,80
RCI		11,00 %	13,50 %	14,20 %	12,30 %
Division D					
Taux de bénéfice net			1,63 %	1,26 %	1,29 %
Taux de rotation du capital			9,20	11,10	12,00
RCI			15,00 %	14,00 %	15,50 %
Division E					
Taux de bénéfice net			6,30 %	4,15 %	3,90 %
Taux de rotation du capital			2,30	3,90	4,20
RCI			14,50 %	16,20 %	16,40 %
Groupe					
Taux de bénéfice net	2,20 %	2,15 %	1,76 %	1,43 %	1,21 %
Taux de rotation du capital	3,22	3,17	5,38	6,56	6,51
RCI	7,07 %	6,80 %	9,50 %	9,39 %	7,86 %

Il s'agit d'une entreprise qui a géré sa croissance au cours des dernières années et qui entre dans un contexte économique de récession et de mondialisation. En 1996, Multidiv a connu un RCI de 9,5 %, à la suite de deux acquisitions majeures au début de l'année, soit l'achat des divisions D et E. Elle avait acheté la division C en 1995. La présidente s'inquiète à propos du RCI, qui est de 7,86 % en 1998.

Travaux pratiques

1. Commentez brièvement la performance de cette entreprise.
2. Si vous étiez le contrôleur de cette entreprise, quelles inquiétudes éprouveriez-vous en ce qui concerne sa performance?
3. De quelles informations avez-vous besoin pour évaluer la performance future de cette entreprise?

EXERCICE 13.5 Indicateurs témoins et indicateurs guides

L'Auberge des voyageurs est une chaîne d'hôtels qui, en 1998, comptait 236 établissements répartis sur le territoire nord-américain. Le tableau qui suit présente l'évolution du RCI au cours des cinq dernières années ainsi que le nombre d'établissements affiliés à cette chaîne.

	1994	1995	1996	1997	1998
RCI	13,26 %	12,35 %	13,63 %	13,48 %	14,52 %
Nombre d'établissements	168	193	212	229	236
Taux d'occupation	86,32 %	82,64 %	89,40 %	89,20 %	92,80 %
Bulletin de qualité	73,92 %	74,72 %	76,39 %	82,85 %	91,02 %

Voici maintenant des statistiques décrivant la performance d'un établissement de la chaîne, celui de la rue Maisonneuve, à Montréal.

	1994	1995	1996	1997	1998
RCI	8,65 %	8,89 %	9,53 %	10,58 %	11,78 %
Taux d'occupation	68,94 %	76,84 %	85,28 %	90,63 %	95,38 %
Bulletin de qualité					
Réception	85,68 %	86,74 %	85,73 %	89,56 %	91,32 %
Salle à dîner	90,63 %	90,15 %	89,37 %	91,32 %	93,75 %
Toilettes	87,42 %	90,54 %	96,40 %	96,74 %	96,25 %
Piscine	81,96 %	83,65 %	88,69 %	87,49 %	89,64 %
Cuisine	79,84 %	82,54 %	86,87 %	85,38 %	89,47 %
Chambres	82,64 %	86,72 %	87,65 %	87,21 %	89,63 %
Moyenne générale	84,70 %	86,72 %	89,12 %	89,62 %	91,68 %

Travail pratique

1. Commentez la performance de l'établissement de la rue Maisonneuve, à Montréal.
2. Quelles autres informations vous sont nécessaires pour évaluer les perspectives de performance de l'établissement de la rue Maisonneuve, à Montréal ?

EXERCICE 13.6 Répartition des coûts communs et RCI des divisions

L'entreprise Trivision ltée comprend trois divisions, les divisions A, B et C, ainsi qu'un siège social, lequel génère des coûts annuels de 4 500 000 $. Le tableau qui suit présente des résultats du dernier exercice terminé le 31 décembre 1999. Le résultat net de chacune des divisions tient compte des coûts du siège social, qui sont entièrement assumées par les divisions.

	Division A	Division B	Division C
Capital investi	40 000 000 $	60 000 000 $	80 000 000 $
Ventes	85 000 000 $	90 000 000 $	50 000 000 $
Résultat net	4 800 000 $	7 800 000 $	11 000 000 $
Nombre d'employés	5 800	2 600	1 600

Dans votre travail d'analyse, vous devrez vous pencher sur les deux hypothèses suivantes :

- les coûts du siège social ont été répartis entre les divisions au prorata du nombre d'employés de chacune ;
- les coûts du siège social ont été répartis entre les divisions au prorata de leur chiffre d'affaires respectif.

Travaux pratiques

1. Commentez le rendement de chacune des divisions en fonction de la première hypothèse.
2. Commentez le rendement de chacune des divisions en fonction de la deuxième hypothèse.
3. Commentez la méthode d'évaluation du rendement des divisions à la lumière de vos réponses aux deux questions précédentes.

EXERCICE 13.7 Décisions influant sur le RCI

Voici l'état des résultats de la Division Manuvar ltée pour l'exercice terminé le 31 décembre 1999.

Division Manuvar ltée
État des résultats
pour l'exercice terminé le 31 décembre 1999

Ventes		**92 849 200 $**
Coûts variables des produits fabriqués		35 282 696
Marge à la fabrication		**57 566 504 $**
Frais de vente variables		7 427 936
Marge sur coûts variables		**50 138 568 $**
Frais fixes		
Fabrication	18 928 000 $	
Vente	11 473 000	
Administration	7 296 000	
Financement	5 837 000	43 534 000
Résultat net		**6 604 568 $**
Capital investi moyen		50 882 000 $

La nouvelle directrice de la division pense qu'on peut améliorer le RCI sans changer le montant des ventes, ni la marge sur coûts variables. Elle demande au contrôleur de la division de lui présenter trois suggestions à cet effet. Voici les suggestions du contrôleur.

- Vendre l'équipement de l'usine au prix de 12 000 000 $. Ce montant correspond à sa valeur aux livres. Cet équipement est actuellement amorti selon la méthode linéaire, au taux de 800 000 $ par an. La vente de l'équipement permettrait à l'entreprise de réduire les frais de financement à 1 200 000 $, ce qui représente 10 % du montant reçu. La location d'équipement neuf coûterait 2 000 000 $ par an.
- N'accorder que 30 jours aux clients pour régler leurs achats plutôt que les 90 jours consentis actuellement. La division ne vend qu'à des grossistes qui respectent tous rigoureusement les conditions de crédit. L'argent comptant ainsi récupéré servirait entièrement à diminuer le montant des comptes fournisseurs et l'emprunt de banque à court terme. L'entreprise économiserait ainsi 1 500 000 $ en frais de financement.
- Vendre tous les immeubles de la division à une autre division du groupe, spécialisée dans la gestion des immeubles. L'actif moyen de la division fournisseuse diminuerait de 40 000 000 $, ses frais de financement seraient réduits de 5 000 000 $, et la dotation à l'amortissement diminuerait de 2 000 000 $ par an. Cependant, la division devrait verser un loyer annuel de 9 000 000 $ à la division acheteuse des immeubles.

Travail pratique

Calculez l'effet de chacune des suggestions du contrôleur sur le RCI.

EXERCICE 13.8 Décisions influant sur le RCI

Voici l'état des résultats de la Division Vanuram ltée pour l'exercice terminé le 31 décembre 1999.

Division Vanuram ltée
État des résultats
pour l'exercice terminé le 31 décembre 1999

Ventes		**159 464 000 $**
Coûts variables des produits fabriqués		63 785 600
Marge à la fabrication		**95 678 400 $**
Frais de vente variables		12 757 120
Marge sur coûts variables		**82 921 280 $**
Frais fixes		
Fabrication	25 826 000 $	
Vente	11 624 000	
Administration	7 178 000	
Financement	5 372 000	50 000 000
Résultat net		**32 921 280 $**
Capital investi moyen		198 446 000 $

Le nouveau directeur de la division pense qu'on peut améliorer le rendement sans modifier le montant des ventes, seulement en travaillant à réduire les coûts, et en particulier les coûts variables, qui sont des coûts directs. Il y va des suggestions suivantes, qu'il vous demande d'évaluer.

- Acquérir un nouvel équipement de fabrication au coût de 50 000 000 $. Cet équipement permettrait de réduire le coût variable de fabrication de 10 %. Par contre, le coût fixe de fabrication augmenterait annuellement de 4 000 000 $.
- Acheter un nouvel équipement de fabrication plus sophistiqué que le précédent au coût de 60 000 000 $. Cet équipement permettrait de réduire le coût variable de fabrication de 20 %. Par contre, le coût fixe de fabrication augmenterait annuellement de 5 000 000 $.

Travaux pratiques

1. Calculez l'effet de chacune des suggestions du directeur sur le RCI et sur le RNR.
2. Commentez les résultats, en apparence contradictoires, auxquels conduisent les suggestions du directeur selon qu'elles s'appuient sur le RCI ou le RNR.

EXERCICE 13.9 Rendement et rémunération

L'entreprise Délicieuses Patates SOFA inc. possède trois usines au Québec et au Nouveau-Brunswick. L'usine principale, sise à Cabano, en Gaspésie, fabrique trois familles de produits : les croustilles classiques, les croustilles faites à partir de purée et les repas congelés.

Chaque usine est un centre de profit. La prime annuelle du directeur de l'usine de Cabano correspond à un pourcentage du profit de l'usine. Étant donné que cette prime compte pour environ 25 % de la rémunération du directeur, on comprend l'importance que la direction de l'entreprise accorde au profit comme mesure de la performance des usines.

L'usine de Cabano compte sept divisions gérées comme des centres de coûts. La figure qui suit décrit l'organisation de l'usine.

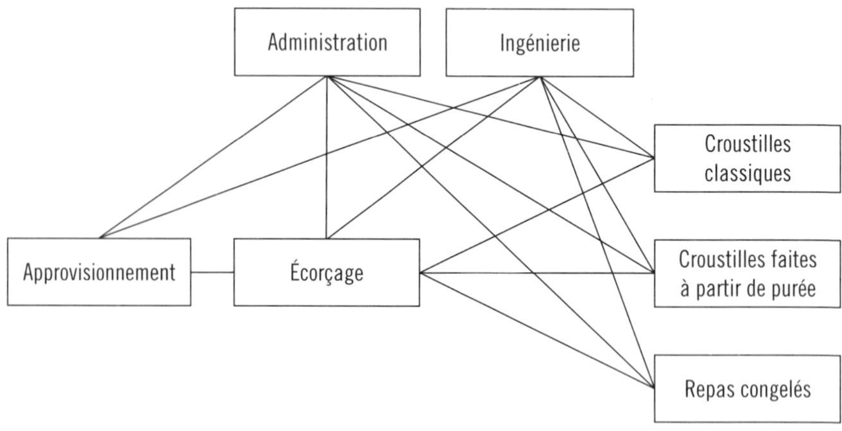

L'administration s'occupe des aspects financiers et juridiques de l'entreprise. L'ingénierie est responsable de l'entretien et de la maintenance des nombreuses machines de même que des bâtiments. La mise en marché est assumée par le siège social. L'approvisionnement est responsable des achats et du stockage des pommes de terre crues. Au début de la saison, les acheteurs négocient avec les fournisseurs des agriculteurs indépendants pour fixer le volume de pommes de terre qui sera livré plus tard, à un prix donné. La plupart des livraisons de pommes de terre se font ainsi à la fin des récoltes, soit vers la fin d'août. Les pommes de terre sont alors stockées dans des entrepôts souterrains.

Selon les besoins de la production, les pommes de terre sont transférées de cet entrepôt vers la division de l'écorçage, où plusieurs machines pèlent les pommes de terre. Les pommes de terre pelées sont un produit semi-fini fragile qui peut noircir très rapidement; il est donc impératif de les transporter le plus rapidement possible vers l'une des trois divisions de la production.

Dans la division des croustilles classiques, on tranche les pommes de terre et on les cuit dans de grands fours, ce qui donne le produit que l'on connaît bien. Dans la division des croustilles faites à partir de purée, on produit d'abord une purée de pommes de terre dans de grandes cuves; puis, on cuit cette purée dans des moules pour que toutes les croustilles aient exactement la même forme. Enfin, dans la division des repas congelés, on ajoute des pommes de terre nature à des repas préparés avant de les congeler.

Le directeur de l'usine attribue une prime annuelle à chacun des directeurs de division. Toutefois, il n'a jamais divulgué ses critères d'évaluation, et le montant de la prime n'est connu que de l'intéressé. Il y a un an, des rumeurs ont circulé à propos de l'importance de la prime qu'aurait reçu le beau-fils du président, nouvellement nommé à un poste de directeur. Plusieurs directeurs ont alors manifesté pour la première fois leur malaise vis-à-vis de la formule actuelle et ont demandé un système officiel d'attribution et de calcul de la prime, basé, comme celui du directeur de l'usine, sur le profit des divisions.

Pour établir ce système, il faut que chaque division devienne un centre de profit, ce qui exige l'instauration d'un système de prix de cession interne. Afin de justifier leur demande, les directeurs allèguent que le nouveau système sera plus juste, et qu'ils seront motivés par la connaissance de leur contribution au profit de l'entreprise.

Durant la même période, le directeur de la division des repas congelés présente au directeur de l'usine un projet d'achat d'une nouvelle machine qui réduirait de façon substantielle le coût d'emballage des produits de sa division. Le directeur de l'usine trouve le projet intéressant et s'engage à le présenter à la direction du siège social et à le défendre.

Travaux pratiques

1. Si le système proposé par les directeurs de divisions était accepté, quelles seraient les informations nécessaires pour établir le profit de chacune des divisions?

2. Quelles sont les conditions nécessaires au bon fonctionnement d'un système de primes basé sur le profit, tel que celui proposé par les directeurs de divisions? Croyez-vous qu'elles puissent être satisfaites dans le contexte qui prévaut actuellement à l'usine de Cabano?
3. Proposez un autre système pour évaluer la performance des directeurs de divisions de l'usine de Cabano et justifiez votre proposition.
4. Commentez l'effet qu'aurait sur la production l'acquisition d'une machine d'emballage qui réduirait les coûts de la division des repas congelés.

EXERCICE 13.10 Cession interne de services

L'entreprise Novedi ltée compte neuf divisions. Huit d'entre elles vendent des services au détail et la neuvième produit des documents audiovisuels, des brochures et de la documentation pour les autres divisions ainsi que pour le siège social, qui est indépendant des divisions. Le budget annuel de production de la neuvième division pour le prochain exercice est le suivant:

Frais fixes	384 000 $
Frais variables	
Matières premières	462 720
Main-d'oeuvre directe	691 200
Total	**1 537 920 $**
Heures travaillées	23 040

Le directeur de la neuvième division est évalué selon des critères reliés à la qualité de la documentation produite et au délai de livraison. S'il prévoit un retard dans la livraison d'un service à une autre division, il demandera à son personnel de faire des heures supplémentaires afin de respecter l'échéance. L'an dernier, on a compté 69 120 $ en rémunération additionnelle liée aux heures supplémentaires. Les autres divisions du groupe sont des centres de profit, et la neuvième division leur facture au coût complet réel les services qu'elles reçoivent. De plus, elles doivent assumer le coût des services fournis au siège social. Ainsi, comme celui-ci prévoit consommer 25 % des heures travaillées par la neuvième division, soit 5 760 heures, cette dernière demandera aux huit divisions clientes un montant de 89 $ l'heure, plus un ajustement pour compenser l'écart entre les frais réels et le budget. Le montant de 89 $ est obtenu en divisant le total des frais budgétés, soit 1 537 920 $, par le nombre d'heures réparties entre les huit divisions, soit 17 280 heures (c'est-à-dire 23 040 heures moins les 5 760 heures de services rendus au siège social).

Depuis sa mise en place, ce système engendre le désordre et la frustration, et plusieurs directeurs menacent de recourir à un sous-contrat externe pour faire effectuer leurs travaux.

Travail pratique

Proposez un système de prix de cession interne acceptable pour tous les gestionnaires et qui permette d'affecter tous les coûts aux utilisateurs.

EXERCICE 13.11 Cession interne et désaccord sur le prix

Une entreprise comprend deux divisions, A et B. La division B achète à la division A la pièce A100 nécessaire à la fabrication de l'un de ses produits, appelé B200. Voici des données financières relatives aux deux produits.

	Division A Pièce A100	Division B Produit B200
Capacité normale de production	1 000 000	400 000
Prix de vente	73 $	284 $
Prix de cession interne	53 $	
Coûts variables de fabrication	32 $	138 $
Coûts fixes spécifiques	10 $	25 $

La division A fabrique également d'autres pièces. La capacité normale de production de la division A ne s'applique qu'au produit A100. Par ailleurs, la division A doit assumer des frais fixes communs de 10 millions de dollars par an. L'an dernier, les ventes externes de la division A ont atteint les 600 000 unités, ce qui correspond à un fonctionnement à pleine capacité.

La fabrication du produit B200 de la division B s'étale de juillet à décembre, de sorte que les 400 000 pièces achetées à la division A le sont durant cette période. L'an dernier, la division A a accusé des retards importants auprès de clients externes afin d'approvisionner à temps la division B à un prix inférieur de 20 $ à celui demandé aux clients externes. Le directeur de la division A avise le directeur de la division B qu'il devra dorénavant payer le prix demandé aux clients externes ou bien se contenter d'acheter l'excédent de production de sa division au moment où celle-ci sera en mesure de les lui livrer.

Travaux pratiques

1. Si la division B n'achetait que l'excédent de production de la division A, quel effet cela aurait-il sur les deux divisions? La division A estime que ses ventes externes seront de 650 000 unités l'an prochain. Supposez, dans un premier temps, que la division B ne peut pas se procurer ailleurs une pièce pouvant remplacer la pièce A100 et, dans un deuxième temps, qu'elle peut se la procurer à 80 $ par unité.
2. Quel prix maximal la division B pourrait-elle se permettre de payer à la division A pour la pièce A100?

EXERCICE 13.12 Prix de cession interne et demande de services

Une importante banque a transformé son service (central) d'analyse des demandes de prêts en un centre de profit. Ainsi, chaque évaluation de prêt demandée par une succursale fait dorénavant l'objet d'une facturation interne à un prix égal au coût complet réel, majoré de 10 %.

Voici le budget de ce service d'analyse des prêts pour le quatrième trimestre de 1996 ainsi que le prix estimé des analyses de prêts qui a été établi au début du trimestre.

Ces prix sont ajustés à la fin de chaque trimestre lorsque les résultats sont connus. Ensuite, ils servent à corriger la facture interne expédiée aux succursales. Inutile de dire que les directeurs de succursales n'apprécient guère les corrections à la hausse.

Budget pour le quatrième trimestre de 1996

	Analyse de type A	Analyse de type B	Analyse de type C	Total
Prix estimé	51,19 $	193,77 $	475,54 $	
Volume prévu	4 000	6 000	3 000	
Revenus prévus	**204 760 $**	**1 162 620 $**	**1 426 620 $**	**2 794 000 $**
Main-d'œuvre directe	120 000	720 000	720 000	1 560 000
Autres frais variables	20 000	60 000	300 000	380 000
	140 000 $	**780 000 $**	**1 020 000 $**	**1 940 000 $**
Marge sur coûts variables	**64 760 $**	**382 620 $**	**406 620 $**	**854 000 $**
Frais fixes				600 000
Résultat net				**254 000 $**

Le service des prêts réalise des analyses de type A, de type B et de type C qui se distinguent par la complexité des dossiers et le montant du prêt demandé. Le taux horaire prévu pour la main-d'œuvre directe est de 30 $ et il est le même pour chacune des catégories de prêts. Le montant des autres frais variables varie en fonction du nombre de prêts.

Voici les résultats du service des prêts pour le quatrième trimestre de 1996.

Résultats révisés pour le quatrième trimestre de 1996

	Analyse de type A	Analyse de type A	Analyse de type A	Total
Prix estimé	46,65 $	197,89 $	508,29 $	
Volume prévu	4 200	5 000	2 600	
Revenus prévus	**195 930 $**	**989 450 $**	**1 321 554 $**	**2 506 934 $**
Main-d'œuvre directe	105 840	588 000	655 200	1 349 040
Autres frais variables	25 200	50 000	254 800	330 000
	131 040 $	**638 000 $**	**910 000 $**	**1 679 040 $**
Marge sur coûts variables	**64 890 $**	**351 450 $**	**411 554 $**	**827 894 $**
Frais fixes				600 000
Résultat net				**227 894 $**

Le directeur du service des prêts s'interroge sur les écarts entre les prévisions et les résultats. Il se demande bien ce qu'il devra dire aux directeurs de succursales pour expliquer les ajustements à la hausse relatifs aux analyses de type B et C, d'autant plus surprenants que le taux horaire payé pour la main-d'œuvre directe a été de 28 $ plutôt que de 30 $ et ce, pour les trois catégories de prêts.

Travail pratique

Commentez les avantages et les inconvénients du prix de cession interne établi et proposez, si vous le jugez à propos, une autre méthode pour établir le prix de cession interne s'appliquant aux analyses des demandes de prêts, en précisant les avantages de votre proposition.

Votre réponse devra inclure un commentaire sur la pertinence (ou la non-pertinence) de la transformation du service des analyses de prêts en centre de profit et, s'il y a lieu, des suggestions quant à d'autres mesures de la performance.

EXERCICE 13.13 Répartition d'éléments communs et RCI

L'entreprise Ticher ltée comprend un siège social, un centre de recherche et cinq divisions situées dans diverses régions du pays. Chaque division produit et commercialise sa propre gamme de produits et vend, dans sa région, les gammes de produits des autres divisions. L'entreprise a adopté une comptabilité par centres de responsabilité, de sorte que les revenus et les coûts sont cumulés et présentés par division. On dresse également des bilans pour chacune des divisions, dont le rendement est comparé à l'aide du RCI. Le capital investi utilisé pour le calcul du rendement d'une division comprend tous les éléments d'actif dont le directeur a le contrôle. Deux éléments du capital investi de l'entreprise échappaient au calcul du capital investi dans les divisions, soit les éléments d'actif du siège social et ceux du centre de recherche.

Or, l'an dernier, la direction a décidé que le capital investi des divisions devait inclure une juste part des éléments d'actif du siège social et de ceux du centre de recherche. Dorénavant, le coût de ces éléments d'actif sera réparti entre les divisions au prorata du capital investi par chacune des divisions. De même, les coûts du siège social et du centre de recherche seront distribuées entre les divisions au prorata des ventes. Le président déclare que, en procédant ainsi, le RCI de chaque division reflétera mieux le véritable rendement de la division

Voici les données utilisées pour appliquer l'ancienne et la nouvelle méthode de calcul du RCI chez Ticher ltée.

Données (en millions de dollars) servant au calcul du RCI chez Ticher ltée

	Divisions				
	1	2	3	4	5
Ventes	80	160	160	110	350
Données excluant les éléments d'actif et de coûts du siège social et du centre de recherche (ancienne méthode)					
Capital investi	40	70	90	60	120
Résultat net	8	18	26	16	22
Données incluant les éléments d'actif et de coûts du siège social et du centre de recherche (nouvelle méthode)					
Capital investi	44	77	99	66	132
Résultat net	4	10	18	10,5	4,5

Le capital investi provenant du siège social est de 5 millions de dollars, et celui du centre de recherche, de 33 millions de dollars. Quant aux coûts du dernier exercice, ils ont été respectivement de trois millions pour le siège social et de 40 millions pour le centre de recherche.

Travaux pratiques

1. Donnez votre opinion sur la nouvelle formule de calcul du RCI proposée par la direction de l'entreprise.
2. Établissez le rendement relatif des divisions et justifiez votre choix.

EXERCICE 13.14 Partage d'un service de paie et des coûts

L'entreprise VSC ltée est une division d'une multinationale qui fabrique des jeux vidéo. L'entreprise MON ltée assure la location de jeux vidéo. Les actionnaires de MON ltée souhaitent trouver pour leur entreprise un acheteur qui leur offrirait au moins la valeur aux livres. VSC ltée pourrait être cet acheteur.

Le rendement de VSC ltée est évalué par la société mère en fonction du RCI. De plus, ses dirigeants reçoivent chaque année une prime de rendement qui peut représenter jusqu'à 50 % de leur rémunération. C'est donc avec prudence que le contrôleur de VSC ltée va analyser les résultats de MON ltée. À cet effet, voici les données du dernier exercice des deux entreprises, exprimées en millions de dollars.

	VSC ltée	**MON ltée**
Ventes	420	112
Coûts d'exploitation	320	91
Résultat net	**100**	**21**
Actif à court terme	110	90
Immobilisations nettes	340	30
Actif total	**450**	**120**
Passif à court terme	60	40
Passif à long terme	210	60
Total du passif	**270**	**100**
Avoir des actionnaires	180	20
Total du passif et de l'avoir des actionnaires	**450**	**120**

Travaux pratiques

1. Calculez le RCI et le RNR des deux divisions.
2. Croyez-vous que la direction de VSC ltée prendra la décision d'acheter MON ltée ? Expliquez votre réponse.
3. Commentez l'effet qu'a l'utilisation du RCI et du RNR sur la stratégie de l'entreprise.

EXERCICE 13.15 Performance des divisions

La société Dieppe est une entreprise décentralisée qui compte plusieurs divisions, dont les divisions Calais et Étretat. Ces dernières sont conçues comme des centres d'investissement et leur performance est évaluée sur la base du rendement du capital investi (RCI).

Le coût du capital de la société est de 12 %. Chaque directeur de division reçoit un salaire de base, auquel s'ajoute une prime calculée en fonction de l'excédent du RCI de sa division sur le RCI de la société, qui est de 12 %. Par exemple, le RCI de la division Étretat était, l'an dernier, de 14 %; le directeur de la division a donc reçu une prime égale à 2 % (14 % – 12 %) d'une enveloppe globale s'appliquant à l'ensemble de la société.

La division Étretat projette présentement de lancer un nouveau produit, qui représente pour la division un investissement de quatre millions de dollars. Le produit serait complémentaire de ceux déjà offerts par la société. Le tableau suivant présente une estimation du bénéfice par unité de ce nouveau produit, pour un volume prévu de 5 500 unités.

Prix de vente	**1 000 $**
Coûts unitaires	
Matières premières	
Composant A (2 composants par unité à 100 $ chacun)	200 $
Autres matières premières	200
Main-d'œuvre directe (10 heures par unité à 16 $/h)	160
Frais généraux de fabrication variables (20 $/h de main-d'œuvre directe)	200
Frais généraux fixes	140
	900 $
Bénéfice par unité	**100 $**

Si le projet se concrétise, les usines d'Étretat fabriqueront le produit, à l'exception du composant A, qui viendra de la division Calais. Le prix de cession interne du composant A a été établi à 100 $ l'unité, conformément à la politique de la société qui recommande d'utiliser le coût complet, augmenté d'une marge de 20 %. L'usine de Calais dispose largement de la capacité nécessaire pour produire le composant A.

Par ailleurs, une entreprise externe a proposé à la division Étretat de lui vendre le composant A à 90 $. Toutefois, la politique de la société interdit aux divisions de s'approvisionner à l'extérieur du groupe si le produit peut être fourni par une des divisions.

Le directeur de la division Étretat rejette le projet. Ayant appris cette nouvelle, le directeur des études de l'ensemble de la société, lui écrit :

> Dieppe, le 1er avril 1998
>
> Cher collègue,
>
> Je viens d'apprendre que vous avez décidé de ne pas donner suite au projet d'un nouveau produit. Naturellement, votre décision nous déçoit, compte tenu du travail accompli pour la recherche et le développement de ce produit. Cependant, nous comprenons votre préoccupation quant à la rentabilité de ce nouveau de produit pour votre division, et nous aimerions en discuter avec vous avant que vous n'écartiez définitivement le projet.
>
> Nous croyons que l'un des facteurs de coût importants du projet est le montant de 200 $ affecté aux matières premières achetées à l'extérieur de votre division. Ce montant pourrait être réduit de 30 $ par unité, passant donc de 200 $ à 170 $, si vous acceptiez de modifier votre équipement de fabrication. En effet, vous devez assumer actuellement des pertes de matières premières équivalant à ce montant. Un investissement dans la modernisation de vos équipements signifierait une augmentation de 165 000 $ par année de vos frais fixes.
>
> Quoi qu'il en soit, je propose que nous fixions le plus tôt possible un rendez-vous pour discuter de cette option.
>
> Amicalement,
>
> Le directeur des études

Travaux pratiques

1. Quelles raisons ont pu pousser le directeur de la division Étretat à rejeter le projet d'un nouveau produit tel qu'il a été conçu initialement ?
2. Proposez une autre méthode que celle basée sur le RCI pour évaluer la performance des divisions, et dites comment elle pourrait influer sur la décision du directeur de la division Étretat quant au projet d'investissement à l'étude.
3. Commentez la politique actuelle de prix de cession interne de l'entreprise et proposez des modifications à cette politique.

EXERCICE 13.16 Partage des coûts d'un centre de service

Face aux compressions budgétaires exigées par le gouvernement dans le monde universitaire, deux facultés d'administration s'entendent sur la mise sur pied d'un projet pilote qui consiste à fusionner le service des périodiques de leurs bibliothèques. Auparavant, chacune des deux universités maintenait une collection impressionnante de périodiques dans sa bibliothèque respective. Ce service leur coûtait chacune environ 1,5 million de dollars par an. Dorénavant, selon le projet pilote, tous les périodiques sont copiés sur CD-ROM, et les étudiants peuvent les consulter par le biais d'un terminal dans leur bibliothèque respective. Les étudiants ont accès à un fichier des résumés d'articles et à un fichier des articles eux-mêmes. Ils disposent de clés permettant de rechercher les résumés et les articles par sujets et par auteurs. Enfin, ils peuvent imprimer des textes à partir de ces fichiers, moyennant un coût de 0,10 $ par page imprimée.

Pour gérer ce système, les deux établissements ont créé un « centre des périodiques » tout à fait autonome. Pour la première année, le budget de ce centre est de 1 953 000 $, dont 1 701 000 représentent des coûts fixes ; le reste, soit 252 000 $ est composé en majeure partie des redevances ou droits d'auteur qui doivent être versés aux périodiques au prorata de la quantité de pages imprimées. On a convenu de répartir le coût réel de ce centre entre les deux établissements en fonction de l'utilisation du service, laquelle est mesurée par le nombre de pages imprimées chaque mois dans chacun des deux établissements.

Selon des statistiques compilées, les étudiants de l'établissement A ont, au cours des deux dernières années, photocopié 100 000 pages par mois et ceux de l'établissement B, 75 000 pages par mois.

Ainsi, le budget annuel étant de 1 953 000 $, le coût mensuel moyen est de 162 750 $. La répartition au prorata des copies imprimées donne normalement un coût de 93 000 $ pour l'établissement A et de 67 750 $ pour l'établissement B. Il s'agit d'une moyenne, toutes catégories de coûts confondues. Cette moyenne ne reflète pas le coût réel pour chacun des mois, qui est inférieur en juillet et en août, et supérieur certains autres mois de l'année où les étudiants sont particulièrement actifs. En effet, on a imprimé, pour les deux établissements combinés, 21 000 copies au cours du mois d'avril qui se termine ce soir.

Mais un incident est venu perturber le bon déroulement du projet pilote, en cours depuis le 1er janvier : on a dû fermer la bibliothèque de l'établissement A durant une semaine pendant le mois d'avril. Or, comme les deux établissements sont situés dans la même ville, les étudiants de l'établissement A se sont précipités à la bibliothèque de l'établissement B pour interroger les CD-ROM, et imprimer les articles et résumés d'articles dont ils avaient besoin pour leurs travaux. Ainsi, des 21 000 copies imprimées en avril, 12 000 l'ont été à l'établissement B.

Le directeur de l'établissement B n'est pas content à la perspective de devoir assumer 82 440 $ des 144 270 $ représentant les coûts réels du mois d'avril, selon le mode de répartition des coûts en vigueur. Ce montant de 144 270 $ est tout à fait conforme au budget initial ; il n'y a pas d'écart. Cependant, le directeur prétend que les coûts du centre de périodiques devraient être assumés en fonction des statistiques d'impression à long terme et non pas en fonction des résultats mensuels, qui peuvent receler des éléments exceptionnels, comme ce fut le cas en avril. Il n'a présentement aucun moyen d'identifier la personne qui imprime et, par conséquent, l'établissement auquel cette personne est rattachée.

Le directeur de l'établissement A prétend au contraire que la méthode actuelle est juste, car on perçoit de l'étudiant utilisateur un montant de 0,10 $ par page imprimée qui couvre le papier et une bonne partie des coûts variables. De plus, la méthode actuelle agit comme un ticket modérateur, dit-il. Selon lui, si on adoptait la méthode que vient de suggérer le directeur de l'établissement B, cela pourrait mener à une surutilisation du service par les deux établissements et, inévitablement, à une augmentation des coûts pour les deux.

Travaux pratiques

1. Donnez votre point de vue sur le différend qui oppose le directeur de l'établissement A et celui de l'établissement B, en n'oubliant pas de reprendre les points soulevés par chacun d'eux et les raisons du mécontentement du directeur de l'établissement B.
2. Suggérez une méthode de répartition des coûts du centre de périodiques entre les deux établissements qui permettrait d'éviter les problèmes survenus durant le mois d'avril, et calculez le montant réparti selon votre proposition pour le mois d'avril.

EXERCICE 13.17 Rendement et rémunération

Il y a trois ans, une entreprise aux prises avec un marché saturé par l'offre jugeait son unique produit en déclin. Elle a donc décidé d'acquérir deux entreprises, devenues respectivement les divisions B et C, l'entreprise originale étant devenue la division A. La division B offre un produit nouveau, mais nécessitant encore un investissement important, dans un marché en croissance. La division C offre, quant à elle, un produit bien établi dont les revenus sont stables et relativement assurés. Voici les statistiques relatives aux résultats des trois dernières années.

	1996	1997	1998
Ventes			
Division A	10 527 800 000 $	9 475 020 000 $	9 001 269 000 $
Division B	240 450 000	288 540 000	360 675 000
Division C	4 748 700 000	4 986 135 000	5 235 441 750
	15 516 950 000 $	**14 749 695 000 $**	**14 597 385 750 $**
Résultat net d'exploitation			
Division A	985 600 000 $	887 040 000 $	842 688 000 $
Division B	52 800 000	63 360 000	79 200 000
Division C	730 670 000	767 203 500	805 563 675
	1 769 070 000 $	**1 717 603 500 $**	**1 727 451 675 $**
Capital investi moyen			
Division A	6 552 800 000 $	6 421 744 000 $	6 293 309 120 $
Division B	850 900 000	1 021 080 000	1 276 350 000
Division C	3 543 835 000	3 898 218 500	4 093 129 425
	10 947 535 000 $	**11 341 042 500 $**	**11 662 788 545 $**
Rendement du capital investi (RCI)			
Division A	15,04 %	13,81 %	13,39 %
Division B	6,21 %	6,21 %	6,21 %
Division C	20,62 %	19,68 %	19,68 %
Ensemble	16,16 %	15,15 %	14,81 %

La rémunération de tous les cadres supérieurs de l'entreprise comporte une prime de rendement égale à 1 % du résultat net d'exploitation, dont on déduit un intérêt égal à 12 % du capital investi moyen. Cette prime est partagée également entre tous les cadres supérieurs. Des statistiques portant sur le nombre de cadres ainsi que sur la prime de rendement calculée au cours des trois dernières années sont reproduites ci-dessous.

Nombre de cadres supérieurs

	1996	1997	1998
Division A	72	69	54
Division B	14	21	35
Division C	90	86	79
Ensemble	176	176	168
Prime globale	4 553 658 $	3 566 784 $	3 279 170 $
Prime individuelle	25 873 $	20 266 $	19 519 $

Comme on peut le constater, la prime individuelle a diminué au cours des trois dernières années et, pour la première fois, elle est descendue au-dessous de 20 000 $. Le président de la division A exprime son mécontentement devant le fait que la prime des cadres de sa division a diminué malgré les efforts de rationalisation que sa division s'est imposée en réduisant le nombre de cadres supérieurs de 72 à 54. Il note que le nombre de cadres de la division B est passé de 14 à 35 et propose un nouveau système de prime de rendement selon lequel la prime calculée pour une division serait fonction uniquement de la performance de cette division. Ainsi, le montant global de la prime pour les cadres d'une division serait égal à 1 % du RNR de la division, ce qu'on obtient en soustrayant du bénéfice net de la division un intérêt égal à 12 % du capital investi moyen de cette division. Voici quelle aurait été la prime des cadres de chacune des divisions si cette règle avait été appliquée au cours des trois dernières années.

	1996	1997	1998
Prime globale			
Division A	1 992 640 $	1 164 307 $	874 909 $
Division B	0 $	0 $	0 $
Division C	3 054 098 $	2 994 173 $	3 143 881 $
Prime individuelle			
Division A	27 676 $	16 874 $	16 202 $
Division B	0 $	0 $	0 $
Division C	33 934 $	34 816 $	39 796 $

Travail pratique

Commentez la performance de l'entreprise, son système de primes actuel et le système de primes proposé.

EXERCICE 13.18 Restructuration, rendement et cession interne

Securiwell Canada est la division canadienne d'une multinationale américaine spécialisée dans la fabrication, la vente, l'installation et l'opération de systèmes de surveillance électronique. L'entreprise compte présentement 12 unités administratives situées dans les villes suivantes : Halifax, Québec, Montréal, Ottawa, Toronto, Hamilton, Windsor, Winnipeg, Regina, Calgary, Edmonton et Vancouver. Ces entités sont tout à fait autonomes sur le plan des opérations. Chacune comprend une équipe de vendeurs et une équipe technique, laquelle est responsable de l'installation, de la vérification périodique des systèmes d'alarme ainsi que des réparations, le cas échéant. Jusqu'à tout récemment, chaque unité administrative comprenait une station monitrice dont les activités sont décrites plus loin.

L'entreprise a une bonne intégration verticale ; elle procède à la fabrication de composants électroniques, à la conception de systèmes d'alarme, à leur mise en marché, à leur installation et à l'opération des stations monitrices.

Les clients

Securiwell conçoit, vend et installe trois types de systèmes d'alarme pour trois types de clients différents, soit les institutions financières, les autres entreprises commerciales et les particuliers. Les institutions financières constituent près de 50 % du chiffre d'affaires, les entreprises commerciales, 35 %, et le marché résidentiel (les particuliers), 15 %. Chaque type de client génère une activité particulière à la station monitrice.

Sauf exceptions, chaque établissement financier possède plusieurs système d'alarme, soit un pour le périmètre de l'établissement, un pour la voûte et un pour le guichet automatique. Les guichets automatiques des institutions financières génèrent habituellement une période de pointe entre 23 h et 4 h, période où l'on ouvre les guichets pour y déposer des billets et y recueillir les enveloppes de transactions. La plupart des entreprises commerciales comptent deux périodes de pointe, soit entre 7 h et 9 h lors de l'ouverture le matin, et entre 16 h 30 et 19 h lors de la fermeture le soir. Certains commerces doivent être approvisionnés durant les heures de fermeture : les opérateurs de la station monitrice doivent intervenir chaque fois que l'on désarme une porte pour livrer de la marchandise.

La restructuration de l'entreprise

La concurrence est très vive dans l'industrie de la surveillance électronique, même s'il n'y a que quelques gros joueurs sur le marché. La technologie évolue très rapidement, les prix sont à la baisse et les méthodes de travail changent parfois radicalement. Dans ce contexte caractérisé par la pression sur les coûts, d'une part, et l'augmentation de la productivité, d'autre part, l'entreprise a élaboré une stratégie de centralisation des stations monitrices. Dans un premier temps, on prévoit réduire de 12 à 4 le nombre de ces stations. Ainsi, les stations de Vancouver, d'Edmonton, de Regina et de Winnipeg seront reliées à celle de Calgary ; les stations de Windsor et d'Hamilton, à celle de Toronto ; celle de Québec, à celle de Montréal et celle d'Halifax, à celle d'Ottawa.

Il s'agit là d'un changement organisationnel majeur, car les stations monitrices étaient rattachées aux unités administratives localisées dans la ville où elles étaient situées. Dorénavant, l'entreprise comptera toujours 12 unités administratives responsables des ventes, des nouvelles installations et du service à la clientèle, mais seulement quatre stations monitrices pour l'ensemble du Canada.

Ce changement est d'autant plus important que chacun des directeurs d'unités administratives recevait une prime annuelle calculée selon le rendement du capital investi (RCI) de son unité administrative. Les quatre stations monitrices restantes font partie des unités administratives auxquelles elles ont toujours appartenu. Cette nouvelle structure de l'organisation amène Calgary, Toronto, Ottawa et Montréal à facturer aux autres unités administratives des coûts relatifs aux services qu'ils obtiennent des stations monitrices. Ce système de facturation cause des problèmes.

Le cas des unités administratives de Montréal et de Québec

Selon la nouvelle organisation, la station monitrice rattachée à l'unité administrative de Montréal fournit des services aux unités administratives de Montréal et de Québec. L'unité administrative de Montréal facture donc celle de Québec pour les services de la station monitrice. Le directeur de l'unité administrative de Québec prétend que le montant de la facture est trop élevé tandis que le directeur de l'unité administrative de Montréal affirme le contraire.

La centralisation des stations monitrices visait à réduire les coûts. Chacun des directeurs s'attendait donc à voir diminuer sa contribution aux coûts des stations monitrices. Or, le prix de cession interne basé sur un coût de revient complet réel génère des variations imprévisibles de la facture mensuelle, de sorte qu'il est à peu près impossible de suivre le budget.

Voici un tableau des résultats dans lequel nous avons extrait de l'unité administrative de Montréal les données spécifiques à la station monitrice de Montréal pour les présenter séparément.

	Unité administrative de Québec	Unité administrative de Montréal	Station monitrice de Montréal	Total
Chiffre d'affaires	**1 000 000 $**	**2 000 000 $**		**3 000 000 $**
Coûts	650 000	1 250 000	800 000	2 700 000
Bénéfice	**350 000 $**	**750 000 $**	**– 800 000 $**	**300 000 $**
Capital investi	400 000 $	600 000 $	1 000 000 $	2 000 000 $
Nombre de clients				
Institutions financières	30	50		
Autres entreprises	40	90		
Particuliers	200	600		
Total	**270**	**740**		
Nombre combiné d'appels et de signaux d'alarme par année et par client				
pour une institution financière	800	800		
pour une entreprise commerciale	1 000	1 000		
pour un particulier	4	4		

Les activités d'une station monitrice

- Répondre aux appels téléphoniques

  Les clients, des tiers et les techniciens de Securiwell téléphonent à une station monitrice pour une foule de raisons :

  - un emploi du système non conforme à la procédure établie ;
  - de nouvelles installations ;
  - les vérifications d'usage inhérentes au niveau de surveillance adopté ;
  - les mises à jour de la banque de données, découlant notamment du remplacement d'employés chez les clients ;
  - les appels normaux des gardiens de sécurité liés à la procédure de sécurité en vigueur ;
  - les appels de tiers, comme les policiers, les pompiers, le personnel paramédical, les électriciens, etc. ;
  - les appels de service des techniciens de Securiwell lors d'une installation ou d'une vérification.

  Répondre aux appels téléphoniques occupe en moyenne 50 % du temps du personnel d'une station monitrice. Un appel prend en moyenne de une à quatre minutes, sauf s'il concerne une nouvelle installation ; il prend alors en moyenne huit minutes.

- Faire le suivi des signaux d'alarme

  Le suivi des signaux d'alarme occupe en moyenne 4 % du temps du personnel. Le suivi d'un signal d'alarme en particulier prend en moyenne six minutes.

- Effectuer certaines tâches administratives

  La principale tâche administrative accomplie à la station monitrice est la mise à jour des dossiers. Il existe différents modes de surveillance que nous ne présenterons pas. Disons seulement que, selon certains de ces modes, la personne qui arme et désarme un système d'alarme doit téléphoner pour s'identifier en indiquant un numéro de code. Or, dans le cas des entreprises commerciales et des banques, le seul roulement des employés autorisés à réaliser ces manœuvres oblige à faire souvent des mises à jour dans les dossiers des clients.

Dans une période de 24 heures, il peut y avoir des moments où il n'y a pas d'appel téléphonique en attente, ni de signal d'alarme à suivre, ni de tâches administratives à effectuer. Cependant, il y a toujours deux personnes en attente devant leurs écrans d'ordinateur.

Les ressources d'une station monitrice

Le coût annuel d'une station monitrice comprend le loyer du local, l'amortissement de l'équipement, le salaire du personnel et le coût des fournitures. Le tableau qui suit présente le coût annuel d'une station monitrice typique de 25 employés.

Coût annuel d'une station monitrice typique

Loyer	40 000 $
Dotation à l'amortissement des équipements	50 000
Salaires	644 000
Communications	60 000
Fournitures	6 000
Total	**800 000 $**

Les préoccupations de la direction

Compte tenu de l'évolution récente de l'environnement concurrentiel et de la stratégie de centralisation des stations monitrices, plusieurs questions nouvelles surgissent relativement aux coûts.

Premièrement, on ne s'était jamais vraiment intéressé à la rentabilité spécifique des différents services offerts par une station monitrice, comme la surveillance des divers systèmes d'alarme, les modes de surveillance requis ainsi que la rentabilité des systèmes pour chaque catégorie de clients.

D'abord, le coût total d'une unité administrative et celui d'une station monitrice sont bien documentés : l'entreprise produit des rapports financiers mensuels et le coût d'opération est relativement stable d'un mois à l'autre. De plus, il n'y a pas de ressources spécifiques à un service, c'est-à-dire que toutes les ressources sont communes aux divers services. Il y a bien la main-d'œuvre, mais la répartition du coût de cette ressource exige qu'on rattache le temps de chaque personne à chacun des appels reçus ou des signaux d'alarme suivis ; serait-ce vraiment utile ?

Enfin, les prix des différents services offerts découlent d'une tradition de marché et doivent suivre ceux des compétiteurs. Cependant, l'environnement change, la compétition est de plus en plus féroce et la marge bénéficiaire de l'entreprise s'en trouve réduite. Sécuriwell Canada doit baisser ses prix pour demeurer compétitive, voire imaginer de nouvelles façons d'assurer la prestation de ses services. Dans ce contexte, les services qu'elle croyait rentables le sont-ils toujours ?

La comptabilité de management ne pourrait-elle pas fournir un éclairage afin d'orienter les décisions de gestion ? Ne pourrait-elle pas indiquer des voies menant à la réduction des coûts ? Par exemple, ne pourrait-elle pas estimer l'impact qu'auront sur les coûts les facteurs ou inducteurs de coûts suivants :

- les ouvertures et les fermetures (le fait d'armer et de désarmer un système d'alarme) en dehors des fenêtres prédéterminées d'ouverture/fermeture ;
- les procédures d'exception pour les guichets automatiques ;
- certaines procédures d'opération ;
- les pointes de demande et la répartition du travail ;
- le temps supplémentaire.

D'autre part, la nouvelle stratégie de centralisation des stations monitrices pose de nouveaux défis à la comptabilité. Les directeurs des unités administratives clientes des unités administratives opérant une station monitrice veulent être facturés pour la «juste utilisation» des services d'une station monitrice. Par exemple, le directeur de la succursale de Québec ne veut pas assumer la facture des inefficacités de l'opération de la station monitrice de Montréal, et inversement, le directeur de l'unité administrative de Montréal veut facturer à l'unité administrative de Québec le plein montant des coûts que le service lui occasionne. Cette question est d'autant plus critique que chaque directeur d'une unité administrative reçoit une prime établie selon la performance financière de l'unité. Donc, comment traiter le coût des stations monitrices et établir un prix de cession interne qui soit juste et qui stimule la performance de part et d'autre?

Travaux pratiques

1. Calculez le rendement du capital investi (RCI) et le résultat net résiduel (RNR) du groupe composé de l'unité administrative de Québec, de celle de Montréal et de la station monitrice de Montréal. Utilisez un taux d'intérêt de 10 % pour calculer la rémunération du capital.
2. Devrait-on opter pour le RCI, le RNR ou un autre indicateur pour évaluer la rentabilité des deux unités administratives de Québec et de Montréal? Justifiez votre réponse.
3. Proposez une façon d'évaluer la performance financière de la station monitrice de Montréal.
4. Proposez à la station monitrice de Montréal un système de gestion par activités et décrivez-le brièvement.
5. Proposez un système de prix de cession interne ayant pour objet de répartir le coût de la station monitrice de Montréal entre les unités administratives de Québec et de Montréal. Défendez ce système sans oublier pour autant d'en souligner les inconvénients et les limites.

CHAPITRE 14

Les tableaux de bord de gestion

Objectifs

Après avoir étudié ce chapitre, vous serez capable :

- de définir un tableau de bord de gestion ;
- de distinguer les indicateurs guides des indicateurs témoins ;
- de planifier la conception d'un tableau de bord de gestion ;
- d'initier la gestion de la performance des entreprises.

Sommaire

- Les indicateurs de performance
- La conception d'un tableau de bord de gestion
- La gestion de la performance

En quoi le fait de savoir que le rendement financier d'une entreprise est de 14 %, selon les derniers rapports financiers, est-il susceptible d'améliorer la performance de cette entreprise ?

L'information est pertinente pour la gestion dans la mesure où elle incite à l'action et la stimule. Ainsi, la connaissance des facteurs à l'origine des coûts donne au gestionnaire la possibilité de diminuer ces coûts, donc d'en assurer la gestion. De même, la découverte des facteurs à l'origine des temps de cycle et des problèmes de qualité aide le gestionnaire à réduire les temps de cycle et à améliorer la qualité, donc à bien les gérer. Pour rendre l'entreprise plus performante, il lui faut identifier les inducteurs de coûts et exercer un contrôle sur ceux-ci ; il faut aussi dégager les facteurs responsables du succès de la stratégie prônée par la direction. L'information destinée à la gestion peut se présenter sous forme d'indicateurs dont on fait le suivi dans un tableau de bord de gestion qui permet de constater leur évolution.

Du chapitre 13, nous retenons qu'une entreprise performante est, par définition, une entreprise qui répond aux attentes de ses propriétaires, dans le cas d'une entreprise à but lucratif, ou de ses bénéficiaires, dans le cas d'une entreprise à but non lucratif.

LES INDICATEURS DE PERFORMANCE

Le tableau de bord d'un gestionnaire donné est un document analytique regroupant tous les indicateurs qui contribuent à simplifier son travail de guide et de pilote. Si ce gestionnaire est le président de l'entreprise, le tableau de bord comprendra certainement tous les indicateurs dont il a besoin pour mettre en œuvre la stratégie de l'entreprise. Si le gestionnaire est le directeur d'un programme d'enseignement universitaire, ce tableau réunira tous les indicateurs dont il devra tenir compte dans la gestion de son programme. Enfin, s'il s'agit d'un contremaître d'atelier, le tableau de bord comprendra tous les indicateurs opérationnels qui rendront la consommation des matières premières plus efficiente et qui favoriseront la productivité de la main-d'œuvre directe et la qualité de la production.

Des indicateurs guides

Les indicateurs guides interviennent a priori. Ils indiquent la direction que doit prendre le gestionnaire pour atteindre les objectifs dont dépendent la performance de l'entreprise. De par leur nature, ils sont liés à la performance parce qu'ils découlent de l'analyse, de l'étude et souvent de l'application d'un modèle de comportement touchant les activités de l'organisation. De plus, chacun de ces indicateurs est lié à un contexte et à un objectif de performance donnés. Cela dit, il est impossible de démontrer de manière absolue que ces guides sont un gage de performance, à cause du caractère fluctuant des situations observées dans l'entreprise et de la multiplicité des contextes décisionnels en jeu. En effet, l'évolution des processus, de la technologie et du savoir-faire modifient constamment le paysage organisationnel et le cadre décisionnel.

Dans un tel environnement, il faut toujours envisager la possibilité que des problèmes se manifestent: découverte d'une faille dans la logique du modèle utilisé, omission d'une variable importante, ou encore présence d'un élément non apparent au moment de l'étude; autrement dit, il faut donc que tous les indicateurs guides choisis fassent l'objet d'une validation. Il faut s'assurer, dans la mesure des moyens dont on dispose, que ces guides conduisent bien à la performance. Cette validation ne peut se faire que par le recours à des indicateurs témoins et après qu'un certain laps de temps se soit écoulé entre l'action posée au moyen d'indicateurs guides et la performance enregistrée par les indicateurs témoins. Selon les entreprises et les secteurs économiques, ce laps de temps peut varier d'un trimestre à une année. Cependant, tôt ou tard, l'action dictée par ces guides devra se traduire par des résultats.

Pensons à l'athlète olympique qui s'astreint à un programme d'entraînement et à un régime alimentaire durant une période de quatre ans. Ce programme et ce régime servent à l'orienter et à le guider, mais, sont-ils valables? Nous ne pourrons les évaluer, c'est-à-dire les valider, qu'en analysant les résultats de cet athlète lors de la compétition olympique. Qui plus est, comme d'autres facteurs externes peuvent influer sur sa performance, il faudra analyser la performance de plusieurs autres athlètes ayant suivi le même programme d'entraînement et le même régime avant de pouvoir conclure à leur efficacité.

EXEMPLE **Un agriculteur**

Le tableau de bord de gestion d'un agriculteur pourrait regrouper trois indicateurs: la température prévue, l'humidité du sol et sa composition chimique. En effet, à l'aide de ces trois indicateurs, l'agriculteur décide quotidiennement de l'arrosage et de l'épandage d'engrais nécessaires.

Deux ensembles d'indicateurs de performance

Une entreprise devrait-elle se doter de deux tableaux d'indicateurs de performance, l'un étant constitué d'indicateurs guides, comme nous venons de le décrire, et l'autre, «plus classique», d'indicateurs témoins?

Nous croyons que les entreprises doivent posséder deux séries d'indicateurs:

- des guides liés aux moyens d'action choisis, pour assurer la gestion;
- des témoins pour communiquer des données sur la performance et revoir les actions posées.

Il importe peu que ces indicateurs soient colligés dans un tableau unique ou dans deux tableaux.

Les indicateurs guides sont conçus et diffusés à l'intérieur de l'entreprise et ils se rattachent directement aux plans d'action. Il arrive qu'ils soient strictement confidentiels et inconnus à l'extérieur de l'entreprise. Par contre, les indicateurs témoins sont intimement liés aux objectifs fixés. Ils servent à communiquer les résultats des actions réalisées par rapport aux objectifs de performance préétablis.

EXEMPLE

La conduite automobile

Si on reprend l'analogie du tableau de bord en l'appliquant à l'automobile, on constate que certains indicateurs nous rappellent la nécessité de faire le plein d'essence ou de ralentir; ils nous guident dans la conduite du véhicule. Par ailleurs, d'autres indicateurs nous renseignent sur la distance parcourue ou sur la consommation moyenne d'essence par kilomètre lors d'un voyage; ils nous informent des résultats obtenus. Par contre, après avoir franchi une distance donnée, disons 5 000 km, il est nécessaire de procéder à une inspection et de changer l'huile du moteur. Ainsi, le même indicateur peut à la fois être le témoin d'une action donnée et un guide pour une action future.

EXEMPLE

Une station de ski alpin

Prenons l'exemple d'une station de ski. La colonne de gauche du tableau suivant réunit des indicateurs guides et celle de droite, des indicateurs témoins.

Indicateurs guides	**Indicateurs témoins**
Température actuelle et prévue	Nombre de skieurs-visites
Couverture du domaine skiable par sections	Revenus cumulés
Commentaires du service à la clientèle	Coûts cumulés
Calendrier des événements	Progression par rapport au budget

Au jour le jour, c'est à partir de la colonne des indicateurs guides que l'on établit l'échéancier de fabrication de la neige dans les pistes, que l'on prévoit l'aménagement particulier d'une ou de plusieurs pistes et que l'on décide de l'horaire d'opération des remontées mécaniques. La colonne des indicateurs témoins influera sur la planification des semaines subséquentes. Par exemple, si un résultat comme le nombre de skieurs-visites est inférieur aux prévisions, on se questionnera sur les facteurs susceptibles de l'expliquer, notamment la qualité du domaine skiable et l'efficacité de la publicité, de la programmation des événements spéciaux et des promotions en général.

LA CONCEPTION D'UN TABLEAU DE BORD DE GESTION

Nous proposons ici une démarche menant à la conception d'un tableau de bord de gestion. Cette démarche, illustrée par la figure suivante, comprend les cinq étapes décrites ci-dessous.

Figure 14.1
La conception d'un tableau de bord de gestion

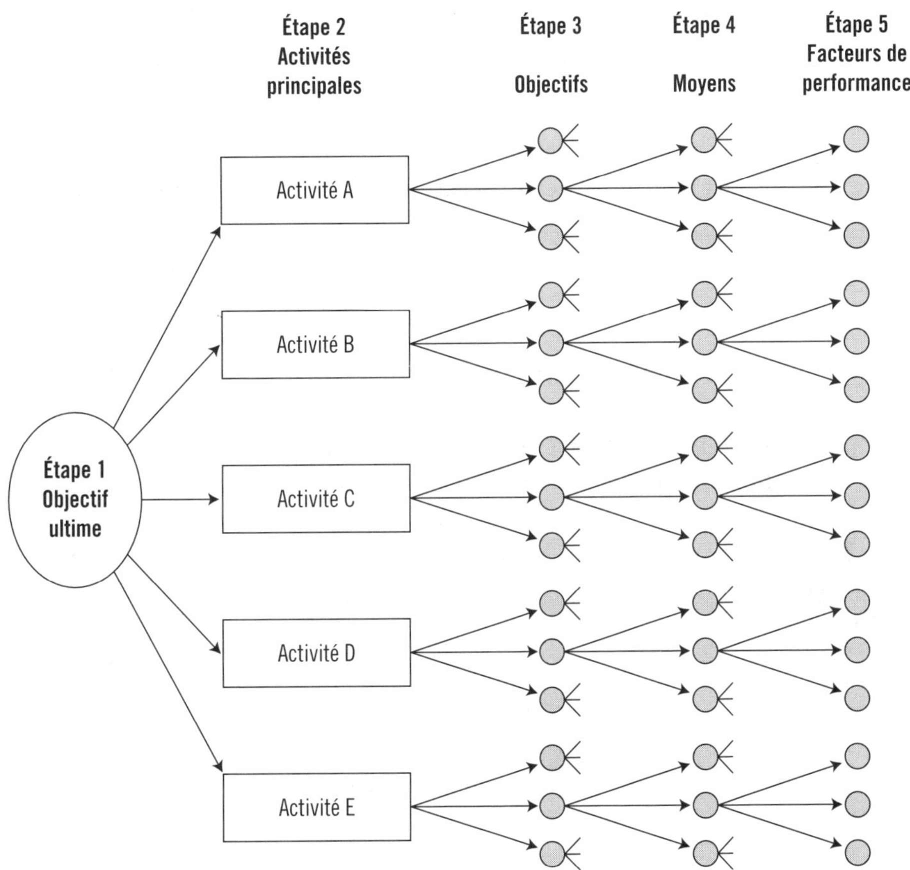

Étape 1 : Préciser l'objectif ultime de performance de l'entreprise.

Cet objectif est généralement, pour les entreprises à but lucratif, l'amélioration du rendement du capital investi. Par ailleurs, pour les organismes à but non lucratif, pour les entreprises des secteurs public et parapublic et pour les coopératives, cet objectif peut être exprimé en termes de services rendus et il doit être précisé.

Étape 2 : Déterminer les activités ou responsabilités principales de l'entreprise dans la poursuite de la performance.

Ces activités ou responsabilités peuvent varier d'une entreprise à l'autre, en particulier dans les entreprises où le rendement du capital investi (RCI) n'est pas l'objectif prépondérant. De plus, à l'intérieur d'une même entreprise, les activités clés qui influent sur la performance des unités administratives diffèrent selon les responsabilités qui sont confiées à ces unités.

Étape 3 : Pour chacune des activités ou responsabilités définies, fixer des objectifs à atteindre.

La fixation d'objectifs aide le gestionnaire à avoir une meilleure compréhension de son rôle, à décomposer son mandat et à choisir ses moyens d'action.

Étape 4 : Prévoir des moyens d'atteindre les objectifs.

À cette étape, il faut préciser les moyens d'atteindre chacun des objectifs prévus pour les activités ou responsabilités principales.

Étape 5 : Identifier les facteurs assurant le succès des moyens mis de l'avant.

À cette étape, il faut indiquer, pour chacun des moyens retenus, les éléments qui sont susceptibles d'en garantir le succès.

Les activités principales d'une entreprise à but lucratif

La figure 14.2 présente les activités que l'on associe généralement à la poursuite de la performance dans une entreprise à but lucratif.

Figure 14.2 **Les activités principales associées à la performance dans une entreprise à but lucratif**

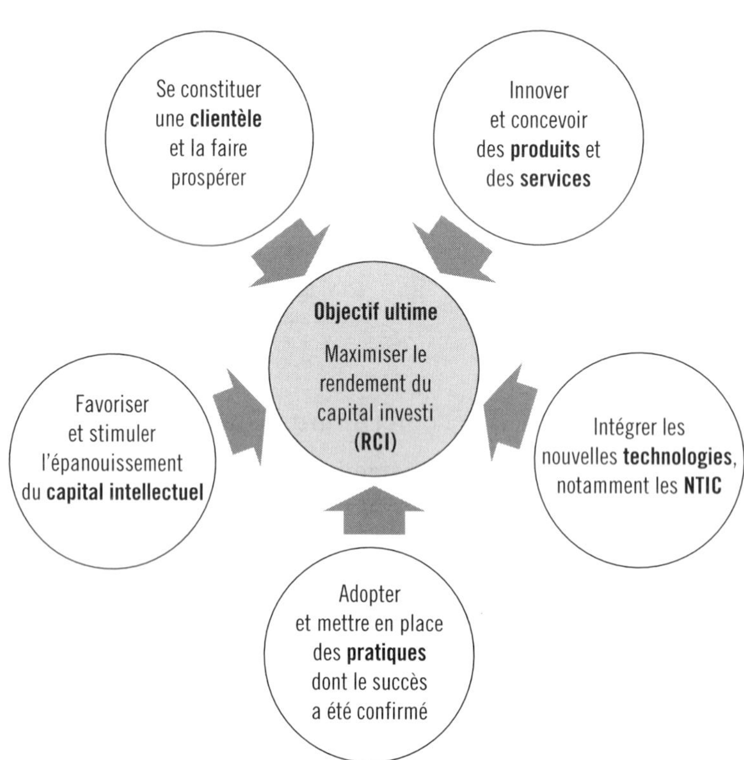

Aucune activité n'est prioritaire par rapport aux autres dans la poursuite de la performance. Toutefois, selon le contexte, certaines peuvent être plus cruciales. Voici les raisons qui nous amènent à considérer ces activités comme essentielles à la performance des entreprises à l'aube du XXIe siècle.

Favoriser et stimuler l'épanouissement du capital intellectuel

Le bien le plus précieux des entreprises œuvrant à l'échelle mondiale n'est pas le montant de leur actif disponible ni sa nature, mais bien leur capital intellectuel. Les immobilisations s'achètent, mais la capacité d'innover a une valeur inestimable. À cet égard, un des plus grands défis auxquels doivent aujourd'hui faire face les entreprises d'envergure mondiale est celui d'attirer et de s'attacher les meilleurs cerveaux, et d'élaborer des programmes favorisant l'épanouissement de ces travailleurs exceptionnels.

Se constituer une clientèle et la faire prospérer

Des acquisitions d'entreprises se font uniquement dans le but de s'approprier une clientèle. Définir une clientèle, construire un réseau de communication entre la clientèle et l'entreprise, établir des relations avec la clientèle, voilà des facteurs essentiels au succès de l'entreprise. Donc, tout ce qui touche la mise en marché et le service après-vente joue un rôle clé dans la performance de l'entreprise.

Innover et concevoir des produits et des services

C'est la raison d'être, l'objet de l'entreprise.

Intégrer les nouvelles technologies

Plusieurs entreprises doivent leur succès à l'emploi judicieux de nouvelles technologies, notamment des NTIC (nouvelles technologies de l'information et des communications), donc à l'intégration et à la mise en valeur de ces techniques. Elles le doivent également aux applications qu'elles développent à l'aide de ces technologies.

Adopter et mettre en place des pratiques dont le succès est confirmé

Dans la quête continue de savoir-faire, la définition et la mise en place de pratiques de gestion financière, de gestion de la production et de gestion des activités de soutien technique et administratif les plus efficientes selon l'analyse comparative sont une activité cruciale en ce qui a trait à l'évaluation de la performance des entreprises.

Voici deux exemples de tableau de bord de gestion, le premier s'appliquant au domaine manufacturier et l'autre, à celui des services. Nous avons simplifié chacun des exemples en réduisant le nombre d'objectifs et en ne donnant qu'un seul moyen par série d'objectifs.

EXEMPLE

L'entreprise Métalica ltée

Le tableau suivant résume les cinq étapes du processus de conception d'un tableau de bord à Métalica ltée.

	Activités	Objectifs	Moyens	Facteurs de performance
Objectif ultime	Se constituer une **clientèle** et la faire prospérer	• Augmenter le nombre de clients par région • Hausser le volume des ventes • Fidéliser la clientèle	Communiquer avec les clients actuels par le biais d'un bulletin trimestriel Etc.	• Taux de réponse aux promotions du bulletin mensuel
	Innover et concevoir des **produits** et des **services**	• Accroître le nombre de nouveaux produits • Hausser les ventes de nouveaux produits	Accorder une prime annuelle aux ingénieurs concepteurs en fonction des ventes de nouveaux produits Etc.	
	Intégrer les nouvelles **technologies**, notamment les **NTIC**	• Accroître le nombre d'applications des nouvelles technologies	Former un groupe responsable de l'intégration des nouvelles technologies Etc.	
	Adopter et mettre en place des **pratiques** dont le succès est confirmé	• Améliorer son classement parmi les pratiques les plus efficientes	Participer à un groupe d'analyse comparative Etc.	
	Favoriser et stimuler l'épanouissement du **capital intellectuel**	• Augmenter la valeur du capital intellectuel • Améliorer le taux de rétention des meilleurs cerveaux	Mettre en place un programme de participation des employés aux bénéfices Etc.	• Taux de participation des employés aux bénéfices par catégorie d'employés

En somme, le tableau de bord de gestion de Métalica ltée doit comprendre tous les indicateurs qui permettent à un gestionnaire en particulier de mener à bien son travail de guide et de pilote.

Pour le directeur de l'entreprise, qui doit veiller à ce que chacune des cinq activités clés soit accomplie à la perfection, les indicateurs guides portent sur la mesure des objectifs, et l'indicateur témoin est le RCI. Le tableau de bord de gestion de ce directeur pourrait ressembler à celui présenté ci-contre.

Métalica ltée
Le tableau de bord du directeur général

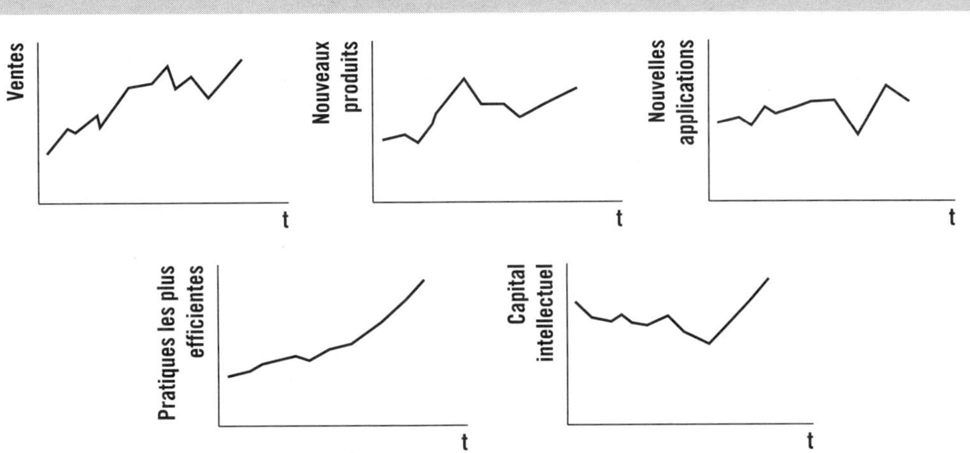

Par ailleurs, pour le gestionnaire qui a la responsabilité d'entretenir des relations avec la clientèle, un indicateur guide important est le taux de réponse au bulletin mensuel expédié aux clients, et un indicateur témoin est le nombre de clients par régions. Son tableau de bord de gestion pourrait ressembler à celui reproduit ci-dessous.

Métalica ltée
Le tableau de bord du directeur des relations avec les clients

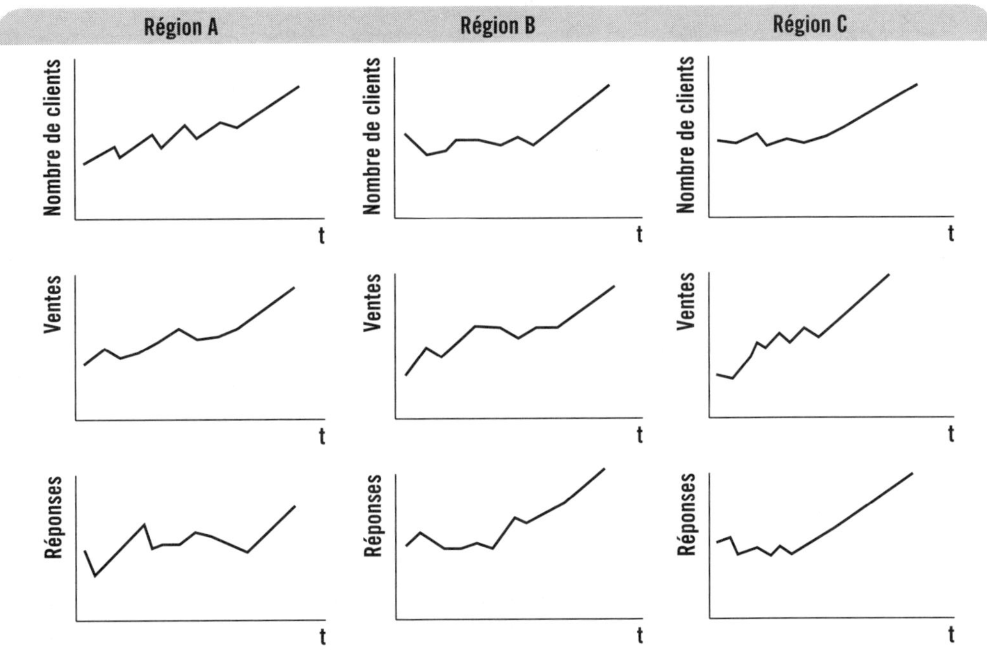

Il est intéressant de noter qu'un indicateur témoin s'appliquant à un échelon de la hiérarchie devient un indicateur guide à l'échelon supérieur. C'est le cas du nombre de clients par régions.

EXEMPLE

La gestion d'un programme universitaire[1]

Voici les cinq étapes du processus de conception d'un tableau de bord relié à la gestion d'un programme universitaire.

	Responsabilités	Objectifs	Moyens	Facteurs de performance
Objectif ultime	Assurer le recrutement des candidats	• Accroître le nombre de demandes d'admission • Accroître la qualité des candidats • Augmenter le taux d'acceptation des candidats admis	Établir un plan de mise en marché du programme auprès des candidats potentiels	• Taux de concordance entre les informations transmises et les attentes des candidats
	Assurer la mise en œuvre du programme	• Accroître la pertinence du programme • Augmenter la satisfaction des étudiants • Assurer la qualité du programme • Améliorer la gestion du programme	Procéder à l'évaluation systématique et périodique des contenus de cours	• Nombre de projets de nouveaux cours étudiés • Nombre de projets de renouvellement de cours
	Favoriser l'obtention d'un diplôme par les étudiants	• Augmenter le taux d'obtention d'un diplôme • Diminuer le délai d'obtention du diplôme	Mettre en place un programme de reconnaissance des candidats performants	• Nombre de candidats qui s'inscrivent à ce programme
	Contribuer au placement des étudiants	• Augmenter le nombre d'offres d'emploi • Hausser le salaire moyen des emplois offerts	Instaurer un programme de diffusion des innovations auprès des employeurs	• Nombre d'employeurs ayant répondu

Pour le directeur du programme qui assume l'ensemble des responsabilités, les indicateurs guides sont directement liés à chacun des objectifs. Son tableau de bord pourrait ressembler à celui qui est présenté ci-contre.

1. Cet exemple est adapté d'un article de Jacques Fortin, « Le contrôle de gestion : quantitatif, mais pas seulement monétaire. Le récit d'une expérience », publié dans *Gestion*, septembre 1996, p. 36 à 41.

Établissement universitaire XXX
Direction du programme YYY

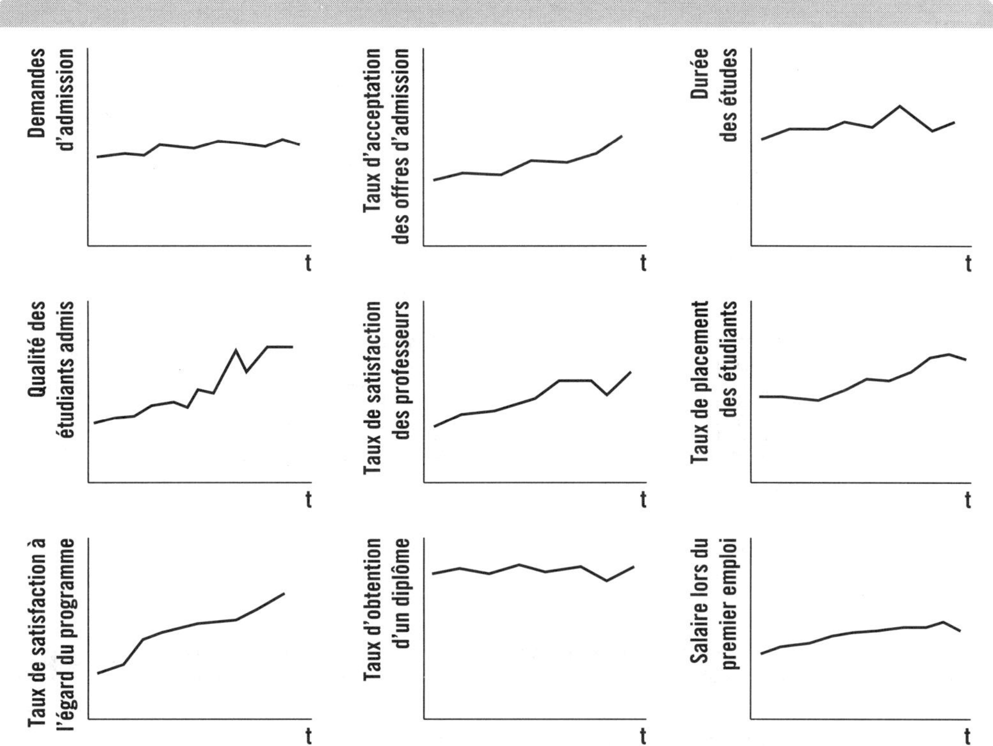

Par ailleurs, du point de vue du gestionnaire responsable du placement des étudiants, un indicateur guide est le nombre d'employeurs ayant répondu à l'appel et deux indicateurs témoins sont le nombre d'emplois offerts et le salaire moyen s'appliquant aux emplois offerts.

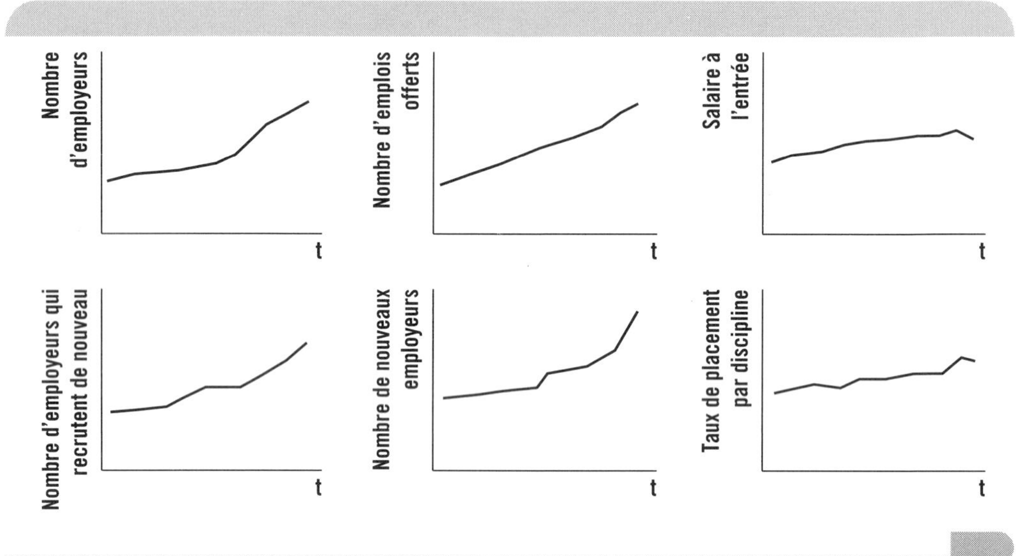

LES TABLEAUX DE BORD ET LA GESTION DE LA PERFORMANCE

Comment doit-on gérer la performance ? Que doit comprendre un tableau de bord de gestion ? Des indicateurs guides ou des indicateurs témoins ? Quelles informations sont pertinentes pour la gestion dans une perspective à court, à moyen et à long terme ?

Les quelques principes suivants se dégagent de notre expérience.

- Il n'existe pas un ensemble universellement reconnu d'indicateurs de performance. Certains indicateurs sont utiles à un gestionnaire en particulier, d'autres pas.
- Les indicateurs témoins correspondent à des résultats relatifs à des objectifs fixés.
- Les indicateurs guides concernent les moyens choisis pour atteindre des objectifs que le gestionnaire s'est fixés ou que la direction a elle-même élaborés.
- La démarche de conception du tableau de bord de gestion est aussi déterminante que les indicateurs eux-mêmes, car elle permet à un gestionnaire de concrétiser et de préciser son mandat, c'est-à-dire ses activités et ses responsabilités.

L'évolution de la gestion de la performance est similaire à celle du contrôle de gestion. Les moyens auxquels la comptabilité de management a recours pour gérer la performance des organisations vont de la mesure des résultats (contrôle de l'extrant) au suivi des procédés menant à la performance (surveillance des opérations) et à la préparation de la performance (gestion des processus).

La mesure des résultats

Autrefois, les comptables d'entreprise intervenaient dans la gestion de la performance par le biais de la mesure des résultats financiers. Leur action se fondait sur l'hypothèse voulant que la performance se définisse par les résultats financiers ou, inversement, que les résultats financiers soient le miroir de la performance. Aujourd'hui, on est généralement d'avis que les résultats financiers ne traduisent qu'un volet de la performance.

Lorsque les organisations ont pris trop d'ampleur, on les a divisées en parties, puis on a essayé de mesurer l'extrant de chacune d'elles, en supposant que l'optimisation des parties mènerait à celle de l'ensemble. Au début du siècle, on a vu apparaître de grandes entreprises diversifiées. Sous l'influence de Donaldson Brown, vice-président aux finances de la Dupont Powder, aux États-Unis, on a commencé à évaluer la rentabilité des divisions au moyen du rendement du capital investi (RCI). Puis, on s'est mis à associer la performance des directeurs au rendement financier des divisions qu'ils géraient.

Le suivi des procédés menant à la performance

Il est tout à fait naturel de vouloir créer les conditions favorisant la performance plutôt que de la constater après coup. D'une part, les comptables ont cherché à garantir la performance en surveillant les procédés au moyen de standards et de l'analyse des écarts observés dans les résultats par rapport à ces standards. D'autre part, les ingénieurs de la qualité ont mis au point le contrôle statistique des procédés en vue de garantir que les produits soient conformes aux spécifications inscrites dans le plan de fabrication.

La préparation des conditions assurant la performance

Aujourd'hui, la préparation des conditions assurant la performance s'effectue par la gestion des processus et la construction de tableaux de bord de gestion, qui sont de véritables guides pour atteindre les objectifs fixés par la direction. La gestion des processus consiste à réaménager régulièrement les processus en vue de réduire les coûts et les temps de cycle, et d'améliorer la qualité des produits et des services. Les indicateurs qui figurent dans les tableaux de bord portent sur les déclencheurs de processus, les facteurs de la consommation de ressources par les activités ainsi que la désignation des gestionnaires responsables de ces variables d'action.

QUESTIONS DE RÉVISION

1. Proposez une définition du tableau de bord de gestion.
2. Quels types d'indicateurs figurent dans un tableau de bord de gestion ?
3. Peut-il exister plusieurs tableaux de bord de gestion au sein d'une même entreprise ? Expliquez.
4. Proposez une définition de l'indicateur guide.
5. Proposez une définition de l'indicateur témoin.
6. Un même indicateur de performance peut-il être à la fois un guide et un témoin ? Expliquez.
7. Quelles sont les étapes de la conception d'un tableau de bord de gestion ?
8. Ces étapes sont-elles aussi valables pour les entreprises à but lucratif que pour celles à but non lucratif ?
9. En quoi les tableaux de bord de gestion aident-ils à mettre en place les conditions de la performance ?

Bibliographie

ANTHONY, Robert N. et Vijay Govindarajan. *Management Control Systems*, 8e édition, Irwin, 1995.

ATKINSON, Anthony A., Rajiv D. Banker, Robert S. Kaplan et S. Mark Young. *Management Accounting*, 2e édition, Prentice Hall, 1997.

BALM, Gerald J. *Benchmarking: A Practionners Guide for Becoming and Staying Best of the Best*, QPMA Press, 1992.

BESCOS, Pierre-Laurent, Philippe Dobler, Carla Mendoza, Gérard Naulleau, Françoise Giraud et Vincent Lerville Anger. *Contrôle de gestion et management*, 4e édition, Éditions Montchrestien E.J.A., 1997.

BESCOS, Pierre-Laurent et Carla Mendoza. *Le management de la performance*, Éditions comptables Malherbes, 1994.

BOISVERT, Hugues. *La comptabilité par activités*, Collection pratiques de pointe en comptabilité de management, Éditions du Renouveau Pédagogique Inc., 1997.

BOISVERT, Hugues. *Le contrôle de gestion - Vers une pratique renouvelée*, Éditions du Renouveau Pédagogique Inc., 1991.

BOISVERT, Hugues. *L'université à réinventer*, Collection L'école en mouvement, Éditions du Renouveau Pédagogique Inc., 1991.

BOISVERT, Hugues, Marie-Andrée Caron et collaborateurs. *Redéfinir la fonction Finance-Contrôle en vue du XXIe siècle*, Les Éditions Transcontinentales, 1995.

BÖSENBERG, Dirk et Heinz Metzen. *Le Lean Management*, Les Éditions d'Organisation, 1995.

BOUQUIN, Henri. *Le contrôle de gestion*, Presses universitaires de France, 1997.

BOUQUIN, Henri. *Comptabilité de gestion*, 2e édition, Sirey, 1997.

BRINKER, Barry J. *Handbook of Cost Management*, Warren, Gorham & Lamont, 1998.

BRINKER, Barry J. *Handbook of Performance Measurement and Risk Monitoring*, Warren, Gorham & Lamont, 1998.

COKINS, Gary, Alan Stratton et Jack Helbling. *An ABC Manager's Primer*, Institute of Management Accountants, 1993.

COOPER, Robin. *When Lean Enterprise Collide, Competing through Confrontation*, Harvard Business School Press, 1995.

COOPER, Robin, Robert S. Kaplan, Lawrence S. Maisel, Eileen Morrissey, Ronald M. Oehm. *Implementing Activity-Based Cost Management: Moving from Analysis to Action, Institute of Management Accountant, 1992.*

FINNEY, Robert G. *Powerful Budgeting for Better Planning & Management*, AMACOM, 1993.

HAMMER, Michael, James Champy. *Reengineering the Corporation*, Harper Business, 1993.

HIEBELER, Robert, Thomas B. Kelly et Charles Ketteman. *Best Practices, Building Your Business with Customer-Focused Solutions*, Arthur Andersen, Simon & Schuster, 1998.

HILTON, Ronald W. *Managerial Accounting*, 3e édition, McGraw-Hill, 1997.

HOWELL, Robert A., John K.Shank, Stephen R.Soucy et Joseph Fisher. *Cost Management for Tomorrow, Seeking the Competitive Edge*, Financial Executives Research Foundation, 1992.

HORNGREN, Charles T., George Foster et Srikant M. Datar. *Cost Accounting, A Managerial Emphasis*, 8e édition, Prentice Hall, 1994.

HRONEC, Steven M. *Vital Signs*, Amacom (American Management Association), 1993.

JOHNSON, H. Thomas. *Relevance Regained, From Top-down Control to Bottom-up Empowerment*, Free Press, 1992.

KAPLAN Robert S. et Robin Cooper, *Cost & Effect, Using Integrated Cost Systems to Drive Profitability and Performance*, Harvard Business School Press, 1997.

KAPLAN, Robert S. et H. Thomas Johnson. *Relevance Lost, The Rise and Fall of Management Accounting*, Harvard Business School Press, 1987.

KAPLAN, Robert S. et David NORTON. *Translating Strategy Into Action, The Balanced Scorecard*, Harvard Business School Press, 1996.

LORINO, Philippe. *Comptes et récits de la performance, Essai sur le pilotage de l'Entreprise*, Les Éditions d'organisation, 1995.

LORINO, Philippe. *Méthodes et pratiques de la performance, Le guide du pilotage*, Les Éditions d'Organisation, 1997.

MCKINNON, Sharon M. et William J. Bruns. *The Information Mosaic*, Harvard Business School Press, 1992.

MCNAIR, C. J. et H. J. Leibfried, *Benchmarking... A Tool for Continuous Improvement*, Harper Business, 1992.

MÉVELLEC, Pierre. *Outils de gestion, la pertinence retrouvée*, Éditions Comptables Malesherbes, 1991.

NOLLET, Jean, Joseph Kélada et Mattio Diorio. *La gestion des opérations et de la production, une approche systémique*, Gaëtan Morin éditeur, 1986.

PYHR, Peter A. *Zero Base Budgeting*, John Wiley & Sons, 1988.

SAVALL, Henri et Véronique Zardet. *Le nouveau contrôle de gestion, méthode des coûts-performances cachés*, Éditions comptables Malherbes, 1992.

SHANK, John K. et Vijay Govindarajan. *Cost management, The New Tool for Competitive Advantage*, Free Press, 1993.

SIMON, Hermann. *Hidden Champions*, Harvard business School Press, 1996.

SIMONS, Robert. *Levers of Control*, Harvard Business School Press, 1995.

STONICH, Paul J. *Zero Base Planning and Budgeting*, Dow-Jones Irwin, 1977.

ZIMMERMAN, Jerold L. *Accounting for Decision Making and Control*, Irwin, 1995.

Index

A

B

C

F

G

H

I

U

V